U0164756

斯 大 林

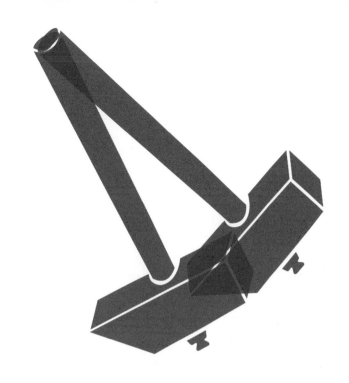

斯大林

權力的悖論
1878–1928

斯蒂芬·科特金 著　李曉江 譯

上

香港中文大學出版社

《斯大林：權力的悖論，1878–1928》（上、下兩冊）
斯蒂芬·科特金 著
李曉江 譯

繁體中文版©香港中文大學 2022

本書由 Penguin Press 2014 年出版之 *Stalin: Paradoxes of Power, 1878–1928*
翻譯而來，由 Stephen Kotkin 授權出版。

本書譯文由社會科學文獻出版社授權使用。

國際統一書號（ISBN）：978-988-237-203-0

2022 年第一版
2024 年第三次印刷

出版：香港中文大學出版社
　　　香港 新界 沙田·香港中文大學
　　　傳真：+852 2603 7355
　　　電郵：cup@cuhk.edu.hk
　　　網址：cup.cuhk.edu.hk

Stalin: Paradoxes of Power, 1878–1928 (in Chinese, 2 volumes)
　　By Stephen Kotkin
　　Translated by Li Xiaojiang

Copyright © Stephen Kotkin 2014
Traditional Chinese edition © The Chinese University of Hong Kong 2022
All Rights Reserved

The original English edition was published by Penguin Press in 2014. This translation is
published by arrangement with Stephen Kotkin via The Wylie Agency (UK) LTD.

ISBN: 978-988-237-203-0

First edition 2022
Third printing 2024

Published by The Chinese University of Hong Kong Press
　　　The Chinese University of Hong Kong
　　　Sha Tin, N.T., Hong Kong
　　　Fax: +852 2603 7355
　　　Email: cup@cuhk.edu.hk
　　　Website: cup.cuhk.edu.hk

Printed in Hong Kong

致約翰‧伯克隆（John Birkelund）
　　　　——商人、贊助人和歷史學同行

那些懂他的人相互間
笑笑，搖了搖頭；
可是，對我來說
那是希臘語。

　　　　　—— 莎士比亞：《裘力斯・凱撒》(1599)

目 錄

上冊

下冊

中文版序

　　毛澤東是現代世界最重要的人物之一，卻缺少一部權威傳記。當然，關於這位中共領袖的傳記已有很多，但沒有一部是基於對原始文獻的全面考察，因為那些文獻即便保存在檔案館，大多也不對研究者開放。對於毛澤東，傳記作家往往不得不依靠道聽途說和謠傳、官方的宣傳和神話，以及相當程度的猜測。毛澤東的一生只有一個階段可以憑借豐富的原始資料詳實地加以描述，那就是他與約瑟夫‧斯大林（Joseph Stalin）互有來往的1940年代，研究者可以用上從前保密而現已解密的蘇方資料。毛澤東仍然籠罩在許多謎團之中。

　　斯大林的情況剛好相反。對於共產主義現代中國的到來，斯大林是第二重要的角色，僅次於毛澤東。可查閱的有關斯大林的第一手原始文獻，數量多得驚人，使得研究者能夠深入探索他的生活以及統治，這比起我們對毛澤東的瞭解簡直天差地別。事實上，關於斯大林，最大的挑戰不是有些文獻仍然保密、無法查閱，儘管這一問題在某種程度上的確存在；相反，挑戰在於文獻太多了。研究者必須閱讀並理解數百萬頁從前保密的材料，涉及斯大林的方方面面——從國內的高階政治到地緣政治，從經濟到文化與社會，而且是在全球的尺度上。斯大林已不再神秘。

　　不過，斯大林的傳記該怎樣構思和寫作呢？他是世界上最舉足輕重的人物之一，但他的早年可以說微不足道。斯大林來自俄羅斯帝國偏遠的邊疆地區，出生於一個比較貧困的家庭，而且，除了年輕時在格魯

吉亞一個氣象台短暫地當過氣象員之外，多年來一直沒有工作。他很幸運，上了正教會辦的學校，但沒能上大學，也沒有讀完正教神學院，沒有成為神父，在成年時也沒有真正的職業。他在沙皇俄國過着顛沛流離的生活，不斷受到政治警察的滋擾，被捕、坐牢和流放都是家常便飯。他多次從流放地逃脫，但又被送了回去。那時的斯大林幾乎沒有任何經濟來源，除了幾本書外身無長物。他錯過了前半生最重要的事件——第一次世界大戰，當時他被困在偏遠的東西伯利亞。要等到1917年秋天，在將近39歲的時候，他才過上穩定的生活，成為在俄國掌權的布爾什維克核心圈的一員。

這些情況意味着，任何斯大林的傳記都不應該專注於他那相當正常的童年和基本上無足輕重的青年時代的瑣碎細節——尤其是，所謂斯大林早年生活的細節，許多不過是傳說，而非事實。相反，有點悖論的是，斯大林的傳記一開始必須關注他所生長的更廣闊的世界，而在很久之後，在他掌權之後，又要關注他將要塑造的世界。不僅如此，正如讀者將會看到的，這部傳記甚至認為，在掌權之前斯大林的個性尚未完全定型，而斯大林的個性塑造了蘇聯的體制和世界的歷史背景。更確切地說，本書認為，掌權的經歷——建立和施行專政權力的數十年——形塑了斯大林並造就了日後世界所知的那個人。斯大林形塑了那種體制，那種體制也創造了斯大林。隨着時間的推移，斯大林其人與他所生長的世界越來越合而為一，這個過程起初很慢，但後來越來越強烈，直到最後，斯大林的傳記開始變得像世界歷史。

中國的讀者會進一步看到，本傳記的注意力集中於俄國在世界上的地位，以及中國在世界上的地位，因為在歐亞大陸的興衰變遷中它們的歷史軌跡有着深刻的關聯。歷經幾百年才聚合起來的沙皇帝國，在第一次世界大戰的災難中解體了。而列寧，以及更大程度上斯大林，設法用新的形式再度將其聚合，即蘇維埃社會主義共和國聯盟。蘇俄的行動者，其中許多來自西伯利亞，曾幫助蒙古革命者將外蒙古從中國分離出來，將其變為蘇俄的第一個衛星國（或附庸國）。此外，在布爾什維克奪權之後的第一個十年，斯大林以及其他蘇俄幹部深深介入了中國國內的政治，本書對此作了一些新的分析。莫斯科與北京之間爭奪在

整個歐亞大陸的影響力，既合作又競爭，時常針鋒相對。這種關係構成了延續至今的一段漫長歷史軌跡的一部分，斯大林在其中扮演了令人生畏的角色，並最終與毛澤東糾纏在一起。

作者希望，《斯大林》第一卷能夠促進中國讀者從世界歷史的角度反思中俄關係，這一關係在近現代曾經歷種種影響深刻的事件，而將來也會見證許多程度更甚的曲折和轉變。

傑出的香港中文大學出版社能夠承擔我這部作品中文版的出版工作，令我由衷感激。這樣一項工作的規模和挑戰是巨大的，但陳甜和胡召洋為了確保給中國讀者提供準確流暢的版本，孜孜不倦地工作，他們的付出遠遠超出了職責所需。我非常感謝他們兩位以及出版社的其他同事。香港中文大學出版社是溝通中西方學術界的一座不可或缺的橋樑，能夠在這裏出版作品，對我來說是一份獨特的榮譽。

2022年4月
普林斯頓

斯蒂芬·科特金

前言及致謝

三卷本《斯大林》所講的故事，是俄國在世界上的權力和斯大林在俄國（被重鑄為「蘇聯」）的權力。在某些方面，本書力圖描繪一部從斯大林的辦公室展開的世界歷史（至少在寫作時感覺如此）。之前我曾以某個工業小城總體歷史的形式，從街頭層面對斯大林時代進行過個案研究。* 若從辦公室視角檢視更為廣闊的社會——住所的小策略（the little tactics of the habitat），† 必然沒有那麼精細，但政權也構成了一種社會。此外，我早先的那本書關注的是權力的來源，行使的方式及後果，這本書也是如此。故事是從斯大林的辦公室開始的，但並不是從他的觀點開始的。當我們觀察他試圖在整個歐亞大陸及以外的地方撬動權力槓桿時，需要記住，在他之前的其他人也執掌過俄國的舵輪。而蘇聯處在同帝俄一樣困難的地理條件之中，同帝俄一樣受到強鄰的打擊，儘管從地緣政治來說，蘇聯面臨的挑戰更大，因為一些曾經屬於沙皇的領土分離出去，成了敵對的獨立國家。同時，相比之前的沙皇國家，蘇維埃國家擁有更現代和更意識形態化的威權主義制度結構，它是斯大林領導的；而斯大林突出的一點是，他能把熱忱的馬克思主義信仰和大國的

*　編註：指作者的專著 *Magnetic Mountain: Stalinism as a Civilization* (University of California Press, 1991)。

†　譯註：這一說法來福柯，他認為空間的歷史也是權力的歷史，從地緣政治的大戰略到住所的小策略都是如此。參見福柯《權力的眼睛》（嚴鋒譯，上海人民出版社，1997），第152頁。

感情，把反社會傾向和非凡的勤勉及決心，不可思議地結合起來。那位到1928年已不容小覷的人物，他是在甚麼時機、出於甚麼原因而崛起的？查明這些問題是本書的一大任務。另一任務則涉及如何看待單個的人，哪怕是斯大林，在歷史大潮中的作用。

大戰略研究往往特別注重大規模的結構，有時會對偶然性或事件顧慮不周。與之相反，傳記研究則傾向於重視個體的意志，有時會對背後起作用的更大的力量失之考察。當然，傳記和歷史的結合可以相得益彰。本書的目的在於，詳細敘述大大小小的個人，是如何受限於他們的國家相對於別國的地位、國內制度的性質、觀念的強大影響、所處的歷史大勢（戰爭或和平，蕭條或繁榮）以及他者的作為或不作為，這些因素既成就了他們，也制約着他們。就連斯大林那樣的專政者，也只能在一定的範圍內作出選擇。歷史充滿了意外；結果出乎意料和不如人意是常事。歷史格局的改觀，通常並非肇端於那些設法或短或長地掌控它們的人，而嶄露頭角的恰恰是能抓住機會的人。陸軍元帥赫爾穆特·馮·老毛奇伯爵（Helmuth von Moltke the Elder，1800–1891）擔任普魯士和德國的總參謀長達31年，他把謀略貼切地稱為「權宜之計」或隨機應變，也就是因勢利導的能力。我們將會看到斯大林機詐多謀，一次次地利用了看似不利的形勢。但斯大林的統治也説明，在極其罕見的情況下，個人的決定如何給整個國家的政治和社會經濟結構帶來急劇的變化，並造成全球性的影響。

本書既帶有綜合的性質，也是在俄國的許多歷史檔案館和圖書館以及美國最重要的相關資料館中進行多年原創性研究的成果。在俄國進行的研究收穫頗豐，但有時也會是果戈理式的：有些檔案館對研究者完全「關閉」，但那裏的材料卻照樣在流傳；同一個研究者以前可以查閱，或者可以在研究人員共享的掃描文件中看到的材料，現在突然看不到了。對檔案館之外的檔案材料進行研究往往更有成效。本書還對檔案材料和公開出版的原始文件的縮微膠卷和掃描件作了詳盡的研究。反映斯大林時代的資料，數量增加得非常快，單靠個人的力量幾乎無法窮盡。最後，本書利用了大量的國際學術文獻。例如，要是沒有亞歷山大·奧斯特洛夫斯基（Aleksandr Ostrovskii）對青年斯大林所作的嚴謹研究，很

難想像本卷第一部的樣貌;沒有瓦連京・薩哈羅夫 (Valentin Sakharov) 對所謂弗拉基米爾・列寧 (Vladimir Lenin)「遺囑」的傳統解釋的尖銳質疑,也難以設想第三部會是甚麼樣子。弗朗切斯科・本韋努蒂 (Francesco Benvenuti) 早在俄國內戰期間就很有預見性地證明了托洛茨基的政治缺陷,而對於這一發現,我在第八章作了進一步展開;最終解開1920年代初牽扯到斯大林和列寧的格魯吉亞事件這一繩結的是傑里米・史密斯 (Jeremy Smith),讀者們將會發現,第十一章我將史密斯的研究與自己的一些發現結合起來。還有其他很多學者也應單獨列出;他們和上述幾位學者一樣,在尾註中得到了感謝。(我援引的學者大多是根據檔案或其他原始資料提出論證的,而在閱讀他們作品之前或者之後,我本人也常常查閱那些文獻。)至於我們故事中的主人公,對於探明他的性格和決策,他沒幫上甚麼忙。

xiii

《斯大林》這部書緣於我的著作經紀人安德魯・懷利 (Andrew Wylie),他的眼光可以說是出了名的好。企鵝出版社的編輯斯科特・莫耶斯 (Scott Moyers) 以出色而老練的手法不厭其煩地檢查了整部文稿,也讓我對書籍的瞭解大為增進。我在英國的編輯西蒙・溫德爾 (Simon Winder) 提出了一些很有洞察力的問題並給出了很好的建議。同仁們慷慨地提供了深刻的批評,對於內容的完善幫助很大。只是人數太多,無法一一致謝。我的研究和寫作還得到了從普林斯頓大學到紐約公共圖書館等許多優秀機構的支持。我有幸從1989年開始任教於普林斯頓大學,有大量的學術休假;紐約公共圖書館則是我幾十年來一直在發掘寶藏的地方,特別是我在圖書館中由瓊・斯特勞斯 (Jean Strouse) 負責的卡爾曼學者與作家中心待的那一年,收穫巨大。我還非常幸運地得到了一些基金會的資助,包括美國學術團體理事會、美國國家人文科學基金會和約翰・西蒙・古根海姆紀念基金會。最大的支持或許來自斯坦福大學的胡佛研究所。在那裏,我起先是加利福尼亞大學伯克利分校的訪問研究生,最後作為訪問教師參加了一年一度的保羅・格里戈里 (Paul Gregory) 蘇聯檔案工作坊,成為國家研究員,而現在則是聯屬研究員。胡佛研究所的檔案館無所不包,圖書館藏有不少珍本書籍——現在由埃里克・瓦金 (Eric Wakin) 管理得井井有條,對於研究20世紀的俄國/蘇聯來說,那裏依然是莫斯科以外的任何地方都無法企及的。

阿拉斯加

太平洋

北冰洋

鄂霍次克海

× 北極

日本帝國

符拉迪沃斯托克／海參崴

奉天／沈陽

對馬海峽

亞瑟港／旅順港

大西洋

俄羅斯帝國

中國

英國

白海

聖彼得堡

波羅的海

莫斯科

德意志帝國

韋爾尼／阿爾馬—阿塔

法國

基輔

薩拉托夫

鹹海

奧匈帝國

裏海

薩拉熱窩

黑海

塞爾維亞

奧斯曼帝國

英屬印度

地中海

波斯

大英帝國

印度洋

© 2014 Jeffrey L. Ward

俄國的歐亞大陸，約 1913 年

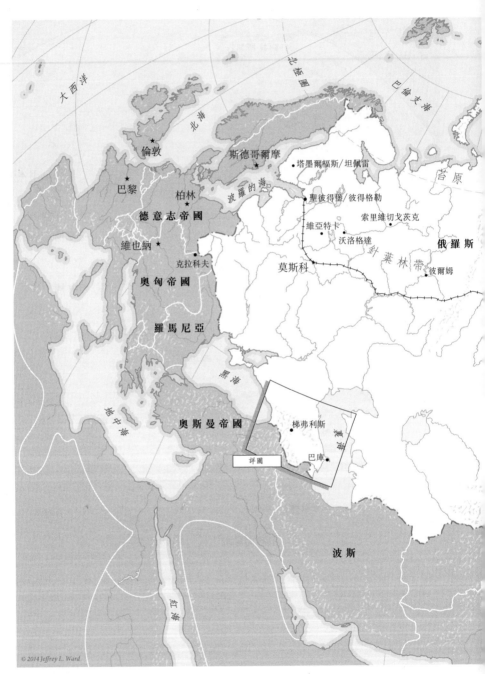

斯大林的活動範圍，1917年之前

北冰洋

太平洋

苔原

針葉林帶

北極圈

庫列伊卡
圖魯漢斯克
莫納斯蒂爾斯科耶
科斯季諾

帝國

鄂畢河

萊尼塞河

納雷姆

克拉斯諾亞爾斯克
新烏達
伊爾庫茨克

中國

俄羅斯帝國

高加索山脈

奇阿圖拉
哥里
巴統
梯弗利斯

巴庫—巴統輸油管道，1907

巴庫

奧斯曼帝國

黑海

裏海

巴庫—波季—巴統鐵路，1883

0 英里 100 200
0 公里 200

波斯

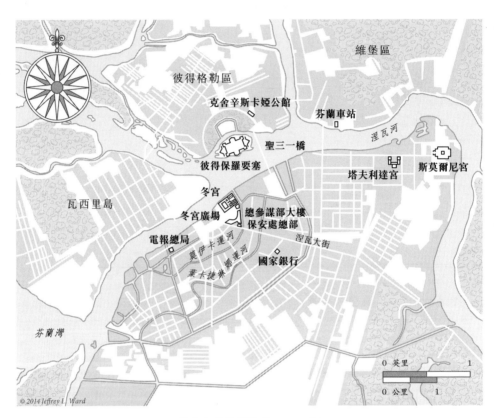

維堡區

彼得格勒區

克舍辛斯卡婭公館　　芬蘭車站

涅瓦河

聖三一橋

彼得保羅要塞　　　　　　　塔夫利達宮　　斯莫爾尼宮

冬宮　　　　　　　瓦西里島

冬宮廣場　　　總參謀部大樓
　　　　　　　　保安處總部

電報總局　　　　　　　　　　涅瓦大街

莫伊卡運河

葉卡捷琳娜運河　　　國家銀行

芬蘭灣

0 英里　　　　　1

0 公里　　　　　1

© 2014 Jeffrey L. Ward

革命中的彼得格勒，1917年

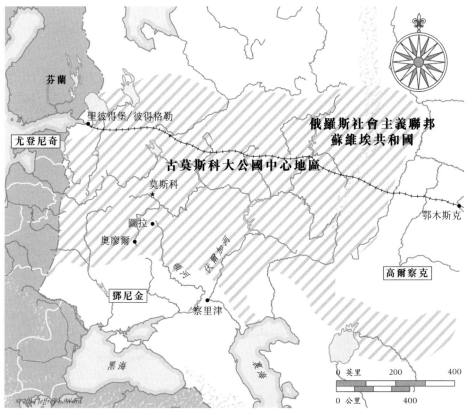

芬蘭

尤登尼奇

里彼得堡/彼得格勒

俄羅斯社會主義聯邦
蘇維埃共和國

古莫斯科大公國中心地區

莫斯科

圖拉

奧廖爾

鄂木斯克

鄧尼金

頓河

伏爾加河

察里津

高爾察克

黑海

裏海

©2014 Jeffrey L. Ward

| 0 英里 | 200 | 400 |
| 0 公里 | | 400 |

內戰：中心地區，1919年

新西伯利亞方向

伊爾庫茨克

俄羅斯社會主義聯邦
蘇維埃共和國

庫倫

外蒙古

滿洲/中國東北

中國

朝鮮

0 英里 ... 500
0 公里 ... 500

©2014 Jeffrey L. Ward

內戰：外蒙古，1921年

芬蘭

聖彼得堡/彼得格勒

愛沙尼亞

拉脫維亞

立陶宛

波羅的海

東普魯士

但澤

波爾走廊

托倫

北方軸線

明斯克

加伊的騎兵軍

斯摩棱斯克

莫斯科

圖拉

西方面軍司令部

普里皮亞季沼澤

布列斯特—里托夫斯克

華沙

盧布林

羅夫諾/里夫涅

基輔

俄羅斯社會主義聯邦
蘇維埃共和國

西南方面軍司令部

哈爾科夫

波蘭

利沃夫/利維夫

南方軸線

布瓊尼的第一騎兵集團軍

察里津

伏爾加河

匈牙利

羅馬尼亞

克里米亞

0 英里　　　　　200

0 公里　　　　　200

弗蘭格爾男爵的白軍

黑海

© 2014 Jeffrey L. Ward

內戰：蘇波戰爭，1920年

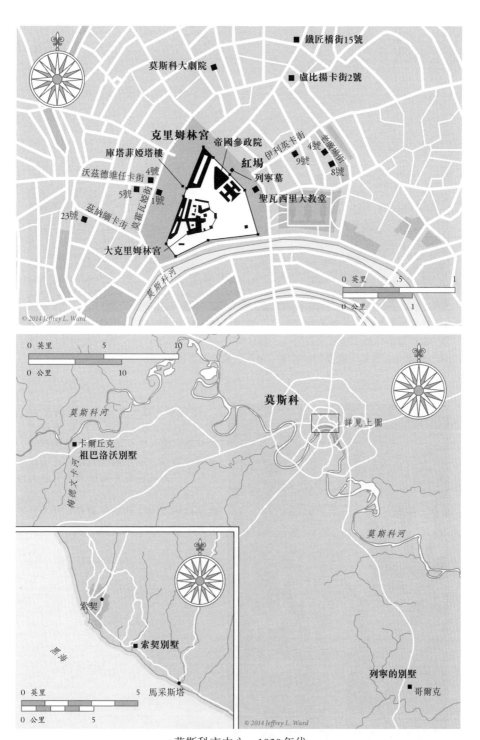

莫斯科市中心，1920年代

1　日本的崛起以及災難的初期跡象：俄國太平洋艦隊的旗艦「彼得羅巴甫洛夫斯克號」在亞瑟港外撞到兩枚水雷之後，俄日戰爭，1904年3月31日。為了挽回損失，俄國不遠萬里，派遣了波羅的海艦隊，但其戰艦旋即也被擊沉。

2　謝爾蓋‧維特在新罕布什爾的酒店，1905年8月。維特支持修築跨西伯利亞鐵路，對引發與日本的戰爭負有部分責任，但在俄國戰敗後，他在新罕布什爾的樸茨茅斯通過談判簽訂了一份有利的和約。尼古拉二世任命他為俄國歷史上的首位總理，可又容不下他。

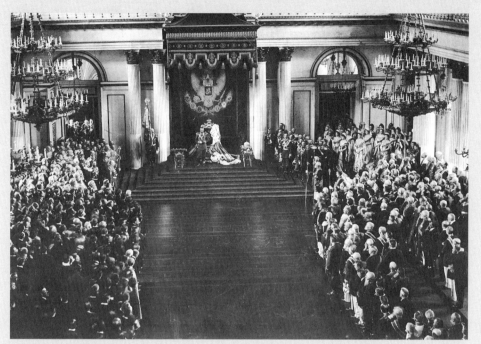

3　沙皇尼古拉二世在冬宮的觀見大廳主持國家杜馬 (下院) 的開幕儀式，1906年4月27日。對於允許成立俄國歷史上首個立法機關，沙皇很快就後悔了，於是，他就圖謀削弱或取締杜馬。

4　內務大臣彼得‧杜爾諾沃。1905至1906年，他的政治鎮壓挽救了君主專制。他的一位同事在回憶時説他「小個子，肌肉發達，有膽量」。季諾維‧格日賓 (Zinovy Grzhebin) 的這幅漫畫是描繪高官的系列諷刺畫作 (《奧林匹斯》) 之一。

5　彼得·斯托雷平(右數第二位,身着白色制服),基輔,1911年8月,當時尼古拉二世在慰問基輔省的農民。斯托雷平接替了維特的總理職務,同時又接替了杜爾諾沃的內務大臣一職。不久,斯托雷平在基輔歌劇院死於刺客之手。

6　君主專制空心化的隱喻:斯托雷平的國家別墅,1906年8月12日。在早期的這次未遂的暗殺中,28人死亡,其中包括總理15歲的女兒。攝影:卡爾·布拉(Karl Bulla)。

7　維多利亞女王(下排居中)和王室的親戚:德皇威廉二世(下排左邊,正抬頭向上看),未來的俄國沙皇尼古拉二世(戴圓頂禮帽者),德國科堡宮,1894年4月21日,這是在維多利亞女王的孫女、薩克森—科堡和愛丁堡孫公主維多利亞‧梅利塔(Victoria Melita,「寶貝兒」)與德國黑森的恩斯特‧路德維希(Ernst Ludwig)舉行婚禮的兩天後。維多利亞女王的外孫女和新郎的妹妹、黑森的阿利克斯剛剛答應了尼古拉的求婚,不久就成了俄國的亞歷山德拉。

8　六歲的皇位繼承人阿列克謝和他的海軍隨從安德烈・傑列文科,在皇太子母親的家鄉,一起騎着有特殊裝置的自行車,1910年8月。為了防止累着、甚至磕着——要是磕着了,這個患有血友病的小男孩就有可能因失血而死亡——阿列克謝也常常由人抱着。他這種威脅到生命的疾病是從母親那裏遺傳的,而他母親又是從維多利亞女王那裏遺傳的。

9 維薩里昂·「貝索」·朱加施維里。這是唯一一張已知的被認為是斯大林父親貝索的肖像。

10 葉卡捷琳娜·「凱可」·格拉澤,斯大林的母親。

11 左:斯大林出生的房子,哥里,格魯吉亞。

12 右:雅各比·「柯巴」·葉格納塔施維里,哥里的酒館老闆,謠傳他是斯大林的生父。他資助了斯大林上學。

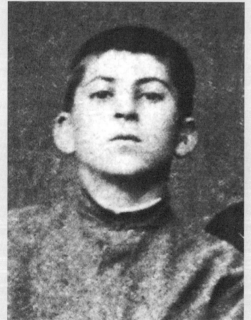

13　哥里教會學校的師生，1892年；13歲的約瑟夫·朱加施維里在最後一排正中間。這是已知的斯大林的第一張照片。

14　梯弗利斯東正教神學院的師生，1896年；朱加施維里（最後一排，左二）臉刮得乾乾淨淨。

15　新古典主義風格的神學院大樓，別稱「石頭口袋」，在那裏的監視和告密的制度下，斯大林生活和學習了一段時間。

16 拉多·克茨霍維里(1877-1903),斯大林在馬克思主義和革命道路上的第一位導師。拉多是被沙皇監獄的看守殺害的,這是許多左翼人物遭遇的命運,本來也有可能落到斯大林頭上。

17 集體合照中斯大林的特寫,庫塔伊西監獄(格魯吉亞),1903年。

18 斯大林約1903年被關押在庫塔伊西監獄時的牢房。(攝於1949年)

19　不幸和苦難：斯大林在葉卡捷琳娜‧「卡托」‧斯瓦尼澤（生於1885年）的靈柩旁，1907年12月。她俘獲了他的心，卻在極大的病痛中離世。他們在前一年剛剛結婚。斯大林將還是嬰兒的雅科夫（生於1907年3月）託付給她的親屬撫養。

20　沙皇警察機關的犯罪嫌疑人斯大林的照片，巴庫，1910年3月30日。一般來說，斯大林在獄中的時間是這樣度過的：讀書、學世界語和鬥謠——有關他是警方奸細的傳言雖然沒有得到證實，但從未停止。

第一部

雙頭鷹

他的地位，在歐洲和亞洲、過去和未來都
無人能及。這是世界上聲名最顯赫的人，
也是最神秘莫測的人。

——亨利・巴比斯 (Henri Barbusse)
《斯大林》(1935)

俄羅斯雙頭鷹棲居的地域之遼闊，過往或之後的國家無一能及。那
裏不僅有聖彼得堡的宮殿和莫斯科的金色穹頂，還有講波蘭語和意地緒
語的維爾諾*和華沙，德意志人建立的波羅的海港口里加和雷瓦爾†，講
波斯語和突厥語的綠洲布哈拉和撒馬爾罕（帖木兒墓葬所在地），以及太
平洋附近薩哈林島上的阿依努人。「俄羅斯」包括肥沃的烏克蘭險灘和哥
薩克村落，西伯利亞的沼澤和陷阱。其疆界遠達北極和多瑙河、蒙古高
原和德意志。高加索山脈的屏障也被突破並圈入其中，讓俄羅斯延伸到
黑海和裏海，與伊朗和奧斯曼帝國接壤。帝俄的宗教紛然雜陳，有大量
的正教教堂、清真寺、猶太會堂、舊禮儀派教徒的祈禱堂、天主教堂、
亞美尼亞使徒教會的教堂、佛教廟宇以及薩滿教的圖騰。帝國遼闊的疆
域成了商人的樂土，最典型的便是草原的奴隸市場，以及後來伏爾加河
流域的路口集市。奧斯曼帝國橫跨三個大陸（歐洲、亞洲和非洲），但 20
世紀初有些觀察家認為，橫跨兩個大陸的俄羅斯帝國既不屬於歐洲也不
屬於亞洲，而是自成一體的第三種存在：歐亞大陸。話雖如此，威尼斯
駐奧斯曼帝國大使（阿戈斯托·納尼〔Agosto Nani〕）形容奧斯曼帝國的
話──「與其說是一個國家，不如說是一個世界」──也同樣適合俄羅
斯。斯大林的統治將會給那個世界帶來巨變、希望和災難。

---

*　譯註：波蘭語地名，現為立陶宛首都維爾紐斯。
†　譯註：德語地名，現為愛沙尼亞首都塔林。

斯大林生在高加索的貿易和手工藝之城哥里。他出身寒微，父親是鞋匠，母親做些漿洗縫補的營生。但是在1894年，他進了高加索第一大城市梯弗利斯的東正教神學院，學習成為一名神父。要是那年有個俄羅斯帝國的臣民睡着了，30年後醒來時就會遇到很多驚人的事情：到1924年，有個叫電話的東西隔着很遠的距離就能實現幾乎即時的交流，車輛不用馬拉也能行駛，人在天上飛，X射線可以看到人體內部。一種新的物理學設想原子內部有不可見的電子，而原子在輻射時會發生裂變。還有理論認為，空間和時間彼此相關，可以彎曲。女人，有的當了科學家，有的炫耀新奇的髮型和服飾，並以此為時尚。小說讀起來是夢幻般的意識流，僅僅描繪形狀和色彩的畫作也會得到很多人的讚賞。[1] 由於所謂的世界大戰*（the Great War，1914–1918），全能的德國皇帝下台了，與俄國為鄰的兩大宿敵奧斯曼帝國和奧匈帝國消失了。俄羅斯本身基本完好，但其統治者出身卑微，而且來自帝國的邊疆。[2] 對於我們假想的這位沉睡30年並在1924年醒來的瑞普·凡·溫克爾（Rip Van Winkle）† 來説，這樣的情形——一介平民，而且是格魯吉亞人，接過了沙皇的權杖——實在是太驚人了。

像斯大林那樣從帝國邊緣地帶走上權力的最高層，雖不常見，但也不是沒有先例。1769年，八個孩子中排行第二的拿破侖·迪·波拿巴（Napoleone di Buonaparte）出生在科西嘉。那是地中海上的一座島嶼，前一年剛剛（由熱那亞共和國）被併入法國。這個年輕人因而獲得一定的權利，可以進入法國的軍校。拿破侖從來沒有改掉自己的科西嘉口音，可他不但升為法國的將軍，還在35歲時成了法國世襲制的皇帝。平民阿道夫·希特勒（Adolf Hitler）的出生地完全在他日後統治的國家之外：他來自哈布斯堡王朝的邊疆，1871年德國統一時把那裏漏掉了。1913年，24歲的希特勒從奧匈帝國搬到慕尼黑，正好趕上加入德意志帝國的陸軍參加世界大戰。1923年，希特勒因為後來的所謂慕尼黑「啤

---

* 　編註：即第一次世界大戰，下同。

† 　譯註：美國作家華盛頓·歐文（Washington Irving，1783–1859）小說中的主人公，他沉睡幾十年，醒來時發現人間已經發生了巨變。

酒館暴動」而犯下叛國重罪，但一名有民族主義傾向的德國法官無視
相關法律，沒有將這個並非德意志公民的人驅逐出境。兩年後，希特
勒放棄奧地利國籍，成了無國籍人士。直到1932年，他才獲得德國國
籍，當時他是以某種藉口入籍的（表面上是要擔任布倫瑞克的「土地測
量員」，而布倫瑞克是納粹黨的選舉根據地）。次年，希特勒被任命為
德國總理，走上了成為獨裁者的道路。按照希特勒或拿破崙的標準，
斯大林的確是作為他所屬帝國的臣民長大的，因為早在他出生前77年
格魯吉亞大部分地區就併入了俄國。儘管如此，他從卑微的邊緣地帶
一躍而起仍然是不太可能的。

　　要解釋斯大林的專政政權，難度很大。他掌握着橫跨11個時區的
所有人——戰前最高峰超過兩億人口——的生殺大權，就連沙皇俄國最
偉大的專制君主也要自嘆弗如。這樣的權力在年輕的索索·朱加施維
里（Soso Jughashvili）*的傳記中是發現不了的。就像我們將會看到的，斯
大林的專政統治是一些巨大的結構性力量的產物：俄國專制政治體系的
演變；俄羅斯帝國對高加索的征服；沙皇政權對秘密警察的依賴以及與
恐怖主義的牽連；歐洲社會主義的空中樓閣；布爾什維主義的地下密謀
性質（沙皇專制的翻版）；儘管具備了所有條件，但俄國的極右勢力並沒
有發展成法西斯主義；全球性的大國競爭，以及破壞力驚人的世界大
戰。沒有這一切，斯大林永遠不可能和權力沾邊。除了這些大的結構
性因素之外，還有一些偶然因素，例如沙皇尼古拉二世（Nicholas II）戰
爭期間的退位，亞歷山大·克倫斯基（Alexander Kerensky，1917年取代
沙皇的臨時政府的最後一位首腦）的失算，布爾什維主義的許多左翼競
爭力量的作為、尤其是不作為，列寧的多次中風和他在1924年1月的早
逝，以及布爾什維克中斯大林的競爭對手的自負和愚笨。

　　還可以進一步設想，年輕的朱加施維里本有可能會像他的眾多鄰居
一樣死於天花，或者被巴統和巴庫貧民區中特有的其他致命疾病奪走生
命——他在那裏鼓動社會主義革命。警察機關的工作要是稱職，本來是

---

* 　編註：索索是斯大林的暱稱；約瑟夫·朱加施維里是斯大林的本名。詳見第一章。

可以判他到銀礦做苦役（*katorga*）的，而許多革命者都在那裏早早地死去了。朱加施維里本有可能在1905年革命後的鎮壓中成為法外處決的一部分，在1906至1907年間被當局絞死（1905至1906年間，有1,100多人被絞死）。[3] 或者，朱加施維里也可能由被他戴了綠帽子的很多同志殺掉。即便斯大林在童年或青年時死去，也不會阻止世界大戰、革命及混亂，後羅曼諾夫皇朝的俄國還是有可能出現某種形式的威權主義統治。但對於這位出身卑微的年輕人而言，他出人頭地的決心，他的機詐，他久經磨練的組織才能，將有助於改變1917年以來布爾什維克革命初期的整個結構性景觀。斯大林在布爾什維克專政內部殘酷、巧妙而又頑強地建立起了個人的專政。然後，他發動並完成了對整個前帝國血腥的社會主義改造，領導並打贏了人類歷史上最大的戰爭，讓蘇聯成為全球事務的中心。最終，就像我們將會看到的，一部斯大林的傳記要比其他任何歷史人物——哪怕是甘地或丘吉爾——的傳記更接近於一部世界史。

∽

世界歷史是由地緣政治推動的。在各個大國當中，大英帝國對於塑造現代世界的作用首屈一指。1688至1815年，法國人與英國人爭奪全球霸主地位。儘管法國的陸地面積更大、人口更多，英國卻主要憑藉更勝一籌的財力和軍力成為贏家。[4] 等到最後與其他國家聯手打敗拿破侖時，英國人已然成為統治世界的力量。此外，他們的崛起恰逢清王朝統治下中國的衰落，這使得英國在政治、軍事、工業、文化和財政上真正成為全球性的力量。經常用來形容帝國疆域遼闊的形象說法「日不落」，最初是與更早的西班牙帝國聯繫在一起的，但這個說法被用在了英國人身上，並與之緊緊相連。不過，到了1870年代，英國統治下的世界出現了兩道裂縫：一是奧托·馮·俾斯麥侯爵（Otto von Bismarck）統一了德國——這是由老毛奇用武力實現的。結果，就像閃電一樣，一個實力超群的新強國出現在歐洲大陸；二是日本的明治維新，給一個東亞的新強國注入了強勁的動力。突然之間，帝俄既要在不安定的西部邊界面對世界上最具活力的新強國，又要在人煙稀少的東部邊

界面對亞洲最具活力的新強國。俄國進入了一個新世界。這就是斯大林出生的世界。

就連我們稱之為現代性的那一套特徵，也並非某種內在的社會學過程——擺脫傳統——的結果，而是地緣政治惡性競爭的結果。在這種競爭中，一個國家必須在現代的鋼鐵生產、現代的軍隊，以及現代的、以群眾為基礎的政治體系方面，能與其他大國相匹敵，否則就會被碾壓，有可能淪為殖民地。[5] 保守派統治集團尤其要面對這些挑戰。眾所周知，卡爾‧馬克思（Karl Marx），那位激進的德國記者和哲學家，對帝俄的影響要超過其他任何地方。但在斯大林一生中的大部分時間裏，是另外一個德國人，並且是個保守派，對帝俄的影響最大——他就是奧托‧馮‧俾斯麥。作為鄉紳，俾斯麥出身於勃蘭登堡東部一個信奉新教的容克家庭，他曾就讀於哥廷根大學，加入過兄弟會（Burschenschaften），並且是出了名的貪酒好色。1862年以前，俾斯麥從未擔任過任何行政職務，只做過駐俄大使和駐法大使。但不到十年，他就成了鐵血宰相，以普魯士為基礎打造了一個強大的新國家。普魯士作為有名的「尋找國家的軍隊」，終於找到了國家。與此同時，這位持右翼立場的德國總理還向各地的統治者展示了如何培育更廣泛的政治基礎、發展重工業和建立社會福利制度，以及如何為了維護現代的國家權力而在一干野心勃勃的大國中縱橫捭闔。

俾斯麥是幾百年一遇的政治家。他巧妙地打敗了德意志諸邦國內外的大量對手，挑起了三次快速、重大但有限的戰爭，先後擊潰丹麥、奧地利和法國，但為了保持均勢，他保留了多瑙河畔的奧匈帝國。如果勝券在握，他就製造攻擊的藉口，或從外交上孤立其他國家，誘使它們發動戰爭。他確保握有備選方案，並且讓這些不同的方案相互競爭。不過，對於德國的統一，俾斯麥根本沒有任何總體規劃，他的計劃乃是即興之作，並且部分是出於對國內的政治考量（馴服普魯士議會中的自由派）。但他不斷地把環境和運氣發揮到極致，突破了結構上的限制，腳踏實地創造了新的現實。「與其說政治是科學，不如說是藝術，」俾斯麥後來説，「這門學科是教不會的。一個人必須具備這方面的天賦。要是執行不當，哪怕是最好的建議也沒有用。」[6] 他還把政治説成是打牌、

擲骰子一般帶有運氣成分的遊戲。「即便是這個世界上最精明的人，也隨時會像孩子一樣墮入黑暗」，對於自己1864年挑起的丹麥戰爭的勝利，俾斯麥如此評價。[7]他抱怨說這是「一件吃力不討好的事情……必須推算出一系列很可能發生的和不可能發生的情況，並根據推算制訂計劃」。俾斯麥不把希望寄託於美德，而是僅僅寄託於權力和利益。這種執政風格日後被稱為「實用政治」(*realpolitik*)。該說法是奧古斯特・馮・羅豪 (August von Rochau，1810–1873) 提出的，他是德意志民族自由黨成員，對於1848年未能取得突破、推行憲法感到失望。實用政治原本是指，使用行之有效、切合實際的政治手段，去實現理想主義的目標。俾斯麥的風格更類似於俗話說的「以國家利益為重」——基於算計而不顧及善惡的國家利益。問題不在於原則，而在於目標；不在於是非，而在於手段。[8]俾斯麥遭受到普遍的憎惡，直到他最後取得輝煌的成就，因打敗法國、把奧地利變成附庸、統一德國而被捧到天上。

接着，俾斯麥又同奧匈帝國和意大利組建三國同盟(1882)，與俄國秘密簽訂再保險條約(1888)，得到了萬一發生衝突將保持中立的承諾，因而避免了與法俄兩線作戰的可能性，突出了新德國在歐洲大陸的掌控力。他的天賦屬於密室中的天賦。他講話的聲音不大、不自信，與公眾接觸也不多。此外，他不是統治者，行事要順着國王(和後來的皇帝)威廉一世(Wilhelm I)的意願。在那種極端重要的關係中，俾斯麥憑藉心理上的技巧和韌性，一直有效地操縱着威廉一世，他時而威脅說要辭職，時而又裝模作樣，擺出各種姿態。威廉一世實際上是個勤勉、體貼和聰明的君主，知道甚麼情況下該在政策上聽從俾斯麥的意見，知道該怎樣捋平鐵血宰相豎起的羽毛。[9]為了讓自己顯得不可或缺，俾斯麥的策略是在一定程度上儘量把事情複雜化，這樣一來，就只有他一個人知道是怎麼回事(這一點成了他人所共知的套路)。他總是把很多球拋在空中，而為了不讓球掉下來，他就要一邊不停地接球，一邊把更多的球拋上去。還有一點必須記住，俾斯麥得益於當時世界上最好的陸軍(以及或許是排在第二位的海軍)。

歐洲各地其他想要成為政治家的人，把俾斯麥的「政治藝術」當作學習的榜樣。[10]毫無疑問，從法治傳統深遠的倫敦的角度來看，俾斯麥是

個威脅。但是從聖彼得堡——那裏的挑戰是找到可以對付左翼極端主義的支柱——的角度來看，他就像救星。無論從哪個角度看，他在沒有群眾運動的支持，沒有突出的從政經驗，而且還要面對一批難以對付的利益集團的情況下，通過統一德國擴張了普魯士的勢力，這一點絲毫不遜色於過去兩個世紀以來任何一位領導人最偉大的外交成就。[11] 此外，俾斯麥間接地向自己戰勝過的那位統治者——法國的拿破侖三世 (Napoleon III)——表示敬意，讓成年男性有了普選權，把保守派的政治命運寄託在農民的德意志民族主義上，以支撐議會的統治。「要是靡菲斯特*登上講壇宣讀福音，有人會因為這種祈禱而受到激勵嗎？」落了下風的德國自由派報紙憤憤地說道。俾斯麥還鼓動德國的保守派支持廣泛的社會福利立法，從而在策略上戰勝社會主義者。還有一個情況也進一步彰顯了俾斯麥統一大業的重要性，那就是剛剛統一的德國很快就迎來了經濟發展的高潮。這個國家似乎一夜之間就在現代工業的一些關鍵領域，比如鋼鐵和化工，超過了世界頭號強國英國。當英國開始陷入 (相對)「衰落」的時候，俾斯麥的新德國卻在推動世界秩序的調整。德國「像一座巨大的鍋爐，」有俄國人評論說，「多餘的蒸汽產生得極快，因此迫切需要有一個出氣口。」[12] 正如我們將會看到的，俄國的統治集團，或者至少是其中比較能幹的那部分人，開始癡迷於俾斯麥。成為帝俄另外一隻雙頭鷹的，不是一個而是兩個德國人：俾斯麥和馬克思。

❧

斯大林對我們來說似乎是太熟了。他的父親揍他；東正教神學院壓迫他；他產生了某種「列寧情結」，要超越自己的導師，然後又仔細研究過「恐怖的伊萬」，這一切導致數百萬人慘遭殺害——這種比較陳舊的形象早就沒有甚麼說服力了，哪怕是增加了對俄國政治文化和政治人物分析的高級版本也是如此。[13] 羞辱的確往往會使人變得野蠻，但斯大林的童年是不是像人們常說的那樣不堪回首，現在還不清楚。他身體

---

* 編註：浮士德 (Faust) 故事中的人物，引誘人類墮落的惡魔。

畸形，多次生病，卻思想活躍，渴望自我完善，而且顯露出領袖才能。
不錯，他是有點喜歡惡作劇。「小索索非常淘氣，」他的夥伴格里戈里·
伊麗莎白施維里 (Grigory Elisabedashvili) 回憶説，「他喜歡彈弓和家裏
做的弓。有一次，有個牧人正趕着牲口回家，索索跳出來，用彈弓射
中了一隻牲口的頭。那頭公牛生氣了，牲口們互相踩踏，待牧人要追
趕索索，他卻已經沒影了。」[14] 但和年幼的斯大林熟識的那些同輩表親
們，一直跟他保持聯繫，直到他去世。[15] 斯大林的許多老師也活到了能
寫回憶錄的年紀。[16] 此外，即使他的童年如同許多人片面描寫的那樣悲
慘，這跟日後的斯大林也沒有多大關係。列夫·托洛茨基 (Lev Trotsky)
的做法對我們也沒有多大幫助。托洛茨基對斯大林不屑一顧，認為他
不過是官僚主義的產物，是個「一般水平的委員 (*komitetchik*)」，也就是
説，既趕不上真正的無產者，也不如真正的知識分子 (即托洛茨基)。[17]
斯大林的父母都是農奴出身，沒有受過正規教育，但他的家人，包括他
飽受非議的父親，都很努力。斯大林的家鄉哥里，常常因落後而受人
譏笑，卻給他提供了重要的受教育的機會。

　　較新的青年斯大林形象——採用了大量新近獲得的原始資料 (包括
拉夫連季·貝利亞〔Lavrenti Beria〕1930 年代徵集並塑造的回憶錄)——
再現了那位能幹的學生和天才。不過，這些回憶錄也被用來描繪出一
個讓人難以置信的傳奇人物，一個富有東方色彩的情種和充滿男子漢
氣概的強盜。[18] 這樣做可以增加閱讀的趣味性，也含有一些可貴的新發
現。不過，這種新的形象説服力也不夠。青年斯大林血氣方剛，不免
沾花惹草。但他不是專門勾引婦女的浪蕩子。馬克思和恩格斯 (Friedrich
Engels) 都有私生子——馬克思和他的女管家有染，恩格斯為了保護馬克
思而聲稱自己是孩子的父親——但馬克思顯然不是因此史上留名的。[19]
年輕的薩達姆·侯賽因 (Saddam Hussein) 也寫詩，但這位伊拉克人在
成為巴格達獨裁者的幾十年前，是個真正的刺客。青年斯大林是個詩
人，但決不是刺客。他也不是甚麼高加索的黑幫老大，不管貝利亞認
為這樣的形象多麼有利於討斯大林的歡心。[20] 青年斯大林在不同時期確
實吸引過幾個小幫派的追隨者，但時間都不長。實際上，關於斯大林
的地下革命活動，最重要的事實是，他在高加索根本沒有打下牢固的政

治基礎。斯大林到首都去的時候，身邊沒有薩達姆‧侯賽因的那種「提克里特網絡」(Tikriti network)。[21] 經過審慎的檢查可以發現，青年斯大林在設立非法印刷所、煽動罷工和策劃財產侵佔剝奪方面，顯然都取得過成功。斯大林在1907年梯弗利斯大劫案中所起的幕後作用——此事得到庫恩‧米克洛什的證實，並由西蒙‧塞巴格‧蒙蒂菲奧里作了精彩的描述——的確表明青年斯大林為了事業幾乎甚麼都願意做。[22] 但搶劫本身不是目的。社會主義和社會正義，連同他自己地位的提升，那**是當時**的事業。對於成為他終身使命的東西，沒有甚麼會讓他分心，少女、暴力和同志間的友情都不能。

　　本書不會去作跳躍性的猜測，也不會追求所謂的填補斯大林生平的空白。[23] 本書將小心地穿行於各種活靈活現卻不太可信的傳說中。由於政權的謊言、競爭對手的誹謗和文件的佚失，未來的斯大林在高加索從事地下革命活動的情況是一片混亂。[24] 但我們還是可以肯定地說，從社會民主黨隊伍內部的情況來看，認為斯大林**特別**奸詐地去出賣同志的說法是可笑的。斯大林既專橫（和列寧、托洛茨基一樣專橫）又暴躁（也和列寧、托洛茨基一樣暴躁）。他不會忘記受到的怠慢，這在盛行血仇文化的高加索司空見慣，在自戀者當中也很常見（自戀者是對許多職業革命家的另一種稱呼）。不錯，和大多數人相比，青年斯大林總是引起同事的反感，因為他不管自己的正式任務是甚麼，不管自己的成就如何，總想發號施令，然後又總把自己看作受委屈的一方。斯大林常常是愛交際的，但他同樣是喜怒無常和冷漠的，這讓他顯得疑心較重。通常情況下，對他有吸引力的是和他一樣的人：出身卑微的知識分子新貴。（他「身邊只有無條件尊重他和所有事情都順着他的人」，有位反對者後來寫道。）[25] 不過，在1905至1908年狂熱的革命歲月中，實際上青年斯大林主要是個時評家，為一些印數很少的出版物撰寫評論。但那些出版物是非法的，所以他總是東奔西跑，在警察的追蹤下往來於梯弗利斯、巴統、奇阿圖拉、巴庫和高加索的其他地方；此外還有塔墨爾福斯（俄屬芬蘭）、倫敦、斯德哥爾摩、柏林、維也納和歐洲的其他地方，以及歐俄北方的沃洛格達和東西伯利亞的圖魯漢斯克。[26] 未來的斯大林有一點比較特別，那就是他從未想過要移居國外。他的早期生活差不多

是地下革命者的典型生活：1901 至 1917 年，總共大約有七年時間是在西伯利亞流放或者在某地坐牢，此外還短期去過幾次國外。尤其是在 1908 年之後，他窮困潦倒，到處求人施捨，心中忿忿不平，並同其他囚犯和流放者一樣，在百無聊賴中度日。

將會成為斯大林的那個人，既是俄羅斯帝國在格魯吉亞駐軍的產物——他父親搬到哥里就是為了給軍隊做鞋子；又是帝國行政官員和神職人員的產物，他們的俄羅斯化措施既讓斯大林有了受教育的機會，也在無意中放大了 19 世紀後期格魯吉亞的民族意識，而那種民族意識對他的影響是很大的。[27] 後來，斯大林的小兒子對他姐姐吐露秘密，說父親年輕時是格魯吉亞人——的確如此。「啊，可愛的國度，鮮花遍地／伊比利亞人的鄉村，充滿歡樂／所以你們，啊，格魯吉亞人，要用學習／把喜悅帶給自己的祖國」，17 歲的朱加施維里在他的一首早熟、浪漫的格魯吉亞詩歌（〈清晨〉）中寫道。[28] 在人生的頭 29 年，他只用格魯吉亞文發表文章。「他說的是特別純正的格魯吉亞語，」有個在 1900 年遇到過斯大林的人回憶說，「他發音清晰，談吐風趣幽默。」[29] 當然，至少按傳統的觀點來說，斯大林作為格魯吉亞人實際上有點差勁：過於沒有榮譽感，對朋友和家人不能堅貞不二，不把舊債放在心上。[30] 不過，格魯吉亞是個多樣化的國度，未來的斯大林因此才學會了亞美尼亞口語。他還會一點世界語（創造出來的國際主義語言），學過德語（那是左翼人士的母語），但不精通，也讀過柏拉圖的希臘文原典。最重要的是，他的帝國語言——俄語——說得非常流利。結果，這位年輕人不僅喜歡格魯吉亞民族詩人紹塔‧魯斯塔維里（Shota Rustaveli）的警句（「親密的朋友原來是比敵人還危險的敵人」），[31] 還喜歡安東‧契訶夫（Anton Chekhov）悲憫動人、難以言傳的作品——他的《櫻桃園》(1903) 描寫了投機商的斧子如何砍倒了小貴族的櫻桃樹（那處莊園和大宅賣給了一個庸俗的資產階級）。斯大林既沉浸在俄羅斯帝國之中，又沉浸在格魯吉亞的歷史中。

在俄國布爾什維克革命的背景下，除了格魯吉亞人的出身之外，讓斯大林與眾不同的還有他對於自我完善的巨大熱忱。他狼吞虎咽地讀書，而作為馬克思主義者，他之所以這樣做，是為了改變世界。或許再也沒有甚麼比他強烈的政治宗派主義更突出了（即便是在一種有多達

三分之一的東正教教徒都支持宗教分裂的文化中)。他在青年時期變成
了列寧主義的馬克思主義者,不僅跟沙皇制度鬥,還跟其他的革命派別
鬥。[32] 然而,正如我們將要進行詳細檢視的,最終,對塑造斯大林及其
後來的統治最重要的因素,只是他年輕時的部分遭遇,即帝俄國家和專
制制度內在的運作、當務之急和幾次失敗。這段歷史涉及面太廣,要
理解斯大林的早年生活就要有個適當的視角。但這也為把握他後來的
巨大影響作好了準備。

第一章
帝國子民

我的父母是沒有受過教育的人，但是他們待我很不壞。

——斯大林接受德國記者
艾米爾・路德維希（Emil Ludwig）的採訪，1931年12月[1]*

　　從恐怖的伊萬那時候算起，俄羅斯在四個多世紀裏平均每天擴張50平方英里[†]，最後囊括了以兩洋三海為界的廣大地區：太平洋和北冰洋；波羅的海、黑海和裏海。俄國最終擁有的海岸線長度超過了其他任何國家，俄國的艦隊可以停泊在喀琅施塔得和塞瓦斯托波爾，（最後）還有符拉迪沃斯托克。[2][‡] 俄國的森林將其與歐洲連接起來，俄國4,000英里[§] 寬的草原將其與亞洲連接起來，並提供了一個有待發現的「新世界」。

　　雖然如此，俄羅斯帝國卻幾乎不具備任何存在的先決條件：它的大陸性氣候十分嚴酷，遼闊的開放性邊境（無邊的草原，無際的森林）守衞或治理的成本很高。[3] 此外，帝國的許多地方都位於極其遙遠的北方。（加拿大農業區的緯度總體上跟基輔相當，遠低於莫斯科或聖彼得

---

* 　譯註：《斯大林全集》（人民出版社，1953–1956）第13卷，第101頁。

† 　編註：約129平方公里。

‡ 　編註：即海參崴。

§ 　編註：約6,437公里。

堡周邊農莊的緯度。）土地雖多，可根本沒有足夠的人手耕種。專制制度依靠被稱為農奴制的一系列措施，逐漸把農民束縛在土地上。農民的流動性從未完全消除。農奴可以嘗試逃跑，一旦成功，通常就會作為稀缺的勞力，在別處受到歡迎，但農奴制作為一種強迫性的制度根深蒂固，直到始於1861年的農奴解放。[4]

俄國的對外擴張克服了重重阻力，改變了自身的族群和宗教構成。直到1719年，俄國的大俄羅斯人或許還佔70%（其中超過85%都是斯拉夫人），但到了19世紀末，俄羅斯人只佔44%（其中斯拉夫人佔73%左右）；換句話說，大部分人口（56%）都不是大俄羅斯人。在其他斯拉夫人中，小俄羅斯人（或烏克蘭人）佔18%，波蘭人佔6%，白俄羅斯人佔5%。還有少量的立陶宛人、拉脫維亞人、愛沙尼亞人、芬蘭人、日耳曼人、格魯吉亞人、亞美尼亞人、韃靼人、卡爾梅克人和西伯利亞土著。1719年俄國根本沒有猶太人，但18世紀末對波蘭的吞併，逐漸讓猶太人在帝國總人口中佔到大約4%。按照法律，他們應該被限制在以前居住的、遭受吞併的地區（也有例外）——即從前的波蘭—立陶宛王國和西烏克蘭的部分地區，那些地方構成了猶太人居住區。[5]他們不得擁有土地，這讓他們比其他俄國人更加城市化和專業化。雖然歷史的焦點都集中在俄國的500萬猶太人身上，但成為僅次於東正教基督徒的帝國第二大宗教群體的，卻是俄國的穆斯林，他們的存在要追溯到古莫斯科大公國。穆斯林是沙俄出生率最高的群體之一，最終超過1,800萬，佔總人口的10%以上。在俄國的穆斯林中，許多人講波斯方言，但大部分人講突厥語，結果，俄國講突厥語的人比「土耳其」奧斯曼帝國還要多幾百萬。

俄國的領土擴張往往是以犧牲奧斯曼土耳其人的利益得來的，比如對高加索的征服。那些比阿爾卑斯山還高的崇山峻嶺，像楔子一樣插在黑海與裏海之間，但在山脈兩側，在靠近海濱的地方，有容易通行的狹窄低地，就成了征服的通道。在高加索西部，受奧斯曼土耳其人統治的影響，突厥語長期充當交際中的通用語言；在東部則是波斯語，這是伊朗人統治的結果。1556年，忠於俄國沙皇的軍隊首次抵達裏海——恐怖的伊萬一度娶了一位高加索的突厥公主，但俄羅斯帝國直到1722年才從波斯國王手中奪取了裏海地區的主要定居點巴庫。[6]還有，在

1860年代左右，俄國的將軍才佔領了整個高地。換句話說，俄國人進軍高加索是垂直進行的，實際上是繞着山脈在側翼兜了一個大圈子才上山，整個過程花了150年，犧牲了無數性命。[7] 在達吉斯坦（「高山之國」）——那裏跟英屬印度西北邊境的部族相似——鎮壓暴動的俄軍整村整村地屠殺當地人，逼迫他們交出暴動分子，而暴動分子又向當地的穆斯林復仇，指責他們勾結俄國。極具破壞力的還有斯拉夫農民定居者的斧子，他們搬到陡峭但非常肥沃的山谷，毀林種糧，而森林對反叛者至關重要，可以用來掩護。為了一勞永逸地解決問題，在1860和1870年代最後的征服行動中，50萬高加索山民大概有40萬逃到或者被趕到奧斯曼帝國。[8] 驅逐和屠殺——伴隨着斯拉夫農民的安家落戶——推動了俄國對高加索的同化，未來的斯大林這才生為俄國的臣民。

　　這種特別的帝國建構，獨一無二，造成了一大堆矛盾。所謂的舊禮儀派，也就是那些因拒絕承認改革後的正教會或俄羅斯國家，被驅逐或逃到「遙遠的」高加索的東正教基督徒，發現他們只有為「敵基督」，即俄羅斯帝國的軍隊提供服務才能生存下去。即便這樣，帝國的哥薩克突擊部隊——曾經自由而狂野的邊民，如今已成為專制制度的聖騎士——仍然長期得不到足夠的給養，為了購買武器，只能求助於他們想要降服的山民。反之，與帝國作對的山民穿着別致的切爾克斯卡（一種羊毛做的長外套，前胸兩側醒目地插着步槍子彈），也被招募到聖彼得堡，做了沙皇的侍從。[9] 最大的矛盾也許是，俄羅斯帝國主要是受邀介入高加索的：格魯吉亞的基督徒統治者要同時面對兩個敵人，即信奉伊斯蘭教的奧斯曼土耳其人和信奉伊斯蘭教的薩非王朝，便請求基督教俄國的保護。「保護」實際上是由附近機會主義的帝國代理人提供的，而且很快就在1801年和1810年採取了兼併的形式。[10] 俄國終結了格魯吉亞巴格拉季昂王朝，並用俄羅斯正教會的都主教（稱督主教）取代了形式上獨立的格魯吉亞正教會的牧首。可是，另一個矛盾的現象是，當地的「俄國」政府滿是格魯吉亞人，他們因為同是基督徒而得到優待。格魯吉亞精英得益於俄國的統治，獲得了新的強大工具，可以將其意志強加於較低的社會等級和高加索的其他許多民族。帝國就是這樣的，一連串的交易讓野心勃勃的人掌握了權力。

13

在俄羅斯帝國內部，格魯吉亞有它自己的帝業。[11] 按照19世紀後期
的統計數據，850萬高加索居民，穆斯林約佔三分之一，信奉東正教的
佔一半，而在後者當中，格魯吉亞人（就語言來說）只有135萬。這個少
數民族借助俄國的力量最終佔據了前所未有的統治地位。當然，受制於
俄國的宗主權，格魯吉亞人遠非事事順遂。1840年，在聖彼得堡的帝國
當局下令，把俄語作為高加索唯一的官方語言。這之前俄國（1832）阻止
了一起企圖復辟格魯吉亞君主制的陰謀（有些格魯吉亞貴族計劃邀請當
地的俄國官員參加舞會並殺害他們）。陰謀分子大多被流放到俄羅斯帝
國境內的其他地方，但他們很快就獲准返回格魯吉亞，繼續為俄羅斯國
家服務，因為帝國需要他們。格魯吉亞精英大多成了親俄派，而且立場
基本不變。[12] 同時，新的基礎設施建設也有助於克服障礙，加快俄國合
併的速度。1811至1864年，從弗拉季高加索（意思是「統治高加索」）的
低地定居點開始，穿過高高的山隘——在似乎深不見底的峽谷之上——
修鑿了一條重要的軍用公路直達首府梯弗利斯。在這個世紀結束前，外
高加索鐵路會把黑海和裏海連接起來。最重要的是，工作機會吸引了很
多格魯吉亞人學好俄語，而俄語是帝國的基礎設施建設中最主要的組成
部分。格魯吉亞人記得並且反覆講述格魯吉亞英勇抵抗俄國征服的故
事，但要是可以的話，他們也會同俄國的精英家族聯姻，也會津津有味
地欣賞俄國的歌劇，也會渴望得到帝國的制服、頭銜、獎章等可以向人
炫耀的東西，還有寬敞的國家公寓、旅行津貼以及作為「禮物」的現金。[13]
對精英們起作用的東西，下層社會也可以得到，但少一些，他們可以利
用機會，前往高加索那些由俄羅斯正教會資助的新俄語學校就讀。好
了，這就是未來的斯大林將要攀爬的帝國腳手架——為了與格魯吉亞人
合謀完成征服、並借助正教會的力量實現俄羅斯化而搭起的腳手架。[14]

小城故事

未來的斯大林的家鄉哥里（意思是「山崗」），坐落在東格魯吉亞馬特
克瓦里河（俄語稱「庫拉河」）河谷的連綿高地上，位於三條道路的交匯
處，幾百年來一直是商旅的落腳點。三條道路一條向西通往黑海，一條

向東通往裏海，還有一條向北經茨欣瓦利隘口通往草原。[15]換句話說，哥里一點也不偏僻。在小城的中心，在它最高的山崗上，有一座帶有黃色圍牆的13世紀的要塞。城外還可以見到一些遺址，是17世紀王公貴族的花園，那時的哥里叫做卡特利，是格魯吉亞的首都。不遠處還有著名的博爾若米礦泉水，擔任高加索總督的亞歷山大二世的弟弟在那裏建了一座夏宮。嚴格意義上的哥里，指的是古要塞遺址下方的老城。另外一個城區，即中心城區，有許多亞美尼亞和格魯吉亞教堂。第三個城區是俄羅斯人的居住區，那裏有帝國駐軍的兵營。[16]1871年，這個交通要衝成了俄羅斯帝國的鐵路樞紐，連接了高加索首府梯弗利斯和(1828年從奧斯曼土耳其人那裏奪來的)黑海港口城市波季。1870年代，哥里的街道彎彎曲曲，又窄又髒。城裏的居民大概有7,000人，亞美尼亞人佔微弱多數，其餘的是格魯吉亞人，還有幾百個俄羅斯人和一些從附近的部族村落遷來的阿布哈茲人和奧塞梯人。哥里的商人跟伊朗、奧斯曼帝國還有歐洲通商。得益於商人的強勢存在，同樣也得益於正教會，哥里有四所學校，其中一所是教會當局於1818年創辦的兩層樓的教會學校，當時格魯吉亞剛併入俄羅斯帝國不久。[17]結果，哥里居民的入學率達十分之一，而梯弗利斯是十五分之一——相比之下，整個高加索是三十分之一。[18]對於出生在那座「山崗」上的男孩來說，通向未來的大門是敞開的。

　　未來的斯大林的父親維薩里昂‧朱加施維里(Besarion Jughashvili，1850–1909)，俄語中稱作維薩里昂(Vissarion)，簡稱貝索(Beso)，並不是哥里人。貝索的祖父(扎扎〔Zaza〕)是農奴，曾因參與農民暴動而被捕，可能住在奧塞梯人的某個部族村落；貝索的父親瓦諾(Vano)也是農奴，在一個不到500人的名叫季季利洛(「大利洛」)的村子侍弄葡萄，貝索就出生在那裏。瓦諾常把葡萄運到十英里*開外的梯弗利斯附近，但他不到50歲就死了。之後不久，土匪殺掉了瓦諾的兒子、一個小客棧的老闆格奧爾吉，於是，貝索就離開季季利洛，到梯弗利斯找工作。他在梯弗利斯一家亞美尼亞人開的店裏學會了鞋匠的手藝。貝索會說

---

*　編註：約16公里。

一些亞美尼亞語、阿塞拜疆突厥語和俄語，至於他能不能寫自己的母語格魯吉亞語，現在還不清楚。從現有的材料看，大概是在1870年，在另一家亞美尼亞店主巴拉姆揚茨（Baramyants，俄羅斯化的名字叫做約瑟夫・巴拉莫夫〔Iosif Baramov〕）的邀請下，當時20歲的貝索搬到了哥里。巴拉姆揚茨有一家製鞋作坊，接受委託給在哥里的帝國駐軍供貨。[19] 俄羅斯帝國需要駐防的地方很大。到1870年，守衛整個西伯利亞的只有1.8萬人，而哈爾科夫、敖德薩和基輔的駐軍有19.3萬人；華沙也有12.6萬人。在英屬印度需要6萬名士兵和1,000名警察的時候，高加索有12.8萬名帝國士兵。那樣一來，就有很多雙腳需要穿鞋。巴拉姆揚茨僱了許多手藝好的鞋匠，其中就有貝索。他似乎幹得還不錯，而且雄心勃勃。在哥里一個人稱「公爵」的釀酒的葡萄種植戶兼酒館（dukhan）老闆雅各比・「雅科夫」・葉格納塔施維里（Yakobi "Yakov" Egnatashvili）的資助下，貝索很快開了自己的鞋店，成了一個獨立經營的手藝人。[20]

貝索請人說媒，想要迎娶葉卡捷琳娜・「凱可」・格拉澤（Ketevan "Keke" Geladze），據說她是個栗色頭髮的美少女，身材苗條，大眼睛。[21] 同樣，她既是農奴的後代，又是奮鬥者的後代。她的姓在南奧塞梯很常見，這使得人們猜測她還有奧塞梯人的血統，但她像貝索一樣，母語是格魯吉亞語。凱可的父親是個泥瓦匠和農奴，為某個富裕的亞美尼亞人照料花園，住在哥里城外的一個村子，娶的也是農奴，但他似乎在凱可出生前（或剛出生時）就過世了。凱可的母親設法讓女兒學會了讀寫，這一點並不多見，因為在那時候，格魯吉亞女性識字的很少。但凱可的母親也去世了，因此，這個姑娘是由她母親同是農奴的兄弟養大的。格魯吉亞的農奴制，即使按照俄羅斯帝國五花八門的標準來看，也非常奇怪：格魯吉亞的大貴族不但有隸屬於自己的神父，還有隸屬於自己的小貴族，而神父也可以有隸屬於自己小貴族。這其中的部分原因是，沙皇國家相當敬重豪爽的格魯吉亞貴族。格魯吉亞貴族佔格魯吉亞總人口的5.6%，而整個帝國的貴族佔總人口的比例是1.4%。1864年10月，高加索開始廢除農奴制，這比俄羅斯帝國的其他地方晚了三年。那大概是在凱可一家從村子搬到哥里的時候。「一路上多高興吶！」

她在晚年對採訪者回憶說，「哥里裝扮得跟過節似的，人山人海。」[22] 格拉澤一家解放了，但他們要面對另謀生路的挑戰。

1874年5月，凱可和貝索按照隆重的格魯吉亞儀式，在哥里的聖母升天大教堂舉行了婚禮，迎親隊伍熱熱鬧鬧、風風光光地穿過小城。[23] 貝索的恩人雅科夫‧葉格納塔施維里是伴郎之一。克里斯托弗爾‧恰爾克維阿尼神父 (Kristopore Charkviani) 是他們家的另外一位朋友，據說在婚禮上唱的歌非常好聽，結果雅科夫「公爵」慷慨地給了神父一筆小費：10盧布。貝索跟大多數識字或不識字的格魯吉亞人一樣，可以引用12世紀紹塔‧魯斯塔維里寫的《虎皮騎士》中的句子。那是一部史詩，講的是三個有騎士精神的朋友幫助一位少女擺脫強迫婚姻的故事。貝索喜歡像高加索的男人一樣，穿着切爾卡西亞人長長的黑色外套，束一根皮腰帶，套上寬鬆的褲子，褲管塞進皮靴。誠然，就像大家知道的，他會把自己做鞋掙的錢用來買酒；還有，按照當地的習慣，他的顧客常常把自家釀的酒當鞋錢給他。可在凱可看來，儘管他身上有當地男人常有的毛病，這個手藝人還算是上進的。「在我的朋友當中，他被認為是個很受歡迎的年輕人，她們都夢想着嫁給他，」她對採訪者回憶說，「我的朋友們幾乎嫉妒壞了。貝索是個令人嫉妒的新郎，一個真正的格魯吉亞騎士，留着漂亮的小鬍子，穿得十分體面——而且像城裏人一樣特別精明。」貝索，她接着說，可能「與眾不同、古里古怪而且陰鬱」，但也是「聰明而驕傲的」。「在我的朋友當中，」凱可最後說，「我成了那個令人羨慕的漂亮女孩。」[24]

1878年12月，結婚的第四個年頭，夫婦倆有了一個兒子，名叫約瑟夫 (Ioseb)，也就是未來的斯大林。當時凱可大概是20歲，貝索28歲。[25] 約瑟夫實際上是貝索和凱可的第三個兒子，這在格魯吉亞和東正教傳統中被看作是神的特殊禮物。但他們之前的兩個孩子都沒能活下來。貝索和凱可的頭生子米哈伊爾，1876年初在兩個月大的時候夭折了；第二個孩子（格奧爾吉）死於1877年6月，約六個月大。[26] 作為獨子長大的約瑟夫——在格魯吉亞語中的昵稱是「索索」（或「索謝洛」〔Soselo〕）——後來才知道哥哥們夭折的故事。這個三口之家從一個奧塞梯的手藝人那裏租了一間磚木結構的小屋，位於哥里的俄羅斯人居住

區，靠近貝索為其做鞋的帝國駐軍的兵營。小屋只有90平方英尺[*]，有
一張桌子和四把凳子、一張木板床、一把茶壺、一隻箱子和一盞煤油
燈。衣服和其他物品都放在開敞的擱板上。不過，屋裏有個地窖，可
以從旋轉樓梯下去，那是貝索的作坊和存放工具的地方，也是凱可安頓
索索的嬰兒室。[27] 換句話說，斯大林的人生是從地下室開始的。

　　儘管經濟上不寬裕，但朱加施維里一家的故事卻頗有些小城的田園
色彩：手藝人、美人和(存活下來的)小男孩。據說凱可從來不讓他離開
自己的視線。[28] 大約從兩歲開始，索索就不停地患上兒童常見的疾病(麻
疹、猩紅熱)，凱可擔心再次失去孩子，經常到教堂祈禱。她的奶水不
多，索索只好喝鄰居葉格納塔施維里太太以及馬紹·阿布拉米澤—齊哈
塔特里施維里 (Masho Abramidze-Tsikhitatrashvili) 的奶水。他就這樣長大
了，而且活潑好動。「他是個頑強的孩子，」馬紹回憶説，「母親叫他，
要是他不想答應，就不會停止玩耍。」[29]

地緣政治動盪，代理父親的幫助

18　　　　小索索在格魯吉亞山城滿大街奔跑的時候，是不會注意到更廣闊
的世界的，但就在他出生的那十年間，德國在凡爾賽的鏡廳——那裏是
法國偉大的太陽王路易十四 (Louis XIV) 接待過許多德意志王公的地方
——高調宣佈，成立德意志第二帝國。第一帝國是鬆散的神聖羅馬帝
國。德國的統一在王公們之間引起的地緣政治動盪，再加上隨後的快
速工業化，急劇地改變了俄國的地緣政治空間。不太引人關注但幾乎
同樣影響深遠的是，1868年，日本的一群叛亂者推翻了江戶(東京)的
德川幕府，為了使自己的叛亂行動合法化而在名義上「歸政」於閒居的、
年號「明治」(意思是開明的統治) 的天皇。這一過程一點都不順利，因
為一些主要地區都反叛了。但是到 1872 至 1873 年，日本新領導層的重
要成員幾乎全都出使過歐美，不僅親眼見識了先進世界的種種奇蹟，而

---

[*]　編註：約8.4平方米。

且發現，先進世界不是鐵板一塊。日本的一些新領導人決定博採各國之長：相比起美國較為寬鬆的教育體系，法國的中央集權式教育體系對他們的吸引力更大，但他們最終選擇的陸軍體系不是法國的，而是由職業軍官和總參謀部組成的德國體系，海軍採用的是英式的。「知識，」明治天皇宣佈，「應當在全世界的範圍內尋找，並用來鞏固帝國政體的基礎。」這一說法概括了大國長期保持支配地位的秘密。當然，新式學校和從國外輸入的其他東西常常遭到抵制，為此就要借助國家的力量推動轉型。此外，日本隨後的工業化也無法跟德國相提並論。但日本的經濟仍然起飛了，而它作為一個新的強國在俄國側翼崛起，急劇地改變了亞洲的實力均勢。

同樣是在未來的斯大林出生的那十年，美國已經成為世界上最大的一體化的國家經濟體。只是美國剛剛經歷了內戰——內戰造成100萬人傷亡，3,200萬總人口中死亡60萬人。美國還開始採用鐵甲艦、用於偵察的空中氣球、塹壕戰以及射程較遠的步槍。(戰爭切斷了擔任《紐約每日論壇報》特約記者的德國人卡爾·馬克思的收入，因為該報對於歐洲事務不再感興趣了。)不過，與邦聯派的願望相反，北方的紡織廠並不依賴於南方供應的原棉(埃及和印度的種植者可以填補不足)。有些英國政治家，比如威廉·格拉德斯通(William Gladstone)，為南方鼓勁，因為他希望削弱美國的實力，但英國政府從未承認邦聯的獨立。要是一個獨立的農業國在美國南方——現代世界最龐大的奴隸體系之一——獲勝並壯大起來，那英國人在20世紀必然失敗，整個的世界發展進程就會徹底改變。1860年，南方奴隸的價值是製造業或鐵路總投資額的三倍，是美國除土地之外最大的一筆資產，但最後獲勝的卻是工業化的北方，不是以奴隸為基礎的種植棉花的南方。1870至1900年，統一後的美國在經濟上完成工業化，規模擴大三倍(得益於來自非英語、非新教社會的大規模移民)，形成了一個令人驚嘆的高潮，而隨着美國所佔全球產值的份額飆升到接近30%，就連德國和日本的快速發展相比起來也黯然失色。儘管在菲律賓和古巴發動了殖民戰爭，當時美國這個經濟巨人在很大程度上還游離於世界政治之外。但美國的力量已經開始隱隱約約地籠罩着世界體系，並將成為其中舉足輕重的因素。

19

　　這些與斯大林的出生及早年生活有關的重要地緣政治事實——統一的工業化的德國、穩固的工業化的日本、比世界歷史上任何一個大國都要強大的美國——將會動搖沙皇政權的核心，而且將來也會擺在斯大林面前。當然，年幼的索索‧朱加施維里不可能知道正在塑造着他的世界的地緣政治進程。同時，在1880年代的哥里，驕傲的貝索‧朱加施維里剛剛做了父親，他似乎幹得還不錯，僱了兩個學徒。兩人中有一個記得，這家人的日子過得好像很一般，吃的東西除了土豆和核桃餡茄子卷（*badrijani nigvzit*）之外，主要就是赤豆（*lobbio*）和扁麵包（*lavash*），但在朱加施維里的桌子上，總是可以看到黃油。[30] 另一位學徒、只比索索小一歲的瓦諾‧胡特希施維里（Vano Khutsishvili）有段時間就像收養的兄弟一樣。[31] 音樂充滿了這個家，凱可總是用複調和聲為索索唱些格魯吉亞民歌。貝索就像大部分格魯吉亞男人一樣，會演奏一些傳統的樂器，比如雙簧的杜讀管（*duduk*，他在自己的婚禮上演奏過）。不過，貝索好像總是一副若有所思的樣子。現在幾乎找不到描寫他的第一手資料。有人回憶説，他「瘦瘦的，個子中等以上，長臉、長鼻子、長脖子，留有髭鬚，頭髮烏黑」。後來，也有其他各種各樣的人被認為是斯大林的「親生」父親。但是有兩個親眼見過他們的人都認定索索和貝索簡直是一模一樣。[32]

　　不管貝索身為父親做得怎樣，也不管他跟凱可的結合起初的前景如何，這場婚姻解體了。多數傳記作家通常都按照凱可的説法，把婚姻的破裂歸咎於貝索的酗酒和心魔，斷言貝索要麼是個天生的酒鬼，要麼是在他的頭生子夭折後養成了借酒澆愁的習慣，而且一發不可收。[33] 有可能是這樣，但在最初的悲劇過後，尤其是在索索出生後，貝索的作坊好像還經營了一段時間。當然，有可能是他做的格魯吉亞傳統式樣的鞋子競爭不過歐洲的新式鞋子。[34] 但也有可能是仍然年輕漂亮的凱可招惹是非，跟一些已婚男人調情：雅科夫‧葉格納塔施維里，哥里的酒館老闆和摔跤冠軍；達米安‧達夫里舍維（Damian Davrishevi），哥里的警官；克里斯托弗爾‧恰爾克維阿尼，哥里的神父——他們全都捲入了謠言，被説成未來的斯大林的生父。現在連凱可是否輕浮都弄不清楚，更別説放蕩了。在嫁給貝索這個手藝人的時候，她原本就懷有抱負，因而有可能是她看上了更體面的男人，也有可能是她成了他們的

獵物。[35] 目前還缺乏可靠的證據說明未來的斯大林的母親可能與他人有染。不過在當時，關於凱可放蕩的流言在哥里是傳開了。貝索開始罵兒子是「凱可的小雜種」，有一次他好像一邊想掐死自己的老婆，一邊罵她是「婊子」(一個很普通的形容詞)。[36] 據說貝索曾經有意砸壞葉格納塔施維里的酒館，並攻擊警察局長達夫里舍維，而達夫里舍維則有可能勒令貝索離開哥里。1884年左右，貝索真的去了梯弗利斯，受僱於亞美尼亞人開的阿傑利哈諾夫(Adelkhanov)皮革廠。

不管是誰的錯，這個家總歸是破了。[37] 到1883年，凱可和小索索開始了居無定所的生活，在此後十年裏至少搬了九次家，而這還不是這個男孩唯一的不幸。就在父親離開的同一年，小索索染上了天花。那次流行病給哥里的許多家庭都造成了嚴重的創傷，鄰居葉格納塔施維里的六個孩子死了三個。凱可向一位女信仰治療師(faith healer)尋求幫助。索索熬過了高燒，但臉上留下了永久的疤痕，還得了一個綽號「麻子」(Chopura)。有可能就是在這一時期(1884)，也就是索索六歲的時候，他的左肘和左肩開始畸形發育，影響了左臂的功能。人們提出了各種各樣的原因：乘雪橇或摔跤時出了事故；被馬車撞了，接着又因為傷口感染引起血液中毒。[38] 索索的確在哥里的羅馬天主教堂附近被一輛(在哥里)很少見的四輪馬車撞過，當時或許是因為他和其他男孩在玩膽小鬼遊戲，想要抓住車軸。[39] 不過，他的手臂萎縮可能還有遺傳方面的原因。要是那樣，肘部的狀況就會隨着時間的推移越來越糟。但凱可總是有辦法。為了維持兩人的生活，她為別人漿洗縫補衣服，為他們——包括葉格納塔施維里——收拾屋子，而索索也經常在那裏吃飯。1886年，她和索索搬到恰爾克維阿尼神父家的樓上，而後者是貝索以前的酒友。這次搬家可能是因為窮困所迫，但也可能是另有所圖：凱可懇求恰爾克維阿尼讓索索在1886年秋季——屆時他就快八歲了——進入哥里的教會學校。要是不行，她就央求神父，在神父幾個十來歲的兒子給他們的妹妹——她有可能成了年輕的斯大林的初戀對象——上俄語課的時候，讓索索也參加。

凱可的計劃成功了，當然，那也是因為索索自己上進。傳記作者們經常指出，未來的斯大林是哥里「街頭幫派」的頭目，彷彿在高加索

或是其他地方，街頭奔跑對男青年而言有某種特別的意義。[40]更準確地
說，他的特別之處在於對讀書的熱愛和自學能力，這兩點推動着他不斷
進步。1888年9月，他在將近十歲時和大約150個幾乎全都七八歲的男
童一起，參加了教區學校的預備課程，這是格魯吉亞男童都必須參加
的。預備課程要讀兩年，但他依靠自己的努力，將俄語學得非常好，
只用了一年時間就通過了。1889年秋天，他開始在學校學習四年的主
幹課程，好學和動聽的男中音為他贏得了學校的獎勵——對這個男孩來
說，這是一件值得驕傲的事情。結果，至少在白天的部分時間他終於
可以擺脫母親的控制了。但是在1890年1月6日主顯節——正教會是當
作耶穌在約旦河受洗來慶祝的——期間，一輛失控的四輪馬車在哥里衝
進旁觀的人群，而教會學校的唱詩班剛好就站在那裏。第二次挨撞！
「索索想要跑到街對面，可沒來得及，」哥里教會學校唱詩班的老師西
蒙·戈格利奇澤 (Simon Goglichidze) 回憶說，「馬車撞到了他，車上的
一根連接用的杆子打在他的臉上。」[41]索索暈了過去，被人抬到家裏。
未來的斯大林在11歲時離死亡有多近，我們永遠無從得知。[42]馬車夫
被關了一個月。幸運的是，戈格利奇澤最後說，車輪只是從孩子的腿
上輾過去，不是頭上。[43]但事故對於未來斯大林的步態造成了永久性的
影響，讓他又得了一個綽號——「跛子」(Geza)。

22　　　　貝索好像也回去了，帶着受傷的兒子到梯弗利斯就醫；凱可似乎
陪着他們，還在索索康復期間搬到了醫院。[44]有可能就是這件事引發那
個被反覆談論的故事，說貝索「綁架」了兒子，因為鞋匠堅決反對兒子
上學。[45]事情的真相現在還不清楚。貝索似乎在一年前，即1889年，
就已經放出話來，說是**想要**把兒子搶走，不讓他上學，但有可能經人
勸說，並沒有那麼做 (或者是被迫很快又把兒子還了回來)。但「綁架」
也許只是指1890年的這樣一件事，即索索康復後，貝索就把他留在梯
弗利斯，讓他在阿傑利哈諾夫皮革廠當學徒。那家大型企業是亞美尼
亞大資本家格里戈里·阿傑利哈諾夫在1875年建立的，當時貝索還住
在哥里。阿傑利哈諾夫出生在莫斯科，後來搬到梯弗利斯，在1870年
代成為梯弗利斯由亞美尼亞人控制的信貸協會的會長。阿傑利哈諾夫
工廠裝備了機器，從1885年開始，每年可以為帝國軍隊生產5萬雙鞋

和10萬件毛氈披風。皮革廠的年收入超過100萬盧布，這在當時當地可是一筆巨款。[46] 貝索和兒子在梯弗利斯老城區租了一間便宜的房子，一起走過馬特克瓦里河上的鐵橋去上班，途中要經過矗立在高高峭壁上的中世紀麥捷希教堂，俄羅斯帝國已把那裏改成了監獄。[47] 像索索一樣，阿傑利哈諾夫的工人很多都是未成年人，通常是成年工人的孩子，他們的父親指望他們多掙點工資，這種做法在梯弗利斯的工廠很常見。[48] 換句話説，貝索是想讓兒子像他那樣學門手藝，這雖然自私，也算正常。[49]

　　由於自己父親的緣故，全世界無產階級未來的領袖與討厭的工廠生活產生了最初的衝突。阿傑利哈諾夫的工廠有醫務室，這是梯弗利斯其他皮革廠沒有的福利，但這裏勞動時間長、工資低而且工作不穩定。機械化一方面減少了貝索那種獨立手藝人的收入，另一方面也讓工廠需要的勞動力日漸減少。另外，阿傑利哈諾夫的成年鞋匠是一幫很粗暴的傢伙，會欺負年輕人。索索作為學徒，或許只能給一些老工人跑跑腿，連學習做鞋的機會都沒有。他肯定聞到過潮濕的地下室中腐爛的生皮所散發的惡臭，那可比他母親過去努力照料(卻未能照料好)他的那個地窖的氣味難聞了不知多少。要是索索·朱加施維里繼續待在阿傑利哈諾夫工廠，做一個當學徒的無產者，或者是跑掉，流落街頭，很可能就不會有未來的斯大林了。可正如所有的傳記作者都注意到的，凱可催促她在教會方面的熟人幫她把親愛的兒子要了回去。這一點跟克拉拉·希特勒(Klara Hitler)非常相似。克拉拉是虔誠的天主教徒，她希望兒子阿道夫成為神父，而凱可·格拉澤也相信兒子索索注定要成為正教的神父，這是廢除農奴制為他這種出身卑微的孩子打開的通道。[50] 這個孩子之所以能回到憑藉嚴格的學習和自我完善向上發展的道路，要歸功於他堅定的母親。

　　凱可毫不妥協。她拒絕了梯弗利斯教會當局提出的辦法：讓索索繼續跟父親待在一起，同時還讓他加入梯弗利斯教會學校的唱詩班。除了讓索索回到哥里，參加1890年9月開始的下一學年的學習，她甚麼都不願接受。[51] 在一個父權觀念根深蒂固的社會，她能戰勝自己的丈夫，既是因為家人朋友的支持——他們站在這個女人一邊——也是因為

23

孩子本人的支持；他在父母的拉鋸戰中，在做神父 (上學) 還是做鞋匠的問題上，選擇了上學，因而也選擇了母親。跟貝索不同，凱可為了讓他有衣服穿，為了讓他交得起學費，願意做任何事情。約瑟夫 ·「索索」· 伊列馬施維里 (Ioseb "Soso" Iremashvili) 是在教區學校操場上摔跤時遇到未來的斯大林的，他回憶說他的朋友「只愛一個人，那就是他媽媽」。[52] 凱可也愛他。但我們不能把她理想化。她也喜歡發號施令。「斯大林的嚴厲是從他媽媽那裏遺傳的，」後來成了這位專政者衛隊中低級別成員 (負責酒和食品) 的另一位哥里時代的好友回憶說，「他的媽媽葉卡捷琳娜 · 格拉澤，是個非常嚴厲的女人，而且總的來説很難相處。」[53] 至於貝索，他似乎跟在老婆孩子後面回到了哥里。要是那樣，這可不是他第一次懇求凱可和解了。但1890年索索的康復和在梯弗利斯工廠當學徒這件事，標誌着他們的婚姻最終破裂。[54] 貝索拒絕給家人經濟上的支持 (姑且不論這一說法的真假)，而索索在回到哥里的學校後，因為家人無力支付25盧布的學費而被開除了。從現有的證據來看，雅科夫 · 葉格納塔施維里叔叔介入，還清了債務。

　　雅科夫叔叔成了索索尊敬的代理父親。[55] 有件事一直被人們津津樂道，那就是年少的斯大林曾經對一部有名的小説《弒父》(The Patricide，1882) 十分着迷。小説作者亞歷山大 · 卡茲別吉 (Aleksandre Qazbegi，1843–1893) 是格魯吉亞王公的後代 (他的祖父參與過俄羅斯對格魯吉亞的兼併，為此得到了一座山作為采邑)。被卡茲別吉的小説當成靶子的俄羅斯帝國當局將其列為禁書，結果反倒大大增加了它的吸引力。小説中，農民的兒子亞戈 (Iago) 和一位美麗的姑娘努努 (Nunu)，不顧家人的反對墜入情網，但是，一位與俄羅斯帝國勾結的格魯吉亞官員姦污了努努，以捏造的罪名把亞戈關進監獄。亞戈最要好的朋友柯巴 (Koba) 是一個勇敢、寡言少語的山民 (mokheve)，他發誓要報仇——「我要讓他們的母親哭泣！」——於是就為亞戈策劃了一次大膽的越獄行動。然而那位格魯吉亞官員的手下殺害了亞戈。努努也悲傷而死。立誓復仇的柯巴追蹤並處死了那位囂張的官員——「是我，柯巴！」——大致合理地伸張了正義。柯巴是小説中唯一的倖存者，比他的敵人和朋友活得都長。[56] 在青年斯大林的幾十個化名——包括短暫用過的貝索施維里 (Besoshvili，意

思是貝索的兒子）——之中，「柯巴」用的時間最長。「他把自己叫做『柯巴』，而且不讓我們叫他別的名字，」兒時的朋友約瑟夫‧伊列馬施維里回憶說，「當我們叫他『柯巴』的時候，他的臉上就會露出自豪、愉快的神色。」[57] 這就是那個男孩。關於他，有個朋友回憶道，「作為他的朋友，我們經常看到索索……左肩略微前探，右臂稍有點兒彎曲，手裏夾着香煙，急匆匆地穿過街頭的人群。」復仇者「柯巴」（在突厥語中有不可屈服的意思）肯定要比「麻子」或「跛子」聽起來讓人舒服。但有必要強調的是，索索‧朱加施維里的代理父親雅科夫‧葉格納塔施維里的綽號也叫柯巴，那是他的格魯吉亞名字雅各比（Yakobi）的暱稱。

　　貝索的缺點我們已經說得太多了，而雅科夫‧「柯巴」‧葉格納塔施維里的支持卻說得不夠。索索‧朱加施維里早年生活中的暴力也說得太多了。貝索打兒子是因為憤怒、屈辱或者根本就沒有原因；寵愛孩子的凱可也打兒子。（貝索打凱可，凱可有時也因為貝索喝醉了而把他痛打一頓。）[58] 自然，人性中的相當一部分被父母一方或雙方打沒了。哥里並沒有某種特別暴力的東方文化。當然，在一年一度的復活節前一週禮拜一的紀念儀式上，為了讓人重溫1634年趕走波斯穆斯林的場面，夜裏必定會有一場全城參與的赤手空拳的打鬥。小城按族群分成不同的隊伍，拳手的數量達到上千人甚至更多，而為這種鬧哄哄的比賽擔任裁判的是一些喝得醉醺醺的神父。在成人加入之前，孩子們率先揮動拳頭，而這裏面不會少了索索。[59] 但這種節日期間的暴力——魯莽地揮拳互毆，繼而草草地互相擁抱——是俄羅斯帝國的一大特色，從烏克蘭的市鎮到西伯利亞的村莊都是如此。哥里也絲毫不顯得突出。而且年少的斯大林所從事的其他一些暴力活動在男孩當中也很常見。摔跤比賽在哥里很受歡迎，而在操場的學生當中，瘦削而肌肉發達的索索雖然左臂萎縮，可力氣大得很，據說打起來十分勇猛——就是手段有點骯髒。據說即便是同最強壯的對手較量他也不會發怵，雖然偶爾會被打得暈頭轉向。但索索顯然是想贏得同他有名的代理父親一樣的名聲，因為在其族長的帶領下，葉格納塔施維里的族人都是哥里的摔跤冠軍。「小斯大林的拳擊和摔跤都小有名氣。」警察的兒子約瑟夫‧「索索」‧達夫里舍維（Iosif "Soso" Davrishevi）回憶說。[60]

25

相比之下，貝索的軌跡卻在繼續下行。在讓兒子重新回到阿傑利哈諾夫皮革廠的努力失敗後不久，他似乎就離開了那裏。他想在梯弗利斯亞美尼亞人的巴扎 (bazaar) * 擺攤修鞋碰碰運氣，好像也不成功。之後關於他的生活就沒有甚麼可靠的消息了；有人說貝索最後成了流浪漢，也有人說他在一個補衣店裏繼續幹着老本行。[61] 未來的斯大林後來輕描淡寫地說到自己的「無產階級」出身，說那是因為他父親的社會地位每況愈下造成的。「我父親並非生來就是無產者，他開過店，收過徒，他是個剝削者，」1938年3月，他對紅軍指揮員說道，「我們生活得一點也不差。在我十歲的時候，他甚麼都沒了 (razorilsia)，成了一個無產者。我要說的是，他對於成為無產階級的一員並不高興。他一直抱怨說他的命不好，成了無產者。但對他來說是不幸的事情，讓他變得一無所有的事情，卻成了我的一個優點 (zasluga)。真的，這是件有趣的事情 (笑聲)。」[62] 事實上，貝索的名字從來沒有從季季利洛村社的名冊上劃掉，因此，他仍然是農莊的一員，貝索也把這一法律地位傳給了兒子 (直到1917年，斯大林在沙皇政府國內通行證上的記錄都是如此)。這位未來的蘇聯領導人雖然從法律上來講是個農民，並且在事實上是工人的兒子，可他本人卻在凱可和雅科夫「叔叔」的支持下，地位不斷上升，進入了小知識分子的行列。

對上帝的信仰

1890至1891學年回到學校時，索索因為馬車事故而不得不留級，但他以更大的決心投入到學習中。據說他上課從不遲到，空閒時候都在埋頭讀書——這些後來的回憶，聽上去像是真的。[63]「他很能幹，總是第一個到班上」，他以前的一位同學回憶道，還說「他在所有的遊戲和娛樂活動中〔也〕都名列前茅」。有些同學還回憶說，當一些格魯吉亞男孩因為講母語而受到責罰面壁思過的時候，索索顯得很不服氣；有

---

*　編註：集市、農貿市場。

些人記得，他毫不害怕為了別的同學去找身穿威風凜凜的國家制服（帶
有金鈕扣的短上衣）的老師交涉。要是索索真的代表別的男孩跟老師交
涉，有可能是因為他被綽號「憲兵」的俄語老師挑選為班長，負責加強
紀律。作為中間人，不管他扮演了甚麼角色，所有老師，包括格魯吉
亞族的老師，都喜歡索索的勤奮和熱心。[64] 他會唱俄羅斯和格魯吉亞的
民歌，還有柴可夫斯基的歌曲；他學習教會斯拉夫語和希臘語；他被選
中在教堂朗誦祈禱詞、唱聖歌。在學校獎勵給他的大衛〈詩篇〉上有這
麼一段贈言：「因進步突出、行為優秀和在『詩篇』的背誦方面表現優異
而獎給約瑟夫・朱加施維里。」[65] 有位同學對索索和唱詩班的其他男孩
大加讚賞：「他們穿着白色的法袍，跪在地上，仰起頭，用天使般的聲
音唱着晚禱，而其他男孩則匍匐在地，心中充滿來自天國的喜悅。」[66]

　　事情也有平淡的一面：儘管凱可一度在當地一家「高級」服裝店做
過正式的女裁縫，最後在一間公寓（位於哥里的教堂大街）安頓下來，
為了維持開銷，她要為學校打掃衛生（每月10盧布）。可能還在校長家
裏做過傭人。[67] 但索索很快就因為學業優異而被免去學費，而且每月還
能得到一些津貼，開始是3盧布，後來漲到3.5盧布，再後來漲到7盧
布。這或許是最好的證據，説明這個單親家庭的孩子當時表現十分突
出，是哥里最優秀的學生之一。[68] 1894年春天他畢業時年齡已經很大
了，15歲半。他本可以更進一步，繼續到哥里師範學校學習。擺在面
前的還有一個更好的選擇：唱詩班老師西蒙・戈格利奇澤即將調到梯
弗利斯的沙皇亞歷山大師範學校，説他可以把自己在哥里的明星學生帶
去，而且可以享受到夢寐以求的全額國家獎學金。這對一個貧困家庭
來説非同小可。可索索參加了梯弗利斯神學院的入學考試，想要成為
神父。他在考試中幾乎科科優秀——《聖經》、教會斯拉夫語、俄語、教
義問答、希臘語、地理、寫字（雖然算術不行）——獲得了錄取。夢想
成真。梯弗利斯神學院，還有那座城市招收富家子女的世俗的精英高
中，是高加索的最高學府，因為俄羅斯帝國政府不贊成在那裏辦大學。
神學院六年的課程（通常從14歲開始）下來，至少可以做一名教區神
父，或者在格魯吉亞農村做一名鄉村教師；對於那些還想往高處走的人
來説，則可以把神學院作為跳板，到帝國其他地方讀大學。

由於弗洛伊德學說的傳播，傳記作品普遍開始突出苦難童年的影響。[69] 哪怕是對於那些真的**有過**苦難童年的人來說，這種做法也顯得過於牽強。未來的斯大林的童年當然很不容易：疾病和事故，被迫搬家，經濟困窘，不爭氣的父親，關愛自己但十分嚴厲、謠傳是妓女的母親。但在成年之後，當這位專政者內心充滿怨恨，而那種怨恨又將決定他大部分革命同僚命運的時候，他並未對父母以及自己早年的經歷表示過特別的憤怒。克里姆林宮未來的領導人沒有經歷過恐怖的伊萬或彼得大帝 (Peter I) 童年時經歷的那種血腥的宮廷陰謀（雖然他常把自己同他們相提並論）。伊萬三歲的時候父親生癬子死了，七歲的時候母親死於暗殺。恐怖的伊萬這位（讓攝政們弄得）成了孤兒的沙皇淪落到乞食的地步。親眼見到精英們以自己的名義爭權奪利、互相殘殺，讓伊萬擔心自己也很快會悲慘地死去。年輕的伊萬喜歡剪掉鳥的翅膀，喜歡把貓和狗扔出屋子。彼得大帝四歲時沒了父親。那以後，這個孩子的性命就處在同他父親的兩個寡妻有關的敵對宮廷派系的威脅下。彼得十歲時成為沙皇，落敗的一派發動叛亂，年少的他目睹母親的親戚和朋友被扔在舉起的長矛上。有些分析家的確是誇大了伊萬和彼得可怕的童年，為他們常常是殘忍的統治提供了偽心理學的解釋。不過，對於年少的朱加施維里，充其量只能說，他或許看到過父親曾經拿着刀追趕自己的母親。

同伊萬和彼得的經歷相比，未來的斯大林的童年苦難算得了甚麼？再來看看謝爾蓋‧科斯特里科夫 (Sergei Kostrikov) 早年的生活吧，他後來在革命時的化名是基洛夫 (Kirov)，而且成了斯大林最親密的朋友。1886 年出生於俄國中部維亞特卡省*一個小城的基洛夫，後來被認為是斯大林當政時期黨的領導人中最受歡迎的人之一，但他的童年十分艱難：七個兄弟姊妹有四個在嬰兒時就夭折了，父親是個不顧

---

*　編註：此處「省」所對應的原文「province」，指代了俄語裏兩個不同的行政區劃概念：一是 guberniya（英文翻譯為「province」或「governorate」，中文翻譯為「省」），一是 oblast（英文為「province」，中文為「州」或「省」）。對於原文中的「province」，作者指明為 oblast 的幾處翻譯為「州」，其他均翻譯為「省」。

家人死活的酒鬼，母親死於肺結核時，他只有七歲。基洛夫是在孤兒院長大的。[70] 格里戈里・「謝爾戈」・奧爾忠尼啟則（Grigol "Sergo" Orjonikidze），斯大林的核心圈子中的另一位重要成員，身世也差不多。他的母親在他還是嬰兒時就去世了，十歲時，父親也去世了。相比之下，年輕的斯大林有一個寵愛他的母親，還有就像許多關於那一時期的回憶錄提到的各種各樣的良師。凱可娘家的很多人就住在附近，包括她的兄弟吉奧（Gio）和吉奧的孩子們（凱可的另一個兄弟桑德拉〔Sandala〕後來被沙皇警察殺害了）。而即便是貝索在1890年的監護權大戰中失利之後，貝索家族的人（他姐妹的孩子）和斯大林也還有來往。[71] 家庭是格魯吉亞社會的黏合劑，索索・朱加施維里不但有他自己的大家庭，還有葉格納塔施維里一家（和達夫里舍維一家）給予的代理親屬關係。小城哥里的人互幫互助，形成了一個聯繫緊密的共同體。

除了大家庭和哥里的學校教育（那是向上的通道），未來的斯大林的童年還有一個更關鍵的可取之處：對上帝的信仰。他極度貧困的家庭必須每年給正教神學院交付昂貴的學費（40盧布）和食宿費（100盧布），還有作為校服的白色法衣的費用。16歲的朱加施維里申請並且獲得了部分獎學金：食宿免費。[72] 凱可為學費的事情向索索的代理父親柯巴・葉格納塔施維里求助。大柯巴既然有錢把存活下來的兩個親生兒子送到莫斯科上中學，自然也供得起小柯巴（索索）。但是，如果富有的葉格納塔施維里等人停止對索索的支持，或者神學院的俄羅斯人院長取消了部分國家獎學金，朱加施維里的學業就會陷入困境。他冒著很大的風險，拒絕了唱詩班老師戈格利奇澤安排的世俗師範學校的全額獎學金。這其中的原因想必在於，不僅凱可是個虔誠的人，就連她的兒子也是。「在他上學的頭幾年，」蘇聯時代出版的一本回憶錄承認，「斯大林是個非常虔誠的信徒，參加所有的宗教儀式，參加唱詩班……他不僅遵守所有的宗教禮儀，還總是提醒我們要去遵守。」[73] 在神學院的修士中間學習，或許未來的斯大林自己也想成為修士。但在俄羅斯帝國以及更廣闊的世界中發生的變化，開啟了一條截然不同的道路。[74]

第二章

拉多的門徒

其他人依靠我們的勞動為生；他們喝我們的血；壓迫者用我們的妻子、孩子和親人的眼淚來解渴。

——約瑟夫・朱加施維里散發的格魯吉亞語
和亞美尼亞語傳單，1902年[1]

　　梯弗利斯美麗迷人，令人難以忘懷。5世紀時在一處山谷中建立的梯弗利斯——這是它的波斯名字，也用在俄語中——從6世紀開始就成了格魯吉亞歷代國王居住的地方，它比古基輔還要早幾百年，更別說暴發戶似的莫斯科或聖彼得堡。在格魯吉亞語中，或許因為傳說中的溫泉，這座城市被稱為第比利斯(意思是「溫暖的地方」)。(「我不能不說，」一位19世紀的訪客熱情地說道，「哪怕是君士坦丁堡的浴場也趕不上這座城市的浴場。」)[2] 1801年俄國兼併東格魯吉亞時，梯弗利斯約有2萬居民，其中亞美尼亞人足足有四分之三。到19世紀末，梯弗利斯的人口迅速增長，達到16萬，其中亞美尼亞人相對較多(38%)，其次是俄羅斯人和格魯吉亞人，還有少量的波斯人和土耳其人。[3] 城裏的亞美尼亞人、格魯吉亞人和波斯人社區依山而建，梯田一般的房子和層層疊疊的陽台，風格頗似奧斯曼巴爾干(Balkan)或薩洛尼卡(Salonika)。相比之下，建在平地上的俄羅斯人聚居區顯得十分突出，有寬敞的林蔭道，還有氣派的總督府、歌劇院、最好的古典中

學（classical gymnasium）*、俄羅斯正教教堂、俄國官員（*chinovniki*）和亞
美尼亞上層資產階級（*haute bourgeoisie*）的私宅。在1860年代的大改革
中，帝俄設立了市政管理機構，開始實行選舉權受限的選舉。在有資
格參加梯弗利斯市政選舉的那些人當中，富裕的亞美尼亞人佔了絕大
多數，結果，亞美尼亞商人控制了市杜馬（duma）。但他們控制不了帝
國行政部門，那是由指派的俄羅斯人、德意志人和波蘭人管理的，而
且常常依靠格魯吉亞貴族，後者利用擔任公職的機會變得富裕起來。[4]
不過，由於僅佔城市人口的四分之一，一定程度上格魯吉亞人在自己
的首都仍然處於下風。

　　城市的權力分配是件引人關注的事情。寬敞的戈洛溫（Golovin）大
街——它得名於一位俄國將軍——綠樹成蔭，店招上不但有俄文，還有
法文、德文、波斯文和亞美尼亞文。出售的貨物既有附近伊朗（大不里
士〔Tabriz〕）的地毯，也有巴黎的時裝和布哈拉的絲綢。伊朗的地毯可
用來區分室內空間，巴黎的時裝和布哈拉的絲綢可用來彰顯社會等級。
相比之下，在波斯要塞的廢墟之下，在亞美尼亞人和波斯人迷宮一般的
巴扎裏，「大家就像在自家的臥室，洗頭、刮臉、理髮、穿衣、脫衣」，
對於這些很容易讓人迷路的、擠滿了銀匠店和供應烤肉及廉價葡萄酒的
小吃攤的地方，有本俄文指南説。[5] 韃靼人（阿塞拜疆人）的毛拉（mullah）†
裹着綠色和白色的頭巾，波斯人穿着寬鬆的長袍，戴着黑色的毛皮帽
子，頭髮和指甲染成紅色。[6] 有位觀察家描寫了一處典型的廣場（自由
廣場）—— 1890年，索索・朱加施維里和父親一起在廣場附近暫住過一
段時間——説那是「人和牲口、羊皮帽子和光頭、土耳其氈帽和鴨舌帽
攢在一起的地方」，還説「大家吵吵嚷嚷、橫衝直撞、放聲大笑、賭咒
發誓、推搡擁擠、唱歌、幹活、握手，操各種語言和口音」。[7] 但是，
除了富有東方情調的喧鬧的街頭——這讓指南之類書籍的作者嘖嘖稱奇
——從1870年代到1900年的那些歲月，還見證了鐵路和其他工業化措

30

---

*　編註：指一種培養學生進大學接受高等教育的中學。
†　編註：意為「先生」或「老師」，伊斯蘭文化中的尊稱。

施帶來的翻天覆地的社會變化，以及在越來越多的雜誌和現代運輸方式所建立的聯繫的推動下，格魯吉亞民族意識的覺醒。到1900年，梯弗利斯已經形成了一個數量雖小卻很重要的知識階層，以及不斷壯大的產業工人階級。[8]

正是在這種日漸現代化的城市環境中，1894年回到梯弗利斯的朱加施維里進入了神學院並長大成人，不過他沒有成為神父，而是成了馬克思主義革命者。[9] 1880年代傳入格魯吉亞的馬克思主義，似乎提供了一個充滿確定性的世界。但朱加施維里不是靠自己發現馬克思主義的。意志堅定的激進分子、20歲左右的弗拉基米爾·「拉多」·克茨霍維里 (Vladimir "Lado" Ketskhoveli，生於1876年) 是未來的斯大林的革命導師，斯大林在回首往事時也稱自己為拉多的門徒。[10] 拉多出身於哥里城外一個鄉村神父家庭，在六個孩子中排行第五。在哥里的教會學校和後來的梯弗利斯神學院，拉多比朱加施維里高三個年級，在學生中威信很高。在拉多的影響下，年輕的朱加施維里——他已經是個精力旺盛的自學者——找到了自己終生的事業，要成為鼓動家和教師，幫助蒙昧無知的民眾認識到社會的不公並找到所謂的靈丹妙藥。

格魯吉亞文化民族主義者

同小城哥里相比，高加索首府是一派早期現代性的盛大景象，但約瑟夫·朱加施維里並沒有很關注這座城市，至少在一開始沒有。他身邊的世界，也就是神學院，別稱「石頭口袋」，是座四層的堡壘，帶有新古典主義風格的主立面。如果說那所最好的古典中學處在當地教育等級體系的塔尖，那這所對於寒門子弟來說更容易入讀的神學院也不差。大樓位於埃里溫廣場戈洛溫大街的南端，1873年，正教會把大樓從一位大糖商 (康斯坦丁·祖巴拉施維里〔Constantine Zubalashvili〕) 手裏買來，做了神學院的新家。幾百名學生住在頂樓的開放式宿舍，每天過着按部就班的生活，通常是從早上7時到晚上10時。晨鐘響起，他們先做早禱，然後喝茶 (早餐)，課要一直上到下午2時，中午的正餐在3時，然後只能在外面待大約一個小時，5時點名，做晚禱，8時喝茶

（份量不多的晚餐），做作業，熄燈。「我們感覺就像犯人一樣，關在兵營裏，白天黑夜轉個不停，」哥里的另外一個「索索」，同年輕的斯大林一樣從哥里教會學校進入神學院的約瑟夫·伊列馬施維里回憶道。[11] 除了偶爾請假回一趟各自的老家，只有週日才有些空閒時間，不過也要等到正教儀式結束後，這就是說，要在石頭地磚上站三四個小時。出入劇院或其他褻瀆神明的地方是被禁止的。但有些學生會在晚點名過後冒險溜到城裏，儘管晚上要抽查宿舍，以便抓住自慰或者借助燭光看違禁讀物的學生。

對於這些習慣了家人的寵愛和無拘無束在街頭玩耍的十來歲的學生來說，按部就班的日子肯定讓人沮喪，但神學院還提供了很多跟同學一起熱情討論的機會，討論存在的意義和他們自己的前途，以及書本和學問上的發現。當然，重點是神聖的文本，以及教會斯拉夫語和俄羅斯帝國的歷史。約瑟夫·「索索」·朱加施維里——此時「約瑟夫」按照俄羅斯化的形式拼作 Iosif *——顯得很適應，表現很好。他成了學校唱詩班的領唱男高音。這一成就十分突出，因為那些男孩要在禮拜和為禮拜所做的準備上花費大量的時間。他還成了一個如饑似渴的讀者，開始記下想法和觀點。在課堂上，他得到的成績大多是4分（B），在宗教歌曲演唱方面得的是5分（A），還因為偶爾在歌劇院演唱掙個5盧布。開頭幾年，他只是期末的作文和希臘語得過3分（C）。他在指揮上得了最高分（5分）。作為新生，朱加施維里在29人中排名第八；到二年級，他上升到第五。但在第三年，也就是1896至1897年，他（在24人中）的排名下滑到第16名，到第五年，他（在23人中）排在第20名，而且經文不及格。[12] 由於教室座位是按學習成績安排的，他的課桌不停地向後移，離講台越來越遠。就連他摯愛的唱詩班也不再能引起他的興趣，這當中的部分原因在於經常發作的肺病（慢性肺炎）。[13] 但他興趣減退和成績下滑的主要原因是，推動現代化的各種力量以及政治上的反作用所造成的文化衝突。

---

* 譯註：原來拼作 Ioseb。

　　1879年，即朱加施維里出生後的第二年，兩位格魯吉亞貴族作家，伊利亞·恰夫恰瓦澤公爵 (Ilya Chavchavadze，生於1837年) 和阿卡基·策列鐵里公爵 (Akaki Tsereteli，生於1840年)，成立了格魯吉亞掃盲協會。格魯吉亞人由許多不同的群體組成，比如卡赫季人、卡爾特利人、伊梅列季人、明格列爾人，他們擁有共同的語言，恰夫恰瓦澤和策列鐵里希望通過學校、圖書館和書店，推動一體化的格魯吉亞文化的新生。他們保守的民粹主義文化綱領，絕對沒有不忠於帝國的意思。[14] 但是在俄羅斯帝國，從行政區劃的角度講，「格魯吉亞」根本不存在，有的只是梯弗利斯和庫塔伊西兩個省 (gubernias)，而且帝國當局態度強硬，書報審查人員禁止帶有「格魯吉亞」(Gruziya) 字樣的俄文出版物。部分原因在於很多書報審查人員不懂格魯吉亞文——書寫時用的既不是斯拉夫語字母也不是拉丁字母——實際上他們對於格魯吉亞文出版物還是非常寬大的，這就給格魯吉亞文的雜誌留下了許多空間。但是在推行俄羅斯化的梯弗利斯神學院，為了加強俄語教育，1872年就取消了格魯吉亞語教育。(格魯吉亞的正教儀式用的是教會斯拉夫語，它對於信眾而言非常難懂，在帝國那些以俄羅斯人為主的省份也是如此。) 從1875年開始，這所格魯吉亞首府的神學院就不再教授格魯吉亞歷史。神學院的二十幾個教師全都是俄國總督正式任命的，其中有幾個格魯吉亞人，但大部分都是俄羅斯修士，而他們之所以被特意派到格魯吉亞，是因為抱有強烈的俄羅斯民族主義觀點。(有幾個後來加入了極右翼團體。) 同時，除了另外招募告密者作為耳目，神學院還聘用了兩位專職學監，要對學生實行「始終如一、毫不鬆懈的監督」，哪怕在學生的自由時間也是如此。[15]

　　因為「不可靠」而被開除，這成了司空見慣的事情，但卻違背了神學院的教育宗旨。針對高壓管理，梯弗利斯神學院的學生——他們中許多人都是正教神父的兒子——(在1870年代) 開始編寫非法的時事通訊並成立秘密的討論「小組」。1884年，在梯弗利斯神學院有一個這樣的小組，其成員西爾韋斯特爾·「席爾瓦」·吉布拉澤 (Silibistro "Silva" Jibladze，他在神學院低年級時就帶頭造過反) 搧了俄羅斯人院長的耳光，因為那個院長罵格魯吉亞語是狗語。這些男孩十分清楚，格魯吉亞王國皈依基督教要比俄羅斯人早五百年，比羅馬人早一百年。吉布

拉澤被判處在懲戒營關押三年。後來在1886年發生了一件轟動整個帝國的事情：另外一名被開除的學生用傳統的高加索短劍（*kinjal*）刺殺了梯弗利斯神學院院長。[16]六十多名學生被開除。「有人走得太遠，想寬恕這起刺殺事件，」格魯吉亞督主教向聖彼得堡至聖主教公會報告說，「所有人內心裏都表示贊同。」[17]到1890年代，神學院的學生開始策劃罷課。在1893年11月的罷課中，他們要求改善伙食（尤其是在大齋期），取消蠻不講理的監視制度，設立格魯吉亞語系，有權利用格魯吉亞語唱讚美詩。[18]正在走向俄羅斯化的教會作出的回應是，開除了87名學生，包括領導罷課的17歲的拉多‧克茨霍維里，並在1893年12月關閉了學校。[19]1894年秋天，神學院復課，有兩個班的一年級學生，分別是1893年和1894年招收的，而後者就是約瑟夫‧朱加施維里所在的班級。

　　未來的斯大林剛來的時候，神學院的紀律依舊十分嚴厲，但也作了讓步，重新開設了格魯吉亞文學和歷史的課程。1895年夏天，在第一年過後，16歲半的朱加施維里帶着自己用格魯吉亞文寫的詩歌，未經神學院允許，直接找了從事出版工作的貴族伊利亞‧恰夫恰瓦澤。恰夫恰瓦澤的《伊比利亞報》（伊比利亞指東格魯吉亞）的編輯，發表了朱加施維里的五首詩，署名是被廣泛使用的、代表「約瑟夫」（Ioseb / Iosif）的格魯吉亞語昵稱「索謝洛」。[20]這些詩除了別的主題外，還描寫了（自然和人類中的）暴力與（鳥類和音樂中的）溫柔之間的鮮明差異，以及一位被自己的人民毒死的漫遊詩人。另一首詩是獻給青年斯大林最喜愛的詩人、格魯吉亞貴族拉斐爾‧葉里斯塔維公爵（Rapiel Eristavi）50歲生日的。[21]這位專政者後來說過，葉里斯塔維的詩「美麗、深情而悅耳」。他還說應該把公爵稱為格魯吉亞的夜鶯——這一角色或許是朱加施維里自己渴望扮演的。朱加施維里充滿深情的第六首詩〈老妮妮卡〉，1896年發表在《犁溝報》上，那是另一個名叫格奧爾吉‧策列鐵里（Giorgi Tsereteli，生於1842年）的人擁有的雜誌。它描寫了一位帶有英雄色彩的賢人給「自己孩子的孩子訴說往事」。總之，朱加施維里也捲入了世紀末格魯吉亞激動人心的覺醒大潮。

　　影響青年朱加施維里的那種時代精神，在《蘇麗珂》（1895）——或《親愛的》——這首詩中得到了生動的表達，它講的是失去的愛人和失去

的民族精神。格魯吉亞掃盲協會的聯合創始人阿卡基‧策列鐵里寫的
《蘇麗珂》，配上音樂後成了一首膾炙人口的頌歌：

> 我徒勞地尋找愛人的墳墓；
> 絕望讓我陷入悲哀的深淵。
> 我忍不住哭泣着喊道：
> 「親愛的，你在哪裏？」

> 荊棘叢中孤零零地
> 佇立着一株可愛的薔薇；
> 我雙目低垂，柔聲問道：
> 「是你嗎，我的愛人？」

> 可愛的花兒低頭
> 顫抖着表示同意；
> 它那紅色的面頰，閃爍着
> 清晨天空灑落的淚水。[22]

　　斯大林在成為專政者之後，經常用格魯吉亞語或翻譯後的俄語唱
《蘇麗珂》(它以這種形式成了蘇聯電台一首情意綿綿的主要曲目)。但
是在1895至1896年，他不得不向正在推行俄羅斯化的神學院當局隱瞞
自己成功發表格魯吉亞語詩歌的事實。

　　當然，民族主義是那個時代的特色。1889年出生在奧匈帝國萊茵
河畔布勞瑙附近的阿道夫‧希特勒，幾乎從生下來開始就受到俾斯麥德
意志帝國的影響。希特勒的父親阿洛伊斯 (Alois)，一個擁有奧地利國籍
的熱忱的德意志民族主義者，在奧地利一側的幾個邊境小城做過海關官
員；母親克拉拉是他的第三任妻子，對阿道夫關懷備至，因為她的五個
孩子只活下來兩個，阿道夫是其中之一。希特勒三歲時隨家人一起搬
到邊境對面德國的帕紹，並在那裏學會了用下巴伐利亞方言講的德語。
1894年，他們全家又搬回奧地利 (靠近林茨)。希特勒生在哈布斯堡帝
國，基本上也長在哈布斯堡帝國，可是卻從未學會奧地利特有的那種德
語。他後來養成了一種習慣，看不起使用多種語言的奧匈帝國，會和講
奧地利德語的朋友一起唱德國的國歌《德意志高於一切》；他們相互打招

呼用的是德國人的「嗨」，而不是奧地利人的「你好」。希特勒到教堂去做
禮拜，參加唱詩班，在母親的影響下說要成為天主教神父，但他主要還
是想長大了做個藝術家。1900年，希特勒16歲的哥哥得麻疹去世，這對
他似乎影響很大，他變得更加抑鬱、孤僻和懶散。他父親想讓他子承父
業去做海關官員，便不顧他的意願，送他上了林茨的技術學校。希特勒
在那裏跟老師們發生了衝突。在希特勒父親突然去世（1903年1月）後，
他在學校的成績下滑，於是他母親就讓他轉學。希特勒後來（勉強）畢了
業，並於1905年搬到維也納。他沒能考取那裏的藝術學校，只好過着波
西米亞式的生活，無所事事，賣賣水彩畫，很快就花光了他那筆小小的
遺產。但那種德意志民族主義傾向依然如故。相比之下，未來的斯大林
會用他的民族主義，格魯吉亞這個小國的民族主義，換取更廣闊的天地。

學生政治

　　「要是他有了甚麼高興的事情，」一位曾經跟朱加施維里關係很近的
同班同學佩季·卡帕納澤（Peti "Pyotr" Kapanadze）回憶說，他「就會打響
指，大喊大叫，一隻腳跳來跳去」。[23] 在成績開始下滑的第三年（1896）
秋天，朱加施維里加入了一個秘密的學生「小組」，領導者是個叫做賽
義德·傑夫達里阿尼（Seid Devdariani）的高年級同學。他們的密謀一定
程度上可能是出於偶然：朱加施維里連同其他幾位身體虛弱的同學，被
安排在主宿舍區外面單獨居住，而他顯然就是在那裏遇見了傑夫達里阿
尼。[24] 他們小組可能有十名成員，其中有幾個是哥里的。他們閱讀非宗
教文獻，比如純文學和自然科學，這些書俄國當局不禁止，但神學院禁
止──神學院的課程把托爾斯泰（Lev Tolstoy）、萊蒙托夫（Lermontov）、
契訶夫、果戈理（Nikolai Gogol），甚至帶有救世色彩的陀思妥耶夫斯基
（Dostoevsky）的作品都排除在外。[25] 那些世俗書籍，是男孩們從恰夫恰瓦
澤的格魯吉亞掃盲協會開的所謂平價書店，或者從一家格魯吉亞人的二
手書店弄到的。在回哥里的時候，朱加施維里還從恰夫恰瓦澤協會的一
個成員經營的書攤那兒弄到了這類書籍。（未來的斯大林回憶說，那個
攤主「喜歡開玩笑，還講了神學院生活的一些趣事」。）[26] 就像在俄羅斯

帝國幾乎所有的學校一樣，學生密謀者把這些書偷偷地帶進來在夜裏閱讀，白天就把它們藏起來。1896年11月，神學院學監在從朱加施維里那裏查到維克多‧雨果(Victor Hugo)的《九三年》(講的是法國的反革命)之後，又沒收了他的一本雨果《海上勞工》的譯本。朱加施維里還讀過翻譯成俄文的左拉(Zola)、巴爾扎克(Balzac)和薩克雷(Thackeray)的作品，以及許多格魯吉亞作家的作品。1897年3月，他再次被抓住藏有違禁宣傳品：一本有悖正教神學理論的法國達爾文主義著作的譯本。[27]

　　跟大多數俄羅斯正教會的神父不同，神學院的修士們要獨身、食素，還要經常祈禱，竭力避免俗世的誘惑。但不管他們個人的犧牲、奉獻和學識如何，格魯吉亞學生對他們的印象是「暴君、反覆無常的利己主義者，心裏只想着自己的前途」，特別是升為主教(正教傳統中與使徒有聯繫的一種身份)之後。就朱加施維里而言，他對於神聖事務當然可能已經失去了興趣，但神學院的政策和修士們的行為在引起他的抵觸心理的同時，也加快了他的覺醒速度。他當時似乎被新提拔的學監、學生罵作「黑胖子」(*chernoe piatno*)的聖職修士德米特里(Dmitry)盯上了。身着黑袍、胖乎乎的德米特里，在成為學監(1898)前是神學院的經文教師(1896)。他雖是格魯吉亞貴族，俗名達維德‧阿巴希澤(David Abashidze，1867–1943)，卻顯得比抱有沙文主義傾向的俄羅斯修士還要憎惡格魯吉亞。當阿巴希澤為藏有禁書一事同朱加施維里當面對質的時候，後者公開指責神學院的監視制度，並罵他「黑胖子」，結果在黑魆魆的禁閉室被關了五個小時。[28] 後來，在斯大林大權獨攬的時候，他會生動地回憶起神學院「令人感到恥辱、滲入靈魂的秘密監視活動」。「早上9時，喝茶的鈴聲響了，」他解釋說，「我們進入餐廳，然後又回到自己的房間，而就在這段時間，有人動了我們放東西的箱子。」[29]

　　疏遠不是一下子發生，而是一個漸進的過程。朱加施維里過去那麼用功想要進去的神學院，此時正與他漸行漸遠。他所在的閱讀違禁作品的小組起初並沒有革命的想法。可那些神學家對於學生的好奇心非但不能通融和緩和——因為不管怎麼說，那都是些最優秀的純文學作品和現代科學著作——反而像畏懼甚麼東西似的，加以阻撓和迫害。換言之，煽動激進情緒的與其說是閱讀違禁作品的小組，不如說是神學院自身，

儘管它並不想那樣。托洛茨基在他的斯大林傳記中生動地寫道，俄國的神學院「以其駭人聽聞的野蠻習慣、中世紀的教育方式和把拳頭當成了法律而臭名遠揚」。[30] 是這麼回事，只是太簡單化了。許多——或許是大部分——俄羅斯正教神學院的畢業生都成了神父。格魯吉亞社會民主黨的主要人物，的確差不多全都是梯弗利斯神學院出來的，就像猶太工人總聯盟（崩得〔Bund〕）的許多激進分子都出自維爾諾著名的拉比學館與師範學校*，但其中的部分原因正在於這樣的地方提供了受教育的機會，讓人養成了嚴格自律的習慣。[31] 神學院的學生有成為帝俄科學家的（比如著名的生理學家、研究狗的條件反射的伊萬‧巴甫洛夫〔Ivan Pavlov〕），神父的孩子也有成為科學家的（例如發明週期表的德米特里‧門捷列夫〔Dimitri Mendeleev〕）。正教神職人員通過他們的後代以及他們的教育工作，貢獻了整個俄羅斯帝國的大部分知識分子。神職人員給兒子或學生傳授了一種能夠經受住世俗化衝擊的價值觀，即努力工作、貧窮卻有尊嚴、關愛他人，以及最重要的：道德上的優越感。[32]

朱加施維里發現《聖經》中存在前後不一致，他研讀埃內斯特‧勒南（Ernest Renan）的無神論著作《耶穌傳》的譯本，又放棄了聖職，但這並不意味着他就會自動成為革命者。革命的傾向並不是生來就有的。還需要再邁出一大步。就他而言，1897年的暑假他是在密友米哈伊爾‧「米霍」‧達維塔施維里（Mikheil "Mikho" Davitashvili）的老家村子度過的，「他在那裏瞭解到農民的生活」。[33] 在格魯吉亞，就如同在俄羅斯帝國的其他地方一樣，存在缺陷的農奴解放對農民沒有甚麼幫助，反而讓他們陷入了困境：要麼給從前的主人交納土地「贖金」，要麼給再度猖獗的山賊交納貢金。[34] 農奴解放倒是「解放」了貴族子女，他們沒有農奴要管理，便離開莊園去了城市，結果與農民出身的青年一起，承擔起了農民的事業。[35] 為了喚醒格魯吉亞，朱加施維里努力的方向逐漸發生了變化，他意識到格魯吉亞地主對格魯吉亞農民的壓迫：這個或許想過要成為修士的孩子，現在「希望做個鄉村教師」或長老。[36] 但是，他

38

---

* 譯註：俄羅斯帝國在1847年成立的這間機構——維爾諾拉比學館與師範學校——有兩個分部，一是拉比學館，一是師範學校。

對社會不公的認識，是和他想要出人頭地的野心聯繫在一起的。在神學院的秘密小組中，朱加施維里同年長的傑夫達里阿尼既是好友，也是爭奪最高位置的對手。[37] 1898年5月，在傑夫達里阿尼畢業去了俄羅斯帝國在波羅的海地區的多帕特 (尤里耶夫) 大學之後，朱加施維里如願以償，接管了這個小組並推動它走上了更為務實的 (政治) 方向。[38]

　　約瑟夫・伊列馬施維里 (Iosif Iremashvili)——神學院另一位哥里的「索索」——回憶説：「在他〔朱加施維里〕的童年和青年時期，一個人只要順着他專橫的意志，他就是個好朋友。」[39] 不過，大概就是在這段時間，「專橫的」朱加施維里有了一位主張變革的導師，拉多・克茨霍維里。1893年，拉多因為帶頭罷課被開除之後，就在當年夏天為恰夫恰瓦澤的《伊比利亞報》報道他老家哥里地區的農民在解放後的負擔問題；後來，按照慣例，拉多可獲允進入另外一所神學院，他也確實在1894年9月入學了 (基輔神學院)。可是在1896年，拉多又被基輔神學院開除，而且還因為持有「犯罪性質的」宣傳品被抓了起來，在警方的監視下被遣送回老家。1897年秋天，拉多重返梯弗利斯，加入格魯吉亞馬克思主義小組，並到一家印刷所工作，學習排字，以便印刷革命傳單。[40] 他還同梯弗利斯神學院的學生重新建立了聯繫。克茨霍維里是他們之中公認的權威：他的照片 (連同米霍・達維塔施維里和佩季・卡帕納澤的照片一起) 掛在神學院學生朱加施維里寢室的牆上。[41] 雖然在恰夫恰瓦澤的格魯吉亞掃盲協會的平價書店可能有少量的馬克思主義書籍，而且其中可能還有一本馬克思本人寫的 (《政治經濟學批判》，三卷本《資本論》的一部分)，但梯弗利斯在圖書方面跟華沙的差距還是很大的。[42] 從1898年開始，拉多成了推動青年斯大林思想轉變的主要力量——從被稱為民粹主義的典型的社會正義取向到馬克思主義的轉變。[43]

馬克思主義與俄國

　　出身於普魯士富裕中產階級家庭的卡爾・馬克思 (1818–1883)，絕對不是現代的第一個社會主義者。「社會主義」(這個新詞) 可追溯到1830年代，同「自由主義」、「保守主義」、「女性主義」等許多「主義」出

現的時間差不多，都是在1789年開始的法國大革命以及市場在同一時期的普及之後出現的。最早公開承認自己是社會主義者的人物之一，是紡織業巨頭羅伯特・歐文 (Robert Owen，1771–1858)，他試圖像父親一樣對待「他的」工人，通過提高工資、減少勞動時間、修建學校和住房、糾正陋習和酗酒，為員工創建一個模範社區。其他早期的社會主義者，尤其是法國的社會主義者，夢想着建立一個全新的社會，而不僅僅是改良社會狀況。貴族亨利・德・聖—西門伯爵 (Henri de Saint-Simon，1772–1837) 及其追隨者，要求在財產公有而不是私有的條件下，由社會工程師將社會變得更加完善，變得友愛、合理、公正，就像新版的柏拉圖《理想國》。夏爾・傅立葉 (Charles Fourier) 別出心裁，認為勞動是存在的中心，應當得到促進而不是被非人化；為此，傅立葉設想出一個由中央來管理的社會。[44] 可是，並不是所有的激進分子都贊成中央集權的權威：皮埃爾—約瑟夫・蒲魯東 (Pierre-Joseph Proudhon，1809–1865) 抨擊銀行體系，聲稱大銀行家拒絕貸款給小業主或窮人，而且他還鼓吹應當把社會建立在合作的基礎上 (互助論)，那樣一來，國家就沒有必要存在了。他把自己的小規模、提倡合作的方法稱為無政府主義。但馬克思連同其親密的合作者、英國工廠主弗里德里希・恩格斯 (1820–1895) 認為，社會主義不是一種選擇，而是由科學規律支配的大規模歷史鬥爭的「必然結果」，因此，無論喜歡還是不喜歡，現在的這個時代都注定要滅亡。

　　許多支持保守主義立場的人也譴責市場的罪惡，但在新經濟秩序的反對者中，馬克思別樹一幟，高度讚揚了資本主義和現代工業的力量。亞當・斯密 (Adam Smith) 關於蘇格蘭啟蒙運動的巨著《國富論》(1776) 有力地證明了競爭、專門化 (勞動分工) 以及利己心對於推動社會進步的作用，但是在那本簡潔明快的小冊子《共產黨宣言》(1848) 中，29歲的馬克思大談「蒸汽和機器」如何「引起了工業生產的革命」，以及「不斷擴大產品銷路的需要」如何「驅使資產階級奔走於全球各地」。[45*] 馬克思

---

*　　譯註：《馬克思恩格斯文集》(人民出版社，2009) 第2卷，第32、35頁。

在1848年當作既成事實來描寫的那些突破──現代的大工業和全球化
──哪怕是在英國也要再等上幾十年，儘管在他童年的時候英國就開始
向工業化轉型。但馬克思預見到了它們。馬克思對未來的看法和斯密不
同，他認為全球資本主義將失去活力。1867年，他出版了日後的三卷本
《資本論》中的第一卷，回應了英國古典政治經濟學家斯密和大衛·李嘉
圖（David Ricardo）的觀點。馬克思指出，所有的價值都是人的勞動創造
的，擁有生產資料的人剝奪了勞動者的「剩餘價值」。換言之，「資本」是
從他人那裏剝奪的勞動。馬克思認為，所有者把他們非法獲得的剩餘價
值（資本）投資於可以節約勞動的機器，結果促進了生產，增加了總財
富，但也削減了工資，減少了工作崗位；勞動者陷入貧困──據馬克思
説──資本卻日益集中在少數人手裏，阻礙了進一步發展。為了經濟和
社會的繼續進步，馬克思要求廢除私有財產、市場、利潤和貨幣。

　　馬克思對法國社會主義思想（傅立葉、聖─西門）和英國政治經濟
學（李嘉圖、斯密）的修正，靠的是德國唯心論哲學家格奧爾格·威爾
海姆·弗里德里希·黑格爾（Georg Wilhelm Friedrich Hegel）所説的辯證
法：那就是，按照矛盾的所謂內在邏輯，形式與其對立面發生衝突，以
便通過否定和超越實現歷史的進步（揚棄〔*Aufhebung*〕）。因此，從辯證
法來看，資本主義由於自身的內在矛盾，將會被社會主義取代。馬克
思認為歷史的發展大體上可以分為幾個幾段──封建主義、資本主義、
社會主義和共產主義（當一切都很充裕的時候），認為起決定作用的原
動力是階級，比如無產階級，他們將會推翻資本主義，就像據説是資產
階級推翻了封建主義和封建領主一樣。在馬克思那裏，無產階級成了
黑格爾的普遍理性的化身，成了所謂的「普遍等級」（universal class），因
為它遭受的苦難是「普遍的」*──換句話説，不是因為無產階級本身就
在工廠勞動，而是因為它是受害者，變成了拯救者的受害者。

　　馬克思打算把自己對於社會的分析變成銳利的武器，努力改變社
會。1864年，他和一幫各式各樣有影響的左翼人士一起──包括一些無

────────────────
* 譯註：參見《馬克思恩格斯文集》第1卷，第14–17頁。

政府主義者——在倫敦成立了一個名叫「國際工人協會」(1864–1876) 的
跨國組織，想把世界各地的工人和激進分子聯合起來。到1870年代，左
翼批評者抨擊馬克思對於該組織的設想——「把所有的生產工具都集中
在國家手裏，也就是集中在被組織起來成為統治階級的無產階級手裏」
——是威權主義，結果引發爭吵和分裂。1883年馬克思在倫敦去世後
（他也葬在那裏），各社會黨和工人黨在巴黎成立了「第二國際」(1889)。
第二國際用《國際歌》代替了1789年法國大革命中「資產階級共和主義的」
《馬賽曲》作為社會主義的會歌，它的第一段開頭是「起來，全世界受苦
的人」。第二國際還正式採用了紅旗。紅旗以前在法國出現過，它是和
波旁王朝以及想要復辟的反革命分子的白旗相對的。不過，用的雖然是
法國的歌曲和象徵物，作為已故的馬克思的信徒，德國的社會民主黨逐
漸主導了第二國際。俄羅斯帝國的臣民——他們中的許多人都在歐洲流
亡——將會成為德國人在第二國際中的主要競爭對手。

在俄羅斯帝國，在離無產階級的出現還有近半個世紀的時候，社會
主義**思想**就已經被人們接受了，而它的大規模傳播，要歸功於一些自命
的知識分子的內省。知識分子——字面意思是知識階層——作為受過教
育但又有挫敗感的個體，起初出自貴族，但隨着時間的推移，其中也
包括有機會進入中學和大學的平民。俄國知識分子同馬克思一樣，汲
取了德國的唯心論哲學，只是沒有受到多少英國政治經濟學中唯物主
義的影響。俄國的社會主義者組成了若干小組（俄語叫 *kruzhok*，德語叫
Kreis），他們從自身尊嚴受到侵犯的意識出發，推己及人，捍衞所有人
的尊嚴。走在前面的是亞歷山大·赫爾岑 (Alexander Herzen) 和米哈伊
爾·巴枯寧 (Mikhail Bakunin)，兩人彼此認識，都是19世紀中葉特權家
庭的後代。兩人都認為，由於俄國有村社制度，農民可以成為社會主
義的基礎。[46] 通過對（分隔成條狀的）農戶份地和其他生產資料進行定
期的重新分配，村社提供了一種緩衝機制，可以依靠集體的力量，應對
霜凍、乾旱等風險。[47] 很多農民並不生活在村社中，尤其是在東部（西
伯利亞）以及西部和南部（烏克蘭），那裏根本不存在農奴制。但是在俄
羅斯帝國中部的那些地區，由於1860年代的農奴解放，村社的力量得
到加強。[48] 就個體而言，無論是解放之前還是之後，村社的農民都不擁

有任何私有財產，於是，赫爾岑和巴枯寧那樣的思想家就以為，帝國的農民生來就是社會主義者，因此，他們認為，社會主義在俄國實際上可以在資本主義**之前**出現。1860年代農奴解放以後，那些自封的民粹主義者 (*narodniki*) 就是抱着這樣的想法深入俄國農村幫助農民擺脫落後狀況的。

42

　　民粹主義者感到急迫的是，資本主義已開始普及，因此，他們擔心獲得自由的農奴會變成工資奴隸，剝削性質的資產階級會取代農奴主的位置。同時，由於「庫拉克」(*kulak*) 或者說富農的出現，村社生活中的平均主義——它在很大程度上被理想化了——被認為受到了威脅。[49] 但是，就連貧農對外界那些自命為導師的人也抱有敵意。民粹主義的鼓動策略未能激起大規模的農民起義，此後有些人就轉向政治恐怖，想在城市激起大規模的起義 (此舉也未能奏效)。不過，由於馬克思在俄國的影響越來越大，其他激進分子將希望從農民轉移到早期的無產階級身上。俄國馬克思主義之父格奧爾吉·普列漢諾夫 (Georgi Plekhanov，生於1857年) 反對民粹主義的觀點——俄國擁有某種據說是與生俱來的社會主義傾向 (農民村社)，因而可以超越資本主義。1880年，普列漢諾夫開始流亡歐洲 (最終他流亡了37年)，但他在1880年代的著作《社會主義與政治鬥爭》(1883) 以及《我們的意見分歧》(1885)，傳回並影響了俄國。他主張不能跨越不同的歷史階段：不經歷資本主義，就不可能進入社會主義，因此，在社會主義革命之前，俄國也要首先來一場「資產階級革命」，無產階級必須幫助資產階級完成資產階級革命。[50] 這是馬克思曾經說過的。儘管馬克思晚年的確似乎承認，英國的經驗——那是他進行理論概括的基礎——可能不具備普遍意義；(從歷史的角度來說) 資產階級可能不是唯一進步的階級；俄國可能不需要經歷充分發展的資本主義階段。[51] 這種顯而易見的異端觀點跟馬克思對俄國經濟學家尼古拉·F. 丹尼爾遜 (Nikolai F. Danielson) 的信賴有關。丹尼爾遜是他的知交，為他提供了有關俄國的書籍。不過，對於馬克思晚年在俄國問題上的準民粹主義觀點，瞭解的人並不多 (這些觀點直到1924年12月才用俄文發表出來)。普列漢諾夫從馬克思主義立場出發對民粹主義所作的批判，對當時的知識界影響很大。

　　丹尼爾遜對此功不可沒。他與人合作，把馬克思的三卷本巨著《資本論》譯成俄文，此書在1890年代出版後吸引了相當多的讀者，其中包括未來的斯大林。1896年，隨着第三卷的出版，遲疑不決的俄國書報審查人員最終認定這是「科學」著作，而這就意味着此書可以在圖書館流通也可以銷售。[52]馬克思主義政治經濟學成為俄國一些大學中的科目，在世紀之交的帝國，就連莫斯科一家大型紡織廠的廠長也收藏了眾多關於馬克思學說的著作。[53]俄國當時有100萬無產者，而農民有八千多萬。但馬克思主義卻取代民粹主義成了「答案」。

　　從1880年代開始，馬克思主義也傳到了俄國人控制的高加索。這其中的部分原因在於歐洲的左翼運動經由俄國傳播至此，以及俄屬波蘭的騷動。騷動的影響通過流放到高加索的波蘭人或者前往沙皇統治下的波蘭學習的格魯吉亞人傳到了格魯吉亞。格魯吉亞的馬克思主義也和同時代人的反叛活動有關。諾伊·饒爾丹尼亞(Noe Jordania)是高加索的普列漢諾夫。1869年，他出身於西格魯吉亞的一個貴族家庭，曾就讀於梯弗利斯神學院，並和席爾瓦·吉布拉澤——也就是1884年搧過俄羅斯人院長耳光的那位梯弗利斯神學院學生——等人一起，在1892年成立了「第三小組」(麥撒墨達西社)。他們的目的是要通過對比，顯示出自己這個公開主張馬克思主義的社團與伊利亞·恰夫恰瓦澤保守的民粹主義(「第一小組」)以及格奧爾吉·策列鐵里的民族(古典)自由主義(「第二小組」)的區別。饒爾丹尼亞在旅歐期間開始接觸普列漢諾夫和卡爾·考茨基(Karl Kautsky)的理論——考茨基出生於布拉格，是德國社會民主黨的主要人物。1898年，受格奧爾吉·策列鐵里之邀，饒爾丹尼亞接手《犁溝報》的編務。[54]在他的領導下，《犁溝報》成為俄羅斯帝國第一份合法的馬克思主義報紙，在俄國國內強調自治、發展和格魯吉亞的文化自主(這一點同多民族的哈布斯堡王國中的奧地利社會民主黨相似)。沒過多久，馬克思主義的宣傳品——包括100本從俄文翻譯成格魯吉亞文的油印《共產黨宣言》——就被偷偷地運進梯弗利斯，給各個由朱加施維里那樣的青年激進分子組成的、範圍不斷擴大的高加索小組提供了支持。[55]

　　梯弗利斯成了他們正在組建的實驗室。這座被騷動不安的農村包圍着的城市，是由一些小商販、搬運工和手藝人組成的。登記在冊的

工匠有9,000人，大多在一兩個人的合作社。梯弗利斯大約有95%的
「工廠」都是些作坊，工人不超過十個。但在幾個比較大的火車站和修
理廠（它們是1883年開辦的），加上幾個產業化的煙草工廠和阿傑利哈
諾夫皮革廠，倒是集中了一批無產階級，至少有3,000人（全省有12,500
人）。梯弗利斯鐵路工人在1887年和1889年進行過罷工，1898年12月
中旬他們再次罷工，時間長達五天——這是一次比較大的罷工，是拉
多‧克茨霍維里等幾個工人組織的。在那次從週一到週六的工作週抗
議行動中，朱加施維里還在神學院。[56] 但由於克茨霍維里的緣故，朱加
施維里的神學院學生小組——他在1898年5月剛剛掌管小組——擴大規
模，大概吸收了六名梯弗利斯火車站和修理廠的無產者。他們通常在
週日開會，地點是梯弗利斯的納哈羅夫卡（納扎拉傑維）社區，那裏沒
有人行道、路燈、下水道和自來水。[57] 朱加施維里發表了關於「資本主
義制度的結構」和「為了改善工人的地位必須開展政治鬥爭」的演說。[58]
他通過拉多見到了狂熱的席爾瓦‧吉布拉澤，吉布拉澤似乎教會了朱
加施維里如何去做工人的鼓動工作，並給他分派了新的「小組」。[59] 把朱
加施維里介紹給諾伊‧饒爾丹尼亞的可能也是吉布拉澤。

　　就像朱加施維里曾經找過《伊比利亞報》（該報後來發表了他的詩作）
的貴族恰夫恰瓦澤，1898年的某個時候，朱加施維里也拜訪了《犁溝報》
的饒爾丹尼亞。一副紳士加學者派頭的貴族饒爾丹尼亞，沒有表現出
特別支持的樣子。他後來回憶說，那位年少魯莽的來訪者告訴他，「為
了在工人中宣傳您的思想，我已經決定退學」。饒爾丹尼亞聲稱，他考
了考年輕的朱加施維里政治和社會方面的問題，然後建議他回到學校，
多研究些馬克思主義。這種居高臨下的建議當然不會被接受。「我會考
慮的」，據說未來的斯大林是這樣回答的。[60] 1898年秋天，朱加施維里
真的追隨拉多‧克茨霍維里的腳步，加入了格魯吉亞馬克思主義者的
「第三小組」。

　　嚴格說來，「第三小組」算不上是政黨——政黨在沙皇俄國是非法
的——但是在1898年3月，在馬克思主義的啟發下並且仿照德國的模
式，在帝國猶太人定居區的小城明斯克郊外的一所私人木屋裏，召開
了成立俄國社會民主工黨即未來的蘇聯執政黨的「代表大會」。這是第

二次嘗試（之前在基輔的建黨沒有成功）。早五個月成立的猶太工人總
聯盟為明斯克會議提供了後勤支持。出席會議的只有九個人，而且只
有一個是真正的工人（以致有些與會者反對擬採用的黨的名稱，因為
其中含有「工人」字樣）。*1898年恰好是馬克思和恩格斯的《共產黨宣
言》發表50週年，代表們在三天的會議中也通過了他們自己的宣言，強
烈譴責「資產階級」。為了便於流傳，他們決定對宣言進行改寫。這項
任務交給了彼得·司徒盧威（Pyotr Struve，生於1870年），彼爾姆省長
的兒子、帝國法學院的畢業生。[61]（「專制制度在有教養的俄國人的心
靈、思想和習慣中製造了背叛國家的心理和傳統」，司徒盧威後來解釋
說。）[62] 沙皇的政治警察對明斯克代表大會一無所知，但與會者早就上
了黑名單，大多數不久就被捕了。[63] 弗拉基米爾·烏里揚諾夫（Vladimir
Ulyanov）——人們更熟悉的稱呼是「列寧」——在得到1898年明斯克代
表大會消息的時候，正因為散發革命傳單和陰謀刺殺沙皇，在被關押
了15個月後，被流放東西伯利亞三年。明斯克會議實際上是革命前的
俄國社會民主工黨在俄羅斯帝國境內召開的唯一一次代表大會。[64] 但沒
過多久，一群流亡歐洲的社會主義者，其中包括普列漢諾夫及其忠實
的追隨者平哈斯·博魯赫（Pinchas Borutsch，又名帕維爾·阿克雪里羅
得〔Pavel Axelrod〕）和維拉·查蘇利奇（Vera Zasulich），還有後起之秀尤
利烏斯·「尤利」·策傑爾包姆（Julius "Yuly" Tsederbaum，又名馬爾托夫
〔Martov〕）和列寧，就在1900年12月出版了一份俄文報紙，起初在斯
圖加特†。報紙名字叫《火星報》，就如同「星星之火將會燃成熊熊烈焰」
這句詩說的，目的是要把俄國革命者團結在一個馬克思主義的綱領周
圍。[65]

---

* 作者原註：波里斯·埃傑爾曼（Boris Eidelman，主要的組織者）、斯捷潘·拉德琴柯
  （Stepan Radchenko）、阿龍·克列梅爾（Aaron Kramer）、亞歷山大·萬諾夫斯基（Aleksandr
  Vannovsky）、阿弗拉姆·穆特尼克（Abram Mutnik）、卡濟米爾·彼得魯謝維奇（Kazimir
  Petrusevich）、帕維爾·圖恰普斯基（Pavel Tuchapsky）、納坦·維格多爾奇克（Natan
  Vigdorchik）以及什穆埃爾·卡茨（Shmuel Kats，唯一的工人）。
† 譯註：應為萊比錫。

鼓動家和教師

　　未來的斯大林(像列寧一樣)把自己的「黨員身份」從1898年算起。回到神學院後,在1898至1899年的秋季和冬季,他違紀的次數越來越多:早禱遲到;舉行聖餐儀式時不守規矩(明顯早退,抱怨站的時間太長、腿疼);請假回哥里後,返校晚了三天;不和老師(以前的學監穆拉霍夫斯基)打招呼;在教堂裏笑出聲;公開反對搜查;不做晚禱。朱加施維里受到訓斥,不得不在神學院的獨立房間關禁閉。1899年1月18日,他被禁止離開學校進入市區一個月,此事顯然和發現大批違禁書籍有關。(抓住的另外一個學生被開除了。)[66] 更嚴重的是,復活節短假過後,朱加施維里沒有參加期終考試。格魯吉亞教區的官方機構在1899年5月29日的記錄提到,朱加施維里「因不明原因曠考,被神學院開除(uvolniaetsia)」。[67] 對於這次開除以及「不明原因」這種令人費解的説法,人們有各種各樣的解釋,包括斯大林自己(後來)吹噓的,他是「因為宣傳馬克思主義而被趕出了神學院」。[68] 但是,在他成為統治者以前,他不止一次説過,當時學校突然要收取一筆他無力承擔的費用,還説,他在最後一年要失去部分國家資助。不過,他每次都對失去國家獎學金的具體原因避而不談。[69] 似乎沒有任何現存的材料可以證明,他曾向葉格納塔施維里或其他幫過他的人求助。在正式的開除決議上根本沒有提到付不起學費的事情。不過,他的經濟狀況比較窘迫,這一點眾所周知(朱加施維里多次懇求院長給予資助),所以,有可能是以學監阿巴希澤為首的那些維持紀律的人,藉着朱加施維里的貧困把他趕了出去。[70]

　　1899年,朱加施維里被開除,四年後,阿巴希澤升為主教,這顯然是對其工作的肯定。[71] 實際上,神學院的俄羅斯化政策是失敗的。高加索當局似乎在1897至1898年就已得出結論,認為梯弗利斯神學院正在損害俄國的利益,應當關閉(根據某個教師在回憶錄中的説法)。但教會並沒有馬上將其關閉,而是決定清洗格魯吉亞學生。[72] 神學院把有不軌行為的學生名單交給了憲兵隊。[73] 1899年9月,40至45名神學院學生被迫「自願」離校。不久,格魯吉亞學生就完全從神學院消失了。(神學院在1907年徹底關閉。)[74] 朱加施維里本來會在1899年秋天同大

批學生一起被開除，但阿巴希澤對他恨之入骨，將他單獨開除了。可是，我們仍然感到好奇，為甚麼朱加施維里的曠考原因不明，他顯然沒有申請補考又是為甚麼。一個可能的線索是：朱加施維里離開神學院那年，他或許已經做了父親，孩子是個女孩，名叫普拉斯科維亞「帕沙」·格奧爾吉耶夫娜·米哈伊洛夫斯卡婭 (Praskovya "Pasha" Georgievna Mikhailovskaya)，她小時候長得跟他很像。[75] 朱加施維里的學生小組在梯弗利斯神聖的穆塔茨明達山的山腳下租了一間小屋，用於秘密聚會，但這些年輕的男人可能也把它用來幽會。[76] 斯大林後來在檔案裏收藏了一封來信，信的內容是有人要認他做父親。要是這種含有詳盡細節的證據可以被接受的話，那就可以說明，朱加施維里為甚麼會失去國家獎學金，為甚麼沒有申請補考和恢復國家獎學金。[77]

47   但傳記作者們注意到了一些更奇怪的事情。在被開除的時候，由於未能從事神職工作，也沒有為正教會服務 (或者至少做小學教師)，朱加施維里欠了政府六百多盧布——這是一筆鉅款。院長寫信給他，建議他到基層的教會學校當教師，但他沒有接受；可神學院似乎並沒有利用世俗當局逼迫他償還經濟債務。[78] 還有下面這件事：1899 年 10 月，在沒有償還欠款的情況下，朱加施維里申請並獲得了神學院的官方文件，證明他已完成四年的學習 (他的第五年尚未結束)。這名被開除的學生品行綜合得分是「優秀」(5 分)。[79] 這些奇怪的事情——照理來說，這裏面有行賄的嫌疑——可能有意義，也可能沒意義。不管怎麼說，未來的斯大林可能已經過於成熟，在神學院待不下去了，他要比同學們大兩歲，已經深度參與到拉多的革命活動中。朱加施維里既然不準備做神父，那就似乎不可能讓神學院推薦他到大學繼續學習。據說朱加施維里對一個同學吐露了心聲，說這次開除是個「打擊」，但即便如此，他也沒有努力爭取留下來。[80]

        朱加施維里依舊喜歡讀書，而且越來越想扮演教師的角色。1899年夏天他不在哥里，而是同好友、一個神父的兒子米霍·達維塔施維里，又一次在名為茨羅米的村子度過。拉多·克茨霍維里去看望過他們。警察搜查了達維塔施維里的家，但他的家人似乎提前得到了警告，結果甚麼也沒有搜出來。不過，米霍還是同其他許多人一樣，在

1899年9月「自願」離開了神學院。[81] 朱加施維里讓許多剛被神學院開除的學生加入他領導的自學小組。[82] 他還繼續召集工人開會並且為他們講課。後來，1899年12月，也就是在得到神學院學習四年的官方證明後不久——這份證明可能是他用來求職的——朱加施維里在梯弗利斯氣象台找到了一份有薪水的工作，那是政府的一個下屬機構。這是交了好運，同時也得益於他同克茨霍維里兄弟的交往：拉多的弟弟瓦諾·克茨霍維里在氣象台工作，而朱加施維里在1899年10月就已經和瓦諾一起搬了進去；湊巧的是，在氣象台的六名員工中，不久就有一個離開了。[83] 朱加施維里拿到的薪水相對來說還不錯：每月20至25盧布（當時高加索的平均工資是熟練工人14至24盧布，非熟練工人10至13盧布）。[84] 除了冬天剷雪夏天掃地，他還要記錄每小時的溫度和氣壓。未來的斯大林還花了大量的時間閱讀，成了一個熱忱的鼓動者。值夜班的時候，白天他就鑽研馬克思主義，或者給工人小組上課，他對此全情投入。

48

　　接下來的靈感來自對社會主義頭面人物的質疑。在同拉多·克茨霍維里——他有時夜裏就藏匿在氣象台——患難與共的時候，朱加施維里對饒爾丹尼亞的《犁溝報》產生了懷疑。作為一份合法刊物，《犁溝報》為了通過審查而必須有所克制，結果它提供了一種「摻了水的馬克思主義」，引起了更年輕的激進分子的憎惡。克茨霍維里和朱加施維里認為，《犁溝報》上的專欄文章對於真正的工人「毫無用處」。拉多渴望創辦自己的非法刊物，招募更多像朱加施維里那樣的青年宣傳家。[85] 饒爾丹尼亞及其支持者反對出版非法刊物，擔心那樣會連累到他們的合法刊物。在朱加施維里著文批評《犁溝報》表面上的馴服和不作為時，饒爾丹尼亞和編輯們拒絕發表。吉布拉澤和饒爾丹尼亞聽說，朱加施維里正在背地裏煽動大家反對《犁溝報》。[86] 但是，不管有甚麼樣的個人恩怨，真正的策略分歧才是關鍵：未來的斯大林和拉多都認為，馬克思主義運動的重點應當從教育民眾轉向直接行動。拉多率先行動起來，在1900年1月1日組織了一次梯弗利斯軌道馬車司機的罷工。司機們一天工作13個小時，掙90戈比，而且還要被扣掉一部分，作為工作場所的「罰款」。這座首府城市因罷工而陷入短暫的停頓，結果不得不提高工

資。**這就是力量。**不過，就像饒爾丹尼亞和吉布拉澤強調的，這樣做有風險。有個軌道馬車工人告發了拉多。1900年1月中旬，他好不容易才擺脫梯弗利斯的憲兵，跑到了巴庫。[87] 同月，朱加施維里首次被捕。幾週前，他剛滿21歲的法定成人年齡。

名義上的罪名是他父親貝索以前在季季利洛拖欠了稅款——貝索在三十多年前就離開了那個村子，但並沒有從名冊上正式除名。朱加施維里被關在麥捷希監獄，也就是懸崖上的那座城堡，他11歲時和父親一起到阿傑利哈諾夫皮革廠上班，路上要經過此地。似乎是米霍．達維塔施維里和其他朋友湊錢還清了貝索在村裏的欠債，朱加施維里才得以獲釋。凱可從哥里趕來，還一度要求跟他一起住在氣象台的宿舍——這肯定讓人覺得很尷尬。她「總是不放心兒子，」一位鄰居兼遠房親戚（瑪麗亞．基季阿施維里〔Maria Kitiashvili〕）回憶說，「我記得很清楚，她總是到我們這兒，哭訴與她心愛的索索有關的事情，比如他現在在哪兒，憲兵有沒有把他抓起來？」[88] 不久，凱可本人就受到警方的監視，偶爾還被叫去盤問。憲兵為甚麼沒有逮捕當時就住在梯弗利斯的貝索，這一點現在還不清楚（約瑟夫偶爾會收到他父親親手做的靴子）。[89] 朱加施維里拿了神學院的獎學金，欠了國家的債務，可為甚麼沒有被抓起來，這一點現在也不清楚。不能排除是警方無能。但是，因為貝索的債務而被捕，的確有點像是藉口，實質上是對一個青年激進分子的警告，或者可能是一種策略，要給他打上記號：朱加施維里在警方檔案裏留下了照片。他回到氣象台工作，但他的非法政治演講還在繼續，他仍然受到監視。「根據密探的情報，朱加施維里是社會民主黨黨員，他和工人聚會，」警方的記錄說，「由於受到監視，他行為詭秘，走路時總朝後看。」[90]

地下鬥爭

同高加索的鬥雞、匪患以及賣淫（政治妓女及賣身妓女）相比，非法的社會主義煽動行為並不突出，至少起初是這樣。遲至1900年，受警方監視的梯弗利斯居民絕大多數是亞美尼亞人，之所以受到監視，

是因為警方擔心他們和境外奧斯曼帝國的同族保持聯繫。但是，僅僅在幾年之後，警方卷宗中的「政治」可疑分子大多就成了格魯吉亞人和社會民主黨人——卷宗有238份，其中包括朱加施維里的。[91] 1901年3月21日，警方突擊搜查了梯弗利斯氣象台。在搜查朱加施維里和其他員工的物品時，他並不在場。他可能是在不遠處看着，結果被發現，也遭受了搜身。[92] 但警方沒有逮捕他，大概是因為想繼續監視他，以便順藤摸瓜。不過，未來的斯大林的氣象事業終結了。他轉入了地下鬥爭，而且是長期的地下鬥爭。

除了私下給人輔導所得的報酬和依靠同事、女友以及他想要領導的無產者的接濟之外，朱加施維里此時沒有任何生活來源。他全身心地投入到密謀活動中，比如建立安全屋和創辦非法出版物，以便為罷工和五一遊行提供幫助。當時，「五一」已經成為全世界社會主義者的節日，以紀念1886年芝加哥的秣市騷亂，當時警察對爭取八小時工作制的罷工者開了槍。在梯弗利斯，1898年，鐵路工人舉着紅旗發動過五一遊行。起初的三次遊行都被限制在市區的範圍外，分別吸引了25人（1898）、75人（1899）和400人（1900）。對於1901年的五一節，朱加施維里參與策劃了一次沿戈洛溫大街的大膽而冒險的遊行，那裏是梯弗利斯的市中心。他在城裏工人最集中的地方——梯弗利斯鐵路總廠進行鼓動。沙皇警察搶先動手抓人，並佈置了帶着馬刀和長鞭的哥薩克騎兵，但至少有2,000名工人和圍觀者公然向他們挑戰，高喊「打倒專制制度！」經過45分鐘的混戰和肉搏，鮮血浸透了高加索首府的大街。[93]

俄國社會民主黨人因從事革命活動而被沙皇警察流放到高加索——當然，他們在那裏可以幫助煽動革命活動——這讓朱加施維里遇到了米哈伊爾·加里寧（Mikhail Kalinin）等人。[94] 但26歲、好鬥的克茨霍維里仍然是與帝俄社會民主黨人聯繫的關鍵，也是朱加施維里的榜樣。拉多在巴庫搞地下鬥爭，而且真的辦了一份同《犁溝報》競爭的格魯吉亞文報紙，叫《鬥爭報》，這份言辭激烈的報紙從1901年9月開始發行。在談到1901年五一節梯弗利斯的流血衝突時，《鬥爭報》上一篇未署名的文章（1901年11–12月）毫不畏懼地說道，「今天我們在街頭遊行示威中所蒙受的犧牲，將來會換得百倍的補償」，還說「在鬥爭中犧牲的或從

我們陣營中抓去的每一個戰士，都會喚起成百成千的新戰士」。[95]* 克茨
霍維里和阿韋利 · 葉努基澤(Avel Yenukidze)、列昂尼德 · 克拉辛(Leonid
Krasin)等在巴庫的社會民主黨人一同建立的地下印刷所，就隱藏在城
裏的穆斯林居住區，代號「妮娜」——這是(格魯吉亞女守護神)尼諾在
俄語中的說法。它還重印了最近創辦的俄文馬克思主義僑民報紙《火星
報》，原件是由馬幫從中歐經大不里士(伊朗)偷偷帶到巴庫的。[96] 妮娜
很快就成了社會民主黨在整個俄羅斯帝國最大的地下印刷所，這讓沙皇
警方頭疼不已(1901-1907)。[97] 年輕的朱加施維里正是通過妮娜印刷所
和拉多的《鬥爭報》開始瞭解到列寧思想的。列寧在到1901年底為止的
總共13期《火星報》上，寫了很多言辭尖銳的(未署名)社論。[98]

　　克茨霍維里繞開饒爾丹尼亞，讓朱加施維里有了直接把握俄國社會
民主黨脈動的機會，這讓他成了一名消息靈通的馬克思主義者和富有鬥
爭精神的街頭鼓動家。後一種角色是同朱加施維里固有的喜歡自學的
傾向以及他以啟發民眾為己任的使命感結合在一起的。不過，朱加施
維里從自身的經驗出發，痛感工人往往並不懂得學習和自我完善的重要
性。在1901年11月11日新成立的俄國社會民主工黨梯弗利斯委員會的
一次會議上，他支持的不是工人黨員，而是半知識分子黨員，也就是像
他自己和拉多那樣的黨員。他認為邀請工人入黨同「密謀」不相稱，會
讓黨員暴露，有被捕的危險。列寧在《火星報》上宣傳過這一看法。他
還寫了一本內容寬泛的小冊子，名叫《怎麼辦？》(1902年3月)，那是
針對《火星報》小組中其他馬克思主義者的尖銳批評(1901年9月)所作
的自我辯護。列寧的主張，即建立一個以知識分子為核心的政黨，很
快造成《火星報》小組的分裂。[99] 與此同時，在梯弗利斯委員會1901年
11月的會議上，大多數高加索社會民主黨人在表決時都贊成吸收工人
入黨，反對朱加施維里類似於列寧的要求。[100] 不過，梯弗利斯委員會
還是決定，把朱加施維里派到黑海的港口城市巴統，到工人中間做鼓動
工作。[101]

---

* 　譯註：《斯大林全集》第1卷，第22頁。

去巴統是一項很受人關注的任務。這座港口城市距離奧斯曼帝國的邊境只有12英里*，是在1877至1878年的戰爭中同信奉伊斯蘭教的阿扎爾（阿扎利亞）的其他地區一起，從奧斯曼土耳其人那裏奪來的。在連接上俄國的外高加索鐵路以後，巴統成了輸出俄國裏海石油的終端。當時世界上最長的從巴庫到巴統的管道正在修建中（將在1907年投入使用），而其贊助者——以炸藥出名的瑞典諾貝爾家族、以銀行業務出名的法國羅斯柴爾德（Rothschild）家族，以及亞美尼亞商業巨頭亞歷山大・曼塔什揚（Alexander Mantashyan，生於1842年，按照俄羅斯化的形式叫做曼塔舍夫〔Mantashov〕）——試圖打破美國標準石油公司在向歐洲供應煤油的領域近乎壟斷的地位。[102] 朱加施維里也想利用石油業的快速發展來達到某些激進目的。（不久，《火星報》連同其他俄文馬克思主義宣傳品，就開始從馬賽經海路運抵巴統。）這座港口城市已經有了工人的「週日學校」，是由「第三小組」的創始人之一尼古拉・「卡爾洛」・齊赫澤（Nikoloz "Karlo" Chkheidze，生於1864年）和伊西多爾・拉米施維里（Isidor Ramishvili，生於1859年）創辦的，兩人都是諾伊・饒爾丹尼亞的親密同志。

年輕的朱加施維里同工人打成一片。在工人當中，他「説話不像演說家那麼優雅」，一位抱有敵意的格魯吉亞同伴後來回憶説，「他的話堅定有力。他講話時諷刺挖苦，粗暴嚴厲，喋喋不休」，然後又「表示歉意説，他是在用無產階級的語言講話，無產階級沒有學會彬彬有禮或貴族的口才」。[103] 在一位熟人給朱加施維里在羅斯柴爾德石油公司找了份工作後，他的工人姿態就變得名副其實了。在那裏，1902年2月25日，由於客戶的需求減少，389名工人（總共大約有900名）被解僱，而下達通知僅僅提前了兩週，此舉在兩天後引發全面罷工。[104] 隨之而來的是大搜捕。高加索的軍事長官暗中對當地省長們説，工人的居住和勞動條件惡劣，社會民主黨的「宣傳」將會找到「合適的土壤」。[105] 此外，把參加抗議活動的工人遣送到他們老家的村落，只能加劇格魯吉亞農村

52

---

*　編註：約19公里。

的叛亂風潮。[106] 3月9日那天，一群拿着石塊的人試圖把自己的同志從轉運的監獄裏救出來。「兄弟們，別害怕，」一名被關押的工人喊道，「他們不會開槍，看在上帝的份上把我們救出去。」警察開火了，至少打死了14人。[107]

　　「巴統大屠殺」在俄羅斯帝國各地引起了強烈的反響，可對朱加施維里而言——他散發了煽動傳單——所帶來的後果就是他在1901年4月5日的被捕*。警方報告對他的描述是：「無業，住址不詳」，不過，他「是工人的教師」。[108] 朱加施維里對工人的鬥爭精神是否有影響，現在還不清楚。但對他的指控是，「挑起混亂和不服從上級權威」。[109] 巴統事件也引發了高加索社會民主黨不同小組間的仇恨，而這種仇恨將會糾纏着朱加施維里。梯弗利斯委員會派了達維德·「莫赫韋」·哈爾季施維里（David "Mokheve" Khartishvili）去那裏接替他。莫赫韋在梯弗利斯的時候就認為，只有工人才應該成為梯弗利斯委員會的正式成員，（朱加施維里一類）知識分子不該有那樣的地位。莫赫韋到達巴統後，指責關押之中的朱加施維里故意挑起警方的屠殺。[110] 不過，朱加施維里關在牢裏的時候，巴統忠實於他的人們抵制了莫赫韋的權威。一份警方報告——根據線人提供的信息——評論説：「朱加施維里的專橫激怒了許多人，結果導致該組織的分裂。」[111] 正是在這次關押期間，朱加施維里開始頻繁使用「柯巴」的化名，意思是「向不公正復仇的人」。[112] 梯弗利斯委員會的成員對他非常憤怒。若是他們知道1902至1903年，未來的斯大林被拘押在巴統期間，曾以「越來越嚴重的咳嗽讓人喘不過氣來和12年前被丈夫遺棄並把我看作她唯一依靠的可憐老母親」為由，兩次央告高加索總督放了他，他們會更加憤怒。[113]（1903年1月，凱可也為兒子向總督求過情。）如此沒有骨氣，要是被人知道，將會敗壞革命者的名聲。獄醫給朱加施維里做了檢查，但憲兵隊反對網開一面。[114] 在被捕15個月之後，1903年7月，柯巴·朱加施維里根據政府命令被判流放三年，地點是東西伯利亞説蒙古語的布里亞特。

---

*　譯註：應為1902年4月5日。

　　1903年11月，在運牲口的火車車廂外面，可能是未來的斯大林第
一次見到真正的冬天，見到了白雪皚皚的大地和冰封的河流。作為身
在西伯利亞的格魯吉亞人，柯巴這位復仇者在首次嘗試逃跑時差點兒凍
死。但到了1904年1月，他已經能夠成功地躲過村裏的警察頭目，趕
了大約40英里*的路到達鐵路線的終點，一路潛回梯弗利斯。[115] 關於此
次逃跑，他後來講過三個不同的故事，其中一個是說，他不停地給人伏
特加，搭上了某人的雪橇。實際上，未來的斯大林似乎是利用了真實
或偽造的憲兵隊證件——這樣的花招增加了人們對他為何能很快逃跑的
懷疑（他是不是投靠了警方？）。[116] 當他不在梯弗利斯的時候，那裏召
開了代表大會，把南高加索社會民主黨人統一起來，並成立了有九位成
員的「聯合委員會」；朱加施維里後來被增補進來。[117] 不過，他以前的巴
統委員會故意迴避他。人們認為那裏的屠殺和政治分裂同他有關，而
在他很快逃回來之後，人們不相信他，認為他可能是坐探。[118] 他受到警
方的通緝，居無定所：回到哥里（他在那兒弄到了新的假證件），然後是
巴統和梯弗利斯。他以前在巴統進行地下活動時的女房東兼情婦、22
歲的娜塔莎‧基爾塔娃—西哈魯利澤（Natasha Kirtava-Sikharulidze）拒絕
陪他到梯弗利斯；他罵了她。[119] 在高加索首府，警方盯得很緊，朱加
施維里一個月至少要換八次住處。他又一次遇到了列夫‧羅森菲爾德
（Lev Rozenfeld），人們更熟悉的名字是「加米涅夫」（Kamenev），後者幫
他找到了藏身的地方。那處安全屋的主人叫謝爾蓋‧阿利盧耶夫（Sergei
Alliluyev），他是個被派到梯弗利斯的熟練技工，受僱於鐵路修理廠，已
婚。（後來成為斯大林第二任岳父的）阿利盧耶夫家在梯弗利斯郊外，
那裏是社會民主黨的會議中心，同時也收留那些暫時沒有遭到逮捕和驅
逐的鼓動家。[120]

　　加米涅夫後來還給過朱加施維里一本馬基雅維利（Machiavelli）《君
主論》的俄譯本（1869），雖然俄國的革命者幾乎用不着那位意大利的政
治理論家。[121] 謝爾蓋‧涅恰耶夫（Sergei Nechayev，1847–1882），農奴

---

* 　編註：約64公里。

之子和秘密的「人民報復會」創始人，1871年曾經説過，「所有能讓革命
獲得勝利的都是道德的，所有妨礙革命的都是不道德的」。[122]

∽

54   這就是在拉多的啟發下，未來那位專政者的早期革命歲月（1898–
1903）：想要成為鼓動家和工人的導師；在梯弗利斯採取的五一節策略引
發了流血衝突；為了同合法的馬克思主義報刊一爭高下而創辦了非法的
馬克思主義報刊；受到指控説在巴統挑起警方的屠殺和分裂黨；在西格
魯吉亞度過了很長一段艱難的牢獄生活；背地裏在高加索總督面前卑躬
屈膝；在嚴寒的西伯利亞過了一段短暫的流放生活；被懷疑投靠警方；
東躲西藏。幾乎是眨眼功夫，朱加施維里這位哥里的虔誠少年，就從
把維克托·雨果的作品偷偷帶進梯弗利斯神學院，變成了全球社會主
義運動的參與者，儘管只是一位不起眼的參與者。這其中的原因，很
大程度上並不在於某種蔑視法律的高加索文化，而在於沙俄壓迫和不公
正的現象非常嚴重。自認為正在陷入專制統治無底深淵的青年激進分
子，繼續公開對抗政權。可是，就連那些一直反對採取這種做法的馬
克思主義的社會主義者，比如《犁溝報》的饒爾丹尼亞和吉布拉澤，也
很快採取了這種好鬥而冒險的辦法。沙皇的政治體系和帝國的狀況使
得鬥爭日益尖銳。在高加索就如同在整個帝國一樣，左翼分子實際上
越過了鼓動工聯主義的階段——同西歐相比，工聯主義在俄國直到很久
之後還是非法的——直接主張用暴力推翻不公正的秩序。[123]
        就連官僚們（在內部通信中）也意識到這種強勁的反抗勢頭：工廠
的管理制度野蠻得無以復加；地主及其幫兇把解放後的農民當奴隸一
樣對待；任何想要緩和這種狀況的努力都被當作叛國。[124]「一個人先是
相信目前的狀況是錯誤、不公正的，」斯大林後來令人信服地解釋説，
「然後決定盡自己的最大努力糾正這種狀況。在沙皇政權的統治下，任
何真正想要幫助人民的嘗試，都會使人落到為法律所不容的境地；他
會被當作革命者受到追捕。」[125]如果説生活在沙皇制度下把朱加施維里
和其他許多年輕人變成從事街頭戰鬥的革命者，那他還把自己視為啟蒙
者——到此時為止，幾乎只以口頭的形式——以及受到排擠和打壓的後

起之秀，不僅要對付沙皇警察，還要反抗饒爾丹尼亞領導下的革命陣營中不瞭解狀況的當權者。[126] 在試圖領導舉行抗議活動的工人時，朱加施維里有成功之處，也有遭人詬病的地方。不過，他倒是證明了自己擅長把他那樣的年輕人培養成一個緊密團結的集團。「柯巴同其他所有的布爾什維克不一樣的地方在於」，有位抱有敵意的格魯吉亞流亡者回憶說，「具有無可置疑的更大的能量，能夠不知疲倦地努力工作，不屈不撓的權力欲，尤其是他具有自主精神的強大組織才能」，目的是培養「門徒，以便他可以通過他們……掌握整個組織」。[127]

55

不過，在朱加施維里獨立開展活動之前，拉多·克茨霍維里就為他樹立了勇敢的職業革命家的榜樣——與不公正作鬥爭，機智地從事地下活動，對沙皇警察的蔑視。[128] 列昂尼德·克拉辛認為拉多是組織天才。謝爾蓋·阿利盧耶夫認為拉多是高加索社會主義運動中最有魅力的人物。但是在 1902 年春天，在巴庫的社會民主黨人遭到大範圍逮捕後，只出了四期的《鬥爭報》停刊了。（它的競爭對手《犁溝報》不久也被查封。）1902 年 9 月，克茨霍維里被捕，關在梯弗利斯的麥捷希監獄。拉多可能是在警察搜查其他人的住處時，因為擔心同志被捕，說出了自己的真實姓名而被捕的。站在牢裏的大號槍眼旁，對着獄友和過路者喊話的拉多，一個令監獄當局「害怕和憎恨」的「叛賊」（buntar），似乎每天都在折磨着監獄看守。他試圖偷偷帶出麥捷希監獄的一張紙條，可能導致了阿韋利·葉努基澤的被捕。1903 年 8 月，當拉多拒絕從窗子上下來時，一名監獄看守在發出警告後，從牢房的窗外開槍打死了 27 歲的拉多。[129] 人們後來在講到這個故事的時候說，拉多毫不理會看守的警告，一直高喊「打倒專制！」他似乎是心甘情願地，甚至也許是迫不及待地為革命事業獻身。

後來，從前和斯大林有聯繫的人的功勞幾乎全被抹殺了，但這位專政者沒有否認拉多獨立做出的革命功績，沒有否認拉多的存在。[130]（在描寫蘇維埃格魯吉亞的新聞片中有拉多出生的房屋。）[131] 這肯定同拉多犧牲得較早有關，但也突顯了一個事實，即約瑟夫·朱加施維里自己也可能遭遇和他的第一位導師同樣的命運：早早地死在沙皇的監獄裏。

第三章

沙皇制度最危險的敵人

整個俄羅斯帝國處於動盪之中，各階層人心惶惶。工人、學生、包括最高層的宮廷社會在內的貴族、實業家、商人、小店主，以及最底層但並非最不重要的農民，都是如此……在國外常有人建議，針對這種狀況，唯一可靠的辦法就是批准一部憲法；要是在這裏這樣做，結果幾乎肯定會是革命。

——奧匈帝國駐聖彼得堡使館隨員致維也納的備忘錄，1902年[1]

橫跨歐亞大陸的俄國是世界上最神奇的萬花筒，按照1897年的統計數據，它有104個民族，146種語言。實際上，整個帝國就像大雜燴。[2] 在俄國，對帝國來說關鍵不在於多民族本身，而在於政治制度。通常認為，俄國現代的國家管理體系肇端於彼得一世或彼得大帝（Peter the Great，1682至1725年在位），儘管歸功於他的一些重大變化往往要追溯到他父親甚至祖父執政的時候。[3] 西化也被認為是彼得的功勞，可他並不信任西方，只將其視為達到目的的手段，即技術性技能的來源。[4] 彼得——他母親的遠祖是韃靼人——的確讓俄國在文化上更加歐化。制度方面，他仿照瑞典的模式，規範了國家管理。他還開始頒行「官階表」，作為階梯式的激勵措施，鼓勵人們爭取榮譽和特權，並向新人開放為國效力的機會。彼得把身份和出身分開，換句話說，把原本憑出身獲得的權利變成國家的賞賜，從而擴大了執政當局的權能。但他甚

麼都管，結果反倒破壞了自己的國家建設。就像有位外國大使說的，
彼得「越來越覺得在整個國家，在他的血親和波雅爾當中無人堪當大
任。所以他只好推開波雅爾貴族（boyars，他稱其為不忠實的狗），親自
挑起國家的重擔，着手建立一個不一樣的新政府」。[5] 1722年，彼得把
自己升格為「皇帝」（最高統治者），要求和（並不實際統治的）神聖羅馬
帝國皇帝平起平坐。（他選擇了「全俄皇帝」這個稱號，而不是有人建議
的「東方皇帝」。）最重要的是，彼得在一定程度上通過宮廷中的特殊入
會儀式，比如假陽具縱樂*和模擬婚禮，強化了他自己的角色——那些
儀式突出了專制君主個人的中心地位和權力。[6] 讓俄國成為強國的願望
同強烈的人格主義結合在一起。

　　彼得建設國家的方法還加強了俄國精英同專制權力的緊密聯繫。
俄國從未形成一個羽翼豐滿並具有法人團體制度的貴族集團，這樣
一種集團最終將會推翻絕對主義的統治（雖然在1730年終於有一些俄
國貴族的確想那麼做）。[7]† 不錯，俄國的貴族是積累了同奧地利甚至
英國貴族一樣多的財富。而且跟奧地利和英國不同，俄國的貴族當
中出現了一些享譽世界的文化名人，比如萊蒙托夫、托爾斯泰、屠格
涅夫（Turgenev）、格林卡（Mikhail Glinka）、柴可夫斯基（Tchaikovsky）、
拉赫瑪尼諾夫（Rachmaninoff）、斯克里亞賓（Scriabin）、莫索爾格斯基
（Mussorgsky）。俄國的貴族還是一個開放的階層：哪怕私生子也可以獲
得貴族身份（比如亞歷山大·赫爾岑）。但更大的區別是，作為君主立
憲制中的統治階級，英國貴族獲得了政治經驗。俄國的農奴主在自己
的莊園享有無上的權力，但其生活終究要仰仗專制君主的恩惠。在俄
國，精英身份是用報效換來的賞賜，而這種賞賜也可以收回。[8] 除了從
政**報效君主**外，為了保住自己的地位，俄國貴族還必須不停地工作。
當然，在專制君主統治的幾百年中，俄國的特權家族大多存續下來。
但並不是所有精英家族都能存續，在興旺發達和流放監禁之間，區別似

---

*　編註：在彼得大帝的安排下，群臣拿着假陽具進行戲仿宗教的活動。

†　譯註：指1730年1月彼得二世去世後，最高樞密院的戈利岑家族和多爾戈魯基家族向準備
　　繼位的安娜提出了一系列限制條件，包括未經樞密院同意，無權宣戰、徵稅或支出費用。

乎很隨意。[9] 俄國有地位、有勢力的人，其財產、有時甚至人身安全都要倚靠地位更高的庇護者來保護。

　　包括馬克思在內的許多觀察家斷言，「現代俄國不過是從莫斯科大公國演變而來」。[10] 他們錯了，彼得之後的俄羅斯及其首都聖彼得堡，更接近於歐洲的專制主義，而不是古莫斯科大公國。但上述事實沒有得到重視。俄國「冷漠的」小官僚、「愚蠢的」馬屁精和「膽小怕事的」國家獎章收藏家，成了文學作品冷嘲熱諷的對象，這方面最好的例子就是尼古拉・果戈理的《欽差大臣》。宮廷圈子也把俄國的新貴戲稱為「閣下」。除了那些回憶錄和果戈理的妙筆——這些仍然使歷史學家着迷——我們還可以發現一些其他的重要聲音。比如，鮑里斯・A. 瓦西里奇科夫公爵（Boris A. Vasilchikov），一個被選進自己莊園附近的地方自治會（zemstvo）的貴族和後來的普斯科夫省長，在入仕之前對帝國的官場同樣十分鄙視。「在擔任大臣的這兩年，我對彼得堡官場有了很高的評價，」他寫道，「在知識、經驗和履行職責方面，彼得堡各大臣官署和各部的工作人員水平都很高……此外，讓我印象很深的是他們勤奮工作的巨大能力。」[11] 當然，瓦西里奇科夫也注意到，帝俄工作人員很少有人擁有開闊的眼界，許多官員即便真有想法，也照舊四平八穩，不願冒險違背上級的意願。[12] 溜鬚拍馬達到驚人的程度。官員靠的是上學時的人脈、血緣和婚姻關係、小圈子，所有這些可以掩蓋過失和無能。但最重要的庇護者和保護人的權威，常常是源自成就，而不僅是人脈。事實雖不如果戈理編的故事那麼精彩，但不容抹殺：帝俄發展成了一個在財政和軍事上令人生畏的國家；實際上，它所能調動的資源，規模之大，肯定和作為對手的奧斯曼帝國或哈布斯堡帝國不相上下。[13]

　　遲至1790年代，陸地面積相當於俄國1%的普魯士有1.4萬名官員，而沙皇帝國只有1.6萬名官員，大學僅一所，而且才幾十年歷史。但在1800年代，俄國官員的增速是人口增速的七倍之多，到1900年已達38.5萬人，僅在1850年之後就暴增30萬人。不錯，在俄國飽受詬病的各個省長中，確實有很多人培養了突出的行政經驗和才能，但他們領導的省級機關聲望較低，稱職而且誠實的辦事人員嚴重不足。[14] 有些地方的治理極為薄弱：比如在費爾干納盆地，沙皇治下的突厥斯坦人口最

稠密的地區，至少有200萬居民，而俄國只安排了58名行政人員和區區2名翻譯。[15] 總的來說，1900年，德意志帝國每1,000人就有12.6名官員，而帝俄仍然只有不到4名官員，這樣的比例反襯出俄國人口的龐大——1.3億對德國的5,000萬。[16] 俄羅斯是個頭重腳輕的國家。[17] 帝國各省大多交由地方治理，但其治理範圍受到帝國法律的限制，組織化程度也各不相同。[18] 有些省做得很好，比如下諾夫哥羅德。[19] 其他省，比如托木斯克，則腐敗嚴重，無法正常運轉。不稱職的現象在體系頂層最普遍。許多副手用陰謀詭計把上司搞下台，結果，此舉助長了把平庸之輩提拔到上層（至少是高級副手）的風氣，在沙皇任命大臣的時候，這一點表現得最明顯。[20] 在俄國，要想成為公務員，是不需要像在德意志帝國和日本那樣參加考試的，但由於行政管理的需要，招聘漸漸開始以大學教育和專業知識為基礎。[21] 俄國開始從所有社會階層中招募工作人員，成千上萬的平民通過為國效力變成了貴族，這條向上的通道將會收緊，但從來沒有關閉。

同時，與普魯士、奧地利、英國或法國的專制主義不同，俄國的專制制度一直到進入現代之後還延續了很長時間。普魯士的腓特烈大帝 (Frederick II，1772至1786年在位) 自稱是「國家的第一僕人」，此說標誌着國家在君主之外的獨立存在。俄國的沙皇情願把價值一個西伯利亞銀礦的獎章頒發給國家官員，卻唯恐失去專制特權，不願承認國家在他們之外的獨立存在。哪怕是遭遇了最嚴重的危機，「專制原則」仍然保留下來。1855年亞歷山大二世繼位時，尼古拉一世 (Nicholas I) 給兒子的臨終遺言是：「我想把所有不愉快的事情和所有的麻煩一起帶走，好傳給你一個有序、平靜而幸福的俄羅斯。」[22] 但尼古拉一世為了利用奧斯曼帝國正在收縮的機會，使帝國捲入了代價很高的克里米亞戰爭 (1853–1856)。英國帶領一些歐洲國家聯手對付聖彼得堡，結果，亞歷山大二世損失了45萬名帝國臣民，在衝突行將演變為世界大戰的時候，無奈地接受了戰敗的事實。[23] 慘敗後——這是俄國145年來首次戰敗——亞歷山大二世不得不同意進行一系列的「大改革」，包括遲來的農奴解放。（「自上而下要好過自下而上」，沙皇警告有顧慮的貴族們說，因為國家為貴族從農民那裏收取的巨額贖金不太能讓他們滿意。）[24] 但

沙皇自己的專制特權依舊神聖不可侵犯。在國內，亞歷山大二世讓大學、新聞界和宮廷獲得了前所未有的自由，可一旦俄國的臣民想要行使公民的自由，他就開始阻攔。[25]這位沙皇兼解放者，就像那時人們開始瞭解的那樣，拒絕頒行憲法，因為正如他的內務大臣說的，亞歷山大二世「實際上認為，那樣做會傷害俄羅斯並造成其解體」。[26]但沙皇甚至不願把國家的法律用在國家官員身上，唯恐那樣會削弱專制君主的特權。[27]對亞歷山大二世來說，准予某種程度的地方自治、司法獨立和大學自治，連同解放農奴一起，反倒讓維護專制君主的權力顯得越發緊迫。就這樣，「大改革」中成立議會的時機不幸錯過了，而在1860年代，以及後來的1880年代，本來是有可能成立議會的。[28]

　　為了不侵犯專制君主的特權，俄國不僅沒有議會，就連協調一致的政府也沒有。當然，亞歷山大二世曾經同意讓大臣會議來協調政務，但(1857年的)努力無果而終。實際上，沙皇不願放棄讓大臣繞過集體機關而在私下裏直接向他匯報的權力；大臣們串通一氣，阻撓政府改革，是因為他們不想放棄通過私下裏接近專制君主而獲得的影響力。[29]大臣委員會的會議，就像帝國任何覲見的場合一樣，主要是努力把「專制君主的意志」神聖化，避免在決策中站錯隊帶來的災難。只有最巧妙的會議才能偶爾設法把某種想法當作沙皇自己的意願塞進去。[30]同時，廷臣和「非正式」顧問還在繼續制定政策，甚至為各部門制定政策，而由於官僚作風，俄國政府的運轉依舊是既不協調也不公開。沙皇制度屢弱無力可又無藥可救：維護專制制度的必要舉措削弱了國家的力量。至於由此產生的政治體制，俏皮之人說得簡單明瞭：專制制度要靠不時的暗殺來緩和。1866年，狩獵季開始，頭六次都針對亞歷山大二世。1881年，他終於被炸得粉碎。亞歷山大三世幾次死裏逃生，其中一次是在他兒子、未來的沙皇尼古拉的連隊。1887年，在一次針對亞歷山大三世的陰謀失敗後，亞歷山大·烏里揚諾夫(Alexander Ulyanov)——地下組織「民意黨」的成員，同時也是當時17歲的弗拉基米爾(未來的列寧)的哥哥——拒絕了寬大處理的提議，結果被絞死。僵化的專制制度有很多敵人，包括約瑟夫·朱加施維里。但它最危險的敵人是自己。

現代性：地緣政治的當務之急

61　　　　截止到世紀之交，帝俄至少發生過100起政治謀殺。此後的步伐加快，因為恐怖分子和刺客要的就是混亂——挑動警察去抓人殺人，而這，按照扭曲的恐怖主義邏輯，將會激起社會的反叛。接下來成為暗殺對象的皇室成員是亞歷山大二世的小兒子(同時也是尼古拉二世的叔叔)、莫斯科總督謝爾蓋大公 (Grand Duke Sergei)——1905年，就在克里姆林宮之內，他被炸得身首異處。直到那一年，實際上政治活動在俄國仍然是非法的：政黨和工會被禁止；書報審查制度意味着幾乎沒有發表政治言論的機會，除非是朝官員的馬車扔「石榴」，眼看着血肉橫飛。(謝爾蓋大公的手指是在附近的屋頂上找到的。)[31] 作為回應，沙皇當局改組了政治警察，成立了一間可怕的新機構——「保安處」(okhrannoye otdelenie)。恐怖分子馬上給它起了個綽號，輕蔑地稱之為「奧赫拉恩卡」(okhranka)，意思是「小小的保安處」。*當然，不僅是俄國，歐洲的各個王朝(法國的波旁王朝和奧地利的哈布斯堡王朝) 也都發明了這種「維護治安」的做法，藉助警察機關管理社會；比起歐洲同行，俄國的政治警察並不是**特別**窮兇極惡。[32] 保安處仿照法國人的做法，用「暗室」(cabinets noires) 暗中攔截郵件——特工人員在暗室裏用蒸汽熏開信件封口，讀取用隱形墨水寫的內容，破譯革命者的密碼(雖然那些密碼並不怎麼樣)。[33] 必然地，俄國的警察頭目發現他們的郵件也要接受徹底的檢查，於是，一些沙皇官員就故意給第三方寫信，在信中奉承自己的上司。[34] 雖說有俄國常規警察和憲兵隊的協助，但幽靈般的保安處從未達到經費更加充足的法國同行那樣的社會覆蓋面。[35] 不過，保安處的神秘放大了其影響力。

　　　　保安處很多特工都受過良好的教育，有點類似於「知識分子警察」，他們為批駁革命者的思想，對革命著作進行了編纂整理。[36] 特工們吸收國際上最新的諜報技術，使用倫敦警方的E. R. 亨利 (E. R. Henry) 指紋鑑識手冊和德國警方的檔案管理辦法。[37] 不過，反恐實際上是件髒活：

---

* 　譯註：為行文方便，下文凡提到奧赫拉恩卡的地方，都譯成保安處。

為了盡可能徹底地追蹤恐怖關係網，保安處往往只能讓恐怖分子的暗殺得逞。[38] 更有甚者，許多保安處派出的臥底本身也搞政治謀殺，以便證明自己的忠誠並留在崗位上繼續監視。沙皇警察暗殺其他沙皇官員，這種卑劣的事情加劇了警察內部的派系傾軋。結果，保安處的高級特工自己也受到監視，儘管其中叛變的人比被自己的叛徒特工謀殺的人少。[39] 沙皇尼古拉二世也看不上保安處，幾乎從不賞臉接見保安處的首腦。[40] 保安處在宮廷裏幾乎沒有靠山，但卻是國家唯一真正跟社會有着緊密聯繫的那部分。此外，保安處和它理應打擊的恐怖分子糾纏不清，和它理應保衞的政權比較疏遠，但卻接連取得成功。[41] 保安處用離間計讓真正的革命者受到懷疑，支持那些一旦得勢就會削弱恐怖組織的革命者。斯大林生前身後都沒能擺脫被說成警方奸細的謠言（對於這樣的指控，他的許多對頭都拿不出證據）。[42] 列夫·托洛斯基也被懷疑同警方有勾結。[43] 就像某個前保安處處長吹噓的：「革命黨……相互猜疑，結果到最後，沒有哪個同謀者還能相信別人。」[44]

可是，在生來暴躁的革命者和擅長幕後操縱的恐怖分子之間製造不和，根本救不了病入膏肓的沙皇統治。專制制度的核心問題不在於政治上受到抨擊，也不在於威權主義實際上同現代性無法兼容，而在於俄國專制制度的冥頑不化。沙皇制度扼殺了恰恰是它迫切需要的、並在某種程度上是它為了爭取成為強國而追求的現代性。[45]

我們所說的現代性，不是某種自然而然或自動形成的東西。它和一套很難具備的特徵有關：大生產、大眾文化、大眾政治。幾個最大的強國具備了這些特徵，這些國家反過來又迫使其他國家也要具備現代性，否則就要承擔相應的後果，包括戰敗並有可能淪為殖民地。從殖民者的角度看，（在大多數情況下）殖民地不僅是地緣政治上有價值的東西，而且用某個歷史學家的話說，還是「一種國家層面的炫耀性消費」——地緣政治地位的標誌，或者缺乏地緣政治地位的標誌，助長了國家競爭中的侵略性，正如受欺凌的國家所證明的那樣。[46] 換句話說，現代性並不是社會學意義上從「傳統」社會向「現代」社會轉變的過程，而是一個地緣政治意義上的過程，是成為所謂的大國還是淪為大國犧牲品的問題。[47]

以鋼的生產體系的發明為例（1850 年代），鋼是鐵堅硬而有彈性的形態，使得武器發生了革命性變革，並通過改變運輸方式讓全球經濟成為可能。鋼快速發展的部分原因在於電動機的發明（1880 年代）讓大規模生產成為可能：產品核心部件的標準化，生產線勞動的細分，機器代替人工，車間物流的重組。[48] 這些新的生產工藝讓全世界的鋼產量從 1870 年的 50 萬噸猛增到 1900 年的 2,800 萬噸。不過，美國佔 1,000 萬噸，德國 800 萬噸，英國 500 萬噸，鋼幾乎全部集中在少數幾個國家。此外還可以看一下主要化工產品的生產：用於提高農業產量的合成肥料，用於棉布生產的氯漂白劑，以及用於採礦、修築鐵路和暗殺的炸藥（1866 年阿爾弗雷德‧諾貝爾〔Alfred Nobel〕發明了硝化甘油炸藥）。隨着某些國家在現代工業方面的成功，世界開始分化為先進的工業化國家（西歐、北美、日本）和落後的原材料供應國（非洲、南美、亞洲大部）。

現代的競爭性特徵還包括金融和信貸工具、穩定的貨幣以及股份公司。[49] 但新的世界經濟在許多方面要依賴熱帶地區的農民，他們提供了工業國必需的初級產品（原材料），同時又消費了很多用他們的原材料生產的商品。商業化促進了從自給到專門化的轉變，比如在中國，為了滿足英國棉紡廠的需要，大片用於自給農業的土地改種了棉花，市場的普及最終讓生產上的巨大增長成為可能。但市場的普及也降低了（可以最大程度地減少自給農業缺陷的）作物種植的多樣性，破壞了（可以提高生存幾率的）社會互惠網絡，這就意味着市場削弱了應對長時段周期性乾旱的傳統方法。厄爾尼諾氣流（太平洋水溫的周期性變暖）把高溫和潮濕輸送到世界部分地區，製造了對農業來說不穩定的氣候：除了嚴重的乾旱，還有暴雨、洪澇、滑坡和野火。結果造成三次嚴重的饑荒和疾病（1876–1879、1889–1891 和 1896–1900），在中國、巴西和印度造成 3,000 萬至 6,000 萬人死亡。單是印度，就有 1,500 萬人死於饑荒，相當於當時英國人口的一半。自從 14 世紀的黑死病和 16 世紀給新大陸土著造成毀滅性後果的疾病以來，從未有過如此大的破壞。要是這種大規模的死亡發生在歐洲——相當於 30 次愛爾蘭饑荒，會被看作世界歷史的中心事件。除了商業化和氣候，還有一些影響因素，比如美國鐵路泡沫的破滅，導致對熱帶主要產品的需求急劇下降。尤其是

殖民統治者笨拙的種族主義統治，加劇了市場和氣候的不確定性。[50]只有在1889年的埃塞俄比亞，絕對的匱乏才是問題；這些饑荒並不是「天災」，而是人禍，是世界由大國支配的必然後果。

現代性的力量可能會導致嚴重的管理不當。1870至1900年，印度遭受大饑荒，可輸出到英國的糧食卻從300萬增加到1,000萬，供應了英國小麥消費量的五分之一。1907年，一位在政府部門工作了35年的英國官員承認：「現在饑荒比以前更頻繁、更嚴重了。」[51]但這要怪英國人自己。他們為了開發殖民地，在印度修建了第四大鐵路網絡，這項技術本來可以送來救濟，卻反倒把糧食運走。駐印度的英國總督立頓勳爵（Lytton），堅決反對當地官員為儲備糧食或干預市場價格所做的努力。他要求羸弱不堪、奄奄一息的人們通過勞動獲得食物，因為他認為救濟食物會鼓勵人們偷懶（更不用説還要花費公共資金）。當饑餓的婦女試圖偷菜時，她們會被打上印記，有時還會被割掉鼻子或者打死。農村的暴民襲擊地主，搶劫糧店。英國官員注意到這種絕望的情緒並向國內反映。一份來自印度的報告指出，「一個瘋子把一個霍亂病人的屍體挖出來吃掉，另一個瘋子殺死自己的兒子並吃掉孩子的屍體」。由於中國清朝的統治者抵制修築鐵路，擔心鐵路被用於殖民滲透，賑濟饑荒的能力也很有限。聲勢浩大的農民叛亂爆發了。巴西有卡努杜斯戰爭，中國有義和拳（那裏的揭帖寫道：「天無雨，地焦旱。」）。但在當時，農民不可能推翻正式或非正式的帝國主義。

市場和世界經濟讓之前不可想像的繁榮成為可能，但世界上大部分地區還要經歷一段艱難的歲月才能領會到這一好處。當然，新的世界經濟並沒有席捲所有的地方。許多小塊地區還生活在這種機會和壓力之外。但世界經濟是大勢所趨。電力的發展使得對銅（線）的需求急劇增加，結果把蒙大拿、智利和南非都捲入了世界經濟。這樣的機會既可能走向剛剛發現的繁榮，也可能使其人民受制於世界商品市場上瘋狂的價格波動。影響是巨大的。除了幾次大饑荒，1873年奧地利一家銀行的倒閉居然引發了波及美國的經濟蕭條，造成大規模的失業，而在1880和1890年代，非洲先是因為歐洲大陸之外的經濟衰退而受到極大的破壞，繼而又被以現代性為武器的歐洲人瓜分吞噬。[52]

65

　　面對現代性的挑戰，帝俄的應對相當成功。得益於紡織業，帝俄成為世界第四或第五大工業強國，而單憑國土面積，它又成為歐洲的頂級農業生產國。但問題在於，俄國的人均GDP只有英國的20%、德國的40%。[53] 聖彼得堡擁有世界上最豪華的宮殿，但直到未來的斯大林出生時，俄國的人均壽命只有30歲，高於英屬印度 (23歲)，但和中國一樣，遠低於英國 (52歲)、德國 (49歲) 和日本 (51歲)。沙皇尼古拉二世統治時期，識字率在30%左右徘徊，低於18世紀的英國。俄國的統治集團十分清楚這些差距，因為他們經常訪問歐洲，但他們沒有把自己的國家列為三流，即我們所謂的發展中國家，而是列為一流。俄國的精英沒有太大的抱負，可在20世紀初，由於德國的統一和快速工業化，以及日本的壯大和工業化，他們的國家並沒有絲毫的喘息機會。當某個大國——軍事技術先進，軍官們有文化、有能力，士兵們士氣高昂，國內有運轉良好的國家機構和工程學校——突然叩打你的國門時，你不能哭着喊着説「不公平」。要衡量俄國在社會經濟以及政治上的先進程度，必須和最先進的對手比較。[54]

　　就連同時代的革命者也承認俄國處在兩難的境地。最先把馬克思《資本論》譯成俄文的尼古拉·丹尼爾遜，擔心自己更希望俄國走的道路——通過農民村社 (一種權力分散的小規模經濟組織) 朝着社會主義方向從容而自然地演變——會承受不了國際體系的壓力，而且俄國的資產階級也無法應對這一挑戰。「一方面，要是仿效英國緩慢的、歷時三百年的經濟發展過程，那俄國就有可能無法抵擋世界上各個大國的殖民統治，」丹尼爾遜在1890年代《資本論》俄文版的序言中寫道，「另一方面，要是抱着達爾文主義的態度輕率地引入『西式』自由市場和私有化，又有可能產生腐敗的資產階級精英和貧窮的大多數，同時，生產率卻沒有任何提高。」俄國似乎面臨着可怕的選擇，要麼被歐洲國家殖民化，要麼掉進新的不平等和貧困的深淵。[55]

　　對沙皇政權而言，好處大，代價也大。俄國統治者即使在「大改革」之後，也仍然感到財政上捉襟見肘，限制了他們在國際性事務上的抱負。克里米亞戰爭讓國家財政徹底陷入困境，但打贏對奧斯曼帝國的復仇之戰 (1877–1878)，則讓俄國花了更多的錢。1858至1880年，俄

國財務預算赤字從17億盧布飆升至46億盧布，這需要從國外，從俄國的地緣政治對手即歐洲列強那裏大量舉債。[56] 腐敗意味着國家有相當多的資金不知道用在甚麼地方。（把國家稅收當作私人收入，這在高加索——帝國財政的大漏洞——或許是最奇特的一幕。）[57] 當然，俄國逃脫了奧斯曼人的命運，後者在財政和地緣政治上成了歐洲庇護的對象；俄國也逃脫了大清國（1636–1911）的命運，大清國曾在俄國擴張的同時，讓中國的國土面積增加了一倍，結果卻一敗塗地，接受了一系列影響深遠的不平等條約，包括在俄國手裏接受的不平等條約。[58] 1900年代初，得益於對糖、煤油、火柴、煙草和進口商品的徵稅，特別是對伏特加的徵稅，俄國的財政預算有了結餘的跡象。（俄羅斯帝國酒類的人均消費要低於歐洲的其他地方，但國家卻對酒類銷售實行專營。）[59] 然而，與此同時，俄國的軍隊預算是國家教育投入的十倍。即使這樣，陸軍部還在不斷抱怨經費不足。[60]

想要成為有競爭力的大國這一願望所帶來的壓力，的確有助於推動俄國高等教育系統擴張，以培養國家工作人員、工程師和醫生。[61] 但讓專制制度害怕的，恰恰是它迫切需要的那些學生。當專制制度試圖阻撓大學自治的時候，學生們開始罷課，結果校園被封。[62] 1900至1905年，俄羅斯帝國的被捕者絕大多數都在30歲以下。[63] 與此類似的是，從1890年代開始騰飛的工業化進程，讓俄國有了很多現代的工廠，這些工廠對於國際權力來說至關重要，可產業工人為了爭取八小時工作制和合乎人道的生活條件也在罷工，結果工廠也被封掉了。專制制度非但沒有像莫斯科保安處一位聰明的處長率先嘗試的那樣，允許工人成立合法的組織並且設法籠絡他們，反而鎮壓正在由國家自身蓬勃發展的工業化源源不斷地製造出來的工人。[64] 在農村，收成依然是俄國經濟最重要的決定因素，在國內食品消費增加的同時，俄國的糧食出口依然滿足了歐洲許多地方的需求，儘管俄國耕地的產量相對較低。[65] 然而在1902年春天，在土地肥沃的南方波爾塔瓦省和哈爾科夫省，突然爆發大規模的農民叛亂。農民搶掠焚燒貴族莊園，要求減租以及森林和水道的自由通行權，小說家列夫·托爾斯泰為此幾次向沙皇請願。[66] 第二年，在西格魯吉亞的庫塔伊西省，在古利亞40平方

英里 * 的葡萄園和茶園，沙皇愚蠢的鎮壓行動激起了農民的叛亂。起義令社會民主黨人非常意外，因為該省連一家工業企業都沒有。但在農民集中起來，提出要選出領導人並彼此宣誓效忠後，格魯吉亞社會民主黨試圖領導他們。在自治的「古利亞共和國」，給地主交的租少了，言論自由有了，警察也被新的「赤色」民兵取代了。[67]

帝俄有一億多農村居民，生活條件極其多樣。緊張的社會關係撕裂了所有在國際體系的逼迫下正在經歷現代化過程的國家。但是在俄國，專制制度在政治上對民眾的排斥，甚至是威權主義的手段，放大了社會的緊張關係。許多未來的革命者從面向農民的民粹主義轉向以工人為中心的馬克思主義，他們都面臨着重新思考。

在亞洲的慘敗

對俄國來說，由於其所處的地理位置，要想具備地緣政治所必需的現代性，就要付出更大的代價。英國遏制俄國的圖謀沒有得逞：在俄國領土上進行的克里米亞戰爭的失利，反倒促使俄國不但從中國手裏奪得了阿穆爾河[†] 流域（1860），還開始征服中亞（1860–1880年代）。但這些搶來的土地加劇了俄國面臨的挑戰：版圖的無序擴張和棘手的鄰國關係。和世界上另一個大陸國家不同，俄羅斯帝國不是安居於兩個大洋以及加拿大和墨西哥這兩個沒有惡意的鄰國之間。俄國同時與歐洲、近東以及遠東接壤。面對這樣的形勢，本就要在對外政策上謹慎行事。但俄國正是以易受攻擊為名，傾向於採取擴張主義政策：當忠於沙皇的軍隊奪取領土的時候，他們以為自己是在先發制人。一旦俄國用武力佔領了某個地區，其官員總是堅持要求再佔領下一個，以保住先前得到的好處。天命意識和缺乏安全感結合在一起，讓人頭腦發熱。

俄國在17世紀就擴張到太平洋，可是卻根本沒有開發其廣闊的亞洲地區。由於缺乏可靠而經濟的運輸系統，與遠東進行貿易的夢想沒

---

*　編註：約為104平方公里。
[†]　編註：即黑龍江。

能成為現實。[68] 後來俄國修築了跨西伯利亞鐵路（1891–1903），將帝國首都與太平洋連接起來。[69]（美國在1869年完成了貫通大陸的鐵路。）俄國的鐵路工程主要是出於軍事和戰略考慮，雖然軍方鼓動修築鐵路，但不是因為擔心日本，而是擔心中國。（反對修築鐵路的人主張加強海軍建設。）[70] 有些官員提出，要用武力推動西伯利亞的經濟開發（1890年，整個西伯利亞有687家工業企業，大多是作坊式的，而且近90%是食品加工和家畜業。）[71] 結果，在現代史上跨西伯利亞鐵路成了直到當時為止最昂貴的和平事業，巨大的損耗、非機械化作業、強徵的農民和苦役，所有這些都和同期修築巴拿馬運河的情況相似（也預示着斯大林宏偉的五年計劃）。[72] 俄國工程師曾經在1880年代被派到美國和加拿大考察，但他們在回國後沒能把需要更堅固的鐵軌和結實的道砟這些經驗派上用場。[73] 儘管如此，憑藉財政大臣謝爾蓋·維特（Sergei Witte）的毅力和巧妙的操作，這條鐵路還是克服了國內的反對和重重的困難建成了。

　　1849年，維特出身於梯弗利斯一個瑞典裔路德教家族（從他的父系而言），該家族皈依了正教，並在帝國南疆成了為帝俄效力的中級官員。他母親家族的社會地位要高一些。維特分別在基希訥烏和敖德薩完成了中學和大學學業。在敖德薩，他開始了漫長的事業，管理敖德薩鐵路並從中獲利。1892年，也就是在1891年大饑荒之後，他到聖彼得堡就任財政大臣。當時維特年僅43歲，而且起初官階較低，說的是帶烏克蘭口音的俄語，到處被當作不受待見的「商人」（*kupets*），但他卻成了世紀之交帝俄政界呼風喚雨的人物，甚至把對外政策納入到財政部的管轄範圍。[74]

　　當然，維特不能總攬一切。僅就國家行政部門來說，他就必須同內務部打交道，而內務部是保安處，也是警察的保護傘。在許多方面，俄國的治理，甚至俄國的政治，都是圍繞着內務部和財政部這兩大部門以及兩者之間的競爭進行。財政部和內務部都既想在中央擴張勢力，又想把觸手伸向地方。[75] 1902年，兩部門共同慶祝成立一百週年的時候，各自出版了一部自己的歷史。內務部講的是在國內，尤其是在俄國農村地區，它如何推行和維護秩序；財政部講的是它怎樣對俄國的自然資源和人力資源進行生產開發以獲得國家稅收。[76] 俄國絕對是個

69

農業國，卻沒有單獨的農業部，倒是有一個不斷發展而規模相對較小的部門負責土地事務（直到1905至1906年），而土地大部分屬於國家或皇室。[77] 交通（鐵道）部和工商部是作為強大的財政部的附屬機構存在的。到1900年代初，財政部掌握的預算資源要高出內務部及其警察部門數倍。[78] 財政部成了俄羅斯帝國內部龐大的官僚帝國。[79]

維特還要同宮廷周旋。他出身平平，舉止粗魯，而且娶的是猶太女人，所有這些都惹怒了宮廷階層。但這位長相特別、大腦袋、上身長而下身短的維特，卻在帝國預算問題上發號施令，為了填補國家金庫開始實行酒類專營。[80] 此外，他還大大拓展財政部最近積極推動工業化的一項舉措，靠的是吸引外資，讓法國人和德國人繼續鬥下去。維特認為外債可以刺激本國資本的積累。他也非常關心國家機器。最重要的是，維特強調地緣政治的當務之急是工業化。「不管迄今為止成果有多大，同國家的需要相比，同外國相比，我們的工業仍然非常落後」，1900年，為了敦促尼古拉二世繼續實行關稅保護政策，他在備忘錄中寫道。維特還說，「就連一個國家的戰備情況，也不僅取決於其軍事機器的完善程度，還取決於其工業的發展程度。」要是沒有積極的行動，他警告說，「我國工業的緩慢發展就會危及君主國偉大的政治使命的實現。」俄國的競爭對手就會在國外搶得先機，並對俄國本土進行經濟滲透，可能還有「成功的政治滲透」。[81] 同後來的斯大林一樣，維特也是以犧牲輕工業和絕大部分農村居民的福利為代價，着重優先發展重工業和大規模工業。為了掩蓋強加的負擔，維特的財政部故意發佈誇大的消費數據。[82] 巧的是，維特也是用鉛筆把指示直接寫在下屬的備忘錄上（「這事要再討論」、「寫份摘要」），也是工作到深夜，這兩點被認為是那位未來的蘇聯專政者的突出特點。維特還有一個習慣同後來的斯大林一樣，那就是到他那裏去的人要坐着，而他則在辦公室裏踱來踱去。

維特自以為是俄國的俾斯麥，他從鐵血宰相那裏得到的啟發是，利用國家推動經濟發展和現實主義的對外政策。維特也至少在口頭上擁護他所謂的俾斯麥「社會君主制」，即保守主義的社會福利綱領，目的是搶先一步，削弱社會主義的吸引力。[83] 維特擁有超強的行政能力以及頂級政治家所必須具備的強烈自尊心。[84] 除了聖安娜一級勳章——列

寧勳章在沙皇時代的前身，他還獲得過外國政府的九十多枚國家勳章
（這在蘇聯時期是不可想像的）。相應地，他也利用財政部的資金，把
獎章、國家公寓、鄉村別墅、旅行津貼和「獎金」發給自己的手下、盟
友、宮廷小集團以及記者（因為作了有利的報道）。維特既從莫伊卡河
畔的財政部大樓領略冬宮和冬宮廣場的美景，也頻頻光顧豐坦卡運河沿
岸貴族豪宅的沙龍。在專制制度下，大臣幾乎不可能成為真正獨立的
行動者。維特完全是仰仗沙皇的信任 (doverie)。維特明白，權力的另一
個關鍵是，要在有意不通聲氣的政府內部做到消息靈通。[85] 這就需要在
整個上流社會的頂層建立起廣泛的非正式網絡。（「作為大臣，」維特在
財政部的繼任者寫道，「要是想維護自己部門的利益和自己的地位，他
就別無選擇，只能在宮廷和彼得堡上流社會扮演某種角色。」)[86] 換句話
說，在沙皇政府中，陰謀層出不窮，原因不在個人，而在結構──維特
深諳此道，他同保安處一些名聲不佳的人聯繫緊密，而他之所以花錢僱
他們，是出於多種目的。他還讓財政部的手下偷聽並記錄競爭對手的
談話，將談話內容整理後交給沙皇。十年來，維特在帝俄大權在握，
招來競爭對手和社會上反對其嚴苛稅收政策的人無休止的抨擊。1903
年，尼古拉二世終於失去了對他的信任，把他調到一個基本上是擺設的
位置（維特「感覺高升了」，同時代的人說）。但他在財政部的十年，對
歷史產生了重要的影響，讓他成了斯大林最重要的先行者之一。

71

　　維特效仿的不但有俾斯麥，還有身在非洲的同時代英國人、鑽石
大亨塞西爾‧羅茲 (Cecil Rhodes, 1853–1902)，而維特把遠東視為實現
他個人帝國夢想的地方。[87] 為了縮短從聖彼得堡到終點符拉迪沃斯托克
（意即「統治東方」）的路程，維特修築了跨西伯利亞鐵路南面的支線，
正好穿過中國的滿洲。在「和平滲透」的口號下，他和一些俄國官員以
為他們是在先發制人，防止與俄國競爭的其他帝國主義國家（英國、德
國和法國）像瓜分非洲大陸一樣瓜分中國。[88] 其他俄國官員堅持認為，
要保住既得利益，武力征服就不能停止。為此，他們爭相獲得沙皇的
支持，要比維特所謂逐步向中國境內推進的建議更進一步。陸軍部先
是強佔然後又租借亞瑟港（旅順）──位於中國遼東半島的深水不凍港，
伸入黃海，戰略地位十分重要。但總體上俄國在東亞不斷前移的態勢

——這也跟維特有關——直接觸犯的不是讓聖彼得堡精英們恐懼的歐洲
列強，而是野心勃勃的日本帝國主義。[89]

　　無論從哪個方面來看，日本都不屬於世界領導者英國那樣的強國。
日本的生活水平可能只有英國的五分之一，而且同俄國一樣，經濟上
仍以農業為主。[90]日本在1830年代的實際工資，若按米價衡量，可能
只有英國的三分之一，到20世紀初仍然只有英國的三分之一。不過那
也意味着，在英國快速發展期間，日本與頭號大國實際工資的增速旗
鼓相當。[91]日本依然在向歐洲輸出初級產品或原材料（生絲），但是在亞
洲範圍內，日本輸出的卻是消費品。實際上，日本快速增長的貿易主
要是轉向東亞，它似乎找到了通往西式現代性的捷徑，在東亞受到普
遍的羨慕或者嫉妒。[92]就像德國一樣，日本也在加緊建設海軍。（保守
的現代化推動者俾斯麥在主政期間也是日本聲望最高的外國人。）[93]另
外，作為英國的盟友，日本非但沒有受制於非正式的帝國主義，反而
在東亞率先轉向自由貿易，這可是強者的意識形態。在一場因朝鮮半
島而起的戰爭中(1894–1895)，* 日本打敗中國並佔據了台灣。早在1890
年代，對於日本大敗中國，俄國總參謀部在震驚之餘，開始制定應急
方案，以應對可能與日本發生的戰爭。但部分是出於軍情機關在日本
問題上的習慣——當然，主要還是因為種族偏見——俄國統治集團輕視
「亞洲人」，以為征服他們是很容易的事情。[94]日本總參謀部或許是為了
降低風險，估計自己頂多只有五成勝算，而俄國統治集團則以為若是開
戰，他們肯定會贏。[95]英國海軍武官報告的情況也差不多：在東京，人
們普遍感覺日本會「垮掉」。[96]尼古拉二世是最應該瞭解情況的人。他在
做皇太子的時候，曾有過一次（對俄國皇室來説）前所未有的東方壯遊
(1890–1891)，親眼見識了日本。那裏的刺客用刀在未來沙皇的額頭留
下了永久的傷疤，差點兒要了他的性命。（與尼古拉同行的一位表弟用
手杖擋開了第二刀。）但是作為沙皇，面對可能發生的戰爭，尼古拉輕
描淡寫地把日本人當成了「默卡克」——一種短尾巴的亞洲猴。[97]

---

* 　編註：即甲午戰爭。

俄日雙方的談判代表本來試圖通過分贓來暫時妥協——日本承認滿
洲是俄國的勢力範圍，俄國承認朝鮮是日本的勢力範圍——但雙方的
「愛國者」都堅持認為，他們絕對需要**同時**擁有滿洲和朝鮮，失去其中
的一個，另一個也保不住。要是俄國妥協，面對聯合起來的歐洲列強
在東亞的步步緊逼，勢單力孤的日本有可能願意妥協，但日本不清楚
俄國究竟作何打算。以亞歷山大‧別佐布拉佐夫（Alexander Bezobrazov）
為首的一幫宮廷陰謀家，為了發財而計劃以林業特許權的形式向朝鮮
滲透，結果加重了日本的疑心。別佐布拉佐夫並不是大臣，但尼古拉
為了顯示「專制君主的特權」，允許這位廷臣頻繁出入宮廷，故意利
用別佐布拉佐夫來牽制包括維特在內的幾位大臣。尼古拉二世想法多
變，不易溝通，他都沒有讓自己的政府瞭解情況，更別說徵求其成員
的專業意見，這就使得俄國的遠東政策很不透明也很不連貫。[98]　　　73
在中止
與俄國的談判之前，經過國內的長時間辯論和紛爭，日本統治集團決
定全力以赴，發動一場預防性戰爭。1904年2月，日本與俄國斷交，攻
擊了停泊在亞瑟港內的俄國艦船。這是為了趕在尋求可能的第三方調
解之前就對行動遲緩的俄國巨人實施快速打擊，展示自己被低估的實
力。[99]日本人不但打敗了俄國的太平洋艦隊，還設法把步兵送上朝鮮半
島，向俄國在滿洲的各個據點進發。震動強烈。「再也不能這樣活了。」
就連極端保守的俄國報紙《新時報》也在1905年1月1日發表社論說。
同一天，弗拉基米爾‧列寧把專制制度龐大的軍事組織稱為「核已經爛
掉的漂亮蘋果」。[100]俄國派出波羅的海艦隊，繞過半個地球，航行1.8
萬海里*，終於在七個半月後的1905年5月抵達作戰海域，結果八艘由聖
彼得堡的能工巧匠建造的現代戰艦，連同飄揚的軍旗一起，在對馬海
峽被迅速擊沉。[101]

帝俄一向是軍事優先，羅曼諾夫家族又一向把自己的形象與合法性
系於俄國的國際地位，因此，對馬之戰的打擊極其沉重。[102]日本人在
陸上也對俄國取得了驚人的勝利，包括奉天會戰，那是世界歷史上直到

---

*　編註：約為3.3萬公里。

當時為止規模最大的會戰（合計投入62.4萬人），而俄軍佔據了數量優勢。[103] 奉天會戰失利這一令人痛心的消息傳來的時候，正好是尼古拉二世的加冕紀念日。[104]

在可以證明專制制度合理性——爭奪大國地位——的競技場上的這次慘敗，不僅暴露出沙皇制度的政治缺陷，還造成了政治崩潰的危險。為戰爭生產武器的幾個軍工廠爆發罷工，結果到1905年1月8日，在俄國的戰時首都，電力和資訊（報紙）系統都癱瘓了。1905年1月9日，星期天，也就是遭日軍圍攻的亞瑟港陷落後的第七天，在納爾瓦凱旋門和涅瓦門外邊的工人階級街區，成千上萬的罷工工人及其家屬6時就集合在一起，準備到冬宮向「慈父沙皇」遞交請願書，要求召集立憲會議，改善工人生活，維護工人的權利和尊嚴。[105] 他們由一位保守派神父領頭，捧着東正教聖像和十字架，唱着聖歌——當教堂鐘聲響起時又唱起了《上帝保佑沙皇》。尼古拉二世已經去了他的主要居所、位於城外沙皇村的亞歷山大宮，因而根本沒有打算接見請願者。首都現有的臨時當局決定派軍隊封鎖市中心。神父率領的人群只走到西南方向的納爾瓦凱旋門。當他們想從那裏繼續前進時，帝國軍隊向他們開火了。幾十人倒下了，神父大喊：「再沒有上帝了，再沒有沙皇了！」在聖三一橋和亞歷山大花園等地，槍擊也阻止了赤手空拳的遊行男女和兒童。隨之而來的是恐慌，有些請願者被踩踏致死。當天在首都約有200人遇害，另有800人受傷，這其中有工人、主婦、兒童和圍觀者。[106] 聖彼得堡「流血的星期日」引發了規模更大的罷工、對酒店和槍械店的搶劫，到處是熊熊的怒火。

尼古拉二世的人民慈父形象一去不復返了。（「所有階級都譴責當局，特別是皇帝，」駐敖德薩的美國領事說，「現在的統治者完全失去了民心。」）[107] 1905年2月，沙皇含糊地承諾說，要設立一個通過選舉產生的「諮議性」杜馬或議會，這既讓保守階層驚慌，又不能平息騷亂。接下來的那個月，所有大學（再次）遭到封鎖。[108] 罷工者關閉了帝國鐵路系統，逼得政府官員只能從水路到郊外去覲見沙皇。1905年6月，水兵奪取了「波將金」號戰艦的控制權——該艦隸屬於黑海艦隊，而黑海艦隊是俄國在損失了太平洋艦隊和波羅的海艦隊後僅剩的海上力量——

並在到羅馬尼亞避難之前炮擊了敖德薩。「到處都是亂哄哄的」，警察部門的一位內部人士寫道，並稱政治警察的工作「陷入了停頓」。[109] 罷工浪潮席捲了俄屬波蘭、波羅的海沿岸地區以及高加索，那裏「整個行政機關都陷入了混亂」，格魯吉亞馬克思主義者的領袖饒爾丹尼亞回憶說，「集會、罷工和示威的自由在事實上得到了確立。」[110] 高加索庫塔伊西省省長站到了革命者一邊，喀山和波爾塔瓦兩省的省長精神崩潰，其他人不知所措。「為了讓人民能夠活得像人，你冒着生命危險，你殫精竭慮地維持秩序，結果你遇到的是甚麼？」薩馬拉省省長伊萬·布洛克(Ivan Blok)抱怨說，「充滿仇恨的眼光，好像你是甚麼惡魔和喝人血的吸血鬼似的。」過不多久，布洛克就被炸掉了腦袋。在一具傳統的敞開式棺材裏，他那扭曲的屍體被塞進制服，沒有頭，代替頭的是棉胎做的圓球。[111]

俄國的後方已經崩潰。戰爭雙方動員了大約250萬士兵，每一方的死亡人數都在4萬到7萬。(另有大約2萬中國平民死亡。)事實上，由於日本無法彌補自身的損失，像奉天會戰那樣的大勝，已經使東京瀕臨失敗。[112] 可即便尼古拉二世想要扭轉敗局，把戰爭打下去，他也沒有那樣的機會了。令人不解的是，日本人為甚麼沒有破壞跨西伯利亞鐵路──那是敵方人員和物資的主要運輸通道之一。[113] 但是，農民正在抗稅，後來破壞或毀掉了二千多座莊園。早在1905年3月，內務部就得出結論，說是由於暴動，歐俄的50個省有32個無法徵兵。[114] 俄羅斯國家資金周轉所仰仗的歐洲貸款也難以為繼，有違約的危險。[115] 1905年8月23日(西曆9月5日)，在美國總統西奧多·羅斯福(Theodore Roosevelt)的安排下，俄國和日本在新罕布什爾州的樸茨茅斯簽訂和約。受日本之邀出面調停的羅斯福，反倒一心限制東京在太平洋地區的勢力(預兆了未來將發生的事)。俄方代表是表現出色的維特。他再次大顯身手，在不利局面下儘量減少損失。[116] 俄國必須認輸，但不用支付戰爭賠款，唯一要放棄的領土是遙遠的薩哈林島(流放犯人的地方)的一半。不過，此次戰敗在國際上造成了巨大的反響(遠遠超過埃塞俄比亞在1896年打敗意大利)。俄國成為第一個在有組織、有計劃的作戰中，而且是在全世界的媒體面前，被亞洲國家打敗的主要歐洲國家。

在同時代的一則有代表性的評論中，有觀察家説，「一個非白人民族對一個白人民族」的勝利，這個消息絕對是「我們一生中發生過的或者有可能發生的最重要的事件」。[117]

左翼的派系鬥爭

　　駐斯德哥爾摩的日本武官此時正在花費大筆金錢，資助流亡歐洲的沙皇制度的政治對手，但他説的話顯得相當沮喪。「所謂反對黨全都是些秘密會社，在那裏面根本無法區分哪些人是政權的反對派，哪些人是俄國的密探」，這名武官向上級報告説。他還説，革命者——或奸細？——用的都是化名。但是從保安處截獲的郵件來看，其實他的工作完全沒有必要。[118] 俄國革命者從專制制度本身得到的幫助要多得多。俄國軍隊——這個維護帝國秩序的主要力量，要被派到境外，在中國和朝鮮的領土上與日本交戰，而俄國革命者卻不用打仗。哪怕是年過四十的已婚農民都成了徵兵的對象，居無定所、有犯罪前科的臣民，卻可以在國內自由地從事反叛活動。

　　27歲的未來的斯大林，就像沙皇警方的一份報告描述的（1904年5月1日）：

> 約瑟夫·維薩里奧諾維奇·朱加施維里：〔合法身份是〕梯弗利斯省梯弗利斯縣季季利洛村的農民；1881年出生，信奉正教，曾就讀於哥里教會學校和梯弗利斯神學院；未婚。父親維薩里昂下落不明。母親葉卡捷琳娜，住在梯弗利斯省的哥里城……外貌特徵：身高2阿爾申4.5韋爾紹克*〔約5英尺5英寸†〕，中等體格，相貌平常。[119]

---

* 譯註：阿爾申 (arshin) 和韋爾紹克 (vershok) 是舊俄長度單位，分別為71.12釐米和約4.4釐米。

† 編註：約1.65米。

雖然出生時間(1878)和身高(5英尺6英寸*)被記錯了，但這個讓人誤以為「平常」的人，就是因為參加政治活動而不用服兵役，同時還可以投身於風起雲湧的1905年暴動。俄國社會民主工黨格魯吉亞支部將他派往奇阿圖拉——西格魯吉亞一個地獄般的地方，那裏有幾百間小公司，共計僱傭了3,700名礦工和分揀、運送錳礦石的選礦工。

　　維特的父親，沙皇政府的一名中級官員，大概在19世紀中葉時在奇阿圖拉開過錳礦。[120] 到了1905年，由於謝爾蓋·維特把俄國融入了新的世界經濟，那種作坊式的私有錳礦開始佔到全球錳礦石產量的50%。開採出來的礦石堆得很高，佔據了「天際線」。那些礦石要先進行沖洗——主要由婦女和兒童來幹——然後才能出口，用於德國和英國的鋼鐵生產。平均下來每天的工資只有可憐的40到80戈比，食物沾滿了錳礦的粉塵，「住房」是露天的(冬天工人就睡在礦井裏)，這種條件下的奇阿圖拉——用一位觀察家的話說——是「真正的苦役(katorga)」，可工人並沒有犯甚麼罪。[121] 哪怕是按照沙皇俄國的標準，奇阿圖拉的不公平也很突出。但是當工人起來反抗時，政權卻召來帝國軍隊和右翼的民團。那些右翼民團自稱「聖戰旅」，但人們把它叫做「黑色百人團」。為了回應暴力攻擊，在朱加施維里的幫助下，社會民主黨的鼓動「小組」被改造成叫做「赤色百人團」的戰鬥隊。[122] 到1905年12月，工人的赤色百人團在年輕而兇暴的激進分子的協助下，奪取了奇阿圖拉的控制權，因而也奪取了全球一半錳礦石產量的控制權。

　　就在上一年，朱加施維里還一直要求格魯吉亞社會民主工黨脫離全俄(帝國)社會民主黨，實現自主化——這或許是還在受到他在神學院反對俄羅斯化以及更寬泛的格魯吉亞反對俄羅斯化的影響。不過，在格魯吉亞的社會民主黨反對爭取民族獨立，理由是即使他們設法擺脫了控制，要是俄羅斯不能自由，格魯吉亞的自由也保不住。格魯吉亞的同志指責朱加施維里是「格魯吉亞的崩得分子」，並強迫他公開聲明放棄自己的主張。未來的斯大林寫了一篇〈信仰告白〉(1904年2月)，否認自己

---

*　編註：約1.68米。

有單獨建立格魯吉亞黨的想法，並在社會民主黨各小組內部散發了70
份。[123] 和年輕時的羅曼蒂克詩歌以及在拉多的《鬥爭報》上發表的沒有署
名但後來被歸於斯大林的兩篇社論不同，〈信仰告白〉是他最初公開發表
的文章之一（後來的黨史專家在搜集他的著述時沒有找到這篇）。接着他
又用格魯吉亞文寫了一篇更詳細的文章，時間是1904年9至10月，名為
〈社會民主黨怎樣理解民族問題？〉。這篇文章實質上是他評論事業的開
始。朱加施維里把矛頭對準剛成立的社會聯邦黨，該黨設在巴黎的刊物
要求格魯吉亞無論是在俄羅斯帝國還是社會主義運動中都要爭取自主。
他強烈反對單獨建立左翼的「民族」政黨，並對格魯吉亞民族主義冷嘲
熱諷。[124] 1905年4月，一份寫給巴統無產階級的小冊子指出：「俄國的
社會民主主義不但要對俄國無產階級負責，還要對正在野蠻的專制制度
壓迫下呻吟的俄國各族人民負責——它要對全人類，對整個現代文明負
責。」是俄國，而不是格魯吉亞。[125] 信仰告白事件成了轉折點。

在此期間，朱加施維里組織奇阿圖拉的群眾直接行動，他幹得得心
應手。在他的幫助下，幾乎所有的礦井都變成了社會民主黨各派的戰
場，同時，他還把從前、尤其是在巴統搞地下活動時的忠誠分子安排進
去。有些觀察家對他的小集團的強烈忠誠感十分驚訝。但是，被奇阿
圖拉工人選作領袖的卻不是朱加施維里，而是一個又高又瘦、富有魅
力的格魯吉亞青年，名叫諾伊·拉米施維里（Noe Ramishvili，生於1881
年）。拉米施維里之所以能夠贏得礦工的信任，部分是靠兜售高加索社
會民主黨孟什維克派的觀點，認為黨內的普通工人具有至高無上的作
用。[126] 朱加施維里屬於高加索社會民主黨布爾什維克派，他咒罵自己
的競爭對手是在「討好工人」。[127] 在從奇阿圖拉給流亡歐洲的布爾什維
克派領袖弗拉基米爾·列寧寫的報告中，他談到了這場生死攸關的鬥
爭——不是反對沙皇政權的鬥爭，而是反對孟什維主義的鬥爭。[128]

布爾什維克和孟什維克的派系鬥爭是在兩年前的1903年7月，在倫
敦一家俱樂部內召開的俄國社會民主工黨第二次代表大會上爆發的（那
是從1898年在明斯克召開九人成立大會以來的第一次代表大會）。在沙
皇警察鞭長莫及的地方，代表們通過了黨章和黨綱（「社會革命的必要
條件就是無產階級專政」），但兩個強勢人物列寧和馬爾托夫在黨的組織

問題上發生了衝突。事情的起因是列寧提議把《火星報》編輯部從六人減至三人（普列漢諾夫、列寧和馬爾托夫），這是個合理的建議，卻在會場引起強烈的反響（會議記錄上記載了「威脅式的叫嚷」和大喊「可恥」）。分歧加深了。全俄社會民主黨把資本主義視為可以超越的罪惡，但馬克思主義認為歷史是按階段前進的，因此，大部分俄國馬克思主義者都支持黨內元老普列漢諾夫的看法，認為只有在首先進行「資產階級革命」並加速發展俄國資本主義之後，社會主義革命才能取得成功。按照這種看法，俄國工人應該首先幫助軟弱的資產階級實行憲政，幾十年後再超越資本主義，朝社會主義方向前進。但是，如果事實上工人**沒有能力**承擔這一角色怎麼辦？馬爾托夫抓住這點，認為「革命民主主義和社會主義這兩大任務的協調一致」，即資產階級革命和社會主義革命的協調一致，「是俄國社會的命運向俄國社會民主主義提出的難題」。[129]

　　工人在歷史進程中的作用這一問題已經造成德國社會民主黨的分裂。在德國，無產者正在形成的似乎不是革命意識，而只是工聯意識（同時，資本主義也沒有走向崩潰），愛德華·伯恩斯坦（Eduard Bernstein）對此說得很清楚。他認為社會主義者應當支持改良和進化，經由資本主義實現社會主義，而不是圖謀消滅資本主義。伯恩斯坦的對手卡爾·考茨基指責他是馬克思主義的「修正主義者」，並堅持認為仍然要靠革命才能實現社會主義以及之後的共產主義。可在沙皇統治下的俄國，不允許採取伯恩斯坦的「修正主義」方法，儘管列寧一度也非常贊成——現在不贊成——因為工聯和憲政仍然是非法的。列寧敬佩考茨基，可自己卻走得更遠，主張採取密謀的手段，因為帝俄跟德國不同，對自由限制得很嚴。在《怎麼辦？》（1902）中，列寧預言，要是「讓少數跟帝國安全警察一樣訓練有素、經驗豐富的職業革命家去組織」，那革命是有可能的。[130]* 他的立場被指責為不符合馬克思主義，實際上，

---

*　譯註：「〔革命運動領導者的組織〕構成主要應當是以革命活動為職業的人……在專制制度的國家裏，我們越減少這種組織的成員的數量，減少到只包括那些以革命活動為職業並且在同政治警察作鬥爭的藝術方面受過專業訓練的人，這種組織也就會越難被『捕捉』……」《列寧全集》（第2版，人民出版社，1984–1990）第6卷，第118頁。

是被指責為布朗基主義——該說法得名於法國人路易·奧古斯特·布朗基 (Louis Auguste Blanqui，1805–1881)，他不考慮群眾運動的效力，主張使用武力，由小集團通過臨時性的專政進行革命。[131] 但列寧在某種程度上不過是回應了俄羅斯帝國的工人強烈的鬥爭精神，比如1900年哈爾科夫的五一大遊行——他寫過這方面的文章——以及第二年奧布霍夫工人與警察的暴力衝突。不錯，有時列寧的確好像和伯恩斯坦一樣，說要是任由工人自行發展，他們只會產生工聯意識。但這讓列寧變得更加激進，而不是變得保守。從根本上來說，列寧想要建立一個由**職業**革命家組成的政黨，以戰勝組織完善的沙皇國家，因為後者的高壓政策讓普通的組織工作很難開展。[132] 可列寧沒能說服其他人：在1903年的代表大會上，儘管51名代表中只有4名真正的工人，但馬爾托夫的觀點——他主張建立相對於「職業」革命家而言更具包容性的黨組織——在表決時贏得微弱多數 (28票對23票)。列寧拒絕接受表決結果，並宣佈成立一個他稱之為布爾什維克 (多數派) 的派別，因為他在別的次要問題上贏得了多數票。不可思議的是，馬爾托夫的多數派竟然默認了把自己稱為孟什維克 (少數派)。

與1903年夏天的分裂有關的指控、反指控以及誤解，沸沸揚揚地持續了大半個世紀。保安處簡直不敢相信自己的好運：社會民主黨人發生了內訌！對社會民主黨的革命者來說，僅僅爭取免遭逮捕是不夠的，現在，他們一面要和社會革命黨之類的左翼對手競爭，一面還要和自己的黨在國內外所有委員會中的「另外一派」進行鬥爭，儘管有段時間他們很難說清楚布爾什維克和孟什維克的區別。[133] 當然，在革命者當中，宗派主義就同給人戴綠帽子一樣司空見慣。可列寧的分裂活動激怒了他一直以來的親密朋友馬爾托夫，還有馬爾托夫的盟友，因為他們剛剛同列寧一起暗中商量，限制俄國社會民主黨隊伍內部猶太人崩得的勢力 (無產階級中猶太人很多，但獲准參加1903年社會民主黨代表大會的只有五位崩得代表)。[134] 接着，事情就公開了。馬爾托夫和他那一派拒絕各方的調解。列寧的觀點顯然同爭取運動的權力有關，但分裂的開始以及持續，至少部分原因在於個人。雙方在內部的辯論中開始惡言相向，指責對方撒謊和欺騙。

　　分裂的消息傳開，列寧受到嚴厲的譴責。1904年，羅莎‧盧森堡（Rosa Luxemburg）——出生於波蘭的革命者，三年後才會和列寧碰面——批評列寧的組織觀念是「適合軍隊的極端集中制」。托洛茨基站在馬爾托夫一邊，把列寧比作天主教耶穌會修士埃馬紐埃爾‧約瑟夫‧西哀士——猜忌他人，固執己見，獨斷專行，聲稱要鎮壓所謂無處不在的煽動行為。普列漢諾夫很快把列寧稱為布朗基主義者。至於列寧，為了把對俄國社會民主工黨來說戰略地位十分重要而且人數眾多的高加索支部招至麾下，他在自己的根據地日內瓦勤奮工作，撰文指責黨的中央委員會（反對他的人）「卑鄙無恥」。本來他是很有可能成功的：不管怎麼說，列寧一派的許多成員都從歐俄流放到高加索，他們在那裏散佈了布爾什維克的影響。未來的斯大林——他錯過了1903年的倫敦代表大會（當時被關在沙皇的監獄候審）——1904年在梯弗利斯結識了列夫‧加米涅夫，而加米涅夫是列寧一派的擁護者。但在1905年1月，格魯吉亞馬克思主義者的領袖諾伊‧饒爾丹尼亞結束了在歐洲的流亡生活回到格魯吉亞，帶領絕大多數高加索馬克思主義者從列寧的立場轉向孟什維主義。早在1901年11月，朱加施維里就因為贊成建立一個小範圍的、以知識分子為中心的政黨而同饒爾丹尼亞有過衝突。現在，他再次和饒爾丹尼亞對着幹，仍然留在布爾什維克一派。因此，對朱加施維里來說，分裂的原因部分也在於個人。從理論上來說，列寧主義更看重職業革命家而不是工人的態度，也適合朱加施維里的性格和自我形象。

　　所謂列寧的個人影響總是被拿來解釋朱加施維里早年的忠誠：據說未來的斯大林對遠方的布爾什維克領袖仰慕已久。但是，即便他在遠處感覺到對列寧有些崇拜，他們的初次見面則讓這種感覺消退了不少。[135] 兩人的見面是在1905年12月，在俄屬芬蘭塔墨爾福斯俄國社會民主工黨第三次代表大會上*，朱加施維里是高加索布爾什維克派的三名會議代表之一。[136] 流亡瑞士的列寧是在1905年革命基本平息後，才在當年的11月返回俄國的。不到36歲的他差不多比朱加施維里大十

81

---

*　譯註：應為俄國社會民主工黨第一次代表會議或布爾什維克代表會議，見《列寧全集》第12卷，第400頁，註84，以及《斯大林全集》第6卷，第49頁。

歲。[137]（所有代表中的「元老」、來自高加索的米霍・茨哈卡雅〔Mikho Tskhakaya〕當時39歲。）但朱加施維里在黨的代表大會*上注意到，各省代表，包括他自己在內，是如何抨擊年長的列寧的政策提案的；注意到這位布爾什維克領袖是如何以自己身在國外、不瞭解情況為由**作出退讓**的。「我本來希望看見我們黨的山鷹，看見一個偉大的人物，這個人物不僅在政治上是偉大的，而且可以說在體格上也是偉大的，因為當時列寧在我的想像中是一個魁梧奇偉的巨人。」斯大林後來回憶説，「當我看見他原來是一個和凡人毫無區別，簡直是毫無區別的、最平常的、身材比較矮小的人的時候，我是多麼失望呵……」[138]†（1906至1913年，斯大林的文章只引用過兩次列寧的話。）當然，列寧最終會成為斯大林不可或缺的導師，但要讓格魯吉亞人——以及左翼其他的大多數人——領會到列寧那種能夠改變歷史的意志力，還需假以時日。不管怎麼説，就在自詡為社會民主主義者的俄國革命黨人，為了即將到來的革命的性質問題（是資產階級革命還是社會主義革命）以及黨的組織問題（是包羅廣泛的還是「職業的」）而鬥得不可開交的時候，沙皇的政治權威已經迅速瓦解，這使得革命迫在眉睫。

瓦解與拯救

　　當朱加施維里正在奇阿圖拉組織赤色百人團的時候，1905年10月8日，也就是在俄日和約簽訂之後，一場總罷工讓聖彼得堡陷入了癱瘓。不到五天，整個帝國就有一百多萬工人走上街頭，電報和鐵路系統停止運行，既沒有辦法在戰爭結束後把部隊運送回國——停戰後滯留在遠東戰場的俄國士兵仍有一百多萬——也沒有辦法用他們來維護國內的治安。10月13日左右，聖彼得堡成立了蘇維埃（或委員會），作為協調罷工活動的委員會；它存在了大約50天，當中有兩週是由列夫・托洛茨基領導的，他剛流放歸來，是個多產的作家，也是個傑出的社會

---

*　譯註：應為代表會議。
†　譯註：《斯大林全集》第6卷，第49頁。

民主黨人。[139] 10月14日發佈鎮壓警告，次日，當局宣佈在當年關閉首都那所頗具聲望的大學。統治集團中的一些人物，包括龐大的羅曼諾夫家族的一些成員，敦促尼古拉二世在政治上作出讓步，結束政權與社會的分裂。在整個歐洲，只有奧斯曼帝國、黑山公國和俄羅斯帝國還沒有議會。人們告訴沙皇，要支持那些有悖於專制原則的變化，要成立協調一致的政府。沙皇寫信給母親、出生於丹麥的皇太后：「大臣們像是膽小鬼，聚在一起商量怎樣讓所有大臣團結起來，而不是果斷地採取行動。」[140] 再次得勢而且贊成專制的謝爾蓋·維特剛從新罕布什爾的樸茨茅斯回來，他乘機向沙皇進言，要想拯救專制制度，可以有兩種選擇：要麼頒佈憲法、授予公民自由權，特別是成立協調一致的內閣制政府；要麼找人實行鎮壓。[141] 10月15日，尼古拉二世問他最信任的廷臣和維特的死對頭、主張採取強硬路線的德米特里·特列波夫（Dmitry Trepov）——他剛被任命為首都的總督——是否能夠在恢復秩序的同時避免屠殺平民。後者在10月16日答覆說：「暴亂已經到了不太可能避免流血的地步。」[142]

　　沙皇猶豫了。他讓人起草宣言，宣佈設立一個僅僅具有諮議性質的杜馬。[143] 證據顯示，他還向自己的叔叔尼古拉大公求助，要他接手獨裁權力，實行軍事獨裁。對此，後者答覆說，遠東戰爭已經讓軍隊元氣大傷，要是沙皇不同意維特的計劃，在政治上作出讓步，大公就會自殺。[144] 10月17日，尼古拉二世畫着十字，很不情願地簽署了於次日發表的〈關於完善國家秩序〉的宣言，「強制推行」——用專制的腔調說——公民權利和兩院制立法機關。國家杜馬不再像原來在2月建議的那樣是「諮議性的」，而是一個由選舉產生的「人民代表」組成的下院，儘管選舉權的覆蓋範圍較小——甚至比西班牙專制政府在1680年賦予其新大陸城市的權利還要小，但卻有頒佈法律的權利。年滿25週歲的男性公民——不包括士兵和軍官——擁有選舉權，但選舉要通過四個選舉人團進行，格外受到重視的是與個體農民相對的村社農民。[145] 與此同時，俄國的國務會議——由獲得任命的上層官員組成的諮議機構，到當時為止，就像伊利亞·列賓1903年的巨幅油畫所描繪的，基本上是個擺設——將成為上院。按照設想，上院會起到約束杜馬的作用。新國務會議有一半成員

將繼續由沙皇從以前的大臣、總督和大使中任命，而那些人，正如某內
部人士描述的，都是「年高德劭，頭髮花白或謝頂，皮膚滿是皺紋，常
常因為上了年紀而佝腰曲背，穿制服，佩戴着他們所有的勳章」。另一
半將由一些指定的機構通過選舉產生，比如正教會、各省的地方自治會
議、證券交易所以及科學院。相比而言，美國將通過第17修正案，準備
在1911年實行參議員直選；而英國上院裏都是些世襲貴族。[146]

　　沙皇還破天荒頭一遭允許設立統一的政府，由總理負責，這一點遠
遠沒那麼有戲劇性，但絕非無關緊要。謝爾蓋·克雷扎諾夫斯基 (Sergei
Kryzhanovsky) 作為副內務大臣，奉命扼要說明了成立內閣的必要性及
內閣的組織結構。他嚴厲指責俄國各部之間的「分裂」與內訌。他警告
說，召開杜馬會議將會像1789年法國召開國民會議一樣，提供一個強
大的論壇。政府必須強勢，並且要團結起來管住立法機關，否則君主
制就會出現法國那樣的後果。但大臣們之所以想要有個強勢的政府，
不單單是因為覺得需要管住立法機關。維特考慮的是普魯士模式，這
種模式為首席大臣提供的權威可以控制個別大臣與君主之間的所有接
觸，而俾斯麥充分利用了這種權威。[147]

　　或許，一個由總理來協調的強勢內閣，無論在哪個現代國家都顯而
易見是必要的，但就全球來說，它的出現卻相對較晚。在英國，首相
職務的起源很大程度上是偶然的，是因為漢諾威（德意志的一個邦國）
不倫瑞克家族的喬治一世國王 (George I，1714至1727年在位) 不會說
英語（他一年中至少有一半時間在漢諾威），這樣一來，主持內閣會議
的擔子就落到新設的**首相**或首席大臣頭上，這種做法後來成了慣例。
從1849年到1852年，普魯士開始有了相當於首相的首席大臣以及由大
臣組成的內閣，這是為了對付1848年突然出現的立法機關而臨時設立
的。[148]（1857年俄國流產的內閣制政府甚至都沒有總理。）但英國的首
相一職給了下院的多數黨領袖，這就意味着，他的地位不是由王室決定
的，而是由選舉產生的議會多數決定的。普魯士首席大臣的任免則完
全是由君主說了算，無需考慮國會（選民）中多數派的意見。

　　俄國仿照的不是英國——那是真正的議會制——而是普魯士。誠
然，杜馬可以傳喚大臣匯報情況，但沙皇保留了任免大臣的絕對權力，

保留了立法的絕對否決權、解散杜馬和宣佈重新選舉的權限，還有宣佈軍事管制的權限。此外，外交大臣、陸軍大臣、海軍大臣和宮廷大臣都不歸總理管轄。這幾點讓尼古拉二世自欺欺人地以為——若是沒有維特的縱容也不會那樣——讓步並沒有違背他維護專制制度的加冕誓言。但他確實是違背了，俄國當時14位大臣的工作——上面列舉的除外——要由別人而不是沙皇來協調了。[149]

這個「別人」實際上就是維特，尼古拉二世選他作為俄國有史以來的首任總理。

尼古拉二世原本是讓維特起草《十月宣言》的，但維特太瞭解這位沙皇了，而且他很可能希望離那份文件遠點，就把起草宣言的差事交給了一位同事，這位同事當時正好在他家裏。[150] 不過，維特對宣言草案作了修改，而且被普遍視為草案的主要推動者。[151] 維特處於權力之巔，可他卻發現自己被懸在空中，得不到任何人的充分支持——受到刺激的統治集團不會，他們大多贊成不受約束的專制制度，而且他們也不喜歡維特的出身、壞脾氣和猶太妻子；社會基礎有限的立憲派不會，他們仍在等待起草和實施許諾的憲法；由選舉產生的聖彼得堡蘇維埃代表不會，他們往往認為杜馬是「資產階級」騙人的把戲；罷工罷課的工人和學生不會，他們總罷工、總罷課的勢頭是減弱了，但仍然渴望社會正義；叛亂的農民不會，他們乾脆把《十月宣言》理解為想要擱置土地的重新分配，結果造成新一輪的農村騷亂。[152] 維特甚至得不到尼古拉二世的充分支持：尼古拉二世提拔了他，可又覺得他傲慢無禮。不過，純粹依靠個性的力量，尤其是努力保持消息靈通，維特實際上還是能協調好大部分政府部門的關係，甚至是對外政策和軍隊事務方面的關係，而這兩個部門的大臣按理來説是不用向總理匯報的。[153]

可是，不管維特的能力有多強，實行總理制以及承諾稍後召開杜馬會議，並沒能恢復公共秩序。相反，在《十月宣言》宣佈之後，反對活動變本加厲。實際上，拯救沙皇專制制度的是一個頑固的保守派官員，他曾因桃色醜聞和濫用警察權力而被解除職務。彼得‧杜爾諾沃（Pyotr Durnovó，生於1845年），出身貴族世家，畢業於海軍學院，1860年代「大改革」時期在海軍服役，後離開海軍，擔任了很長一段時

間的警察司司長（1884–1893）。杜爾諾沃手下的一處「暗室」截獲了一封
情書，是他自己的情婦寫給巴西大使館臨時代辦的，於是，他讓警察
闖進那位外交官的住所並偷走她其餘的信件。那個女人把失竊的事情
告訴了她的外交官情夫，後者又在宮廷舞會上告訴了沙皇亞歷山大三
世。據説亞歷山大三世對他的內務大臣説：「24小時之內讓那個豬玀走
人。」[154] 杜爾諾沃避居國外，看似永無出頭之日了。可是在1895年，在
49歲的亞歷山大三世暴病身亡之後，杜爾諾沃竟然又東山再起，升為
副內務大臣。1905年10月23日，維特不顧自由派的強烈反對和沙皇尼
古拉二世的猶豫，任命他為代理內務大臣。[155] 不到三天，波羅的海水
兵嘩變。到10月28日，杜爾諾沃鎮壓了那些水兵亂糟糟的嘩變，下令
處死了幾百人。他打算在整個帝國都進行鎮壓，但維特（起初）堅持要
求杜爾諾沃要在《十月宣言》的範圍內採取行動，因為這畢竟是沙皇簽
署的。可杜爾諾沃很快就採取了更加嚴厲的措施，當然了，在這些措
施似乎收到成效的時候，《十月宣言》的簽署者以及很多國家官員都非
常滿意。「大家開始工作了，整個機器進入到高速模式，」保安處的某個
高級官員回憶説，「逮捕開始了。」[156] 實際上，從沙皇承諾立憲（1905年
10月）到六個月後頒佈基本法——尼古拉二世拒絕把它稱為憲法——杜
爾諾沃手下的警察逮捕了數萬人（有些估計認為多達7萬）。[157] 杜爾諾沃
還解除了很多位省長的職務，而且更重要的是，他迫使其餘的省長奪回
了所有的公共空間。

　　杜爾諾沃顯得**勁頭十足**。1905年11月中旬，當新一輪的罷工潮讓
郵政和電報系統陷入癱瘓的時候，他組織民間力量打破了困難局面。
12月3日，即聖彼得堡蘇維埃號召工人從國有銀行取走存款的第二天，
他逮捕了大約260名蘇維埃代表，佔代表總數的一半，其中還包括蘇維
埃主席托洛茨基。許多官員警告説，這會激起1905年10月那樣的總罷
工，但杜爾諾沃反駁説，展示力量會讓政治動向發生變化。1905年12
月7日，莫斯科爆發起義，杜爾諾沃的批評者所説的似乎應驗了。但他
去了皇村，向尼古拉二世匯報並請示——沒有同他（名義上的）上司、
總理維特一起，杜爾諾沃不想同維特多費口舌，雖然維特此時也已改
弦更張，贊成採取強硬手段。杜爾諾沃甚至沒有出席政府會議（大臣會

議），也沒有解釋缺席的原因。[158] 可想而知，沙皇一心想恢復1905年前的做法，讓杜爾諾沃那樣的大臣私下裏直接向他匯報。尼古拉二世寫信給自己的母親——皇太后說：「內務大臣杜爾諾沃幹得很好。」[159] 現在，面對在俄國古老的首都發生的起義，杜爾諾沃下令鎮壓：約有424人被打死，2,000人受傷。[160] 整個俄羅斯帝國到處都在鎮壓。「我懇請你們，在這種情況以及類似的情況下，要下令使用武力，不要有絲毫憐憫，要把叛亂分子斬盡殺絕，要把他們的房子燒掉，」杜爾諾沃毫不隱諱地指示基輔省的官員，「在目前的情況下，只有用這些辦法才能恢復政府的權威。」[161] 在格魯吉亞，帝國軍隊用武力佔領了奇阿圖拉錳礦定居點，奪走了朱加施維里及其布爾什維克擁護者的政治基地。帝國軍隊和黑色百人團還擊潰了格魯吉亞孟什維克在古里安共和國的農民堡壘。世界上第一個由馬克思主義者領導的農民共和國垮掉了，但就像有位學者寫的，它「在亞洲的原野、山區和叢林」引起了迴響。[162] 可就眼下來說，到1907年年底，帝國各地群眾性的農民起義已經被撲滅。[163] 這一點非常不易。

∽

俄國的專制制度起死回生。為了鎮壓國內的騷亂，總共投入近30萬軍隊，同對日作戰的陸軍數量差不多。[164] 要是俄國西側的兩個敵人——德意志帝國和奧匈帝國——決定抓住這個輕而易舉的機會，那就無法進行如此大規模的動員來鎮壓國內騷亂和維護政權。甚至用不着真的從西線發動進攻，只要進行動員，就會使沙皇政權癱瘓並且很可能走向滅亡。[165] 同樣關鍵的是，用於國內鎮壓的俄國軍隊，就是那批穿着制服的農民，他們在沙皇政權露出頹相時接連發動兵變。現在，當政權再次露出它的獠牙時，他們又開始用武力恢復國家秩序，對付造反的工人、學生和農民兄弟了。[166] 杜爾諾沃把他們整合起來。在歷史結構的大戲中，這是人的個性被證實起到了決定作用的重大時刻之一：換個差一些的內務大臣就做不到。在政權岌岌可危時，他的副手弗拉基米爾·古爾科（Vladimir Gurko）說得對，「是杜爾諾沃……拯救了它，他採取的是幾乎自主的政策，無情地迫害革命分子，一定程度上重建了國家的秩序」。[167]

　　但這個時刻也證實了對國家造成傷害的是政治家的才能而非短板。杜爾諾沃在俄國專制制度理應垮台的時候拯救了它，到頭來適得其反，讓國家在一場更糟糕的戰爭中發生了更糟糕的崩潰，這種崩潰將會成為建立激進新秩序的樣板。當然，如果杜爾諾沃異乎尋常的果斷和治安才能沒能在1905至1906年拯救沙皇制度，結果如何那就不得而知了。但有一點很值得懷疑，那就是六分之一個地球以及其他地方的歷史還會不會那樣悲慘，斯大林那種極端暴力的專制統治還會不會出現。不過，杜爾諾沃給俄國帶來的喘息期實際上是短暫而瘋狂的，充滿了四處瀰漫的不安全感。「在世界大戰之前很久，」有位同時代的人回憶說，「所有具有政治意識的人都感覺好像生活在火山口上。」[168]

第四章
立憲專制

我們厭倦透了。我們是忠誠的，不可能反對政府，但我們也不會
支持現在的政府。無奈之下，我們只好袖手旁觀。這是俄羅斯生
活的悲劇。

——政治右翼分子和反猶分子 A. I. 薩文科 (A. I. Savenko)，
保安處截獲的私信，1914年[1]

看着那顆垂着的小腦瓜，你會覺得要是戳它一下，整本的卡爾·
馬克思《資本論》就會像容器裏的氣體一樣，嘶嘶地冒出來。馬克
思主義是他的棲息地，在那裏他戰無不勝。世上沒有任何力量可
以讓他改變既定的立場，他對所有現象都可以從馬克思那裏找到合
適的解釋。

——沙皇時期的前政治犯獄友談
被關押在巴庫監獄的青年斯大林，1908年[2]

俄羅斯國家的形成，一方面是因為戰亂，因為它所處的地緣政治
環境特別具有挑戰性，另一方面也是因為理想，尤其是君主專制的理
想，但俄羅斯長期存在的專制制度一點也不穩定。彼得大帝之後的羅
曼諾夫家族，差不多有一半君主是因為政變或暗殺，無奈地離開自己

的寶座。彼得本人的長子兼繼承人，因為抗命而被彼得處死（彼得兩任妻子所生的15個子女，有13個死在他之前）。繼承彼得皇位的是他的第二任妻子，波羅的海沿岸地區一個農民的女兒，號稱葉卡捷琳娜一世（Catherine I），再之後繼位的是他的孫子彼得二世（Peter II）。1730年，當彼得二世在婚禮那天死於天花後，羅曼諾夫家族的男性一脈就斷了。皇位傳給了彼得二世的親戚，先是他父親的堂妹安娜（1730至1740年在位），然後在宮廷政變中又傳給他的姑媽伊麗莎白（1741至1761年在位）。兩人誰也沒有留下男性繼承人。羅曼諾夫家族之所以沒有絕後，只是因為彼得大帝兩個長大成人的女兒，其中一個嫁給了荷爾施泰因—戈托爾普公爵。這讓羅曼諾夫成了一個同時具有德意志和俄羅斯血統的家族。成為彼得三世（Peter III）的卡爾·彼得·烏爾里希（Karl Peter Ulrich），是第一個帶有荷爾施泰因—戈托爾普和羅曼諾夫血統的人，也是一個低能兒。他在俄羅斯的重大場合身着普魯士軍服，在位六個月就在政變中被妻子廢黜。他的妻子名叫索菲·奧古斯特·弗里德里克·馮·安哈爾特—采爾布斯特，是德國一個小貴族的女兒，她繼位成了葉卡捷琳娜二世（Catherine II，或葉卡捷琳娜大帝）。她想要做一個開明的專制君主，讓高雅文化成為專制制度的重要組成部分（斯大林後來仿效這一做法，也像葉卡捷琳娜二世一樣從莫斯科的帝國參政院發號施令）。德國人葉卡捷琳娜只是通過婚姻才成為羅曼諾夫家族的一員，但俄國的統治家族強調，從母系一脈來說，她與羅曼諾夫家族的淵源可以追溯到彼得，而且她只使用俄羅斯姓氏。1796年，葉卡捷琳娜的兒子保羅繼承了她的皇位，但保羅在1801年被暗殺；接着就是保羅的兒子亞歷山大一世（Alexander I，1801至1825年在位）；亞歷山大的弟弟尼古拉一世（1825至1855年在位）；1881年，亞歷山大二世在極度痛苦中死去，他的雙腿被恐怖分子炸得粉碎；亞歷山大三世在兄長突然死亡後成為繼承人，他在上台後於1894年39歲時死於腎病（腎炎）；最後是尼古拉二世。[3]

除了亞歷山大三世娶的是丹麥公主，也就是他已故兄長的未婚妻，所有從德國人葉卡捷琳娜傳下來的「羅曼諾夫」家族的後代，娶的都是德國出生的妻子。這樣的通婚讓幾乎所有的歐洲皇室都沾親帶

故。尼古拉二世的德國妻子、黑森─達姆施塔特公爵小姐阿利克斯‧維多利亞‧海倫娜‧路易斯‧貝阿特麗策 (Alix Victoria Helena Louise Beatrice, Princess of Hesse-Darmstadt)，是英國維多利亞女王 (Victoria) 最寵愛的外孫女。阿利克斯生於1872年，即德意志統一後那一年。她初次見到俄國的皇太子「尼基」，是在她姐姐埃拉和尼古拉的叔叔舉行婚禮的時候，當時她11歲，而他15歲。六年後，兩人再次相遇並墜入情網。沙皇亞歷山大三世和皇后瑪麗亞‧費奧多蘿芙娜起初反對兒子尼古拉和那位羞澀、憂鬱的阿利克斯的婚事，儘管她是他們的教女。俄國君主中意的是有望登上法國王位之人的女兒，以便鞏固俄法之間新的同盟關係。至於維多利亞女王，她原本贊成阿利克斯嫁給聯合王國的威爾士親王，但她改變了主意。德皇威廉二世 (Wilhelm II) 從一開始就支持阿利克斯和尼基的婚事，因為他希望借此加強德俄之間的聯繫。不過，阿利克斯來到俄國時很不走運，正趕上沙皇亞歷山大三世的早逝。「她跟在靈柩後面向我們走來，」國葬儀式上，人們一眼就注意到她，「她帶來了壞運氣。」[4] 新皇后像人們希望的那樣 (由路德教) 改信了東正教，並取名亞歷山德拉 (Alexandra)。在她和尼古拉二世的蜜月期間，每天要舉行兩次東正教儀式並接待貴族們弔唁早逝的公公。她接連生了四個女兒，這一點也讓人們感到不安，因為按照葉卡捷琳娜大帝的兒子保羅一世 (Paul I，1796至1801年在位) 執政時通過的帝國繼承法 (1797)，不允許再有女性佔據皇位。1904年8月，即婚後的第十個年頭，亞歷山德拉終於生下一個期盼已久的男性繼承人。尼古拉二世給男孩取名為阿列克謝 (Alexei)，這是他最喜歡的羅曼諾夫家族的早期統治者、彼得大帝父親的名字，而那要追溯到聖彼得堡建造前的莫斯科時代。

終於有了繼承人的尼古拉二世，一年多之後對於內務大臣彼得‧杜爾諾沃的殘酷鎮壓非常滿意，但沙皇沒有收回《十月宣言》中說過的話。因此，1906年4月27日，新成立的國家杜馬在冬宮開幕，並仿照英國的習慣，由君主作了 (簡短的) 講話。尼古拉二世同表兄喬治五世國王 (George V) 長得出奇地相像。可面對佇立在聖格奧爾吉大廳的所有國內外要人和民選代表，沙皇在台上只說了200字，然後便是死一般的

90

沉默。[5] 俄國變成了前所未有的樣子，變成了立憲專制，可在這種體制下，「憲法」卻成了敏感詞。[6] 這種體制是自由和不自由的大雜燴。杜馬開會的地方是塔夫利達宮，那是專制君主葉卡捷琳娜大帝1783年賜給她的宮廷寵兒波將金公爵 (Potemkin) 的，因為他征服了克里米亞；在他死後，宮殿又從他的家族收回，最近則用作帝國劇院的道具倉庫。塔夫利達宮內部的冬園改成了擁有近500個座席的議事廳，名為「白廳」。雖然杜馬並不包括芬蘭大公國 (它有自己的立法機關)，以及中亞的希瓦和布哈拉這兩個小的「受保護國」，但許多俄國代表仍然對帝國代表的多樣性深感震驚，就好像首都的精英們一直生活在別的地方而不是帝俄。白廳之中，在尼古拉二世的巨幅肖像下，立憲主義的主要擁護者立憲民主黨 (卡傑特〔Cadet〕)，一個由莫斯科大學歷史學教授帕維爾·米留可夫 (Paul Miliukov) 領導的集團，成了**反對派**。[7] 哪些人——如果説有——擁護新的立憲專制，此時還不清楚。

在敦促沙皇成立杜馬這件事上，疲憊、虛弱且遭人輕視的總理謝爾蓋·維特出力比誰都多，可到了杜馬勝利開幕的時候，他卻要求辭職。[8] 作為俄國從1890年代開始的工業化浪潮的主要推動者，作為在1905年幫助彌合政權與社會裂痕的人，維特從中沒有得到甚麼特別的好處。尼古拉二世覺得維特陰險狡猾、沒有原則 (「我從未見過這種變色龍一樣的人。」)。[9] 對於維特幫助達成的政治讓步，沙皇馬上就後悔了，而且永遠都感到後悔。隨着維特的下台，杜爾諾沃也被迫辭職，他在對歷史產生了重要影響的內務大臣任上只幹了六個月，雖然尼古拉二世允許杜爾諾沃繼續拿他每年1.8萬盧布的工資，並給了他20萬盧布的一大筆現金作為禮物。(維特得到了鑲有鑽石的聖亞歷山大·涅夫斯基勳章。)[10] 杜爾諾沃的職務給了薩拉托夫省省長彼得·斯托雷平 (Pyotr Stolypin)，後者於1906年7月又設法兼任總理一職，從而取代了杜爾諾沃和維特兩人的位置。[11]

斯托雷平是一大發現。他身材高大，藍眼睛、黑鬍鬚，風度翩翩，儀表堂堂，和粗魯的維特不一樣。1862年，他出生在德累斯頓 (當時他的母親正在那裏探望國外的親戚)，他的家庭是俄國的貴族世家。他的父親同著名的作家米哈伊爾·萊蒙托夫是親戚，有一把自己演奏

用的斯特拉迪瓦里琴，* 還擔任過亞歷山大二世的副官和莫斯科大克里姆林宮的衛戍司令。斯托雷平的母親受過良好的教育，她父親是一位將軍，在克里米亞戰爭中指揮過俄國步兵，後來升任沙皇治下的波蘭總督。小斯托雷平的家庭很富有，他是在自家的幾處莊園裏長大的，莊園位於沙皇治下的立陶宛，那裏從前屬波蘭—立陶宛聯邦。他畢業於聖彼得堡帝國大學，學的是自然科學（而不是法律）。（發明元素周期表的德米特里・門捷列夫是斯托雷平的老師之一。）像斯大林一樣，斯托雷平十幾歲時得過一種怪病，一隻胳膊萎縮，寫字時要用他正常的左手來控制右手。畸形讓他無法像父母的親戚那樣從軍。[12] 但是在1902年，40歲的斯托雷平成了格羅德諾省省長。該省位於波蘭—立陶宛的西部邊疆，他自己的田產也在那裏。他是俄羅斯帝國最年輕的省長。1903年，他調任薩拉托夫省省長，薩拉托夫省位於俄國中部的伏爾加河流域，那裏的農村跟西部邊疆地區不一樣，它有村社，會定期對農民的條田進行重分（即「土地重分型」村社）。薩拉托夫還以政治騷亂出名。沙皇需要巡視該省的時候，斯托雷平費盡心思，讓沙皇周圍出現的盡是些畢恭畢敬的臣民。在1905至1906年的殘酷鎮壓中，斯托雷平證明自己是帝俄最有魄力的省長，一個既有勇氣又有遠見的行政領導，願意向聚集起來的群眾說明維護法律的理由，要是那樣還不管用，他就親自帶領軍隊進行鎮壓。斯托雷平的表現給廷臣們留下了深刻的印象；尼古拉二世因為他「堪稱典範的效率」發去賀電。

　　在尼古拉二世將其召到聖彼得堡郊外皇村自己居住的亞歷山大宮，告知要將他升任首都總理的時候，斯托雷平反對說，他不適合那麼高的職務，而且他也不瞭解首都的精英。或許是對斯托雷平表現出的謙遜和敬重心懷感激，沙皇眼含熱淚，緊緊地握住斯托雷平的雙手。[13] 此次握手被看作是——與其說是在事先的展望中，不如說是在事後的回顧中——一次本可以拯救帝俄的歷史機遇。作為在俄國手握大權、最有權威的官員之一，斯托雷平自然十分突出：一個在阿諛奉承的環境下充滿

92

---

* 編註：意大利斯特拉迪瓦里家族(Stradivari)製造的弦樂器，是公認的史上最佳弦樂器之一。

自信的人，一個出色的演說家和管理者，一個少有的目光長遠的國家官員。「如果國家對於惡行不予以反擊，」斯托雷平在就職時表示，「那就失去了國家本身的意義。」[14] 事實證明，這個外省人善於贏得沙皇的信任，而且很快就開始讓聖彼得堡的整個權力集團黯然失色。[15] 然而，擺在他面前的任務十分艱巨。開啟現代性的關鍵不但在於鋼鐵產量和大生產——這些俄羅斯或多或少都設法做到了，還在於把民眾成功地吸收到政治體制中，也就是說，還在於大眾政治。

尼古拉二世在維特的竭力勸說下，兌現了《十月宣言》中承諾的準立憲主義，在這新的形勢下，斯托雷平決心充分利用杜爾諾沃的大膽鎮壓讓政權重新煥發生機。在斯托雷平擔任總理期間 (1906–1911)，他用自己的方式試圖徹底改造俄國的政治體制。但俄國政壇的保守派對立憲專制感到極其憤怒，完全反對斯托雷平為了創造出一個代表他們利益的政治體制所付出的努力。出於不同的原因，左翼—— 1905 年起義的失敗和斯托雷平的鎮壓讓他們清醒過來——也陷入了絕望。當然，我們的主人公、左翼分子約瑟夫·「柯巴」·朱加施維里在斯托雷平執政期間取得了他最著名的革命業績。但那些煽動活動是否起了很大的作用，現在看來還很可疑。相比之下，斯托雷平改革的目標和所受的挫折，就像之前維特一樣，讓我們對未來的斯大林政權有了更多的瞭解。未來的斯大林是透過正統的馬克思主義棱鏡看待世界的，他對於斯托雷平所做的一切幾乎毫不理解。斯大林從未見過沙皇的這位總理，但在日後，他在很大程度上會步其後塵。

俄國（第二個）以俾斯麥自許的人

帝俄當時似乎有兩個主要特徵。首先，它的農業出口為德國和英國提供了糧食，但效率依舊很低：俄國的農作物產量在歐洲是最低的（比僅僅被視為「小兄弟」的塞爾維亞還低）；每英畝糧食產量還不到法國甚至奧匈帝國的一半。[16] 這讓農民似乎成了一個亟待解決的難題。其次，俄國的政治生活動盪不安、作繭自縛且瘋狂失智。精英階層的許多人，特別是尼古拉二世，本來希望 1906 年開始的選舉會產生一個保

守的、代表農民和君主派利益的杜馬。結果立憲民主黨贏得了選舉的勝利，這一點連他們自己也沒有想到。通過票箱獲得權力之後，俄國的古典自由主義者根本沒打算同專制制度合作，尼古拉二世也根本不想和他們妥協。[17] 另外，各個社會主義政黨雖然抵制了第一屆杜馬選舉，但他們改變立場，把幾十名代表選進了第二屆杜馬（部分原因在於農民的選票）。保安處自然要利用線人和電話竊聽監視那些代表。[18] 但政治警察對各方的政治爭鬥束手無策。杜馬混亂的立法程序加劇了這種互不相讓的局面。沒有任何現存機制可以區分議題的主次，結果所有問題都被當成立法問題，而不是政府平常的規章制度問題。還有，令人難以置信的是，杜馬對於立法的進展沒有任何固定的時間表；由代表們組成的眾多委員會要先對議案進行處理，然後才把它們提交杜馬討論，有些委員會會用18個月的時間仔細討論某項議案。當終於進入下一階段，就會在杜馬全體會議上再次對它們進行辯論，而且沒有時間限制。[19] 制度的失敗可能就在於這種程序性的細節方面，尤其是在相互對立的政治力量無法達成和解的時候。

　　從立憲民主黨的觀點來看，問題在於俄國的憲政革命沒有取消君主專制。實際上，僅僅過了73天，尼古拉二世就利用自己的特權，解散了首屆杜馬會議。根據基本法第87條，專制君主可以在立法機關休會期間下令頒佈法律。（這樣的法律，理論上要由立法機關在復會時批准，但它們在辯論期間依然有效。）[20] 1907年的第二屆杜馬更是一個發表反政府言論的平台，結果只被允許存在了不到90天。接着，1907年6月3日，斯托雷平讓尼古拉二世利用第87條，修改了有關選舉的規定，單方面進一步縮小了杜馬選舉權的範圍，而這種做法是基本法明文禁止的。[21] 立憲民主黨人驚呼「政變！」而他們正是斯托雷平此舉的兩個主要目標之一（另一個目標是那些更左的人）。這**是**政變。但從斯托雷平的觀點來看，立憲民主黨人也不是甚麼好人：1905至1907年，他們在反國家的恐怖活動中串通一氣，對恐怖活動表面上譴責，背地裏縱容。沙皇政府的許多低級官員因此而丟了性命。[22] 但是，宮廷陰謀家鼓動尼古拉二世結束杜馬「實驗」，而斯托雷平卻努力與立法機關合作，以便讓懸空的俄國政府有一個可以同君主專制兼容的政治基礎。「我們需

要的不是教授，而是鄉紳之類能把根紮在農村的人」，1908年5月，斯托雷平如是告訴英國俄羅斯研究的開創者伯納德·佩爾斯教授（Bernard Pares）。[23]

斯托雷平說得對，立法要想通過，需要的不只是沙皇與人民之間某種「神秘的統一」。同短命的前任謝爾蓋·維特一樣，他自以為是俄國的俾斯麥。「我絕不支持專制政府，」那位鐵血宰相對德國國會說，「就像我認為議會**統治**是有害的、是行不通的一樣，我認為議會**合作**，如果搞得恰當，是必要而且有用的。」[24]俄國總理也接受議會，但不接受議會制（由議會控制的政府），而俄國的杜馬同德國的國會一樣，顯然並不是一個力求具有代表性的代議機構。當然，德國的選舉權包容性要強得多：凡25歲以上的德國成年男子都有投票權。此外，由於帝俄第三屆杜馬的產生同1907年6月3日有關，它會一直籠罩在新的政變預言的陰影中，而那些預言成了不穩定的根源。但是在斯托雷平的算計中，為了獲得合法的資源，實現國家的現代化，這一切都是必須付出的代價。

同激進的青年斯大林在高加索看到的一樣，斯托雷平在薩拉托夫也看到了不公平現象：工人經常受傷，而且勞動時間長、勞動報酬低；貴族擁有大片的土地，衣衫襤褸的農民耕種的是很小的地塊。作為總理的斯托雷平開始實行影響深遠的社會改革。得益於俾斯麥策略中的第二個要點（仿效左翼的做法），德國的產業工人不僅可以到有補貼的食堂就餐，還逐漸有了疾病、工傷和養老保險；斯托雷平希望，至少能在工人中間開始實行社會保障制度。[25]不過，最重要的是，他想鼓勵農民放棄重分型村社，把耕地合併成生產效率更高的單位。

俄國精英往往把農民社會看作是落後的和異類的，一致決心要改變它。[26]（事實上，觀察家會把俄國政府視為**一個截然不同的社會**，它與整個帝國，尤其是與佔人口絕大多數的農民社會格格不入。）[27]當俄國的權力集團開始相信農民在變得日益貧困的時候，這種精英觀點出現了變化，主要是經濟上的；少數官員，比如維特，早在擔任財政大臣時就認為「我國農民的貧困狀況」，是制約俄國工業化和地緣政治擴張的主要因素。[28]斯托雷平更進一步，認為農民是決定政權性質的**政治**難題。這樣

的分析並非只與俄國有關。在普魯士，1820年代的改革者為了削弱法國革命的影響，曾提出擁有財產的農民是法律、秩序和國家唯一可靠的捍衞者。[29] 這也正是斯托雷平的看法。至於農村騷亂，斯托雷平沒有將其歸咎於外界的「革命鼓動家」，而是一針見血地指出，原因在於農村低下的生活水平，並進一步指出，1905至1906年的農民騷亂大多是村社組織的。[30] 此外，依照自己在沒有村社的西部邊疆地區的經驗，他得出結論，認為富裕的、個體主義的鄉村是和平的鄉村。因此，由1906年11月9日的法令啟動的土地改革，目的是提高農業生產力，**並且**在農民中形成一個獨立的有產階級從而消除農民騷亂的基礎，因為農民一旦有了國家的貸款和技術，就可以自食其力。換句話說，斯托雷平想要改變的，既包括農村的外觀——合併農莊，解決村社中分散的條田問題——又包括農村居民的心理。[31]

斯托雷平擔任總理期間，正是全球各國着力擴大國家職能的時候。從法蘭西第三共和國到俄羅斯帝國，各種類型的國家都在為實現其領土和市場的一體化而實施一些雄心勃勃的項目，比如修築運河、公路和鐵路。它們還通過補貼安家費、排乾沼澤、攔河築壩和灌溉農田等措施，鼓勵人們到新的土地上安家落戶。這種由國家主導的改造工程，包括基礎設施建設以及對人口和資源的管理，往往是先在海外領地（殖民地）進行試驗，然後再運用於國內；有時它是先在國內形成，然後再拿到國外或者被認為是帝國邊緣的地方。法治國家在國外的治理，常常採取非法治國家所特有的許多社會工程學實踐，但是在國內，自由主義秩序同威權主義秩序的區別在於，甚麼樣的做法被認為是可以接受的或者說可行的。[32] 然而在國家主導的所有社會工程中，突出的問題在於，想要成為「技術官僚」的人很少認識到將（國內或帝國的）臣民轉變成公民的好處，更不用說必要性了。技術官僚們一般認為，「政治」會妨礙有效的行政管理。就此而言，斯托雷平想把農民，至少是「有實力而且頭腦清醒的」農民，按照與其他臣民同等的條件，吸收到社會政治秩序中的做法是激進的。毫無疑問，他是想給財產權賦予更大的意義，而不只是形式上的發言權。不過，這位總理的一個幕僚把他稱為俄國舞台上的「新現象」，想在部分更廣泛的民眾中尋求政治支持。[33]

　　這場改革其實是一次設計靈活的實驗，融入了先前多年的討論和努力，並為實施過程中的調整留下了餘地。[34] 但不論是剛出現的忠誠的自耕農的政治支持，還是斯托雷平所嚮往的經濟騰飛，結果都很難實現。當然，無論是在哪一種政治體制中，重大的改革都很艱難，因為制度比人們想像的還要複雜。事實證明，俄國農民的村社制度在實踐中要比批評者所認為的更加靈活。[35] 但是，村社在把土地劃分成不相連屬的條田時，需要同村裏的其他人協調一致，這樣就不僅抑制了對土地的投資——因為土地會被收走——也讓個人無法出售、出租、抵押或轉讓土地。村社依靠長期共同積累的資源，確實可以幫助農民在困難時度過難關，因而村社不願意看到任何成員的流失。由於改革，退出村社不再需要村社的正式同意。繁瑣的手續（法院的久拖不決）和緊張的人際關係，使得退出仍舊比較麻煩，但在改革中依然有不少人——歐俄 1,300 萬農戶中可能有 20%——設法脫離了村社。一般來說，這些新的、私有的小土地所有者仍然只能繼續採取村社式的條田耕作方式。[36]（一戶人家的土地有時要分割成四五十塊條田。）除了其他因素，缺少土地測量員也意味着許多私有化了的農民，並不總是能夠把土地合併起來。[37] 最希望單幹的農民往往偷偷跑到西伯利亞，因為改革加強了對財產權的保護，極大地刺激了尋找新土地的移民活動，可那樣一來也降低了他們所離開的農莊的生產率。[38] 土地問題的複雜性讓人一籌莫展。但是在私有農莊甚至非私有農莊**被**合併起來的地方——合併是斯托雷平經濟改革的關鍵目標——生產率有了大幅度的提高。[39]

　　然而斯托雷平在經濟等領域的改革，到頭來碰到了政治為結構性改革設置的難以克服的障礙。斯托雷平只好在杜馬休會期間，利用基本法第 87 條緊急條款，啟動了大膽的農業改造計劃，結果招致擁有地產的權力集團強烈抵制。他們和其他人一起，阻撓斯托雷平為實現現代化而做出的努力。[40]

　　俄國總理不僅試圖改變農民的土地和信貸關係，建立工人工傷疾病保險制度，還想把地方自治的範圍擴大到信奉天主教的帝國西部地區，取消對猶太人的司法限制，擴大民事和宗教權利，並在大體上形成一個可以正常運轉的中央政府和常規的政治體。[41] 但他的政府發現，在法案

表決時，必須給許多當選的保守派杜馬代表行賄。就這樣，斯托雷平的關鍵立法還是無法通過。只有土地改革和兌了水的工人保險變成了法律條文。保守派限制了斯托雷平騰挪的空間。他在一定程度上是自作自受：他絞殺了1905至1906年的革命，並在第二年把許多自由主義者和社會主義者趕出了杜馬，從而在準議會和沙皇任命的政府之間建立了可行的工作關係，但是，緊急狀態已經成為過去。在更深的層面上，他是判斷失誤。按照斯托雷平1907年6月新的選舉資格規定，從其改革綱領中獲益最多的社會集團，要麼被排除在杜馬之外，要麼在杜馬中人數大大少於損失最大的傳統利益集團，即土地貴族，但斯托雷平的選舉改革已成定局。[42] 換句話説，最認可專制制度的政治利益集團，最不認可為了實現現代化所作的改革。

原始的俄國法西斯主義

俄國的君主專制在培育政治基礎方面困難重重，這一點並不明顯。社會民主黨人的數量從1904年的區區3,250人猛增到1907年的大約8萬人，這當然屬於跳躍式的增長，但相對來説算不了甚麼。社會民主工黨在講烏克蘭語的人口當中，尤其是在農民當中，幾乎無所作為，烏克蘭文的出版物近乎為零。在後來的烏克蘭領土上，該黨只有1,000名黨員。[43] 左翼的崩得，大部分成員不是來自帝國的西南（烏克蘭），而是西北（白俄羅斯和沙皇治下的波蘭）。儘管如此，即便算上崩得——大部分俄國社會民主黨人都不想同它建立緊密的聯繫——算上帝國中自成一體的波蘭和拉脱維亞相當於社會民主黨的各個政黨，以及半獨立的格魯吉亞社會民主黨，帝俄社會民主黨人的數量加起來可能不超過15萬人。[44] 相比之下，信奉古典自由主義（擁護私有財產、擁護議會）、據説在俄國根本沒有現實的社會基礎的立憲民主黨人，數量上升到12萬左右，而另一個主張立憲的政黨——比立憲民主黨偏右一點的十月黨，吸收了二萬五千多名黨員。[45] 代表農業無產階級利益的社會革命黨，1905至1907年沒能得到農民的有力支持，反倒吸引了城市工人，擁有至少5萬名正式黨員。[46] 但是同1905年11月成立的俄羅斯人民同盟相比，它們

98

都算不了甚麼。俄羅斯人民同盟是君主制的忠實擁護者並且信奉民族
沙文主義；它在天使長米哈伊爾馬術場舉行集會，並由唱詩班歌唱《讚
美上帝》和《神聖的沙皇》；到1906年，其成員已經發展到大約30萬人，
其分支組織遍佈帝國各地，包括小城市和農村。[47]

　　革命暴動期間——自由主義的立憲主義在暴動中被推到前沿——當
整個帝國都在渴望社會主義的時候，反自由主義的俄羅斯人民同盟的
崛起成了一件引人注目的事情。到1905年為止，自命的愛國者在公開
表達觀點時仍然受到法律的限制，因而只能滿足於宗教遊行時唱的讚美
詩、紀念軍隊和勝利的儀式、皇家葬禮以及加冕典禮。此外，在革命
之年，保守派大多自慚形穢，不願進入，更不用説掌控政治競技場。
但俄羅斯人民同盟不同。[48]作為俄國諸多聲名鵲起的右翼組織中最突出
的一個，同盟把廷臣、專業人士以及教會人士——包括許多來自青年斯
大林從前就讀的梯弗利斯神學院的人——和城市居民、工人以及農民聯
合起來。除了愛國者，同盟還吸收了不滿分子和無所適從的人，並設
法搶在左翼力量之前，在社會底層和中間階層大肆宣揚「為了沙皇、信
仰和祖國」。[49]被杜馬和國務會議中當權的右翼反對派弄得進退兩難的
沙皇政權，似乎可以選擇發動草根階層。

　　俄羅斯人民同盟催生了新式的右翼政治。之所以説新式，不僅是
對俄國而言，對世界上大部分國家也是如此。這種政治有一個新的基
調，即指向大眾，指向公共空間，指向直接行動，它是原始的法西斯
主義。[50]同盟的成員和領導人，例如比薩拉比亞鄉村神父的孫子弗拉基
米爾・普利什凱維奇 (Vladimir Purishkevich) ——他喜歡宣稱，「在我的
右邊只有牆」——是反自由主義、反資本主義和反猶太人的 (在他們眼
中，這三者都是多餘的)。[51]他們強調俄羅斯歷史道路的獨特性，拒絕
模仿歐洲，宣揚要把東正教擺到對猶太人和天主教徒 (波蘭人) 至高無
上的位置，要求「恢復」俄羅斯的傳統。同盟鄙視俄國政府畏首畏尾、
一心只考慮自身的安全，他們將此視為缺乏鎮壓自由派 (和社會主義者)
的意志。同盟也憎惡努力走向現代化的國家，認為那無異於社會主義
革命。同盟成員認為，必須由專制君主獨自統治，而不是讓官僚來統
治，更不用説杜馬。同盟成員和被稱為黑色百人團的右翼組織成員存

在交集。黑色百人團因為迫害猶太人定居區的猶太人以及同帝國軍隊聯手鎮壓叛亂的農民和工人而臭名遠揚。俄國形形色色的右翼分子，起初發展緩慢，之後動員到令人吃驚的程度，到處散發小冊子和報紙，打着捍衛君主專制、正教和民族性，反對猶太人和歐洲文化入侵（比如說西方憲政）的名義組織集會。

　　面對右翼勢力的迅速發展，帝國中的社會主義者並沒有退縮。在左翼勢力反示威的威脅下，俄羅斯人民同盟往往只能在室內集會而且要派人查票，以防左翼恐怖分子混入，將裏面的人炸成碎片。左翼分子從卡爾·馬克思及其「歌中之歌」《共產黨宣言》(1848) 中汲取了相當多的力量和凝聚力。但俄國右翼分子擁有真正的《聖經》經文和本應是真正**爆炸性的**材料──俄國一家右翼報紙向世人披露了所謂《錫安長老會紀要》。這份編造的、關於某個傳說中的猶太人組織的會議紀要，說猶太人正在策劃一個全球性的陰謀，一個明顯但不知何故未遭發覺的陰謀，那就是主宰世界，消滅基督徒。[52] 它最初是用俄文以連載的方式分九天（從 1903 年 8 月 28 日到 9 月 7 日）刊登在《旗幟報》（聖彼得堡）上，為該報提供經費的是內務大臣維亞切斯拉夫·馮·普列韋 (Vyacheslav von Plehve)，發行人是反猶分子、摩爾達維亞人帕瓦拉奇·克魯舍維阿努 (Pavalachii Cruşeveanu，生於 1860 年)，人稱帕維爾·克魯舍萬 (Pavel Krushevan)，他不僅在 1902 至 1903 年負責文本的編纂，還煽動了 1903 年基希涅夫（基希訥烏）的反猶事件，並在 1905 年成立了俄羅斯人民同盟比薩拉比亞支部。[53] 反猶主義，不管是真心實意還是譏誚嘲諷，反正是政治上的靈丹妙藥：不管甚麼事情，只要出了問題，都可以推到猶太人頭上，而且過去就是這麼幹的。在猶太人定居區和西部邊疆區（沃里尼亞、比薩拉比亞、明斯克），右翼分子差不多得到了農民的全部選票，而在中部的農業中心地區（圖拉、庫爾斯克和奧廖爾）──那裏是農村騷亂比較嚴重的地方──右翼分子贏得了大約一半的農民選票。[54] 實際上，對右翼政治勢力的同情，在廣大的帝俄各地都被激發出來。[55]

　　正如君主專制從一開始就拒絕使用「憲法」（甚至「議會」）一詞，俄羅斯人民「同盟」也不想被稱為「政黨」，而是把自己說成自發的運動，

是人民或老百姓（*narod*）的有機統一。即使這樣，聖彼得堡的政府高官
還是不願長期接受這一運動。斯托雷平把暗中資助右翼組織及其反猶
出版物——他的政府為許多報紙提供經費——當作權宜之計，但是在
1906至1911年擔任斯托雷平內務部副手，負責給俄羅斯人民同盟之類
的組織付款的謝爾蓋‧克雷扎諾夫斯基，卻認為極右勢力的政治技巧
和劫富濟貧的社會綱領，同左翼的各個革命政黨毫無區別。[56] 政府既沒
有創建這些群眾團體，對它們也不放心。極右勢力對於社會公平的呼
籲，哪怕大多屬於虛張聲勢，仍會令保安處將其視為又一個革命運動。
保安處內部有些派系不理會這一政策，或者反其道而行之。但保安處
特工基本上都認為，極右勢力的領袖「沒有文化」、「靠不住」，有必要
對他們進行嚴密的監視。同激進的左翼政黨一樣，俄羅斯人民同盟也
開列了對現任和前任政府官員的暗殺名單。[57] 斯托雷平是他們的目標之
一。[58] 他有個在國內問題上很有影響的高級幕僚，從前是拉比，後來皈
依了正教，是個反猶分子，但這位總理基於原則和策略上的考慮，想在
居住、就業和教育方面適當放鬆對猶太人的限制，儘量不給猶太激進主
義留下口實，而且還可以改善俄國的國際形象。[59] 斯托雷平終於觸怒了
右翼的強硬派。

　　與俄羅斯人民同盟不一樣，許多右翼團體並沒有明顯的暴力傾向
和太過露骨的煽動性言論，也沒有把自發維持治安的「兄弟會」武裝起
來，去和左翼分子以及猶太人戰鬥，去刺殺公眾人物。但尼古拉二世
和整個政權的其他人，對於**支持者的**大型公共集會心懷疑慮。沙皇和
包括斯托雷平在內的大部分政府官員，對於政治動員中的公眾「缺乏秩
序」的現象感到不滿，想讓政治從街頭回到權力的走廊。儘管支持現政
權的保守派團體想要的不是右翼革命，而主要是復辟杜馬出現前的古老
的專制制度，但拒斥街頭政治的態度沒有變。[60] 同樣重要的是，許多右
翼組織本身即便得到允許甚至鼓勵，也不會願意代表政權去動員社會中
的愛國選民：不管怎樣，哪種**專制制度**需要幫助呢？從某種意義上說，
正是專制制度的存在本身，束縛了俄國不論是溫和的還是激進的右翼組
織的手腳。[61]

　　大部分右翼分子都想要一種不帶星號*的君主專制——也就是説，君主和百姓達成一種神秘的統一——因此，他們反對任何超出諮詢性質的杜馬以外的東西，但成立杜馬的恰恰是專制君主本人。這引起了右翼分子的困惑和分化。幾乎所有的右翼分子都認為，君主專制的存在本身就排除了反對的可能性，當然也排除了他們自己反對的可能性。「在西方，政府是選舉的產物，『反對』的概念是有意義的；在那裏，它是指『反對政府』；這是顯而易見而且合乎邏輯的，」彼得堡一家叫做《統一》的右翼週刊的編輯解釋説，「但是在這裏，政府是君主任命的，是得到他信任的……反對帝國政府就是反對君主。」[62] 不過，許多右翼分子之所以鄙視斯托雷平，不過是因為他願意同杜馬搞好關係，儘管那是法律的要求，而且總理能夠操縱杜馬也是政府的勝利。對包括尼古拉二世在內的一些人來説，哪怕是總理的存在本身也是對君主專制的侮辱。[63] 1906 年 8 月，幾名穿着國家制服的刺客，在斯托雷平接待請願人員的國家別墅放置了炸彈，差點兒把他炸死。「到處是人體的碎片和血跡」，有目擊者在回憶這起造成 27 人當場死亡的事件時説。另一位目擊者注意到，斯托雷平「走進他被炸掉一半的書房，外套上沾滿灰泥，後脖子上還有墨漬。他的寫字檯檯面已經在爆炸中被掀掉，爆炸發生在大廳，距離書房大約 30 英尺†，結果墨水檯砸到了他的脖子」。幾個月後，在前總理維特的家裏也發現了一枚定時炸彈，儘管它沒能爆炸（計時鐘停了）。針對兩位擁護君主專制的保守派總理的兩次行動都沒有偵破；間接的證據表明，它們有可能與一些右翼小組有關。[64]

　　在這起未遂的暗殺事件中，斯托雷平的沉着果斷讓他名聲大噪，但他不得不把家搬進冬宮（靠近他的官署），感覺那裏要比豐坦卡運河畔的總理官邸安全。不過，警察機關要求這位俄國總理不斷改變進出路線。連進出冬宮都不安全了！許多心懷不滿的右翼分子希望，至少用杜爾諾沃或別的強硬人物來取代斯托雷平，以削弱或乾脆取消杜馬。與此同時，其他頑固的君主派——他們在原則上同樣反對選舉和政黨

---

*　編註：星號指代潛在的信息、隱藏的意義。

†　編註：約 9.1 米。

——則組織起來，參加他們拒絕過的競選，希望杜馬不要被「反對派」利用（他們把自由主義者和社會主義者混為一談）。但接受杜馬的右翼分子成了其餘右翼分子的眼中釘。現代的街頭政治讓俄國的右翼勢力出現了分裂。[65] 注重議會參與的政治與注重暗殺的政治之間的鴻溝，根本沒有彌合。[66]

時評家

起初在受到杜爾諾沃的殘酷打擊時，派系林立的社會民主黨人曾試圖團結起來，一致對外。第一屆杜馬開幕前兩週，1906年4月10日至25日，俄國社會民主工黨在「統一」的口號下，召開了第四次代表大會。為了讓流亡者參加，大會是在斯德哥爾摩這個境外的安全地點召開的。大會至少在表面上把不久前分裂的孟什維克派（62名代表）和布爾什維克派（46名代表），還有拉脫維亞和波蘭的社會民主黨以及崩得這些獨立的政黨重新團結起來。[67] 高加索社會民主黨——帝國中人數第二多的代表團，僅次於俄國社會民主黨——差不多已經統一了，因為高加索的布爾什維克人數很少。[68] 但政策層面的統一其實很難做到。斯德哥爾摩的11名高加索代表，只有朱加施維里是布爾什維克，可是在傷腦筋的土地問題上，他的大會發言竟然反對布爾什維克派的列寧提出的土地完全國有以及一位俄國孟什維克主張的土地市有。這位日後會推行農業集體化的人推薦的方案是，**耕者有其田**。朱加施維里認為，土地的重新分配有利於工農聯盟——這其實是他的格魯吉亞孟什維克對手的觀點。朱加施維里還認為，把土地分給農民，會奪取社會民主黨的左翼競爭對手、代表農民利益的社會革命黨的社會基礎——這是在重複另一位發言者的看法。[69] 這些建議給第四次代表大會留下甚麼印象，現在還不清楚。[70] 在以農民為主的俄羅斯帝國，把土地重新分配給農民這個決定性的議題，在俄國社會民主黨中暫時還沒有結果。

當務之急是黨的生存問題。1905年，孟什維克派和布爾什維克派在要想自衛就必須成立戰鬥隊的問題上意見是統一的：不管怎麼樣，不義的沙皇政府採取了恐怖手段。兩派還一致認為，為了獲得武器和黨

的活動經費，必須搞一些「剝奪」，而這往往需要結交地下犯罪勢力。[71]
結果就是，俄羅斯帝國在變成準憲政秩序之後，政治恐怖主義反倒越演
越烈。

　　直到這時候，帝俄的警察數量仍然很少。城市裏很少見到警察的
影子，而在城市之外，1900年，俄國近1億農村人口，只有不到8,500
名警官和警佐（*uriadniki*）。許多警官（在少數警佐的協助下）要在一千
多平方英里的範圍內，「監督」5萬到10萬臣民。1903年，國家設立了
警衞（*strazhniki*）的職務，約有4萬人部署在農村，此舉只是讓農村地
區的警民比例變成了大約每2,600名居民有1名警察。薪水提高了，但
仍然比較低，教育和訓練水平也是如此。粗暴、跋扈，再加上受賄，
讓警察很不得人心。警察經常引發刑事案件或隨便抓人，並按照他們
所謂的「拳頭法律」，加以肉體的虐待。農民出身的警佐，自以為大權
在握，對待村民就像小暴君一樣。他們信奉的理論是，自己表現得越
狠，就越有權威。[72]

　　1905年開始的大規模叛亂，促使警察機關大幅增員。但是在1905
至1910年，小到鄉村警察，大到政府大臣，被恐怖分子和革命者打死
打傷的沙皇官員超過1.6萬人（其中許多是被孟什維克的刺客打死打傷
的）。[73]還有無數的馬車夫和鐵路員工，即無產者，也一同丟了性命。
警察機關的一位高級官員抱怨說，製造炸彈的詳細辦法「到處都知道，
實際上，就連小孩都可以造出炸彈，炸死他的保姆」。[74]

　　左翼分子的政治恐怖讓整個沙皇官場心驚膽顫，但政權也進行了野
蠻的報復。[75]斯托雷平「扼住了革命的咽喉」。他的政府把幾萬人變成
苦役或者流放國內。政府還開始設立特別臨時法庭，用從簡從速的審
判，把三千多名受到指控的政治對手送上絞刑架，公開處死，以儆效
尤，這種震懾人心的手段也被稱為「斯托雷平領帶」。[76]對於官員到處遭
到暗殺，沒有哪個政權會輕易放過，但法庭並未採用多少正當的程序。
不過人們總算是明白了。說斯托雷平是俄國「頭號劊子手」的列寧等著
名的革命家都逃走了，只是在1905年形勢（短暫）寬鬆的時候返回過俄
國。[77]從1905年開始，這些想要成為革命家的人又加入到居住在歐洲
各地俄國人聚居區的大約1萬名僑民當中。流亡的左翼分子處在俄國駐

104

巴黎大使館下屬的保安處國外部的 40 名特工和 25 名線人的監視下。保安處國外部積累了大量的文件證據，記錄了流亡者所做的往往是微不足道的努力。[78]

　　柯巴‧朱加施維里屬於那種不想逃往國外的忠誠的社會主義者。在斯德哥爾摩，他遇到了終生的朋友克利門特‧「克利姆」‧伏羅希洛夫（Klimenty "Klim" Voroshilov），還有出身波蘭貴族的布爾什維克費利克斯‧捷爾任斯基（Felix Dzierżyński）、俄國的布爾什維克格里戈里‧拉多梅斯利斯基（Grigory Radomylsky，人們更熟悉的稱呼是「季諾維也夫」〔Zinoviev〕）。朱加施維里也遇到了他在梯弗利斯神學院的老對手賽義德‧傑夫達里安尼，他現在是格魯吉亞的孟什維克。1906 年春天，朱加施維里從斯德哥爾摩返回高加索。他身着西服，戴了一頂派頭十足的帽子，捏着煙斗，就像歐洲人。只有抽煙斗的習慣後來保留下來。

105　　　回到高加索後，朱加施維里在一本格魯吉亞文的小冊子（1906）中報道斯德哥爾摩大會的情況時，對俄國有史以來的第一個立法機關不屑一顧。「誰若腳踏兩隻船，誰就是出賣革命，」他寫道，「誰不和我們一道，誰就是反對我們！可鄙的杜馬和它那些可鄙的立憲民主黨人正是腳踏兩隻船。它想調和革命和反革命，想把狼和羊豢養在一起。」[79]*

　　朱加施維里還結了婚。[80] 葉卡捷琳娜‧「卡托」‧斯瓦尼澤（Ketevan "Kato" Svanidze），當時 26 歲，在梯弗利斯斯瓦尼澤三姐妹中年齡最小。朱加施維里與她相識，要麼是通過斯瓦尼澤夫婦的兒子、同是布爾什維克的阿廖沙（Alyosha，他娶了梯弗利斯的一名歌劇歌唱家），要麼是通過神學院的老朋友米哈伊爾‧莫諾謝利澤（Mikheil Monoselidze），他娶了斯瓦尼澤姐妹中的另外一個——薩希科（Sashiko）。[81] 斯瓦尼澤家在市中心，就在南高加索軍區司令部後面，被認為是革命者的非常安全的庇護所，因為沒人會懷疑那裏。在這個藏身的地方，邋裏邋遢的朱加施維里寫文章，和斯瓦尼澤姐妹談論書籍和革命中的趣事，無所顧忌地接待革命小組的成員。證據顯示，柯巴和卡托還在「埃爾維厄夫人工作室」

---

*　譯註：《斯大林全集》第 1 卷，第 232 頁。

幽會——那是她們姐妹開的時裝店，因為她們全都是非常能幹的裁縫。
1906年夏天的某個時候，卡托告訴他說她懷孕了。他答應娶她。可朱
加施維里的證件是假的，而且還受到警方的通緝，要想締結合法的婚姻
比較困難。幸運的是，他們碰到一個從前在神學院時的同學基塔‧特
希恩瓦列利 (Kita Tkhinvaleli)，現在是神父，他答應在夜深人靜的時候
(1906年7月16日凌晨2時) 為他們主持儀式。在有十個人參加的「婚宴」
上，新郎展示了他的歌喉和風采，主婚人 (*tamada*) 這一光榮的角色交給
了米霍‧茨哈卡雅，他從前也是梯弗利斯神學院的學生，現在是布爾
什維克當中的資深政治家 (當時39歲)。朱加施維里好像沒有邀請自己
的母親凱可，儘管人們不太可能注意不到這個上了年紀的女人和年輕的
新娘一樣名喚葉卡捷琳娜。[82] 實際上，卡托跟凱可一樣虔誠，祈禱朱加
施維里平安無事，但和凱可不一樣的是，卡托端莊嫻靜。

　　美麗而且受過良好教育的卡托，一個遠離奇阿圖拉錳礦礦塵的世
界，要比未來的斯大林的幾個尋常女友高出一個等級，而斯大林對她也
顯然十分傾心。[83]「我很奇怪，」米哈伊爾‧莫諾謝利澤説，「索索對待
工作和同志怎麼那麼嚴肅，對待妻子卻那麼溫柔、深情和體貼。」[84] 但
這種不得已締結的婚姻並未改變他對革命的執着。1906年夏天，幾乎
是在剛剛偷偷舉行過婚禮之後，他就把有孕在身的妻子丟在梯弗利斯，
動身去做地下工作。為防萬一，她沒有按照法律的要求，在自己的國
內通行證上註明已婚。不過，憲兵隊不知怎的得到了消息，他們逮捕
了卡托，罪名是窩藏革命黨。她當時已有四個月的身孕。姐妹們為一
名高級警官製作過長袍，她的姐姐薩希科就找這位警官的妻子求情，
設法把關了一個半月的卡托放了出來，交給警察局長的妻子監護。(斯
瓦尼澤姐妹也為她製作裙服。) 1907年3月18日，大約結婚八個月後，
卡托產下一子。也許是為了紀念朱加施維里的代理父親雅科夫‧「柯
巴」‧葉格納塔什維利，他們給小孩取名為雅科夫。據説未來的斯大林
欣喜若狂。但他仍然很少回家。他跟別的革命者一樣，至少是跟那些
還沒有被抓起來的革命者一樣，不停地東奔西跑，居無定所，並同左
翼的對手作鬥爭。格魯吉亞的孟什維克控制了高加索的大部分革命刊
物，但他開始成為發行量很小的布爾什維克出版物的頂樑柱，成了布爾

106

什維克一份接一份的格魯吉亞文報紙的編輯。就在雅科夫出生前，朱加施維里同蘇倫‧斯潘達良 (Suren Spandaryan，生於 1882 年) 等人一起創辦了《巴庫無產者報》。他在時評方面找到了自己的事業。

　　不過，斯托雷平的凌厲攻勢——逮捕、處決和驅逐——讓革命運動受到嚴重的破壞。左翼分子近幾年來沒能組織起展示無產階級力量的「五一大遊行」，只能滿足於為眾多被捕同志的家人籌集一些錢和為過早離世的同志舉行「紅色葬禮」。格里戈里‧捷里亞 (Giorgi Teliya，1880–1907) 是在鬥爭中失去的一位同志。捷里亞出生於格魯吉亞農村，在鄉村學校讀過幾年書，之後在 1894 年 14 歲時去了梯弗利斯，在鐵路上幹活，不到 20 歲就幫助組織了 1898 年和 1900 年的罷工。他先是被解僱，繼而被逮捕。同朱加施維里一樣，捷里亞也有肺病，但事實上他的肺病要嚴重得多：由於在沙皇監獄裏染上了肺結核，1907 年不治身亡。[85]「捷里亞同志並不是甚麼『學者』」，在捷里亞老家舉行的葬禮上，未來的斯大林說，但他上過梯弗利斯鐵路工廠這所「學校」，學會了俄語，養成了愛讀書的習慣，是受人敬重的工人知識分子的典範。[86]「無窮的精力、獨立的精神、對事業的熱愛、英勇不屈的氣概、宣傳者的天賦」，對於業已殉難的朋友，朱加施維里說道。[87]*他還透露，捷里亞寫過一篇重要的文章，叫做〈無政府主義和社會民主主義〉，它沒有發表，可能是被警方沒收了。格魯吉亞無政府主義者出現於 1905 年底到 1906 年初，他們是派系林立的左翼面臨的又一挑戰，至於如何應對，當時有過廣泛的討論。[88]從 1906 年 6 月到 1907 年 1 月，朱加施維里用了一個幾乎和捷里亞一樣的標題——〈無政府主義還是社會主義？〉——自己發表了幾篇文章，刊登在幾份同樣是格魯吉亞文的報紙上。

　　〈無政府主義還是社會主義？〉的水平根本無法和〈共產黨宣言〉(1848) 或〈路易‧波拿巴的霧月十八日〉(1852) 相提並論，後兩篇文章是卡爾‧馬克思 (生於 1818 年) 這位時評家在差不多同樣年輕的時候寫的。但朱加施維里的幾篇了無新意的反對無政府主義的文章提到了許

---

*　　譯註：《斯大林全集》第 2 卷，第 29、32 頁。

多人的名字：除了馬克思，還有克魯泡特金、考茨基、蒲魯東和斯賓塞、達爾文和居維葉。[89] 它還表明，他在馬克思主義中找到了一切問題的答案。「馬克思主義不只是社會主義的理論，而且是一個完整的世界觀，是一個哲學體系，」他寫道，「這個哲學體系叫做辯證唯物主義。」[90]「甚麼是唯物主義理論呢？」他用他日後有名的教義問答的風格問道。「舉一個簡單的例子來說，」他寫道，「假定有一個鞋匠開了一個小鞋舖，因為競爭不過大廠主，結果只好關門，到梯弗里斯皮鞋工廠老闆阿德里漢諾夫那裏當僱傭工人去。」這名鞋匠的目標是，朱加施維里繼續說道——他沒有提到自己父親貝索的名字——積攢一些本錢，再開自己的鞋舖。但是最終，這位有着「小資產階級」意識的鞋匠認識到他實際上是個無產者，永遠也無法攢夠資本。「鞋匠的意識，」朱加施維里得出的結論是，「終於隨着他的物質地位的變化而變化了。」[91] 因此，為了解釋馬克思的唯物主義概念 (社會存在決定意識)，未來的斯大林把自己的父親說成是一些歷史力量的犧牲品。聯繫到實際情況，他寫道：「無產者日夜工作，卻依舊貧窮。資本家不從事勞動，卻總是富有。」為甚麼呢？是因為勞動力成了商品，資本家掌握了生產資料。最終，朱加施維里斷言，工人會取得勝利。但他們必須奮勇戰鬥——罷工、抵制、怠工——為此，他們就需要俄國社會民主工黨和實行「無產階級專政」。[92]*

在這裏，我們對未來的斯大林有了更充分的瞭解：充滿鬥志；自信真理在握；能用通俗易懂的方式表達世界觀和實際的政治主張。他的觀念世界——馬克思的唯物主義和列寧的政黨理論——就像教義問答一樣缺乏新意，但卻有很強的邏輯性。

就在系列文章發表後，朱加施維里偷偷地越過邊境，參加了俄國社會民主工黨第五次代表大會。大會於 1907 年 4 月 30 日至 5 月 19 日在倫敦城北的兄弟會教堂舉行。出席大會的重要人物的住宿安排在布盧姆斯伯里，但朱加施維里和大多數代表一起住在倫敦東區。一天夜裏他

108

---

*　譯註：《斯大林全集》第 1 卷，第 271–337 頁。

喝醉了，在酒館跟一個喝醉的英國人發生了衝突，結果店主報警。多
虧了會說英語而且十分機智的布爾什維克、人稱馬克西姆‧李維諾夫
(Maxim Litvinov)的梅厄‧哈諾赫‧莫伊謝維奇‧瓦拉赫(Meir Henoch
Mojszewicz Wallach)的求情，朱加施維里才沒有被捕。在世界帝國主義
的首都，未來的斯大林還遇到了列夫‧勃朗施坦(Lev Bronstein，又名
「托洛茨基」)，1905年彼得格勒*蘇維埃風頭十足的前主席，但兩人彼
此留下了甚麼印象，現在還不清楚。斯大林沒有上台發言；托洛茨基
即便與孟什維克也是若即若離。[93]

　　據饒爾丹尼亞説，列寧當時正在進行一項秘密計劃：如果在黨內俄
羅斯人裏布爾什維克和孟什維克的爭端中，格魯吉亞的孟什維克保持中
立，列寧就讓高加索的布爾什維克作出讓步，讓格魯吉亞的孟什維克
有在家鄉便宜行事的權力。沒有任何其他證據可以證明，列寧會出賣
為了高加索的布爾什維主義事業付出了那麼多血汗的朱加施維里。[94]列
寧經常提議或達成一些他根本不打算兌現的交易。在這裏，不管怎麼
説，饒爾丹尼亞後來流放時總想離間列寧和斯大林的關係。現在我們
可以確定的是，當大會因為朱加施維里和其他幾個未經正式選舉產生的
代表而爭吵起來的時候，吵鬧聲激怒了俄國孟什維克派的馬爾托夫，他
大聲呵斥道：「這些人是誰？他們是哪來的？」——主持會議的列寧巧妙
地讓朱加施維里等人成了「諮詢性質的」代表。

地緣政治定位

　　除了其他問題，斯托雷平還必須儘量不讓俄國的對外關係出現麻
煩。當時的俄英關係特別緊張，而英國是一個全球性的大國，實力超
群。英國人把他們國家財富的四分之一投資在海外，比如說為鐵路、
港口、採礦等所有能想到的項目提供建設資金，而且全都在歐洲以外。
實際上，就在美國和德國的製造業在許多領域超過英國人的時候，英

---

*　編註：即聖彼得堡，1914年改名彼得格勒，1924年列寧去世後改名列寧格勒。但無論在歷
　史文獻裏還是在本書的表述中，都有混用的情況。

國人在世界的貿易流、資金流和信息流中，依然佔據主導地位。在海 109
上，蒸汽貨船的噸位從1850年的200噸猛增到1900年的7,500噸，而英
國人控制着全世界超過一半的海運業務。1900年代初，世界上有三分
之二的海底電纜是英國人的，這讓他們在全球通訊中佔據了主導地位。
國際上十分之九的交易都使用英鎊。[95] 與英國保持一致似乎非常符合俄
國的利益，前提是那樣不會引起德國的敵意。

受1905至1906年敗給日本的影響，俄國國內曾就所謂的對外關係
定位問題(我們將其稱為大戰略)有過激烈的爭論。聖彼得堡早在1892
年就同法蘭西第三共和國結為防禦同盟，但巴黎並沒有為俄國在亞洲的
戰爭提供幫助。反倒是德國，在俄日戰爭的困難時期與人為善，向俄國
承諾保持中立，而且德國的盟友奧匈帝國也沒有在東南歐乘人之危。保
守主義的再定位空間已然打開：脫離民主法國，轉向以「君主制原則」為
基礎的同盟，而這就意味着俄國與德國以及奧匈帝國的結盟，類似於從
前俾斯麥的三帝同盟。但俄國立憲民主黨反對。作為親英派，他們想要
保持與實行共和制的法國的同盟，同時與奉行自由主義的英國恢復友好
關係，從而鞏固俄國杜馬在國內的地位。[96] 1907年8月，也就是在斯托
雷平的憲制政變、對杜馬選舉設置更為嚴格的限制條件兩個月後，他選
擇了簽訂英俄協約。[97] 斯托雷平一定程度上屬於親德派，對英式的君主
立憲沒有好感，但是在對外政策上，他的死敵立憲民主黨之所以得償所
願，是因為與英國恢復友好關係似乎是確保俄國外部和平的最佳選擇，
儘管在斯托雷平的心目中，並沒有排除與德國建立友好關係的可能性。[98]
這樣做非常合乎邏輯。而且1907年的英俄協約內容有限，主要是劃分在
伊朗和阿富汗的勢力範圍。[99] 但是，由於同德國沒有一個類似的、哪怕
是象徵性的條約，1907年不太起眼的英俄協約就顯示出了傾向性。

實際上，尼古拉二世和德國簽過一個條約：1905年夏天，頗有心
計的威廉二世在一年一度的波羅的海巡遊期間，於7月6日(西曆7月19
日)邀請尼古拉二世舉行秘密會晤，尼古拉欣然同意。德皇的目的是要
建立一個以德國為中心的大陸集團。「誰都不知道〔這次〕會晤，」威廉
二世在電報中用他們的通用語——英語——說道，「當我的客人們看到 110
你的遊艇時，他們會感到非常榮幸。維利……好一隻漂亮的雲雀。」[100]

7月23日星期天的晚上，他在（維堡附近）俄屬芬蘭海岸挨着尼古拉二世的遊艇下了錨。第二天，德皇起草了一份有關共同防禦的簡短秘密協定，規定德俄雙方在其中的任何一方與第三國開戰時要互相支援。尼古拉清楚，與德國的這份條約違反了俄國與法國的條約，因而強烈要求威廉把它先拿給巴黎方面看一看，但德皇拒絕了。不管怎麼説，尼古拉二世簽署了這份比約克條約——按照它當時的稱呼。俄國外交大臣和謝爾蓋·維特（剛從新罕布什爾州的樸茨茅斯回國）非常震驚，堅持要求只有法國也在上面簽字，條約才能生效。尼古拉二世作了讓步，在維特起草的11月13日（西曆11月26日）給威廉二世的信上簽了字。信的大意是，在俄、德、法同盟建立之前，俄國會恪守它對法國的承諾。威廉二世大怒。德俄同盟不了了之。[101]

　　此次慘敗無意中突出了俄國與英國簽訂協約的重要性，因為與英國的協約似乎意味着一種牢固的地緣政治定位，相應地，也意味着保守派和親德派的失敗。而且由於英法已經訂有協約，俄英條約實際上就形成了一個三國協約，現在只要發生戰爭，三國中任何一個國家都有「義務」幫助其他兩個國家。由於德國領導的與奧匈帝國還有意大利的三國同盟的存在，英、法、俄之間的協定給人的印象更像是一個同盟，而不僅僅是協約。事態的發展進一步強化了這種感覺，即它們是兩個敵對的同盟。1908年，奧匈帝國從奧斯曼帝國手中吞併了斯拉夫人的省份波斯尼亞和黑塞哥維那。雖然從1878年開始，奧地利就一直佔領着波斯尼亞和黑塞哥維那，但義憤填膺的俄國右翼分子仍指責俄國未能對此次正式吞併作出有力的回應，説那是俄國「外交的對馬之戰」（類似於俄國波羅的海艦隊被日本擊沉的恥辱）。[102] 有些右翼分子指控斯托雷平放棄了俄國在世界上的所謂「歷史使命」，但斯托雷平有一次在俄國官員的會議上表示，「國內形勢不允許我們採取積極的對外政策」，而且他態度堅決。[103] 不過，考慮到英德之間的對抗以及歐洲兩個對立的聯盟體系，俄國加入三國協約還是有風險的，那些風險是由它無法控制的國際事態的發展造成的。

　　在亞洲，俄國依舊孤立無援，無法阻止日本可能進一步採取的侵略行動。1902年簽訂並在1905年擴大了範圍的英日同盟，後來在1911年

又再次續約。[104] 太平洋上的兩個海上強國雖然互相防備，但還是走到一起。這一方面是因為英國人和日本人都認為必須遏制俄國在亞洲——中亞以及滿洲——擴張，另一方面也是因為英國人覺得，他們的皇家海軍要保衛全球性的帝國有點勉為其難。於是，當日本人承諾不支持英屬印度的本土民族主義分子時，英國同意日本把朝鮮變成它的保護國，或者說殖民地。俄日戰爭期間，日本帝國的陸軍不但佔領了與俄國接壤的朝鮮，還遠遠地向北推進到長春，佔領了南滿（中國的幾個省）。在樸茨茅斯條約的談判中，美國起到了一定程度的遏制作用，但日本依然把俄國擠出了南滿，得到了（擁有亞瑟港的）遼東地區——那裏被日本人更名為「關東租借地」，控制了進入北京的通道。日本還接管了由俄國人修築的長春至亞瑟港段的中東鐵路，將其更名為「南滿鐵路」。日本在關東租借地和南滿鐵路沿線的平民人口迅速增加，到1910年已經超過6萬人。正如預料的那樣，因為要「保衛」國民、鐵路路權以及大量的經濟特許權，日本開始駐軍，並很快組建了一支特別部隊——關東軍。無奈之下，中國政府只好讓日本軍隊部署在中國的領土上，只是希望他們的存在是暫時的。但同時代的人看得很清楚，日本在南滿的勢力範圍將會成為其在亞洲大陸，包括向北朝着俄國方向進一步擴張的前鋒。[105]

因此，對外政策錯綜複雜的形勢所造成的困境，至少同君主專制在國內缺乏可靠的政治基礎一樣危機四伏。在內外交困的情況下，每一方面的困境都突顯出另一方面的重要性。實際上，俄國的兩種戰略選擇——站到法國和英國一邊對抗德國，或者冒着得罪法國和英國的危險，接受在德國主導的歐洲充當初級合夥人的關係——都有相當的風險。緩和與英國的緊張關係，同時儘量避免在倫敦與柏林之間作出明確的選擇，斯托雷平的這一做法是正確的，但在當時的情況下，他其實無力完成這項艱巨的任務。日本擺出的姿態令俄國的處境越發艱難。1907年以後，若是日本加大侵略的力度，英國對俄國不承擔任何義務，可要是英德之間的對抗加劇，俄國卻脫不了身。在1908年的巴爾幹問題上，斯托雷平採取的堅定的不干涉政策，並未改變對外關係發展戰略上的混亂局面。

走投無路的強盜

回到巴庫的朱加施維里，1907年5月在布爾什維克派的地下報紙《巴庫無產者報》上，報道了俄國社會民主工黨第五次代表大會的情況。他指出，主導大會的是孟什維克，他們中許多人都是猶太人。「我們布爾什維克，」他在報道中寫下——他想起了另一位布爾什維克在大會上說過的話——「不妨在黨內來一次蹂躪猶太人的暴行」。[106] 這樣的話——它是某個來自俄羅斯帝國猶太人定居區的人說的，而朱加施維里是在重複別人的話* ——反映出到1907年的時候，由於1905年統一的希望破滅所產生的強烈的仇恨和挫敗感。值得注意的是，這是未來的斯大林用俄文發表的第一篇署名文章；他此後再也沒有用格魯吉亞文發表過任何東西。歷史記載中找不到任何可以解釋這一轉變的理由。一種可能是，未來的斯大林想要被同化。覆蓋俄羅斯帝國西北部的社會民主運動的大三角區，從聖彼得堡到莫斯科，再到沙皇治下的波蘭和拉脫維亞，在文化和人的外貌上類似於歐洲。往南在西南地區（猶太人定居區的南半部分），社會民主運動基本上沒有發展起來；再往南在高加索地區，它的發展勢頭強勁，但主要信奉孟什維克派的觀點。結果，朱加施維里及其布爾什維克派的同志，每參加一次重要的黨代表大會，都會接觸到完全歐化的文化，這時，他的格魯吉亞人外貌和濃重的格魯吉亞口音就顯得特別突出。社會民主黨布爾什維克派中的猶太人，俄羅斯化的程度往往很深，許多波蘭人（他們中有些是猶太人）和拉脫維亞人也是如此；後者的俄羅斯化程度即使不深，也看得出他們是歐洲人。因此，儘管俄國之外的其他布爾什維克也同俄羅斯人有一定區別，但朱加施維里在樣貌上明顯是亞洲人。他在1906年的黨代表大會後回去時穿着西服，可能就是出於這個原因。再往後，1907年他在報刊上發表政論文章時，突然不再用格魯吉亞文，而是用俄文，可能也是出於這一原因。

---

*   譯註：「布爾什維克中曾有人〔好像是阿列克辛斯基同志〕開玩笑說，孟什維克是猶太人的派別，布爾什維克是真正俄羅斯人的派別，所以我們布爾什維克不妨在黨內來一次蹂躪猶太人的暴行。」《斯大林全集》第2卷，第53頁。

　　亞洲血統並不是這位高加索布爾什維克唯一引人注意或試圖引人注意的地方。由孟什維克主導的1907年的社會民主工黨第五次代表大會，以決定改變策略而著稱。雖然除了選舉範圍非常有限並且很少開會的杜馬之外，專制制度仍然禁止正常的、合法的政治活動，但孟什維克認為，採取戰鬥隊或「剝奪」的辦法不能推翻現存的秩序。相反，孟什維克想要突出文化工作(工人俱樂部和人民大學)和參加杜馬選舉的重要性。馬爾托夫認為，德國社會民主黨利用國會和其他場所開展的合法活動，在俾斯麥的反社會黨人法的打壓下堅持了下來。[107] 後來，五位高加索社會民主黨代表被選進杜馬，其中包括元老級的諾伊·饒爾丹尼亞。同時，第五次代表大會還對禁止「剝奪」的決議進行了表決。列寧和其他34位布爾什維克投了反對票，但它依然成了黨的法令。可就像1903年列寧在黨的組織問題上拒絕承認馬爾托夫獲勝的投票結果一樣，現在，列寧又同列昂尼德·克拉辛，一名工程師兼製造炸彈的高手，以及朱加施維里一起，違反黨的政策，策劃在高加索搞一次大的「剝奪」活動。[108]

　　1907年6月13日，在梯弗利斯市中心的埃里溫廣場，兩輛給國家銀行梯弗利斯支行運送現金的郵車，光天化日之下遭到槍擊和至少八枚自製炸彈的襲擊。盜匪搶走了大約25萬盧布的巨款(超過杜爾諾沃前一年因為拯救了沙皇制度而獲得的獎金)。此次公然打劫的規模算不上最大：前一年在聖彼得堡，在從海關大樓到國庫的途中，社會革命黨人襲擊了一輛防護嚴密的馬車，搶走了40萬盧布，這是1906年最大的一起出於政治動機的劫案。[109] 不過，1907年的梯弗利斯劫案，作為當年該省由各種團夥實施的1,732起劫案之一，仍然轟動一時。[110]

　　柯巴·朱加施維里沒有冒險親自出馬，但他參與策劃了這起劫案。在這夥強盜中(多達20人)，很多人從奇阿圖拉打打殺殺的日子開始就是他的戰鬥隊的成員，有些人還要更早。那天在廣場上指揮的西蒙·「卡莫」·捷爾—彼得羅相(Simon "Kamo" Ter-Petrosyan，生於1882年)，25歲，是個一半亞美尼亞血統、一半格魯吉亞血統的軍火販子，未來的斯大林從在哥里的時候就認識他。[111] 據說卡莫對「柯巴」「佩服得五體投地」。[112] 1907年6月13日，卡莫的幾枚「蘋果」把五個騎馬的哥薩

克衛兵中的三個、兩名銀行押運員和許多路人炸得粉碎。喪命的至少三十多人；還有大約二十多人因為四處亂飛的彈片而受了重傷。[113] 卡莫乘着濃煙和混亂，親自動手，搶走了血跡斑斑的戰利品。他扮成一位格魯吉亞公爵，帶着(另一名同夥假扮的)新娘，乘火車(一等座)把錢交給了列寧，而列寧當時正隱匿在沙皇治下的芬蘭。(據列寧的妻子娜捷施達·克魯普斯卡婭〔Nadezhda Krupskaya〕説，卡莫還帶了糖炒的堅果和一個西瓜。)[114] 儘管有故作勇敢和藐視社會民主黨政策的意思，但搶劫倒像是一種絕望之舉，有用強盜行徑徹底斷送掉社會民主黨事業的危險。不要忘了，俄羅斯國家銀行早有防備：它把連號的面值500盧布的鈔票號碼都作了登記，送到歐洲的各個金融機構。在埃里溫廣場搶來的鈔票對於布爾什維克的事業，即使説有，究竟作用有多大，現在還不得而知。「在梯弗利斯搶到的東西，」托洛茨基後來寫道，「沒有帶來任何好處。」[115]

　　對於是誰做下了這起劫案，急於向沙皇當局邀功的密探們提供了一大堆相互矛盾的説法，但保安處正確地猜出，是列寧幹的。感到風聲不對的列寧離開了他在沙皇治下的芬蘭的藏身處，於1907年12月再次流亡歐洲，而且看樣子要永遠流亡下去。有幾名布爾什維克被捕了，比如馬克西姆·李維諾夫，列寧讓他代表黨在歐洲兌換那些搶來的盧布。[116] 逮捕導致俄國社會民主工黨啟動了三次調查，而且前後有幾年時間。調查是孟什維克啟動的，他們看到了可以削弱列寧領導地位的機會。饒爾丹尼亞主持過一次內部調查。席爾瓦·吉布拉澤——他從梯弗利斯和巴統時開始，就是朱加施維里的老對頭——主持過另外一次。孟什維克得到一名沙皇郵政人員的證詞。這名接受賄賂並提供了有關郵車時間表內部情報的郵政人員，指認了朱加施維里。未來的斯大林當時可能被暫時開除出黨的隊伍。他到晚年時還感到痛苦，因為有傳聞説，他曾經是個普通的刑事犯，而且被黨開除過。[117] 不管傳說中的黨的紀律聽證會結果如何，朱加施維里後來再也沒有在梯弗利斯住過。他帶着妻子卡托·斯瓦尼澤和幼子雅科夫，偷偷地搬到了巴庫。[118]

　　巴庫跟奇阿圖拉很像，只是規模大了許多。這座在裏海半島上的油港，既有令人驚嘆的天然圓形劇場和迷宮般的古代穆斯林定居點，

又有娛樂場、貧民窟、粗俗的私人宅邸——有個富豪的別墅就跟撲克牌一樣——以及由油井井架組成的充滿暴力的新城。[119] 1900 年代初，沙皇俄國生產的石油佔到全球產量的一半以上，而且大部分是在巴庫。汩汩流出的石油和照亮周圍海域的火光，帶來了驚人的財富。巴庫火車站東面就是瑞典的諾貝爾兄弟建造的煉油廠，再往東則是羅斯柴爾德家族的石油貿易公司。工人們暴露在有害的化學物質中，12 小時一班，辛苦地勞作，換來的只是兔籠一般的生活區和每月可憐的 10 至 14 盧布工資，而這裏面還要「扣除」廠裏提供的伙食的費用。按照高加索的標準，在巴庫，受壓迫的無產階級數量非常多：至少有 5 萬名石油工人。這批人成了朱加施維里那樣的激進的布爾什維克鼓動家特別關注的對象。[120]

朱加施維里在巴庫的革命業績不僅包括宣傳和政治組織活動，還有綁票、為敲詐勒索提供保護、海上搶劫，或許還包括下令暗殺了幾個被懷疑是奸細和叛徒的人。[121] 那他在這方面有多麼突出呢？即便是按照俄羅斯帝國 1905 至 1908 年野蠻的標準，政治謀殺在高加索也是件大事。而且革命者在高加索殺人的事情，多數是亞美尼亞的達什納克黨幹的，不是布爾什維克。達什納克黨，即「亞美尼亞革命聯盟」，1890 年代成立於梯弗利斯，起初是為了解放他們在奧斯曼帝國的同胞，但很快也震動了俄羅斯帝國。[122] 讓保安處感到不安的還有無政府主義分子。未來的斯大林製造的混亂雖然算不上是最突出的，但他後來在回憶起巴庫的強盜生涯時仍然津津有味。「在石油工人中間的三年革命工作鍛煉了我，」他在 1926 年說道，「我受到了第二次戰鬥的革命洗禮。」[123]* 這位未來的專政者很幸運，沒有受到「斯托雷平領帶」的款待。

「根據梯弗利斯的剝奪行動，」托洛茨基寫道，列寧「看中了柯巴，認為他是個能堅持到底或者帶領其他人堅持到底的人。」托洛茨基還說，「在反動的年代裏，〔未來的斯大林〕不屬於那幾千脫黨分子，而屬於少數幾百個不管怎樣，依舊對黨忠心耿耿的人。」[124]

---

* 譯註：「在石油工人中間的三年革命工作，把我鍛煉成一個實際的戰士和實際的地方工作領導者……在巴庫，我受到了第二次戰鬥的革命洗禮。」《斯大林全集》第 8 卷，第 155 頁。

與此同時，巴庫有毒的環境讓他年輕的妻子卡托原本就虛弱的身體變得越來越差，結果在1907年12月，她因為斑疹傷寒或肺結核引起腸道出血，非常痛苦地離開了人世。[125] 在她的葬禮上，未來的斯大林據說要跳進她的墓穴。「我個人的生活完了」，有個朋友記得他可憐地大喊道。[126] 後來，據說他為忽略了妻子感到自責——這時他又把蹣跚學步的兒子雅科夫丟給卡托的母親和兩個姐姐，而且一丟就是14年。

他那激動人心的革命強盜生涯很快就結束了。1908年3月，朱加施維里又被關進巴庫的沙皇監獄，他在那裏學習世界語——有獄友記得他「總是帶着書」——但再次受到指控說他出賣同志（其他幾個革命者在他之後也被捕了）。[127] 11月，他又一次動身前往國內的流放地，那是俄國北方一個叫索里維切戈茨克的老皮毛收購站，「一座沒有柵欄的露天監獄」。[128] 在聖彼得堡東北幾百英里外的針葉林裏，500名住在木屋裏的流放者組成了一個聚居區，在那裏可以發現各種各樣令人厭倦的、有爭議的政治傾向和五花八門的犯罪經歷。得了嚴重的傷寒差點兒死掉的朱加施維里，同另外一個名叫塔季亞娜·蘇霍娃 (Tatyana Sukhova) 的流放者有了戀情，塔季亞娜後來談到，他那時窮困潦倒，習慣大白天躺在床上看書。「他經常開玩笑，同時，我們經常取笑其他一些人，」她強調說，「柯巴同志喜歡取笑我們的軟弱。」[129] 社會主義事業在1905年沒能取得突破，那以後柯巴同志的生活的確就成了一件傷心、甚至痛苦的事情。他美麗忠貞的妻子死了；兒子對他來說是陌生人。巴統（1902）、奇阿圖拉（1905）、梯弗利斯（1907）和巴庫（1908），以及在俄屬芬蘭（1905）、斯德哥爾摩（1906）和倫敦（1907）的幾次黨代表大會，在令人振奮的歲月裏的所有這些成就，都是一場空。有些事情，比如搶劫郵車，到頭來適得其反。

1909年夏天，朱加施維里在塔季亞娜·蘇霍娃的幫助下，坐船逃離了悲傷的索里維切戈茨克。跟父親貝索一樣，他總是一副若有所思的樣子，而且漸漸養成了小心眼的毛病。格里戈里·「謝爾戈」·奧爾忠尼啟則後來會和其他人一樣，對這位格魯吉亞同鄉有透徹的認識，在斯大林成為專政者多年之前就說他「過度敏感」(obidchivy kharakter)。[130]（急性子的奧爾忠尼啟則知道自己說甚麼——他是所有人當中最過度敏

感的。)朱加施維里似乎很容易發火,而且同時代的許多人都覺得他城府很深,儘管(當時)沒有誰認為他有反社會人格。不過在那時候,未來的斯大林或許喜歡沉思、過度敏感、高深莫測,但他的生活並不值得羨慕。在他逃跑後不久,1909年8月12日,他的父親貝索死於肝硬化。參加葬禮的只有一個一起做鞋的人,是他闔上了貝索的雙眼。未來的專政者的父親埋在一座沒有標記的墳墓裏。[131]

　　這時候比較年輕的朱加施維里自己有甚麼成就呢?

　　平心而論,他的人生算得了甚麼?將近31歲,身無分文,居無定所,除了評論政治,別無所長,而他評論政治的方式還是非法的。他在報刊上寫過一些缺乏新意的馬克思主義文章。他學會了偽裝和逃跑,不管是用老辦法(穆斯林婦女的面紗)還是新辦法,而且他還像演員一樣,嘗試過多種角色和化名——「怪人奧西普」、「麻子奧斯卡」、「神父」、「柯巴」。[132]關於怪人、麻子奧斯卡和柯巴神父,最值得一提的或許是,他是自學成才的典範,總在不停地讀書。他無疑是把讀書當成了慰藉,同時依然決心要求上進和完善自己。他可以在自己的一小隊人馬中施展魅力,激發起強烈的忠誠感。可現在他那些人馬已經散去,他們後來誰也沒有大的作為。

　　就在老流浪漢貝索·朱加施維里悄無聲息地離開人世的時候,他的兒子、逃亡的流浪漢約瑟夫·朱加施維里正在前往聖彼得堡的路上。1909年秋天,他躲在謝爾蓋·阿利盧耶夫的家中。阿利盧耶夫是個機修工,在梯弗利斯流放過,然後又回到首都,後來他在那裏經常為朱加施維里提供落腳的地方。(謝爾蓋的女兒娜佳最後成了斯大林的第二任妻子。)朱加施維里很快又從首都返回巴庫。在巴庫,保安處顯然是為了挖出他的地下網絡,在跟蹤了幾個月後,才在1910年3月將他再次抓獲。監禁、流放、窮困,這就是他從1901年3月被迫逃離梯弗利斯氣象台、從事地下工作以來的生活,而這樣的生活要一直持續到1917年。朱加施維里邊緣化的生存方式不是個人的失敗。帝國的許多革命政黨都十分脆弱,儘管俄國工人非常激進,農民也騷動不安。[133]保安處設法牢牢地控制着革命**政黨**,並成立了一些假的反對派小組,以削弱這些政黨的力量。[134]遭到滲透的社會革命黨人,尤其是其中主張

117

採取恐怖手段的一翼，到1909年實力已經大不如前。（他們中最厲害的恐怖分子葉夫諾·阿澤夫〔Evno Azef〕，曾經的貪污犯，綽號「黃金手」，實際上是被收買的奸細。）[135]

後來，在回過頭來重寫革命黨歷史的時候，失敗和沮喪被遺忘了，長期的監禁或流放變成了描寫英雄主義和勝利的驚心動魄的故事。「我們這些老一代人……90%仍受……以前從事地下工作的歲月的影響，」謝爾蓋·科斯特里科夫，又名基洛夫，後來對自己領導下的列寧格勒黨組織若有所思地說，「不僅是讀書，每在牢裏多關一年，都有很大幫助：正是在那裏，我們對所有事情都要思考和探討20次以上。」然而，科斯特里科夫生活的細節表明，地下工作頂多是苦樂參半。黨的隊伍中有很多混進來的奸細，私人關係也常常因積怨而受到損害。最大的問題往往是無聊。在多次被捕之後，科斯特里科夫在北高加索的弗拉季高加索安頓下來（1909–1917），他就是在那裏採用了「基洛夫」這個響亮的化名。這個化名或許跟傳說中的古代波斯國王居魯士（Cyrus，在俄語中就是「基爾〔Kir〕」）有關。他在一家有自由主義傾向的合法的俄文報紙（《捷列克報》）謀了一份穩定的工作——事實證明，那家報紙的老闆願意忍受警方的多次罰款。他一邊閱讀馬克思主義著作、雨果和莎士比亞的作品，以及俄國的經典作品，一邊結交專業技術人員。1911年，因為被發現以前在托木斯克的時候（他起初就是在那裏加入社會民主黨的）同一家非法的印刷所有牽連，基洛夫再次被捕，但被無罪釋放。他後來坦言，1917年以前，他感到遠離了帝國其他地方的精神生活，因而十分無聊——可他還不是生活在某個冰凍的荒原，而是氣候溫潤的地方，而且領着一份薪水，那種舒適是孤苦伶仃的朱加施維里只能在夢裏見到的。[136]

同樣地適得其反

由於保安處的緣故，1909至1913年實際上還比較太平，當然，這是相對於前些年的瘋狂來說的。[137]整個帝國範圍內的社會民主黨人數量，從1907年頂峰時的大約15萬人，減少到1910年的不到1萬人。布

爾什維克派四處飄零，要麼流亡歐洲，要麼流放西伯利亞。帝俄境內只有五六個還在活動的布爾什維克委員會。[138] 與此同時，到1909年，俄羅斯人民同盟發生分裂，整個極右翼運動的勢頭已經減弱。[139] 斯托雷平在那一年開始同俄羅斯民族主義分子公然結盟，並把正教抬高為具有整合功能的國家信仰。他這樣做，除了政治算計外，也是出於自己內心的宗教信念。帝俄有近一億信仰東正教的臣民，約佔帝國總人口的70%。但東正教統一的程度不夠。「幾十年來我們一直在犯的錯誤，」1910年，謝爾蓋·維特在日記中寫道，「是我們自己仍然不承認，從彼得大帝和葉卡捷琳娜大帝那時以來，就已經沒有俄羅斯這回事了，有的只是俄羅斯帝國。」[140] 當然，非俄羅斯人的民族主義和分離主義運動，相對來說還比較薄弱：武裝叛亂大多限於波蘭人和高加索的山地部族，波蘭人受到的懲罰是失去了單獨的憲法。對帝國的忠誠感依舊是強烈的，忠於俄國的各民族精英是一筆巨大的財富，儘管當時世界各地的民族主義風起雲湧。可正是斯托雷平所呼籲的那些支持者，即俄羅斯民族主義分子，製造了最大的政治分裂，因為他們想要強迫非俄羅斯人形成一個單一的俄羅斯民族。為了形成一個按照信仰（正教）來界定的單一的「俄羅斯」民族——按照設想，它包括大俄羅斯人、小俄羅斯人（烏克蘭人）和白俄羅斯人——民族主義分子推出了針對烏克蘭語言文化的嚴厲禁令。可想而知，這樣做只會進一步激發烏克蘭人的民族意識，激起他們的反抗而不是忠誠。這些做法跟我們在高加索梯弗利斯神學院等地見到的一樣有害。主張採取強硬手段推動俄羅斯化的人激起了民族主義運動，而這一運動原本是忠誠的，而且很大程度上限於文化方面。造成俄羅斯帝國動盪的，正是俄羅斯民族主義分子，而不是非俄羅斯人的民族主義運動。[141]

　　改革陷入停滯，斯托雷平求助於作為民族主義化身的正教，這既是軟弱的表現，又再次說明政權缺乏有效的政治基礎。俾斯麥沒有自己的政黨，卻能在德國中產階級和工人階級力量不斷壯大的情況下，控制了二十多年的立法議程。斯托雷平沒有自己的政黨，為打造俾斯麥式的議會聯盟所付出的艱苦努力卻沒有成功。要是斯托雷平雄心勃勃的現代化計劃在杜馬受阻，那它們最終只能仰仗專制君主的興致。當

然，俾斯麥在處理與國會的關係時非常精明，可鐵血宰相的努力最終
也要取決於他同一個人的關係，即威廉一世。但俾斯麥是個心理學大
師，讓德皇信賴**他**信賴了26年。（「在俾斯麥的手下，皇帝很難做」，威
廉一世曾經俏皮地説過。）[142] 斯托雷平處在一個更加專制的體制內，面
對的是一個不太合格的專制君主，一個更像是威廉二世（他解除了俾斯
麥的職務）而不是威廉一世的人物。尼古拉二世以及他的德國妻子亞歷
山德拉，嫉妒這位為他們或者説為帝俄服務的最有才幹的官員。「你以
為我喜歡總是看到報上説大臣會議主席做了這個……做了那個嗎？」沙
皇對斯托雷平的繼任者可憐巴巴地説道，「不把我當回事？我甚麼也不
是嗎？」[143] 斯托雷平死後，「專制君主」重申自己的權威，任命了幾個不
太強勢的總理，鼓勵俄國的大臣拋開自己的政府。這麼做的部分原因
在於尼古拉二世的個性。要是對哪個官員不太信任，亞歷山大三世會
直説，而尼古拉二世卻甚麼也不説，只是對他不喜歡的人暗中使絆。
他在大臣中間挑起沒完沒了的爭論，自己卻總是企圖袖手旁觀。如此
的行為激起了官員對尼古拉二世無聲的和有時也不那麼無聲的憤怒，結
果不但削弱了對他個人，也削弱了對君主專制的忠誠感。[144] 然而更深
刻的行為模式同體制有關，而不是同個人有關。

　　尼古拉二世不能充當他自己的總理，部分原因在於，他甚至不屬於
行政部門的一部分——從制度的設計來講，專制君主凌駕於所有部門之
上——由他任命的俄國政府，根本不是他的專制權力的工具，只是他的
專制權力的限制，儘管這有點奇怪。有些做法，比如故意加劇機構間
以及私人間的競爭，鼓勵非正式的幕僚（廷臣）像正式的大臣一樣行使
權力，挑動廷臣與大臣之間以及與正規機構之間的勾心鬥角，讓管轄權
互相重疊等等，也不是從尼古拉二世開始的。[145] 結果是，對於有些事
情，俄國有些部門是禁止的，另一些部門是允許的，就這樣故意互相使
絆、互相拆台。俄國的官員，哪怕是非常高級的官員，對於一丁點的
流言蜚語都津津樂道，卻不管那些傳言是多麼的不可靠或不合情理；那
些販賣據説是來自「上面」的小道消息的人，可以把話傳到最有權力的
人耳朵裏。大家已經議論紛紛了，大臣，甚至是名義上的總理，卻往
往不能肯定，正在作出的決定是甚麼，怎樣以及由誰作出的決定。官

員們試圖去揣摩「信號」：他們是否得到沙皇的信任？聽説誰準備覲見沙皇了？他們有沒有可能很快獲得覲見的機會？同時，就像俄國的某個高級官員指出的，各部門總是覺得，無論甚麼事情，要想辦成，就要通過犧牲別的部門來擴大自己的權限。「領導政府各部門的，實際上是一幫換來換去的寡頭，」這位高級官員解釋説，「完全缺乏唯一的國家權威，以便朝着一個明確的、可以被認可的目標引導它們的活動。」[146]

　　斯托雷平整頓政府秩序的努力到頭來勞而無功，至於整頓國家秩序，就更不用説了。這期間，柯巴·朱加施維里度過了一段漫長而凄慘的生活，一段充滿失望而且常常是絕望的歲月。當然，得益於黨的代表大會或流放的共同命運，未來的斯大林開始認識布爾什維克革命隊伍中的幾乎所有高層人物——列寧、加米涅夫、季諾維也夫——還有其他許多人，比如費利克斯·捷爾任斯基。但斯大林1907年在梯弗利斯涉嫌搶劫，這讓他臭名遠揚，基本上成了一個反面人物——他後來不得不努力隱瞞這段經歷——結果只能逃往巴庫。1910年，為了獲得那裏的合法居住權，他試圖同一個名叫斯特凡尼婭·彼得羅夫斯卡婭（Stefania Petrovskaya）的女人結婚，但最終未獲允許，而是又被流放到北方的索里維切戈茨克。1911年底，他最近一次流放時的女房東、寡婦瑪特廖娜·庫扎科娃（Matryona Kuzakova）生下一個男孩，名叫康斯坦丁（Konstantin），而這個男孩很可能是朱加施維里的。[147]

　　未來的斯大林此時已離開了索里維切戈茨克，因為他獲准搬到沃洛格達，那個北方省份的「首府」。他在那裏繼續追求農婦，開始同另一個女房東離了婚的女兒、名叫索菲婭·克留科娃（Sofia Kryukova）的女傭交往，還跟謝拉菲瑪·霍羅舍尼娜（Serafima Khoroshenina）短期同居過，直到謝拉菲瑪流放期滿離開那裏。朱加施維里還同十幾歲的女學生佩拉格婭·奧努夫里耶娃（Pelageya Onufrieva）上過床。他還熱衷於搜集俄羅斯經典畫作的明信片。跟索里維切戈茨克不同，沃洛格達至少有公共圖書館，警察機關注意到，有段時間，他在107天當中到圖書館去了17次。他讀過俄國偉大的歷史學家瓦西里·克柳切夫斯基（Vasili Klyuchevsky）的書，訂閱過從西伯利亞寄給他的期刊。[148] 不過，這位因為饑餓而消瘦、受到監視的騷擾和突然搜查的羞辱的「高加

索人」——按照沃洛格達警察機關對他的稱呼——依然過着極度窮困的生活。拜保安處所賜，未來的斯大林的生活只能又一次滿足於一座外省圖書館以及一個未成年的女孩所帶來的安慰——他向她訴説過亡妻卡托的故事。年輕的佩拉格婭，在保安處那裏的代號是「時髦女郎」，實際上是朱加施維里在沃洛格達最親密的同志、布爾什維克彼得·奇日科夫 (Pyotr Chizikov) 的女友。奇日科夫的流放期已滿，但他和她一起留了下來。奇日科夫不但「分享」自己的女友，上級還交待他幫助「柯巴同志」逃走。[149] 1911 年 9 月，朱加施維里拿着奇日科夫的合法證件，偷偷離開了沃洛格達，再次前往聖彼得堡。在沃洛格達（或西伯利亞）的窮鄉僻壤，沙皇警察的監視形同虛設，但是在首都和大城市，比如聖彼得堡、巴庫或梯弗利斯，保安處還是很警覺、很管用的。在首都，保安處立即對朱加施維里進行跟蹤，並在他到來的第三天把他逮捕了。

　　同樣是在 1911 年 9 月，當朱加施維里在聖彼得堡再次被捕的時候，在遙遠的南方，一個名叫莫爾傑哈伊·「德米特里」·沃格羅夫 (Mordekhai "Dmitry" Bogrov) 的 24 歲的律師和暗中受僱於保安處的無政府主義恐怖分子，在基輔歌劇院暗殺了斯托雷平，當時那裏正在上演尼古拉·里姆斯基—科爾薩科夫的《沙皇薩爾坦的故事》。俄國的頭號政治家是為了參加亞歷山大二世紀念牌的敬獻儀式而隨皇室南下的，他此時差不多已遭到孤立，而且有傳言説，他很快會被調往高加索或西伯利亞。[150] 事先有人反覆警告過斯托雷平，説有針對他的陰謀，但他還是去了，沒帶衛兵，因為他從來不帶衛兵，也沒穿防彈背心（雖説那時的防彈背心不怎麼樣）。「我們剛離開包廂」，尼古拉二世在給母親的信中説到第二次幕間休息的情況，「就聽到兩聲響，好像有甚麼東西掉了下來。我以為是劇院的玻璃砸到某人頭上，趕緊跑回包廂看是甚麼情況」，沙皇朝下面的樂隊一看，看到自己的總理站着，制服上滿是鮮血；斯托雷平看到尼古拉二世，抬起手，示意沙皇去安全的地方，然後畫了十字。幾天後，他在醫院去世。這是斯托雷平遇到的第 18 次暗殺。暗殺他的沃格羅夫被判有罪，並在槍擊事件發生後的第十天在他的牢房被絞死。據説沃格羅夫在左翼恐怖主義組織的同志已經懷疑他

和警方有勾結，而且他當時是拿着警方在演出開始前一小時才給他的通行證進入歌劇院的。這些細節引發的猜測是，俄國的極右勢力最終借保安處之手，幹掉了他們憎惡的保守派總理。這種未經證實卻有很多人相信的説法，證明了這樣一個事實，即那位總理根本沒有找到他想為專制政權尋找的保守主義的政治基礎。甚至在斯托雷平還沒有被暗殺的時候，他就在政治上被那些恰恰是他想要拯救的人毀滅了。[151]

　　沙皇政府沒有了斯托雷平，內部失調加劇，仍然無法取得一致的俄國右翼政治勢力則繼續指責「君主立憲」，就在這時，1911年12月，柯巴·朱加施維里再次被流放。[152] 他又回到了偏遠的沃洛格達。但是，借黨內再次發生內訌的機會，這位格魯吉亞革命者突然上升到俄國布爾什維主義運動的最高層（雖説它當時不怎麼樣）。1912年1月，布爾什維克在布拉格召開了一次規模很小的黨代表會議——不是代表大會——在與會的20名代表中，列寧一派竟然佔了18名；除了兩名孟什維克外，社會民主黨非布爾什維克派的成員大多拒絕出席。代表會議根據一條不太站得住腳的理由，即老的黨中央委員會已經「停止運行」，授權自己召開代表大會並任命了一個新的（而且是清一色布爾什維克的）中央委員會。[153] 實際上，布爾什維克派是正式要求統領整個俄國的社會民主工黨。列寧隨即在新的中央委員會的第一次全會上，決定缺席增補（被流放到沃洛格達的）朱加施維里為新的中央委員。布拉格會議還（為俄國境內的同志）成立了中央委員會「俄國局」——那是斯大林一直要求的，現在他被安排在裏面。斯大林成了可以瞭解到機密信息的十二名布爾什維克最高領導人之一，並且是其中的三名高加索人之一。[154] 列寧為甚麼要提拔他，這一點現在還不太清楚。由於流放的地點不同（西歐和俄國東部），他們從1905年12月初次見面後，大約有六年時間，彼此幾乎再也沒有見過面。但是在1910年，當斯大林還在巴庫搞地下活動時，流亡的布爾什維克領導層就已經打算把他增補為中央委員。此事不知為何後來沒有了下文。1911年，格里戈里·烏魯塔澤（Grigol Urutadze），同朱加施維里一起坐過牢的格魯吉亞孟什維克，在列寧跟前説朱加施維里的壞話，提到他的非法的「剝奪」活動，以及他過去的所謂被巴庫黨組織開除的事情。「這沒有甚麼！」據説列寧當時大聲説

123

道，「我要的就是這種人！」[155] 如果列寧是這樣説的，那他就是在表揚斯大林認識到為了事業可以不擇手段。1912年進入中央委員會成了斯大林崛起中的一大突破，這讓他加入了列寧和季諾維也夫等人的行列——季諾維也夫是列寧在日內瓦流亡時的影子。

並不是只有列寧才堅持分裂主義和強硬路線，反對「改良派」社會主義者。[156] 年輕的意大利社會主義激進分子貝尼托·墨索里尼（Benito Mussolini，生於1883年）是個窮苦的手藝人的兒子。這個手藝人給兒子起的名字，是為了紀念一位墨西哥革命者。1902年，墨索里尼遷居瑞士，在那裏做臨時工，可能見過列寧。墨索里尼肯定讀過列寧的一些文章。[157] 但他對意大利有自己的見解，他排斥經濟上的工團主義和議會制社會主義。1904年，墨索里尼要求「思想和意志的貴族」成為領導工人階級的先鋒隊（這種立場一直伴隨着他走向法西斯主義）。[158] 他在報紙上反覆宣揚這種思想。在列寧成立獨立的布爾什維克黨數月之後，1912年7月，不到30歲的墨索里尼，一名來自小鎮弗利的代表，因為在意大利社會黨代表大會上帶頭驅逐溫和的改良派社會黨人，一下子上升到意大利社會黨的領導層（墨索里尼的支持者被稱為毫不妥協的人，其中包括安東尼·葛蘭西〔Antonio Gramsci〕）。[159]「分裂是一件令人痛苦的事情，」為墨索里尼的行動叫好的列寧在《真理報》上寫道（1912年7月15日），「但是有時它是必需的，在必須分裂時，任何軟弱、任何『溫情』……都是犯罪……如果他們堅持錯誤，如果他們為了維護錯誤而組織集團，踐踏黨的一切決定，破壞無產階級大軍的全部紀律，那麼就有必要分裂。意大利社會主義無產階級政黨在清洗了工團主義者和右傾改良派分子以後，走上了正確的道路。」[160]* 偏離常規的激進主義，不管是布爾什維克的還是早期法西斯主義的，都既是政治綱領，又是急不可耐的巷戰計劃。

要是沒有列寧的提攜，就無法想像斯大林在1912年會從荒涼的沃洛格達一下子進入新的清一色布爾什維克的中央委員會。可是，必須

---

* 譯註：《列寧全集》第21卷，第435頁。

得説，列寧是個善於用人的人，不拘一格地用人，也包括斯大林，因為作為非俄羅斯人，斯大林可以增加他那一派的號召力。再説了，一連串的逮捕使得提拔一些人很有必要。但提拔斯大林並不只是做做樣子或者不得已而為之。斯大林不僅能起作用，而且忠誠：他能把事情辦成。還有一點很重要，即他是高加索這個孟什維克重鎮中的布爾什維克。當然，這次高加索還有兩人，謝爾戈·奧爾忠尼啟則和因好色而名聲不佳的蘇倫·斯潘達良（關於他有個説法，「巴庫所有的三歲小孩都長得像斯潘達良」），也進了布爾什維克的高層。奧爾忠尼啟則是列寧同俄羅斯帝國境內的布爾什維克聯絡的首席信使，1912年2月初，正是他去通知柯巴成了中央委員並且每個月有50盧布的黨的津貼——這筆錢不管有多麼受歡迎，也解決不了朱加施維里的困難，他依然要到處求人接濟。[161] 不過，斯大林後來控制了奧爾忠尼啟則；斯潘達良去世得比較早。此外，伊萬·「弗拉基米爾」·別洛斯托茨基（Ivan "Vladimir" Belostotsky），五金工人兼勞動保險公司辦事員，也被同時增補為中央委員，但他很快就失蹤了。[162] 換句話説，與後來人們的説法相反，斯大林獲得提拔決非偶然。列寧讓斯大林進了核心圈，但斯大林當時已經引起了關注，而且還將繼續證明自身的價值。他蟄伏了多年。

　　可想而知，列寧的社會主義對手們，比如崩得、拉脱維亞社會民主黨、孟什維克，紛紛指責布拉格代表會議不合法。不過，同樣可以想見的是，他們為了回擊而在1912年8月自己召開的黨代表大會也是四分五裂，變成了難以調和的派系鬥爭。[163] 就在那個月的晚些時候，朱加施維里再次逃出沃洛格達，返回梯弗利斯，而截止到1912年夏天，那裏可能只有區區100名布爾什維克。他在成年後把幾乎所有的時光都耗在內訌上，現在就連他也開始主張社會民主黨人要「不惜一切代價」團結起來，而且還主張和所有反對沙皇制度的力量實現和解與合作。[164] 他的立場的急劇轉變，證明了所有左翼政黨的前景都很黯淡。不過，説句公道話，就連名義上**擁護**君主專制的政治力量也走不到一起。

　　從僅僅五年前群眾騷亂處在頂峰時開始，斯托雷平**瓦解**帝俄左右兩翼政治力量的做法一直非常成功，但付出的代價是，未能建立起持久的治理形式。關於後者，許多觀察家認為，尤其是從事後來看，俄國

缺少治理形式的原因是，俄國天生就沒有能力締造一個民族（nation）。俄羅斯人在帝國1.3億人口中僅佔44%，而正教徒的數量雖說差不多有一億，可他們講的是不同的語言，俄語、烏克蘭語和白俄羅斯語，而且居住的地方不集中。凡是想在俄國國內進行民族主義動員的，都必須想辦法管理好國內相當數量的少數民族人口。不過，斯大林政權後來找到了辦法，能在重建的俄羅斯帝國培養起講不同語言的各個集團的忠誠感。對帝俄來說，最大的問題不是民族問題，而是君主專制。

　　無論是政治精英還是普通民眾，君主專制都沒能把他們整合起來，與此同時，1912年2月底，曾經被杜爾諾沃和斯托雷平鎮壓下去的鬥爭浪潮，又在遙遠的西伯利亞的密林深處爆發了。在伊爾庫茨克東北一千多英里的勒拿河畔（列寧從流放西伯利亞的時候開始使用的化名就源自這條河流），金礦工人舉行罷工，抗議工時長達十五六個小時的工作日、微薄的工資（經常因為「罰款」而被扣發）、潮濕的礦井（礦工們全身濕透）、頻發的事故（每1,000名礦工就有700人遇到過事故）以及價高質劣的伙食。在公司商店裏當肉賣的臭烘烘的馬的陰莖，成了引發罷工的導火線。當局拒絕礦工的要求，於是，事件陷入僵局。4月，罷工進入第五週，被金礦買通的政府部隊開了過來，逮捕了由選舉產生的罷工委員會的領袖們（這些人是被流放的政治犯，而具有諷刺意味的是，他們希望結束罷工）。這樣做非但沒能使罷工平息下來，反倒促使人們更加堅決地遊行抗議，要求釋放被捕人員。面對大約2,500名赤手空拳的金礦工人，一隊大約90人的士兵，按照長官的命令開了火，打死至少150名工人，打傷的有一百多，許多人都是在試圖逃走時被士兵從背後射殺的。

　　這幅為了資本家的黃金而毀滅工人生命的畫面特別有效：在英國和俄國的股東中，有銀行家族、前總理謝爾蓋·維特以及皇太后。通過國內報紙的描述，勒拿金礦大屠殺的消息傳播開來——在俄國，對它的關注要遠遠超過同時期「泰坦尼克號」沉沒的消息——在1912年五一節當天和之後，在帝國各地引發了有30萬工人參加的抗議活動。[165]巨大的工潮令受挫的各個社會主義政黨大喜過望。「勒拿的槍聲打破了沉默的冰層，人民憤恨的河水再次奔流起來，」斯大林在報紙上寫道，「冰層

已經破裂。奔流起來了！」[166*] 保安處也有同感。它在報告中說，「如此高漲的氣氛已經很長時間沒有出現了……許多人都在說，勒拿槍殺事件讓人想起了〔1905年〕1月9日的槍殺事件」（「流血的星期日」）。[167] 保守派因為屠殺事件而猛烈抨擊政府以及黃金公司的猶太人主管和外國股東。杜馬關於金礦區屠殺事件的調查委員會主席、左翼的杜馬代表兼律師亞歷山大‧克倫斯基提供的一份繪聲繪色的報告，加劇了公眾的憤怒。

悲劇的秘密

就在右翼分子要求無條件地服從專制君主時，他們中的一些人也開始在背地裏幻想刺殺他。他們想要除掉皇帝，可尼古拉二世的兒子阿列克謝還是個孩子——俄國的法律規定，沙皇必須年滿16週歲——而且大部分右翼分子認為，攝政，也就是沙皇的弟弟米哈伊爾‧亞歷山德羅維奇大公（Mikhail Aleksandrovich），並不比尼古拉二世好，很可能還要差一些。[168] 但到了1913年，當帝國舉行紀念羅曼諾夫家族統治三百週年的盛大慶典時，這個虛弱的皇朝成了專制體制所能容許的忠誠的根基，獨一無二，無遠弗屆。三百週年紀念活動從2月21日開始，彼得保羅要塞鳴放禮炮21響——九年前同樣的禮炮聲宣佈了皇太子阿列克謝的誕生。接着是從冬宮到喀山聖母大教堂去的皇族隊伍。馬蹄聲聲，旗幟飄飄，教堂的鐘聲悠揚……在看到坐在敞篷馬車裏的皇帝和小阿列克謝時，歡呼聲震耳欲聾。在當晚的冬宮舞會上，女士們穿着古莫斯科大公國式樣的長裙，戴着中世紀俄羅斯婦女戴的名叫「科科什尼克」（kokoshniks）的高高的頭飾。第二天晚上，在首都多層的馬林斯基劇院，指揮愛德華‧納普拉夫尼克（Eduard Napravnik）、男高音抒情歌唱家尼古拉‧菲格納（Nikolai Figner）和列昂尼德‧索比諾夫（Leonid Sobinov），以及女芭蕾舞演員安娜‧帕夫洛娃（Anna Pavlova）和馬蒂爾

127

達‧克舍辛斯卡婭 (Matylda Krzesińska，少女時曾是尼古拉二世的情人)
一同演出了米哈伊爾‧格林卡的《為沙皇獻身》。

　　三百週年慶祝活動明顯忽略了公眾的參與。而且慶祝活動的焦點
不是國家 (gosudarstvo)，而是俄國羅曼諾夫家族的著名統治者 (gosudar)。
同時，俄羅斯巨大的版圖成了粉飾羅曼諾夫皇朝的主要工具。在喀山
聖母大教堂——那裏裝飾着俄國繳獲的一百多件拿破侖的國家象徵物
——舉行正教儀式的過程中，宣讀了一份在帝國所有教堂宣讀的皇帝詔
書。「莫斯科大公國時代的俄羅斯開疆拓土，大俄羅斯帝國現已加入世
界一流強國的行列。」羅曼諾夫家族的第18位君主尼古拉二世宣佈。[169]
在彼得‧卡爾‧法貝爾熱 (Peter Carl Fabergé) * 工場專門訂制的紀念三百
週年的復活節彩蛋上，雙頭鷹以及邊框鑲有鑽石的全部18位羅曼諾夫
家族統治者的小型肖像熠熠生輝。這種小彩蛋特有的「玄機」是內藏一
顆可以旋轉的地球儀，把1613年的俄國疆界和大大擴張了的1913年的
帝國疆界兩相對照。[170] 不過，對於羅曼諾夫家族能否保住祖上的遺產，
人們普遍感到懷疑。

　　1913年復活節過後，皇族為了表示慶賀，花了兩週時間重走了羅
曼諾夫皇朝第一代沙皇米哈伊爾‧費奧多羅維奇 (Mikhail Fyodorovich
Romanov) 走過的路線，從莫斯科穿過中心地區，到達羅曼諾夫家族的
祖產科斯特羅馬，然後回到莫斯科的凱旋門。科斯特羅馬的費奧多羅
夫聖母——羅曼諾夫皇朝守護神——畫像的臉龐已經黑得幾乎看不清
了，這可不是個好兆頭。[171] 但是，通過到17世紀祖先那裏尋根而變得
大膽起來的尼古拉二世，再次圖謀終結立憲專制，取消杜馬的立法權，
讓杜馬成為「合乎俄羅斯傳統」的純粹諮議性的機構。可是，他對這件
讓自己和許多保守派非常渴望的事情猶豫不決。[172] 此外，儘管崇拜君
主專制，但在君主制最忠實的擁護者當中，也瀰漫着不安的情緒。慶
典是舉行了，但俄國上上下下還是有很多人開始懷疑，尼古拉二世是不
是適合做一個統治者。「有君主專制但沒有專制君主」，亞歷山大‧基

---

*　譯註：俄國珠寶商，1846–1920。

列耶夫將軍(Alexander Kireev)，俄國的廷臣和時評家，1902年就在日記中抱怨過，而這種情緒這些年來可以説範圍擴大了，就像漣漪一樣傳遍了整個帝國。[173] 有個宮廷副官看到羅曼諾夫家族前往喀山大教堂的隊伍後，認為「這群人愁眉苦臉」。[174] 龐大的俄羅斯帝國到頭來成了一個家族的事情，而這個家族似乎是氣數已盡。這不僅是説，尼古拉二世這人一貫保守，強調家庭、責任和信仰，虔誠地信奉「君主專制的理念」，而事實上自己又沒有實現這種理念的本錢。即使這位世襲的沙皇是個精明強幹的統治者，俄羅斯皇朝的未來還是會陷入困境。[175]

　　由於德國的亞歷山德拉公爵小姐從其外祖母、英國的維多利亞女王那裏遺傳下來的基因變異，俄國皇太子阿列克謝生來就患有血友病，這種無法治癒的疾病損害了孩子的凝血功能。皇太子的病屬於國家機密。但保密並不能改變阿列克謝或許在還沒有留下子嗣之前，就過早死亡的可能性。而且一個活得戰戰兢兢、磕在家具上都極有可能因內出血而死去的男孩，是不太可能成為一個充滿活力的、更不用説專制的統治者的。尼古拉二世和亞歷山德拉依舊不願意相信皇朝面臨着重重危機。阿列克謝的血友病，作為君主專制在深層次的結構性失敗之外的另一個不幸因素，實際上也是一個機會，可以直面專制俄國所面臨的艱難選擇，但尼古拉二世和亞歷山德拉本質上都是感情用事之人，不具備應有的冷靜和現實感，不會為了保住君主制而接受向真正的君主立憲轉型。[176]

　　立憲專制，適得其反。尼古拉二世不但處心積慮地阻撓自己同意設立的議會變成真正的議會，甚至阻撓行政機關變成真正協調一致的行政機關，認為那違背了君主專制的理念。「君主專制的政府」成了一種自相矛盾的説法，那是不受約束的神聖權力與行政管理的合法形式之間的衝突，是官吏之間的鬥爭，以決定是服從專制君主的「意志」，還是在法律法規的範圍內行事。[177] 因此，把帝俄的缺陷歸咎於「落後」和農民是錯誤的。斯托雷平之所以失敗，除了精英階層的不理解之外，首先是因為君主專制本身。他足智多謀，個性堅韌，但不斷受到沙皇、

129　　宮廷和右翼權力集團的阻撓，包括此時作為國務會議成員的謝爾蓋·
維特的阻撓。[178] 權力集團不會允許斯托雷平推行完整的現代化綱領，
讓俄國走上強大、繁榮的道路，以應對大量的地緣政治挑戰。「對於斯
托雷平的死亡，我當然感到惋惜，」彼得·杜爾諾沃，斯托雷平在國務
會議中的另一個死敵，1911年在右翼政客的一次會議上說，「但現在至
少改革結束了。」[179] 的確如此：改革死了。同時，值得注意的是，斯托
雷平基本上沒有考慮過直接向民眾發出呼籲，以便向冥頑不化的權力集
團施壓，儘管他最終提倡的是一個廣泛的東正教「民族」。他忠於君主
制，想把神授的專制權力與合法的權威，任性與法律，傳統與革新融為
一體，但他依靠的是一個蓄意反對大眾政治的杜馬，目標是建立一個
（像他自己那樣的）鄉紳的政權。有個被迫逃離俄國的難民在1928年移
民國外時稱讚斯托雷平是俄國的墨索里尼，是第一個「東正教法西斯主
義者」，是全民族的社會領袖。[180] 完全不是這回事。斯托雷平在總理位
置上充滿矛盾的五年，缺乏一種根本性的意識形態，而且在他走出來對
人民發表講話時，也依然是權力走廊中的政治家。

　　在國際事務上，斯托雷平事實上沒能避免採取同英國結盟對抗德
國的立場。不錯，他是在政策上對保守派取得了不太可能取得的重大
勝利，不顧外交事務不屬於自己正式管轄的範圍，克制住了俄國對巴
爾幹等地的強烈欲望。[181] 可那種來之不易的克制注定是不能持久的。
斯托雷平死後僅僅過了三年，一場世界大戰就爆發了。戰爭，再加上
俄國格格不入的保守派以及羅曼諾夫家族隱秘的血友病，乾脆把俄國
的立憲專制連同整個立憲主義全都拋到了一邊。即使這樣，俄國的法
西斯主義還是沒能生根。[182] 如果有誰在1913年紀念羅曼諾夫家族統治
三百週年時就被告知說，右翼的法西斯主義專政和左翼的社會主義專
政很快就會在不同的國家掌權，他或她是否會猜到，奪取並掌握政權
的將是四分五裂、分散在西伯利亞和歐洲各地的俄國社會民主黨，而
不是在1912年的選舉中成為國會最大政黨的德國社會民主黨？反過來
說，誰又會想到，反猶太人的法西斯主義運動最終成功發展起來的會
是德國，而不是世界上猶太人口最多並且有臭名昭著的《錫安長老會紀
要》的帝俄？[183]

　　把焦點集中在地緣政治和國內的高層政治而不是左翼的革命活動，可以揭示出帝俄最重要的真相：沙皇政權沒有一個牢固的政治基礎，以迎接國際競爭中的挑戰。結果政權只能越來越依賴政治警察，將其視為應對各種挑戰的首選工具。（詩人亞歷山大·布洛克在革命後研究過沙皇警察機關的檔案，認為他們是俄國「唯一能正常運轉的機關」，並驚嘆其「準確描述公眾心態」的能力。）[184] 濫用警力並不是因為喜歡保安處或警察機關的手段；相反，沙皇等人絲毫看不起他們那種人。[185] 倚仗政治警察，其實是因為在君主專制與立憲民主黨人之間存在難以調和的敵意，是因為沙皇體制非常厭惡以它的名義進行的街頭動員。在現代，只是瓦解反對者還不夠，一個政權還必須把支持者發動起來。一種體制，執意局限於有限的特權階層，依靠警察和由農民組成的軍隊，在現代根本算不上是一個政治體，對於一個想要成為能夠與列強抗衡的大國來說肯定不是。一個現代的、統一的政治體，需要的不只是旌旗、手捧聖像的遊行、複調讚美詩（〈耶穌復活頌〉）和1913年那種一直追溯到17世紀的莫斯科的尋根之旅。事實證明，杜爾諾沃在1905至1906年領導拯救君主專制的過程中，有能力緩解俄國的政治危機，但沒有能力改變根本的結構。同樣樂於使用鎮壓手段的斯托雷平，政治上更具創造性，但也觸及了沙皇制度的政治極限。就現代性而言，俄國君主專制的所有失敗，最大的莫過於它在威權主義大眾政治上的失敗。

　　專制俄國阻撓現代的大眾政治，結果把群眾，以及他們對社會正義的深切而普遍的渴望，交給了左翼分子。至於後者，包括俄國社會民主工黨在內，極端的派系鬥爭讓他們四分五裂，政府的嚴厲鎮壓讓他們受到嚴重的削弱。在君主專制下，不但是俄國的法西斯主義，就連左翼的各個反對黨在很大程度上都是失敗的。可斯托雷平死後還不到十年，這個出生於格魯吉亞的俄國社會民主黨人、時評家兼鼓動家約瑟夫·「柯巴」·朱加施維里，就取代了病怏怏的羅曼諾夫家族的繼承人，接手打造了一種奇特的專制權威，其權力之大，遠遠超過了帝俄的歷代君主或斯托雷平實際行使的權力。要說上述的結果無法預料，那就未免太輕描淡寫了。

21　薩拉熱窩，奧匈帝國波斯尼亞和黑塞哥維那的首府，1914年6月28日。哈布斯堡王朝的皇儲弗朗茨‧斐迪南大公乘坐轎車駛近席勒熟食店附近的街角，而19歲的加夫里洛‧普林西普在上次的暗殺陰謀失敗後正守候在那裏。大公改變了視察路線，但司機沒有接到通知，拐錯了方向，還讓車子熄了火。

22　正在服刑的普林西普，約1915年。

23　西伯利亞的庫列伊卡村，剛好在北極圈外。第一次世界大戰期間，斯大林的大部分時光在這裏度過。即使是在為時短暫的沒有積雪和寒風的季節，這裏的荒涼和與世隔絕也顯而易見。

24　西伯利亞流放者在圖魯漢斯克地區（面積要比英、法、德三國加起來還大）的行政中心莫納斯特爾斯科耶，1915 年 7 月。戴着眼鏡的斯維爾德洛夫坐在前排，在他旁邊、戴帽子的是格里戈里·彼得羅夫斯基。斯大林在後排，戴着黑色的帽子。斯大林的右邊是列夫·加米涅夫，左邊是蘇倫·斯潘達良，後者在 34 歲時死在了這片冰凍的荒原。加米涅夫此時正在受到黨內的「審判」，因為他反對列寧關於布爾什維克要謀求俄國在軍事上的失利的觀點。

25 拉夫爾‧科爾尼洛夫,帝俄軍隊最高總司令,1917年。克倫斯基寫道,科爾尼洛夫「很少光顧時髦人物的客廳,儘管這些人物對總參謀部的任何軍官都永遠敞開大門……人們認為他不太喜歡拋頭露面,甚至有點兒『不開化』」。實際上,愛國者們指望科爾尼洛夫去拯救俄國。

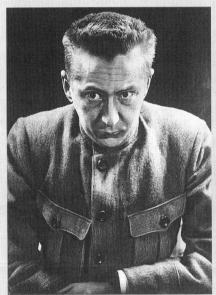 

26 亞歷山大‧克倫斯基和弗拉基米爾‧列寧。同這兩位政治上的對手一樣,列寧照片的拍攝者帕維爾‧朱可夫(Pavel Zhukov),恰好也是辛比爾斯克本地人。

27　馬蒂爾達‧克舍辛斯卡婭，生於波蘭的俄國馬林斯基皇家劇院首席芭蕾舞女演員、尼古拉二世曾經的情婦，聖彼得堡，1900年。1917年，她的豪宅被佔用，在7月之前一直是布爾什維克的第一個總部。（這位芭蕾舞女演員移居法國，嫁給了她的兩個羅曼諾夫大公情人中的一個，活了將近一百歲。）攝影：雅科夫‧施滕貝格（Yakov Steinberg）。

28　這座新藝術運動風格宅邸的外觀。宅邸與冬宮隔河相望，戰略位置十分重要。列寧常常在小陽台上發表雷霆般的演說。

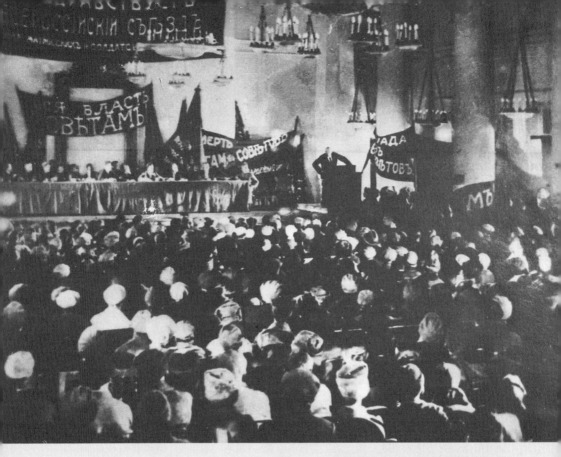

29　奪權：蘇維埃第二次代表大會，旗幟上的
標語是「全部政權歸蘇維埃」，彼得格勒的塔夫
利達宮，政變第二天的夜裏，1917年10月26
日。攝影：帕維爾・奧楚普（Pavel Otsup）。「當
我進入大廳，」編年史家尼古拉・蘇漢諾夫寫
道，「有個我不認識的人，謝頂、臉刮得乾乾
淨淨的，站在台上激動地說着，大嗓門，有些
嘶啞，粗聲粗氣，言語的最後往往突然加重語
氣。哈！這是列寧。」

30　尤利烏斯・策傑爾包姆，人稱馬爾托夫，
他在代表大會的第一天帶領孟什維克退出了會
場，以抗議布爾什維克的政變。他在1918年抨
擊斯大林，而且成了斯大林和列寧之間產生嫌
隙的根源。

31 1918年初，彼得格勒斯莫爾尼宮的布爾什維克政府（人民委員會），列寧在中間，斯大林手托着臉，靠在牆上。左派社會革命黨人，比如郵電人民委員普羅什‧普羅相（在列寧右邊），當時短暫加入了布爾什維克主導的政府。照片中沒有托洛茨基（他可能在布列斯特—里托夫斯克同德國談判）。

32 左派社會革命黨的領導人、著名的恐怖分子瑪麗亞‧斯皮里多諾娃，彼得格勒，1917年。1918年7月，斯皮里多諾娃本來是有可能終結列寧的統治的，但她沒有。

Иосиф Виссарионович
Сталин
(1915г.)

Надежда Сергеевна
Аллилуева
(1917г.)

33 斯大林相冊中的一頁：他本人在1915年和娜佳·阿利盧耶娃在1917年的照片。他們是在1918年結婚的。那年秋天，斯大林把她作為自己的秘書帶到察里津。1918年，斯大林在察里津建立了一種地方性的個人專政，這預示着他日後會掌握全國的權力。

34 身着皮裝的陸軍人民委員、新任共和國革命軍事委員會主席托洛茨基在喀山附近的伏爾加河上，1918年9月。列寧剛剛遭到槍擊，托洛茨基如旋風般返回莫斯科之後又到前線挽救局勢。

35　突厥斯坦方面軍司令員、人稱格里戈里‧索柯里尼柯夫的吉爾希‧布里連特(右三)和下屬拉扎‧卡岡諾維奇(右二)以及當地的幾名布爾什維克突厥斯坦委員會委員在一起，1920年秋。卡岡諾維奇後來成了斯大林在中央機關的門徒，而索柯里尼柯夫則成了斯大林領導下的蘇聯財政人民委員，負責監管新經濟政策。

36　想要恢復大蒙古帝國的羅曼‧馮‧溫格恩─什捷爾恩貝格男爵。他無意中把外蒙古送給了蘇俄。攝於他被布爾什維克抓獲並受到審訊期間。照片上，他穿着蒙古袍，戴着帝俄的聖格奧爾吉勳章。據說他會把俘虜的心臟挖出來，放在用頭蓋骨做成的碗裏，當作獻給藏傳佛教神靈的祭品。

37　如林的槍刺。紅軍慶祝戰勝彼得‧弗蘭格爾男爵指揮的最後一支白軍，克里米亞，1920年。

38　苦難。羸弱的帝國和過高的雄心，再加上巨大的失誤和頑固的成見造成了甚麼——饑荒的受害者，察里津，1921至1922年冬季。1925年，察里津更名為斯大林格勒。

第二部

杜爾諾沃的革命戰爭

從把所有災難都歸咎於政府開始，麻煩就
來了。立法機關會對政府發起猛烈的攻
勢，接着，全國出現革命鼓動，用社會主
義的口號喚醒和召集群眾，先是分田地，
然後分房產和所有值錢的東西。被打敗的
軍隊失去了最可靠的士兵，在農民對於土
地的原始慾望的裹挾下，士氣低落，無法
充當法律和秩序的堡壘。立法機關和知識
界的反對派……將無力阻止被他們自己
喚起的民眾浪潮。

——彼得·杜爾諾沃論與德國開戰的後果，
1914年2月致尼古拉二世的備忘錄

1905至1911年，除了俄國，墨西哥、卡扎爾王朝統治下的伊朗、奧斯曼帝國、中國和葡萄牙，也都發生了革命，這些國家的人口總數佔全世界的四分之一。每一場革命最後都開啟了立憲的進程。這是全球的重大時刻，在某些方面類似於1780年代，那時在美國、法國和加勒比海地區都爆發了革命。但20世紀初的憲政實驗，一個接着一個，很快就被破壞或顛覆了。(只有葡萄牙持續的時間長一點，歷經38位總理，直到1926年發生軍事政變。)自由很誘人，但是把自由制度化卻是另一回事。

要爭取憲政，往往就需要俄國立憲民主黨(卡傑特)領袖帕維爾·米留可夫那樣的知識分子上台，然後把國家作為工具，將落後的社會變得現代化。然而，由知識分子領導的向現代躍進的古典自由主義夢想，撞上了社會的壁壘——由城市勞動人口和以村社生活為取向的大多數農村人口構成的社會壁壘。以令人羨慕的英國和美國為例，古典自由主義秩序早在大眾政治發端之前就制度化了。[1]事實證明，到20世紀初開始實行的憲政過於狹隘，無法滿足群眾的要求。與憲政相關的積極變化，往往由於社會的混亂而受到質疑。(1910至1914年，僅僅沙俄的歐洲領土上，有記載的農民騷亂就有大約17,000起。)[2]另外，有自由化傾向的知識分子雖然是受到歐洲先進國家的啟發，但歐洲列強卻成為阻撓政治開放的幫兇，支持中國、墨西哥和伊朗等地的「統治勢力」。在奧斯曼帝國，想要推動現代化的人背棄了自由化。中國的憲政實驗讓位於軍閥統治；墨西哥爆發內戰。[3]俄國也存在事實上的內戰(1905–1907)，只不過統治勢力贏了。

如果説20世紀初的俄國顯得與眾不同，那是因為其統治勢力在取得勝利的同時，士氣也瓦解了：他們不喜歡「立憲專制」這個結果，而且，他們雖然同沙皇關係密切，卻開始不尊重他。[4] 與此同時，俄國有望發生的激進社會主義革命也深陷泥潭，可能比情況堪憂的憲政還混亂得多。社會主義者士氣低落，一方面是由於嚴厲的警察體制，另一方面是由於他們自己的派系鬥爭。更為根本的是，俄國的社會主義者雖然鄙視資產階級，但大多認為憲政是歷史發展的必然階段，因而他們支持的是憲政（「資產階級」民主），而不是社會主義。

「社會主義」，具體來説，意味着西伯利亞的那種生活。不錯，由於1913年慶祝羅曼諾夫家族統治三百週年的大赦，許多人都解除了國內流放。列夫・羅森菲爾德（加米涅夫）回到聖彼得堡，做了《真理報》的編輯。該報創辦於1912年1月布爾什維克主導的黨的布拉格代表會議，1912年4月22日開始出版；柯巴・朱加施維里撰寫了創刊號上最重要的文章，號召「無產階級……無論如何要聯合起來」。[5]* 在非法產生的中央委員會——清一色是布爾什維克——朱加施維里剛剛成為一名委員，他從流放地偷偷逃回聖彼得堡。但他在文章見報的當天中了保安處的埋伏，在夏天被趕到遙遠的科爾帕舍沃，那是西伯利亞北部偏遠地帶的一個村子，靠近納雷姆（在漢特語†中的意思是「沼澤」）。[6] 1912年9月，他在冬季來臨前乘船逃走了，拿着一個波斯商人的護照，設法去哈布斯堡皇朝統治下的克拉科夫找到了列寧。在民族事務上，列寧自認為是黨內的一位頂級專家，但朱加施維里關於民族問題的研究讓列寧對他刮目相看。列寧寫信對高爾基（Maxim Gorky）説：「我們這裏有一位非常好的格魯吉亞人正在埋頭給《啟蒙》雜誌寫一篇大文章，他搜集了一切奧國的和其他的材料。」[7]‡〈馬克思主義和民族問題〉與朱加施維里僅有的另一篇長文（〈無政府主義還是社會主義？〉）沒甚麼兩樣，

---

* 譯註：《斯大林全集》第2卷，第243頁。
† 編註：漢特是居住在俄羅斯中西部的土著民族。
‡ 譯註：《列寧全集》第46卷，第244頁。

一定程度上都是沿襲他人的看法。它在界定「民族」的時候，借用了德國人卡爾‧考茨基提出的三個特徵（共同的語言、地域上和經濟上的聯繫）以及奧地利馬克思主義者奧托‧鮑威爾（Otto Bauer）提出的一個特徵（共同的民族性格）。[8]但這篇文章意義重大，因為在使用多種語言的俄羅斯帝國，它抓住了革命的一個關鍵問題，主要駁斥了奧地利馬克思主義者及其格魯吉亞孟什維克信徒的觀點。文章的意義重大，還在於其署名──「斯大林」（「鐵人」）。[9]這個強悍而響亮的化名，不僅勝過「怪人奧西普」、「麻子奧斯卡」，或者帶有高加索特色的「柯巴」，也是俄羅斯化的。當這篇文章用俄文發表在《啟蒙》雜誌1913年3至5月那一期，「斯大林」已經再次回到聖彼得堡。在那裏，他在一次為國際婦女節募捐的舞會上再次中了埋伏，出賣他的是另外一名布爾什維克中央委員，名叫羅曼‧馬林諾夫斯基（Roman Malinowski）。這人是個小偷，爬上了五金工人工會主席的位置，也是隱藏的保安處奸細。[10]斯大林又被趕到了西伯利亞，加米涅夫最後也到了那裏。

在俄國國內，馬林諾夫斯基成了僅存的尚未被捕的布爾什維克高層領導。列寧讓他指揮俄羅斯帝國境內布爾什維克活動的整個組織。[11]布爾什維克領袖認為，黨的成員只能是職業革命家──據說在不合法的情況下，這樣收緊條件是必要的；斯大林也持有相同的立場──這一觀點已經破產。公平地說，保安處也控制了同樣極具密謀色彩的社會革命黨的恐怖組織。[12]疑心越來越重的俄國革命者，在照鏡子的時候「都弄不清他們自己是不是奸細」，布爾什維克尼古拉‧布哈林（Nikolai Bukharin）後來回憶說。[13]

保安處的手法是很精熟，可君主專制還是沒有擺脫炸彈的威脅。在紀念羅曼諾夫家族統治三百週年的時候，聖彼得堡保安處一邊補充人手，一邊禁止人群聚集，因為他們擔心人們會搖身一變，打出紅旗，搞起示威活動。他們還擔心，沙皇會像他的祖父亞歷山大二世一樣遭到暗殺。[14]「這座城市簡直成了兵營」，憲兵隊長回憶說。難道「專制君主」在他自己的首都也不安全嗎？過度嚴厲的管制給首都的慶祝活動蒙上了一層陰影。在1913年羅曼諾夫皇朝的慶祝活動中，雖然首次舉行的俄羅斯聖像展受到廣泛讚譽，雖然再度上演了莫傑斯特‧穆索爾格斯基

134

（Modest Mussorgsky）的兩部歌劇《鮑里斯・戈杜諾夫》和《霍萬斯基黨人之亂》，雖然同年5月的三百週年慶典在莫斯科達到了高潮，但精英們非常清楚，沙皇不能公開四處走動。

～

　　尼古拉二世的表兄，德國的威廉二世，1913年為他自己的「節慶之年」舉行了盛大儀式。這一年是這位54歲的德國皇帝執政25週年，是普魯士打敗拿破侖一百週年，儘管當初打敗拿破侖並佔領巴黎的是俄國人。德國想要展示它的皇朝和令人炫目的現代性。[15] 一邊是德國在歐洲大陸的巨大影響力，一邊是聖彼得堡對恐怖活動的擔憂，在那位1905至1906年拯救了羅曼諾夫皇朝的人心中，這種對比非常強烈。

　　彼得・杜爾諾沃是用警察的眼光來看待外交事務的。[16] 早在1904年，在他認為「毫無意義」的俄日戰爭爆發的時候，他就對自己的前任俄國內務大臣講過「一個天真的想法：用外交勝利來整頓國內的混亂局面！」[17] 杜爾諾沃在1906年4月被免去內務大臣的職務之後，成了俄國上院（國務會議）右翼集團的領袖。憑藉這一位置，他開始破壞1905年後的憲政實驗（儘管實驗本身也不怎麼樣），專同斯托雷平作對。[18] 杜爾諾沃以敢於當面而不是背後表達不受歡迎的觀點而著稱，而且他對沙皇也是這樣。[19] 1914年2月，為了調整俄國的政策方向，他向尼古拉二世提交了一份長篇備忘錄，上層精英大概有50人收到了備忘錄。[20] 有些人說只需要展示俄國的力量並且和英法聯手，就可以震懾德國，杜爾諾沃對此嗤之以鼻。[21]「就我們此時正在經歷的這段世界歷史來說，核心因素就是英德之間的競爭」，他解釋道，並且還說，英德之間的「生死較量不可避免」。他表示，原先只是俄英達成「諒解」的東西（協約），不知何故成了一種正式的盟約，而在英德衝突中是沒有必要選擇站在英國一邊的，因為在德俄之間，不存在根本的利害衝突。另外，跟外交部的人員不同——他們所遠離的沸騰的階級仇恨，杜爾諾沃這位前警察可是直接面對過的——他着重強調戰爭會在國內產生怎樣的災難性影響以及政府會受到怎樣的責難。「萬一戰敗，」他在1914年2月給尼古拉二世的上述備忘錄中寫道，「必然會出現形式最極端的社會革命。」杜爾諾沃

明確地預言說，貴族的土地會被剝奪，「俄國會陷入令人絕望的無政府
狀態，結局難料。」[22]

　　同實力超強的德國開戰是可以避免的；俄國一旦戰敗會如何；俄國
的精英們冒失地對君主專制施壓，只會帶來極端的社會革命——這些分
析直率而冷靜。弗拉基米爾·列寧沒有一篇文章，哪怕是他後來論戰
性的名作〈國家與革命〉(1917年8月)，可以有杜爾諾沃那樣的洞察力。
「沙皇制度勝利了，」列寧在談到1917年之前的歲月時寫道，「一切革命
黨和反對黨都失敗了。消沉、頹喪、分裂、渙散、叛賣和色情代替了
政治。」[23]* 就革命者而言，這樣說基本正確。然而，儘管警察機關遏制
了革命黨的勢頭，但工人的社會主義鬥爭精神(這種精神在1912年的勒
拿大屠殺中復活了)，特別是農民對土地的渴望所引發的騷亂浪潮(這
種騷亂影響了軍隊)，卻成了一種持久並且大得多的威脅。這一點，極
端保守的杜爾諾沃要比想要成為職業革命家的那些人看得更清楚。從
1900年開始一直到1917年，除了兩年之外(1905–1907)，列寧完全生活
在國外，主要是瑞士。托洛茨基在1902至1903年和1907至1917年也
流亡國外。加米涅夫和格里戈里·拉多梅斯利斯基(季諾維也夫)1917
年之前都在監獄、西伯利亞或歐洲度過了很長時間。列寧在社會民主
黨內的那些宿敵，比如馬爾托夫和帕維爾·阿克雪里羅得，情況也是
如此。俄國人數最多的左翼政黨社會革命黨的領導人維克托·切爾諾
夫(Victor Chernov)，1899至1917年一直僑居國外。杜爾諾沃不是從日
內瓦、巴黎或柏林，而是從內部，尤其是從內務部內部去認識沙皇體制
的。同生活在國外的人相比，甚至是同大部分生活在國內的人相比，
他對君主專制的空心化看得更透徹。[24] 同樣重要的是，俄國權力集團的
成員擔心社會底層會出現新的「普加喬夫式的」暴動，而杜爾諾沃則譴
責俄國的**上層階級**，尤其是立憲民主黨，他們爭取政治權利，反對君主
專制，卻沒有像他那樣意識到，好鬥的群眾一旦被煽動起來，就會走得
更遠，會將他們全都吞沒。[25]

136

---

* 　譯註：《列寧全集》第39卷，第8頁。

可是，有先見之明的杜爾諾沃提出了甚麼建議呢？他竭力主張的，不是讓實行君主專制的俄國去和實行議會統治的英國結成「不自然的同盟」，而是要同政治制度相似的德國——它實行的是某種保守的君主制——結盟，並最終成為大陸集團的一員，而大陸集團還包括法國（後來設法同德國達成了和解）和日本。[26] 但是，怎樣才能實現那樣的局面呢？德皇準備由德國控制土耳其海峽，而俄國出口的糧食有75%要通過土耳其海峽，那裏對於帝國的繁榮至關重要。[27] 另外，從國內來說，杜爾諾沃傾向於像1905年那樣，再次進入緊急狀態，可是，就在他提交備忘錄的時候，俄羅斯帝國的1.3億臣民，**已經**有大約五分之二生活在軍法管制或特殊制度之下（「強化保護」）。杜爾諾沃忠於自己的原則，沒有採取右翼民粹主義的做法，用重新分配土地來贏得農民的支持。這並非因為他和國務會議或杜馬中的大多數人一樣，也擁有大量的土地（他沒有），而是因為他害怕混亂。[28] 他也不會公開指責民主制，而是承認它可能對有些國家合適。不過，他認為民主制會給俄國帶來分裂，俄國需要「穩定的權威」。[29] 但他的遏制策略——盡可能保留集中的權力，拒絕和杜馬合作，等待一位真正的專制君主來負起責任——是一種保持現狀的辦法。[30] 他自己明白，兩難的核心在於：政府需要通過鎮壓來爭取時間，但鎮壓又會讓更多的人離心離德，從而進一步削弱政權的社會基礎，結果就需要更多的鎮壓。「我們進了一條死胡同，」杜爾諾沃在1912年哀嘆說，「我擔心我們大家，連同沙皇一起，都出不去了。」[31]

要是與德國發生戰爭，哪怕是這位沙皇政權中還在世的最能幹的警察也回天乏術。[32] 不但是杜爾諾沃，斯托雷平也一直警告說，再有一次大的戰爭，那對於俄國和這個皇朝來說將會是致命的。[33] 更重要的是，杜爾諾沃明白，**在**世界大戰中垮掉，會讓隨後的一切大受影響。[34] 就像他所預言的，針對德國的新的戰爭確實成了一場革命戰爭，它果真給社會主義者幫了忙，果真造成了無政府狀態。「不管聽起來多麼荒謬，」孟什維克社會民主黨人費奧多爾·古爾維奇（Fyodor Gurvich，又名「費奧多爾·唐恩」〔Fyodor Dan〕）回憶說，「同俄國所有的『職業革命家』相比，沙皇官僚中極端的反動派對於各種力量的消長和即將到來的這場革命的社會內涵要領會得更快、更好。」[35]

⟨⟩

　　對沙皇俄國的懷舊情緒，不管有多麼合乎情理，總歸是一種錯位：「立憲專制」根本就行不通，也不會發展成更好的事物，市民團體的發展永遠無法取代俄國缺失的自由主義政治制度，也無法勝過非自由主義的政治制度。[36] 在大批政黨以非法的形式突然間紛紛湧現的時候，左翼政黨是率先成立的：亞美尼亞革命聯盟 (達什納克黨) (1898)，波蘭社會黨 (1892)、猶太人「崩得」(1897)、俄國社會民主工黨 (1898)——它在1903年分裂成布爾什維克和孟什維克——猶太人社會民主工黨或錫安山工人黨 (1900)、社會革命黨 (1901)。1905年成立的有立憲民主黨或卡傑特 (古典自由主義者)，以及俄羅斯人民同盟 (法西斯分子的雛形) 等。[37] 對君主專制而言，所有這些組織起來的政黨，甚至是反社會主義分子，都很可惡。結果君主專制拒絕讓步，一律對它們，包括立憲主義者，實行打壓。戰時的激進化一方面引發了五花八門的暴力做法，另一方面也使得俄國奇特的政治譜系進一步左傾。「布爾什維克革命，」有學者敏銳地評論說，「把在1914至1921年的全歐大災難中幾乎普遍存在但為時不久的做法，變成了蘇維埃國家的永久特徵。」當然，就像那位學者接着所說的，那些帶有暴力色彩的做法，那種國家建設，是由觀念驅動的。[38] 並且不是隨便甚麼觀念，而是從頭到腳改造一切、建立社會主義人間天堂的幻想。這些具有超凡力量的觀念，反過來又因為像斯大林那樣被革命推上政治舞台的新人得到發揚光大。

　　對於一個來自小城哥里，從梯弗利斯、奇阿圖拉、巴庫和西伯利亞流放地一路上升到近乎權力的頂峰，並致力於把馬克思主義思想付諸實踐的格魯吉亞人來說，必須將整個世界夷平。也確實如此。在那些重大事件中，斯大林幾乎無所作為。和1905至1908年的瘋狂歲月或1917年3月之後的那段時間不同，從1909年直到1917年年初，在他的生活中，幾乎沒有甚麼值得關注的時刻。對於那幾年，大部分敘述要麼添枝加葉，使其顯得比實際情況更富有戲劇性，要麼就略過不提。雖然斯大林在此期間幾乎無所作為或者就是無所作為，可這段很長的時間對於俄國卻意義重大，對於世界實際上也是如此。要想理解斯大林在

1917年那個突發而又驚人的事件中扮演的角色，尤其是，要想理解他
後來的整個政權，就必須對這段他在其中幾乎沒有起到甚麼值得關注的
作用的重要歷史，進行深入的描繪和分析。不過，一旦真的接近了權
力，斯大林就像一個具有天命意識的人，不屈不撓地戰鬥，而他所展示
的革命才能，事實證明，特別適合那種橫跨歐亞大陸的環境。

　　現代的革命是驚天動地的事件。它讓人敬畏，因為成百上千萬的
人站了起來，要求掌握自己的命運；它令人振奮，因為成百上千萬的
人實現全新的團結，感覺到擁有無限的可能。但革命也是腐朽和崩潰
的標誌，是一種統治體制的瓦解和另一種統治體制的草創。不管在街
頭、兵營、工廠和戰場發生了甚麼或沒有發生甚麼，革命都是在中央
和地方的權力走廊找到出路的。因此，必須研究高階政治*以及制度
形成方面的核心事實、治理的做法與程序，以及影響權力行使的思維
方式和存在方式。當然，高階政治在很大程度上要受到各種社會力量
的影響，受到廣大群眾的行動和願望的影響，但政治並不能還原為社
會的力量。實際上，儘管是誕生於歷史上最深入人心的革命，但是從
舊的俄羅斯帝國中出現的新政權，甚至變得讓人民自己都無法理解。
大眾參與的革命過程，到頭來產生的不僅有可能是、而且的確常常是
一種狹隘的政權，這不是因為革命的「墮落」，或是因為好的意圖和
好的開端被壞人或不幸的環境毀掉了，而是因為國際形勢處處在起着
作用，因為制度不僅是從新世界的巨腹中也是從舊世界的碎片中產生
的，因為觀念至關重要。對革命者而言，專政可以被視為罪惡，也可
以被看作寶貴的手段；人可以被視為公民，也可以被看作奴隸，可以
是有望改造的仇敵，也可以是與生俱來的敵人；私有財產可以被看作
自由的柱石，也可以被看作奴役的基礎。一種有着深厚基礎、真誠追
求社會正義的浪潮，可能會造成最嚴重的制度化的非正義，這一點取
決於籠罩性的思想觀念和與之相伴的做法。成功的革命可能是一場悲

---

*　譯註：高階政治（high politics）是政治學中的概念，指的是對國家生存至關重要的事務，比
　　如外交、軍事、國家安全等；與之相對的低階政治（low politics），通常指和經濟、文化、
　　社會有關的事務。

劇。但悲劇還有可能是地緣政治的宏大計劃。俄國的革命，和這個國家作為世界性大國長期存在的困境以及新的幻想分不開。那也將造就斯大林的品質。

第五章

愚蠢還是叛國？

這是甚麼，愚蠢還是叛國？(左邊有人說：「叛國！」〔另外有人說：〕
「愚蠢！」大笑。)

139

——立憲民主黨 (卡傑特) 領袖
帕維爾‧米留可夫在杜馬的發言，1916年11月[1]

某個政權的滅亡通常並不是因為敵人的強大，而是因為保衛者的無能。

——列夫‧季霍米羅夫 (Lev Tikhomirov)，
俄國保守派理論家，1911年[2]

　　1910年，美國前總統 (1901至1909年在任) 西奧多‧羅斯福在會見
了德皇威廉二世之後，寫信對妻子說：「現在完全可以肯定，我們大家
都沒有退路了。」[3] 在德皇的前任兼祖父去世後 (時年91歲)，毫無經驗
的威廉二世解除了75歲的總理奧托‧馮‧俾斯麥的職務。[4] 這位年輕氣
盛但沒有安全感的皇帝，旋即陰謀反對德國憲法和國會，並在對外政策
上氣勢洶洶，激化了俾斯麥的統一所帶來的矛盾：在本身極易受到鄰國
兩面夾擊的情況下，德國似乎又對鄰國構成了威脅。被稱為「最高統帥」
的威廉二世拒絕續訂俾斯麥的所謂德俄再保險條約，結果無意中促成了
俄法的和解，增加了德國兩線作戰的風險。[5] 後來為了彌補這一錯誤，

威廉二世企圖誘使尼古拉二世簽訂比約克條約，不過沒有成功。接着
就是德皇的海軍計劃。1913年，英國佔國際貿易的15%，德國緊隨其
後，佔13%，因此，在這個全球貿易、尤其是重要的糧食進口日益互相
依賴的世界，德國完全有權利建設一支海軍。[6] 但威廉二世和他身邊的
人異想天開，要在北海部署60艘戰艦。[7] 此事推動了英國與法國，甚至
與專制俄國的和解，雖然在1898年英法差點兒因為殖民地打起來。「皇
帝就像氣球，」俾斯麥有次説過，「要是不把繩子摟緊了，你根本不知道
他會飛到哪兒。」[8]

不過，一個巴掌拍不響，英國想在全球維護「日不落」的地位，這
本身就具有侵略性。英國不得已——至少是暫時如此——把西半球的海
上霸權讓給了崛起中的美國，把遠東的海上霸權讓給了暴發戶日本。
(即便如此，皇家海軍的開支也要佔國家歲入的四分之一。) 與此同時，
英國在對外政策上一向最在意遏制俄國在波斯、中亞和中國對大英帝
國構成的明顯威脅。由於俄國幅員遼闊，橫跨歐洲、中東和遠東，許
多人將其視為全球唯一可以和大英帝國一爭高下的對手。[9] 不過，早在
1907年英俄協約簽訂以前，德國力量的上升就成了英國人關心的一個
更為緊迫的問題。英德之間在經濟上和文化上聯繫密切。[10] 但利益衝突
也很激烈，而且和美國、日本的情況不同，英國不想讓德國強大起來。
「在我看來，」寇松勳爵 (Curzon) 在1901年9月25日的一封私人信件中
寫道，「在接下來的四分之一個世紀，國際形勢發展中最突出的地方，
既不在於俄國的進步——那無論如何都是不可避免的——也不在於同法
國的宿怨，而在於德意志帝國通過犧牲英國的利益得到的擴張；所以我
想，不管是誰擔任英國的外交大臣，只要他願意好好地為自己的國家服
務，就決不應該忽視上述考慮。」[11] 一方是現在佔據主導地位的大國，
一方是想在英國家門口的世界秩序中獲得一席之地的德國，要管控好兩
者之間的對抗，需要雙方具備非凡的治國才能。[12] 否則，對抗將引發軍
備競賽，形成兩個具有同盟 (或諒解) 性質的敵對體系：協約國的英法
俄對抗同盟國的德國和奧匈帝國。

同盟本身決不會引起戰爭，但算計和誤判是會的。[13] 按照德國的判
斷，戰勝英國的那條道路是要經過俄國的。就像英帝國主義者對俄國

在亞洲的擴張耿耿於懷一樣，德國軍方高層也把注意力集中在所謂俄國對歐洲的「威脅」上。從1860年代至1914年，俄德之間的GDP差距進一步拉大：例如，俄國1914年的鋼產量只有德國的25%，但俄國經濟同期增長了四倍。[14] 另外，德國軍方制訂計劃的人——他們的工作就是為可能發生的戰爭作好準備——不停地渲染俄國龐大的人口（約1.78億，而德國是6,500萬），以及俄國最近宣佈的、打算到1917年完成的重整軍備的強軍計劃。[15] 德國軍方高層認為，不能任由一個正在走向工業化的俄國，再加上歐洲的另外一個陸上強國兼俄國盟友的法國，選擇合適的時機在兩線發動進攻，同時，俄國在不久的將來就會構成威脅，必須予以先發制人的打擊。1914年5月，德軍總參謀長小赫爾穆特‧馮‧毛奇（Helmuth von Moltke the Younger）對奧地利軍隊的總參謀長抱怨説，要是「再等下去」，勢必會「貽誤戰機，同俄國拼數量是不行的」。[16] 德國急於發動一場所謂的自衛戰爭，打擊被認為現在還弱小，不久以後卻會變得不可戰勝的俄國。[17]

英國的誤判是個老問題。英國承諾要建立全球秩序，即「大英治下的和平」，卻沒有推行這種秩序的渴望或者資源，同時，英國令人眼紅的帝國主義政策招致各國的群起仿效，而這又反過來讓英國有了地緣政治方面的擔憂。「正是雅典的**崛起**和由此在斯巴達引起的**擔憂**使得戰爭不可避免。」古希臘歷史學家修昔底德寫道。公元前5世紀，科林斯和科西拉這兩個周邊的城邦爆發衝突，導致了雅典和斯巴達這兩大勢力之間的對決，這種對決既是它們都想要的，也是它們都會後悔的。俾斯麥把這樣的決定稱為擲出「鐵骰子」。以1914年為例，英國人並沒有仔細想過自己推波助瀾的那種對抗的後果。但是，雖然英德對抗是世界大戰的深層原因，俄國又是讓問題複雜化的關鍵因素，可戰爭的導火索並不像左翼分子和其他人期待的那樣，是在非洲殖民地問題上的對抗，而是在東歐，俾斯麥在1888年就警告説，那裏可能會因為「巴爾幹的某件該死的蠢事」而發生戰爭。[18] 在那裏，隨着奧斯曼帝國的收縮，其他幾個龐大的陸上帝國，即奧匈帝國、俄羅斯帝國和德意志帝國，就像不同的板塊一樣互相擠壓，小小的塞爾維亞斷裂帶就這樣引發了一場世界大戰和東線的俄國革命。

薩拉熱窩與國家聲譽

142   19世紀初，塞爾維亞脫離奧斯曼帝國，並在一個世紀後的兩次巴爾幹戰爭 (1912–1913) 中擴大了自己的疆域，但這兩次戰爭都沒有引發更大範圍的戰爭。誠然，奧匈帝國 (從奧斯曼帝國那裏) 吞併了波斯尼亞和黑塞哥維那，從而大大增加了自己的南斯拉夫人口，包括塞爾維亞人、克羅地亞人和波斯尼亞穆斯林。俄國沒能阻止的1908年的那次吞併，引發了波斯尼亞青年黨——一個致力於南斯拉夫人的事業的恐怖主義集團——無數次的密謀活動，想要推動南部斯拉夫人的獨立。1914年，波斯尼亞青年黨決定殺害奧地利在波斯尼亞和黑塞哥維那的首府薩拉熱窩的總督。但後來它的成員顯然是從報紙上得知，哈布斯堡王朝的皇儲弗朗茨·斐迪南大公 (Franz Ferdinand) 即將來訪，時間地點説得一清二楚，於是，他們轉而決定殺害大公。作為皇帝弗朗茨·約瑟夫 (Franz Josef) 的侄子，大公成為奧匈帝國的皇位繼承人純屬偶然，因為皇帝的兒子自殺了。許多觀察家都希望84歲的弗朗茨·約瑟夫——已經在位66年——甚麼時候能翹辮子，那樣一來，50歲的弗朗茨·斐迪南就可以嘗試整頓和穩定國內的政治局勢。畢竟這位妻子是斯拉夫人 (捷克人) 的大公，1913年曾經批評過奧地利軍隊的最高指揮官「好大喜功，想要征服塞爾維亞人和天知道的甚麼人」。

       1914年6月28日，星期天，大公夫婦如期來到薩拉熱窩，而這天既是他們的結婚紀念日，也是塞爾維亞的聖維特斯節。當地的哈布斯堡王朝的總督，特意把訪問選在這個塞爾維亞的神聖日子。這節日是為了紀念1389年的一名塞爾維亞人設法在奧斯曼蘇丹的帳篷裏刺殺了他 (接着，衛兵們也砍掉了刺客的頭顱)——當時，科索沃戰役已經打輸了，正是這場戰役終結了塞爾維亞帝國。[19] 弗朗茨·斐迪南坐着敞篷汽車，像事先公佈的那樣巡遊，分散佈置在沿途的六名波斯尼亞青年黨恐怖分子中的第一個沒有行動。第二個倒是向大公的汽車扔了一顆小炸彈，炸彈蹦到後面一輛車的車底爆炸，炸傷了兩名軍官，但皇儲還可以繼續趕路；剩下的陰謀分子仍然守在位置上，但誰都沒有動手。哈布斯堡皇儲在摩爾風格的薩拉熱窩市政廳發表了演説。這次大膽的暗殺行動搞砸了。

在市政廳，演説和儀式結束後，大公決定改變行程，到醫院看望被炸彈炸傷的人。在當天那些沒有採取行動的刺客當中，有一個波斯尼亞青年黨的成員，19歲的波斯尼亞塞爾維亞人加夫里洛‧普林西普（Gavrilo Princip）。他努力鎮定下來，在薩拉熱窩弗朗茨‧約瑟夫大街靠近莫里茨‧席勒熟食店的地方佔據了一個位置，希望在弗朗茨‧斐迪南餘下的行程中截住他。大公的司機不知道要去醫院，結果拐錯了彎，把車開向弗朗茨‧約瑟夫大街。聽到呵斥後，他開始倒車，但車子熄了火，而且熄火的地方離普林西普只有大概五英尺*的距離。普林西普兄弟姊妹八人，其中六人夭折，他自己也患有肺結核，人長得比較瘦小。他過去的夢想是成為詩人。突然間，歷史變得如此之近：他拔出手槍，向奧地利皇儲——他戴的頭盔飾有綠色的羽毛，非常顯眼——和他的妻子射擊（本來是想打總督的）。兩人幾乎當場死亡。

塞爾維亞剛打過兩次巴爾幹戰爭，死了至少4萬人，這個國家最不需要的就是再來一次戰爭。但是在全部由奧匈帝國臣民組成的波斯尼亞青年黨恐怖分子被抓獲後，有人證明説，他們是由塞爾維亞的軍情機關——那個無賴國家的無賴角色——暗中武裝和訓練的。[20] 塞爾維亞總理沒有發起暗殺行動，但也沒有堅決反對，而且他制止不了塞爾維亞國內幸災樂禍的情緒，結果加劇了維也納的憤怒。「陸軍部前面的一大片地方到處都是人，」正在維也納流亡並擔任基輔一家報紙通訊記者的列夫‧托洛茨基寫道，「這不是『公眾』，而是實實在在的人民，穿着破靴子，手指粗糙……他們揮舞着黃黑相間的旗幟，唱着愛國歌曲，還有人喊着『塞爾維亞人全都去死吧！』」[21] 要是弗朗茨‧約瑟夫皇帝對「薩拉熱窩暴行」不做點兒甚麼，那會助長將來的政治恐怖行動。但該做出何種**程度**的回應呢？1740年，哈布斯堡家族差點兒失去他們的國家，1848至1849年又一次差點兒失去他們的國家；1914年，他們遇到了就連多民族的俄羅斯帝國都沒有遇到的困難局面：奧匈帝國的11個主要民族，只有5個基本上都分佈在國內，其餘的6個民族，主體都生活在

---

*　編註：約1.5米。

帝國的範圍之外。[22] 奧地利的統治集團決定打垮塞爾維亞，哪怕要冒着挑起歐洲全面戰爭的風險——實際上就是因為怕死而冒險自殺。

7月5日，維也納特使訪問柏林，請求德國幫助對付塞爾維亞人，返回時得到了德皇威廉二世的承諾——「全力支持」。還有個問題，就是要得到布達佩斯，即奧匈帝國匈牙利那一半的領導層的同意。7月23日，在經過與匈牙利幾位領導人的內部協商（他們是在7月9日坐船過來的）以及緊張的軍事準備後，維也納給貝爾格萊德下達最後通牒，列出十項要求，其中包括同意聯合調查小組在塞爾維亞境內接受奧地利官員的監督。除了這一條——這是對其主權的侵犯——以及另外一項，塞爾維亞政府有條件地接受了這些要求。即使到了這個時候，弗朗茨·約瑟夫皇帝仍有可能找到挽回顏面的台階。「沒有甚麼才能，」偉大的歷史學家雅各布·布克哈特（Jacob Burckhardt）在談到哈布斯堡這個在歐洲最偉大的家族時寫道，「但是具備友善、莊重和審慎，以及困厄時的忍耐和鎮靜。」[23] 情況不再是那樣了：由於感覺到君主制或許已氣息奄奄、時日無多，7月28日，維也納在歷史上首次以電報的方式宣戰。[24]

更大範圍的衝突並沒有自動出現。衝突升級與否，主要取決於兩個人，「維利」和「尼基」，他們按照血緣和姻親關係來講是表兄弟。威廉二世瞧不起尼古拉二世，他在1901年維多利亞女王的葬禮上對英國外交大臣說，沙皇「只配在鄉下種種蘿蔔」。[25] 德皇根本沒有預見到俄國的大悲劇。至於尼古拉二世，他還在觀望，認為「戰爭對這個世界會是災難性的，一旦爆發就很難停下來」。[26] 1914年上半年，在聖彼得堡和帝國的其他地方，比如巴庫油田，罷工比1905年以來的任何時候都多，而且工人在1914年7月變得尤其危險，部分原因在於，他們在鎮壓面前開始鋌而走險。杜馬在6月初夏季休會之前，一直拒絕通過政府預算中幾個非常重要的部分，包括國內負責鎮壓的內務部的經費。至於俄國的軍事實力，俄國的盟友法國和英國估計得過高，德國和奧匈帝國估計得過低，但還不如俄國人自己估計的那麼低。[27] 況且俄國和塞爾維亞連正式的同盟關係都沒有，尼基表弟是不會因為某種所謂泛斯拉夫主義的浪漫說辭開戰的。[28] 俄國官員要求塞爾維亞人對奧地利作出合理的回應。但底線是俄國不會允許德國羞辱塞爾維亞，因為那會損害俄國

的聲譽，尤其考慮到先前俄國在1908年未能阻止奧地利吞併波斯尼亞和黑塞哥維那。[29] 尼古拉二世決心制止已經開始動員的奧匈帝國，但不是為了塞爾維亞，而是**為了俄國**。

德國領導層在7月底對一份在最後關頭提出的倡議有過短暫的猶豫，但奧匈帝國拒絕了和平試探的想法——而德國是同意的。要是威廉二世後退一步，管住要仰仗於他的盟友奧匈帝國，尼古拉二世就會作出讓步，而不是面對表兄的挑釁、國內精英要求予以強硬回應的壓力以及國內騷亂，下令，然後又取消，最終在7月31日再次下令，進行全面動員。[30]

然而俄國決不是無辜的受害者。要求沙皇取消杜馬，或者是把它降格為只具有諮詢性質的機關，這類陰謀層出不窮，越演越烈。實際上，決定開戰是尼古拉二世的一個招數，可以間接地打擊他所鄙視的杜馬。戰爭可以讓他恢復沙皇與人民之間的直接而神秘的聯繫（把上一年紀念羅曼諾夫家族統治三百週年的活動延續下去）。對於要派去送死的無辜的臣民，沙皇確實頗為內疚，但讓他欣慰的是，可以擺脫可惡的政治妥協和對君主專制理想的侵犯。尼古拉二世幻想國內會「像偉大的1812年戰爭中那樣」掀起愛國高潮。[31] 一份外省報紙也流露出這樣的妄想。它在談到戰爭時寫道：「不再有不同的黨派，不再有爭議，不再有政府，不再有反對派，只有團結一致的俄國人民，準備長期戰鬥下去，直到流盡最後一滴血。」[32] 這裏存在一個重大錯覺：為了維護俄國國際聲譽而進行的這場猶猶豫豫、半信半疑的戰爭，被想像成國內政治的勝利——冬宮廣場上，成群的人們匍匐在沙皇面前。帝國進一步擴張的夢想也在飛揚：這是百年一遇的良機，可以奪取土耳其海峽和奧斯曼帝國安納托利亞的亞美尼亞人地區，可以吞併奧地利講波蘭語和烏克蘭語的地區，可以擴張到波斯、中國新疆和外蒙古。[33]

把俄國戰爭與革命的傳統聯繫突然顛倒過來的並非只有尼古拉二世——戰爭不再被認為是革命的誘因，而是可以在某種程度上預防革命。[34] 在柏林，缺乏安全感也助長了對外擴張與鞏固國內政局的幻想。德國容易受到兩面夾擊，於是就有了一個以**征服歐洲大陸**為目標的防禦計劃，史稱「施利芬計劃」，該計劃得名於阿爾弗雷德·馮·施利芬伯

爵將軍(Alfred von Schlieffen，1833–1913)。起初，制訂這一計劃的部分
原因是，想用一種大膽的方式去游說，以獲得更多的戰爭資源，後來，
小赫爾穆特·馮·毛奇對它作了修改。它要用重兵，以巨大的弧形為
行軍路線，穿過比利時，折向法國，同時還要作好準備，打垮俄國。
它希望德國利用戰術上的出其不意、機動性和出色的訓練來克服數量
上的劣勢。[35] 悲觀的德軍總參謀部不像有時承認的那樣，過多地幻想戰
爭會在短時間內結束，但也不會承認戰爭不再是行之有效的政策工具。
對他們來說，戰爭仍然是一種解決問題的辦法，可以一勞永逸地解決國
家面臨的諸多難題，而且平民也是這樣看的。因此，為了支持奧地利
對抗俄國，為了不輸掉與俄國的軍備競賽這個更大的目標，德國就要侵
犯中立的比利時，而這樣做也就意味着與英國開戰。[36]

　　人們不太瞭解的一個事實是，與德軍總參謀部對應的英國海軍部，
一直計劃着要打一場這樣的戰爭，讓德國的金融體系突然崩潰，從而使
德國經濟陷入癱瘓，使軍隊喪失發動戰爭的能力。據說這是一套可以
用很小的代價取得速勝的方案，相當於英國的施利芬計劃。海軍部搞
垮德國的計劃是由人稱德薩特勳爵(Desart)的漢密爾頓·「哈姆」·卡夫
(Hamilton "Ham" Cuffe，1848–1934)領導的對敵貿易委員會制訂的。它
不僅把戰爭遠遠擴大到軍事以外的領域，還以國家對自由市場經濟的大
規模干預為前提。海軍部試圖控制戰爭期間懸掛英國旗幟的商船及其
所載私人貨物的流動，審查所有的電報網絡，監督倫敦城的金融活動。
由於英國擁有最強大的海軍，以及差不多可以壟斷全球貿易體系的基礎
設施，海軍部自以為它能夠控制動盪對於英國自身經濟的影響。這一
切都違反了國際法。1912年，英國內閣批准了海軍部的計劃，甚至預
先授權，一旦戰爭爆發就實施該項計劃。在英國國內，關於戰爭的爭
論所關心的問題是，英國能否在切斷德國海運、通訊和信貸的同時，避
免捲入嚴格意義上的軍事行動(即把部隊派往歐洲大陸)。[37]

　　英國和德國差點兒退縮。直到獲悉俄國已經開始動員，威廉二世
才下令全力備戰。[38] 1914年8月1日下午5時，德皇簽署動員令，但僅
僅過了23分鐘，德國駐倫敦大使就發來電報。英國外交大臣愛德華·
格雷爵士(Edward Grey)「剛剛打電話給我」，德國大使寫道，「問我要是

法國在俄德戰爭中保持中立，我可否保證，我們不會進攻法國。」[39] 這不是跟彼得·杜爾諾沃給尼古拉二世的(沒有得到重視的)建議，即不摻和英德之間的爭吵差不多嗎？它說明倫敦夢想着把德國的勢力引向東方，去和俄國爭鬥，從而避免戰爭。倫敦傳來的信息比較簡略。格雷和德國大使只談了六分鐘。但電報似乎觸及了整個20世紀前半葉世界政治將會面臨的核心問題，同時也是將會令斯大林政權進退兩難的主要問題，那就是，德國向何處去？

　　德皇十分得意，8月1日的電報讓人喜出望外：三國協約分裂，那就少了一條戰線。格雷**似乎**是在暗示，在德國支持奧地利對付塞爾維亞，因而也就是在德俄反目的時候，英國，甚至法國，可以保持中立。馮·毛奇怒不可遏。中止德國縝密的戰爭計劃並(設法)把西線軍隊全部調往東線，由此造成的巨大的安全隱患與混亂讓他不能不提出抗議：「陛下，那做不到。幾百萬人的部署不是說辦就能辦好的。」[40] 可隨後發來的一封電報似乎證實，如果德國只進攻俄國，那英國就會保持中立，威廉二世下令祝賀。德皇還打電報給自己的另外一個表弟英王喬治五世，承諾說德國的部隊雖然在西線還在(為保留國家)繼續動員，但不會越過法國邊界。交易似乎達成了。但就在同一天晚上，英王傳來一個驚人的答覆。答覆是格雷起草的，聲稱格雷同德國大使的談話是個「誤會」。[41] 這是不是英國人背信棄義？不，只是愚蠢。巴黎決不會坐視德國消滅俄國，因為那會改變歐洲大陸的均勢，對法國極為不利，而且不管怎麼說，法國對俄國負有條約所規定的正式義務。格雷認為德國是一艘沒有舵的戰艦，可他自己的行為也很莫名其妙——他此時才提出條件：柏林要想達成交易，避免戰爭，那德國也不能攻打俄國。盛怒之下，威廉二世命令如釋重負的馮·毛奇，繼續準備去佔領比利時。經他修訂的「施利芬計劃」啟動了。[42]

　　德國對俄、法宣戰；英國對德宣戰。[43] 德國官員通過巧妙的宣傳，使得德國的戰爭令像是對俄國的「挑釁」所作的必要回應，因為是俄國率先動員的。[44] (後來斯大林也認可這個總體性結論——結果造成災難性的後果——認為任何動員，哪怕是為了震懾或自衛，都不可避免地會走向戰爭。)[45]

　　德薩特勳爵的計劃也啟動了，至少是初步啟動，儘管各金融集團、貿易部門和其他利益集團都強烈反對這一宏大的戰略。但1914年7月由於失去信心而出現了驚人的金融恐慌：倫敦各銀行開始要求還清短期借款，大量拋售持有的匯票，凍結倫敦市場；利率暴漲。在紐約，歐洲投資者大量拋售美國的有價證券並要求用黃金支付。然而，由於擔心發生戰爭，保險費率抬得太高，以至於黃金的海上運輸停止了，而全球金融體系正是以這種金屬為基礎的。「一槍沒打，財富毫髮無損，整個世界的信用體系就瓦解了，」拉扎德兄弟公司管理部門的一位主管在1914年秋天說，「證券交易所關門，貼現市場不景氣……全世界的商業停滯，貨幣短缺，英格蘭銀行的資源非常緊張。」保持中立的美國不會容忍英國讓全球經濟體系在其與德國的爭鬥中停止運轉。英國政府很快就放棄了讓德國經濟完全崩潰的企圖，轉而想用零敲碎打的方式實行經濟封鎖。這種做法沒有成功。由英國銀行提供資金並由英國船隻跨洋運往德國的商品和原料數量增加了。[46] 與此同時，英國向歐洲大陸派遣了一支陸軍部隊。

　　世界大戰看來不可避免了。幾十年來，德意志帝國的統治集團對於他們剛剛獲得的力量缺乏必要的謹慎；帝國主義英國則缺乏有遠見的、經驗老道的領導人，能夠接受並化解德國的力量。塞爾維亞有些人在策劃暗殺活動時沒有考慮後果。失去繼承人的奧匈帝國選擇了生死決鬥。德國統治集團看起來是為了支持他們唯一的盟友——陷入困境的奧地利，實際上卻是因為缺乏安全感，害怕在與其兩側大國的軍備競賽中落敗，尤其是原來虛弱的俄國，軍事實力不斷增長；於是，德國的統治集團就制訂了一個需要征服歐洲的防禦計劃。[47] 俄國賭上了一切，不是因為泛斯拉夫人在塞爾維亞的靠不住的利益，而是因為要是保不住塞爾維亞，就保不住俄國的聲譽。[48] 最後，英德到最後一刻還試圖通過犧牲俄國來達成雙邊交易，但沒能成功。（這種想法會一直存在。）如果說這一切還不夠，那還有一點，就是當時是夏天，總參謀長馮·毛奇在卡爾斯巴德度了四個星期的假，一直到7月25日，那是他那年夏天因為肝病第二次做長時間的溫泉療養；德國海軍元帥阿爾弗雷德·馮·蒂爾皮茨 (Alfred von Tirpitz) 在瑞士的一個溫泉療養勝地；奧匈帝國總

參謀長、陸軍元帥弗朗茨·康拉德·馮·赫岑多夫男爵(Franz Conrad von Hötzendorf)及其情婦在阿爾卑斯；德國和奧地利的陸軍部長也都在度假。[49]另外一些結構性因素，比如高估了軍事攻勢的重要性，在奔向末日大決戰的過程中也起了重要作用。[50]但是，要是聖彼得堡掌握了切實的證據，可以證明塞爾維亞情報機關確與大公被刺有關，沙皇就可能顧及自己的名譽，拒絕武力支持貝爾格萊德。[51]要是普林西普及其同夥在暗殺任務搞砸後就收手回去，或者大公的司機事先知道計劃有變，要去醫院慰問傷者，世界大戰或許就不會發生。不過，發動戰爭總是跟決策者有關，即便那些決策者本身既是武裝起來的國家結構的產物，也是這一結構的主宰。1914年，歐洲各國的政客、軍人尤其是統治者，除了少數的例外——敏銳的彼得·杜爾諾沃、糊塗的愛德華·格雷——都渴望得到領土和地位，並在這樣一個所有人都認為對他們有利的時刻，相信(或希望)戰爭會解決自己國家內政外交的諸多難題，給統治注入新的活力。[52]換句話說，當諸如司機在薩拉熱窩街頭拐錯彎之類的偶然事件，把世界大戰與和平的問題擺到極少數的幾個人面前時，他們有過猶豫，但仍然基於各種各樣的考慮——國家的聲譽、國家的擴張和政權的復興——選擇了戰爭。[53]

149

召喚列寧

　　1914年8月的衝突升級為一場世界大戰，部分原因在於，人們原以為國家是很容易征服的，但實際情況並非如此，衝突延長了。[54]1914年深秋，世界大戰陷入僵局：英國，一定程度上還包括俄國，挫敗了德國想用先發制人的方式征服法國的企圖。從那以後，而且是從那以後的每一天，對於所有參戰國來說，接下來的選擇都是極其嚴峻的：要麼不顧無數白白死去的士兵，通過談判結束僵局；要麼再投入無數士兵，繼續謀求難以實現的決定性打擊。所有參戰國都選擇了後者。換句話說，如果說開戰的決定最初是由奧匈帝國做出，然後是德國、俄國和英國，那麼，把痛苦延長下去則是所有國家的決定。參戰的各國耗盡了金錢，但它們堅持要打下去。在52個月的戰爭中，世界上那些受教育

150   程度最高和技術最先進的國家的統治者，動員了6,500萬士兵。陣亡者達到900萬，負傷人數超過2,000萬，被俘或失蹤的近800萬——總共傷亡3,700萬。[55]

有兩年時間，英國人基本上都是讓法國人和俄國人去承受德國的打擊。[56]但是在1916年7月，在凡爾登血戰期間——那是德國人發動的，它採取了叫做消耗戰的新戰略，想用大量消耗法國人的方式來打破僵局——英國人在法國境內更往西的索姆河地區發動反攻。**在最初的24小時內**，英軍至少有2萬人陣亡，另有4萬人負傷。這是英國軍事史上陣亡人數最多的一天，而陣亡者中既有工人，也有貴族。在索姆河戰役就像凡爾登戰役一樣以僵局收場之前，陣亡和傷殘的英國人有43萬（**每天3,600人**），法國20萬人，德國可能有60萬人。[57]在整個西線的1,000萬陣亡者當中，有800萬並不是由「工業化的殺戮」造成的，而是由一些廣泛採用的技術，比如小型的武器和火炮造成的。[58]不過，從25英里* 開外的地方（戰線的推進以碼†來計算）進行的火炮齊射，一旦擊中，當場就可以把士兵撕得粉碎。機槍不僅更加輕便，而且現在每分鐘可以發射600發子彈，還可以不間斷地連續射擊數小時，製造出奪命的彈雨。[59]毒氣燒灼着戰壕中士兵的肺，直到飄忽不定的風向把毒霧正好吹回到發射這種化學武器的一方，這是常有的事。（在所有參戰國中，俄軍因為沒有足夠的防毒面具，受到氯氣和芥子氣的傷害最大。）[60]在加入德國和奧匈帝國一邊的奧斯曼帝國，亞美尼亞人被控全體犯有叛國罪——勾結俄國，分裂東安納托利亞——結果遭到屠殺或被強行遷離邊境地區，造成80萬至150萬亞美尼亞平民死亡。在塞爾維亞，全國總人口足足損失了15%，對一次魯莽的暗殺來說，代價巨大；同時，塞爾維亞人侵入哈布斯堡王朝的領土卻未能點燃南斯拉夫人起義的大火，這說明當初促使維也納攤牌的那種擔憂是被誇大了。[61]德國人吹噓的海軍又如何？德國的海軍建設對於刺激英國人並把歐洲推向危險的境地可是起了很大的作用。整個世界大戰期間，德國艦隊與英國只交手過一次，

---

* 編註：約40公里。

† 編註：1碼約0.91米。

那是在1916年夏天，在靠近丹麥海岸的地方，英國人在那裏損失的艦隻更多，但德國人後撤了，不願再拿自己的寶貝海軍冒險。

是戰爭本身而不是隨後糟糕的凡爾賽條約帶來了幾十年的可怕影響。「這場戰爭規模巨大，但卻無關緊要，」劍橋大學邏輯學家、英國首相的孫子伯特蘭‧羅素（Bertrand Russell）解釋說，「沒有任何重大的原則受到威脅，雙方都未涉及任何人類的重大目標……英國人和法國人說他們是在為捍衛民主而戰，但他們不希望自己的話被彼得格勒*或加爾各答的人聽到。」[62] 除了害人不淺的偽善，布爾什維克領袖列寧現在深刻地認識到的，還有這樣一個事實，即士兵可以決定整個國家的命運。歐洲各國的統治者和將軍為了天曉得的原因，故意把千百萬人派去送死，而列寧則聲稱，他願意為了現在由於這場帝國主義戰爭而顯得比以往任何時候都要正當的事業──和平和社會正義──犧牲千百萬人。馬克思在《共產黨宣言》中稱讚資本主義的蓬勃活力，但列寧強調的是它無限的破壞性：在他看來，這場戰爭表明，資本主義已經不可逆轉地耗盡了它過去擁有的進步潛能。而歐洲那些未能反對戰爭的社會民主黨人，儘管是馬克思主義者，但在他眼裏，同樣是不可救藥。[63] 在國際範圍的社會主義者當中，列寧此刻表現得非常激進。「我還在『熱戀着』馬克思和恩格斯，任何對他們的惡意非難，我都不能漠然置之」，1917年1月，列寧從蘇黎世寫信給情婦伊涅薩‧阿爾曼德（Inessa Armand）說。「不，這是真正的人！應當向他們學習。」† 他在信的末尾批評了「考茨基派」，也就是被這場戰爭摧毀的社會黨第二國際（1889–1916）的傑出人物、德國社會民主黨人卡爾‧考茨基的追隨者。[64]

列寧給馬克思主義意識形態增添了效仿戰爭技術的政治觀念，而戰時的屠宰場也有助於用戰前所未曾有過的方式，證明這種政治觀念的有效性。[65] 他的宣傳工作實在是太容易了。隨着戰事的日趨激烈，他撰寫了自己的奠基之作──《帝國主義是資本主義的最高階段》（1916），吸收了英國人約翰‧霍布森（John Hobson）和奧地利人魯道夫‧希法亭

---

*　編註：1914年，聖彼得堡更名為彼得格勒，後於1924年更名為列寧格勒。

†　譯註：《列寧全集》第47卷，第534頁。

（Rudolf Hilferding）的觀點，認為資本主義要不是依靠在國外的剝削就注定要滅亡。但是，幾乎用不着讀列寧的書，也可以理解世界大戰與殖民掠奪之間的聯繫。1876至1915年，世界上大片的領土都換了主人，而且往往是用暴力的方式。[66]法國成了一個全球性的帝國，面積比本土大20倍，而英帝國的面積是本土的140倍，殖民地的人口多達數億。在歐洲以外的地方，只有日本設法避開了歐洲人的進攻，並效法歐洲的掠奪政策，在海外建立了自己的殖民地。在德國控制的西南非洲，當殖民地的赫雷羅人起來反抗的時候（1904–1907），鎮壓升級為種族滅絕——而且差點兒就成功了：德國消滅了多達75%的土著人。[67]最臭名昭著的要數小小的比利時帝國——殖民地面積是本土的80倍——在1914年之前的數十年裏，為了橡膠和榮譽，奴役、殘害、殺害了大概一半的剛果人，多達1,000萬。[68]但關於世界大戰，下面這點最重要：即便是在實行法治的國家，政客和將軍對待自己的公民也像對待殖民地的臣民一樣壞，而且往往更壞。索姆河地區的英軍指揮官道格拉斯・黑格爵士將軍（Douglas Haig），毫不在乎他人性命，不管是敵人還是他自己的手下。「在如此偉大的事業中，三年的戰爭加上損失國內十分之一的男人，算不上多大的代價。」黑格在日記中寫道。要是英軍傷亡太小，那在這位將軍看來，就是喪失鬥志的表現。[69]在民主法國，列強中唯一的共和國，1914年有360萬現役士兵，到1917年只剩下不到100萬。陣亡、負傷、被俘或失蹤的約有270萬。平民也一起遭殃。沒有哪個歐洲大城市被廢棄，因為這場世界大戰大多是在村莊和野外進行的，但國家「安全」現在意味着要從文化上摧毀敵人，就像德國人從一開始就在比利時表現出的那樣：圖書館、教堂和作為敵國化身的平民，成了轟炸和故意餓死的對象。[70]「這不是戰爭，」一名負傷的印度士兵1915年從法國的戰場上寫信回家說，「這是世界末日。」[71]

應徵入伍的和擅離職守的

斯大林沒有參加戰爭。1914年夏天，36歲的他正在西伯利亞東北的圖魯漢斯克荒原，進入四年流放期的第二個年頭。這將是他度過的

時間最長的流放期，在靠近北極圈的地方要一直待到1917年。當局這
次把他發配得離鐵路的終點太遠，沒法逃走。當作為歐洲菁華的兩代
男人都被填進無底洞的時候，他只能與蚊蟲和無聊戰鬥。

　　布爾什維克高層誰也沒有到過前線。列寧和托洛茨基在國外過着
舒適的流亡生活。1915年7月，列寧寫信給季諾維也夫說，「您是否記
得柯巴的姓？」顯然，列寧是指柯巴的真名。季諾維也夫想不起來。
1915年11月，列寧寫信對另外一位同志說，「懇請打聽一下（向斯捷普
科〔‧基克納澤〕或米哈〔‧茨哈卡亞〕等人）『柯巴』的姓氏（約瑟
夫‧朱……？？我們忘了）。此事很重要！！」列寧當時想做甚麼，
現在還不清楚。[72]* 很快，他就忙於把征服了全球85%的地方†的力量，
錯誤地歸結為經濟的不可阻擋的推動作用。衝突期間，托洛茨基穿梭
於不同的國家，寫新聞隨筆，談論塹壕戰和戰爭的社會心理影響、美國
以及許多歐洲國家的政治生活，還有社會主義運動在戰爭方面的政治主
張，呼籲用建立「歐洲合眾國」的辦法來阻止衝突。[73] 但斯大林，托洛茨
基後來說，在這場世界歷史上最大的衝突中，在這場對國際社會主義運
動造成衝擊的戰爭中，沒有發表過任何有影響的東西。這位在將來控
制了所有思想的人，戰爭期間沒有留下任何思想，就連日記也沒有。[74]

　　極端的與世隔絕似乎是個原因。斯大林從荒涼的西伯利亞給流亡
歐洲的布爾什維克寫過很多信，懇求把他要的書寄過來，尤其是關於民
族問題的。他想以1913年的文章〈馬克思主義和民族問題〉為基礎，把
自己在這方面的論文編成一個集子。戰爭開始前，1914年初，斯大林
寫好並寄出一篇長文，〈論文化自治〉，但它被弄丟了（而且再也沒有找
到）。[75] 他（在1916年2月）寫信給加米涅夫，說他在寫另外兩篇文章，
〈民族運動的歷史發展〉以及〈戰爭和民族運動〉，而且還附了內容提綱。
他的目的是要解決帝國主義戰爭與民族主義以及國家形式之間的關係問
題，為幅員遼闊的多民族國家提供理論依據。

153

---

* 　譯註：《列寧全集》第47卷，第137、226頁。

† 　編註：這裏是指，在1914年，殖民國家及其殖民地和前殖民地的面積之和，佔據了地表面
　　積的大約85%。

帝國主義作為〔……〕政治表現。「民族國家」舊框架的不足。這些舊框架的瓦解以及建立〔多〕民族國家的趨勢。結果出現了兼併和戰爭的趨勢〔……〕結果出現了民族解放的信念。與兼併原則對立的民族自決原則深入人心。小國（在經濟等方面）明顯的弱點……小國與中等國家完全獨立的存在的不足，民族分離思想的徹底失敗〔……〕一方面是各國廣泛深入的聯合，另一方面是這些國家內部各民族地區的自治。〔……〕在爭取建立歐洲合眾國的過程中，這一點應當在多民族國家內部民族區域自治的宣言中表現出來。[76]

這些思想早於列寧發表的《帝國主義是資本主義的最高階段》，同（遭到列寧猛烈批評的）托洛茨基關於歐洲合眾國的文章在某種程度上是吻合的。但戰爭期間斯大林承諾的兩篇文章——他告訴加米涅夫它們「差不多寫好了」——根本沒有兌現。

與世隔絕並不是全部原因。在流放西伯利亞的時候，斯大林結識了未來的競爭對手揚克爾·「雅科夫」·斯維爾德洛夫 (Yankel "Yakov" Sverdlov，生於 1885 年)，下諾夫哥羅德雕刻師的兒子，他讀完了四年高中。同斯大林一樣，斯維爾德洛夫也是在 1912 年黨的布拉格會議後，被缺席選進布爾什維克中央委員會的。兩人都是被布爾什維克內部同一個保安處奸細馬林諾夫斯基出賣的，有幾年時間都是在圖魯漢斯克度過的，包括在遙遠的庫列伊卡，一個或許只有三四十人的定居點。戰爭期間，斯維爾德洛夫在遙遠的西伯利亞寫了一本歷史小冊子，名為《大流放，1906–1916》，還有許多文章，比如〈國際工人運動史論文集〉、〈圖魯漢斯克地區論文集〉、〈資本主義的沒落〉、〈德國社會民主黨的分裂〉、〈西伯利亞戰爭〉。[77] 他還在信中透露了與斯大林的較量。「我的朋友〔斯大林〕和我在很多方面不一樣，」斯維爾德洛夫在一封郵戳上顯示是 1914 年 3 月 12 日寄往巴黎的信中寫道，「他是一個非常活躍的人，儘管年近四十，但對各種各樣的現象，還是保持了敏捷的反應能力。許多時候，在我感覺不到有任何問題的地方，他都提出了新的問題。從這方面來說，他比我更有活力。不要以為我把他擺在比我高的位置。不，我更優秀 (krupnee)，他自己對此心知肚明……我們打賭

下棋，我把他將死了，然後我們在深夜的時候分別。早上，我們又見面了，而且天天如此，因為在庫列伊卡，我們的人只有我們兩個。」他們曾合住過不長時間。「我們兩人」住在一間屋裏，斯維爾德洛夫寫信給他的第二任妻子克拉夫季婭·諾夫哥羅采娃（Klavdiya Novogorodtseva）說，「和我一起的是個老熟人，格魯吉亞的朱加施維里……他是個正派人，但在日常生活中過於自私。」很快，斯維爾德洛夫就受不了，搬了出去。「我們彼此太瞭解了，」1914年5月27日，他在給一個工程師革命者的妻子利季婭·貝塞爾（Lidiya Besser）的信中寫道，「最悲哀的是，在流放或監禁的條件下，一個人在你面前被剝得精光，甚麼都暴露無遺……現在這個同志和我住在不同的地方，彼此很少見面。」[78]

　　斯大林開始在這種與世隔絕、荒無人煙的環境中自得其樂。有流放西伯利亞的同伴淹死了，斯大林把他的藏書據為己有，壞了流放者的規矩，讓他只顧自己的壞名聲更響了。斯大林還繼續幹着流放的革命者的消遣活動，對農家女孩始亂終棄。他讓房東的女兒、13歲的利季婭·佩列普列基娜（Lidiya Pereprygina）懷了孕，在警方干預時，他只好發誓會娶她，可後來又背叛了自己的諾言；她生下一個男孩，那男孩不久便夭折了。（後來，斯大林記得他在西伯利亞養過一條狗，名叫季什卡，但卻忘了他的那些女伴和私生子。）在圖魯漢斯克冬季的八個月，未來的專政者像周圍那些裹着皮毛的當地部落的男人一樣，靠從河裏的冰上鑿洞捕魚為生，並且長時間獨自在被大雪圍困的幽暗森林裏打獵。（「如果你生活在狼群中，」斯大林後來說過，「你必須表現得像狼一樣。」）[79]暴風雪突然襲來，天昏地暗，差點兒要了他的命。作為曾經的鼓動者和教育者，他還在自己那窗戶沒有玻璃的冷颼颼的出租屋裏，對着當地的雅庫特人和漢特人發表長篇大論，徒勞地想讓他們加入革命鬥爭的行列。他有聽眾，但真正跟他談話的都幾乎沒有，更別說追隨者了。（斯大林的所謂高加索幫，不過是很小的一夥烏合之眾，而且早就散了，再也沒有聚到一起。）他倒是策反了一名可憐的憲兵，是被派來監視他的。這名憲兵為他取郵件，陪他偷偷地看望分散在各個定居點的被流放的同伴。[80]也有一位一同被流放的亞美尼亞人，名叫蘇倫·斯潘達良，由女友薇拉·施魏策爾（Vera Schweitzer）陪伴，沿着冰封的

葉尼塞河向北，長途跋涉來看過他。但極度貧困的斯大林主要是靠通信，向所有自己認識的人要錢要書。「向您，親愛的弗拉基米爾‧伊里奇，致以問候，非常非常熱情的問候，」他寫信給列寧說，「向季諾維也夫問好，向娜捷施達問好！情況怎樣，您的身體還好嗎？我還跟以前一樣啃着麵包，而且刑期快過去一半了。有點無聊，但有甚麼辦法呢？」在給（彼得格勒的）阿利盧耶夫姐妹的求助信中，斯大林抱怨説「在這個該死的地方，大自然荒涼透了」。[81] 他和利季婭又生了一個男孩，名叫亞歷山大，他活了下來──那是他第二個活下來的私生子，但就像在索里維切戈茨克的第一個私生子康斯坦丁一樣，也被他遺棄了。

　　1916年底，斯大林接到入伍通知。但是在1917年1月，在坐着馴鹿雪橇經過六週的艱苦跋涉，從圖魯漢斯克穿過冰原來到西伯利亞南部克拉斯諾亞爾斯克的報到中心後，未來的專政者因為身體缺陷而被取消了服役資格。[82]

　　沙皇國家是怎麼回事，想把斯大林以及同他一起流放的烏合之眾徵召入伍？與大部分列強一樣，俄國在1870年代就通過了普遍兵役制。在那以後，有段時間各國並沒有出錢出力實現這種徹底的動員。在法國，應徵入伍的有一半會在第二年承擔非戰鬥任務，而在德國，可以被徵召入伍的，往往有一半不會報到。在俄國，適合應徵的人員有三分之二被免除兵役。隨着世界大戰的臨近，執行普遍兵役制勢在必行，但各國仍然感到兵力不足。[83] 儘管這樣，到戰爭爆發的時候，俄國還是把世界上最龐大的力量，1,400萬士兵，派上了戰場。英國和法國將其盟友的大軍稱為「壓路機」。另外，俄國不顧徵兵引起的騷亂，單是在1914年下半年，就新徵召了500萬人。[84] 但是，就像整個軍官團在1914年非死即傷一樣，戰爭也吞噬了應徵入伍的士兵。至少有200萬俄軍士兵在戰鬥中陣亡。[85] 沙皇當局只好進一步挖掘兵源。[86] 1914年，帝俄總人口估計有1.78億，適合服兵役的近1,800萬，其中的1,500萬都會被徵召入伍。這是個龐大的數字，但是從比例上來説，卻要小於法國（4,000萬中的800萬）或德國（6,500萬中的1,300萬）。當然，戰爭期間俄國莊園的僱工減少了幾乎三分之二，俄國工廠的熟練工人也往往走光了。徵兵還帶走了俄國一半的小學教師（數量本就不多）。可俄軍在數量上

相對有限，意味着沙皇政權對這個廣袤帝國的控制力有限。俄國沒能充分利用那種讓德國指揮部膽寒的力量，也就是龐大的人口。[87]

可是，一旦上了戰場，俄國官兵的表現卻很好，儘管在一開始的時候，炮彈、步槍、子彈、衣服和靴子都短缺，而且情況比其他參戰國嚴重。[88] 1914年8月至12月，俄軍攻入德國的東側，並逐漸擊潰了奧匈帝國。在對陣奧斯曼帝國的軍隊時，俄軍的表現要遠遠好過英國人，他們在奧斯曼人錯誤地以為可以得到俄國穆斯林的響應而於1914至1915年冬季入侵俄國後，取得了最終的勝利。然而問題在於，回過神來的德國人打退了俄軍最初的進攻，並將俄軍包圍在（但澤東南的）坦能堡，接着又迫使俄軍後撤了300英里。[89]* 到1915年底，德國人指揮的軍隊不但奪回了俄軍前一年在哈布斯堡王朝的加利西亞佔領的領土，而且還侵佔了俄屬波蘭——連同它的重要工業設施和煤礦——白俄羅斯大部以及（波羅的海沿岸的）庫爾蘭，從而威脅到彼得格勒。不過，從1914年到1916年，俄軍在東線纏住了同盟國的一百多個師；到1917年為止，俄國俘虜的德軍人數比英法兩國加起來還多。[90]

君主專制為革命作好了準備

參戰時的俄國有一部附加在君主專制上的沒有約束力的憲法；在杜馬與君主專制的對抗中，雙方都不體諒也不同情對方。[91] 尼古拉二世堅持君主專制，儘管它絲毫沒有讓他個人覺得開心，而且他其實並不適合扮演那樣的角色。[92] 不過，沙皇對立憲派常常佔據上風：杜馬很少被召集開會。它在1914年7月26日開過一天會——為的是批准戰爭撥款（走個過場）——在1915年1月26至29日開過三天會。[93] 1915年的撤退井然有序，給德國人留下深刻的印象（而且阻擋了德國人前進的步伐），但仍被說成是一場潰敗，之後，尼古拉二世倒是把杜馬又召集起來開了會，後來在1915年8月，立憲民主黨首腦帕維爾·米留可夫成了六個

---

*　編註：約483公里。

157

政黨聯合組成的「進步集團」的領導人。「進步集團」包括近三分之二的
杜馬代表，它的目標是用代表們所謂的一個獲得信任的政府去加強俄國
在戰爭方面的努力。[94] 這在某種程度上意味着沙皇任命的內閣得到了杜
馬的肯定，但內務大臣懷疑立憲派實際上是追求真正的議會制度，即
一個能反映大多數選民意志的政府，因而指責杜馬主席米哈伊爾‧羅
將柯 (Mikhail Rodzyanko)「愚蠢而且誇誇其談」，還說「你們就想湊到一
起，提出各種各樣的要求：對杜馬負責的大臣，興許還有革命」。[95] 與
此同時，俄國的保守派也試圖用一個「保守聯盟」來對抗「進步集團」，
但是在1915年8月，右翼分子失去了他們最重要的領袖之一，彼得‧
杜爾諾沃。他突發中風，昏迷不醒之後去世。[96]

　　比失去杜爾諾沃更重要的是，尼古拉二世繼續阻撓右翼政黨為了他
的利益而組織起來，認為那是企圖「干涉」他的專制權力。[97] 他甚至不讓
私人秘書去安排自己負責的龐雜的事務和落實自己的決定，因為他擔心
受制於秘書；結果這位「專制君主」的所有信件都是他親自拆封的。後
來托洛茨基說過，**羸弱的君主專制就該有這種羸弱的專制君主**。在某
種意義上的確如此。錯失了很多機會的亞歷山大三世曾經千方百計地
突顯意志和權威；要是他沒有因病早逝，1914年他就是68歲。不過，
在他統治時期的所有事實表明，他也會死死抱住君主專制及其缺乏連
貫性的特點。對於大臣的任命，專制君主大權獨操，無需議會的推薦
和批准，結果，只要沙皇更看重表面上的忠誠和血統而不是能力，那就
甚麼也做不了。1914年7月至1917年2月，俄國連換了四位總理和六位
內務大臣，他們全都淪為笑柄。[98] （許多時候，有能力的官員漸漸都選
擇敬而遠之。）對於1915年的軍事危機，大臣們起初十分沮喪。同時，
尼古拉二世任命的將軍常常推卸他們自己造成的問題。[99] 可以想見，針
對1915年的危機，尼古拉二世作出的反應就是，暫停他所憎惡的杜馬
的活動。與此同時，沙皇以為由他來親自擔任前線的最高總司令，就
可以鼓舞部隊的士氣，並在更大範圍內鼓舞人民的士氣了。[100] 1915年9
月，尼古拉二世解除了身材魁梧的堂兄尼古拉大公的職務——尼古拉大
公在家族中被稱為「尼古拉沙」(Nikolasha)，在民眾中是「尼古拉三世」
——並搬到位於莫吉廖夫 (Mogilyov) 的大本營。

俄國的權力集團中凡有資格提出建議的幾乎全都反對這麼做。這
其中，沙皇的12位大臣中有8人是**以書面形式**，另有2人是以口頭形
式。他們擔心，戰爭投入每況愈下，現在會直接敗壞君主和君主制的
名聲。他們的懇求是徒勞的：即使是壓倒多數的國家高級官員都無力
糾正專制君主的意志。除非是君主自己回心轉意（這很少見），沙皇制
度根本沒有提供任何糾錯機制。

　　沙皇有名的個性缺陷得到了充分而致命的表現。在距離令他惱火
的俄國首都大約490英里*的莫吉廖夫，尼古拉二世好像終於找到了他
渴望但又難以尋覓的世界：「沒有政黨，沒有紛爭，沒有政府，沒有反
對派……只有團結一心的俄國人民，準備長期戰鬥下去，直到流盡最
後一滴血。」尼古拉二世帶着他的英國賽特犬長時間地閒逛，坐着他的
勞斯萊斯到鄉村去，聽音樂，玩多米諾骨牌和單人紙牌，看電影——這
讓人想起他曾經幾次離開聖彼得堡，避居克里米亞。沙皇偶爾也會讓
人把阿列克謝帶到莫吉廖夫參觀，於是，皇儲就「到處扛着槍，邊走邊
唱」，讓戰爭會議為之中斷。不錯，尼古拉二世是喜歡軍事慶典的浪漫
氣氛，可他對於戰略戰術幾乎一無所知，但話又説回來，尼古拉沙（畢
業於總參軍事學院）和德皇威廉二世也都一樣。尼古拉二世任命的總參
謀長是才華橫溢的米哈伊爾·阿列克謝耶夫（Mikhail Alexeyev）將軍，他
個頭較小，卻是「一支巨大的軍事力量」。[101] 同時，國內的戰爭動員和
政治局勢也必須處理好，尼古拉二世跑到莫吉廖夫，實際上是把戰時的
帝國首都交給了他的妻子，而不是交給維特或斯托雷平那種強有力的政
治人物。[102] 被法國大使説成「總是愁眉苦臉，不知道在渴望甚麼，在興
奮、疲憊……輕信和迷信之間變來變去」的亞歷山德拉，很樂意在人事
和政策上指手畫腳，讓自己的「專制君主」丈夫接受既成事實。[103]「不要
擔心後方的事，」她寫信對他説，「不要笑話傻老婆子，她可是無形的當
家人。」[104] 對俄國的國家官員和正在為祖國的存亡而戰的軍官團而言，
對戰時政府的所見所聞就像是匕首刺入他們的心臟。

---

* 　編註：約789公里。

　　不管尼古拉二世有甚麼樣的個性缺陷，要論做一個專制君主，亞歷
山德拉比他還要低上幾個檔次。再者，她是德國人。聽上去像德國地
名的聖彼得堡已經改成了彼得格勒，但是，俄國已經陷入極端的間諜
恐慌。「社會中沒有哪個階層可以保證説沒有間諜和叛徒。」有位軍事
檢察官憤怒地説——他逮捕了幾百人，包括服役時間很長的陸海軍部長
弗拉基米爾‧蘇霍姆利諾夫將軍 (Vladimir Sukhomlinov)。蘇霍姆利諾
夫將軍沒有叛國，但對他的公審暴露出的根深蒂固的腐敗與無能被傳
得沸沸揚揚，具有很大的破壞力和煽動性 (那種危險而混亂的局面很像
日後布爾什維克上台時的情形)。[105] 亞歷山德拉也不斷給尼古拉寫信，
提到「背叛的大臣」和「背叛的將軍」。但是很快，有關「黑暗勢力」的傳
言便落到她和她身邊人的頭上，其中就有格里戈里‧拉斯普京 (Grigory
Rasputin，諾維赫〔Novykh〕)。拉斯普京 1869 年出生於西西伯利亞，是
貧苦農民的兒子，沒受過教育，俄文也寫得不好，是個神神叨叨的流浪
漢和假冒的修士，卻被沙皇和皇后稱為「我們的朋友」，擠進了權力核
心。謠傳他不但聞起來像山羊 (因為不洗澡)，在性事中也像山羊。他
同非法的赫雷斯蒂教派 (Khylsty) 有聯繫，他從該教派學會了如何讓人
充滿喜悦 (*radenie*)，或者「用罪孽的方式祛除罪孽」。拉斯普京建議信眾
聽從誘惑，尤其是肉體的誘惑。他説：「如果沒有先犯下罪孽，我們怎
麼可能懺悔？」[106] 宮闈秘事以漫畫的形式傳開了：拉斯普京善於播弄的
手從亞歷山德拉裸露的乳頭伸了出來。那是編造的。不過，就像保安
處指出的，他在飯店接近一些女歌手，並在開始談話時暴露自己的陽
具。這個假冒的「聖人」欣然接受那些想要借重其宮廷影響的貴婦們的
獻身，還給大臣們送去半通不通的政策備忘錄。拉斯普京睚眦必報，
官員們擔心惹到他，就經常向他行賄，但也有少數人開始反擊。1914
年 6 月 29 日，弗朗茨‧斐迪南大公在薩拉熱窩遇刺的第二天，一個意
圖行刺的女人——她同一位拉斯普京的對頭修士有聯繫，而那修士有宮
廷中的大人物撐腰——用刀刺進了這位神秘主義者的肚子，拉斯普京的
腸子流了出來，可沒有死掉。[107]

　　戰爭期間，俄國幾個最高級的政府大臣想把這個「西伯利亞流浪漢」
趕出首都，竟然沒有成功。亞歷山德拉的態度很堅決。[108] 為甚麼？為

160

甚麼她要讓一個淫蕩的騙子和傳說中的德國奸細插手俄國的政務？答案有兩點。首先，雖說有各種傳聞，認為拉斯普京在借亞歷山德拉之手管理國家事務，但實際上卻是皇后利用了那個假修士，借他之口把她在人事和政策上的偏好說成是「上帝的意志」，好讓她想做的事情更容易被虔誠的尼古拉二世接受。在亞歷山德拉拿不定主意的時候，拉斯普京的影響就開始顯現了，可他自己也沒有任何明確而穩定的政見。[109]其次，血友病讓皇儲每天都有可能遭遇不測，內出血會流進關節、肌肉和軟組織，而且根本沒有現成的治療辦法，但拉斯普京可以設法緩解「小傢伙」的症狀。

　　尼古拉二世一家肯定是飽受折磨。他的大弟（兼第二順位繼承人）亞歷山大幼年時死於腦膜炎（1870）。二弟格奧爾吉大公是尼古拉二世童年的玩伴，1899年28歲時死了（沙皇保存了一盒格奧爾吉講的笑話，他把它們寫了下來，人們可以在宮中聽到他獨自大笑）。結果，尼古拉二世的幼弟米哈伊爾就成了皇儲，直到1904年阿列克謝出生，讓他成了第二順位繼承人，萬一尼古拉二世在阿列克謝成年（1920）前去世，米哈伊爾就出任攝政。後來發現，阿列克謝患有不治之症血友病。那是1912年秋天，就在沙皇治下的華沙的一處皇家獵場，八歲的阿列克謝在從船上下來時，磕到了自己的大腿。這件很平常的事情造成大量內出血，腹股溝旁出現了一個血瘤，血瘤開始感染並引發高燒（華氏105度*）。生命垂危，但不能手術，因為手術時會流血不止。尼古拉和亞歷山德拉向他們最崇敬的聖像祈禱。他們還向拉斯普京求助。「上帝看到了你們的眼淚，也聽到了你們的祈禱，」他在回西伯利亞的途中打電報說，「小傢伙不會死的。」不可思議的是，在接到電報後，血就止了，高燒也退了，血瘤也消了。[110]醫生們非常震驚；沙皇夫婦對那位充滿魔力的聖人的信賴也越發堅定。對於拉斯普京與尼古拉以及亞歷山德拉建立的親密聯繫，米哈伊爾大公也起了作用。1912年秋天，當人們私下傳說已經給皇太子阿列克謝舉行臨終儀式時，作為第二順位繼

161

---

*　編註：約40.6攝氏度。

承人的米哈伊爾，就好像有意要放棄繼承權，帶着情婦娜塔莉亞·武爾費爾特 (Natalya Wulfert)——一介平民，同時還是離過婚的女人——巧妙地避開保安處，私奔到維也納。這樣一來，除了那個說不準能活多久的小男孩，再沒有別人了。[111] 阿列克謝後來又發生過幾次危及生命的事情，比如從椅子上摔下來，打噴嚏使的勁大了，但每次都能靠拉斯普京的胡說八道使小男孩 (以及小男孩的母親) 鎮靜下來並把血止住。

神秘主義的思想和儀式盛行於俄國的特權等級，這一點跟歐洲各國的貴族一樣，可尼古拉和亞歷山德拉對皇朝前途的擔憂是完全合理的。但在歐洲的各個君主國，對宮廷事務保密屬於常例，所以俄國皇室拒絕透露那個可以解釋一切、或許本來還可以得到民眾同情的國家秘密。甚至連高級將領和政府大臣都不知道阿列克謝的實情。在由此造成的信息真空中，公眾到處都在津津有味地議論着那位假修士與亞歷山德拉的醜事以及他在宮中的奸黨。有關的傳說紛紛出版，它們對君主制的破壞作用，讓全部的所謂間諜 (比如蘇霍姆利諾夫) 都望塵莫及。街頭小販用《羅曼諾夫家族秘聞》、《格里戈里·拉斯普京的生平和歷險》之類印數達 2 萬到 5 萬的小冊子，幫助摧毀了羅曼諾夫家族的形象。印有圖畫的明信片、滑稽短劇、順口溜，還有笑話，向不識字的人們傳播着關於君主制的腐朽與叛國的故事。[112]「要是德國人已經接管了，」前線的士兵開始說，「打仗還有甚麼用？」[113]

最奇怪的是，儘管如此，到 1916 年的時候，在一些與國家行政部門聯繫密切的自發組織起來的公共團體協助下，俄羅斯國家的戰時經濟有了很大改觀。[114] 在此之前，俄國的武器大部分都要從國外購買，而且士兵通常很難得到與自己的武器相匹配的彈藥——那些武器除了老掉牙的俄國別達納式，還有日本的有坂式、美國的溫切斯特式和英國的李—恩菲爾德式。[115] 前線部隊缺少炮彈，缺少步槍，缺少制服，缺少靴子 (軍隊**每週**需要 25 萬雙靴子)。[116] 但在打了兩年戰爭後，俄國開始生產出數量充足的步槍、彈藥、無線電裝置和飛機。[117] 1916 年，俄國的經濟十分活躍，就業率、工廠利潤和股市都在上漲。阿列克謝·布魯西洛夫將軍 (Alexei Brusilov) 利用製造業的迅速發展和剛剛取得的對敵陣地空中偵察的優勢，在 1916 年 6 月發動了一次大膽的攻勢。從技術

上來説，作為俄國為了減輕英法的壓力（它們在凡爾登和索姆河陷入了苦戰）而發動的對德攻勢的一部分，他不過是實施側翼支援，打擊奧匈帝國。但布魯西洛夫在攻擊寬大正面＊的時候，採取了一種還比較粗陋的先進技術──炮兵與機動步兵的聯合作戰，結果僅僅用了幾週時間，就突破了奧匈帝國的防線，擊潰了它的後衛部隊。他的部隊殲滅了奧匈帝國近三分之二的東線軍隊：敵軍傷亡60萬人，被俘40萬人。[118] 驚慌失措的奧軍參謀長警告説：「必須儘快謀求和平，否則即使我們能夠倖存，也會受到致命的削弱。」[119] 結果反倒是德國陸軍元帥保羅．馮．興登堡（Paul von Hindenburg）被派去直接指揮哈布斯堡的軍隊──他稱之為「東線已知的最嚴重的危機」。[120]

「我們贏得了戰爭」，俄國外交大臣吹嘘，但他又補充説「還要再打上幾年」。[121] 最後，俄國自己的將軍拆了布魯西洛夫的台。一名不服從命令的將軍甚至把精鋭的帝國近衛軍──「從身體來説是歐洲最優秀的人形野獸」──開進沼澤，讓他們成了德國飛機的活靶子。[122] 另外，鐵路部門言而無信，布魯西洛夫的補給難以為繼。布魯西洛夫自身也損失慘重，傷亡和失蹤的俄軍多達140萬，而且沒有任何預備隊。最後的羞辱是拜羅馬尼亞所賜。正是因為布魯西洛夫的成功，羅馬尼亞才加入協約國，可是等到災難性的羅馬尼亞軍隊投入戰鬥的時候，布魯西洛夫又不得不去救援。不管怎樣，布魯西洛夫取得了協約國在整個戰爭中唯一的最佳戰績，因此，俄國國內的樂天派都指望1917年會成為接近軍事勝利的一年。但在政治方面，情況似乎越來越不穩定。「在我們的君主制國家，」有位從前的司法大臣在1916年説，「只有少數人是君主派。」[123]

很快，更有可能到來的似乎不是勝利，而是政治劇變。1916年秋天，彼得格勒郊外──後方部隊在那裏補充了尚未接受訓練的新兵，而那些新兵與工人的關係十分友好──發生了一連串的兵變，有些甚至是整團的士兵都參與了。[124] 尼古拉二世給這座作為皇朝象徵的火堆

163

＊　編註：寬大正面（wide front），與狹窄正面（narrow front）相對。

增添了許多燃料，把被指控為叛徒的蘇霍姆利諾夫——據説他得到了
亞歷山德拉的支持——由囚禁改為軟禁。1916年11月1日，受人尊敬
的帕維爾‧米留可夫在杜馬發言中大罵政府，指責它對戰爭的領導不
力。為表示強調，他用了一個響亮的説法：「這是愚蠢還是叛國？」許
多代表不停地喊着「愚蠢」，其他人喊着「叛國」，也有不少人大聲叫嚷
「都是！都是！」人們對米留可夫報以熱烈的掌聲。[125] 這種煽動性的言
論被禁止發表，但杜馬中一位失望的君主派分子弗拉基米爾‧普利什
凱維奇，俄羅斯人民同盟的著名成員，讓人在前線偷偷散發了幾千份
宣傳單。普利什凱維奇本人在杜馬中公開指責政府大臣是「拉斯普京的
玩偶」。在杜馬放假休會前的幾個小時，普利什凱維奇幫助謀殺了拉斯
普京。陰謀的領導者是費利克斯‧尤蘇波夫公爵 (Prince Felix Yusupov)
和沙皇的堂弟德米特里‧帕夫洛維奇大公 (Dmitri Pavlovich)，另外還
有英國情報機關的官員。幾天後，1916年12月19日，在首都冰凍的
河水中發現了拉斯普京滿是彈孔的殘屍。[126] 尼古拉二世既如釋重負，
又有點反感。[127] 但權力集團的許多人，在為這起轟動一時的「德國內
奸」死亡事件歡欣鼓舞的同時，繼續敲響警鐘。亞歷山大‧米哈伊洛
維奇大公 (Alexander Mikhailovich) 在拉斯普京被謀殺後寫信給堂侄沙皇
説：「聽起來可能有點奇怪，尼基，我們正在見證一場由政府推動的革
命。」[128]

　　不可思議的是，戰爭期間，君主不在首都；同樣不可思議的是，一
個假修士在君主不在的時候橫行宮廷；政府中進進出出的大臣都是些
碌碌無為的小人物；所有報紙的頭版，所有的街角議會，還有杜馬，
講的都是叛國的故事——君主專制的形象變得破爛不堪。「我不得不報
告，」1917年1月，俄國最親密的盟友法國的大使莫里斯‧帕萊奧洛
格 (Maurice Paléologue) 打電報給巴黎説，「俄羅斯帝國現在是瘋子管理
的。」[129] 人們在公開議論即將發生的宮廷政變，想着是尼古拉二世和亞
歷山德拉兩人都被殺掉呢，還是只有亞歷山德拉會被殺掉。[130] 在大本
營，阿列克謝耶夫將軍和高級將領們討論了他們是怎樣自行指揮布魯西
洛夫攻勢的，並開始考慮在以前是不可想像的事情。但是，如果左翼
勢力率先舉行暴動對付尼古拉二世怎麼辦？

最後最後一根稻草

革命就像地震：人們總在說要革命了，要革命了，結果它們有時 164
候就真的發生了。整個1916年，包括到1917年初，保安處的幾乎所有
分支機構都在警告即將發生革命（以及反猶大屠殺）。[131] 當時，革命的
高層領導誰都不在俄國，列寧、馬爾托夫、切爾諾夫、托洛茨基都在
國外，而保安處又讓許多居住在彼得格勒的不太重要的社會主義領導
人都無所作為——若是後者還沒有因為政治失誤而無所作為的話。[132]
1917年1月9日是「流血的星期日」12週年紀念日，這一天，17萬罷工
者齊聚首都，高喊「打倒賣國政府！」、「打倒戰爭！」，但這一天並沒
有發生革命，因為很多人被捕了。1917年2月14日，首都的9萬工人
舉行罷工，警方再次進行大逮捕。[133] 罷工在繼續；2月22日，普梯洛
夫工廠因為工資問題而停工，導致成千上萬的工人走上了街頭。[134] 許
多工廠因為缺少燃料而停產，結果，更多的工人空閒下來。就好像天
意注定，在寒冷的1月過後，彼得格勒的天氣一反常態，變得暖和起
來。2月23日這天是西曆3月8日國際婦女節，大約有7,000名低工資
的婦女排着隊，走出彼得格勒的各個紡織廠，她們不僅高呼「打倒沙
皇！」、「打倒戰爭！」，還高呼「麵包！」國際婦女節這天遊行的人為甚
麼要麵包？與傳說相反，沙皇國家當時已經解決了戰爭中的大部分緊
迫問題，布魯西洛夫攻勢的補給十分充足就證明了這一點（到1917年
底，炮彈儲備總數將達到1,800萬枚）。[135] 但沙皇國家的糧食供應組織
得不好。[136] 國家的糧食供應告急，可以說是壓垮駱駝的最後最後一根
稻草。

俄國戰前提供的糧食養活了德、英兩國，其小麥出口佔全球的
42%。帝俄就像一台輸出糧食的巨型機器，從筒倉到鐵路，把大量勞動
果實千里迢迢輸送到遠方的市場，直到戰爭中斷了對外貿易——從理論
上說，對外貿易的中斷，意味着有更多的糧食可用於俄國國內的消費
（俄國國內的消費標準比較低）。[137] 當然，由於農民上了前線或進了城，
糧食的播種面積略有下降，而且西部地區已淪為敵佔區。再者，軍隊
的那些士兵，原先是種糧的，現在變成吃糧的——他們在1916年消耗

的糧食佔到全國可銷售糧食的一半；[138] 但這不是問題的關鍵。幾乎被所有人拿來當替罪羊的運輸系統也不是**主要**問題。不錯，鐵路網絡是沒有組織好，沒有讓糧食在帝國**境內**的市場流通起來。可更根本的問題在於，許多農民拒絕把糧食賣給國家，因為糧價太低，而農民需要的工業品（比如長柄的大鐮刀）價格卻漲幅驚人。[139] 更根本的問題或許還在於戰時的國家控制。在對商業活動根深蒂固的敵意的推動下，它排擠了受到詆毀但實際上必不可少的中間商（小糧商），而自己又沒能成為合適的替代者，結果擾亂了國內的糧食市場。[140] 因此，到了1917年1月底，儘管俄國還有存糧，但從南方產糧區**運到**北方首都的糧食卻不到每天最低消耗量的六分之一。[141] 政府此前一直拒絕實行配給制，因為它害怕這會讓人以為糧食供應難以為繼。但最後，2月19日，政府宣佈，從3月1日起，開始實行配給制。這樣做的本意是要緩和局勢，結果卻引發恐慌和搶購。麵包店的櫥窗被砸。有人看到，麵包店的人可能是為了投機，把貨全拉走了。彼得格勒的居民通過口口相傳還得知，許多麵包店因為麵粉不夠，一天只營業幾個小時，但是在高價餐館，卻總是可以吃到剛剛出爐的白麵包。[142] 保安處的一個密探猜測說：「處於地下狀態的各個革命黨正在準備發動革命，可革命即使發生，也會像饑餓騷亂一樣，是出於自發。」[143]

在沙皇政府宣佈即將實行配給制後，僅過了四天，婦女們就為了麵包走上了彼得格勒街頭；而在她們遊行後不到七天，擁有幾百年歷史的俄國君主專制就瓦解了。

1917年冬天，俄國沒有發生1891年或1902年那樣的饑荒。那兩次仍讓人歷歷在目的饑荒，沒有導致政權被推翻。（1891至1892年的饑荒至少奪走了40萬人的生命。）[144] 世界戰爭期間，德國的糧食短缺——部分原因在於英國的封鎖，為的是讓平民挨餓，從而擊垮德國的意志——在1915年秋末已經引發了幾次比較大的城市騷亂，而且這樣的騷亂每年都有，但德意志國家一直堅持到1918年德國政權輸掉戰爭。無論是反饑餓遊行還是總罷工，都還不是革命。誠然，社會主義鼓動家在湧向工廠和兵營，希望他們的觀點被人接受。[145] 在首都，到處可以聽到像斯大林在梯弗利斯的每個五一節都要唱的那些革命歌曲，到處可以聽

到新式的稱呼（「公民」和「女公民」），尤其是關於戰爭中無意義的殺戮和高層政治腐敗的扣人心弦的故事，它們填補了沙皇制度中出現的精神空白，讓人民能夠團結一心。[146] 有些彼得格勒的示威者開始搶劫和酗酒，但其他許多人把毛巾、破衣服和舊毯子塞在外套下面，以對付預料中的哥薩克騎兵的鞭打。1917年2月底佔據彼得格勒街頭的喧鬧的人群是勇敢而堅定的。不過，即便他們往往是勇敢而堅定的，但革命卻很少發生。革命不是由街頭堅定的人群造成的，而是由精英集團拋棄現存的政治秩序造成的。罷工以及反饑餓的示威活動**表明**，專制政權已經成了空架子。幾乎沒有人會維護它。

關鍵在於，走上街頭的不僅是婦女：布魯西洛夫將軍在發出警告，軍隊只有不到十天的糧食——毫無疑問，他和其他將領是在責怪君主專制。「所有革命都是在上層開始的，」沙皇政府的一位官員寫道，「我們的政府成功地把國內最忠誠的那部分人變成了批評者。」[147] 在高層、甚至在羅曼諾夫家族的大公當中，想要鋌而走險、廢黜沙皇的陰謀迅速增多。早在1916年底，前杜馬主席亞歷山大·古契科夫（Alexander Guchkov）就和杜馬副主席聯合起來，主動與大本營商量，準備（設法）逼迫尼古拉二世讓位給阿列克謝，由米哈伊爾·亞歷山德羅維奇大公攝政，同時任命一個對杜馬負責的政府。（古契科夫的計劃之一就是「奪取」沙皇專列。）在一個類似的陰謀中，總參謀長阿列克謝耶夫將軍同格奧爾吉·李沃夫公爵（Georgy Lvov）商量，準備逮捕亞歷山德拉，如果尼古拉二世反對，就逼他讓位給尼古拉沙大公（當時在梯弗利斯）。更嚴重的是，1917年1月，在反饑餓示威和罷工活動之前，戰功卓著的亞歷山大·克雷莫夫中將（Alexander Krymov）請求與杜馬主席米哈伊爾·羅將柯以及一些經過挑選的杜馬代表舉行私人會晤，告訴他們「軍隊的情緒現在到了所有人都樂於聽到政變消息的地步。必須那麼幹……我們會支持你們的」。[148] 當然，要是工人不罷工，那就永遠無法知道，針對尼古拉二世的政變陰謀會不會有一個變成現實。但是，既然群眾已經佔據了首都街頭，精英們也就乘機拋棄了專制君主。

鎮壓與拋棄

167　　　在婦女們為了麵包走上街頭前夕，尼古拉二世曾經短暫回過位於皇村——就在首都外面——的亞歷山大宮，但是在2月22日，他又返回自己在莫吉廖夫的避難所。在那裏，他埋頭閱讀法國史中尤利烏斯·凱撒征服高盧*的那一段。(儘管法國是俄國的盟友。)「在這裏，我的大腦比較輕鬆，絲毫不用為大臣和瑣事操心。」沙皇在2月24至25日寫信對亞歷山德拉說。[149] 在那些無須為瑣事操心的日子，彼得格勒一半的勞動力，多達30萬的憤怒民眾，罷工並佔領了俄國首都重要的公共場所。亞歷山德拉作為沙皇瞭解騷亂情況的重要消息來源之一，對罷工者不屑一顧，認為那是「流氓鬧事，年輕男女到處奔走，叫嚷他們沒有麵包」。她讓丈夫放心，騷亂會隨着暖和得有點反常的天氣一同過去。[150] 但沙皇還有別的情報來源。因為優柔寡斷而幾乎受到所有人嘲笑的尼古拉二世，從前線下達了一份毫不含糊的命令，要求準備鎮壓。

　　　先前日俄戰爭在首都引發的大規模起義，聲勢嚇人，卻沒有成功。[151] 尼古拉二世這次明顯掉以輕心，或許跟1905至1906年成功地使用武力有關。[152] 當然，那是在彼得·杜爾諾沃掌權的時候，是在斯托雷平五年的發奮努力還沒有以失敗告終之前，是在拉斯普京的垮台剝奪了君主專制僅剩的一點點合法性之前。這次，負責首都安全的是彼得格勒軍區司令謝爾蓋·哈巴洛夫少將 (Sergei Khabalov)。當然，他是一個坐辦公室的將軍，從來沒有在戰場上指揮過部隊。哈巴洛夫的助手包括亞歷山大·巴爾克少將 (Alexander Balk)。巴爾克少將在被德國人趕出華沙後，被尼古拉二世任命為彼得格勒城防司令，因為其他所有候選人都不能就任。巴爾克是亞歷山德拉和拉斯普京的寵兒，聽命於內務大臣亞歷山大·普羅托波波夫 (Alexander Protopopov)，那是俄國在13個月內的第五任內務大臣。後者反覆無常，口若懸河，沉溺於一連串的狂想，先前曾把自己的紡織公司搞得差點兒破產，現在則通過降神會聽從拉斯普京亡靈的指點。[153] 尼古拉二世本來迅速就改了主意，想要

---

*　編註：古羅馬地名，所在地區包括現今的法國、比利時等。

解除普羅托波波夫的職務，但經不住亞歷山德拉的反對。他寫信對她說：「我為普羅托波波夫的事感到抱歉；他是個好人，一個誠實的人，但不太果斷。現在把內務部交給這樣的人有點兒冒險。我懇求你不要把『我們的朋友』扯進這件事。這只是我的分內之事，我希望不要干涉我的選擇。」[154]

　　結果，這位讓人不放心的內務部長普羅托波波夫，反倒獲得了近乎獨裁的權力——「為了挽救局勢，可以做任何有必要做的事情，」沙皇告訴他。但普羅托波波夫不是杜爾諾沃。後來，任命普羅托波波夫時的任人唯親——他不僅受亞歷山德拉和拉斯普京寵幸，還是羅將柯和其他政府官員的寵兒——被當成了二月革命的替罪羊。[155] 但哈巴洛夫和巴爾克一直在準備鎮壓。不錯，在被普遍視為警察國家的俄國，1917年的時候在首都只有6,000名警察，人數太少，無法事先阻止大規模集會。但俄國出於軍事和政治目的，在後方養着龐大的衛戍部隊：單是駐守彼得格勒的就至少有16萬人，30英里* 之內還有17萬人。那是和平時期的兩倍。[156] 1905年，沙皇政權逃過一劫，當時整個聖彼得堡的衛戍部隊只有2,000人。[157] 1917年，後方龐大的軍隊不過是些士官生和沒有受過訓練的新兵，但首都的衛戍部隊大多是騎兵 (哥薩克) 和精銳的近衛部隊。這是一支令人生畏的力量。實際上，1917年2月初，之所以要從北方戰線分離出一個彼得格勒軍區，就是為了騰出部隊，平定預計會出現的國內騷亂。[158] 現在，那些示威活動就要開始了：2月24日早晨，人們再次為了麵包走上街頭。

　　2月25日晚上9時左右，尼古拉二世打電報給哈巴洛夫：「我命令你明天立即平定首都的騷亂。在這個與德、奧交戰的困難時期，是不能允許有這些騷亂的。」[159] 哈巴洛夫和巴爾克注意到，有些哥薩克在面對彼得格勒的抗議人群時猶豫不決。「2月25日這天完全被我們浪費了，」巴爾克後來回憶道，並且指出，「群眾感覺到當局的軟弱，於是變得肆無忌憚。」[160] 現在，有沙皇的命令在手，哈巴洛夫和巴爾克在2月

---

*　編註：約48公里。

25日快到半夜的時候，通知政府大臣開會，討論第二天即將開始的鎮壓問題。疑雲籠罩着那處舉行政府會議的私宅。聽說要鎮壓，外交大臣建議，他們大家「立刻去見至高無上的皇帝，懇請陛下找別人來代替我們」。大臣們多數都傾向於盡力找到同杜馬達成妥協的方案。[161] 但就在凌晨短短的幾小時，保安處動手抓捕了一百多位知名的革命者，而在當天（2月26日）晚些時候，接到命令的帝國軍隊向赤手空拳的示威者開了火，有些還動用了機槍。約有50人被打死，一百多人受傷（在一座300萬人口的城市）。[162] 顯示武力似乎讓興高采烈的示威群眾泄了氣，也讓政府大臣們挺直了腰桿。[163] 1917年2月26日晚上，保安處處長打電話給彼得格勒城防司令巴爾克，報告說他估計「騷亂的強度明天會減弱」。就像1906年一樣，鎮壓似乎起了作用。[164]

可這樣的自信不合時宜。保安處的分析家們說得對，1905至1906年，只是因為軍隊的忠誠才挽救了沙皇政權。而現在，有位保安處的密探推測說：「一切都取決於軍隊。如果他們不站到無產階級一邊，這場運動很快就會平息。」[165] 可不妙的是，一支精銳的近衛部隊，帕夫洛夫斯基近衛後備營，試圖阻止殺害平民。另外一支近衛部隊，沃倫團的士兵執行了命令。[166] 但那些沃倫近衛團的士兵連夜討論了他們殺害赤手空拳的平民這一問題，結果在2月27日，當人們再次大膽地在街頭聚集時，24,000名沃倫團的士兵站到了抗議者一邊。[167] 突然倒戈的沃倫團士兵又跑到附近其他部隊的兵營，煽動其餘的首都衛戍部隊發動兵變。忘乎所以的叛亂分子洗劫並放火焚燒了保安處總部。[168] 他們還把關在監獄的罪犯和同志放了出來——許多人都是在幾天前保安處的大搜捕中被抓的——並且闖進武器庫和兵工廠。武裝士兵開着搶來的卡車和裝甲車，在彼得格勒橫衝直撞，朝着任意方向胡亂射擊。[169]「我正在竭盡所能撲滅叛亂」，哈巴洛夫打電報給大本營說，但他也懇求他們「立即從前線派來可靠的部隊」。當天夜裏的晚些時候，他通知大本營說：「叛亂分子現在佔據了首都大部分地方。」[170] 哈巴洛夫考慮用飛機轟炸俄國自己的首都。[171] 實際上，當時的情況遠遠不是他所能控制的，進一步說，鎮壓的命令能否落實，也有賴於背後的政治權威，而沙皇的政治權威早已蕩然無存。[172]

事態迅速發展。野心勃勃而又懼怕群眾的杜馬主席羅將柯，慌忙打電報給莫吉廖夫大本營，報告首都的「無政府狀態」，敦促沙皇撤銷休會命令，好讓杜馬名正言順地召集會議並組建一個由杜馬領導的政府。「羅將柯這個胖子又給我發來一大堆廢話，我甚至不想搭理他」，尼古拉二世說道。[173] 在徒勞地等待沙皇答覆期間，杜馬的領袖們拒絕違背法律去擅自召開會議。但杜馬的兩名社會主義代表把420名杜馬代表中的大約50至70名鼓動起來，在杜馬固定的開會地塔夫利達宮——但在他們通常開會的富麗堂皇的白廳之外——召開「私人」會議。這些代表宣稱，自己不是政府，而是「國家杜馬恢復秩序臨時委員會」。[174] 與此同時，還是在塔夫利達宮，幾百名左翼分子，其中很多是在那天早晨從監獄放出的，召集會議，重新成立了1905年彼得格勒工兵代表蘇維埃。[175] 臨時委員會有了競爭對手。至於政府的各位大臣，他們打電報給莫吉廖夫大本營提出辭職，沙皇拒絕接受，但不管怎樣，大臣們就是不肯露面。「麻煩在於，在〔彼得格勒〕這個偌大的城市，竟然找不到幾百個同情政府的人，」杜馬的一名右翼代表回憶說，「實際上，對自己有信心，並且對自己要做的事情有信心的大臣，一個也沒有。」[176] 不僅是首都的街頭和衛戍部隊拋棄了君主專制，整個權力走廊也拋棄了君主專制。

170

背叛

尼古拉二世從警察機關的報告得知，彼得格勒的英國人，即自己為之投入戰爭的那個盟國的大使館，在幫助杜馬反對派對付他。[177] 2月27日，他在大本營收到幾封急電，包括他的弟弟、在阿列克謝未成年前可代為攝政的米哈伊爾大公的急電，請求他宣佈成立一個由杜馬代表組成的新的「獲得信任的政府」。[178] 沙皇非但沒有同意，反而責怪哈巴洛夫鎮壓不力，並做出兩個決定：首先，他將於次日清晨返回首都（乘坐列車要14至16個小時），準確地說，是返回首都郊外的皇村，他跟亞歷山德拉同孩子們都住在那裏；其次，從前線調來的一支遠征軍（800人），將由尼古拉·伊萬諾夫將軍（Nikolai Ivanov）指揮，乘車前往首都「建立

秩序」。[179] 總參謀長阿列克謝耶夫將軍還給其他許多部隊——至少八個團的作戰部隊——下了命令，配合伊萬諾夫的遠征。尼古拉二世授予66歲的伊萬諾夫將軍掌管政府各部的獨裁權力。[180] 但是，沙皇本人根本無法返回首都。杜馬臨時委員會的一位代表非常狡猾，故意散佈虛假信息，誇大鐵路工人的騷亂情況，讓沙皇專列來來回回，顛簸了近兩天時間。最後，他在3月1日晚上抵達普斯科夫北方戰線司令部。伊萬諾夫將軍順利到達皇村，但在此期間，他的上司阿列克謝耶夫將軍已經改變主意，打電報給伊萬諾夫，命令他不要在首都採取行動。接到報告說杜馬成立了臨時委員會和彼得格勒結束了無政府狀態的阿列克謝耶夫，現在反而開始敦促尼古拉二世同意成立由杜馬領導的政府。

普斯科夫的北方戰線司令魯茲斯基將軍（Ruzsky），早在阿列克謝耶夫之前就明確表示，支持成立由杜馬領導的政府；現在，既然有了阿列克謝耶夫的強烈要求，魯茲斯基就向自己的不速之客——最高統治者——施壓，要求他接受這一主張。[181] 尼古拉二世同意由杜馬主席羅將柯組建政府，但堅持要求政府對他而不是對杜馬負責。不過，在阿列克謝耶夫又發了幾封電報之後，沙皇終於同意成立一個對杜馬負責的政府。在阿列克謝耶夫的請求下，尼古拉二世親自給伊萬諾夫下達了（暫時）「原地待命」的命令，然後就回到車上休息了。[182] 經過這麼多年的頑強抵制，結果還是要做出讓步，同意實行真正的君主立憲和議會制，這讓沙皇十分痛心，徹夜難眠。[183] 失眠的尼古拉二世不知道，大概從凌晨3時半開始，魯茲斯基通過慢騰騰的直通電報，即休斯電報機*（每小時能傳送1,400個單詞），與首都的羅將柯溝通了四個小時。羅將柯傳來的消息讓這位將軍十分震驚：鑒於首都局勢的激進化，至少對尼古拉二世來說，實行君主立憲為時已晚。[184]

現在，得到魯茲斯基報告的阿列克謝耶夫親自出馬，聯絡全體戰線司令，勸他們「為了挽救軍隊」，支持尼古拉二世退位。每個戰線司令，只要抱着和總參謀長一樣的集體榮譽感，都要直接打電報到普斯

---

* 編註：由大衛・休斯（David Hughes）設計的印刷電報設備。

科夫，請求尼古拉下台，同時把電報抄送阿列克謝耶夫。1917年3月2
日上午的晚些時候，魯茲斯基將軍在阿列克謝耶夫的授意下，拿着與
羅將柯的對話的錄音盤——內容是敦促沙皇退位、由皇太子阿列克謝繼
位、米哈伊爾大公攝政——到沙皇的專列匯報。[185] 尼古拉二世聽過之
後，走到車廂窗前，默然無語，然後說道，他「做好了下台的準備，要
是為了俄羅斯的福祉必須那樣的話」。當時沒有做出任何決定。可是，
大約在下午2時，各戰線司令發來電報，這其中包括布魯西洛夫和其
他所有人，再加上阿列克謝耶夫，一致要求沙皇退位；魯茲斯基把這
些電報拿給沙皇，沙皇畫了十字，並很快出來要求大本營準備退位詔
書。要是尼古拉二世回到皇村，回到亞歷山德拉身邊，他是否會放棄
自己神聖的使命，這一點永遠也無法知道。（「你孤身一人，沒有軍隊
的支持，就像籠中的老鼠，你能做甚麼？」「老婆子」在3月2日打電報
給他說。）[186] 此時已經下台的沙皇，像以往一樣，順從了命運的安排，
內心極為痛苦。「我周圍盡是背叛、怯懦和欺騙！」尼古拉二世在日記
中傾訴道。[187] 沙皇的日記表明，只是因為將領們的竭力勸說，他才決
定退位。[188]

　　不管怎麼樣，這樣做都是背叛，儘管它裝作是為國着想。

　　那些高級指揮官畢竟是對沙皇宣過誓的，他們在違背自己誓言的
時候，可能以為自己是在挽救軍隊。擅離職守的現象正在以每月10萬
到20萬人的速度蔓延，結果擴充了抗議群眾和犯罪團夥的隊伍，堵塞
了重要的鐵路車站。[189] 此外，二月叛亂已從彼得格勒蔓延到莫斯科和
波羅的海艦隊，從而威脅到前線。[190] 早在俄日戰爭期間發生騷亂的時
候，阿列克謝耶夫就曾認為，「自上而下的革命帶來的痛苦總歸要少於
自下而上的革命」。[191] 但是，雖然文官中的許多精英人物都建議實行「軍
人獨裁」，而且在那個時代也有這樣的先例，比如德國的魯登道夫將軍
（Erich Ludendorff）事實上就是那樣做的，還有奧斯曼帝國年輕的土耳其
軍官，可阿列克謝耶夫和俄國的軍人並沒有貪戀權力。[192] 這不是因為
俄國的將軍對於自身接手民政事務的能力缺乏自信（為了管理戰爭，他
們已經掌握了許多自己不該擁有的民政權力）。再者，從首都的總參謀
部和海軍參謀部那裏，阿列克謝耶夫十分瞭解俄國文官領導人的無能和

推諉。但軍官們憎惡充當輔助性的治安力量和鎮壓國內叛亂那樣的髒活，認為它削弱了軍隊的軍事功能，玷污了軍隊的社會形象。此外，受到總參謀部突出軍事的風氣的影響，他們缺乏寬廣的政治視野。[193] 就這樣，為了平息首都戰時的動亂，為了挽救軍隊和戰爭投入，阿列克謝耶夫從杜馬臨時委員會那裏——它可以得到有名無實的新沙皇阿列克謝、一個模樣可愛的小男孩的幫助——看到了，或者說自以為看到了解決問題的辦法。[194] 他們的如意算盤注定要落空。

∽

當時的俄國是個名副其實的大國，但帶有可悲的缺陷。不管要建立甚麼樣更好的體制，都必須首先閹割掉俄國那邪惡而陳舊的君主專制。激烈的英德對抗，喧囂的塞爾維亞民族主義，維多利亞女王傳下的血友病，羅曼諾夫宮廷的病態，俄國政府戰時糧食供應的混亂管理，為了麵包和正義而走上街頭的婦女和男人的決心，首都衛戍部隊的兵變，俄國大本營的背叛，在如此的洪流中，原則上、更別說實踐上已經過時的君主專制的滅亡是罪有應得。但世界大戰打破的並不是一個運轉正常的專制體制；戰爭是將一個早已千瘡百孔的體制徹底壓碎。

自封的杜馬臨時委員會不知道軍方的高級將領已經成功地迫使尼古拉二世退位，結果派了兩名代表到普斯科夫執行這項任務。這兩名特使都是終生的君主派，也是宮廷政變的老手：亞歷山大·古契科夫和瓦西里·舒利金（Vasily Shulgin）。他們的臉都沒刮，尤其是舒利金，據說像個罪犯。[195]「我既然同意退位，就必須確定你們已經考慮過這會給俄羅斯的其他所有人留下甚麼印象，」尼古拉二世對兩人說，「這會不會帶來危險的後果？」[196] 後果會有的。

到1917年2月，距離彼得·杜爾諾沃的去世已經有一年半，但他在1914年2月的預言即將成為現實：立憲派反抗君主專制，加快了大規模社會革命的步伐。列寧暫時還在國外，在德國人防線後面的中立國瑞士。斯大林作為在國內流放的無數政治犯之一，蟄伏在西伯利亞閉塞的阿欽斯克。在那裏，就跟俄羅斯帝國的幾乎所有地方一樣（包括他的家鄉格魯吉亞），二月革命的消息是通過電報傳來的（「一切都掌握在

人民手中」)。3月3日，當地的一個蘇維埃在克拉斯諾亞爾斯克，即該地區的中心城市，掌握了政權，開始逮捕當地的沙皇官員。斯大林一下子成了一個自由人，這可是近17年來頭一次。他登上西伯利亞大鐵路駛往彼得格勒的列車。到那裏約有3,000英里*的路程。和他在一起的還有一同被流放的布爾什維克列夫·加米涅夫，以及他自己新交的女友薇拉·施魏策爾，她是布爾什維克中央委員蘇倫·斯潘達良的遺孀，34歲的斯潘達良因為肺病死在西伯利亞荒涼的圖魯漢斯克，那也是斯大林流放時待過的地方。1917年3月12日，未來的專政者抵達帝國首都，穿着西伯利亞氈靴 (*valenki*)，只帶了一台打字機。[197]

---

*　編註：約4,828公里。

第六章

卡爾梅克救星

有些同志說，由於我國資本主義不夠發達，所以提出社會主義革命的問題是空想。如果沒有戰爭，如果沒有破壞，如果國民經濟的資本主義組織的基礎沒有動搖，那末他們這樣說是對的。

——約瑟夫・斯大林，
布爾什維克黨代表大會，1917年7月底[1]*

救救俄羅斯吧，心懷感激的人民會報答您的。

——一位立憲民主黨人對最高總司令拉夫爾・
科爾尼洛夫將軍 (Lavr Kornilov) 大聲喊道，1917年8月[2]

「難以置信！」有流亡的革命者在讀到報紙上關於俄國君主制在二月革命中垮台的消息時驚呼，「真想不到，太不可思議了！」[3]這位47歲的流亡者名叫弗拉基米爾・烏里揚諾夫，更常見的名字是列寧。他差不多在國外生活了17年。由於沙皇政府的高壓和腐敗的統治，由於它只讓少數人享有權利而貧窮卻無處不在，特別是由於它對人的尊嚴的蔑視，人們自然會迫切希望能有新的天地。依舊處在戰爭中的整個帝

---

*　譯註：《斯大林全集》第3卷，第162頁。

國，捲入了一場巨大而持久的政治集會，感覺一切皆有可能。[4] 沙皇和皇朝在這場重要的戰爭中垮台，讓它想要解決的幾乎所有的治理難題都變得更加嚴重。當然，任何威權體制的垮台本身都不會帶來民主。憲政秩序的建立與維護，必須依靠群眾的支持和有效的治理工具。取代沙皇的臨時政府根本不具備上述條件。

175
混亂和希望一下子降臨到這個被戰爭撕裂的國度，新的經過改頭換面的群眾組織紛紛登場。[5] 這其中不但有布爾什維克和其他組織那樣的革命團體，有各種草根蘇維埃和士兵委員會，更主要的是還有陸軍和海軍。1914年，俄羅斯帝國的1.78億人口分散在850萬平方英里*的領土上，但戰爭將大約1,500萬帝國臣民徵召到一個大型組織中——俄國「壓路機」。一旦沒有了沙皇，這種前所未有的人口集中，就會讓政治活躍達到原本無法達到的程度，直到前線也出現了由選舉產生的代表組成的完備的代表大會。1917年中期，前線大概有600萬士兵。此外還有230萬已經完全被喚醒了政治意識的士兵，部署在後方各個衛戍區和帝國幾乎所有中心城市。[6] 對於這幾百萬人來說，二月革命意味着「和平」，意味着似乎沒完沒了的世界大戰的終結，意味着新時代的來臨。

早在1917年之前，普通人民就欣然接受了勞資衝突不可調和的觀念，不過，他們說的往往不是階級本身，而是光明與黑暗、榮耀與侮辱。他們看待自己與主人的鬥爭，是從苦難、救贖和拯救的角度，而不是從資本積累、剩餘價值和馬克思主義的其他範疇出發的。[7] 從農莊、工廠，再到軍隊、艦隊和權力走廊，隨着階級語言充斥着革命時期俄國所有書面和口頭的公共話語，情況發生了變化，就連信奉古典自由主義並努力超越階級（或者說非階級）的立憲民主黨人，也不幸地認為把二月革命界定為「資產階級」革命是正確的。[8] 這就等於承認，二月革命本身並不是終點，而是途中的一站，最終的目的地是比自由主義憲政更進一步的新的革命。當已被結合成一個龐大組織的士兵和水兵，在1917年大規模地投身於政治活動時，俄國軍隊所要碾壓的就不是德國，而是這個國家本身的政治體制了。

_____

* 編註：約2,201萬平方公里。

　　考慮到 1905 至 1906 年軍隊在拯救政權方面的作用，考慮到可以期待它再次發揮這樣的作用，沙皇擲出鐵骰子的決定就是一場孤注一擲的賭博，把所有的賭注都押在群眾的愛國精神上。事實上，沙皇政權的致命缺陷是，它無力將群眾結合成一個統一的整體，但是，群眾因為戰爭而普遍地政治化，意味着 1917 年的憲政實驗如果還想有一點生路，需要納入的就不是一般的群眾，而是被動員起來的士兵和水兵。然而，如果説世界大戰在實際上重構了政治景觀，極大地深化了追求社會正義的傾向——這種傾向讓社會主義的願景在 1917 年之前便流行開來——臨時政府其實也缺乏應對挑戰的能力。除了羸弱的治理結構，它的整個象徵體系也非常失敗：沙皇時代的雙頭鷹，去掉皇冠，成了國家的象徵；新國歌《上帝保佑人民》用的是格林卡《上帝保佑沙皇》的調子。與諷刺臨時政府的漫畫一同出現的，是各種通俗的小冊子、歌曲和政治姿態，把資產階級説得一無是處，把受過良好教育、穿着體面和有文化的人説成是肥貓和騙子，就連俄國的《股市報》也嘲笑資產階級。[9] 同時，1917 年比 1905 至 1906 年表現得更加激進。《國際歌》、紅旗、紅色口號，以及雖然含糊但卻非常有吸引力的主張人民政權的綱領——「全部政權歸蘇維埃」——讓俄國的憲政革命淹沒在形形色色的左翼的革命**文化**中，淹沒在令人浮想聯翩的政治姿態與意象中。錘子和鐮刀，這個在 1917 年春天 (此時離布爾什維克政變還有很長時間) 出現的強有力的符號，很快就抓住了城裏人的渴望與農村人的渴望之間的聯繫 (或者説，希望建立的聯繫)，並加入了社會正義的可能性 (即社會主義)。有位同時代的觀察家説得對，1917 年政治情緒的特點是，「很多俄國人都有一種普遍的渴望，即無論如何都要宣佈自己是絕對的社會主義者」。[10]

　　「社會主義」怎麼就成了布爾什維主義，布爾什維主義又怎麼就成了列寧主義，這是兩個不同的問題。長期以來，歐洲社會主義的象徵性劇目一直在不斷發展，它既不是列寧和布爾什維克發明的，也不是因為他們才在俄國廣為流行的，而戰爭和二月革命又先後為它增添了豐富的額外動力。但是，即使説俄羅斯帝國早在 1917 年 10 月布爾什維克政變之前，就在城市街頭和鄉村，在前線和衛戍區，在邊疆區甚至國境之外的相鄰地區，經歷了頭腦和靈魂中的大眾社會主義革命，到

176

了1917年(以及此後)，布爾什維克將會想方設法宣稱社會主義革命的全部劇目都歸自己所有，實際上，他們確實在相當短的時間裏幾乎實現了壟斷。「革命」降臨到列寧頭上，而事實證明，他已經準備好抓住這個機會，即便布爾什維克核心圈中有許多人反對。

　　斯大林在1917年的作用是個有爭議的話題。尼古拉·蘇漢諾夫 (Nikolai Sukhanov，希梅爾〔Himmer〕)，對革命事態的發展無所不記的編年史家，本人是社會革命黨成員，妻子是布爾什維克。他的解釋總是讓人印象深刻，稱1917年的斯大林「灰暗模糊，不時發出一縷黯淡的光，沒有留下任何痕跡。關於他，真的再沒有甚麼好說的」。[11] 蘇漢諾夫在1920年代初發表的說法完全弄錯了。斯大林深度參與了布爾什維克領導層最核心圈子中的所有討論與行動，在政變臨近和隨後發生的時候，在事態最緊張的時候，都可以見到他的身影。「以前我從來沒有見過他那個樣子！」達維德·薩吉拉施維里 (David Sagirashvili，生於1887年)，一個同樣來自格魯吉亞的社會民主黨人回憶說，「他辦事很少會那麼匆忙和焦躁，正常情況下，他不管做甚麼都非常鎮定。」[12] 尤其是，斯大林是布爾什維克宣傳機器中一個強大的聲音。(儘管有很多議論，而且大多是負面的，說他在紛亂的1905至1908年參與過「剝奪」，但是在地下工作中，他其實從一開始就是鼓動家和宣傳家。) 1917年五一節那天，他寫道，「自從交戰國掠奪成性的資產階級把世界拖入血腥屠殺以來，已經快要三年了。」*──這是他典型的煽動性社論之一。[13] 他對黨內圈子和公眾發表了一次又一次演講，其中許多都刊登在報紙上。斯大林經常為布爾什維克的主要報紙撰稿，而經他之手發表的文章更多。[14] 從8月到10月這段最關鍵的時期，他在《真理報》以及臨時代替它的《無產者報》和《工人之路報》上發表了大約40篇重要文章。[15] 一下子寫了那麼多文章，這和他在戰爭開始後將近三年的沉寂形成了鮮明的對照。他的文章強調以蘇維埃的名義奪權的必要性。以蘇維埃的名義奪權，在列寧看來，就意味着權力掌握在布爾什維克手中。

───────────────

* 譯註：《斯大林全集》第3卷，第36頁。

要填補巨大的空白，就要重建新的權威和可以正常運轉的公共機構。這是一項艱巨的任務，而讓任務變得更加艱巨的是，當時戰爭還在進行。由此似乎可以得出意料之中的結論，即應該實行新的專政。但是，就像國家不會一下子實行民主一樣，它也不會一下子**陷入專政**。專政也得要建立和維護。除了有效的治理工具和積極的鎮壓措施，現代的專政，即少數人以多數人的名義進行的統治，不僅需要把群眾結合成一個統一的整體，還需要一套強大的象徵性劇目和信仰體系。[16]在國家幾近崩潰的情況下，就如同1917年的俄國，要是認為可以在迅速蔓延的混亂中，建立起一種強勢的現代的專政，這種想法——或者恐懼——只能說是不切實際。不過，對於布爾什維克政權來說，關鍵在於，俄國的權力集團一直在尋找救星。為了阻止布爾什維主義的勝利而做出的種種努力，尤其是圍繞最高總司令拉夫爾·科爾尼洛夫將軍所做的努力，結果都適得其反，對於加強布爾什維主義的影響起到了決定性的作用。1917年二月革命後群眾參與的結果，既和戰爭以及士兵心態的基本結構有關，又和反革命的幽靈有關，這一點與1789年後的法國革命頗為相似。對於布爾什維克來說，人們對反革命的擔憂是天賜良機。

178

自由和穩定的權威

俄國的憲政革命又一次獲得了廢黜專制君主的機會，而且這一次不同於1905至1906年。不過，臨時政府從誕生之日起，就籠罩在不祥和非法的陰影中。當時，尼古拉二世已經同意讓位給13歲的阿列克謝，並指定自己的弟弟米哈伊爾大公為攝政。大本營和杜馬主席羅將柯——全都是君主派——指望小天使一般的阿列克謝能讓國家團結起來，同時也可以讓他們放開手腳。但沙皇再次諮詢了自己的宮廷醫生，確認血友病無法治癒，而且那個病弱的男孩一旦登上皇位，尼古拉就要被流放，父子離散；所以作為父親的沙皇，衝動之下就剝奪了阿列克謝繼承皇位的權利，直接指定米哈伊爾繼位。[17]可是按照1797年的繼承法，沙皇皇位只能傳給他的合法繼承人，在這裏就是尼古拉二世的長子，而像阿列克謝這樣的未成年人，是沒有權利放棄皇位的。[18]指定米哈伊爾大

公繼位不僅不合法，而且根本就沒人想過，應該徵求大公的意見；3月
3日，在彼得格勒與米哈伊爾大公倉促舉行的峰會上，立憲民主黨（卡
傑特）領袖帕維爾·米留可夫強調傳統的重要性和維護國家的必要性，
主張保留君主制；亞歷山大·克倫斯基，當時是杜馬的左翼代表，強
調民眾的情緒，敦促米哈伊爾放棄繼位。[19] 米哈伊爾在聽取了他們的意
見後，經過反覆考慮，決定只有在即將召開的立憲會議要求他繼位的情
況下，才會接受皇位。[20] 就這樣，尼古拉二世的退位始於將領而終於政
治家，俄國事實上變成了一個共和國。兩名法律專家匆匆起草了「退位」
宣言，米哈伊爾大公在宣言中將「全部權力」轉讓給臨時政府，儘管他
根本沒有權利轉讓。在政權更迭的混亂中，並非沙皇的米哈伊爾·羅
曼諾夫的「退位」宣言，成了支撐未經選舉的臨時政府的唯一「法令」。[21]

　　實質上，革命必然會違反具體的法律條文。但就上述情況而言，
11人實際上都是58歲的米留可夫（他本人掌管外交部）精心挑選的，他
們所取代的，不僅是空心化的君主專制，還有杜馬──而他們正是來自
杜馬之中。[22] 這不是因為杜馬已經不合法了。到1917年3月為止，大部
分前線士兵即使對杜馬不信任，也還是認可的。[23] 杜馬是有缺點，但這
些年來與君主專制的鬥爭已經為它贏得了一些聲望。有些杜馬成員在
休會後成心挑釁沙皇，繼續召開會議。但臨時政府第一次會議（3月2
日）紀要草案表明，聚集起來的這部分杜馬代表，考慮援引沙皇政府基
本法中臭名昭著的第87條的規定，撇開議會進行統治；而立憲民主黨
人曾為此猛烈抨擊過斯托雷平。第一次會議紀要還特別說明：「屬於君
主的全部權力不應當看作是移交給了國家杜馬，而應當看作是移交給了
臨時政府。」[24] 實際上，臨時政府所要求的既有立法權，又有行政權，
也就是要求把從前的杜馬（下院）、國務會議（上院，已經根據政府法令
取消了）、大臣會議（行政機關，已經根據尼古拉二世的退位詔書解散
了）和很快就退位的沙皇的各項權力集於一身。臨時政府起初是在杜馬
的塔夫利達宮開會，很快就換到內務部，接着又換到金碧輝煌的瑪麗亞
宮，那是從前大臣會議和國務會議召開正式會議的地方。與會者很少
的杜馬「私人」會議（仍由米哈伊爾·羅將柯主持）一直開到1917年8月
20日，臨時政府的部長們有時會不辭勞苦，跑到塔夫利達宮，和無所

事事的杜馬成員私下聊天。但立法機關根本不存在。杜馬成員請求讓立法機關合法地恢復運行，米留可夫和臨時政府的其他人不同意。[25]

這是怎麼回事？臨時政府並不是一幫好心好意但是被前所未有的經濟崩潰和布爾什維克的煽動活動搞垮的倒霉蛋。長期以來，舊制度內部的叛逆分子一直在要求君主立憲，要求成立一個「負責的」政府，即成立一個以議會多數派為基礎的政府，可他們一旦得勢，立馬就成立了另外一種懸在半空的中央政府。當3月2日米留可夫在塔夫利達宮葉卡捷琳娜圓柱大廳首次公佈臨時政府的全體成員名單時，有人突然插了一句：「誰選了你們？」「俄國革命選了我們」，米留可夫回答說，並鄭重表示，「一旦由人民通過自由選舉產生的代表對我們說，希望把我們的位置交給其他更值得信賴的人」，那他們就會讓賢。[26] 根本沒有人選他們，關鍵是，人們根本就沒有機會不去選他們。不錯，這個自封的政府的確承諾，「立即籌備召集以普遍、平等、直接和無記名的投票為基礎的立憲會議，並由它來決定政府形式和國家憲法」。這個政府還說，它沒有「絲毫以軍事形勢為藉口，設法拖延兌現那些改革措施的想法」。這樣一個通過普選產生的立憲會議——正因為如此，他們的政府才是「臨時的」——似乎讓杜馬成了累贅。[27] 但是在臨時政府存在的八個月裏，反覆說了四次（3月、5月、7月、9月），都沒有召開立憲會議。時局艱難不能作為不召開的理由。（1848年，法國的七月王朝垮台後不到四個月就召開了立憲會議。）相反，米留可夫和立憲民主黨故意阻撓立憲會議的選舉，因為他們私下十分擔心「厭戰的」士兵和水兵的投票，農民群眾就更不用說了。[28] 無憲法可依的立憲主義者並不想要選舉。二月革命是自由派的政變。

彼得格勒和莫斯科的一些古典自由主義者，在整個戰爭期間一直嚷嚷着要自己掌權，現在他們有權了，或者說，看似有權了。[29] 36歲的克倫斯基是首屆臨時政府中唯一的社會主義者，他先是擔任司法部長，然後是陸海軍部長，最後是總理，儘管他在1917年以前沒有擔任過任何重要的行政職務。他在日後寫道：「由於皇帝退位，政府機關的整個機制都被破壞了。」[30] 的確如此，但是，在贊成結束君主制的人當中，克倫斯基最積極。另外，臨時政府還故意煽動俄羅斯國家的解體。1917

年3月4日，臨時政府非但沒有從正在解散的沙皇警察中設法保住一支
治安力量——當時首都的警察機關已被洗劫一空——反而正式撤銷了警
察局和保安處，並把憲兵隊的軍官重新安排到軍隊。但是，新成立的
準備代替警察的「民兵」絲毫不起作用：搶劫和社會崩潰的現象蔓延開
來，結果傷害的不僅有富人，還有窮人，同時也抹黑了民主事業。[31]（可
想而知，有些民兵組織的首領就是從前的罪犯，他們在動亂中逃了出來
或者被放了出來。）1917年3月5日，臨時政府解除了所有省長和副省
長的職務——他們幾乎是清一色的世襲貴族——這樣做一方面是為了打
擊「特權」，另一方面是為了預防「反革命」。這些省級行政官員，有些
已自動辭職，有些已在當地被捕。不過，大部分省長都參加了新的臨
時政府的就職儀式，只是事實上被當作變節分子對待。[32]臨時政府沒有
任何地方分支機構，沒有人理睬它派往地方管理部門的「委員」。與此
同時，那些地方部門乘機出面管理，可接着，往往就會被經濟和管理上
的混亂壓垮。「舊制度」中唯一保存下來的主要公共機構是政府的各個
部委以及軍隊。但中央的國家工作人員的影響力蕩然無存，更要命的
是，在克倫斯基主政時期，臨時政府還搞亂了至關重要的軍隊。[33]

　　新俄國有一條不容忽視並且唾手可得的組織原則，那就是「革命」
這顆指路明星。米留可夫決定不把杜馬作為政府根基，這讓通過選舉
產生的彼得格勒蘇維埃有了可乘之機，扮演起議會的重要角色。彼得
格勒蘇維埃——它的再次出現刺激了臨時政府的成立——在塔夫利達
宮的影響越來越大，而塔夫利達宮是沙皇制度反對派的象徵，是當選
代表的象徵。[34]作為代議制民主和直接民主的混合物（好似雅各賓俱樂
部），成員數量最後達到三千多人的彼得格勒蘇維埃，在人們的期望變
得越來越激進的情況下，努力不辜負民眾的委託，然而最終就像我們
看到的，還是沒有成功。[35]實際上，在臨時政府還沒有宣佈成立的時
候，衞戍部隊的士兵在接到杜馬軍事委員會要求他們返回附近兵營並
遵守紀律的命令後，曾在1917年3月1日闖進蘇維埃的一次會議提出要
求。憤怒的衞戍部隊士兵起初是打算向杜馬反映自己的要求，卻遭到
粗暴的拒絕。[36]「我不知道該和誰聯繫，也不知道該聽誰的，」有位士兵
代表在那天向彼得格勒蘇維埃指責軍事當局，「甚麼都不清楚。給我們

說明白一點。」[37] 後來被稱作「一號命令」的文件，授權「由基層士兵選舉產生的代表組成的委員會」裁決官兵之間的關係，這就等於取消軍隊的正規紀律。事實上，叛亂的衛戍部隊已經在這樣做了。現在，前線的士兵和水兵，從法律上講，只有在接到的命令被認為同蘇維埃的法令不存在衝突的「範圍」內，才服從他們的軍官和臨時政府。[38] 3月9日，尼古拉二世曾經問過被派去說服沙皇退位的兩名君主派代表之一、新任陸海軍部長亞歷山大·古契科夫，那樣退位會不會引起甚麼不良的後果。現在，軍隊的「一號命令」公佈的時候，古契科夫才聽說有這麼回事。他打電報給前線大本營的阿列克謝耶夫將軍，報告說「臨時政府沒有任何實權，它的命令只有在蘇維埃允許的範圍內才能得到執行」，而蘇維埃則控制了「部隊、鐵路、郵政和電報」。古契科夫建議缺乏權威的政府集體辭職。[39]

182

　　臨時政府一共存在了237天，其中有65天花在組閣上（這比前後4個內閣存在的時間都要長）。還有一個困難在於，蘇維埃的**實際**權威也被普遍高估了。士兵委員會並不認為自己隸屬於蘇維埃。3月5日，臨時政府和蘇維埃聯合發佈「二號命令」，明確否認謠傳的選舉軍官的權利，重申了維護軍隊紀律的必要性，但「二號命令」沒有效果。[40] 托洛茨基有個著名的說法，稱上述局面是「雙重政權」，但它更像是「雙重自命政權」：一個是臨時政府，沒有立法機關，也沒有有效的執行機關；另一個是彼得格勒蘇維埃，充其量只能算是一個臃腫的準立法機關，而且它本身在法律上也沒有得到認可。

　　此外還存在第三個集團，即右翼政治集團。君主專制失敗，臨時政府取而代之，對於這一極為引人注目的事件，右翼政治集團一開始是接受的，但在抱有希望的同時也惴惴不安。[41] 二月革命期間，約有4,000名「舊制度」的官員被捕，其中許多是自首的，為的是免於被成群結隊的人撕碎。實際上，流血事件相對來說是比較少的：受傷的大概有1,300人，死亡169人，基本上都是在喀琅施塔得和赫爾辛基的海軍基地，那裏的普通水兵對軍官動用了私刑（因為有傳言說他們有叛國行為）。不過，二月革命後的報刊對右翼組織的攻擊升級，革命者襲擊了最臭名昭著的極右翼組織黑色百人團的辦事機構。（彼得格勒蘇維埃沒

收了一些右翼組織的印刷所，佔為己用。）尼古拉二世退位後沒幾週時間，弗拉基米爾・普利什凱維奇——1905年右翼組織俄羅斯人民同盟的創始人之一和暗殺拉斯普京的同謀之一——就在一本以打印稿的形式廣為流傳的小冊子中承認：「舊制度不可能恢復了。」[42] 然而到了1917年7月，極右翼勢力又站穩了陣腳，普利什凱維奇特意列了一份名單，上面有俄國猶太革命者的真實姓名，並要求解散彼得格勒蘇維埃，「改組」「怯懦的」臨時政府。[43] 而在不太極端的右翼，許多人不無道理地認為，自己在尼古拉二世的垮台過程中發揮了重要的作用，因而在新秩序中理應擁有一席之地，但是由貴族和地主、商界精英、教會官員、沙皇時代的國家工作人員、右翼軍官和形形色色自封的愛國者組成的各種社團，在1917年二月革命後，很難被新秩序接納。相反，傳統的保守派僅僅因為行使了合法的結社權就被指控為「反革命」。[44] 權力集團中的大多數人還是想繼續擁護二月革命的，但那樣做實際上不被允許，結果，對他們的指控就變成了說甚麼就來甚麼的預言。

接下來還有帝國。沙皇的多民族制度剛被取消，帝國的許多邊疆區就宣佈自己是「在一個自由的俄羅斯中擁有自治權的」民族單位（不是省），但它們接連發給首都臨時政府的急電往往得不到回覆，於是，這些邊疆區就開始慢慢走向事實上的獨立，比如芬蘭、波蘭、烏克蘭、高加索和波羅的海沿岸地區。「大家都覺得，」馬克西姆・高爾基在1917年6月寫道，「俄羅斯國家就像波濤中一艘破舊的駁船，正沿着它接縫的地方開裂，然後分崩離析。」[45]

當然，對於許多人來說，這種削弱的過程也是解放的過程。1917年5月1至11日，已經停擺的杜馬中的穆斯林集團召開了全俄第一次穆斯林代表大會——此舉是為了體現宗教和社會的團結——來自全國各地和各政治派別的與會者約900人（是預期人數的兩倍），只有為數很少的穆斯林布爾什維克活動家拒絕出席。大會先是誦讀《古蘭經》經文，接着，臨時政府內務部國外宗教局局長S. A.科特拉列夫斯基教授（S. A. Kotlarevsky）發表講話，承諾信仰自由和發展民族教育，同時呼籲建立一個統一的國家，而不是以不同的民族區域單位為基礎的聯邦制國家。許多穆斯林代表都表示失望。有些穆斯林代表，特別是韃靼的穆斯林

代表，主張建立一個由所有講突厥語的民族組成的單一國家（由韃靼人主導）；少數持泛突厥主義觀點的代表拒絕講俄語，雖然沒有哪一種突厥語是所有代表都能聽懂的。關於國家的組織形式，最終決議帶有折衷性質：「最能體現俄羅斯各穆斯林民族利益的政府結構，應該是以區域自治為基礎的聯合（聯邦）共和國；對於沒有領土要求的各穆斯林民族來說，應該得到的是一個以民族文化自治為基礎的人民共和國。」在主張婦女擁有平等的繼承權、反對多妻制的投票中，雖然有二百多名代表簽署了抗議書，可還是通過了，結果，俄國成了第一個這樣做的穆斯林人口大國。[46]

　　自由肯定是讓人陶醉的。[47]帝俄的全體臣民取得了突破，有了種種前所未有的、與社會地位無關的公民權利：結社和出版自由、法律面前人人平等、地方機關選舉的普選權——對於這些權利，以律師和知識分子為主的臨時政府作了詳細的法律規定。[48]克倫斯基喜氣洋洋地宣佈，俄國是「世界上最自由的國家」——從歐洲最後一個君主專制的國家變成了歐洲「最民主的政府」——而他說得對。[49]但缺乏有效治理機構的自由終歸是不會長久的。它會招來各種各樣的冒險家和自封的救星。[50]二月革命的自由的狂喜，僅僅過了幾個月，就變成了對「穩定的權威」的極度渴望。[51]到了1917年夏天，立憲民主黨中許多著名的古典自由主義者都與傳統的右翼分子和極右翼分子一樣，把俄軍最高總司令拉夫爾·科爾尼洛夫將軍看作是救星。

　　科爾尼洛夫，1917年的時候47歲，身材矮小，瘦削而結實，臉長得像蒙古人，與中等個頭、體格健壯的39歲的朱加施維里—斯大林有很多相似之處。科爾尼洛夫也是平民——和列寧與克倫斯基這兩個小貴族不同——而且也出生於帝國的邊遠地區，具體來說，是出生於額爾齊斯河（鄂畢河的支流）岸邊的烏斯季—卡緬諾戈爾斯克（厄斯克門）。*他的父親是哥薩克，母親是一個受過洗的阿爾泰地區的卡爾梅克人（卡爾梅克人是突厥人、蒙古人以及其他被蒙古霸主征服的部落混合而成

184

---

* 　譯註：位於今哈薩克斯坦東部。

的）；他在帝國哈薩克草原的牧民中成長為一名東正教教徒。但是和斯
大林努力淡化自己地道的格魯吉亞人身份並融入俄羅斯的環境不同，作
為半個俄國人的科爾尼洛夫樂於張揚自己的異族身份，他的身邊簇擁着
一群土庫曼衞兵：身披紅色長袍，頭戴高聳的皮帽，佩彎刀，用突厥
語（科爾尼洛夫的突厥語説得非常流利）稱呼他們的首領為大波雅爾。
科爾尼洛夫還有一點跟斯大林不同，那就是他上過俄羅斯帝國的軍校。
他也是一名優等生，幾次被派往與阿富汗接壤的邊境任職，他從那裏
率考察隊到過阿富汗、中國新疆和波斯；他後來又畢業於聖彼得堡的總
參軍事學院。1903至1904年，斯大林幾番進出高加索的監獄和西伯利
亞的流放地，科爾尼洛夫則被派往英屬印度任職，他在那裏以學習語言
作幌子，準備了一份目光敏鋭的關於英屬殖民地軍隊情報的報告。俄
日戰爭期間，斯大林在格魯吉亞的錳礦煽動造反，科爾尼洛夫則因為在
滿洲的陸戰中表現勇敢而獲得了勳章，之後，他就任俄國駐中國的武官
（1907–1911）。在中國，他又一次在馬背上到處旅行考察，結識了年輕
的中國軍官蔣介石。後來，蔣介石統一了憲政革命失敗後的中國，並
統治了約20年時間。睿智而勇敢的科爾尼洛夫跟蔣介石非常相似。世
界大戰期間，科爾尼洛夫指揮一個步兵師，並晉升為少將。1915年，
科爾尼洛夫在掩護布魯西洛夫撤退時，做了奧匈帝國軍隊的俘虜，但他
在1916年7月設法逃脫並返回俄國，獲得廣泛的讚譽和沙皇的接見。
「他總是身先士卒，」布魯西洛夫在提到自己的下屬在戰場上的表現時説
道，「所以在這方面，他贏得了手下的尊重與愛戴。」[52]

　　科爾尼洛夫的成長軌跡恰好與克倫斯基相反。後者的家庭來自俄
國中部的辛比爾斯克，和烏里揚諾夫家是同一個地方。「我（和列寧）出
生在同樣的天空下，」克倫斯基寫道，「從同樣的高高的伏爾加河岸邊，
我看到的是同樣的無垠的地平線。」克倫斯基的父親是教師，曾短期擔
任過列寧以及列寧哥哥亞歷山大就讀的中學的校長；而列寧的父親作為
辛比爾斯克省的督學，在老克倫斯基把家搬到塔什干之前就認識他。[53]
列寧似乎準備像父親一樣，努力學習，拿到法學學位（喀山大學），然
後成為國家工作人員，可結果卻被開除了。與之相反，比列寧小11歲
的克倫斯基，完成了法學學位的學習（聖彼得堡大學），並獲得一份實

際的工作，擔任1905年沙皇政府鎮壓活動受害者的法律顧問，而且他那時已經加入社會革命黨。在臨時政府中，幾乎只有克倫斯基不害怕群眾。他培養了一種跟君主派類似的個人崇拜，使自己成了「人民領袖」（*vozhd' naroda*）——有點兒像公民之王。「在最風光的時候，他可以把震撼人心的巨大的道義熱忱傳遞給人們，」維克托·切爾諾夫寫道，「他可以讓他們笑，讓他們哭，讓他們跪倒，讓他們高飛，他自己也完全沉浸在當時的氣氛中。」[54] 匍匐在地的士兵和其他人一邊熱淚盈眶地禱告，一邊親吻克倫斯基的衣服。[55] 他開始習慣於穿着半軍事化的服裝——托洛茨基和斯大林後來也採用了這種式樣——然而克倫斯基沒有把自己比作拿破崙，而是比作米拉波伯爵（Mirabeau），法國大革命期間試圖走中間道路的那位深受民眾歡迎的演說家。（米拉波1791年因病去世，他的葬禮同時也是巴黎先賢祠的落成儀式。可到了1794年，他的屍體被挖出來，墓穴給了讓—保羅·馬拉。）不過，隨着俄國陷入無政府狀態，克倫斯基也開始表示，需要有「穩定的權威」。在他主政時期，臨時政府開始在公民自由的問題上出爾反爾，釋放並重新起用了許多被捕的沙皇時代的內務部官員，但「穩定的權威」仍未找到。[56] 因此，科爾尼洛夫的吸引力急劇上升。「馬背上的男子漢」、俄國革命的拿破崙之類的美譽，紛紛落在這位卡爾梅克救星的頭上。[57] 到頭來，事實證明，軍事「反革命」的**想法**——一方面反映的是希望，另一方面反映的是恐懼——要比它實際上的可能性更為有力。

186

列寧的幫手

1917年，列寧的布爾什維克在組織上還顯得比較混亂，但在街頭戰鬥中卻十分強悍。[58] 現在，布爾什維克聲稱擁有約2.5萬名成員，這一數字無法核實（因為加入的方式往往不太正規），但核心積極分子有近1,000人，高層領導可以坐滿一張會議桌（如果他們沒有被流放或關進監獄的話）。儘管如此，布爾什維主義還是在二月革命後成了首都的群眾現象：在彼得格勒小涅瓦河沿岸的兵工廠和機器廠，在法俄共同開辦的大型造船廠，在雜亂無序的普梯洛夫工廠，在彼得格勒的維堡區，都

集中了大量的產業工人，他們受到布爾什維克密集的鼓動攻勢的影響。
換句話説，工人的激進情緒同布爾什維克黨的激進立場密切相關。尤
其是維堡區，實際上成了一個自治的布爾什維克公社。[59]

　　布爾什維克黨部——斯大林也藏在那裏——起初設在一座「徵用的」
新藝術運動風格的公館裏，屋內有枝形吊燈，還配有非常不錯的車庫。
公館的地理位置極佳，不僅靠近維堡區，而且就在冬宮對岸。那座大
院是從馬蒂爾達‧克舍辛斯卡婭那裏強佔的，她出生在波蘭，是俄國
馬林斯基皇家劇院的首席芭蕾舞女演員，之所以能有這座宅邸，要多虧
她的幾個情夫：尼古拉二世（當時他還沒有結婚），與此同時還有羅曼
諾夫家族的兩位大公。[60]（她後來聲稱在公館的花園裏認出了布爾什維
克亞歷山德拉‧柯倫泰〔Alexandra Kollontai〕，柯倫泰穿着她沒有帶走的
貂皮大衣。）[61] 這種強佔別人房屋的行為是非法的，但臨時政府沒有警
察，所以很難管治。在監獄裏建立的「無政府主義者和共產主義者同盟」
強佔了已故的彼得‧杜爾諾沃從前的一處別墅，就在緊鄰維堡區工廠
的一個漂亮公園裏。[62] 除了維堡，布爾什維主義還在波羅的海艦隊發展
了幾個重要的據點。波羅的海艦隊駐紮在赫爾辛基和彼得格勒附近的
喀琅施塔得，容易受到布爾什維克（以及無政府主義和工聯主義）鼓動
家的影響。而在布爾什維克鼓動家夠不着的地方，比如烏克蘭的工廠
和黑海艦隊，有社會主義傾向的群眾並不認同布爾什維克黨。在廣闊
的農村地區，布爾什維主義在整個1917年基本上都沒有甚麼影響（在參
加全俄第一次農民代表大會的1,000名代表中，可以確認為布爾什維克
的大概有20人）。[63] 同時，在1917年的時候，全俄穆斯林布爾什維克也
只有一二十人。[64] 不過，布爾什維克的據點具有戰略意義，比如首都、
首都衛戌部隊以及首都附近的戰線。

　　布爾什維克必須爭取自己的地位，而他們的確在一些巴掌大的地區
做到了這一點。在那些小得可以親耳聽到斯大林等人不知疲倦做宣傳
的地方，布爾什維主義擁有無敵的招募手段：萬惡的戰爭，以及關於富
人對窮人的階級剝削的萬能解釋，這種解釋產生了超乎想像的共鳴。
不過，戰爭並不會使布爾什維克穩操勝券。正如我們將會看到的，臨
時政府的選擇不僅是不退出戰爭，而且還在1917年6月發動了一次損失

慘重的攻勢。[65] 這一決定給了那些最激進的政治力量機會，列寧使布爾什維克黨振作起來，準備從中獲益。

　　流亡蘇黎世期間，住在香腸廠附近一個獨立房間裏的列寧，曾經號召在戰爭中打敗自己的祖國，但他沒有受到法律的追究，反倒在1917年3月，作為沙皇統治的受害者成了臨時政府大赦的對象。不過，他沒有獲得返回國內的正式許可，因而仍舊困在德軍戰線的後方。[66] 為了回到俄國，他冒着被指控為德國奸細的危險，通過中間人暗中向德國求助，而正是那項可怕的罪名，極大地削弱了沙皇的專制統治。[67] 柏林方面為了推翻臨時政府，迫使俄國按照德國人的條件退出戰爭，此時正在用大把大把的金錢資助俄國的激進分子，尤其是社會革命黨人，所以對於幫助這位狂熱的布爾什維克領袖——「一個叫列寧的韃靼人」——很感興趣。[68] 不過，雙方都不想背上為敵對的德國人效力的罪名，因此，列寧穿越德軍戰線回到俄國時乘坐的是所謂鉛封列車，也就是説，他的車廂是鎖上的，而且一路上都是由中立國瑞士的中間人與德國當局打交道。列車於1917年3月27日（俄曆）從蘇黎世出發開往柏林，然後又開往波羅的海海岸。列車上有32位俄國僑民，其中19人是布爾什維克（包括列寧、他的妻子娜捷施達‧克魯普斯卡婭、他從前的法國情人伊涅薩‧阿爾曼德、季諾維也夫以及他的妻子和孩子），以及其他一些激進分子。[69] 社會民主黨中的孟什維克馬爾托夫和阿克雪里羅德不想冒險，害怕沒有得到臨時政府的允許就和德國人達成交易，背上叛國的罪名（這些孟什維克最後搭乘的是一趟比較晚的列車）。[70] 在這樁交易中，列寧唯一的義務就是去鼓動釋放被俄國扣留的德奧兩國的平民。他對於利用德意志帝國的後勤援助和經費去顛覆俄國並不感到愧疚；他還預見到德國國內也將因戰爭而爆發革命。列寧從未承認接受德國金錢的事實，但他不是德國奸細；他有自己的盤算。[71] 列寧讓那些布爾什維克商量一下，萬一按照臨時政府的命令，他們在俄國邊境被拘押並受到審訊怎麼辦，不過，這些擔心沒有成為現實。[72]（卡爾‧拉狄克〔Karl Radek〕未被允許進入俄國，因為他持有的是奧匈帝國護照，是敵國的臣民。）法國是俄國的盟友，法國大使從本來可以阻止列寧回國的外交部長米留可夫那裏聽説了這件事。他憂心忡忡，認為那位布爾什維克

領袖的到來，是一個極其嚴重的新的危險。[73] 但是在彼得格勒的芬蘭車站 (位於「布爾什維克公社」維堡區)，列寧沒有被逮捕。他是在1917年4月3日，即復活節的第二天夜裏11:10到達那裏的。列寧登上了一輛裝甲車的車頂，在專門裝上輪子的聚光燈下，對車站的一大群工人、士兵和水兵發表了演說，那些人都是頭一次見到他。

在廣袤的俄羅斯帝國，知道列寧的人很少。[74] 在幾十萬個村莊中，有許多是到4月和春季解凍的時候才聽說了二月革命*。列寧4月3日回來的時候，正趕上俄國國內開始出現大規模強佔土地的現象，那是1789年法國大革命中不曾聽說的。世界大戰前夕，俄國農民已經擁有了包括森林和草場在內的大約47%的帝國土地。他們在農奴解放後的40年，尤其是從1906年的斯托雷平改革開始，常常作為集體 (村社)，有時也作為個人，從貴族手裏購買土地。[75] 但是，即便貴族的土地佔有量已經減少到與農民大體持平，他們的人數也只佔總人口的2%，而農民要佔80%。[76] 農民對重分全部土地的期待非常強烈，戰時的沙皇政府助長了這種期望：沒收生活在帝俄境內的德意志人的土地，而那些土地據說是要分給作戰勇敢的俄國士兵或者沒有土地的農民的。軍隊自作主張，承諾會給獲得勳章的士兵免費分配土地，結果有傳言說，到戰爭結束，所有士兵都會分到土地。[77] 沙皇**政府**在戰爭期間沒收的耕地總共超過1,500萬英畝†，這些耕地是以極少的補償甚至無償從帝國最能幹的一些農民那裏沒收的，1916年嚴重的糧食短缺和1917年的麵包騷亂與此不無關係。[78] 現在，農民開始有樣學樣，以他們所謂「土地平分社」(Black Repartition) 的形式，強佔耕地、役畜和農具。臨時政府想要阻止這種行為，表示土地改革問題要等到即將召開的立憲會議再作決定。實際上，甚至在強佔成了一種群眾現象，而臨時政府根本無力阻止或扭轉這種趨勢的時候，臨時政府仍然拒不同意農民對土地的無償徵用。

多年來，農民為實現斯托雷平的夢想——成為獨立、富裕、擁有大型私有農莊的自耕農階層——而付出的巨大努力，在1917至1918年的

---

* 編註：二月革命 (俄曆2月23日) 發生在1917年3月8日。

† 編註：約607萬公頃。

時候，幾乎一夜之間就化為泡影，沒有任何抵抗；相反，許多農民還故意縮小自己農莊的規模。[79]就連一些比較小的私有農莊也在重新分配土地。村社重申了自己的權威。[80]農民們一邊幹着違法的事情，一邊滿嘴的權利和公民身份。[81]貴族莊園成了主要的攻擊對象。那些莊園在世界大戰期間之所以能夠維持下來，許多時候只是因為它們能從43萬戰俘中招到勞工，而在1917年的二月革命後，倘若哪個莊園因為缺少人手而閒置了，那按照農民的邏輯，佔有它就是合法的。[82]實際上，強佔土地的事情有很多都不是一下子發生的；相反，農民們說的是貴族「多餘的」土地，是把「撂荒的」土地復耕——結果就越佔越多。但因為農民佔地的現象大多是整個村子以集體的名義進行的，在這樣的行動中，大家都有責任，大家瓜分搶來的東西，裝到自家馬車上，所以聚集起來的農民通常會變得和現場最激進的那些人一樣激進。激進分子總是催促鄉親們多拿一些，甚至把莊園主價值不菲的房子燒掉。收割機和風揚機太大，拿不走，才被留下，有時也會搗毀。至於禽畜，農民們常常把烤爐燒熱，殺雞宰羊，擺下豐盛的宴席。[83]但到頭來，並不是所有的農民都能夢想成真：大概有一半的農民村社從革命中沒有得到一點土地，而在農民真正「得到」的土地中，大部分都是他們已經在租用的。有學者估計，直到1920年代，仍有大約11%的貴族地主在管理自己剩下的土地。[84]不過，那也意味着絕大多數貴族地主的土地被「剝奪」了。農民不再給大地主交租，他們總共「剝奪」了大約5,000萬英畝*的貴族土地。[85]

　　相比於這一巨變——農民自己的革命——列寧不過是單個的人。但他在1917年的作用非常關鍵。馬克思主義理論認為，歷史的演進是分階段的，封建社會、資本主義社會、社會主義社會、共產主義社會，因此，在進入社會主義社會之前，必須先發展資產階級—資本主義社會階段。幾乎所有的布爾什維克都認為革命會最終朝着社會主義方向前進，但問題是在甚麼時候：他們激烈爭論的是，「資產階級」或「民主」革命階段是已經完成，還是要繼續進行，以便為社會主義革命作好

190

---

* 　編註：約2,023萬公頃。

準備。列寧並沒有打算馬上就躍進到社會主義，因為那樣做會褻瀆神明；而是主張不等到資產階級革命有充分的發展，現在就奪取政權，進而加快向社會主義前進的步伐——這一點，他後來稱之為「一隻腳踏進社會主義」。[86]*

在彼得格勒的布爾什維克俄國局——「俄國」是與流亡國外的人（比如列寧）相對的——領導人是32歲的亞歷山大·施略普尼柯夫（Alexander Shlyapnikov）和27歲的維亞切斯拉夫·莫洛托夫（Vyacheslav Molotov〔Skryabin〕），他們（特別是莫洛托夫）對臨時政府不屑一顧，認為它是反革命。相反，斯大林和加米涅夫主張，為了把民主革命進行到底，要**有條件地**支持「民主」革命，也就是臨時政府。1917年3月12日，兩人從西伯利亞回到彼得格勒，誰也沒有獲邀加入俄國局，儘管斯大林得到了「顧問身份」。（他因為自己的「某些個人品性」而受到指責，這顯然是指流放西伯利亞期間對待同伴的負面行為。）[87]第二天，同列寧一樣從一開始就是強硬派並且終生都是強硬派的莫洛托夫被排擠出去，斯大林成了俄國局的正式成員，加米涅夫成了《真理報》的編輯。[88]加米涅夫和斯大林立即調整《真理報》的方向，從完全否認臨時政府，轉向與之進行帶有機會主義性質的合作。他們認為臨時政府是注定要滅亡的，但同時也肩負着重要的歷史任務。這讓身在遠方的列寧十分憤怒。他的第一封憤怒的來信，經刪改後刊登在《真理報》上，他的第二封來信乾脆被壓下來沒有發表。[89]但接着他就回來了。

191   列寧在邊境上跟加米涅夫打招呼時笑着責備説：「你們在《真理報》上都寫了些甚麼？」[90]即使到了這個時候，布爾什維克的喉舌仍然拒絕發表它自己領袖的提綱。1917年4月6日的布爾什維克中央委員會會議，毫不客氣地拒絕了列寧的提綱。不管怎麼説，資產階級民主革命**才剛剛開始**，國家需要土地改革，需要退出戰爭，需要經濟改革，要是推翻了臨時政府，無產階級怎麼推動所有這些工作？（就像有布爾什維克説的，「民主革命怎麼可能結束了呢？農民還沒有得到土地呢！」）[91]

---

* 譯註：《列寧全集》第29卷，第437頁。

加米涅夫特別指出，富裕農民和城裏的資產階級要把資產階級民主革命進行到底，要為社會主義革命承擔大量的歷史任務。[92] 斯大林認為列寧的提綱是「綱要，其中沒有任何事實，因而不能令人滿意」。[93] 最後，《真理報》以列寧的名義在4月7日發表了十條〈四月提綱〉（約500字），但附有加米涅夫的編者按，以表明黨與其領袖的分歧。[94]

　　布爾什維克高層不主張強行奪權，彼得格勒蘇維埃更是如此。列寧還沒有回到俄國的時候，3月底，蘇維埃的代表們會聚一堂，成立了有72名成員的全俄中央執行委員會，以及各種各樣的部門，負責糧食供應、經濟、外交，從而宣稱彼得格勒蘇維埃對整個俄國的統治權。蘇維埃還保證說，會有條件地支持「資產階級」臨時政府（約有一半的布爾什維克代表投了贊成票）。[95] 4月3日，已經是彼得格勒蘇維埃主席的格魯吉亞孟什維克派社會民主黨人尼古拉・「卡爾洛」・齊赫澤，代表彼得格勒蘇維埃在芬蘭車站從前的沙皇接待室迎接列寧。到了外面，列寧指責彼得格勒蘇維埃與臨時政府合作，臨了還高呼「全世界社會主義革命萬歲！」接着便坐上裝甲車，去了克舍辛斯卡婭公館的布爾什維克總部。在那裏，深夜時分，列寧對圍坐在椅子上的大約70名布爾什維克派的成員發表了「雷霆般的講話」。[96] 第二天，在塔夫利達宮舉行的彼得格勒蘇維埃會議上，他重申了自己在〈四月提綱〉中的激進主張，認為可憐的俄國資產階級無力完成其歷史任務，俄國不得不加快步伐，從資產階級民主革命走向無產階級的社會主義革命。[97] 有一位布爾什維克在發言中把列寧比作無政府主義者巴枯寧（他和馬克思有過激烈的交鋒）。另一位發言者稱列寧的提綱是「瘋話」。[98] 就連列寧的妻子、1894年就已經認識他的娜捷施達・克魯普斯卡婭，據一位朋友說，也表示「恐怕，列寧好像是瘋了」——這樣說的一個理由或許是，他不再把她作為自己的主要秘書。[99] 然而另一位布爾什維克勸道：「等到列寧熟悉了俄國國內的情況，他自己就會拋棄他所有的那些解釋。」[100] 蘇維埃中央執行委員會主席（同時也是格魯吉亞孟什維克）伊拉克利・策列鐵里，一邊據理反駁列寧的觀點，一邊伸出橄欖枝，說「不管弗拉基米爾・伊利奇的立場可能有多麼不可調和，我都相信我們是會和好的」，這時，列寧倚在欄杆上大聲說：「決不！」[101]

192

　　列寧不停地威逼自己的核心圈，有時也會在克舍辛斯卡婭公館的陽台上向門外的群眾發表講話。到1917年4月底，在布爾什維克黨的代表會議上，大多數人都支持列寧的決議案，這除了因為其他的忠誠分子支持自己的領袖，部分原因也在於，有時更為激進的外省代表的意見起了積極作用。[102] 不過，列寧的政策雖然在4月底獲得正式通過，但對於在何時，甚至是否爭取建立蘇維埃政權，而不是完成資產階級民主革命，布爾什維克核心圈仍然存在分歧。列寧繼續堅持自己的觀點，要求抓住時機；他認為布爾什維克中央委員會遠遠落在群眾後面。(這在後來被證明是對的：發動群眾的確帶動了未來的精英，包括布爾什維克領導層。) [103] 與此同時，起初同加米涅夫站在一起的斯大林開始成為列寧的重要同盟。

　　斯大林一直被錯誤地當作「錯過」十月革命的人而沒有受到認真對待。不錯，他好像真的沒有去芬蘭車站迎接列寧的歸來 (這或許是因為他當時正在參加一個會議，想把孟什維克派的左翼拉到布爾什維克一邊)。[104] 還有，斯大林對於列寧在4月3日提出的獨樹一幟的激進主張是抵制的 (為此，他在1924年公開作了道歉)。[105] 但是在4月底的代表會議上，斯大林作了到當時為止他在布爾什維克正式會議上的第一次政治報告，與加米涅夫分道揚鑣，站到了列寧一邊。「只有團結一致的黨才能引導人民走向勝利」，斯大林在《士兵真理報》上談到4月的代表會議時寫道。[106]* 但斯大林沒有低三下四地屈服：列寧要求土地國有化，斯大林則堅持認為農民應該得到土地——這一立場最終獲得了勝利。[107] 斯大林還反對列寧把「帝國主義戰爭」變為「歐洲內戰」的口號，理由是除了土地，群眾還希望和平——結果，列寧現在也呼籲立即停戰。[108] 這樣，斯大林一面維護自己及他人堅持的立場，一面設法忠於列寧。斯大林成為由九名委員組成的新的中央委員會候選人，而有些聲稱對他非常瞭解的高加索同志表示質疑，這時是列寧為他做的擔保。「我們認識柯巴同志好多年了，」列寧告訴有投票權的代表們說，「我們過去常常

193

---

*　　譯註：《斯大林全集》第3卷，第60頁。

在克拉科夫見到他，在那裏有我們的一個局。他在高加索的活動非常重要。他是個好幹部，負責過各種各樣的工作。」[109] 在中央委員會選舉中，斯大林得到97票，位列第三，僅次於列寧和季諾維也夫（他們兩個很快都成了逃亡者）。斯大林還取代加米涅夫成了《真理報》的編輯。

作為編輯兼時評家，斯大林有一種本領，能夠用簡單易懂的方式說明複雜的問題。很明顯，他為在3月時不同意莫洛托夫的觀點而向他道過歉——「你是所有人當中從一開始就最接近列寧看法的」——然後又利用他們生活上不分彼此的關係，搶走了莫洛托夫的女友。[110] 但斯大林很快就帶着自己的全部家當——打字機，還有幾本書和衣服，一起裝在從西伯利亞帶回來的柳條箱裏，搬到阿米盧耶夫家。阿米盧耶夫的女兒娜佳剛滿16歲，1917年夏末，她因為快要開學而回到家中。斯大林從1900年即娜佳出生的前一年開始（在梯弗利斯的時候），就認識阿米盧耶夫一家。他待她如同女兒一樣，給她、她的姐姐安娜（Anna）以及她們的朋友讀契訶夫的小說（〈變色龍〉、〈寶貝兒〉）。[111] 斯大林把自己在西伯利亞無聊、孤獨、絕望的流放生活，編成富有戲劇性的革命故事，讓姑娘們聽得着迷。她們叫他索索，而他也用暱稱來稱呼她們。她們的母親奧莉加·阿米盧耶娃（Olga Alliluyeva）喜歡斯大林——她可能同他有染——但不喜歡自己的小女兒愛上這位38歲的鰥夫。[112] 娜佳可能有點叛逆，包括對斯大林，但斯大林也注意到她對家務十分用心。不到十個月，他們的戀情公開了。[113] 但那都是以後的事情。至於現在，斯大林成了黨組織的元老和列寧主義路線的捍衛者。就連托洛茨基後來也承認：「為了讓〔布爾什維克〕黨團做好投票的準備，斯大林做了非常有益的幕後工作。」他還用一種居高臨下的口氣繼續說：「在說服一般的幹部，尤其是那些外省人方面，他的確有一套。」[114]

不過，那年4月在中央委員會嶄露頭角的，除了斯大林，還有32歲的雅科夫·斯維爾德洛夫。列寧在1917年4月7日終於見到了他本人，並開始交給他各種各樣的任務，而斯維爾德洛夫也都出色地完成了。斯維爾德洛夫1885年出生，長相文弱，留着稀疏的山羊鬍子、戴眼鏡，1902年在下諾夫哥羅德加入俄國社會民主黨，參與過1905年的革命活動，當時是在烏拉爾。1917年時，和斯大林相比，斯維爾德洛夫

更是完全隱身在幕後。他不擅長演説，但説話低沉有力，處事強硬。
列寧讓他負責一個小的「書記處」，那是在1917年4月黨的代表會議上
正式成立的。[115] 在關押於沙皇監獄和流放西伯利亞時 (1906–1917)，斯
維爾德洛夫就已經表現出一種特殊的才能，能把流放各地的同伴的真
名、化名、居住地及外貌特徵記在腦子裏，根本無需把有可能連累他人
的信息寫在紙上。他還兩次同斯大林合住 (在納雷姆和庫列伊卡)，結
果兩人產生了尖銳的衝突和某種程度的對立。[116] 但現在，兩人在並肩
工作。事實上，由於他們把高談闊論的工作留給了季諾維也夫那樣的
演講家，年輕一點的斯維爾德洛夫讓斯大林學到了很多黨建方面的東
西。在克舍辛斯卡婭公館，只有區區六七名女性辦事員的斯維爾德洛
夫，在斯大林的協助下，開始着手協調分佈廣泛的各個黨組織的行動。
他一面接待絡繹不絕的來訪者，一面派人到各省的布爾什維克委員會，
在當地創辦雜誌和招募人員，並在同外省人接觸時展示出靈活的手法。
斯維爾德洛夫對細節極為關注，事必躬親，同時非常重視具體的行動。
當然，就像1917年所有的政治運動一樣，布爾什維主義運動也是亂哄
哄的。按照1917年的狀況，組織工作的目標不是也不可能是形成一個
中央集權的、更不要説「極權主義的」政黨，而是在首都的黨代表會議
上形成一個代表列寧立場的多數派。換句話説，通過操縱規則、説服
和拉攏，斯維爾德洛夫向自己的幫手斯大林演示了如何去組織一個忠誠
的列寧主義派。[117]

狂熱

列寧的狂熱成了當下 (和永久) 的傳奇，但在俄國的政治舞台上，
幾乎人人都活在偏執的暴政之下。米留可夫在杜馬中猛烈抨擊君主專
制在戰爭中的拙劣表現，他執着於這樣一種看法，即二月革命意味着一
種要用更成功的方式把戰爭進行下去的普遍意願。因此，他反對土地
改革，反對在取得軍事勝利之前召開立憲會議，甚至拒絕修改沙皇政府
的帝國主義的戰爭目標，而按照沙皇政府沒有公開的戰爭目標，需要吞
併君士坦丁堡和土耳其海峽、被德國和奧地利佔領的波蘭，以及其他

外國領土。結果這種狂熱造成了和他在1917年3月拋棄杜馬所造成的同樣嚴重的損害。至於社會民主黨孟什維克派的領袖，則是固執地認為，革命本質上是「資產階級的」，因此，他們不顧據說是他們所代表的廣大群眾的一再要求，拒絕爭取社會主義。孟什維克派很快就像1917年黨員數量增加最多的社會革命黨一樣，與立憲民主黨組成了聯合臨時政府。他們這樣做，不只是因為理論的緣故。部分原因也在於，1905至1906年的慘痛記憶還縈繞在溫和派社會主義者的心頭，警告他們切勿走向極端，以免激怒「反革命」。[118] 但孟什維克的領導層堅持這樣一條馬克思主義的核心觀點，即社會主義必須等到俄國資本主義有了充分的發展，為此，就必須進行「資產階級革命」。[119] 他們抓住「資產階級革命」不放，一邊在宣傳中經常敲打「資產階級」，一邊支持「資產階級」臨時政府。[120]

在俄國，從一開始就最能代表溫和派社會主義路線的政治人物是克倫斯基，他想把俄國的「資產階級」革命和「無產階級」革命結合起來，想超越不同的黨派，通過時而朝這個方向，時而又朝另一個方向搖擺，來保持左右的平衡。儘管他竭力想使自己成為雙方都不可或缺的人物，但可以想見，結果成了雙方都憎惡的對象。[121] 布爾什維克在宣傳中散佈謠言説，克倫斯基對可卡因和嗎啡有癮，穿女裝，挪用公款──這樣的抹黑運動開始變得有鼻子有眼（甚至連英國陸軍部都信了）。[122] 不過，這也讓人想到，克倫斯基起初受到各方人士的廣泛讚賞，其中包括羅曼諾夫家族的大公和蘇維埃的領導人。[123] 克倫斯基在1917年的政治上的弱點，部分是個人的，部分是結構性的：他不是把自己的命運和彼得格勒蘇維埃連在一起，而是和臨時政府連在一起，結果，當臨時政府的無能暴露得越來越讓人無法忍受的時候，他自己的威信也蕩然無存。[124] 就這樣，用冤家對頭列寧的挖苦話説，克倫斯基就是一個沒骨氣的職業「空談家」──列寧和這位備受關注的領導人幾乎沒有接觸。二人的初次也是唯一一次見面，是在彼得格勒一所軍校召開的全俄蘇維埃第一次代表大會上（1917年6月3–24日）。克倫斯基的表現，就算不能說是全然受制於法國大革命，也是着了魔。[125]「法國的1792年是怎樣結束的？它是以共和國的垮台和專政者的崛起而結束的，」克倫斯基在

196

蘇維埃代表大會上回應列寧時說道——這是指羅伯斯庇爾適得其反的
恐怖政策和拿破侖的崛起，「俄國各社會主義政黨和俄國民主制度的問
題在於，要防止出現法國那樣的結局，要保住已經取得的革命果實；要
保證我們從監獄裏放出來的同志不要再關回去；要保證像列寧那樣一直
待在國外的人，有再來這裏發言的機會，而不是非得逃回瑞士不可。
我們必須保證，歷史上的錯誤不再發生。」[126]

擲出鐵骰子

克倫斯基肯定是信心滿滿。在1917年6月蘇維埃第一次代表大會
的選舉中，有投票權的代表共777名，布爾什維克黨的代表只有105
人，社會革命黨285人，孟什維克248人。[127] 只有某種極富戲劇性的事
件才會逆轉布爾什維克的命運。但是，恰恰在蘇維埃第一次代表大會
召開期間，這種驚人的轉變發生了。那是俄軍的一次攻勢。

1917年，最令人費解的或許就是臨時政府為甚麼要在6月決定向同
盟國發起進攻。俄國的城市到處都是傷殘士兵；由於農業生產混亂，
由於莫名其妙地犧牲了那麼多男人，由於徵糧，農村有些地方開始出現
饑荒。人們可能會以為，臨時政府的官員，尤其是卡傑特那樣的古典
自由主義者——他們真心實意地崇尚自由——對於利用國家權力去徵
兵和為了填飽軍隊的肚子而徵糧是深惡痛絕的。[128] 但要是這樣想，那
就錯了。臨時政府不斷宣揚民主，但這並不意味着它一定就聽從士兵
的反戰情緒，而自從沙皇垮台和「一號命令」頒佈以來，這種情緒已經
表現得非常普遍。不過，人們仍然期望政治家們至少要留意野心家的
私心。帕維爾·米留可夫只因說俄國在戰爭中「根本不想奴役或羞辱任
何人」但還是會「充分信守對盟友的義務」，就在5月2日被迫退出由他
親自命名的臨時政府(結果克倫斯基成了內閣的顯赫人物)。[129] 就連整
個戰爭期間協約國最成功的一次攻勢——1916年的布魯西洛夫攻勢，
最終也失敗了。何況德國最高指揮部1917年根本沒打算在東線採取任
何新的軍事行動。無論是誰，只要頭腦正常，怎麼會認為俄國軍隊應
該或者能夠在1917年發動攻勢呢？

197

　　發動攻勢根本不是因為之前有甚麼計劃。早在1916年11月，西線的協約國就在法國的一次會議上，再次向沙皇政府施壓，要它發動一次攻勢——在這種情況下，就是指1917年春季——以緩解西線戰場的壓力。[130] 尼古拉二世當時是同意的；與實行法治的協約國擁有相同的價值觀，而且事實上仰慕協約國的臨時政府決心兌現這一承諾。可現在，連法國人自己也無力發動攻勢：1917年5月底，在攻擊德軍防線失利後，法國軍隊發生大規模的兵變，113個步兵師中的49個牽涉其中。新上任的司令菲利普‧貝當將軍 (Philippe Pétain) 採取的辦法是加強軍紀，但他也明白，法軍官兵會繼續保衛祖國，不過也就僅此而已。[131]

　　可是，就算沒有協約國不合時宜的施壓，克倫斯基仍然有可能出手。就在法國發生兵變之前，俄國的最高總司令米哈伊爾‧阿列克謝耶夫——他曾力主由克倫斯基出任陸海軍部長——在巡視前線時發現軍紀廢弛，600萬至700萬士兵中，擅離職守的快超過100萬了。[132] 但阿列克謝耶夫重視俄國對其盟友的義務。他在一份總結高級指揮官的看法——他贊成那些看法——的秘密備忘錄中寫道：「軍隊的混亂對防禦和進攻同樣有害。雖然我們沒有充分的把握取得成功，但我們還是應該繼續進攻。」[133] 可克倫斯基認為阿列克謝耶夫是個「失敗主義者」，因而解除了他的職務，接替的是1916年的英雄布魯西洛夫將軍，而布魯西洛夫後來在巡視前線時，同樣發現士氣低落的情況。[134] 當然，希望總歸是有的。俄國情報部門推測，奧匈帝國的軍隊十分脆弱，就連德軍也熬不過下一個冬天，因此，一擊制勝的可能性還是有的。如果上述的推測屬實，為了在簽訂和約時有發言權，俄國就不能在打敗同盟國的過程中袖手旁觀：要是俄軍能在戰場上有良好的表現，協約國就不能不認真對待俄國的外交照會。[135] 不過，克倫斯基的主要出發點似乎在國內政治：他和俄國的一些將軍認為——或者說希望——攻勢會讓日漸瓦解的軍隊重整旗鼓並撲滅國內的叛亂。換句話說，俄國軍隊的瓦解本身成了發動攻勢的最主要理由。[136] 常言道，「前線的戰爭會換來前後方的安寧」。[137]

　　因此，臨時政府的確是心甘情願地把沙皇完全不得人心的戰爭變成自己的戰爭。當時只是陸海軍部長的克倫斯基來到前線，像尼古拉二

世以前那樣，把軍隊召集起來，聲嘶力竭、慷慨激昂地鼓動士兵為了
「自由」而發動進攻。不止一個士兵打斷他說，「要是我必須去死，關於
土地和自由的口號還有甚麼意義？」列寧的布爾什維克的鼓動人員湧向
前線各個團和大約30支城市衛戍部隊，此舉既是為了削弱軍隊，也是
為了擊敗他們的主要對手——孟什維克和社會革命黨的鼓動人員。布
爾什維克向非常願意接受他們觀點的士兵和水兵灌輸了大量淺顯易懂
的激進思想，他們把戰爭說成是為了英國人和法國人的錢袋子而犧牲
俄國人的生命。[138]「一個鼓動人員，」俄軍有個前線將領感嘆道，「就可
以通過宣傳布爾什維克的理想，攪得整個團不得安寧。」[139] 而在布爾什
維克影響不到的地方，則有德國人的宣傳。「英國人，」一名俄國士兵
拿着一份德國人的俄語報紙《俄國信使報》大聲讀道，「想讓俄國人為了
英國——到處追求利潤的國家——更大的光榮，流盡最後一滴血。」[140]
不只是可惡的戰爭——它導致專制制度的突然垮台——還有這場軍
事攻勢，讓布爾什維克將自己的政黨與俄國最大的群眾組織——前線
六七百萬士兵——的情緒聯繫起來，從而在「戰壕裏的布爾什維主義」
這方面取得重大突破。[141]

　　要把國內的所有問題歸咎於克倫斯基很容易。為了打敗內部的敵
人，他堅持向外部的敵人發動軍事攻勢，結果讓他這位「革命民主派」
與沙皇還有從1914年開始這場屠殺的「反動派」成了一路貨色。然而，
同樣令人吃驚的是，孟什維克和社會革命黨集團控制的彼得格勒蘇維
埃，甚至還有經過選舉產生的士兵委員會，都支持6月的軍事攻勢，而
這樣做違背了他們聲稱自己所代表的士兵和水兵的意願。格魯吉亞孟
什維克伊拉克利·策列鐵里，因為提出他所謂的「革命護國主義」而成
了蘇維埃的最高領導人：要是俄軍（設法）繼續打下去，蘇維埃就會（設
法）對協約國的民眾施壓，通過談判實現「沒有兼併」的和平。[142] 社會
革命黨領導人維克托·切爾諾夫表示支持，蘇維埃一些著名的孟什維
克也是如此(儘管心存疑慮的尤利·馬爾托夫不支持)。但是，原計劃
於1917年6月在斯德哥爾摩召開的國際社會主義者和平大會沒能舉行：
英國和法國對「民主的」和平沒有興趣，他們要的是打敗德國。[143] 撇開
「和平」部分不談，策列鐵里的立場——雖然他反對兼併——等於是要

把戰爭打下去，這和臨時政府的政策一樣。《真理報》饒有興趣地披露了一些私有工廠的戰時盈利數據，並把蘇維埃和臨時政府都説成是「資本家先生和銀行家先生」的「執行機關」。[144] 對群眾來説，彼得格勒蘇維埃和士兵委員會的立場難以理解：既然戰爭是帝國主義戰爭，為甚麼還要打下去？[145] 但更糟糕的是，蘇維埃中的大多數人為甚麼認為俄國應該發動**進攻**？溫和派社會主義者堅持與「資產階級革命」，也就是與臨時政府和立憲民主黨合作的原則。這其中的部分原因也是在於，在他們看來，攻勢會有助於增加俄國在與不好打交道的英法討價還價時的籌碼。[146] 非布爾什維克的社會主義者犯了致命的錯誤。

由於協約國拒絕靠談判結束這場很難取得決定性勝利的絞肉機一般的戰爭，戰略防禦態勢無論是對臨時政府還是對蘇維埃，都是唯一可行的政策。同時，俄國政府還可以嘗試通過談判，在可以接受的範圍內與德國單獨媾和，從而讓極左勢力失去動員民眾的武器。即便談判不成，責任也在德國人，那樣一來，政府就可以在一定程度上名正言順地把戰爭打下去。對於同德國單獨接觸以及同協約國決裂，哪怕俄國的權力集團不能達成一致，也可以把**威脅**這樣做當作討價還價的籌碼，迫使協約國同意臨時政府的要求——要求提得有點晚，但至少是公開提出了——即在協約國間召開一次正式會議，討論、也許是重新定義戰爭的目標。[147]

早在1916年9至10月，當布魯西洛夫攻勢遭到遏制之後，沙俄就與德國在瑞典、丹麥、瑞士和科夫諾（被德國佔領的帝俄領土）有過幾次秘密談判，商討單獨媾和的問題。在聽到俄德談判的風聲後，英法改變態度，與俄國簽訂了新的財政協議，對俄國早已提出的一些要求終於作出讓步。[148] 俄國在資金和物資上要依賴其協約國夥伴，但是在1917年，俄國的優勢或許更大。就算那樣，當美國已經開始行動起來，投入西線戰場的時候，完全採取防禦態勢本來也可以讓俄國有一個觀望的機會。

6月18日（西曆7月1日），克倫斯基和蘇維埃的瘋狂賭博開始了，首先是直到那時為止俄國歷史上規模最大的炮火齊射：連續兩天沒有停息，動用了俄國工人階級（他們中的80%在生產戰爭物資）生產的大批

重炮和炮彈。起初取得了一些成功，尤其是科爾尼洛夫將軍指揮的部隊，但是許多俄國部隊拒絕向前推進；有些部隊甚至企圖殺害他們的指揮官，而其他部隊則召開會議，商量如何逃脫這個地獄。[149] 俄軍的主要突擊方向是奧匈帝國這個「軟柿子」，這是從1916年的布魯西洛夫攻勢中得到的經驗，但德軍這頭被驚醒的野獸發起了無情的反擊。[150] 俄國的無謂進攻不但使俄軍被打得七零八落，還讓德國人進一步深入到俄國的領土，佔領了烏克蘭。[151] 這一攻勢也讓蘇維埃和士兵委員會中的溫和派社會主義代表的威信化為烏有。[152] 在試圖勸說士兵們服從命令返回戰場時，蘇維埃執行委員會的委員們不僅挨了打，還被關押起來，這其中就有「一號命令」的起草者之一尼古拉·索科洛夫（Nikolai Sokolov）。「可以把整個1917年看作是一場政治戰，」有位歷史學家寫得好，「一方把革命視為結束戰爭的手段，一方把戰爭視為結束革命的手段。」[153]

克倫斯基的第一次未遂政變

1917年春天，回國後的列寧還處在俄國政壇的邊緣地位，左翼的邊緣。他攻擊克倫斯基，指責蘇維埃的其他馬克思主義者，但1917年的六月攻勢——它是克倫斯基在蘇維埃的支持下發動的——證明列寧的極端言論是正確的。極端言論不再極端了。非常能夠說明問題的是，就連才華出眾的列夫·托洛茨基也開始支持列寧了。

托洛茨基是顆流星。他和斯大林差不多完全同時代，出生在帝國的另一個角落——烏克蘭南部的猶太人定居區，距離黑海的港口城市敖德薩有200英里*。他的父親達維德·勃朗施坦（David Bronstein）沒有受過教育，但憑藉勤勞成了一個成功的農民。在兒子出生的時候，這家人已經有了250英畝耕地†，同時另外還租了500英畝‡。[154] 托洛茨基的母親阿涅塔（Aneta）也是沙皇的忠實臣民。她有文化，但選擇了農婦的

---

* 編註：約322公里。

† 編註：約101公頃。

‡ 編註：約202公頃。

生活。她把自己對知識的熱愛傳給了四個孩子(生了八個，只有四個活了下來)。年輕的列夫曾經到猶太人小學讀書，儘管他不懂意第緒語，後來他又轉到敖德薩一所附屬於路德教會的德國人學校。他在班上名列前茅，只是因為針對一位瑞士的法語老師的一場學生鬧事而停學一年。接下來在尼古拉耶夫的一所學校，他一門心思學習文學和數學；見證者們回憶說他沒有任何親近的朋友。「勃朗施坦的個性就是，」那時候認識他的 G. A. 齊夫 (G. A. Ziv) 解釋說，「想證明他的意志力，想超過所有人，不管甚麼方面總是最好的。」[155] 勃朗施坦17歲左右成了革命者。同斯大林一樣，他20歲不到就被捕(1898)並流放西伯利亞。1902年，他改成一個獄友的姓——托洛茨基——逃走，並在倫敦見到了當時還是盟友關係的列寧和馬爾托夫，那時他23歲。第二年，在影響重大的俄國社會民主工黨第二次代表大會上，托洛茨基在有關黨的組織形式的爭論中站在馬爾托夫一邊，並在不久後撰文猛烈攻擊列寧。但托洛茨基從來沒有和孟什維克走得太近：他游離於所有集團之外。他長期生活在歐洲，在那裏給德國社會民主黨期刊投稿，與有着「馬克思主義教皇」之稱的卡爾・考茨基來往——他稱考茨基為「快活的白髮小老頭」——還同考茨基就恐怖活動的必要性進行過有名的辯論(「恐怖活動可以成為非常有效的武器，以對付不願退出舞台的反動階級」)。[156]

201

　　沙皇下台時，托洛茨基恰好在紐約。1917年4月，他動身返回俄國，但在途經加拿大時被捕，多虧了當時的外交部長米留可夫才被釋放，到達彼得格勒的芬蘭車站時已是5月4日，比列寧晚一個月。[157] 戴着夾鼻眼鏡、身體健碩、精神煥發、毫不妥協的托洛茨基立刻引起轟動。他在各大工廠和衛戍部隊的兵營四處活動，晚上大多是在冬宮對岸的首都摩登馬戲場。他的政論演說點燃了人們的激情。這個「光禿禿的昏暗的露天劇場，用懸掛在一根細溜溜的電線上的五盞小燈照明，從下到上，直到最頂層的一圈圈很陡的、滿是污垢的凳子，擠滿了士兵、水兵、工人和婦女，全都在聽，好像那是他們生活的依靠」，之前在哈佛大學讀書時就鼓吹共產主義的約翰・里德 (John Reed) 寫道。[158] 托洛茨基回憶說，「每一寸地方都擠得滿滿當當，所有人的身體都壓縮到極

限。小孩騎在父親的肩上，嬰兒在母親的懷裏吸着奶水⋯⋯ 我從人縫
裏擠到台上，有時還要從頭頂上托過去。」[159] 當時有個社會民主黨人評
論説，「這裏來了個偉大的革命者，人們覺得，列寧不管有多聰明，和
托洛茨基的天賦一比，就顯得遜色了。」[160] 事實上，列寧在5月10日就
已經邀請托洛茨基加入布爾什維克。[161] 多年來一直在毫不留情地嘲笑
列寧，而且戰爭期間同他的思想分歧進一步變大的托洛茨基，在1917
年夏天同意加入布爾什維克，轉向列寧主義，也就是説，他開始主張把
政權立即移交給蘇維埃。

　　深層的結構性變化更為重要。俄羅斯帝國軍隊的各大組成部分加
快了分裂的步伐，各個民族組建了事實上的軍隊——尤其是烏克蘭和芬
蘭的民族軍，還有愛沙尼亞、立陶宛、格魯吉亞、亞美尼亞以及克里
米亞韃靼人的民族軍——從而預示着帝國的瓦解。[162] 臨時政府逐漸成
了空架子。彼得格勒蘇維埃的聲譽，特別是士兵委員會的聲譽，受到
很大的損害。但是在1917年7月，就在政局變得對列寧越來越有利的
時候，布爾什維克黨差點兒全軍覆沒。7月2日，立憲民主黨人退出聯
合臨時政府；7月3至5日，流言四起，説首都的衛戍部隊要被調往前
線，結果彼得格勒發生了一場稀裏糊塗的暴動，一個機槍團和一些喀琅
施塔得水兵捲入其中。這些士兵和水兵打着「全部政權歸蘇維埃」的口
號，與布爾什維克黨的基層激進分子聯手，佔領了首都的幾個重要樞
紐。打死打傷的有數百人。克倫斯基當時在前線。7月4日，一大群人
聚集在塔夫利達宮，要求同蘇維埃領導人見面；當社會革命黨領導人維
克托・切爾諾夫出現的時候，一個水兵高喊：「你這狗娘養的，政權交
給你，你就接着。」叛亂分子扣押了切爾諾夫，所以必須把他救出來。[163]
但在傍晚時分，一場讓人睜不開眼的傾盆大雨驅散了人群。[164] 布爾什
維克高層猶豫不決，不知道要不要抓住這個機會，結果克倫斯基迅速組
織反擊，以發動武裝叛亂和收受外敵經費為名，指控他們犯有叛國罪。
這一招借力打力非常漂亮。

　　布爾什維克在接受偷偷運進來的德國經費，這一點現在是沒有任何
疑問。布爾什維克黨每天總共要印三十多萬份報紙；單是《真理報》就
發行了8.5萬份。與資產階級報紙(在首都每天有150萬份)或社會革命

黨和孟什維克兩者的報紙（70萬份）相比，布爾什維克的出版量只能算是小零頭，但布爾什維克黨還要出版幾十份小冊子和幾十萬份傳單，這些都要有經費支持。[165]證明列寧等布爾什維克黨人拿了德國人金錢的證據材料刊登在7月5日的俄國報紙上。「現在他們要槍斃我們了，」列寧對托洛茨基說，「這是對他們最有利的時候。」[166]7月6日早晨，臨時政府的反間諜局搗毀了《真理報》編輯部和印刷所。俄國士兵襲擊了布爾什維克的「堡壘」（克舍辛斯卡婭公館），那裏的大約400名全副武裝的布爾什維克投降。莫斯科中心城區的民兵隊長安德烈·維辛斯基（Andrei Vyshinsky），未來的斯大林恐怖統治中的劊子手法官，簽發了對包括列寧在內的28名最高層的布爾什維克黨人的逮捕令。[167]列寧聞訊逃走：先是在斯大林的幫助下，悄悄躲到阿米盧耶夫家，然後又同季諾維也夫一起去了俄屬芬蘭。民間的說法是，斯大林親自給列寧刮了鬍子，讓他看上去像個芬蘭農民。[168]列寧要求把他的幾本筆記帶給他，結果就在那個避難的地方寫出了《國家與革命》；他在1917年8至9月完成了書的正文。該書認為，所有國家都是階級統治的工具，任何一種新的階級政權（比如說工人階級）都需要創造出它自己的國家形式——「無產階級專政」——以便在過渡時期鎮壓舊統治階級的殘餘勢力並且分配資源。[169]與此同時，臨時政府的兩個部門也搜集了大量材料，準備以叛國罪公開審判列寧及其同志。[170]

　　這樣一來，陸海軍部長克倫斯基的軍事攻勢雖然慘遭失敗，但是由於他對布爾什維克發動的攻勢，1917年7月似乎成了轉折點。克倫斯基想要反敗為勝。被關進監獄的布爾什維克等激進分子總共有將近800人，包括差點兒被私刑處死的加米涅夫，但是沒有斯大林（原因不明）。[171]7月6日——當時正在公開抓人——那位陸海軍部長從前線返回首都，並於次日接管整個政府，因為名義上的總理格奧爾吉·李沃夫公爵辭職了。李沃夫說：「為了拯救國家，現在必須解散蘇維埃並朝人民開槍。這種事我幹不了。克倫斯基可以。」[172]

　　可是，消失在莫斯科一家療養院的李沃夫錯了：不是克倫斯基，而是拉夫爾·科爾尼洛夫的時刻到了。7月7日，克倫斯基把科爾尼洛夫晉升為西南戰線司令。7月12日，克倫斯基宣佈，由於軍紀敗壞，在前

線恢復死刑。他還在兩天後加大了軍隊書報檢查的力度。當時對於由誰來執行這些措施並不清楚，但是在7月18日，克倫斯基解除了布魯西洛夫將軍的職務，並建議由科爾尼洛夫擔任俄軍最高總司令。在接受克倫斯基的任命前，科爾尼洛夫徵求了其他將領的意見。早在1917年3月，當科爾尼洛夫取代被捕的謝爾蓋·哈巴洛夫將軍成為彼得格勒軍區司令的時候，就執行過逮捕皇后亞歷山德拉的命令，但是在1917年4月，當科爾尼洛夫試圖動用軍隊鎮壓首都騷亂的時候，蘇維埃聲稱只有它有權指揮衛戍部隊，於是科爾尼洛夫只好取消命令；心生厭惡的科爾尼洛夫要求調往前線。在前線，士兵們對他們的長官提出要求，結果在1917年6月，當俄國士兵拒絕推進的時候，他在奧軍防線上撕開的缺口便前功盡棄。前線對俄國士兵採取的恐怖措施很快就演變成針對平民的劫掠與暴行，甚至是更嚴重的違紀行為。[173] 不過，科爾尼洛夫仍然要求後方的衛戍部隊削弱士兵委員會的力量並恢復死刑。7月16日，克倫斯基在大本營的會議上，從總參溫和派將領那裏也聽到了類似的要求。[174] 科爾尼洛夫進而要求在軍事行動和人事決定上擁有完全的自主權，並要像魯登道夫將軍在德國那樣，制定工業上的戰爭動員計劃。[175] 7月21日，科爾尼洛夫如最後通牒一般的條件被透露給新聞界，使他在右翼勢力中聲望大增。[176] 克倫斯基口頭上答應了科爾尼洛夫的條件，於是，後者接任最高司令一職，但是當陸海軍部起草文件、準備滿足科爾尼洛夫的條件時，克倫斯基卻遲遲沒有簽字，一直拖到8月，引起科爾尼洛夫的憤怒和懷疑，而克倫斯基此時對自己提拔的這個人也越來越不放心。[177]

　　1917年7月26日至8月3日，布爾什維克召集了一次黨代表大會，這是他們自1907年以來的第一次。（這是第六次，如果算入上一次在俄國本土召開的1898年成立俄國社會民主黨的明斯克代表大會。）與會代表大約267人（其中有表決權的代表157人），許多是來自外省，他們因為受到逮捕的威脅而齊聚在彼得格勒相對安全、到處都是工廠的維堡區。由於列寧和季諾維也夫不能公開露面，加米涅夫和托洛茨基也被關進了監獄，斯維爾德洛夫便在斯大林的協助下組織了此次大會。他們做了很細緻的工作，從前線近30個團以及彼得格勒近90個工廠和衛

成部隊單位中選舉了代表，而那些代表的情緒比較激進。斯大林致開幕辭並作了主政治報告——那是最受人關注的工作。「他穿着樸素的灰色短上衣和靴子，說話聲音不大，不緊不慢，十分沉穩」，有見證者寫道，並提到斯大林的格魯吉亞人身份，說同一排的另外一個同志「在報告人帶着特殊的口音，用一種不知怎麼的顯得特別柔和的聲調說出某個詞的時候，忍不住露出一絲微笑」。[178] 斯大林承認，「時機不成熟的」七月起義造成了嚴重的損失。不過。他也輕蔑地自問自答說：「臨時政府是甚麼？」「它是傀儡，可悲的屏風，它的背後是反革命的三根支柱：立憲民主黨人、軍事小集團和協約國的資本。」爆發必然會到來，他預言說。

　　大會最後一天，在討論根據其報告所作的決議草案時，斯大林反對葉夫根尼·普列奧布拉任斯基 (Yevgeny Preobrazhensky) 要求參照西方革命的提議。「很有可能，俄國正是開關社會主義道路的國家，」他插話說，「從來沒有一個國家在戰爭條件下像俄國一樣具有這樣的自由，也從來沒有一個國家嘗試過實行工人監督生產。此外，我國革命的基礎比西歐廣闊，在西歐，無產階級是同資產階級面對面孤軍作戰的，我國工人卻有貧苦農民階層的支持。最後，德國的國家權力機關要比我國資產階級的不完善的機關優越得多……必須拋棄那種認為只有歐洲才能給我們指示道路的陳腐觀念。有教條式的馬克思主義，也有創造性的馬克思主義。我是主張後一種馬克思主義的。」[179]*

　　這次引人注目的爭論顯示出斯大林的敏銳程度，而他的這種敏銳幾乎從未得到認可。他的主張獲得了通過，有關俄國社會主義革命的勝利「要以西方無產階級革命為前提」的修正案被否決。

　　由於斯大林的精闢分析以及他總體上對於俄國的高度關注——這一點是列寧所沒有的——列寧的戰鬥精神即便在他本人沒有參會的情況下也佔了上風。[180] 不過，列寧仍然面臨受到審判的危險，而當斯大林告訴大會代表說，在某種條件下，列寧還有季諾維也夫有可能接受

---

*　譯註：《斯大林全集》第3卷，第174頁。

審判時，他受到了嚴厲指責。但布爾什維克黨人預計會受到的審判沒有成為現實。克倫斯基覺得，同科爾尼洛夫的對決比和列寧的較量更重要。[181]

克倫斯基的第二次未遂政變

206

克倫斯基在7月中旬曾經提出，8月中旬要在古都莫斯科召開國務會議，受邀參加的有實業家，地主，所有的前杜馬代表，地方治理機關、高等教育機構、蘇維埃和農民團體的代表，以及軍隊高級將領——參會者約2,500人，會議地點是莫斯科大劇院。[182] 那是一座宏偉的劇院。似乎是為了證實自己的權威，克倫斯基8月12日開幕那天的講話特別有力。他好像原本是打算利用此次會議把俄國各派的政治力量「團結」起來，雖然報紙上半開玩笑地說，他來到莫斯科這個為沙皇加冕的地方，是想「給他自己戴上皇冠」。蘇維埃的報紙用階級的標識抱怨說，「晨禮服、雙排扣常禮服和漿洗過的襯衣，鶴立雞群於那些〔平頭百姓穿的〕側繫帶俄式上衣」。[183] 但是就蘇維埃而言，它已經從分到的代表名額中排除了布爾什維克，因為後者拒絕承諾服從蘇維埃的集體決定 (包括是否舉行罷工)。莫斯科的工人不服從蘇維埃，在開幕當天舉行了為期一天的自發罷工，布爾什維克聲稱這是他們組織的。[184] 「電車停運」，《消息報》報道說，「咖啡店和飯館關門」——包括大劇院內部的餐廳。煤氣工人也罷工了，結果城裏一片黑暗。[185]

8月13日，星期天，科爾尼洛夫從前線抵達莫斯科。在亞歷山德羅夫斯基 (後來的白俄羅斯) 車站，他那些披着紅色斗篷的土庫曼人跳到站台，抽出馬刀站成幾排，場面非常搶眼。在一表人才的士官生和俄國的三色旗的海洋中，穿着軍禮服的小個子科爾尼洛夫出現了，迎接他的是雨點般的鮮花。他像沙皇一樣接見了等候在那裏的達官顯貴和士兵，隨後，這位將軍乘坐一輛敞篷轎車，率領他那由20輛小轎車組成的車隊，浩浩蕩蕩地穿過城市，一路引來陣陣歡呼，其中包括他 (像所有沙皇做過的那樣) 停在伊維爾斯卡婭神龕那裏向聖母瑪麗亞聖像祈禱的時候。晚上，身為卡爾梅克人的俄軍最高總司令接見了絡繹不絕的

祝福者，其中有前總參謀長和最高總司令阿列克謝耶夫將軍、立憲民主黨領袖米留可夫以及極右翼領袖普利什凱維奇。[186]

這是個非常有趣的時刻：俄國遭受重創的整個權力集團的國務會議；把布爾什維克排除在外的左翼代表；外敵征服的危險迫在眉睫的祖國；再加上幾個爭相成為救星的人。

在8月14日的會議上，主持會議的克倫斯基將最高總司令請上講台。為使科爾尼洛夫的隆重亮相顯得合情合理，特意安排他的一位哥薩克支持者發表墊場的煽動性演說。[187]「我們丟掉了整個加利西亞，我們丟掉了整個布科維納」，卡爾梅克救星告訴大家，並且警告，德國人正在攻打位於通往俄國首都道路上的里加。科爾尼洛夫要求採取有力的措施。[188]大劇院右側的過道爆發出熱烈的掌聲，左側悄無聲息或者發出噓聲。此次大會本可以成為一次機會，扭轉俄國的頹勢並把權力集團團結起來：有些實業家想讓國務會議變成一個永久性的機構。擁護秩序和權威的蘇維埃成員本可以成為籠絡的對象，從而造成左翼的分裂。早在8月9日的《工人和士兵報》上，斯大林就警告說，「反革命需要有自己的議會」，一個資產階級和地主的機關，是在未經農民選舉的情況下成立的，打算取代尚未召集的作為「全俄人民的唯一代表」的立憲會議。[189]*四天後，在莫斯科國務會議開幕當天，斯大林寫道，「『救星』先生們在籌備莫斯科會議時，曾裝做他們是在召集一個不決定任何問題的……『普通會議』。但是，這個『普通會議』漸漸變成了『國務會議』，後來又變成了『最高會議』，而現在……要把會議變成……『長期國會』。」[190]†然而，克倫斯基除了喋喋不休的三天講話外，對於莫斯科國務會議根本沒有長遠的計劃。[191]會議沒有形成任何制度性的東西。

即便從象徵意義上來說，它也是失敗的。國務會議非但沒有表現出充滿愛國精神的團結，反而（像米留可夫後來說的）證明「國家被分裂成兩個不可調和的陣營」。[192]更糟糕的是，不止斯大林，所有左翼報刊在評論參加此次會議的貴族、實業家和軍人的表現時，都發出更加歇斯

---

* 譯註：《斯大林全集》第3卷，第181–182頁，斯大林這篇文章的發表日期為1917年8月8日。
† 譯註：《斯大林全集》第3卷，第189–190頁。

底里的警告，認為「反革命」的威脅已迫在眉睫。作為此次會議的幕後
人物，克倫斯基得出同樣的結論。「莫斯科會議後，」他後來回憶說，
「對我而言很清楚的一點是，下一次政變會來自右翼，而不是左翼。」[193]

　　克倫斯基提升了人們對冒失方案的期望，可這些期望很快就破滅了
——要怪就怪他自己。前線的全面崩潰繼續威脅着俄羅斯國家的生存，
許多立憲派，比如米留可夫、李沃夫和羅將柯，都傾向於由科爾尼洛
夫來發動軍事政變，雖然他們擔心他缺少民眾的支持而且不瞭解政權
的實際情況。他們的計劃或者說幻想是，讓科爾尼洛夫用武力「恢復秩
序」，可能要實行軍事獨裁，然後在有利的時機召集立憲會議。[194] 與
科爾尼洛夫晤談的阿列克謝耶夫將軍、亞歷山大‧高爾察克海軍中將
(Alexander Kolchak，6月前一直擔任黑海艦隊司令) 等人也有類似的想
法，想要強行恢復秩序。科爾尼洛夫當然考慮過對臨時政府和蘇維埃
發動政變，以鎮壓預計會發生的布爾什維克政變，絞死列寧及其助手，
解散蘇維埃，也許還想讓他自己至少臨時性登上權力的寶座。[195] 但這
似乎是個糟糕的選項。一個想要策動軍事陰謀的人根本沒有任何可靠
的通訊保障：司機、傳令兵、報務員都會把可疑的活動報告給士兵委員
會和蘇維埃。[196] 所以，科爾尼洛夫選擇了與臨時政府**合作**。他正確地
判斷出後者無力掌控局面。不過，克倫斯基的確告訴過科爾尼洛夫，
他想要一個「強有力的權威」，而且與政府合作就可以合法地調動軍隊。
早在8月6至7日，科爾尼洛夫就得到克倫斯基的批准，命令第三騎兵
軍軍長亞歷山大‧克雷莫夫中將把部隊從西南 (羅馬尼亞前線) 調到大
盧基 (普斯科夫省)。克雷莫夫的部隊，其中有些被稱為「野蠻師」，包
括來自北高加索的穆斯林山民 (車臣人、印古什人、達吉斯坦人)，他
們被認為是整個陸軍中最可靠的部隊，而且在前線執行過政治任務。[197]
8月21日，就像科爾尼洛夫在莫斯科國務會議上警告的那樣，里加陷
落，於是，克倫斯基授權科爾尼洛夫調動彼得格勒附近戰線的部隊保衛
首都，鎮壓預計將發生的布爾什維克政變——布爾什維克被認為是德國
的奸細。此次行動依舊是暗中進行的。

　　溫和派社會主義者還在主張既不也不：既不和反革命極右勢力做交
易，也不和要奪權的極左勢力做交易。[198] 但布爾什維克卻欣然接受了

208

兩極對立，認為那是不可避免的。「二者必居其一！」斯大林在1917年
8月25日寫道：「或者同地主和資本家在一起，那就是反革命的完全勝
利。或者同無產階級和貧苦農民在一起，那就是革命的完全勝利。妥
協和聯合的政策是注定要破產的！」[199]*

　　科爾尼洛夫指揮下的、顯然是得到克倫斯基批准的克雷莫夫部隊的
調動，為的是先發制人，對付預計將發生的布爾什維克政變，並以軟弱
得不可救藥的臨時政府的名義強化政治權威，這導致了克倫斯基和科爾
尼洛夫的突然攤牌。從1917年8月26至31日正式調動開始以及在那之
後，分析家們作了表面上截然相反的兩種解讀。[200] 一是認為那是科爾
尼洛夫的暴動，打着保衛臨時政府的幌子，自己想當上獨裁者。二是
認為那是克倫斯基的無恥挑唆，想趕走科爾尼洛夫，讓他自己成為獨裁
者。兩種解讀都對。[201]

　　一系列錯綜複雜的信息、以信使和假冒的信使與科爾尼洛夫作了　　　209
一番溝通之後，大約在8月26日星期六午夜時分，克倫斯基緊急召集
內閣會議，要求授予自己「全權」（vlast'），挫敗反革命陰謀。臨時政府
的部長們集體辭職。[202] 差不多就在那時，8月27日星期天凌晨2:40，科
爾尼洛夫打電報給政府，大意是，為了撲滅首都即將發生的布爾什維
克起義，按照已經達成的意見，克雷莫夫中將的部隊「將於8月28日傍
晚在彼得格勒近郊集合。請求在8月29日對彼得格勒實行戒嚴」。[203] 早
晨4點，克倫斯基打電報給科爾尼洛夫，解除他的職務。在大本營，總
參謀部人員認為命令要麼是偽造的，要麼表明克倫斯基已被極左分子扣
為人質。科爾尼洛夫讓克雷莫夫加快速度。在首都，各種各樣天真的
顯要人物想要充當此次「誤會」的調解人，但克倫斯基拒絕了他們。8月
27至28日，報紙以特刊形式發表了克倫斯基簽署的聲明，指控最高總
司令犯有叛國罪。[204] 憤怒的科爾尼洛夫打電報給所有的前線司令，稱
克倫斯基是騙子，是在布爾什維克的壓力下「按照德軍總參謀部的計劃」
行事的。科爾尼洛夫的公開抗訴很有針對性地自稱是「哥薩克農民的

---

*　譯註：《斯大林全集》第3卷，第244頁。

兒子」，並表示「只想拯救大俄羅斯。我發誓要帶領人民，直到打敗敵人，召開立憲會議，人民將在立憲會議上決定自己的命運並選擇新的政治制度」。[205]克倫斯基轉而向蘇維埃求助，要它召集力量，徹底打敗「反革命」。鐵路線上，工人和專門派來的穆斯林鼓動人員騷擾了克雷莫夫野蠻師。托洛茨基後來寫道：「那支奮起抵抗科爾尼洛夫的軍隊就是日後發動十月革命的部隊。」[206]實際上，當時沒有發生任何戰鬥。[207]在得到克倫斯基保障人身安全的承諾後，8月30日夜裏，克雷莫夫乘汽車進入彼得格勒，接受總理召見。後者要他向軍事法庭報告情況。然後，克雷莫夫去了一處私人住所，開槍自殺了。[208]

斯大林為打垮反革命而歡呼，但又警告説，反革命還沒有被徹底打敗。「反對地主和資本家，反對將軍和銀行家，保衛俄國各族人民的利益，爭取和平，爭取自由，爭取土地——這就是我們的口號，」他在8月31日寫道，「成立工農政府——這就是我們的任務。」[209]*已淪為階下囚的前沙皇尼古拉二世，私下裏表達了對科爾尼洛夫未能建立軍事獨裁的失望。「我當時是第一次聽到沙皇後悔自己的退位」，宮廷教師皮埃爾·吉利亞爾 (Pierre Gilliard) 回憶説。[210]在任何企圖發動的政變中，就連許多內部人士也覺得結局難料、不知所措，因而大多是在政變開始顯現勝利跡象的時候，才會兌現支持政變的諾言。[211]8月28日，協約國表示，它會支持俄國國內為了實現國家「團結」而做出的努力，因為那是聯合作戰的一部分；俄國工商界本來是會支持科爾尼洛夫的。但科爾尼洛夫甚至都沒有離開莫吉廖夫的前線大本營。[212]這是一場奇怪的、要依靠克倫斯基合作的軍事政變，而克倫斯基在科爾尼洛夫有機會出賣他之前，實際上就出賣了科爾尼洛夫。[213]但克倫斯基在八月對付科爾尼洛夫的這步棋，是他的第二次未遂的政變，先前那次流產的七月政變對付的是列寧和布爾什維克。

1917年夏天，是否存在真正的右翼群眾運動，可以被喚醒並且最後或許還可以統一起來，這一點永遠無法知道。不過，從一份名為《小

*   譯註：《斯大林全集》第3卷，第256頁。

報》(為「小」民或普通人辦的)的右翼期刊——創辦於1914年,發行人
是阿列克謝‧A. 蘇沃林 (Aleksei A. Suvorin,波羅申〔Poroshin〕),他的父
親是俄國著名的保守派政論家——的故事中,可以得到關於群眾的一些
深刻的認識。作為一份粗俗的、語法上不甚講究的報紙,《小報》用大
白話對實際生活中發生的大事小情作了精彩的記錄,並在彼得格勒的底
層民眾中,比如工人、士兵、傷殘軍人、失業人員、交不起房租的人、
遭到商人剝扣的人,總之就是戰時首都的大部分人中,贏得大量的支持
者。它對日常生活的描寫能讓讀者笑出淚來,它還對精英階層中政治
上的膽小怕事之徒大加諷刺。《小報》對俄國各社會主義政黨持反對態
度,在臨時政府發佈通緝令之前就要求逮捕列寧。它猛烈指責臨時政
府和克倫斯基的無能和怯懦,鼓吹更加大膽的戰爭兼併計劃,要求把政
府的領導權交給強人(特別是海軍中將高爾察克)。它還用「拉比諾維奇」
之類為人熟知的代號公開蘇維埃中猶太人的比例*。彼得格勒蘇維埃認為
《小報》是「對猶太人進行集體迫害的出版物」,因而強烈呼籲印刷工人
不要印它。但是到1917年6月,《小報》的發行量攀升到10.9萬份,比
《真理報》還多,讀者範圍覆蓋首都的衛戍部隊、附近的海軍基地和工
廠。儘管如此,現在仍無法知道,它的人氣主要是因為粗俗的娛樂內
容,還是因為要求把政權交給「強人」。[214]

　　科爾尼洛夫失敗後,這份報紙失去了人氣。但《小報》甚至在那之前
就開始給自己貼上了「社會主義」的標籤——差不多就像早期的國家社會
主義分子——儘管它並不太相信社會主義。這種三心二意的做法,有力
地表明右翼的任何運動,要想有所作為,就必須是「社會主義的」。某種
形式的社會主義成了政治景觀中無可避免的東西。然而,社會主義也是
促使科爾尼洛夫以及其他的右翼政治人物採取行動的罪魁禍首之一。戰
爭讓社會主義幾乎成了一種普遍的渴望,從而極大地壓縮了俄國右翼力
量的選擇空間。結果,科爾尼洛夫想用來恢復秩序的工具本身,也就是
軍隊,現在成了比以往任何時候都重要的社會主義革命的工具。[215]

211

---

*　譯註:拉比諾維奇是俄國德系猶太人的姓,意為「拉比的兒子」。

遁逃

不幸的克倫斯基。克倫斯基知道迫切需要加強中央權威，但他兩面派的做法把自己逼到了進退兩難的境地：要麼倒向總參謀部（要想阻止左翼的政變就不能沒有他們），要麼倒向通過民主選舉產生的蘇維埃（在他看來也就是群眾，他非常渴望得到群眾的支持）。[216] 可是，由於他倒向蘇維埃並讓科爾尼洛夫蒙受了恥辱，權勢人物徹底拋棄了臨時政府；少數人甚至開始希望，通過外來干涉拯救俄羅斯。[217] 大本營的兩名將軍拒絕了克倫斯基的緊急要求，不願接替被撤掉的科爾尼洛夫的職務。這位完全破產了的總理——別說議會，他連政府都沒有——無奈之下，只好指示俄軍服從科爾尼洛夫的命令。「一個被控犯有叛國罪的最高總司令，」科爾尼洛夫在談到自己時說道，「卻因為無人願意接任而奉命繼續指揮軍隊。」[218]

有些內部人士竭力勸說克倫斯基辭職，把位置讓給阿列克謝耶夫將軍。但那位36歲的律師卻自己任命自己為軍隊最高總司令，並讓阿列克謝耶夫將軍——他剛剛被當作「失敗主義者」解除職務——擔任總參謀長。這個安排跟尼古拉二世在位時一樣。阿列克謝耶夫考慮了三天才同意克倫斯基的要求；在任命阿列克謝耶夫九天後，克倫斯基解除了他的職務。[219] 原先11人的懸在空中的臨時政府，只剩下了1人。克倫斯基任命自己為新的五人委員會主席，類似於法國大革命（1795–1799）中的五人督政府，五人督政府想在極左和極右之間走中間的政治道路；俄國的冒牌「督政府」名義上存在了幾個星期。[220] 克倫斯基的行動，尤其是軍事攻勢，是在1917年6月開始的，而現在，1917年8月，整個政治景觀都改變了：右翼垮掉了，左翼生氣勃勃，而且整個左翼都在朝着越來越左傾的方向發展。

還在7月的時候，布爾什維主義一度跌入谷底。[221] 剛加入布爾什維克的托洛茨基和加米涅夫一樣在蹲監獄，列寧則和季諾維也夫一樣，藏在芬蘭人的穀倉裏。如此一來，就剩下了斯維爾德洛夫和斯大林。要是沒有東躲西藏的列寧和關進監獄的托洛茨基，這兩人是否還能領導布爾什維克黨奪取政權就難說了。布爾什維克的喉舌《工人之路報》是代

替被查封的《真理報》的，斯大林是《工人之路報》的編輯和撰稿人，斯維爾德洛夫則努力維持組織的團結，説服外省同志拿出他們黨務工作的實例（傳單副本、黨籍詳情），然後再給他們傳達指示。[222] 但要説領導整個革命，那可是在街頭和戰壕進行的壯舉？

　　事態發展的政治方向是沒有任何疑問了。7月底、8月初，黨的第六次代表大會成功召開，取消了「全部政權歸蘇維埃」的口號，但接着，8月底，早就在預料中的「反革命」突然出現。[223] 在要求改變階級政權時，「全部政權歸蘇維埃」的口號又恢復使用了。據説，統治階級無力推動資產階級民主革命（這種革命對於社會主義來説是必要的）；相反，他們現在是公開的反革命。將軍不會帶來和平。銀行家不會帶來經濟改革。地主不會帶來土地重新分配。資產階級事實上過於軟弱。必須奪取階級政權，否則所有得到的——整個革命進程——就會失去。工農必須成為革命的領導力量。[224] 社會革命黨、甚至孟什維克的最左翼，現在也第一次接受了這一綱領。「在科爾尼洛夫暴動的日子裏，」斯大林主編的《工人之路報》後來解釋説，「政權已經轉歸蘇維埃。」[225]

　　克倫斯基和科爾尼洛夫的失敗徹底扭轉了布爾什維克的頹勢。[226] 就在科爾尼洛夫同其他許多高級軍官在莫吉廖夫大本營束手就擒的時候，被囚禁的布爾什維克，凡是沒有自行逃走的，幾乎都獲釋了，最主要的是，這其中包括托洛茨基（9月3日，他在交了3,000盧布的保釋金後被放了出來）。9月25日，即克倫斯基關於「督政府」的荒唐想法被收回的同一天，托洛茨基成了彼得格勒蘇維埃的主席。從囚犯一躍進入民眾機構的高層，説明布爾什維克新近在該機構佔據了驚人的多數。（布爾什維克在莫斯科蘇維埃代表中也佔據了多數。）同樣引人注目的是，按照克倫斯基的命令發下去抵抗科爾尼洛夫的4萬支步槍，大部分落到工人手裏——在此之前，工人總的來説沒有武裝——而這些「赤衛隊」中的許多人現在都站在布爾什維克一邊。在1917年9月6日的文章中，斯大林公開承認克倫斯基和科爾尼洛夫事件帶來的好處：「馬克思認為1848年德國革命力量薄弱的原因之一，是那裏沒有能鞭策革命並在鬥爭的烈

213

火中加強革命力量的強大的反革命。」[227]* 在俄國，斯大林強調説，以科爾尼洛夫為代表的反革命的出現，證實了必須「和立憲民主黨人決裂」，也就是説，必須和臨時政府決裂。9月16日，斯大林在另一篇重要的社論中提出了一個響亮的要求——立刻把全部政權交給蘇維埃。「革命的基本問題是政權問題，」他解釋説，「革命的性質、進程和結局完全取決於政權操在誰手裏，哪個階級掌握政權」，因此，社會主義者應當以無產階級的名義，掌握俄國革命的方向。[228]†

經過「七月那些日子」的痛苦的失敗後——此後布爾什維克遭到大逮捕——許多人對於任何形式的暴動都缺乏信心，害怕招來滅頂之災。但列寧從他在芬蘭的藏身處傳來了瘋狂的指示，要求立刻發動政變，理由是「真正無政府狀態的浪潮將會比我們更強大」。[229]‡ 俄國股市暴跌。逃兵和罪犯四處搶掠。「在羅斯托夫，市政廳被炸，」那年秋天莫斯科的一家報紙解釋説，「在坦波夫省，農村地區發生了迫害猶太人的事件⋯⋯在高加索，許多地方發生了大屠殺。在伏爾加河沿岸的卡梅申斯克附近，士兵們搶劫了火車⋯⋯」[230] 同1917年2月一樣，買麵包的長隊又出現了。[231] 負責糧食供應的官員們商量軍隊復員的問題，因為他們無法提供足夠的糧食。[232] 克倫斯基同名義上恢復了的臨時政府內閣的各個部長一起，搬到了比較安全的冬宮，他自己就住在從前亞歷山大三世住的地方，睡的是沙皇的床，用的是沙皇的辦公桌；他的裝腔作勢受到了更加辛辣的嘲諷，而且嘲諷不僅來自憤怒的右翼——他們散佈流言，説他有猶太血統，並且暗中為德國人工作。[233] 很快又出現了拉斯普京式的謠言，説克倫斯基同尼古拉二世的一個女兒有染。（克倫斯基已經和妻子分居。）這一切刺激了列寧。「我們在彼得格勒有數千名武裝工人和士兵，他們能夠一**舉**佔領冬宮、總參謀部、電話局以及各大印刷廠」，

214

* 譯註：《斯大林全集》第3卷，第260頁。

† 譯註：《斯大林全集》第3卷，第282頁。

‡ 譯註：列寧在1917年10月1日〔14日〕給中央委員會、莫斯科委員會、彼得堡委員會以及彼得格勒和莫斯科的蘇維埃布爾什維克委員的信中表示：布爾什維克「應當立即奪取政權。只有這樣，才能挽救世界革命⋯⋯才能挽救俄國革命（不然真正無政府狀態的浪潮將會比我們更強大），才能挽救戰爭中的幾十萬人的生命」。《列寧全集》第32卷，第332–333頁。

他在10月7日再次堅持說。克倫斯基將「不得不**投降**」。[234]* 斯大林轉載了列寧信中可以公開的部分，並反覆強調，工人、農民和士兵必須提防克倫斯基和科爾尼洛夫發動新的叛亂。「反革命，」斯大林在10月10日早晨發表的文章中敦促說，「正在動員起來——準備反擊吧！」[235]†

　　但中央委員會還在拖延，於是，10月3至10日的某個時候，列寧冒險從芬蘭回到彼得格勒；10日那天，在一處用作安全屋的私人住宅，戴着假髮和眼鏡而且剃掉了鬍鬚的列寧，自7月以來頭一次參加了中央委員會會議。中央委員會的21名委員，只有12人到場。斯維爾德洛夫作了報告，他提到據說民眾普遍支持暴動。經過幾乎一整夜的激烈爭論，12人當中有10人投票贊成列寧立刻發動政變的主張；加米涅夫和季諾維也夫反對。斯大林站在列寧一邊，對決議投了贊成票——決議是用鉛筆寫在一張從小孩的寫字簿上撕下來的紙上，大意是「武裝起義不可避免，起義時機完全成熟」。不過，日期沒有定下來。（「甚麼時候可以舉行這次起義還不確定，也許是在一年之內」，米哈伊爾·加里寧在10月15日那天寫道。）[236] 10月18日，加米涅夫和季諾維也夫在一份發行量很小的報紙上表示，他們反對政變——這實際上就是泄露了正在計劃發動政變。[237] 列寧用極其憤怒的語氣寫了一封信，稱他們是工賊，要求開除他們。[238] 斯大林在其主編的布爾什維克最重要的報紙上允許季諾維也夫作了和解性的回應，並加了編者按。「就我們而言，我們希望，既然季諾維也夫發表了聲明……就可以認為這件事到此為止了，」這段匿名的編者按說，「列寧文章的尖銳口氣並不能改變如下事實，即從根本上來說，我們仍然是一條心。」[239] 季諾維也夫和加米涅夫或許有可能成為兩個盟友，以削弱新近得勢的托洛茨基。

　　列寧藏身的福法諾娃夫人的家裏沒有電話，克魯普斯卡婭忙前忙後，帶着列寧的文件和口信向中央委員會施壓。[240] 10月10至25日，列

---

* 譯註：列寧〈危機成熟了〉一文寫於俄曆9月29日，10月7日的《工人之路報》轉載了文章的部分內容，此處所引並不在10月7日轉載的範圍之內。參見《列寧全集》第32卷，第277–278頁。

† 譯註：《斯大林全集》第3卷，第347頁。

215

寧跟托洛茨基只見了一次，是10月18日在他藏身的私人住宅，但那一次就夠了；在10月20日的中央委員會會議上，托洛茨基嚴厲斥責斯大林企圖在黨內充當和事佬，結果，委員們表決通過了加米涅夫的辭職請求。托洛茨基成了比中央委員會還要重要的執行列寧意志的工具。布爾什維克被克倫斯基趕出了克舍辛斯卡婭公館（用托洛茨基尖刻的話說，就是「某個宮廷芭蕾舞女演員的安樂窩」）。他們在斯莫爾尼宮——一所專門為年輕的貴族女子準備的淑女學校——駐紮下來，和塔夫利達宮相比，那裏在首都東面更遠的地方。被趕出塔夫利達宮的蘇維埃也搬到了斯莫爾尼宮。在那裏，蘇維埃的中央執行委員會以一票的優勢（13對12），批准成立了負責防禦的軍事革命委員會，它在10月12日又得到蘇維埃全體會議的批准。[241] 成立武裝機構的想法最初是孟什維克提出的，理由是，可以穩住騷動不安的衛戍部隊，保衛首都，抵禦德國人的進攻。但托洛茨基會在列寧的敦促下，撇開只剩下空殼的臨時政府，用軍事革命委員會為布爾什維克服務。現在，一切都變得對列寧有利起來。

全俄蘇維埃第二次代表大會定在10月20日，這個時間安排得太巧了，於是，托洛茨基想出一條妙計，在召開大會的同時奪取政權，這樣一來，既可以讓其他所有的社會主義者不得不接受既成事實，又可以讓奪權帶上必不可少的合法色彩。[242] 當時有很多代表似乎不太可能準時趕到彼得格勒，因此，溫和派社會主義者在10月17至18日迫使蘇維埃中央執行委員會把大會延期到10月25日——這一點對布爾什維克非常關鍵，因為他們有了準備政變的時間。[243]（軍事革命委員會到10月20日才召開第一次會議。）[244]「蘇維埃政府將終結戰壕的苦難，」據見證者蘇漢諾夫說，10月21日，托洛茨基告訴聽眾當中的士兵和水兵，「蘇維埃政府會分配土地，消除國內混亂。會把國家中的一切都分給窮人和戰壕裏的士兵。要是你，資產者，有兩件皮毛大衣，那就給一件士兵……你是不是有一雙暖和的靴子嗎？那就待在家裏。工人需要你的靴子。」蘇漢諾夫還說：「當時提出一個決定，即在場的有哪些人贊成為了工農的事業流盡最後一滴血？……成千的聽眾齊刷刷地把手舉了起來。」第二天，摩登馬戲場發生了同樣的一幕，托洛茨基在那裏要求人們宣誓效忠：「如果你們支持我們讓革命走向勝利的政策，如果你們為

這項事業貢獻你們全部的力量，如果你們在這項偉大的事業中毫不猶豫地支持彼得格勒蘇維埃，那就讓我們宣誓忠於革命。要是你們支持我們説出的這一神聖的誓言，請把你們的手舉起來。」[245] 蘇維埃第二次代表大會召開前夕，10月23日，托洛茨基領導下的軍事革命委員會要求首都衛戍部隊只聽從它的指揮。它通過派駐衛戍部隊各團的政治委員命令它們「做好戰鬥準備」。[246] 不過，軍事革命委員會對於接下來應該怎麼辦仍然沒有把握。

　　10月24日下午，斯大林告訴前來參加代表大會的布爾什維克代表，軍事革命委員會內部對於可以採取的行動路線有兩種不同的看法：一種是，「我們應該立刻組織起義」；另一種是，「我們應該加強自己的力量」。黨的中央委員會的多數人，他暗示説，都傾向於後者，也就是等等看。[247] 克倫斯基又一次幫了大忙，下令逮捕布爾什維克的高層人物——在科爾尼洛夫潰敗後被他放掉的那些人——並查封兩份布爾什維克報紙：《工人之路報》和《士兵報》（為平衡起見，也查封了兩份右翼報紙）。10月24日，一群士官生和民兵當着斯大林的面銷毀了剛剛印出來的報紙，砸壞了印刷機，但斯大林手下的工作人員跑到斯莫爾尼宮報告説遭到攻擊，於是，軍事革命委員會派去部隊並讓印刷機重新轉動起來。[248] 為了保衛革命而組織的防禦變成了進攻。有傳言説，城裏有「可疑的」部隊在調動——科爾尼洛夫分子！——於是，赤衛隊佔領了火車站，控制了橋樑，奪取了電報局。當政府切斷連接斯莫爾尼宮的電話線時，軍事革命委員會就奪取了電話局，重新接通線路，並切斷冬宮的聯繫。當斯莫爾尼宮的照明出現問題時，赤衛隊就佔領了發電廠。托洛茨基後來説過一句俏皮話：「正如你們也許會説的，當時克倫斯基政府能做的只有暴動。」[249]

　　事實上，不管怎樣，布爾什維克本來就可以説自己有權掌握政權，因為根本沒有甚麼力量可以阻擋他們。他們居然稀裏糊塗地奪了政權，是因為臨時政府説垮就垮，就像自吹自擂的專制制度説垮就垮一樣。[250] 赤衛隊——被描寫成「一群擠作一團的男孩，穿着工人的衣服，拿着上了刺刀的槍」——沒有遇到抵抗，結果到10月24日的傍晚，就控制了首都的大部分戰略要點。[251] 那天夜裏，克倫斯基解除了彼得格勒軍區司

令格奧爾吉‧波爾科夫尼科夫上校（Georgy Polkovnikov）的職務，但後者沒有理睬將他解職的命令，而是通過軍用線路打電報給大本營的總參謀部：「我報告，彼得格勒的形勢險惡。沒有出現街頭示威和動亂，但是正在進行有計劃的抓人以及佔領公共機構和火車站的行動。根本沒有人執行命令。士官生未作抵抗就擅離職守……不能保證不會有人企圖控制臨時政府。」[252] 這名上校説得對，但是，那天夜裏布爾什維克究竟召集了多少衛戍部隊士兵和非正規武裝，現在還不清楚，也許就區區1萬人。[253] 阿列克謝耶夫將軍後來聲稱，他在彼得格勒有1.5萬名軍官，其中有三分之一隨時準備保衛冬宮，但他的建議未被採納。（結果，軍官們都喝醉了。）[254] 彼得格勒衛戍部隊沒有全都參與布爾什維克政變，但更重要的是，他們沒有保衛現存秩序。[255] 附近的北方戰線司令V. A. 切列米索夫將軍（V. A. Cheremisov），迫於在其司令部附近成立的軍事革命委員會的壓力，撤銷了之前派遣援軍解救冬宮的命令。[256] 成了空殼的臨時政府召集到的全部防衛力量只是一些婦女和兒童：清一色由婦女組成的「決死營」（有140人）和幾百名不太情願的年輕的士官生——他們得到了一支自行車部隊的協助；零零星星幾個哥薩克；還有40名傷殘軍人，他們的指揮官有兩條假腿。[257]

列寧和托洛茨基

　　1917年10月，俄國總共有1,429個蘇維埃，其中農民代表蘇維埃455個，從而形成了一場聲勢浩大的草根運動，但它們的命運在很大程度上掌握在兩個人的手裏。10月24日晚上10時左右，列寧不顧中央委員會繼續隱蔽的指示，動身前往斯莫爾尼宮——戴着假髮，臉上纏着繃帶，假裝受了傷。一支士官生巡邏隊攔住了他和他唯一的保鏢，但他們打量了一下這位故意把自己弄得邋裏邋遢的布爾什維克領袖，沒有把這個看起來像醉鬼的傢伙扣起來。列寧沒有通行證，只能悄悄地溜進斯莫爾尼宮；一到裏面，他就開始大叫要馬上發動政變。[258] 他這話是白説了，因為暴動早就開始了。但在第二天夜裏，蘇維埃第二次代表大會被推遲了，軍事革命委員會的武裝力量在幾乎無人守衛的冬宮

外面沒有採取行動；代表大會不能再等，最後在夜裏10:40開幕。斯莫爾尼宮帶有柱廊的會堂以前是供學校演出用的，此時集中了650至700名代表，他們幾乎淹沒在香煙的煙霧中。布爾什維克（最大的黨團）有300人多一點，倒向布爾什維克一邊的左派社會革命黨人有近100人。有500多名代表認為「全部政權歸蘇維埃」的時機已經成熟，但對於布爾什維克造成的既成事實，許多人感到憤怒，尤其是溫和派社會主義者。[259] 衰弱而又笨拙的孟什維克領導人尤利‧馬爾托夫，用顫抖而沙啞的聲音——肺結核（或癌症早期）的徵兆——提出一個決議，要求「和平解決」，並立即通過談判成立一個具有包容性的「由所有民主黨派組成的政府」。馬爾托夫的決議在「雷鳴般的掌聲」中獲得一致通過。[260] 但接着，布爾什維主義的批評者站了起來，猛烈指責他們「背着代表大會」搞陰謀詭計，準備逮捕臨時政府並煽動「內戰」，結果，為了表示自己不贊成布爾什維克，大部分孟什維克和社會革命黨代表退出會場。「破產分子，」托洛茨基對着他們的背影喊道，「滾到你們該去的地方，滾到歷史的垃圾堆去吧。」[261]

「馬爾托夫默默地走着，頭也不回——到出口才停下。」他的一位孟什維克同仁鮑里斯‧尼古拉耶夫斯基（Boris Nicolaevsky）回憶說。維堡區的一名年輕的布爾什維克狂熱分子說了一句讓那位孟什維克領袖震驚的話：「我們原本以為，馬爾托夫至少會跟我們在一起。」馬爾托夫回答說：「總有一天你會明白你捲入的這樁罪行。」然後他揮揮手，離開了斯莫爾尼宮的會堂。[262]

經過幾個月來在報紙、兵營、工廠、街頭和起居室的公開討論，布爾什維克的暴動結束了，在絕大多數居民知道它發生之前就完成了。10月25日，彼得格勒的電車和公交車正常運營，商店開門營業，劇院也在演出（費奧多爾‧夏里亞平*〔Fyodor Chaliapin〕演唱了《唐‧卡洛》）。帝國各地的人們，不管是基輔還是符拉迪沃斯托克，對於首都發生的事情都不知情或只是略知一二。不過，政權逐漸落到蘇維埃手裏，這一點早

_____

＊　譯註：1873–1938，俄國著名歌唱家。

就很明顯了：早在1917年夏天，喀琅施塔得海軍基地就成了蘇維埃統治下事實上的小型共和國。塔什干蘇維埃儘管拒絕接納穆斯林成員（穆斯林佔當地人口的98%），但在彼得格勒布爾什維克政變之前就奪取了政權。[263] 最晚到1917年9月，情況根本就不是幽靈般的臨時政府還能不能存在下去的問題，而是在首都誰會取而代之的問題。1917年8月的莫斯科國務會議——有望成為權力集團（未經選舉）的立憲會議——本來是有可能成為競爭者的，但這樣一個現成的機會被白白浪費了。取代臨時政府的機會留給了彼得格勒蘇維埃。因此，關鍵在於，**誰會**在蘇維埃佔據優勢？在這方面，布爾什維克的運氣太好了。在彼得格勒，就和其他大多數在戰時駐紮了大量衛戍部隊的城市一樣，克倫斯基在6月的自殺式攻勢，在8月先是慫恿然後又出賣科爾尼洛夫，把蘇維埃拱手送給了布爾什維克。托洛茨基的主意——利用新成立的軍事革命委員會給蘇維埃第二次代表大會造成布爾什維克奪權的既成事實——鞏固了突然得到的政治優勢。[264] 但反對布爾什維克政變的社會主義者無意中幹了剩下的事情——他們退出了會場。[265]

　　後來對於「起義的藝術」談論得很多，特別是托洛茨基。蘇維埃代表大會開幕當天的夜裏（10月26日）凌晨2時過後，在和代表大會同時召開的彼得格勒蘇維埃特別會議上，托洛茨基宣佈，彼得格勒蘇維埃軍事革命委員會的武裝力量終於在冬宮找到了臨時政府的部長們，他們坐在桌子周圍束手就擒。（布爾什維克黨內反對政變的加米涅夫，向蘇維埃代表大會通報了逮捕的消息。）裝腔作勢的阿納托利‧盧那察爾斯基（Anatoly Lunacharsky）向大會宣讀了列寧寫好的移交政權的宣言（署名是「彼得格勒蘇維埃軍事革命委員會」），暴風雨般的歡呼聲不時打斷他的聲音。經過討論，在場的左派社會革命黨人同意擁護這一法令，只需要作一個小小的改動；一位重新回到會場的孟什維克國際派代表要求作出修正，認為成立的政府要盡可能吸收最廣泛的力量，但他的建議未獲採納。凌晨5時左右，以布爾什維克和左派社會革命黨人為主的仍然留在會場的代表，以壓倒性的優勢通過了移交政權的決議：僅有2票反對，12票棄權。[266] 早上6時左右，開幕的會議已經持續了大約7個小時，代表們休會，略事修整。當時沒有任何正常運轉的政府。軍事革

命委員會的布爾什維克把從前的部長們押送到彼得保羅要塞潮濕的牢房裏，那些牢房在科爾尼洛夫和克倫斯基事件之前一直關滿了布爾什維克。[267] 不過，赤衞隊實際上根本沒有對冬宮發起過「猛攻」：他們最後只是在沒有遇到抵抗的情況下，翻過了沒有上鎖的大門和窗戶，許多人徑直奔向那些出名的、史上最奢侈的酒窖。[268] 為了防止發生搶劫而新派去的赤衞隊，不但沒起作用，反而把自己也灌醉了。「我們想要往酒窖裏灌水，」現場的布爾什維克武裝的領導人回憶説，「但消防員們……反倒喝醉了。」[269]

不過，關鍵在於，克倫斯基由於虛榮心作怪，把自己和代理「部長們」搬進了冬宮，從而把臨時政府與暴虐的沙皇統治中心永遠地聯繫起來。這種象徵性的聯繫，有助於把布爾什維克的十月政變——借助於猛攻冬宮的神話故事——描寫成推翻舊制度的連續的過程，把二月革命與十月革命結合為一個整體。

這時的列寧甚至還沒有在蘇維埃代表大會現身。他的最終出現——掌聲雷動——是在10月26日晚上9時左右，在第二次（也是最後一次）會議開始之後，而且仍像他在穿過首都前往斯莫爾尼宮時那樣，為了避免被抓住而扮成底層人。（為了掩人耳目，列寧習慣戴一頂工人戴的帽子，這頂帽子從來沒有摘下過，哪怕是在他後來穿上「資產階級」西服的時候。）[270]「列寧，偉大的列寧，」約翰・里德寫道，「他身材不高，但很結實，肩膀上扛着個已經謝頂的大腦袋，前額凸出……衣着破舊，褲子顯得太長。」[271] 認識他的人不是很多。從人種上來説，列寧主要是俄羅斯人，但也有日耳曼人、猶太人和卡爾梅克人血統。與科爾尼洛夫同年出生的列寧，現在已完全步入中年。他「個子不高，寬寬的肩膀，瘦而結實，」聖彼得堡的作家亞歷山大・庫普林（Alexander Kuprin）説道，「他看上去既不好鬥和讓人反感，也不顯得思想深刻。他顴骨較高，眼睛有點斜……額頭飽滿，但並不像縮小的照片中那樣誇張……他兩鬢稀疏，但從鬍鬚仍然可以看出他年輕時有過怎樣一頭火紅的濃髮。他的雙手又大又難看……我不停地看着他的眼睛……他的眼睛比較細，而且總是眯起來，這無疑是他為了掩飾自己的近視而養成的習慣，而這，以及他眉毛下迅速的一瞥，讓他有時乜斜着眼睛，顯得有點

狡詐。」[272] 布爾什維克格列布‧克爾日扎諾夫斯基 (Gleb Kryżanowski) 對列寧矮小的身材和眼睛有着相似的印象（「不同尋常的、銳利的、充滿內在力量和能量的、黑黑的、棕色的」），但覺得他的容貌很不尋常——「一張黝黑、帶有亞洲人特徵的令人愉快的臉龐」。[273] 雖然外表不如小個子科爾尼洛夫那麼像亞洲人，也不像他那樣精瘦，但列寧的臉看起來還是有點像蒙古人。

瞧，**這**就是俄國的卡爾梅克救星。

這位布爾什維克狂熱分子在暴風雨般的掌聲和《國際歌》的歌聲中，宣讀了立即與「一切交戰國的人民及其政府」實現和平的法令。[274] 列寧還宣讀了土地法令——沒提土地的國有化，而是支持農民對土地的私人和集體佔有。針對有人提出的反對意見，認為土地法令背離了布爾什維克長期堅持的綱領，而且是從已經退出大會的社會革命黨人那裏剽竊而來，列寧反駁説，「誰擬訂的不都是一樣嗎？我們既是民主政府，就不能漠視下層人民群眾 (narodnye nizy) 的感受，即使我們並不同意。」[275*] 土地法令未經討論就通過了。

列夫‧加米涅夫，蘇維埃中央執行委員會主席，巧妙地撤銷了托洛茨基譴責代表大會第一次會議上退出會場的孟什維克和社會革命黨人那份言辭激烈的決議。在列寧出現之前，在蘇維埃代表大會第一次會議（10月25–26日）和第二次會議（10月26–27日）的間隙期，加米涅夫做了大量的工作，試圖就同左派社會革命黨人共同成立聯合政府一事達成一致，但社會革命黨人不願把其他所有的社會主義者排除在外。結果，就在蘇維埃代表大會第二次即最後一次會議快要結束的時候，凌晨2時半左右（10月27日），加米涅夫宣佈成立一個清一色布爾什維克的「臨時」政府。孟什維克國際派的鮑里斯‧阿維洛夫 (Boris Avilov) 站起來預言説，一個全部由布爾什維克組成的政府既不能解決糧食供應危機，也不能結束戰爭。他還預言説，協約國不會承認一個由布爾什維克壟斷的政府，後者將被迫與德國單獨媾和，並付出沉重的代價。阿

---

* 譯註：《列寧全集》第33卷，第20頁。

維洛夫提議，把那些已經退出會場的由選舉產生的蘇維埃代表請回來，並和他們一起組成一個全部由社會主義者組成的民主政府。阿維洛夫的提議未被採納，只得到四分之一(150) 在場代表 (600) 的支持，儘管就連布爾什維克當中也有很多人非常同情他的立場。[276] 反對和「叛徒」做交易最積極的是托洛茨基。[277]

托洛茨基給人的印象是風度翩翩——亂蓬蓬的黑髮，藍眼睛，知識分子的夾鼻眼鏡，還有大力士一般的寬肩膀——但他代表列寧對公眾施展了他的超凡魅力。列寧的力量是神秘的。「我覺得有點意外的是，一個對於自己遼闊的祖國的命運影響如此深遠的人，不管對他的思想有甚麼樣的看法，給人的印象竟然如此謙遜，」一個到訪過斯莫爾尼宮的芬蘭人說，「他說話非常樸實、自然，他的舉止也是。如果不瞭解他，那就永遠無法理解他必定擁有的那種力量⋯⋯這個房間與斯莫爾尼宮其他任何一個房間沒有甚麼兩樣⋯⋯牆刷成白色，有一張木頭桌子和幾把椅子。」[278] 列寧的政治工具不是氣派的建築、官僚系統和電話網，而是思想和人格。「列寧⋯⋯之所以能夠徹底掌握對1.5億人口的統治權，完全在於他的人格魅力，」一位敏銳的外國觀察家後來指出，「這種魅力感染了所有接觸過他的人。」[279] 1917年，列寧很少拋頭露面。亞歷山大・施略普尼柯夫，1917年春天列寧回國時布爾什維克黨在國內的領導人，十月政變之前、期間和剛結束的時候都在住院 (他被電車撞了)；他對於事態發展沒有任何影響。但列寧的確起了作用，雖然他在1917年沒有視察過軍艦上的水兵或戰壕裏的士兵，可大部分水兵和士兵都聽說過他。他有時也發表公開演講，比如說在克舍辛斯卡婭公館的陽台上，或者在彼得格勒蘇維埃慷慨陳詞，因此，在5月的時候，激進的工人們打出的旗幟上寫道：「列寧萬歲！」但是，在1917年4月3日回到闊別近17年之久的俄國後，這位布爾什維克領袖很快就不得不避居俄屬芬蘭。

從1917年7月初遭到緝拿開始，列寧就處於地下狀態，連續躲藏了近四個月，一直到10月24日。[280] 在那段關鍵時期，別說是群眾，就連布爾什維克的核心圈他甚至都幾乎沒有面對面地見過。這就好像一個住在地下墓穴裏的基督徒，有生之年突然冒出來成了教皇。大部分政

222

治人物之所以能夠取得輝煌的成就，基本上都是靠拼湊起廣泛的同盟，
而且往往是跟一些很不可靠的夥伴，但列寧不是這樣。他拒絕合作，
製造了越來越多的敵人，可還是成功了。當然，他在職業革命家的隊
伍裏培養了盟友——像托洛茨基、斯維爾德洛夫和斯大林那樣的忠實擁
護者。列寧源源不斷的辯論文章首先在革命者當中進一步提升了他的
影響力，而那些革命者繼而又在群眾中宣揚列寧的思想和政治立場。
事實證明，列寧下筆簡潔有力，罵人功夫着實非常高明，善於對革命進
程以及理論依據進行粗略、總括式的分析。[281] 但不管列寧有着怎樣的
超凡魅力和概括才能，他的影響力主要還是由於事態的發展對他有利。
他始終執着於一種看似瘋狂的行動路線，這種路線後來逐漸讓他佔據了
優勢。列寧似乎是政治意志的化身。

作為馬克思主義者，托洛茨基相信所謂的歷史規律，但他後來不得
不承認，沒有列寧，就沒有十月革命。[282] 至於列寧，他從來沒有明確
地表示過，這話也一樣適用於他不可或缺的得力助手托洛茨基。其他
人倒是這樣説過。「我告訴你們，我們應該如何對付這些人，」絕望的自
由英國的武官阿爾弗雷德‧諾克斯將軍 (Alfred Knox)，在對美國的一位
紅十字會官員提到列寧和托洛茨基時説道，「我們應該斃了他們。」這是
在 10 月 20 日，即預計會發生的布爾什維克政變真正發生的前夕。那位
自作聰明的紅十字會官員回答説，「可你們面對的是幾百萬人。將軍，
我不是軍人。可你們面對的不是軍事局面。」[283] 實際上，那位紅十字會
官員錯了：他把要召開的蘇維埃第二次代表大會勢所必然要獲得的權力
和布爾什維克獨自奪取的權力混為一談。本來是可以用幾發子彈就阻
止布爾什維克暴動的。

「俄國革命，」羅莎‧盧森堡説，「是世界大戰中最重大的事
件。」[284] 如果戰前就從立憲專制 (constitutional autocracy) 變成君主立憲
(constitutional monarchy)，是否足以把民眾融合為一個穩定的政治體，
這一點永遠也不得而知。我們確實知道的一點是，長期以來，頑固的
尼古拉二世以及幾乎整個權力集團，不肯為了挽救君主制而放棄君主

專制，結果，失靈的君主專制一旦垮台，國家機構也一下子土崩瓦解。自由和國家崩潰成為同義詞，在這樣的背景下，古典自由主義者的機會來了。1917年2月的自由派政變，表面上是推翻了君主專制，實際上是推翻了杜馬。它預示着1917年10月的布爾什維克政變表面上是推翻了臨時政府，實際上是推翻了蘇維埃。兩次政變似乎都集中體現了當時民眾的情緒，兩次政變又都與民眾的期望相反，讓民意基礎十分狹隘的集團上了台。另外，民眾的情緒並不是靜止不變的：世界大戰極大地推動了民眾情緒的激進化。誠然，革命的歷史表明，千禧年式的希望*必然是無法滿足的，這自然會使民眾的情緒變得激進起來。如果説俄國有讓人意外的地方，那這種意外不在於民眾變得越來越激進，而在於權力集團和軍方高層變得越來越軟弱。[285]

　　俄國一向是警察國家，繁重的治安任務主要依靠軍隊，但俄國不僅在1917年3月就失去了警察，從那以後也失去了軍隊。「除非由軍隊或警察發動政變，除非政府武裝的抵抗意志受到削弱，」歷史學家阿德里安‧利特爾頓（Adrian Lyttelton）指出——他説的是意大利，但也同樣適用於俄國——「否則，要在一個現代國家用『武力』奪取政權永遠行不通。」[286] 世界大戰，尤其是1917年的軍事攻勢，所起的作用不僅在於加快了民眾激進化的步伐，它還拔去了軍隊作為維護秩序的力量的毒牙。從維堡、赫爾辛基到普斯科夫——臨時政府稱之為「腐爛的三角區」——戰爭期間在陸軍和艦隊中存在的激進情緒，成了布爾什維主義必不可少的傳播基礎。「十月事件在首都也許是一場『政變』，」有歷史學家寫道，「但在前線，它是一場革命。」[287] 那些政治化的武裝力量主要由農民構成，所以，不管他們是不是在軍隊服役，都是在進行他們自己的革命。「一個領土無限廣闊的國家，人口稀少卻飽受耕地匱乏之苦，」立憲民主黨杜馬代表瓦西里‧馬克拉科夫（Vasily Maklakov）頗有後見之明地説道，「農民階級在別的國家通常都是維護秩序的堡壘，在1917年的俄國卻表現出革命者的特徵。」[288] 但士兵和水兵的革命與布爾什維主義是自

224

---

* 編註：這是指，希望在一場大災難或者革命性的事件之後，社會將發生根本性的變化。

覺地聯繫起來，而農民革命與布爾什維主義僅僅是偶然結合在一起的。不久，農民革命就與布爾什維主義發生了衝突。

　　在布爾什維克黨的內部，彼得格勒政變的方式產生了持久的影響。加米涅夫和季諾維也夫反對政變，這在後來成了他們終身的污點。當斯大林的調解被托洛茨基毫不客氣地拒絕之後，斯大林對這位新貴，對備受關注、才智過人的托洛茨基的怨恨一下子爆發了。他怒氣沖沖地宣佈要辭去黨報的編輯職務。「俄國革命淘汰了不少權威人士，」在提出辭職的當天，斯大林輕蔑地寫道，「革命的威力也表現在它不對『名人』打躬作揖，而要他們為它服務，如果他們不願意向它學習，那就會把他們拋到九霄雲外。」[289]* 中央委員會沒有批准他的辭職，但他甚至在政變成功之後，仍舊忿恨不已。[290] 托洛茨基後來在流亡時稱斯維爾德洛夫是「十月起義的總書記」，這話戳到了(時任)總書記斯大林的痛處。托洛茨基後來還為反對暴動的加米涅夫辯解說他在政變中起了「非常積極的作用」，並刻意補充說斯大林的作用不明顯。[291] 這顯然不是事實。的確，托洛茨基、加米涅夫、列寧和盧那察爾斯基全部在具有歷史意義的蘇維埃第二次代表大會上講了話，而斯大林卻沒有。但在大會開始前的10月24日，斯大林向蘇維埃中的布爾什維克代表發表了講話，而從講話來看，他對於為政變所作的軍事和政治準備顯然瞭如指掌。另外，他在整個1917年，尤其是那年的夏天和秋天，做了大量的評論和編輯工作。[292]

　　斯大林發表的文章用簡單易懂的語言對革命作了解釋，包括在蘇維埃代表大會期間。「在革命的最初幾天，『全部政權歸蘇維埃！』是一個新口號。」他在《真理報》(10月26日)上寫道——這是指1917年4月初的那段時間。由於科爾尼洛夫暴動，「8月底，情況發生了急劇的變化……在七八月間氣息奄奄的後方的蘇維埃和前線的士兵委員會現在『突然』又復活起來。它們復活以後就在西伯利亞和高加索、芬蘭和烏拉爾、敖德薩和哈爾科夫等地奪取政權……於是彼得堡『一小群』布爾

---

*　譯註：《斯大林全集》第3卷，第370頁。

什維克在4月間宣佈的『蘇維埃政權』，在8月底幾乎獲得了俄國各革命階級的公認。」他認為由蘇維埃掌權不同於臨時政府那些把社會主義者送進內閣的沒完沒了的變動。「政權歸蘇維埃，——這就是説從下到上徹底清洗後方和前線的所有一切政府機關……政權歸蘇維埃，——這就是説建立無產階級和革命農民的專政……公開的、群眾性的、在大眾面前實行的、沒有陰謀和幕後活動的專政。因為這種專政用不着掩飾：它將毫不留情地對付那些……加劇失業的同盟歇業資本家和那些抬高糧價、製造饑荒的投機銀行家。」某些階級製造了苦難，某些階級會帶來拯救。「這就是『全部政權歸蘇維埃！』這一口號的階級實質。對內政策和對外政策中的事件，戰爭的延長和對和平的渴望，前線的失敗和保衛首都的問題，臨時政府的腐敗……破壞和饑荒、失業和疲敝，——所有這一切都不可遏止地引導俄國各革命階級去奪取政權。」*「各階級」怎樣行使權力，這還需拭目以待。

斯大林的格魯吉亞同鄉、社會民主黨人達維德·薩吉拉施維里從1901年開始就認識他，那時薩吉拉施維里14歲，而未來的斯大林23歲。他的成長過程同斯大林差不多——父親不在身邊、沉浸在格魯吉亞殉難者和民族詩人的傳説中、憎惡帝俄官員和佔領軍、欽佩格魯吉亞為正義而戰的法外之徒並且加入了革命小組——但他成了孟什維克。不過，政變後，當薩吉拉施維里拒絕和自己的孟什維克同伴一起抵制由布爾什維克主導的蘇維埃時，斯大林在斯莫爾尼宮的走廊裏，「把他的手非常友好地放在我的肩上，並〔開始〕用格魯吉亞語和我説話。」[293]鞋匠之子、來自俄羅斯帝國邊緣地帶的格魯吉亞人朱加施維里—斯大林，由於地緣政治和世界大戰，由於許多重大的決定和機緣巧合，也由於他自己的奮鬥，已經在世界上最大的國家的首都，成了未來新的權力結構中的一部分。在當選為新的蘇維埃中央執行委員會委員的布爾什維克黨人的名單上，斯大林排在第五位，後面是斯維爾德洛夫，前面是列寧、托洛茨基、季諾維也夫和加米涅夫。[294] 更為突出的是，斯大林

226

---

*　譯註：《斯大林全集》第3卷，第353–356頁。

是列寧允許進入自己在斯莫爾尼宮布爾什維克總部私人住所的僅有的兩
個人之一。後來的事實證明，這種親近和信任十分關鍵。

第七章

1918：達達主義和列寧

這一次讓我們試着不去做正確的事。

——猶太裔羅馬尼亞詩人薩穆埃爾·羅森施托克（Samuel Rosenstock），
又名特里斯坦·查拉（Tristan Tzara，意為「在我的國家是悲哀的」），
〈達達主義宣言〉，1918年[1]

盧那察爾斯基緊緊抱着腦袋，額頭貼着窗户玻璃，站立的姿勢顯得
十分絕望。

——克里姆林宮衞戍司令帕維爾·馬爾科夫（Pavel Malkov），
1918年8月30日[2]

在10月的布爾什維克政變以及緊隨其後的那段時間，幾乎沒有街頭慶祝活動，這與1917年2至3月以及之後那些興高采烈的日子形成了鮮明對照，可列寧不到一個星期就在為雕塑家們擺姿勢了。甚至在這場瘋狂的暴動發生以前，幾乎沒有人認為它會長久。1917年夏天，俄國差不多所有政治派別的報刊一直在散佈這樣一種看法（就如帕維爾·米留可夫1918年回憶的）：「布爾什維克要麼決定不去奪權，因為他們沒有希望保住權力，要麼，如果他們真的奪了權，也只能堅持最短的時間。在非常溫和的圈子裏，後一種實驗甚至被看作是十分可取的，因為它

會『治好俄國布爾什維主義的狂熱病』。」[3] 許多右翼分子公然歡迎布爾什
維克政變，認為左翼分子很快將自取滅亡，但在滅亡之前，會首先清理
掉可鄙的臨時政府。[4] 當政變發生的時候，人們依然大吃一驚。接着，
列寧選擇成立內閣政府，而不是將政府一概廢除。第二次蘇維埃代表
大會，至少是那些仍然留在會場的人，批准了成立清一色布爾什維克的
政府。誠然，人民委員會不是由「資產階級」部長，而是由「人民委員」
(commissar) 組成的。這個名稱來自法語 commissaire，而最初則源於拉丁
語 commisarius，意思是更高權威 (在這裏就是指「人民」) 的全權代表。[5]
但它會長久嗎？二月革命中敢於取代沙皇的幾個「臨時」人物 (米留可
夫、克倫斯基)，已經被拋到一邊。[6] 軍隊的高級指揮官們，要麼淪為階
下囚，要麼陷入絕望，比如拉夫爾·科爾尼洛夫，比如在戰爭中任職時
間最長也最成功的總參謀長米哈伊爾·阿列克謝耶夫 (他被迫逮捕了科
爾尼洛夫)。在非布爾什維克社會主義者當中，想要成為政治替代者的
人，比如維克托·切爾諾夫和他的社會革命黨、尤利·馬爾托夫和他的
孟什維克黨，似乎也已被踩在腳下。但是在 1918 年——由於在 2 月份從
儒略曆 (東正教曆法) 改成格里高利曆 (西曆)，這一年成了俄國上千年歷
史中最短的一年[7]——布爾什維克看上去也注定要「被拋到九霄雲外」。*

　　這個自封的「政權」，頂層只有四個人：列寧、托洛茨基、斯維爾德
洛夫和斯大林。他們都有政治罪的犯罪紀錄，卻沒有任何行政經驗。
(人民委員會的 15 名成員在沙皇時期被囚禁和流放的時間加起來有兩百
年。) 他們在散發着黴味的斯莫爾尼宮—— 18 世紀那種為年輕的貴族女
子進入社交界做準備的淑女學校——靠幾張桌子和破沙發安頓下來。在
列寧又小又髒的房間對面，有一個比較大的空間，人民委員會的委員
們在那裏來來往往；他們起初根本沒有開過任何正式會議。列寧的房
間有一面沒有油漆的木製隔牆，裏面有一個打字員 (秘書處)，還有一
個給話務員用的小儲物間 (通訊網絡)。從前的女院長仍舊佔着隔壁房
間。斯維爾德洛夫指派的一名水兵成了斯莫爾尼宮新任的衛戍司令，

---

* 　編註：參考第六章、第 254 頁斯大林論「革命的威力」。

他在校園周圍匆忙佈置了一道防線，開始一個房間一個房間地肅清整棟大樓。[8] 但是，列寧的第一輛公務車，一輛1915年製造的「蒂爾卡—梅里」牌豪華轎車（從前屬於沙皇），被一支消防隊從斯莫爾尼宮偷走，打算賣到芬蘭弄些錢。（斯捷潘·吉利〔Stepan Gil〕——一個一流的司機，同時也是一個十分健談的人，過去為沙皇開車，現在是列寧的首席司機——帶人追查此事，竟然把車找了回來。）[9]「那時沒人知道列寧長甚麼樣子，」克魯普斯卡婭後來回憶説，「我們晚上經常到斯莫爾尼宮周圍溜達，沒人認得出他，因為那時候根本沒有畫像。」[10] 13名人民委員把「辦公室」設在斯莫爾尼宮，並試圖到他們準備接任的部門宣示權威。[11] 被任命為民族事務人民委員的斯大林，沒有任何沙皇時代或臨時政府的部門可以去接管。[12] 他的副手斯坦尼斯拉夫·佩斯特科夫斯基（Stanisław Pestkowski）——他是十月政變中奪取電報中心的波蘭布爾什維克小分隊的成員——在斯莫爾尼宮碰巧找到一張空桌子，就在上面用圖釘釘了一條手寫的招牌：「民族事務人民委員部」。[13] 據佩斯特科夫斯基說，他們的房間靠近列寧的房間，所以「在一天之中」，列寧「往往會多次召見斯大林，也會到我們的辦公室把他叫走」。[14] 列寧或許是喜歡繼續待在幕後，據說他曾主動要求把主席的位置讓給托洛茨基，但托洛茨基沒有接受。[15] 結果，托洛茨基成了「外交人民委員」，在樓上弄到一個房間。那個房間以前是負責管理姑娘們的「樓層女教師」的住處。斯維爾德洛夫繼續負責布爾什維克的黨務。[16]

　　起點很低，但很快成了世界上最強勢的專政體制之一，這樣的變化簡直讓人難以置信。列寧其實是個小冊子作家。他在1918年的身份是「人民委員會主席兼記者」，他掙的稿費（1.5萬盧布）超過了工資（1萬盧布）。[17] 托洛茨基是個作家，也是個滔滔不絕的演說家，但在治國理政方面同樣沒有經驗，沒有受過訓練。斯維爾德洛夫得益於父親的雕刻手藝，懂一些文書偽造的技術，同時也是一個優秀的政治組織者，但在制定政策方面毫無經驗。斯大林也是一個組織者、煽動者，有段時間還做過強盜，但主要工作是報刊編輯——自從他20歲不到在梯弗利斯幹過不長時間的氣象員以來，民族事務人民委員實際上是他的第一份正式工作。

現在，專制俄國的四個產兒發佈了一連串紙面上的法令：「廢除」
法律、文官官階和法院的社會層級體系；宣佈「將所有僱傭工人和城鄉
窮人納入社會保險」；宣佈成立最高國民經濟委員會，對糧食和農具實
行國家壟斷。這些法令用了許多術語，比如「生產方式」、「階級敵人」、
「世界帝國主義」、「無產階級革命」。以弗拉基米爾‧烏里揚諾夫—列
寧的名義公佈並由斯大林等人代為簽署的這些法令，宣稱具有「法律效
力」。[18] 與此同時，政權沒有任何經費和工作人員。托洛茨基多次想接
管外交部大樓和工作人員都沒能成功。[19] 11月9日，他第一次去那裏（位
於冬宮廣場6號），迎接他的先是嘲笑，接着便是大批人員的離職。不
錯，他的手下最後是在外交部的保險櫃裏找到了一小筆現金，但斯大
林為了給自己的部門籌措經費，讓佩斯特科夫斯基從托洛茨基那裏弄
了3,000盧布。[20] 不久，佩斯特科夫斯基透露説自己以前在倫敦學過一
點經濟學，然後就被任命為「國家銀行行長」。[21] 員工們用嘲笑把他轟走
了，到頭來，他又回到斯大林那裏。

　　任命無事可做的佩斯特科夫斯基為央行行長以及許多類似的決定，
帶有荒誕色彩，令人想起名為達達主義的新行為藝術中的挑釁。「達達」
是一個非常貼切的無意義的字眼，它產生於世界大戰期間的中立國瑞
士，在一個叫做「伏爾泰酒館」的地方，並且主要在猶太裔羅馬尼亞流
亡者當中。巧合的是，這家蘇黎世的小酒館（鏡子胡同1號）同列寧在戰
爭期間流亡時的寓所（鏡子胡同14號），剛好在同一條街上。達達派的
詩人兼挑釁者特里斯坦‧查拉興許還跟列寧下過棋。[22] 達達主義和布爾
什維主義產生於同樣的歷史關頭。達達主義的發起者用拼貼畫、蒙太
奇、現成的物品、木偶戲、聲音詩、噪聲音樂、怪誕電影，以及為他們
所嘲笑的新媒體搬演的一次性的惡作劇，對可惡的世界大戰、驅動它的
卑鄙的利益集團以及冷漠的商業精神進行冷嘲熱諷。達達現象出現在
多個國家，在柏林、科隆、巴黎、紐約、東京以及梯弗利斯都很活躍。
達達藝術家，或他們中的許多人更偏愛的稱謂「反藝術家」，並沒有把比
如説重新定義為「泉」的小便器，同一種新的、更好的政治混為一談。[23]
查拉作詩的方式是，把報紙上的文章剪成小條，裝在袋子裏搖晃，然後
倒出來，攤在桌上。另一位達達藝術家在演講的時候，故意讓自己説

的每一個詞都淹沒在震耳欲聾的列車汽笛聲中。這些策略和充滿學究氣、過於政治化的列寧相距甚遠：列寧及其發佈的有關新秩序的法令是沒有諷刺意味的。但布爾什維克的法令在頒佈後也墮入了帶有達達風格的無政府狀態。

如果說沙皇秩序的崩潰是革命，那革命就是一場崩潰。戰爭期間沙皇退位所造成的巨大權力真空，就像一記悶棍，讓臨時政府的行家們暈頭轉向。「阿列克謝耶夫將軍對時局的特點概括得很好，」布爾什維克政變前夕，臨時政府的一名財政官員在日記中寫道，「不幸的根源不在於混亂，而**在於缺少政治權威**（*bezvlastii*）。」[24] 10月之後，**聲稱擁有廣泛權威**的組織，如同先前一樣，紛紛冒了出來，但「缺少權威」的狀況越發嚴重。布爾什維主義也因為深刻的內部裂痕、行為失控和人事更替而混亂不堪，列寧的政治直覺要遠勝過俄國革命中的其他領導人，卻無法克服在功能上如同達達藝術中那震耳欲聾的汽笛聲的事物，即讓布爾什維克獲得名義上的權威的那種人為的破壞與混亂。有些強大的集團，比較突出的是鐵路工會，堅決要求列寧和托洛茨基退出政府；在東線取得軍事勝利的德國，看起來很快就會徹底地征服俄國；布爾什維克新的政治警察首領，在近似於反布爾什維主義的左翼政變中被扣為人質；還有一位刺客，把兩顆子彈射進了列寧的體內。到1918年夏天，有四條戰線發生了反政權的武裝叛亂。可是，列寧及其由托洛茨基、斯維爾德洛夫以及斯大林組成的核心圈，仍然設法保住了布爾什維克的政治壟斷。

布爾什維克專政當然不是純屬偶然。正如我們看到的，社會主義在俄國的政治景觀中佔據了決定性的地位。在俄國，軍隊和軍官團中的右翼勢力，比其他農民佔人口絕大多數的國家要弱，而且跟別的地方不一樣，俄國缺少非社會主義的農民政黨。造成這種狀況的原因，部分在於舊的右翼權力集團在土地問題上的固執和純粹的愚笨。此外，布爾什維克能獲得壟斷社會主義事業的機會，俄國的其他幾個社會主義政黨也貢獻不小。列寧不是政治綿羊中的獨狼。列寧處於布爾什維克在大城市和俄國中心地區擁有龐大的政治基地，且牢牢把握核心地區的頂層。不過，布爾什維克專政並不是自動出現的，哪怕是

231

在帝俄的一些名義上歸他們管轄的地方也不是。專政是一種創造的行動。那種創造不是對於意料之外的危機的反應，而是深思熟慮的戰略，是列寧不顧布爾什維克許多高層人物的反對所採取的戰略。早在全面內戰爆發之前，實行專政的決心就存在了。實際上，這種決心是引發武裝衝突的原因之一（這是同時代人普遍強調的）。但這決不能理解成是布爾什維克建立了有效的治理體系。事情遠非如此。布爾什維克壟斷是和行政管理上以及社會生活中的混亂一同出現的。列寧的極端主義加劇了這種混亂，引發了越來越深刻的危機，而他反過來又用危機為自己的極端主義辯護。舊世界的大崩潰——不管給現實中成百上千萬的人帶來了怎樣的痛苦——都被布爾什維克理解為進步：毀滅得越徹底越好。

人們會以為，這種混亂足以推翻那個演戲一樣的政府。單是糧食的供應問題就導致君主專制的突然垮台並暴露出臨時政府的無能。但壟斷和無政府狀態事實上是可以並存的，因為布爾什維克的壟斷帶來的不是控制，而是不讓其他人去發揮作用、去阻止混亂。[25] 布爾什維主義是一種運動，一種包羅萬象、毫無約束、武裝的無政府狀態，它屬於水兵和街頭的戰鬥小組、工廠的工人、墨漬斑斑的抄寫員和鼓動員，以及想要掌握官印的工作人員。布爾什維主義也是一種幻想，一個勇敢的新世界，富饒而幸福，一種對人間天國的渴念，伴以充滿荒誕精神的法令。1918年，世人見識了達達的玩世不恭，見識了布爾什維克無意中帶有達達風格的執政實驗，見識了有很多觀眾參與其中的表演藝術。處在中心的是決心超乎尋常的列寧，緊隨其後的是斯大林。斯大林成了列寧的全能副手之一，準備好要承擔一切任務。

壟斷

馬克思主義的國家理論是比較粗糙的，除了巴黎公社（1871）之外，幾乎沒有提供甚麼指導，而馬克思對巴黎公社既有讚揚也有責備。巴黎公社總共只存在了72天，它給無產階級專政的思想帶來了啟發（在1891年《法蘭西內戰》的再版序言中，恩格斯寫道，「你們想知道無產階

級專政是甚麼樣子嗎？請看看巴黎公社吧。這就是無產階級專政」*。)[26]
巴黎公社帶來啟發的地方還在於它具有群眾參與的特點。不過，馬克
思指出，公社社員在本該趕緊集中力量徹底打敗凡爾賽資產階級政權
時，卻為了組織民主選舉而「失去了寶貴的時機」，同時，他們沒有奪
取法蘭西國家銀行並徵用其保險庫，結果，那些錢被拿走，成了凡爾賽
鎮壓公社的軍費。[27]† 1908年在日內瓦的一次紀念巴黎公社成立37週年
和馬克思逝世25週年的集會上，列寧重申了馬克思的觀點，認為公社
半途而廢，沒有對資產階級斬草除根。[28] 不過，巴黎公社的浪漫主義魅
力仍然存在。1917年和1918年初，列寧設想過一個以巴黎公社為原型
的國家，實行「自下而上的民主……沒有官吏、沒有警察、沒有常備軍
的民主。由全民普遍武裝的民兵來擔任公務」。[29]‡ 這無意中也成了一個
與達達主義相似的地方。直到1918年4月，列寧仍然堅持，「公民應該
普遍參加審判工作和國家管理。對我們來說，重要的就是普遍吸收所
有的勞動者來管理國家。這是一項艱巨的任務。但是，社會主義不是
少數人，不是一個黨所能實施的」。[30]§ 可是，一旦由於布爾什維克政變
而突然有了四面受敵的感覺，列寧就不再把巴黎公社當作令人鼓舞的榜
樣了，巴黎公社成了一個純粹警示性的故事，說明對敵人決不能心慈手
軟。[31] 結果，敵人變得沒完沒了。

233

「和平、土地、麵包」，「全部政權歸蘇維埃」，在這些動人的口號背
後，在機關槍的背後，列寧以及布爾什維主義的擁護者們，始終覺得處
在危險之中。政變那天早晨，1917年10月25日，蘇維埃第二次代表大
會還在召開，亞歷山大‧克倫斯基乘坐兩輛汽車——其中一輛是在附近
美國大使館的前面「借」來的——逃離了彼得格勒，名義上是準備到前線
調來可靠的部隊。[32]「抵抗克倫斯基，他是科爾尼洛夫分子！」布爾什維
克發出呼籲說。實際上，克倫斯基在前線只找到克雷莫夫中將第三騎兵

* 譯註：《馬克思恩格斯全集》(第1版，人民出版社，1956–1974)第22卷，第229頁。
† 譯註：《馬克思恩格斯全集》，第33卷，第202、206–207頁。
‡ 譯註：《列寧全集》第29卷，第271頁。
§ 譯註：《列寧全集》第34卷，第49頁。

軍的幾百名哥薩克士兵，而克雷莫夫正是被克倫斯基指控犯有叛國罪並
在與他談話後自殺的那位科爾尼洛夫的部下。[33] 10月29日，在彼得格勒
城外的戰鬥中，死傷的至少有200人——比二月革命或十月革命的傷亡人
數還多——結果，士氣低落的騎兵殘部，面對彼得格勒軍事革命委員會
召集的幾千名穿着五顏六色服裝的赤衛隊員和衛戍部隊士兵，根本不是
對手。[34]克倫斯基僥幸再次逃脫，流亡國外。[35]其他的反布爾什維克分
子把首都的士官生召集起來，奪取了阿斯托里亞飯店（布爾什維克的一
些高層人物住在那裏）、國家銀行和電話局，但這些學生兵也不經打。[36]
儘管這樣，布爾什維克仍在一直擔心「反革命」，尤其是（法國大革命中）
1792年8月那段時間外敵入侵似乎助長了內部顛覆活動的情況。[37]「我仍
然記得，」達維德·薩吉拉施維里回憶說，「我在斯莫爾尼學院走廊裏看
到，幾個布爾什維克領導人的臉上佈滿了焦慮。」[38]焦慮反倒加重了。

　　儘管成立了清一色布爾什維克的人民委員會，可俄國大多數社會主
義者仍然主張成立完全由社會主義者組成的政府，這一立場在許多布爾
什維克當中也很明顯。列夫·加米涅夫是布爾什維克中央委員、蘇維
埃中央執行委員會亦即蘇維埃代表大會常務機構的新任主席——此前奪
權就是打着蘇維埃代表大會的名義。政變期間，加米涅夫試圖把大部
分左傾的社會革命黨人，可能還有其他社會主義者，組成一個革命政
府，此後他仍然想那麼做，因為他擔心，一個僅僅由布爾什維克組成的
政權是注定要失敗的。後一種可能性在10月29日那天加大了，當時，
鐵路工會的領導層以將會帶來嚴重後果的罷工相威脅，下了最後通牒，
要求成立完全由社會主義者組成的政府，以防發生內戰。[39]此事正趕上
人們被克倫斯基可能會打回來的消息弄得人心惶惶的時候。鐵路罷工
在1905年一度讓沙皇當局陷入癱瘓，現在，它也會阻礙布爾什維克去
保衛自己。在衛戍部隊代表會議上——也是在10月29日那天——列寧
和托洛茨基呼籲當天出席會議的（51個部隊單位中的）23個部隊單位提
供支持，反擊「反革命」。[40]但加米涅夫、季諾維也夫以及其他布爾什維
克高層人物，卻正式同意，允許社會革命黨人和孟什維克加入人民委員
會。[41]雖然孟什維克中央委員會經過表決，同意進行談判，成立全部由
社會主義者組成的政府，政府成員包括布爾什維克黨人，但鐵路工會堅

持要求成立把托洛茨基和列寧完全排除在外的政府。加米涅夫及其盟友向布爾什維克中央委員會提議，列寧仍然留在政府，但主席的位置讓給其他人，比如社會革命黨領導人維克托·切爾諾夫。布爾什維克黨人只保留幾個次要的部長職務。[42]

列寧似乎正在失去對黨的控制。1917年11月1日，布爾什維克的一份報紙在顯著位置刊登了一篇社論，宣佈左翼的各社會主義黨派達成一致，還說布爾什維克一向把「革命民主主義」理解為「所有社會主義政黨的聯合……而不是一黨統治」。[43]在列寧看來，加米涅夫是準備放棄十月政變的果實。但是，托洛茨基、斯維爾德洛夫和斯大林使得列寧能夠擊敗這樣的挑戰。還是在11月1日，在自成一統的布爾什維克彼得堡委員會會議上——中央委員一般不出席這樣的會議——列寧指責加米涅夫努力與社會革命黨以及孟什維克結盟的行為是背叛。他說：「此事不值一提。托洛茨基早就講過，這樣的聯合是行不通的。他理解這一點，打那以後，再也沒有一個理解得更好的布爾什維克。」列寧過去分裂了社會民主工黨，現在，他又威脅要分裂布爾什維克。「如果要分開，那就分開好了，」他說，「如果你們擁有多數，掌握了權力……我們就去水兵那裏。」[44]托洛茨基提議只和左派社會革命黨人談判，他們正處於分裂並成立獨立政黨的過程中，可以成為布爾什維克的初級合夥人。「權威就是力量，」托洛茨基大聲說道，「我們的權威來自少數服從多數。這是不可避免的，這就是馬克思主義。」[45]同一天，在緊接着召開的布爾什維克中央委員會會議上——當時莫斯科還不在布爾什維克手中，但克倫斯基領導的哥薩克向彼得格勒進軍的威脅已經消除——列寧對加米涅夫大發雷霆，因為後者為了聯合當真在進行談判，而不是以談判為幌子，派援兵到莫斯科奪權。列寧要求停止所有談判，要求布爾什維克直接向群眾呼籲。加米涅夫反對說，鐵路工會擁有「巨大的權力」。斯維爾德洛夫從策略的觀點出發，反對中止談判，但也建議逮捕鐵路工會領導層的成員。[46]（斯大林沒有參加11月1日的會議；後來在那天夜裏，他倒是參加了被推遲的蘇維埃中央執行委員會會議；會上，爭論依然在繼續。）[47]

1917年11月2日，列寧毫不妥協的立場變得更加堅定，當天，親布爾什維克武裝以「蘇維埃政權」的名義，最終奪取了莫斯科的克里姆

林宮。莫斯科市中心的武裝衝突你來我往地打了一個星期，全部居民中只有極少數捲入其中，雙方大概各有15,000人；布爾什維克這邊陣亡228人——這比其他地方都要多。保衛政府的人損失不詳，「對克里姆林宮和莫斯科其他地方的炮擊沒有給我們的部隊造成損失，但正在造成對古蹟和聖地的極大破壞，造成和平市民的死亡」，他們的停火公告——相當於宣佈投降——這麼說。[48] 再說彼得格勒，第二天，加米涅夫和季諾維也夫得到蘇維埃中央執行委員會的支持，就成立完全由社會主義者組成的政府這一問題繼續進行談判，但是，由於克倫斯基被擊退，莫斯科已經到手，列寧與托洛茨基、斯維爾德洛夫、斯大林、捷爾任斯基以及另外五人分別談話，並讓他們簽署了一份決議，譴責布爾什維克中央委員會中的「少數派」放棄壟斷政權這一做法是「背叛」。[49] 因為政策分歧而指控共同度過了多年的地下鬥爭、囚禁和流放生活的親密同志是叛徒，只有列寧才幹得出來。

　　若是加米涅夫要列寧攤牌並讓他去水兵那裏，歷史也許就不同了。可加米涅夫非但沒有指責列寧是個狂熱的瘋子，沒有奪取對中央委員會的控制權，沒有利用成立完全由社會主義者組成的政府這一深受歡迎的想法，設法將工廠、街道、布爾什維克地方黨組織以及其他社會主義政黨召集起來，反而放棄了自己在布爾什維克中央委員會的位置。季諾維也夫和另外三人也辭去了職務。[50] 包括阿列克謝‧李可夫 (Alexei Rykov，內務人民委員) 在內的幾名布爾什維克退出了人民委員會。「我們認為必須成立完全由蘇維埃政黨組成的社會主義政府，」他們宣佈說，「我們認為除此之外只有一條路：依靠政治恐怖來維持一個純粹由布爾什維克組成的政府。」[51] 就這樣，列寧在布爾什維克內部的反對者把兩個十分關鍵的機構——中央委員會和政府——讓給了他。

　　還有彼得格勒蘇維埃中央執行委員會，那是由加米涅夫擔任主席的，而且它在許多人看來，是新的最高機構：列寧曾經親自起草過一份決議，確認人民委員會是蘇維埃中央執行委員會的下屬機構，決議獲得1917年10月第二次蘇維埃代表大會的通過。[52] 但是在11月4日，列寧去了蘇維埃中央執行委員會，對執委們說，他們對人民委員會沒有合法的管轄權。就此事將進行表決，結果可能會對列寧不利，但他突然

236

又堅持說，他、托洛茨基、斯大林以及另外一名在場的人民委員也要投票。在實質上是對自己政府的信任投票中，4名人民委員投了贊成票，3名溫和派布爾什維克投了棄權票，結果，列寧的動議以29票對23票獲得通過。[53] 如此一來，清一色的布爾什維克政府就脫離了立法機關的監督。列寧沒有罷休：11月8日，他在布爾什維克中央委員會會議上，強迫加米涅夫辭去蘇維埃中央執行委員會主席職務。[54]（同一天，季諾維也夫放棄了自己的立場，重新加入布爾什維克中央委員會。這個月還未結束，加米涅夫和李可夫就放棄了自己的主張，但列寧並沒有馬上接受他們。）列寧迅速採取行動，讓斯維爾德洛夫被任命為新的蘇維埃主席；斯維爾德洛夫僅以5票的優勢贏得了這個重要職務。

　　作為不可或缺的組織者，斯維爾德洛夫顯得比以前更加突出了。他現在同時擔任布爾什維克黨的書記和蘇維埃中央執行委員會主席，並且巧妙地把後者變成了事實上的布爾什維克機構，將其會議的目的「定位」在獲得想要的結果。[55] 此外，斯維爾德洛夫還做到了加米涅夫過去沒能做到的事情：他連哄帶勸，讓左派社會革命黨人以少數派的角色加入了布爾什維克控制的人民委員會，目的是分化反布爾什維克的社會主義者。[56] 從1917年底到1918年初，左派社會革命黨人崛起的速度之快，或許僅次於1917年夏秋的布爾什維克。原因很明顯：帝國主義戰爭在繼續，倒向更激進的左傾政策的過程也在繼續。12月至1月，甚至有傳聞說，有些左派布爾什維克黨人想要聯合左派社會革命黨人發動新的政變，逮捕列寧，成立新政府，而新政府的領導人大概是「左派共產主義者」格里戈里·「尤利」·皮達可夫（Grigory "Yuri" Pyatakov）。左派社會革命黨人加入人民委員會讓鐵路工會無法建立起反布爾什維克壟斷的統一戰線，他們想要成立完全由社會主義者組成的真正的聯合政府，這一努力也沒能成功。左派社會革命黨人加入中央政府還鞏固了布爾什維克在各省的地位。[57] 1917年10月，布爾什維克實際上沒有任何土地綱領，他們抄襲的是社會革命黨人的土地綱領；斯維爾德洛夫公開承認，革命前布爾什維克「在農民中根本沒有開展過任何工作」。[58] 在這樣的背景下，左派社會革命黨人提供的不僅有立竿見影的策略優勢，還有長遠的政治前景。[59]

237

　　大部分左派社會革命黨人都把自己看作是初級合夥人，而不是真正的聯合政府中的一分子，而且他們主要是在契卡（「全俄肅清反革命及怠工非常委員會」）任職或者作為軍事委員派駐軍隊。在此期間，列寧意在壟斷權力的政治攻勢勢頭不減，還把目標對準公共領域。十月政變前，他曾抨擊書報檢查制度是「封建的」和「亞細亞的」，但現在，他認為「資產階級」報刊是「危險性不下於炸彈和機關槍的武器」。[60] 從1917年10月底到11月，列寧查封了約60種報紙。是的，在貓抓老鼠一般的追逐中，如同以賽亞·柏林調侃的，自由派的報紙《白天》被封掉後，很快又改成《晚上》出現了一段時間，然後是《夜》，再然後是《午夜》，最後是《漆黑的夜》，之後就永久停刊了。[61] 明顯持左翼立場的報紙也成了打擊對象。「歷史在重演」，右派社會革命黨人的報紙《人民事業報》不滿地説──該報在沙皇統治時期曾經被關停過。[62] 一些左派社會革命黨人也對布爾什維克的書報檢查制度十分憤慨。根據布爾什維克的法令，這些鎮壓措施屬於「臨時性的，一旦局勢正常就會逐步取消」，可「正常」的局勢當然是再也不會出現了。[63]

沒有國家的狀態

238　　托洛茨基回憶起來毫不掩飾，「從宣佈推翻臨時政府那一刻起，列寧就在大大小小的事務中扮演起了政府的角色」。[64] 的確如此，可就在列寧在包括斯莫爾尼宮和塔夫利達宮在內的彼得格勒地區大搞政治壟斷的時候，在更廣大的地區，權威卻在進一步碎片化。政變加快了帝國解體的速度。從1917年11月到1918年1月，就像冰山在海水中坍塌一樣，帝俄也在一塊接一塊地脱落──芬蘭、愛沙尼亞、拉脱維亞、立陶宛、波蘭、烏克蘭、格魯吉亞、亞美尼亞、阿塞拜疆。這些從前的邊疆省份變成了它們自己宣稱的「民族共和國」，剩下一個截頭去尾的「蘇維埃俄國」，同國內大部分已開發地區的關係都是懸而未決。作為民族事務人民委員，斯大林不得不盡力控制這種解體的趨勢，例如，同剛剛獨立的芬蘭簽訂劃界條約（比較危險的是，國界離彼得格勒很近）。俄國中心地區各省也都宣佈自己為「共和國」──喀山、卡盧加、梁贊、烏

法、奧倫堡。有時候，這樣做是自上而下推動的，比如頓河蘇維埃共
和國，那是希望可以堵住德國人的嘴，防止他們打着維護「自決」的名
義發動武裝干涉。[65]不管成立的原因是甚麼，省立共和國根本統治不了
自己名義上的領土，因為各縣各村也都宣佈自己至高無上。在這種近
乎徹底的權力下移中，各種各樣的「人民委員會」紛紛登場。莫斯科的
「人民委員會」根本就沒打算將自己隸屬於列寧的人民委員會，而且還
聲稱對周圍的十幾個省份擁有管轄權。「由於有幾個類似的人民委員部
並存，人民和〔地方〕機構就不知道該找哪一個，只好同時與兩個層級
打交道」，一位觀察家抱怨説。他還説，原告們「一般既向省級的人民
委員部提起上訴也向中央的人民委員部提起上訴，哪個判決有利就認為
哪個合法」。[66]

　　地方機構承擔起──或根本沒有承擔起──基本的治理職責，名義
上的中央當局則在搜尋金錢。早在10月25日下午，另一位波蘭的布爾
什維克維亞切斯拉夫‧明仁斯基（Wiaczesław Mężyński）就帶着一支武裝
小分隊去過俄羅斯國家銀行，此後又去過多次。[67]曾在巴黎里昂信貸銀
行幹過一段時間出納的明仁斯基是新任的「**財政部事務**人民委員」，就
好像在新秩序下根本不會有常設的財政人民委員部而只有沒收充公一
樣。他的行動引發了財政部和俄羅斯國家銀行員工的罷工。[68]私人銀行
也關了門，而在武力的威脅下重新開門之後，又拒絕承兑布爾什維克
政府的支票和匯票。[69]明仁斯基最後乾脆搶劫了國家銀行，把500萬盧
布擱在斯莫爾尼宮列寧的桌上。[70]他的搶劫啟發了布爾什維克的官員和
冒充布爾什維克官員的騙子，去奪取更多存放在銀行的財物。在此期
間，租用銀行保險箱的人受到威脅，説財物會被沒收，於是，他們只好
露面進行登記，可當他們拿來鑰匙，財物還是被沒收了：外幣、金銀、
首飾、未鑲嵌的寶石。[71]在1917年12月的時候，債券利息的支付(息票)
和股票分紅實際上結束了。[72]1918年1月，布爾什維克拒絕承認沙皇時
代所有的內外國債，據估計在630億盧布左右。這是一筆巨款，其中對
內發行的大概有440億盧布，對外發行的有190億盧布。[73]不管會在意
識形態上引起多大的震動，他們都完全沒有能力支付國債的利息。[74]衝
擊波影響到國際金融體系，盧布被逐出歐洲市場，俄國失去了國際融資

239

渠道。國家的金融體系不復存在。工業貸款停止。[75]「錢荒」很快就會困擾着這個國家。[76]

上億的俄國農民一直在忙着瓜分貴族、皇室、教會和他們自己的土地(作為斯托雷平改革的受益者，許多農民的產業現在都被「剝奪」了)。[77] 俄國當時的經濟學家鮑里斯·布魯茨庫斯(Boris Brutzkus，出生於拉脫維亞)認為，1917至1918年的農民革命是「充滿原始憤怒的群眾運動，這類運動在世界上從未見過」。[78] 然而平均下來農民似乎只多分了1英畝*耕地。有些人對於新分的條田心存疑慮，這些土地沒能跟自己原來的耕地合併起來，可能會被別人要走。(有時候，要去耕種新分到的土地就必須走很遠的路，結果他們就自動放棄了那些土地。)[79] 但農民不再交租了，在農民土地銀行欠的債務也一筆勾銷。[80] 總的來說，大動盪加強了重新分配型的村社和既不僱傭別人也不受僱於人的中農的地位。[81] 重新分配土地的功勞有多少要歸於布爾什維克，現在還很難說，儘管列寧當初是順手抄襲了社會革命黨人深受歡迎的土地法令。(社會革命黨人在同立憲民主黨人聯手為臨時政府工作的時候，基本上放棄了立刻重新分配土地的主張。)布爾什維克的農業人民委員宣稱，土地法令「就像是對群眾發出的戰鬥口號」，而且他還說了一句發人深思的話：「佔地是既成事實。要從農民手裏收回土地，無論如何也行不通。」[82] 土地法令刊登在所有報紙上，並且還出了小冊子(返鄉士兵的土地法令是同日曆一起發的，這樣一來他們就不會拿土地法令來捲煙抽了)。[83] 但是在俄羅斯帝國，私人土地集中程度最高的是波羅的海沿岸地區、西部各省、烏克蘭和北高加索，所有這些地方都不在布爾什維克的控制範圍之內。要讓農民轉向布爾什維主義，一紙法令不夠，還需要很多別的辦法。

由於農村地區的騷亂和暴力，已經因為戰爭而受到嚴重破壞的城市糧食供應變得更加嚴峻了。遠離糧食主產區的彼得格勒，甚至還有莫斯科，配給的口糧到了食不果腹的地步——大約每天220克麵包。[84] 燃

---

*　編註：約0.4公頃。

料和原料一同開始消失，工人只好由協管工廠變為接管工廠（「工人的控制」），只要能維持工廠的運轉就行，但這些做法往往都失敗了。和至少600萬國內難民相比，整個無產階級的數量——頂峰時有300萬人左右，而此時正在不斷減少——要少很多，而要是算上逃兵和戰俘，難民數量或許多達1,700萬。[85] 這個龐大的臨時人口常常化身為劫掠小城市和農村的武裝團夥。[86] 在城市，赤衛隊的非正規武裝和衛戍部隊繼續給公共秩序製造混亂，而布爾什維主義除了赤衛隊之外，根本沒有別的治安力量。前線士兵每個月大概可以得到5盧布，赤衛隊員**每天**就可以得到10盧布，相當於工廠工人的日工資，但許多工廠已經關門，不再發工資了。於是，赤衛隊員，也就是用步槍或剛剛搶來的武器武裝起來的工廠工人，數量迅速膨脹。[87] 佩戴和未佩戴紅袖章的劫掠者，把首都無數宮殿的酒窖當作目標；有些人「悶死和淹死在酒裏」，有目擊者寫道，而其他人則放槍取樂。[88] 1917年12月4日，政權宣佈成立打擊酒後肇事委員會，負責人是投奔布爾什維克的沙皇軍官弗拉基米爾‧邦契—布魯耶維奇（Mikhail Bonch-Bruevich）。「對擅闖酒窖、倉庫、工廠、貨攤、商店、私人住所者，」蘇維埃的報紙威脅説，「無需任何警告，就會用機關槍撕碎。」——這擺明了是要使用不受限制的暴力。[89]

但政權發現了一個更大的威脅：據説舊政權的工作人員在策劃一場「總罷工」。許多留用的官員已經在罷工，話務員、甚至藥劑師和中小學教師也在罷工；到各部上班的大多只是些清潔工和看門人。[90] 12月7日，人民委員會成立了第二支應急力量，即「臨時性的」全俄肅清反革命及怠工非常委員會，按照俄文首字母的縮寫稱為「契卡」，總部設在格羅霍瓦婭大街2號。「現在，戰爭開始了——面對面地戰鬥到底，不是生，就是死！」契卡首腦費利克斯‧捷爾任斯基，帶有貴族血統的波蘭布爾什維克，對人民委員會説。「我認為，我需要的是一個讓革命者與反革命分子算帳的機關。」[91] 捷爾任斯基（生於1877年）在沙皇時代曾經被關押和流放西伯利亞達11年之久，等他有了出頭之日，牙齒已經沒幾顆了，局部面癱使他在微笑時嘴巴歪斜，但他對正義充滿了激情。[92] 契卡成立不到兩個星期，就逮捕了大約30名所謂的陰謀分子——據説屬於一個叫做「政府工作人員工會聯盟」的組織，然後利用從他們

那裏沒收來的地址簿又逮捕了一批人。其他工作人員——他們的工資、住所、口糧和自由都岌岌可危——放棄了反對新政府的立場。[93] 然後，布爾什維克在1月的大部分時間都在爭論，是否該讓這些「資本主義的工具」和「怠工分子」恢復他們在政府中的職務。

俄國的革命者當中，大部分人覺得這個新的政治警察機構極其可惡，就連布爾什維克的許多骨幹也這麼認為。[94] 許多無恥之徒，包括一些罪犯，都加入了契卡，而他們的職責往往不僅僅或不完全是政治鎮壓。契卡還把打擊「投機」作為自己的任務，但該部門本身便是作為一大投機者出現的。[95] 「他們尋找反革命分子，」一位在早期目睹過契卡搜捕行動的人寫道，「再把值錢的東西拿走。」[96] 倉庫裏堆滿了用強制手段無償收繳的貨物，這些成了「國家財產」，接着又會被分送給官員和朋友，或者賣掉。1918年5月中旬，在擁有3萬人口的伏爾加河畔的製革業中心博戈羅茨克成立了契卡，但在5月29日那天，契卡大樓遭到攻擊，受到嚴重破壞。從省會下諾夫哥羅德派來的小分隊執行了處決任務。「我們沒收了價值20萬盧布的金銀物品和價值100萬盧布的羊毛，」契卡報告説，「工廠主和資產階級逃走了。委員會決定沒收那些逃跑者的財產，再賣給工人和農民。」[97]（所謂「工人和農民」可能包括黨的頭頭和負責治安的官員們。）當有人指控契卡和布爾什維克當局有搶掠行為的時候，他們常常推得一乾二淨，儘管列寧想出了一個方便的託詞——「我們掠奪掠奪者」。[98]

為所欲為的遠不只是契卡。「所有希望『國有化』的人都這樣做」，新成立的最高國民經濟委員會的一名官員回憶説。[99] 在破壞穩定方面，沒收和投機所帶來的混亂，實際上在某種程度上要超過真正的反革命陰謀。同時，契卡在保障安全方面的作用還是個問題。早在1918年1月，列寧的汽車就遭到過機槍從後面掃射（兩顆子彈打穿了擋風玻璃），斯莫爾尼宮也受到過炸彈恐嚇。[100] 到了2月，契卡宣佈，為了消滅「反革命大患」，有權執行就地處決。這樣的公告看上去既像是恐慌，同時也是對「資產階級」自由的蔑視。[101] 後來，契卡在1918年中期的一份自我評價中説：「我們實力不強、能力不足、知識不夠，而且〔非常〕委員會的規模很小。」[102]

選舉

　　這便是處於沒有國家的無政府狀態的布爾什維克壟斷：工廠閒置；荷槍實彈的醉漢和到處搶劫的赤衛隊員；遭到蓄意破壞的金融系統；消耗殆盡的糧食儲備；左派社會革命黨人模糊的初級合夥人身份；低能的秘密警察，忙於盜竊財物和他們恰恰應該予以打擊的投機活動；除此之外，還有臨時政府垮台前終於定下的、從1917年11月12日開始的立憲會議選舉。[103] 這其中充滿了諷刺的意味：俄國立憲民主黨過去在民主選舉的問題上舉棋不定，因為他們對農民、士兵、水兵和工人的選舉結果不放心，可現在，獨斷專行的列寧卻決定實行民主選舉。[104] 立憲會議召開在即，那樣一來，對於清一色布爾什維克的人民委員會持反對立場的社會主義者就會受到削弱。同時，不管怎麼說，不少布爾什維克高層人物都以為他們穩操勝券。布爾什維克黨當然也在發力。他們壓制其他競爭者的宣傳，在自己的報刊上攻擊別的候選人，指責社會革命黨人（「披着羊皮的狼」）、孟什維克派社會民主黨人（「為反革命開路的資產階級奴僕」）以及立憲民主黨人（「資本主義掠奪者」）。大規模的恐嚇與欺騙的舞台似乎搭好了。但不可思議的是，俄國經歷了有史以來的第一次真正意義的普選。

243

　　投票的組織工作事實上極其繁重，這或許是這個國家的公民自半個世紀前農民解放以來規模最大的事業。由16名真正獨立的成員組成的全俄選舉委員會負責監督整個流程，由法官代表、地方政府機構（類似於沙皇時代的地方自治機關〔zemtsvos〕但也稱蘇維埃）代表，以及參加投票的群眾代表所組成的地區、縣和村社委員會負責地方選舉的監督工作。鎮、區、縣的選舉委員會擬定選民名單：只要年滿20週歲，不分男女。[105] 約有4,440萬人跨越遙遠的距離，在戰爭期間，在75個選區，在前線和艦隊（近500萬士兵和水兵參加），用無記名投票的方式參加了選舉。在德佔區（沙皇統治下的波蘭、芬蘭和波羅的海沿岸地區），還有控制力嚴重不足的俄屬突厥斯坦，根本沒有舉行選舉，而有些地區的選舉結果最後丟失了。直到1917年11月28日，即原定正式召開會議的時間，選舉工作仍未完成，因此，已經公佈的會議開幕時間只能推遲，

而此舉又引發立憲會議的保衛者當天在塔夫利達宮遊行示威。列寧的
回應是，提出一項法令，稱立憲民主黨的主要政治家是「人民公敵」（這
項罪名最初是布爾什維克的對手用在列寧等人身上的），認為在他們就
任之前必須逮捕他們。[106*] 布爾什維克的中央委員，除了一個人，全都
支持列寧11月28日關於打擊立憲民主黨人的決議，而那個人就是斯大
林。[107] 斯大林為甚麼會不同意，現在還不清楚。不過，布爾什維克中
央委員會在第二天以其特有的方式，頒佈了一項秘密法令，正式確立新
的政治秩序，授予列寧、托洛茨基、斯維爾德洛夫和斯大林決定「所有
緊急問題」的權利。[108] 可是，有甚麼不算緊急問題呢？

　　儘管有鎮壓和對專政權力的維護，可此次選舉畢竟帶來了表現民
意的機會。[109] 當然，從兩大首都之外的整個歐亞地區來看，有學者指
出，直到1918年中期，人們對特定機構（蘇維埃、士兵委員會、工廠委
員會）的忠誠度，仍然遠高於對特定政黨的忠誠度。[110] 但這一點正在起
變化，因為民眾可以在選舉中選擇不同的政黨。生活在農村地區，而
且根本沒有非社會主義政黨可選的五分之四的人口，把票投給了主要面
向農民的社會革命黨，使之獲得巨大的多數，差點就到了登記選票總數
的40%，接近1,800萬票。同時，另有350萬票投給了烏克蘭社會革命
黨。還有45萬票投給了俄國左派社會革命黨人（他們是在候選人名單產
生後才分裂出來的）。在最肥沃的農業區，以及整個農村地區，社會革
命黨人的總票數最多，那裏的投票率也非常高，達到60%至80%。相
比起來，在城市大約為50%。社會革命黨人得票率最高的是西伯利亞，
那裏以農業為主，幾乎沒有工業。

　　社會革命黨人贏得了選舉。但其內部的分裂表明，社會主義繼續
朝着激進化方向發展的趨勢仍然非常強大（烏克蘭社會革命黨人比俄國
社會革命黨人還左）。社會民主黨獲得的選票也相當多，儘管孟什維克
派得到的不多；只有格魯吉亞孟什維克的情況不錯，得到66萬票（30%
是在高加索）；俄國孟什維克只得到130萬票，不到總票數的3%。相

244

---

*　譯註：《列寧全集》第33卷，第123頁。

比之下，社會民主黨的布爾什維克派獲得了1,060萬票，佔總票數的24%。布爾什維克在八個省的得票率超過50%。布爾什維克和社會革命黨人分享了軍隊的選票，各得40%左右。但是，有一點很能說明問題，在沒有受到布爾什維克鼓動影響的黑海艦隊，社會革命黨人和布爾什維克的得票率是2：1，而在波羅的海艦隊——那裏很容易受布爾什維克鼓動人員的影響，布爾什維克以3：1佔據上風。在西方集團軍群和北方集團軍群，以及在大城市的衛戍部隊，布爾什維克以絕對優勢獲勝，在莫斯科和彼得格勒駐防士兵中的得票率達到80%。因此，正如列寧本人後來承認的，首都及其附近的士兵和水兵(穿制服的農民)的選票拯救了布爾什維主義，使之沒有被社會革命黨人徹底擊敗。[111]

非社會主義政黨只得到350萬票，其中約有200萬票歸立憲民主黨。其得票率不足5%。不過，值得注意的是，在立憲民主黨人得到的選票中，有近三分之一——50萬票左右——是在彼得格勒和莫斯科登記的。布爾什維克在兩個首都得到了近80萬選票，而立憲民主黨在那裏的得票數位列第二(同時，在38個省會城市中有11個超過布爾什維克)。因此，布爾什維主義最牢固的據點同時也是「階級敵人」最牢固的據點，布爾什維克之所以一直擔心即將發生「反革命」，原因就在這裏。[112]最重要的一點或許在於，無論在哪裏都看不到有組織的右翼政治活動。在「革命民主主義」、土地重新分配以及和平的氣氛下，俄國選民一邊倒地支持社會主義——各個社會主義政黨總共得到超過80%的選票。[113]

布爾什維主義的選舉結果的確比非布爾什維克黨人預期的要好。從某種意義上說，從前的俄羅斯帝國大概有一半在選舉中支持社會主義但反對布爾什維主義：看來選民想要的是不受布爾什維克操縱的人民政權、土地以及和平。然而，從另一種意義上說，在國家的戰略中心(彼得格勒和莫斯科)，在一些關鍵性的軍人選民中(首都衛戍部隊和波羅的海水兵)，布爾什維克贏得了選舉的勝利。這對列寧來說足夠了。其他政黨和團體還沒有完全領會到他的分量，更重要的是，還沒有領會到布爾什維主義大眾政治的威力(在1917年夏天的前線已經顯示出來)。「誰看不出來我們擁有的根本不是『蘇維埃』政權，而是列寧和托洛茨基

的專政呢，誰看不出來他們的專政靠的是被他們矇騙的士兵和武裝工人
的刺刀呢」，社會革命黨人尼古拉‧蘇漢諾夫1917年11月在其主編的
《新生活報》上感嘆說，而列寧很快就把該報關停了。[114] 但是，從根本
上來說，這不是矇騙，雖然布爾什維克說過很多推諉搪塞的話，也耍過
很多花招。實際上，列寧的專政同許多群眾一樣，主張一種深入人心
最高綱領：無論如何都要結束戰爭；願意看到用武力「保衛革命」，願
意看到窮人對富人毫不含糊的階級鬥爭——他們之間的立場有分歧，但
也相互吸引。列寧從民眾的激進主義中汲取了力量。[115]

　　1918年1月5日下午4時，期待已久的立憲會議在從前杜馬所在的
塔夫利達宮的白廳開幕了，但氣氛卻有點兇險。布爾什維克在大街上
佈滿了忠誠的武裝人員和大炮。有傳言說，供電會被切斷——社會革
命黨的代表是帶着蠟燭來的，還說警車已經上路。大廳裏，旁聽席上
擠滿了吵吵鬧鬧的水兵和搗亂分子。震耳欲聾的起哄聲、拉動槍栓的
哢嚓聲以及上刺刀的吧嗒聲，使得演講不時被打斷。[116] 將近800名代
表贏得了席位，其中社會革命黨人代表370至380人，布爾什維克代
表168至175人，另有左派社會革命黨人代表39至40人，孟什維克和
立憲民主黨人代表各17人，但後者已被宣佈為非法，因而沒有出席，
許多孟什維克代表也沒有到場。[117] 關鍵是，烏克蘭社會革命黨人沒有
參加會議。由於有這些缺席的和被捕的，實際參會人數在400至500之
間。[118] 列寧在用簾子隔開的從前政府的包廂裏觀察情況。[119] 代表席上，
布爾什維克黨團由30歲的尼古拉‧布哈林領導，約翰‧里德對他有過
生動的描寫：「個子不高，紅鬍子，眼裏充滿狂熱——他們說他『比列
寧還左』。」[120] 代表們推選社會革命黨主席維克托‧切爾諾夫為大會主
席；布爾什維克支持左派社會革命黨人瑪麗亞‧斯皮里多諾娃（Maria
Spiridonova），一個聲望很高的恐怖分子，她得票也不少，有153票，比
切爾諾夫少91票。布爾什維克要求限制立憲會議範圍的動議沒有獲得
通過（237票對146票）。列寧讓自己的一名擁護者，波羅的海艦隊水兵
的首領，宣佈布爾什維克代表退出大會；左派社會革命黨人的代表，包
括斯皮里多諾娃，後來也退出了。[121] 大會開了約12個小時，凌晨4時
左右，波羅的海艦隊的一名水兵登上主席台，拍了拍切爾諾夫的肩膀

（或拉了拉他的袖子），大聲說，布爾什維克海軍人民委員「要求在場的人離開大廳」。當切爾諾夫回答說「如果你不介意，那要由立憲會議來決定」時，這位水兵說：「我建議你們離開大廳，時候不早了，衛兵們累了。」[122] 切爾諾夫匆忙就一些法律進行了投票，在早晨4:40休會。後來在當天下午（1月6日），當代表們趕來繼續開會時，衛兵們不讓他們進去。[123] 俄國的立憲會議只開了一天就結束了，而且再也沒有開過。（就連會議紀要的原件後來也被人從切爾諾夫僑居布拉格時的住所偷走了。）[124]

　　布爾什維克根本不是在背地裏威脅。[125]「我們不會同任何人分享權力，」在立憲會議召開前，托洛茨基就該問題寫道，「如果我們半途而廢，那就不是革命，而是流產……是虛假的歷史分娩。」[126] 選舉中，社會革命黨在西南戰線、羅馬尼亞戰線和高加索戰線都獲得了決定性的勝利，但其領導層沒有把部隊帶到首都，甚至沒有接受彼得格勒衛戍部隊想要提供的武裝援助。[127] 一些社會革命黨領導人在原則上放棄使用武力；他們最苦惱的是，如果動員士兵自願保衛選舉產生的立法機構，那會讓布爾什維克找到解散它的藉口，可布爾什維克不管怎樣都會解散它。[128] 在農村地區，根本沒有感覺到有保衛立憲會議的必要，那裏的農民革命已經掃蕩了沙皇時代的整個官場，從省的總督到地方警察和地方長官，取而代之的是農民自治。[129] 在首都，數萬名抗議者，包括工廠工人在內，遊行到塔夫利達宮，試圖拯救立憲會議，但忠於布爾什維克的武裝向他們開火。[130] 這是自1917年2月和6月以來，俄國城市首次有平民由於政治原因遭到槍殺，但布爾什維克並沒有因此而受到懲罰。

　　彼得格勒蘇維埃的存在有助於削弱民眾對立憲會議的忠誠意識。[131] 列寧把布爾什維化的蘇維埃說成是「更高形式的」民主——不是在英法受到稱頌的程序民主或資產階級民主，而是體現了社會正義和（底層）人民權力的民主。這種觀點在俄國影響廣泛，雖然遠遠不是所有人都贊成列寧充滿偏見的做法，把社會主義者佔壓倒多數的立憲會議等同於「資產階級」民主。[132] 為了進一步印證這一觀點，斯維爾德洛夫主導的蘇維埃中央執行委員會把全俄蘇維埃第三次代表大會提前安排在1月10日，剛好在立憲會議被解散之後。[133] 許多代表為了表示抗議而拒絕參

加，但那些出席會議的代表以事後表決的方式把強行解散立憲會議這一行為合法化了。[134]

托洛茨基的失敗

　　和平！所有國家，所有民族立即實現普遍的和平：布爾什維主義之所以得到民眾的支持，首先是因為它承諾退出可惡的戰爭。可是在蘇維埃第二次代表大會上，列寧突然開始含糊其詞了。「新政權會盡一切努力，」他承諾說，「但我們不是說，把刺刀往地上一插，一下子就可以結束戰爭……不是說今天或明天就可以締造和平。」[135]*（報紙在刊登他的講話時刪掉了這些內容。）大會通過的「和平法令」——沒有提到美國，但提到了英國、法國和德國，說它們是「這次戰爭中三個最大的參戰國」——建議所有交戰國停戰三個月，立即進行談判，締結公正、民主、沒有割地、沒有賠款的和約。（布爾什維克的其他公告鼓動這些交戰國的公民推翻政府。）[136]列寧和斯大林用無線電報向俄國部隊下令停戰，這是多此一舉。列寧給德軍指揮部發了一封建議無條件停戰的明碼電報，雖然他知道，協約國也會收到這條電文（當協約國收到時，會更加確信列寧是德國的奸細）。英法拒絕承認布爾什維克政權，對和平法令以及托洛茨基的正式聲明都未作出回應。協約國倒是給俄軍的野戰司令部發送了公報。[137]在此期間，托洛茨基手下的一名水兵在搜查俄國外交部的保險庫時，找到了沙皇與英法簽訂的兼併性的秘密戰爭條約；托洛茨基公佈了這些文件，並譴責協約國是「帝國主義者」。[138]（協約國的報紙幾乎無一例外，都沒有轉載被曝光的內容。）[139]對於步步緊逼的德軍，當時仍不清楚該怎麼辦，如果還有辦法的話。

　　設在（彼得格勒西南400英里†處的）莫吉廖夫的俄國大本營沒有參與十月政變，但革命使他們陷入了混亂。他們在1917年2月請求沙皇

---

* 譯註：「我們從來也沒有許過願，說把刺刀往地上一插，一下子就可以結束戰爭。」《列寧全集》第33卷，第58頁。

† 編註：約644公里。

退位，結果加快了革命的步伐。1917年11月8日，列寧和托洛茨基通過無線電報命令俄國的代理最高總司令、41歲的尼古拉‧杜鶴寧將軍（Nikolai Dukhonin）——曾任科爾尼洛夫的參謀長——與德國人進行單獨的停戰談判。杜鶴寧拒絕執行這種背叛俄國盟友的命令。為了説明「反革命」想要把戰爭繼續打下去，列寧讓人把往來通話分發給所有部隊。他還讓32歲的尼古拉‧克雷連柯（Nikolai Krylenko）接替杜鶴寧的職務，而直到當時為止，克雷連柯依然是俄國軍官團中軍銜最低的軍官（準尉）。[140] 1917年11月20日，他帶着一列車擁護布爾什維克的士兵和水兵趕到莫吉廖夫。杜鶴寧正式向他移交權力。[141] 杜鶴寧沒有逃跑，也沒有阻止科爾尼洛夫將軍和其他沙皇高級軍官的逃跑——自從1917年9月向克倫斯基的手下投降之後，他們一直被關在附近的修道院。發現科爾尼洛夫等人跑掉之後，憤怒的士兵和水兵向倒臥在地的杜鶴寧又是開槍又是捅刀，並在此後幾天把他的屍體剝光，當作練習的靶子。[142] 克雷連柯要麼是無力制止他們，要麼是不想制止。這名準尉與他之前的阿列克謝耶夫將軍以及布魯西洛夫將軍不同，他沒有巡視整個戰場，就得出了如下看法：俄軍不是士氣低落，而是根本就沒有士氣。

不過，德國也有理由謀求和解。德俄士兵通過自行協商實現停戰的做法開始在東線各處蔓延開來。一些專家預言，1917至1918年冬天，德國後方會出現糧食短缺和民眾騷亂，而這些麻煩對於奧匈帝國來説更為嚴峻。西線與法英的激戰還在繼續，現在美國又加入到協約國一邊。魯登道夫決定集中所有兵力，在西線發動一場大型的春季攻勢，那樣一來，從東線騰出的兵力或許就可以派上用場。所有這些考慮，再加上希望鞏固其在東線的巨大收穫，讓同盟國在1917年11月15日（西曆11月28日）接受了布爾什維克的停戰建議以便開始談判。[143] 布爾什維克提倡的是普遍的而不是單獨的和平，可協約國一再拒絕加入談判，因此，托洛茨基和列寧在同一天宣佈：「如果協約國資產階級最終迫使我們〔與同盟國〕單獨媾和，那責任在於它們。」[144] 至於談判地點，布爾什維克建議放在仍由俄軍控制的普斯科夫（那裏也是尼古拉二世宣佈退位的地方），但德國選擇了布列斯特—里托夫斯克要塞，那裏從前是沙俄的領土，現在是德軍的指揮部。[145] 在那裏，很快就於12月2日

249

（西曆12月15日）簽署了停戰協議。（德國馬上就違反協議，把六個師調回到西線。）[146] 一週後，和談開始。

　　一到那裏，布爾什維克的卡爾·拉狄克——他出生在哈布斯堡王朝統治下的倫貝格（利沃夫），當時名叫卡爾·索貝爾森——就對列車車窗外的德國普通士兵大作反戰宣傳，鼓動他們反抗自己的指揮官。[147] 拉狄克弓着身子，抽着煙，坐在桌子對面的是德國外交大臣理查德·馮·屈爾曼男爵（Richard von Kühlmann）和東線德軍參謀長馬克斯·霍夫曼少將。談判開始那天在軍官食堂舉行的晚宴上，俄國代表團的一名成員，一個左派社會革命黨人，欣然為會議的東道主巴伐利亞親王利奧波德元帥（Leopold）重演了她刺殺沙皇總督的過程。布爾什維克代表團團長阿道夫·越飛（Adolf Joffe）——奧地利外交大臣奧托卡爾·采爾寧伯爵敏銳地注意到他是個猶太人——表示：「我非常希望也能在貴國喚起革命。」[148] 俄國猶太人定居區和高加索的左翼庶民就這樣擺好了架勢，準備同顯赫的德國貴族以及世界上最令人生畏的軍事集團的軍閥們過招了。[149] 起初有一些誤會，之後事情就明朗了：布爾什維克「沒有賠款和割地的和平」這一要求永遠不會得到滿足；德奧代表團以「自決」為由，要求俄國承認波蘭、立陶宛和西拉脱維亞的獨立，而它們都是同盟國在1914至1916年間已經佔領的地方。[150] 看來布爾什維克代表團的唯一希望是，等待德國和奧匈帝國國內由於戰爭的壓力而突然爆發革命（假如戰爭沒有讓協約國後方首先崩潰的話）。[151] 到了第二輪「談判」，列寧派的是托洛茨基，這樣做既是為了引起關注，也是為了拖延時間。[152] 布爾什維克得到德國人的允許，可以對談判的情況進行報道，這樣一來就能公開地大擺姿態。托洛茨基在布列斯特—里托夫斯克的表現讓他在國際上聲名鵲起。在德國人長篇大論地抨擊布爾什維克對政治反對派的鎮壓時，托洛茨基始終面帶微笑。輪到他講話了，他脱口而出：「我們逮捕的不是罷工者，而是把工人關在外面的資本家。我們沒有朝要求得到土地的農民開槍，而是逮捕了想要朝農民開槍的地主和軍官。」[153]

　　不久，托洛茨基打電報給列寧，建議中止談判，不要簽訂和約。「我要跟斯大林商量，然後給你答覆」，列寧在電報中説。答覆的結果是在1918年1月初休會，乘此機會，托洛茨基返回彼得格勒進行磋商。

250

1月8日，也就是強行解散立憲會議兩天後，米哈伊爾‧邦契—布魯耶維奇——列寧的平事人弗拉基米爾‧邦契—布魯耶維奇的兄弟——也剛剛提交了一份官方報告，警告「再有幾天，軍隊就會出現大饑荒」，布爾什維克中央委員會召開會議，商討德國問題。[154] 先前列寧在強烈主張政變的時候，曾堅稱德國即將發生革命，但現在，他的口氣變了：世界革命依然是夢想，他說，而俄國的社會主義革命卻是事實；為了挽救後者，他強烈主張不管德國人提出甚麼樣的條件都要接受。[155] 托洛茨基反對說，德國不會再開戰，沒有必要投降。但是，尼古拉‧布哈林領導下的自詡為左派布爾什維克的小集團——其中包括捷爾任斯基、明仁斯基和拉狄克，卻提出**俄國**應該重啟戰端。他們認為列寧的看法是失敗主義的看法。結果，中央委員會的意見分成三種：投降（列寧）；拖延並虛張聲勢（托洛茨基）；開展革命游擊戰以加快歐洲革命的進程（布哈林）。在1月9日的會議上，16名有投票權的中央委員，只有3人支持列寧，而這3人當中最突出的就是斯大林。

斯大林反對說，「托洛茨基的立場是不能叫做立場的」，還說，「現在西方沒有革命運動，不存在革命運動的事實，而只有可能性。但是我們在實踐中不能單單依靠可能性。如果德國人開始進攻，那就會加強我國的反革命」。他還指出：「十月間我們談論過……神聖戰爭，因為當時有人向我們說，單單『和平』兩個字就能掀起西方的革命。可是這種說法沒有得到證實。」[156]* 相反，布哈林開始承認，「托洛茨基的看法，即等待柏林和維也納工人的罷工，是最正確的」。托洛茨基的提議（「停止戰爭、不簽和約、復員軍隊」）在這一天以九票對七票獲得通過。[157] 列寧在會後寫道，大多數人「沒有考慮到條件已經發生變化，而這種變化要求我們迅速而急劇地改變策略」。[158]† 這就是列寧，對俄國溫和派社會主義者絲毫不肯讓步，卻要求共產黨人低三下四地遷就德國的軍國主義分子。

251

* 譯註：《斯大林全集》第4卷，第26頁。
† 譯註：《列寧全集》第33卷，第256頁。

　　1918年1月10日召開了蘇維埃第三次代表大會（一直開到18日），其中，布爾什維克代表略佔多數（到大會結束時，1,647名代表中有860名布爾什維克，因為有很多代表正在陸續趕來）。會議在塔夫利達宮舉行，會上通過了一項決議，在蘇維埃法令的所有新版本中，凡涉及最近被解散的立憲會議的內容一律取消。斯大林作為民族事務人民委員作了報告，同時，大會還正式成立了「俄羅斯社會主義聯邦蘇維埃共和國」。在談到立憲會議時，斯大林的結論是：「在美國，選舉是普遍的，但是執掌政權的是億萬富翁洛克菲勒的傀儡……難道這不是事實嗎？是的，我們已經埋葬了資產階級的議會制度，馬爾托夫分子要把我們拖到三月革命時期去是枉費心機的（笑聲，掌聲）。我們工人代表必須使人民不僅成為投票者，而且成為統治者。執政的並不是選舉者和投票者，而是統治者。」[159]* 托洛茨基作了關於布列斯特—里托夫斯克談判的報告。「當托洛茨基結束他的偉大的講話時，」一名英國的狂熱分子報道説，「這場由俄國工人、士兵和農民參加的大型會議中，他們起立並……唱起了《國際歌》。」[160] 不過，儘管存在贊成革命戰爭的傾向，但大會沒有通過任何有約束力的決議。1月17日（西曆1月30日），托洛茨基返回布列斯特—里托夫斯克，繼續拖延時間。

　　次日，布爾什維克中央委員會在彼得格勒就是否召集黨的代表會議討論可能單獨媾和的問題發生了爭論。「要召開甚麼代表會議？」列寧呵斥道。斯維爾德洛夫認為無法及時組織一次全黨的代表會議，因而建議與各省代表協商。斯大林深感黨缺乏明確的立場，便在一定程度上推翻了自己原來的意見，認為「中間觀點，也就是托洛茨基的立場，給了我們一條擺脱困境的道路」。斯大林建議「讓持不同觀點的人有更多表達的機會，並召開會議以取得明確的立場」。[161] 托洛茨基有一點是正確的：正在崩潰的不是只有俄國的戰爭投入。同盟國也承受了巨大的壓力：在德國，罷工潮遭到鎮壓，但英國的封鎖造成的大規模匱乏依然如故；奧地利正在懇求德國，甚至懇求保加利亞，提供緊急的糧食

252

----

*　譯註：《斯大林全集》，第4卷，第34頁；編註：「三月革命」即1917年的二月革命（俄曆2月，西曆3月）。

援助。[162] 可是，德國人在此期間也翻出了一張王牌：被稱為中央拉達（Rada）* 的烏克蘭政府——是社會主義者但並非布爾什維克——派出的代表團出現在了布列斯特—里托夫斯克。德國最重要的文職官員把這群二十多歲的人稱作「黃毛小子」（Bürschchen），但是在1月27日（西曆2月9日），德國爽快地和他們簽訂了條約，[163] 儘管俄國的赤衛隊此時已經推翻了基輔的中央拉達。[164] 中央拉達的代表們承諾給德國和奧地利提供烏克蘭的糧食、錳和雞蛋，以換取軍事援助來對抗布爾什維克武裝，在奧地利的加利西亞和布科維納成立魯塞尼亞（烏克蘭）自治區。（奧地利的采爾寧稱之為「麵包和約」。）[165] 不管烏克蘭知識分子和政治人物的願望是甚麼，對德國來說，獨立的烏克蘭就是一個工具，用來對付俄國和支持德國在西線的戰爭投入。[166]

看來烏克蘭是已經收入囊中了，德國代表團得意洋洋。第二天（1月28日，西曆2月10日），托洛茨基到達，發表了譴責「帝國主義」的長篇講話，德國代表團將其視為布爾什維克投降前的空談。布列斯特—里托夫斯克和談已經進行了大約50天；俄國軍隊實際上已不復存在。但托洛茨基非但沒有在現實面前低頭，反而在發言的最後宣佈採取「不戰不和」的政策。也就是說，俄國退出戰爭，同時拒絕簽訂和約。沉默片刻後，坦能堡大捷的策劃者、德國的霍夫曼少將嘟囔了幾句，但「聽不清楚」。[167] 布爾什維克代表團出門上了列車。「在返回彼得格勒的途中，」托洛茨基回憶說，「我們都以為德國人不會發動進攻。」[168] 布列斯特給蘇維埃首都發了關於「和平」的含糊其詞的電報，彼得格勒又給前線發了電報。前線士兵激動得又是唱歌，又是鳴槍慶祝「和平」。[169]1918年1月31日，托洛茨基在一片歡呼聲中回到斯莫爾尼宮。（由於開始採用西方的格里高利曆，所以在俄國，第二天是2月14日。）列寧將信將疑，不知道托洛茨基葫蘆裏賣的甚麼藥。從布列斯特—里托夫斯克發給維也納的外交電報讓精疲力竭的哈布斯堡王朝首都準備歡慶勝利：大街上人頭攢動，彩旗飄揚。[170]

---

* 　編註：烏克蘭語，意為「集體會議」、「議會」。

253

但德國的將軍們堅持認為，不實行軍事佔領，就不會得到承諾中的烏克蘭糧食。2月13日，即托洛茨基回到斯莫爾尼宮的同一天，興登堡元帥在德國戰爭委員會會議上指出，停戰協議並沒有帶來和約，因此不再有效；他強烈主張採取「打垮俄國人〔並〕推翻其政府」的政策。德皇同意了。[171]在得到已被推翻的中央拉達的允許後，大約45萬人的同盟國軍隊開進了烏克蘭。(在加利西亞，講波蘭語的居民因為對烏克蘭的承諾而爆發了憤怒的騷亂；哈布斯堡王朝指揮下的進入烏克蘭的波蘭軍隊脱離出來，成了他們自己的武裝力量。)[172]與此同時，從2月18日開始，也就是在托洛茨基採取戲劇性行動的八天後，一支德國軍隊(52個師)在兩週內推進了125英里*，橫掃俄國北部，佔領了明斯克、莫吉廖夫和納爾瓦，彼得格勒門戶大開。「這是我經歷過的最滑稽的戰爭，」霍夫曼在談到自己的行動(代號「霹靂」)時指出，「派上幾個步兵，帶上幾挺機關槍和一門大炮，坐上火車到下一站，佔領它，逮捕布爾什維克，再派一支小分隊，坐上火車繼續前進。」[173]

浩罕大屠殺

在從前的俄羅斯帝國範圍內，決定其他地方事態發展的，既不是德國對協約國的地緣政治，也不是托洛茨基和列寧言辭尖鋭的二重唱。主要由斯拉夫移民和衛戍部隊組成的塔什干蘇維埃，在1917年10月23日發動第二次嘗試，成功奪取了政權，這個時間甚至比布爾什維克在彼得格勒的政變還早。11月中旬在那裏召開的蘇維埃代表大會，實際上沒有一個代表是當地土生土長的。[174]「從俄國內陸省份派來的士兵，舊政權在從我們人民手中沒收的土地上安置的農民，以及習慣於用居高臨下的傲慢眼光看待我們的工人，突厥斯坦的命運此時就是由這些人決定的」，一個叫做穆斯塔法·肖凱—貝格(Mustafa Choqai-Beg)的穆斯林首領回憶説。[175]塔什干蘇維埃代表大會以97票對17票，拒絕讓穆斯林

---

* 編註：約201公里。

擔任政府職務。[176] 與此同時，自認為理所當然應該為民眾代言的烏理
瑪穆斯林學者，集中在塔什干的另外一個地方，召開他們自己的代表大
會，並按照向殖民地當局請願的習慣，通過投票以壓倒多數決定，向塔
什干蘇維埃請願成立更具代表性的地方政治機構，因為「塔什干穆斯林
……佔人口的98%」。[177] 同時，另一幫自詡為現代派的穆斯林——人稱
「扎吉德」——看到了壓倒傳統烏理瑪的機會，便在1917年12月初在浩
罕召開會議。浩罕是一座有城牆拱衞的城市，俄羅斯人在34年前才佔
領那裏。此次大會有近200名代表，其中包括來自附近人口稠密的費爾
干納盆地的150名代表。大會在12月11日作出決定，宣佈「與俄羅斯聯
邦民主共和國結合在一起的突厥斯坦的地方自治」，同時鄭重承諾「盡
一切可能」保護當地的少數民族（斯拉夫人）。[178] 他們成立了臨時政府，
選舉產生了參加立憲會議的代表團，並專門為非穆斯林保留了三分之一
席位。大會還就是否與反布爾什維克的草原哥薩克結盟問題進行了辯
論。結盟的建議使代表們產生了分歧，但要想繼續輸入糧食，那似乎
就是無法避免的唯一選擇，因為按照沙皇政權的要求，當地農民此前幾
乎全部改種棉花了。

　　浩罕自治政府的代表於12月13日前往塔什干，宣佈他們在蘇維
埃政權領土上的存在。那天是週五（穆斯林的聖日），恰好是穆罕穆德
的生日。幾萬名男子，許多都裹着白色的頭巾，拿着綠色或淺藍色旗
子，朝着城裏的俄羅斯人居住區開去。隊伍中甚至有許多烏理瑪。遊
行者要求停止進屋搜查、停止徵用，還衝擊監獄，釋放了塔什干蘇維埃
關押的囚犯。[179] 俄羅斯士兵向人群開槍，打死了幾個人；更多的人死
在倉惶逃散的時候。[180] 囚犯被抓回來處死。

　　浩罕自治政府的領導層以在帝俄接受過教育的穆斯林知識分子為
主，他們請求俄國首都的布爾什維克當局，「承認實行自治的突厥斯坦
臨時政府是突厥斯坦的唯一政府」，並授權立即解散塔什干蘇維埃，因
為「它違背民族自決的原則，依靠對我國的當地居民抱有敵意的外國
人」。[181] 民族事務人民委員斯大林作了答覆。「各蘇維埃在其內部事務
上擁有自主權，並依靠他們的實際力量履行自己的職責，」他寫道，
「因此，突厥斯坦當地的無產者無需向中央蘇維埃當局請求解散突厥斯

坦人民委員會。」他還説，如果浩罕自治政府覺得塔什干蘇維埃必須解

255 散，「如果當地的無產者和農民有這樣的力量，他們應該自己用武力去
解散。」[182] 這是在公開承認中央的布爾什維克無能為力，承認武力在決
定革命結果方面的作用。可是，沙皇時代殖民地衛戍部隊留下的武器
自然是掌握在塔什干蘇維埃手中。浩罕自治政府想要拉起一支民兵隊
伍，但沒有成功（勉強招募了 60 名志願者）。它沒有稅收，同草原哥薩
克和布哈拉酋長國聯絡的外交使團也一無所獲。在布爾什維克解散立
憲會議後，浩罕自治政府試圖誘使塔什干蘇維埃召集突厥斯坦立憲會議
——那樣一來，穆斯林自然會重新成為佔壓倒地位的多數。2 月 14 日，
塔什干蘇維埃動員當地的衛戍部隊、來自奧倫堡草原的其他士兵、亞美
尼亞達什納克黨人以及武裝的斯拉夫工人，去粉碎這個「冒牌的自治政
府」。他們開始圍攻浩罕老城。不到四天就攻破城牆，開始屠殺城裏的
居民。被殺害的穆斯林估計有 1.4 萬人，其中許多是被機槍打死的；該
城在洗劫之後被焚毀。[183] 塔什干蘇維埃借此機會加緊徵收糧食儲備，
結果引發了饑荒。饑荒中死亡的可能達到 90 萬人，還有大批人逃往中
國新疆。[184] 後來，斯大林和布爾什維克黨人在實際工作中不再把革命
同反殖民問題結合在一起了。

投降

　　對馬克斯·霍夫曼少將率領的德軍來説，根本沒有可靠的布爾什維
克武裝擋在他們向東推進的道路上。「不管是對於我們或是從國際社會
主義的觀點來看，保存這個……共和國是高於一切的」，2 月 18 日，即
霍夫曼率領德軍重新開始推進的那天，列寧在中央委員會會議上説。[185]*
對列寧來講，反正割讓布爾什維克尚未控制的領土是值得付出的代價，
而且在他看來，只是在世界革命到來之前暫時割讓那些領土。可是在一
開始，列寧又一次沒能得到多數中央委員的支持。斯大林再次站到列

---

*　譯註：《列寧全集》第 33 卷，第 257 頁。

寧一邊。「我們想直截了當，直奔事情的核心，」斯大林在2月18日中央委員會會議上說，「德國人在進攻，我們沒有任何武裝，是時候說必須恢復談判了。」[186] 這番話等於是明確反對托洛茨基的立場。托洛茨基一直是個搖擺不定的人物，現在依然如此。在他1月中旬返回布列斯特—里托夫斯克之前，列寧曾和他有過一次密談；兩人明顯都堅持自己的看法，但列寧問了托洛茨基一個尖銳的問題：要是德國人真的重新開始進攻而在德國的後方又沒有爆發革命起義，怎麼辦？會不會迫不得已簽訂屈辱的和約？很明顯，托洛茨基表示同意，如果真的出現這些情況，他不會反對列寧贊成的按照德國人的條件接受一個懲罰性和約。[187] 而現在，托洛茨基遵守承諾，撤回自己的反對票。這讓列寧以七對五的多數（有一票棄權），贊成立即投降，反對支持「革命戰爭」的人。[188]

一份由列寧和托洛茨基簽署的、同意原來條件的無線電報發給了德國人。[189] 但德國人沒有答覆；霍夫曼少將繼續進軍。2月21日，德國軍隊開始介入芬蘭內戰——在那裏，十月政變分裂了帝俄軍隊的軍官。(德國軍隊幫助卡爾・古斯塔夫・曼納海姆將軍〔Carl Gustav Mannerheim〕領導的芬蘭民族主義分子打敗了赤衛隊，推翻了布爾什維克支持的芬蘭社會主義工人共和國。)[190] 當初沒有立即接受德國人的條件，現在看來就像是一場豪賭。除了烏克蘭和南方哥薩克人的地盤（450萬人）之外，「蘇維埃政權」似乎到處都沉浸在勝利的喜悅中，但柏林方面的沉寂，讓1918年2月18日，即德軍在東線重新發動進攻的那一天，似乎會成為社會主義革命的轉折點。[191] 後來證明，當時每個人都覺得這是戰爭中最糟糕的一幕。比以往任何時候都要絕望的列寧，讓托洛茨基試探一下協約國，試圖請求法帝國主義者挽救社會主義革命，使其免遭德帝國主義者的毒手。[192]「我們在把黨變成糞堆」，布哈林流着淚對托洛茨基大聲說道。[193]「包括列寧在內，」托洛茨基回憶說，「我們大家都認為德國人已經和協約國達成協議，要打垮蘇維埃。」[194] 要是那樣，托洛茨基和布哈林都難辭其咎。

最後，2月23日早晨，對於布爾什維克的投降，信使送來了德國人的答覆：德國採取的是最後通牒的形式，其條件比托洛茨基提出的不戰不和要苛刻許多。當天下午，中央委員會心情沉重地召開會議。斯維

257　爾德洛夫詳細講述了德國人的條件：除了裏海的石油以及芬蘭和愛沙尼亞的幾個具有戰略價值的波羅的海港口——這些地方都被德國控制了，蘇維埃俄國還必須承認德國佔領下的糧倉烏克蘭的獨立。另外，布爾什維克必須解除所有赤衛隊的武裝，讓海軍退役，並支付巨額賠款。換句話説，德國人在繼續往布爾什維主義大投賭注的同時，還在對其進行遏制和壓榨。布爾什維克必須在48小時內接受最後通牒，而這48小時已經在德國人遞送文件的過程中耗去大半。列寧説「這些條件必須接受」，否則他就辭職——他是以書面形式（在《真理報》上）發出上述威脅的。[195] 斯維爾德洛夫支持列寧。但托洛茨基和捷爾任斯基強烈主張拒不接受。布哈林也是。另外一個強硬的左派人物稱列寧是唬人的，説「沒有理由被列寧的辭職威脅嚇倒。沒有弗·伊〔列寧〕，我們也必須掌握政權」。就連布列斯特—里托夫斯克和談期間始終都是列寧最忠實盟友之一的斯大林，也開始躲躲閃閃。他建議説「不簽訂和約但開始和談，那是可行的」，還説「德國人是在誘使我們拒絕」。這本有可能成為一個取得突破的時刻，打破列寧的擅權，因為當時斯大林使天平發生了傾斜。但列寧反駁説「斯大林是錯誤的」，並重複了他始終堅持的主張，認為應該接受德國人的苛刻協定，以挽救蘇維埃政權。斯大林短暫的動搖結束了。這其中的原因部分在於托洛茨基改變立場，站到列寧一邊。托洛茨基指出，加米涅夫第一次去〔布列斯特—里托夫斯克〕的時候，條件是最好的，要是加米涅夫和越飛那時簽訂和約就好了。不管怎麼説，「現在情況十分清楚了」。由於四票棄權——關鍵是，這當中包括托洛茨基——列寧在斯維爾德洛夫和斯大林的支持下，在中央委員會的表決中以七比四勝出。[196]

　　塔夫利達宮那邊，蘇維埃中央執行委員會正在開會，與會的包括非布爾什維克黨人，比如左派社會革命黨人中一個比較大的派別，還有一些孟什維克。深夜時分，爭論再起，一直持續到2月24日早晨，而德國人的最後通牒在這天上午7時就要到期了。當列寧登上講台的時候，迎接他的是「賣國賊！」的嘲諷聲。「給我一支10萬人的軍隊，一支在敵人面前不會發抖的軍隊，我就不會簽訂和約，」他回應説，「你們能招募到一支軍隊嗎？」凌晨4時半，向德國人的協定屈服的決議以116票贊

成、85票反對、26票棄權獲得通過：投反對票的大部分是左派社會革命黨人。[197] 列寧急忙讓人用皇村的專用無線電發報機給德國人發去照會。[198] 無論是托洛茨基還是核心圈的其他人，都不願回到布列斯特—里托夫斯克簽訂屈辱的和約。這項任務落到了格里戈里·索柯里尼柯夫 (Grigory Sokolnikov) 頭上。證據顯示，他曾建議讓季諾維也夫去，後來自己又「自願」前往。[199] 布爾什維克代表團回到了布列斯特—里托夫斯克，但只能被迫等待，而德軍卻在1918年3月1至2日佔領了基輔，讓中央拉達政府重新上台，還替土耳其提出了新的要求，讓俄方在高加索的領土問題上作出更多的讓步。和約是在3月3日簽訂的。「現在你們得逞了，」拉狄克對霍夫曼少將憤怒地說道，「但最終協約國也會把一個布列斯特—里托夫斯克那樣的條約強加給你們。」[200] 拉狄克說對了：很大程度上正是因為布列斯特—里托夫斯克條約，協約國開始確信，對德意志帝國不能手軟，需要擊敗它，而不是用談判的方式實現和平。

　　托洛茨基聰明反被聰明誤，結果現在他辭去了外交人民委員的職務（列寧後來任命他為陸軍人民委員）。但以前那個不顧一切發動十月政變的列寧，現在卻因為委曲求和而飽受詬病。[201] 俄國被迫放棄了130萬平方英里*的領土——這些領土比兩個德國還大，是幾個世紀以來帝俄付出了很多人力物力，從瑞典、波蘭、奧斯曼帝國等手中搶來的。割讓領土讓俄國失去了四分之一的人口（約5,000萬人）、三分之一的工業以及超過三分之一的耕地。[202] 現在，德國在名義上控制了一個指向東方、從北冰洋一直延伸到黑海的巨大的楔子。同樣引人注意的是，德意志帝國和奧匈帝國的臣民獲得了不執行布爾什維克國有化法令的豁免權——這意味着他們可以擁有私人財產並在蘇俄境內從事商業活動——而且財產被沙皇政府沒收的德國國民現在會得到賠償。布爾什維克必須將其陸海軍復員，並停止國際宣傳（德國人認為布爾什維克的宣傳要比俄國的軍隊危險得多）。[203] 在俄國歷史上從來沒有哪個政府拱手讓出那麼多的領土和主權。

---

* 編註：約337萬平方公里。

大難臨頭的氣氛籠罩着彼得格勒。一年前的1917年3月2日，尼古拉二世的退位讓人忘乎所以，當時沙皇問過兩位杜馬代表一個尖銳的問題：「不會有甚麼後果吧？」僅僅五個月前，1917年10月27日，孟什維克國際派的鮑里斯‧阿維洛夫在布爾什維克政變期間的蘇維埃第二次代表大會上曾經站出來預言說，清一色的布爾什維克政府既不能解決糧食供應危機也不能結束戰爭，協約國不會承認一個由布爾什維克壟斷的政府，而且布爾什維克會被迫接受德國單獨的、苛刻的和約。這一天到了。雪上加霜的是，俄國的戰時盟友現在開始實行事實上的經濟封鎖，並很快會扣押俄國的海外資產。[204]

列寧的黨出現了分裂，人心惶惶。[205]1918年3月5至8日，黨的第七次 (緊急) 代表大會在塔夫利達宮召開，出席大會的代表只有46人 (在1917年夏天召開的上一次黨的代表大會有近200名代表)。自詡為「左派共產主義者」的代表反對布列斯特─里托夫斯克條約，而他們在1917年的暴動中曾是列寧最堅強的後盾。布哈林和其他左派布爾什維克甚至創辦了一份新雜誌，叫做《共產主義者》，這明擺着是為了公開抨擊那份「下流的」和約。他們還在代表大會上發言，敦促對德意志帝國發動「革命戰爭」。列寧完成了黨的更名，從「俄國社會民主工黨 (布爾什維克)」變成「俄國共產黨 (布爾什維克)」，同時，他懇求黨接受布列斯特─里托夫斯克條約。激烈的爭吵持續了三天。列寧指出，他的反對者因為拒絕接受德國人起初提出的比較有利的條件而引發了這場災難。他在表決中以30票贊成、12票反對、4票棄權 (這其中仍然有托洛茨基) 而獲勝。[206]然而此次表決在許多方面只是確認了領袖的權威：列寧堅持簽訂和約，但他已不再相信布列斯特─里托夫斯克條約中的讓步能夠阻止德國人向彼得格勒推進。2月24日，即列寧打電報接受德國人條件的那天，霍夫曼少將佔領了普斯科夫。普斯科夫在俄國首都西南150英里*處，而且在直達首都的鐵路線上。2月26日，列寧批准了一項秘密命令，放棄俄國革命的首都。這真是太諷刺了。1917年10月初，克倫斯基的臨時政府為了安全起見，決定從彼得格勒遷往莫斯科，結果斯

---

*   編註：約241公里。

大林主編的布爾什維克報紙《工人之路報》指責克倫斯基賣國，把首都交給德國人。[207] 當時克倫斯基放棄了自己的想法。[208] 可現在，又一次像列寧的批評者早就預言的那樣，他不僅把一切都交給了德國人，還準備放棄俄國首都。

逃跑然後穩住陣腳

　　布爾什維克的疏散準備是瞞不住的，因為報紙頭版上的相關傳言已經說了很長時間。1918年2月底，美國和日本的外交使團為了安全起見已經遷往沃洛格達，而法國人和英國人則試圖轉道芬蘭和瑞典全部撤離俄國，結果只有英國人成功了，法國人最後也留在了沃洛格達（斯大林在那裏流放過）。為了確保列寧的安全，弗拉基米爾·邦契—布魯耶維奇（Vladimir Bonch-Bruevich），設在斯莫爾尼宮一個房間裏的政府「情報部門」的主席，施展了一些計謀：將蓋有「人民委員會」字樣的貨物在客運中心很顯眼的地方裝車，同時在黑夜的掩護下，從彼得格勒城南一座廢棄的車站偷偷調來一輛從前的皇家專列。邦契—布魯耶維奇派了兩隊互不相識的特工（保安處的作風），對這條不再使用的支線進行監視，在附近的「茶」室偷聽，並散佈消息說，正在給派往前線的醫生準備一趟列車。有些車廂裝載了燃料木材、打字機和電話；為了裝載汽車而增加了幾節平板車。邦契—布魯耶維奇還用兩節車廂裝滿了布爾什維克黨的文獻（不包括他自己的私人藏書）。[209] 3月10日星期天的晚上，這趟秘密列車關閉燈光，搭載列寧、他的妹妹和妻子、詩人葉菲姆·普里德沃羅夫（Yefim Pridvorov，又名傑米楊·別德內〔Demyan Bedny〕）、斯維爾德洛夫、斯大林、帶着一隻手提箱的契卡首腦捷爾任斯基以及一隊衞兵離開了。另外兩趟列車，裏面乘坐的是蘇維埃中央執行委員會的委員們（他們中許多都不是布爾什維克），在後面遠遠地跟着，不知道自己前方是甚麼。讓人着急的是，在彼得格勒東南75英里*處，列寧的列車因為與一趟載有復員士兵的列車不期而遇而受到延

260

---

*　編註：約121公里。

誤。直到列寧的列車離莫斯科不到三站的時候，邦契—布魯耶維奇才通知了莫斯科蘇維埃。3月11日晚上8時，列車到達莫斯科。列寧受到一小群「工人」的迎接。他向莫斯科蘇維埃發表了講話，然後在金色的國家大飯店安頓下來，隨行的一隊報務員也住在那裏。[210]

這趟最重要的列車運來的是，直到1918年3月為止的「國家」：列寧本人、幾個忠實的助手、布爾什維克觀念和傳播這些觀念的工具，還有武裝衞兵。

這支武裝衞兵特別不同尋常。1918年1月中旬，在布列斯特—里托夫斯克和談期間——當時德國人正在暢通無阻地向東進軍——曾經發佈過一個緊急號召，要「從工人階級中有階級覺悟的和最優秀的分子中間」組建一支國防力量，但號召沒有甚麼效果。[211] 列車上把革命護送到新首都莫斯科的，是沙皇陸軍中的拉脫維亞步兵。世界大戰前，俄羅斯帝國陸軍拒絕明確支持民族部隊；直到1914至1915年，當局才允許成立捷克斯洛伐克人、塞爾維亞—克羅地亞人以及波蘭人的自願「軍團」，它們是由戰俘組成的，那些戰俘想要重返戰場，幫助解放哈布斯堡王朝統治下的同胞。芬蘭人沒有得到這樣的許可，但是在1915年8月，俄國允許成立了兩個由清一色志願人員組成的拉脫維亞旅，以便利用他們對德國的仇恨。到1916至1917年，兩個拉脫維亞旅已經擴大到大約18,000人，八個團（最終是十個團），每個團都用一個拉脫維亞城市來命名，但這裏面也有匈牙利人、芬蘭人等等。在1916至1917年的冬季作戰中遭遇了嚴重傷亡後，他們轉而反對沙皇制度。他們大多是無地的農民或小佃農，因而積極擁護社會民主黨。到1917年，他們的祖國脫離俄國，並被德國佔領了。不過，他們威信很高的指揮員約阿基姆·瓦采季斯上校（Jukums Vācietis，生於1873年）——他出身於沙皇統治下的庫爾蘭一個無地的農民家庭，在八個孩子中排行老六，他的俄語老師在學生時代就是一個激進的民粹主義分子——決定，把士兵帶到布爾什維克一邊。[212] 列寧列車上的拉脫維亞警衞們，在布爾什維主義和「被拋到九霄雲外」之間，是唯一一支受過訓練、用途廣泛的力量。

其他幾趟開往莫斯科的列車運來了很多急需的東西：海軍參謀人員帶來了檔案、地圖、辦公設備、家具、窗簾、地毯、鏡子、煙灰缸、火

爐、廚房用具、盤子、燒茶壺、毛巾、毯子和聖像，可以數得出來的共有1,806件。[213] 外交人民委員部的一趟列車運來的是從帝國保險庫中拿來的「金質的高腳酒杯和鍍金的湯匙、餐刀之類的東西」。[214] 但是在莫斯科會怎麼樣，還要再看一看。「資產階級圈子幸災樂禍，覺得造化弄人，我們正在實現斯拉夫主義者永恆的夢想——還都莫斯科，」季諾維也夫說道，「我們深信，遷都不是長久之計，不得不遷都的那種困難局面是會過去的。」[215] 莫斯科人民委員會根本沒抱僥倖心理，他們在彼得格勒政府到達的當天，迅速宣佈自己「獨立」。列寧任命了一個由他本人、斯大林以及斯維爾德洛夫組成的委員會，以壓制那個並立的所謂「莫斯科沙皇國」的氣焰。[216]

　　與此同時，所有人都加入了搶房大戰。莫斯科就像一個雜草叢生的村子，崎嶇不平的鵝卵石街道又窄又髒，根本無法和彼得格勒巴洛克風格、又直又寬的大街相比，而且莫斯科沒有現成的可供行政部門使用的大型建築。[217] 莫斯科蘇維埃中央執行委員會佔用了總督官邸；留下莫斯科蘇維埃自己去爭奪曾經豪華而現已破敗的德累斯頓大飯店（在總督官邸的街對面）。有些蘇維埃中央執委會委員搬進了國家大飯店（它被更名為「蘇維埃1號樓」），但是更多的人最後住進了莫斯科主幹道特維爾大街上的柳克斯飯店。[218] 國家行政部門的駐地大多比較分散：為了消除工業領域中的無政府工團主義（anarcho-syndicalism）* 傾向而新成立的最高國民經濟委員會，要了80幢建築，而這些建築原先幾乎都不是準備用來辦公的。[219] 陸軍人民委員部佔用了並不豪華的紅色艦隊飯店，也在特維爾大街，另外還佔用了亞歷山大軍事學校、紅場上的商業街，以及莫斯科基泰格羅德那些最好的地方——基泰哥羅德是克里姆林宮附近的一個帶有圍牆的商業區。工會理事會在莫斯科河外側的岸邊得到了一幢18世紀的新古典主義風格的育嬰堂，還在莫斯科從前的貴族俱樂部得到了一些豪華的接待場地。契卡將大盧比揚卡街上的雅科爾（鐵錨）公司和勞埃德俄國分公司這兩家私人保險公司的財產據為己

262

---

* 編註：無政府主義的分支，關注勞工運動，主張以工人民主自治的新社會來取代資本主義和國家。

有。[220] 可以想見，這種搶奪絲毫不會顧及臉面：當莫斯科黨組織委員會的委員們去佔領一個通過互換而得來的設施時，他們發現，廚房設備和電話線已被人從牆裏拆走，燈泡也不見了。

莫斯科最豪華的大都會飯店是新藝術運動的傑作，原先是打算做歌劇院的。這幢建築是由鐵路實業家兼藝術贊助人薩瓦‧馬蒙托夫 (Savva Mamontov, 1841–1918) 委託建造的，在他以欺詐罪進了監獄之後，項目作了變更，於是就有了這家1905年開張的飯店。戰爭讓飯店幾乎面目全非。革命後，它被收歸國有，更名為「蘇維埃2號樓」，250個房間擠滿了新政權的新貴。門口有衛兵把守，開始實行通行證制度；裏面到處是臭蟲和首長，還有他們的親朋好友和情婦。埃夫拉伊姆‧斯克良斯基 (Yefraim Sklyansky)，托洛茨基在陸軍人民委員部的第一助手，在不同樓層為自己那幫人強佔了幾處住所。布哈林住在這裏，他未來的情人、當時還是孩子的安娜‧拉莉娜 (Anna Larina) 也住在這裏（他們相遇時她4歲，而他29歲）。外交人民委員格奧爾吉‧契切林 (Georgy Chicherin) 和外交人民委員部的不少工作人員安頓得特別好；許多人在這裏還有辦公室。貿易人民委員部得了間兩室小套房，配有浴缸。雅科夫‧斯維爾德洛夫把蘇維埃中央執行委員會的接待處安排在樓上，而該機構的正式會議則在廢棄的宴會廳舉行。在因為缺少燃料而變得黑暗、寒冷的首都，這家曾經的豪華飯店成了一個又髒又破的地方。走廊裏的豪華地毯上，有小孩的便溺和成人的煙頭。廁所和浴缸尤其讓人噁心。住在裏面的精英們會為了國家不定期發放的食物包裹 (*payok*) 而激烈地扭打。包裹裏面可能還有衣服，甚至是令人垂涎的大衣。同時，這個設在「蘇維埃2號樓」裏的「政府」，只要是能拿得動的東西都有人偷。[221] 它遲遲沒能成為歌劇院。

權力中心也在其餘的地方建了起來。為了把人民委員會安頓下來，可供選擇的有城裏中世紀的建築「紅門」附近一家供貴族婦女住宿的飯店，或者是中世紀的克里姆林宮，但當時人們沒怎麼考慮克里姆林宮，這一方面是因為年久失修，另一方面是因為其政治影響——俯瞰紅場的救世主塔樓上的大鐘，報時的旋律依舊是《上帝保佑沙皇》。[222] 不管克里姆林宮和古莫斯科沙皇國有着怎樣的聯繫，或者是如何年久失

修，它有高牆，有可以鎖上的大門，因而是最適合做權力中心的地方。在國家大飯店住了一個星期後，列寧把指揮部搬進了克里姆林宮一處精美的建築：葉卡捷琳娜大帝吩咐為她在莫斯科期間建造一處住所，結果就有了為帝國參政院（俄羅斯帝國的最高司法機構）建造的這幢新古典主義風格的建築，它的幾間寬敞、豪華的辦公室後來留出來做了法庭。想要成為律師但未能如願的列寧，把辦公室設在上面那層（三樓）從前的檢察總長的套房裏。[223] 緊挨着克里姆林宮門外的練馬場成了政府的車庫，儘管大部分官員乘坐的都是從平民那裏徵用的雪橇和四輪馬車。[224] 斯維爾德洛夫的門徒、斯莫爾尼宮衞戍司令帕維爾‧馬爾科夫成了克里姆林宮新的衞戍司令，他開始把修士修女們清理出救世主門內的男女修道院。馬爾科夫還佈置了列寧的辦公室，找了裁縫給政要提供衣服，開始儲存食物。[225] 在克里姆林宮騎兵大樓從前騎兵司令住的地方（現在分隔開了），列寧得到了一個帶有兩間房的套房作為住所。托洛茨基和斯維爾德洛夫也搬進了騎兵大樓。「列寧和我就住在對門，共用一個餐廳，」托洛茨基後來寫道，並吹噓說，「列寧和我在走廊裏一天要碰面幾十次，還互相串門，商量事情。」（突然間，他們可以吃到很多當時已停止出口的紅魚子醬。）[226] 到1918年底，又有大約1,800人（包括家屬）住進了克里姆林宮。

斯大林也加入了空間爭奪戰。他打算給民族事務人民委員部佔下西伯利亞大飯店，但最高國民經濟委員會已捷足先登。（「這是極少數斯大林吃虧的情況之一」，佩斯特科夫斯基溫和地說。）[227] 結果，斯大林得到了幾幢私人的單門獨院的小房子，那是契卡搬到保險公司大樓後留下的。與此同時，就在遷都前，2月底或3月初，他似乎同16歲的娜捷施達‧「娜佳」‧阿利盧耶娃（Nadezhda "Nadya" Alliluyeva）結了婚，阿利盧耶娃的父親、熟練工人謝爾蓋‧阿利盧耶夫革命前在梯弗利斯和聖彼得堡曾經長期為斯大林提供避難的地方。[228] 她還是個孩子，而且特別真誠。（「在彼得格勒真的很餓，」在快嫁給斯大林之前，她寫信給另一個布爾什維克的妻子說，「他們每天只發八分之一磅的麵包，有一天甚麼也沒發。我甚至詛咒過布爾什維克。」）[229] 她的親戚們注意到，夫妻倆在婚姻最初的「蜜月」階段就開始吵架了。[230] 斯大林給她寫信用的是昵稱（「ty」），

而她用的是正式稱呼（「*vy*」）。* 他讓她在部裏做自己的秘書（第二年，她調到列寧的秘書處並且入了黨）。[231] 由於某種原因，夫妻倆在克里姆林宮沒有和列寧、托洛茨基以及斯維爾德洛夫一起住在騎兵大樓，而是住在為莫斯科大克里姆林宮提供服務的一座不太起眼的三層輔樓裏。他們的房間是在二樓僕人住的地方，在所謂的「小姐走廊」，有三扇不透光的窗子，新地址是共產主義大街2號。[232] 斯大林向列寧反映公用廚房和外面汽車的噪聲太大，要求在晚上11時過後，禁止克里姆林宮的汽車駛過拱門，因為從拱門開始就是生活區（這或許表明，斯大林當時還不像後來那樣患有失眠症）。[233] 同列寧和斯維爾德洛夫一樣，斯大林在帝國參政院大樓也有一間政府辦公室，但這位格魯吉亞人很少過去。

最嚴峻的日子：1918年春天

當布列斯特—里托夫斯克條約在名義上結束了東線的戰爭狀態的十天以後，德軍佔領了遙遠的黑海岸邊的敖德薩。從次日即3月14日開始，全俄蘇維埃第四次代表大會在莫斯科召開，目的是正式批准這一和約。此前在一片「猶大……德國奸細！」的吵嚷聲中，蘇維埃中央執行委員會已經通過表決，建議批准和約——表決只不過是斯維爾德洛夫操縱的結果，即使這樣，也只是勉強通過（投棄權票和反對票的佔多數）。[234] 在代表大會上，和約能不能得到批准也令人擔憂。「假如兩個朋友夜間在一起走路，突然遭到十個人的襲擊，」列寧試圖同代表們講道理，「如果其中一個人被壞蛋們攔住了，另外一個人怎麼辦呢？他不能去援救；如果他跑掉，能說他是叛徒嗎？」[235]† 臨陣脫逃，這根本不能説服人。不過，在有表決權的1,232名代表中——其中布爾什維克795名，左派社會革命黨人283名——有784人投票贊成批准和約，261人反對，剩下的大約175人投了棄權票或沒有投票。[236]「左派共產主義者」

---

* 編註：「ty」和「vy」均為俄語中的第二人稱代詞，前者用於指代家人和好友，後者則是正式稱呼。

† 譯註：《列寧全集》第34卷，第98頁。

投了棄權票。但布爾什維克的初級合夥人、左派社會革命黨人都投了
反對票，宣佈自己的黨「不受和約中條款的約束」並且退出了人民委員
會（兩個月前，他們剛剛參加人民委員會）。列寧在投票前甚至沒敢透
露和約的全部內容。「要求我們批准和約，可我們有些人連和約文本都
沒有看到，至少無論是我還是我的同志都沒有看到，」孟什維克領導人
尤利·馬爾托夫指責説，「你們知道你們簽訂的是甚麼嗎？我說的不是
……秘密外交！」[237] 有些重要的情況馬爾托夫還不知道：列寧瞞着蘇維
埃代表大會的代表，授權托洛茨基與駐俄國的美、英、法代表們密商，
想要得到協約國的保證，支持抗擊德國人，為此，列寧已經答應，想辦
法不讓布列斯特—里托夫斯克條約獲得通過。

　　仍然把列寧和托洛茨基看作德國奸細的協約國政府沒有理睬這一建
議。[238] 但英國海軍的一個中隊，一支象徵性的力量，已於3月9日在俄
國西北（北冰洋）海岸的港口摩爾曼斯克登陸，目的很明確，就是要反
擊威脅到俄國摩爾曼斯克鐵路和軍用倉庫的德國以及芬蘭的軍隊。從
更廣的角度來說，英國人和法國人想在東線重燃戰火，不讓德國把東線
部隊調往西線。隨着同盟國開始佔領並榨取烏克蘭的資源，這一願望
變得非常強烈。換言之，英國人的干涉一開始不是為了推翻布爾什維
主義，而是為了削弱同盟國剛剛獲得的軍事優勢。[239] 但起初在很大程
度上是為了不讓德國人奪取俄國的軍用倉庫而採取的先發制人的行動，
隨着時間的推移，變成了一場投入不足的戰役，以對抗想像中的共產主
義對英屬印度的威脅。[240]

　　就列寧和托洛茨基而言，他們起初是歡迎協約國軍隊在俄國登陸以
抗衡德國的。在1918年4月2日的人民委員會會議上，由於德國人即將
佔領哈爾科夫，斯大林建議改變政策，同烏克蘭中央拉達建立反德軍
事同盟——兩個月前，布爾什維克剛剛推翻了烏克蘭中央拉達，一個月
前，德國又將其恢復。[241] 托洛茨基突然改變立場與協約國代表談判，
斯大林的建議是對此的補充。托洛茨基的談判除了想讓協約國幫助培
訓鐵路操作人員和提供設備外，還想讓他們幫助組織和訓練剛成立的紅
軍。三天後，日軍以「保護」日本國民為由，在符拉迪沃斯托克登陸。
列寧和托洛茨基強烈反對——這是不請自來的武裝干涉。

急於打破英日同盟的德國一度慫恿日本干涉俄國。日軍登陸帶來了一種可能性：基於共同利益，從東西兩翼包圍並佔領俄國，進而使俄國處於殖民依附的地位。儘管其階級分類有種種迷霧，列寧十分清楚德日有可能結盟，就像他明白英德之間以及美日之間的國家利益不可調和一樣。[242] 但列寧竭力勸說英國和法國——遙遠的美國就更不用說了——同共產主義俄國結盟，以對付德國和日本。1917年的分裂沒有讓蘇俄的戰略地位與帝俄的戰略地位有甚麼不同。但過去和現在的重大區別在於，帝俄的部分領土已經分離出去，而且會被敵對國家用來對付俄國。

斯大林此時正在忙於處理這些失地所帶來的問題。1918年3月19日，他寫信給高加索的布爾什維克，敦促他們加強巴庫的防禦。一週後，他在《真理報》上發表文章，指責非布爾什維克的左翼分子（〈戴着社會主義假面具的南高加索反革命分子〉）。[243]* 3月30日，斯大林通過休斯電報機對塔什干蘇維埃負責人談到突厥斯坦的形勢發展。4月3至4日，《真理報》刊登了對他的採訪，談到他正在制訂的憲法草案，該草案計劃採取聯邦制結構並將蘇維埃俄國更名為「俄羅斯蘇維埃聯邦社會主義共和國」（Russian Soviet Federated Socialist Republic, RSFSR）。[244]† 4月9日，斯大林給喀山、烏法、奧倫堡以及塔什干的蘇維埃發了一封電報，電報刊登在《真理報》上，指出自決原則已經「失去了革命意義」，因此可以撤銷了。4月29日，人民委員會任命斯大林為俄羅斯社會主義聯邦蘇維埃共和國全權代表，與烏克蘭中央拉達談判簽訂和約。同一天，德國人在東部又臨時變卦，背叛條約夥伴烏克蘭中央拉達，扶持了一個由帕夫洛‧斯科羅帕茨基將軍領導的烏克蘭傀儡政權，並特意用了一個古老的名字「蓋特曼」。但斯科羅帕茨基的暴政，以及奧地利和德國的佔領，激起了農民的暴動和多方的混戰。[245]「當德國軍隊進入烏克蘭時，他們發現一切都亂了套，」一名德國官員報告說，「相鄰的村

---

* 譯註：《斯大林全集》第4集，第47–62頁。

† 譯註：《列寧全集》中文版譯為「俄羅斯社會主義聯邦蘇維埃共和國」，《斯大林全集》中文版譯為「俄羅斯蘇維埃聯邦社會主義共和國」，在本書中，除直接引用《斯大林全集》中文版內容外，一律採用《列寧全集》中文版譯名。

子，外面挖了壕溝，為了爭奪從前地主的土地而互相攻打，碰到這樣的事情一點都不稀奇。」[246] 牽制了近50萬佔領軍的承諾中的糧食儲備沒有兌現。

斯大林在烏克蘭組織的支持布爾什維克的行動幹得也不成功，但是，表明他變得越來越突出而且重要的一個信號——同時也表明尤利·馬爾托夫放棄針對列寧——就是馬爾托夫舊事重提，指責斯大林是轟動一時的1907年梯弗利斯郵車大劫案和1908年輪船搶劫案的同謀。馬爾托夫在孟什維克刊物上撰文指出，斯大林「曾經因為和剝奪行動有牽連而被黨組織開除」。[247] 斯大林向革命特別法庭控告馬爾托夫誹謗，並在4月1日的《真理報》上否認那些罪名，說「我斯大林從來沒有被傳喚到任何黨組織的紀律委員會面前。特別是，我以前從來沒有被開除過」。他還以強烈的諷刺口吻說道：「除非手中握有證據，否則人們是沒有權利提出馬爾托夫提出的那些指控的。僅僅根據道聽途說就中傷別人是不誠實的。」[248] 4月5日，特別法庭在滿滿一屋子人面前開庭了。在要求把案件移交給有陪審團參加的民事法庭被拒絕之後，馬爾托夫繼續採取攻勢，請求給自己搜集證據的時間。因為當初為了保密，黨沒有留下文字記錄，但是有證人可以支持他的說法，所以他要從一些格魯吉亞的布爾什維克那裏搜集書面證詞，比如說伊西多爾·拉米施維里，他在1908年負責調查斯大林的案子：參與了1908年的輪船搶劫案並差點兒將一名知道斯大林底細的工人打死。斯大林反對，他說沒有足夠的時間等候證人。不過，法庭依然把起訴馬爾托夫的程序推遲了一週。據有些人的說法，孟什維克鮑里斯·尼古拉耶夫斯基前往高加索搜集證據，帶回了拉米施維里和席爾瓦·吉布拉澤等人的書面證詞。然而，一回到莫斯科，據說尼古拉耶夫斯基就發現，該案所有其他的記錄都不見了。斯維爾德洛夫和列寧——他欽佩馬爾托夫，儘管他們之間存在分歧——幫助了結了此次審查。[249] 1918年4月18日，特別法庭裁定馬爾托夫犯有誹謗罪，但只是對他進行了訓誡；這個月還沒有結束，裁決就被取消了。[250] 5月11日，在幕後督辦馬爾托夫案件的斯維爾德洛夫，倒是讓蘇維埃中央執行委員會批准關閉了那份孟什維克報紙，理由是總在刊登虛假信息。[251] 但斯大林做過強盜，這一點人們不會忘記。[252]

捷克斯洛伐克軍團的叛亂

　　阿列克謝耶夫將軍，尼古拉二世的前總參謀長和後來的最高總司令，在1917年2月之後組建過一個秘密的軍官網絡；在布爾什維克政變後，他把他們召集起來，成立了新切爾卡斯克頓河哥薩克中的「志願軍」。[253] 志願軍起初只有400至500名軍官。科爾尼洛夫也在其中，而他本人就有哥薩克背景。在從莫吉廖夫附近的監獄逃跑後，他喬裝打扮，穿着農民的破衣服，拿着偽造的羅馬尼亞護照跑到南方。[254] 61歲的阿列克謝耶夫患了癌症，便把軍事指揮權交給48歲的科爾尼洛夫，儘管兩人互不相容。從1918年2月中旬開始，由前沙皇軍官、哥薩克和士官生組成的科爾尼洛夫軍隊屢遭重創。為了尋找避難所，他率領幾千名志願軍冒着大雪，穿過荒涼的草原，朝東南的庫班方向進發，除了搶劫所得，幾乎沒有可以禦寒充饑的東西。被俘的志願軍的眼睛會被挖出來，而他們也以眼還眼。（「越是恐怖，越是要爭取勝利！」科爾尼洛夫勉勵說。）[255] 經過可怕的「冰雪行軍」——八天走了700英里*——疲憊不堪的倖存者終於到達庫班的首府葉卡捷琳諾達爾附近，結果發現，佔據這裏的不是哥薩克，而是具有數量優勢的紅軍。一名將軍（卡列金）已經開槍自殺。1918年4月12日，科爾尼洛夫也被打死了，當時，一發炮彈擊中了他設在農舍的司令部，他被埋在坍塌的天花板下面。「一團白灰騰了起來」，一名參謀在回憶時提到科爾尼洛夫的房間；當他們把將軍的身子翻過來，看到彈片扎進了他的太陽穴。[256] 白軍很快就逃走了，擁護布爾什維克的部隊把他的殘屍挖出來，拖到葉卡捷琳諾達爾的大廣場，放在垃圾堆上燒掉了。[257]「可以有把握地說，」列寧興奮地誇口說，「內戰基本上已經結束。」[258]† 實際上，俄國內戰才剛剛開始。

　　科爾尼洛夫並不是當月死去的唯一值得關注的人物：加夫里洛·普林西普在哈布斯堡的泰雷津要塞監獄（未來納粹的特雷津施塔得）去

---

*　　編註：約1,127公里。
†　　譯註：《列寧全集》第34卷，第218頁。

世了，他因為在薩拉熱窩刺殺了奧地利皇儲而要在那裏服刑20年。營養不良、疾病和胳膊截肢所引起的失血，讓23歲的結核病人普林西普變得虛弱不堪，死時體重只有88磅*。七百歲的哈布斯堡帝國只比他多活了幾個月。[259]

　　至於俄國內戰，它是在人們完全沒有料到的地方突然發生的。俄國在世界大戰中俘獲了大約200萬同盟國的囚徒，大部分是奧匈帝國的臣民。[260]世界大戰後期，由於預估到要是協約國獲勝，就會有一個新的祖國——捷克斯洛伐克，大約4萬名戰俘和逃兵組建了捷克斯洛伐克軍團，為沙皇服役並參加了克倫斯基1917年的六月攻勢。1917年12月，他們被交給法國人指揮。[261]托洛茨基打算利用這些士兵（他們傾向於社會民主黨）作為新建紅軍的核心，但巴黎方面堅持將軍團士兵運往西線的法國。[262]俄國西部最近的港口阿爾漢格爾斯克（位於彼得格勒以北750英里†處）3月份還處於冰封狀態，因此，要將這支武裝部隊經西伯利亞送到符拉迪沃斯托克，再從那裏乘船前往法國。[263]但是德國按照布列斯特—里托夫斯克條約的規定，要求布爾什維克阻止並解除捷克斯洛伐克軍團的武裝。捷克斯洛伐克軍團還沒有趕到西西伯利亞的鄂木斯克的時候，協約國方面又要它掉頭前往西北的摩爾曼斯克和阿爾漢格爾斯克，趕走在那附近的德國人。同時，日本人突然變卦，拒絕用船把軍團士兵從符拉迪沃斯托克運往西線，這樣既可以幫德國人一把，又可以把西伯利亞留給自己。軍團士兵只想同奧地利人以及德國人作戰，對於如此的反覆勢必十分警惕。在充滿懷疑的氣氛中，1918年5月14日，在（烏拉爾東部的）車里雅賓斯克，當一趟載有奧匈帝國的匈牙利戰俘的俄國列車停靠在捷克斯洛伐克軍團乘坐的列車旁邊時，騷亂爆發了。謾罵聲不斷。一名匈牙利人扔出金屬物件，砸傷了一名捷克人；捷克人襲擊了那趟列車，吊死了扔東西的那個匈牙利人。車里雅賓斯克的蘇維埃在調查時拘留了幾名捷克人和斯洛伐克人。5月25日，托洛茨基打電報說：「要把所有在鐵路上發現的武裝的捷克斯洛伐

---

* 　編註：約40公斤。

† 　編註：約1,207公里。

克人都就地槍決。」[264] 這項愚蠢的命令永遠也不會執行。但是，捷克斯洛伐克軍團因為懷疑布爾什維克想把他們交給德國人，便佔領了車里雅賓斯克，然後又接連佔領了奔薩 (5 月 29 日)、鄂木斯克 (6 月 7 日)、薩馬拉 (6 月 8 日)、烏法 (7 月 5 日)、辛比爾斯克 (7 月 22 日) 等，直到控制了整個跨西伯利亞大鐵路以及伏爾加河流域的大部分地區，面積在從前俄羅斯帝國的三分之二以上。[265] 他們征服的領土比世界大戰中的任何一方都多。[266]

捷克斯洛伐克軍團原本並沒有想同布爾什維克開戰或者推翻他們，但他們帶有自衞性質的佔領造成了權力真空，從 1918 年 5 月到 6 月，整個伏爾加河地區和西伯利亞有十幾個反布爾什維克團體宣示自己的存在。[267] 在德國已經佔領和尚未佔領的沙俄土地上，也紛紛成立政府，這其中包括高加索，英國人派了一支遠征軍在那裏的油田附近登陸。德國人佔據了烏克蘭，捷克斯洛伐克人佔據了西西伯利亞，哥薩克佔據了頓河流域，志願軍佔據了庫班，在這樣的形勢下，布爾什維克所在的俄國中心地區的糧食已經吃完，而秋收還早着呢。5 月 29 日，人民委員會任命斯大林為特命南俄全權代表，任務是為正在挨餓的兩個首都莫斯科和彼得格勒籌措糧食。「他裝備了一整列火車，」佩斯特科夫斯基回憶說，「他帶了休斯電報機、飛機、小額現金、武裝小分隊和一些專家。我陪他去了車站。他的情緒很高，對勝利充滿信心。」[268] 6 月 6 日，斯大林抵達伏爾加河畔的察里津。如果反布爾什維克武裝佔領了察里津，那他們就可以切斷所有的糧食供應，並建立起從烏克蘭到烏拉爾和西伯利亞的聯合戰線。[269] 這項任務牽涉甚廣，大大超出與各個非俄羅斯民族打交道的職能，而斯大林在布爾什維克政權中扮演的角色也勢必會發生改變。但與此同時，由於捷克斯洛伐克軍團的叛亂，布爾什維克當時又沒有真正的軍隊，這個政權能不能生存下去，似乎越來越成問題了。

並非政變

列強當中只有德國承認布爾什維克政權，並且在莫斯科的一處豪華私人宅邸設有事實上的大使館。那處宅邸在阿爾巴特街附近一條僻靜

的巷子裏，從前屬於一位德國糖業巨頭。1918年4月23日，47歲的威廉·米爾巴赫伯爵 (Wilhelm Mirbach，生於1871年) 帶着確保俄國不與協約國恢復友好關係的使命，作為大使回到莫斯科——沙皇時期，他曾在大使館工作，後來又在彼得格勒為交換戰俘的問題同布爾什維克談判。米爾巴赫一直報告稱，布爾什維克政權「不會長久」，只要派德軍借道愛沙尼亞施加「一點點軍事壓力」，就可以將其推翻。這位伯爵公然向君主派集團獻媚，認為他們可以取代布爾什維克，而且他的行為舉止就好像莫斯科已經在德國的佔領之下。[270] 大部分布爾什維克以同樣的方式作出了回應。「德國大使來了，」《真理報》寫道，「不是作為友好民族勞苦階級的代表，而是作為一幫軍人的全權代表，他們極端傲慢，到處殺戮、強姦和搶掠。」[271] 5月1日國際勞動節，德軍推進到克里米亞的塞瓦斯托波爾海軍基地，那裏是黑海艦隊的司令部。5月8日，德國人佔領了頓河盆地的羅斯托夫，在那裏，他們支持逐漸聚集起來的反布爾什維克武裝。擁護布爾什維克的武裝不得不撤離，他們設法將沒收的金幣、珠寶以及其他貴重物品運往莫斯科，一共裝了三個木箱、一個金屬匣子和六隻皮口袋。[272] 兩天後，在一次只有數人參加的中央委員會會議上，格里戈里·索柯里尼柯夫，布列斯特—里托夫斯克條約的簽字人，認為德國在布列斯特和約簽訂後發動進攻違反了和約，因而強烈建議與英法重建正式的同盟關係。[273]

　　除了波蘭，德國還佔領了從前沙皇政權的17個省。流言四起，說布列斯特—里托夫斯克條約存在秘密條款，說德國人對蘇維埃政府的政策橫加干涉，報紙還警告說德國人即將佔領莫斯科和彼得格勒。實際上，德國指揮部當時的確認為，集中力量向這兩個首都突然發起進攻是可行的。然而就在此時，1918年5月中旬，當德國人距離彼得格勒不到100英里*（在納爾瓦）、距離莫斯科不到300英里†（在莫吉廖夫）的時候，他們停了下來。[274] 甚麼原因？列寧對柏林持續的綏靖起了作用。同樣重要的是，德國的統治集團認為入侵是多餘的：布爾什維主義看來

----

*　編註：約161公里。
†　編註：約483公里。

是氣數已盡。5月16日在克里姆林宮受到列寧接見的米爾巴赫在當天向柏林報告説，那位布爾什維克領袖「一直保持着無窮的樂觀精神」，但是，米爾巴赫接着又説，列寧「也承認，他的政權雖然完好無損，可敵人的數量增加了……他的自信首先是基於這樣的事實，即只有執政黨掌握了有組織的權力，而其他〔政黨〕只是在拒絕現政權這方面達成了一致」。在米爾巴赫5月16日關於列寧困境的報告上，德皇威廉二世寫道：「他完了。」[275]

272 　　在這種背景下，雅科夫‧斯維爾德洛夫試圖推動共產黨的復興──它似乎正在衰退。1918年5月18日，他發佈了一項決議，強烈主張「應當在某種程度上把我們的工作重心轉移到黨的建設上來」，並明確要求「所有黨員，不管其工作和職務如何，都要直接參加到黨組織中，並且不應背離相應的中心黨組織下達的黨的指示」。[276] 然而服從中心黨組織仍然很難做到。與此同時，列寧的策略是，讓柏林方面注意分析成本與收益。「如果德國商人明白了靠戰爭從我們這裏甚麼也得不到（因為我們會把一切都燒掉），而且通過經濟往來得到了好處，那麼您的政策將會繼續取得成績。」1918年6月2日，他吩咐即將被派往柏林的新任蘇俄使節阿道夫‧越飛説，「我們可以給德國人提供些原料。」[277]* 但是對於已經把烏克蘭這個糧倉納入囊中的德國政府來説，大獎依然是巴黎。德國駐莫斯科大使6月4日警告柏林説，布爾什維克有可能撕毀布列斯特─里托夫斯克條約（「這些人的行動絕對不可預測，尤其是在絕望的時候」），然而這位大使傳遞的主要信息是，布爾什維主義已經奄奄一息（「饑荒正在向我們襲來……燃料儲備越來越少……布爾什維克非常不安，很可能是感覺到他們的末日快到了，所以老鼠們開始逃離這艘正在下沉的船隻……他們也許是想逃到下諾夫哥羅德或葉卡捷琳堡……」）。[278] 德國外交人員此時正在同沙皇政權和臨時政府中一些過氣的政治人物接觸，商量復辟事宜。[279] 6月25日，在給柏林的另外一份報告中，米爾巴赫再次預言布爾什維主義即將覆滅。[280]

---

* 　譯註：《列寧全集》第48卷，第170頁。

與此同時，布爾什維克在柏林的做法同米爾巴赫在莫斯科的專橫跋扈如出一轍。因為有了布列斯特─里托夫斯克條約，錘子和鐮刀的旗幟飄揚在菩提樹下大街7號，即從前沙皇政府的大使館。越飛這個富商的兒子，是個狂熱的「左派共產主義者」，拒絕向德皇遞交國書。他在大使館內宴請斯巴達克同盟*和德國其他的左翼分子，並給德國社會民主黨輸送金錢，公然打算推翻德意志帝國政權。蘇俄大使館集中了幾百名工作人員，包括一些被列為隨員的鼓動者，他們分頭參加德國社會主義組織的會議。越飛還散發武器，而那些武器往往是通過外交郵袋弄進來的。[281]6月28日，魯登道夫將軍再次敦促把布爾什維克趕出俄國，那樣德國就可以扶植傀儡政權。但這根本沒有考慮到，德國人即使是在西線也缺少後備部隊。德國外交部的頭腦比較冷靜，反對這種荒唐的建議：布爾什維克已經支持布列斯特─里托夫斯克條約了，柏林還需要甚麼呢？而且，外交部人員還說，俄國國內各種反布爾什維克的力量並不隱瞞他們對協約國的同情。魯登道夫用甚麼樣的親德集團來代替布爾什維克呢？德皇沒有同意魯登道夫的請求，甚至還允許布爾什維克把他們的許多拉脫維亞步兵調到東部的伏爾加河流域，去打擊國內的敵人。[282]列寧對德國的忠誠得到了回報。[283]但是在莫斯科，人們對德皇拒絕魯登道夫的建議，反對入侵俄國以結束布爾什維主義的統治並不知情。在莫斯科，人們看到的是專橫跋扈的米爾巴赫，那是同德國軍國主義可惡的夥伴關係的實實在在的象徵，在這種情況下，左派社會革命黨人覺得必須有所行動。

　　左派社會革命黨人因為布列斯特─里托夫斯克條約而退出了人民委員會，但並沒有放棄他們在契卡的重要職務，也沒有退出蘇維埃中央執行委員會。1918年6月14日，布爾什維克從中央執行委員會開除了幾名當選的孟什維克和右派社會革命黨人，並且關停了他們的報紙。「馬爾托夫一邊用他那結核病人的病快快的嗓音咒罵着『獨裁者』、『波

---

*　編註：由卡爾‧李卜克內西、羅莎‧盧森堡等德國社會民主黨左派創立，是反對帝國主義戰爭，主張重建工人階級的國際組織。原稱「國際派」，因古羅馬奴隸起義領袖斯巴達克斯而得名。

拿巴分子』、『篡位者』和『搶奪者』，一邊抓過大衣想要穿上，但他的手
抖得厲害，套不進袖子，」有位在場的布爾什維克回憶説，「列寧面色
蒼白，站在那裏看着馬爾托夫。」但一位左派社會革命黨人突然大笑起
來。[284] 這個分離出來的小黨聲稱擁有超過10萬名相對堅定的黨員。[285]
這同布爾什維克的30萬黨員比起來要少很多，但在一個約1.4億人口的
國家，兩者都微不足道。布爾什維克雖然佔有數量優勢，但許多同時
代的人希望，或者説擔心，在6月28日即將召開的蘇維埃第五次代表大
會上，左派社會革命黨人會憑藉其越來越受人支持的反布爾什維克立
場，在當選代表中佔據多數。在左翼的社會主義激進派中，除了布爾
什維克之外，有沒有別的選擇呢？

　　左派社會革命黨中央委員會決心在代表大會上提出一項決議，譴責
布列斯特—里托夫斯克條約，號召採取(堂吉訶德式的)游擊戰爭，就
像在烏克蘭開展的那種反抗德國佔領的游擊戰爭。[286] 6月24日，斯維爾
德洛夫將代表大會的開幕時間推遲到7月初，屆時他就可以炮製出更多
的布爾什維克代表。(斯維爾德洛夫還藉故將所有孟什維克和右派社會
革命黨人開除出蘇維埃中央執行委員會。)6月28日至7月1日，左派社
會革命黨人召開第三次黨代表大會，決定和德帝國主義進行鬥爭，保衛
蘇維埃政權，同時取消人民委員會，由蘇維埃執行委員會進行統治。[287]
與此同時，中央執行委員會主席斯維爾德洛夫，在工人選民相對於農
民(左派社會革命黨人的支持者)已有的額外權重之外，果真炮製出幾
百名可疑的蘇維埃代表。7月4日的晚上，代表大會在莫斯科大劇院開
幕，與會代表中有表決權的1,035人，其中共產黨代表678人，左派社
會革命黨代表269人，其他的88人基本上屬於無黨派代表。[288]* (左派社
會革命黨和共產黨各有約200名沒有表決權的代表，加上他們，與會代
表達1,425人，其中三分之二年齡在20到30歲之間；與會代表過去由於

274

---

* 　譯註：按照《列寧全集》中文版第34卷第196條註釋的説明，出席1918年7月4至10日全俄
　　蘇維埃第五次代表大會的有1,164名有表決權的代表，其中布爾什維克773名，左派社會革
　　命黨人353名，最高綱領派17名，無政府主義者4名，孟什維克國際主義派4名，其他黨
　　派成員3名。烏克蘭、拉脱維亞和外高加索等被佔領區也有代表出席。

政治原因而在監獄裏度過的時間加起來總共有1,195年。)[289] 明顯造假決不是引發反布爾什維克憤怒情緒的唯一原因：來自烏克蘭、拉脱維亞和南高加索的代表講述了德帝國主義在佔領區的恐怖行徑和對資源的掠奪。「打倒米爾巴赫！」、「打倒布列斯特和約！」左派社會革命黨人高呼，而德國大使作為嘉賓就坐在前面的包廂裏。被激怒的托洛茨基反駁説，所有想要重新挑起與德國的戰爭的「外國帝國主義間諜」，都「該就地槍斃」。[290]

左派社會革命黨最受關注的領導人瑪麗亞·斯皮里多諾娃，過去力主同布爾什維克聯合，但對她來說，最後的那根稻草已經在1918年6月壓了下來，當時布爾什維克派出了武裝小分隊，到農村「徵」糧。她怒火中燒，公開批評布爾什維克的政策。[291] 列寧明確地講：「我們把你們的土地社會化綱領載入我們〔1917年〕10月26日的法令，也許是個錯誤。」[292]* 在布爾什維克靠弄虛作假造成的多數否決了左派社會革命黨人提出的譴責對德和約的決議時，列寧故意挑逗左派社會革命黨人：「假如有人願意退出蘇維埃代表大會的話，那就請便吧！」[293]† 但他肯定會大吃一驚：左派社會革命黨人的領導層知道，反對布列斯特和約的決議有可能無法通過，所以決定喚起民眾，採取恐怖行動，「打擊德帝國主義張揚跋扈的代表」，疏遠德國與蘇俄的關係。[294] 就這樣，如同第二次代表大會成了布爾什維克政變的誘因，蘇維埃第五次代表大會成了左派社會革命黨人採取行動的誘因。

7月4日晚上，斯皮里多諾娃給20歲的雅科夫·布柳姆金(Yakov Blyumkin)下達了任務，要暗殺德國大使米爾巴赫伯爵。[295] 布柳姆金，敖德薩猶太店員之子，1918年4月來到莫斯科，像許多左派社會革命黨人一樣在契卡工作，是當時的大約120名僱員(包括司機和外勤人員)之一。[296] 他在反間諜部門工作，德國大使館也在其職責範圍內。7月5日，斯皮里多諾娃在莫斯科大劇院的主席台上，指責布爾什維克斷送革命，而且不顧列寧在她身後發出的嘲笑聲，發誓說，她會像她在沙皇時代做

275

----

* 譯註：《列寧全集》第34卷，第478頁。

† 譯註：《列寧全集》第34卷，第463頁。

過的那樣，「重新拿起手槍和手榴彈」。[297] 會場大亂！一顆手榴彈在莫斯科大劇院樓上的某一層爆炸，但主持大會的斯維爾德洛夫阻止人們湧向出口。[298]

第二天，按照計劃，蘇維埃代表大會要在當天下午晚些時候繼續開會，布柳姆金在攝影師尼古拉·安德烈耶夫 (Nikolai Andreyev) 的陪同下，帶着費利克斯·捷爾任斯基簽發的證件來到德國大使館，那樣，他們就有權請求緊急會見大使。在大使館，著名哲學家同時也是外交官的一等秘書庫爾特·里茨勒 (Kurt Riezler) 表示，他會代表大使接見他們。(里茨勒是德國外交部的重要人員之一，1917年應對過把列寧用鉛封列車運送回國的秘密談判。)[299] 然而米爾巴赫下來接見了這兩人；布柳姆金從公文包裏拿出勃朗寧手槍，連開三槍沒有打中。當米爾巴赫逃走時，那位攝影師從背後向大使射擊——證據顯示，是擊中了他的後腦。布柳姆金扔了一顆炸彈，然後，兩位刺客跳出窗外，上車逃走了。下午3:15左右，米爾巴赫身亡。[300]

斯皮里多諾娃和左派社會革命黨人希望政治謀殺會挑起德國的武力回應，迫使布爾什維克重新開戰。代表大會要在下午4時繼續，當列寧正在同托洛茨基、斯維爾德洛夫以及斯大林商量對策的時候，克里姆林宮的電話響了。邦契—布魯耶維奇傳來德國大使館遇襲的消息；列寧命令他趕往現場。[301] 拉狄克、新任外交人民委員格奧爾吉·契切林，還有捷爾任斯基也去了。德國人要找列寧。這位布爾什維克領袖下午5時左右同斯維爾德洛夫一起趕到大使館，瞭解謀殺的詳情並致哀悼之意。德國大使館的武官覺得列寧看上去嚇壞了。[302] 或許是害怕德國為了報復而發動進攻？

列寧現在知道，正是那個為了保衛布爾什維克革命而成立的組織——契卡——捲入了反對他們的陰謀。布柳姆金落下了他的證件，於是，捷爾任斯基沒帶衛兵便驅車前往三聖巷的契卡兵營，之前有人在那裏見到了布柳姆金。到了那裏，契卡首腦發現了左派社會革命黨的整個領導層，他們解釋説布柳姆金是按照他們的命令行動的。「事已至此，」他告訴捷爾任斯基，「布列斯特和約無效了；同德國的戰爭是不可避免的……就讓它像在烏克蘭一樣在這裏開始吧，我們會轉入地

下。你們可以繼續掌權，但不能再聽命於米爾巴赫了。」[303] 儘管捷爾任斯基在布爾什維克中央委員會會議上反對過布列斯特—里托夫斯克條約，但仍然下令把他們全都抓起來；結果他們反倒把**捷爾任斯基**扣為人質。[304]

聽到契卡首腦被抓的消息，列寧「面色蒼白，就像他在發怒或事態陡生變故時所一貫表現的那樣」，據邦契—布魯耶維奇說。[305] 列寧召來契卡的馬丁・拉齊斯 (Mārtiņš Lācis)，一個30歲的拉脫維亞人，出生時名叫亞尼斯・蘇德拉布斯 (Jānis Sudrabs)，讓他頂替捷爾任斯基。[306] 當拉齊斯出現在大盧比揚卡街的契卡總部時——那裏像往常一樣，由左派社會革命黨人控制的契卡戰鬥小分隊守衞——水兵們要向他開槍。只是由於捷爾任斯基的副手、人稱亞歷山德羅維奇的左派社會革命黨人彼得・亞歷山德羅維奇・德米特列夫斯基 (Pyotr Alexandrovich Dmitrievsky) 說情，才救了拉齊斯一命。[307] 要是拉齊斯，或許還有捷爾任斯基被「就地槍斃」(用托洛茨基在兩天前發怒時的話說)，那布爾什維克政權或許就破產了。事實上，列寧和斯維爾德洛夫想過放棄克里姆林宮。[308]

由於晚上要繼續召開蘇維埃第五次代表大會，斯皮里多諾娃去了莫斯科大劇院，準備宣佈俄國「從米爾巴赫手裏獲得了解放」。她身着黑色長裙，胸口別着紅色康乃馨，手拿一把鋼製的小勃朗寧手槍。[309] 但會議時間推遲，到處都亂哄哄。那天 (7月6日) 晚上8時左右，流言四起，說武裝的拉脫維亞人包圍了大劇院。在這種氣氛下，四百多人的整個左派社會革命黨黨團，包括嘉賓在內，都上樓討論局勢去了。布爾什維克黨團撤到了其他區域 (有些可能已經被放出劇院)。[310]「我們當時坐在房間裏等着你們來抓我們，」布哈林告訴某個左派社會革命黨人說，「既然你們沒有，那我們就決定把你們抓起來。」[311] 至於契卡中的左派社會革命黨人，他們派水兵上街，打算抓些布爾什維克人質，而且的確從路過的汽車中抓了二十多個，捷爾任斯基和拉齊斯也還在他們手裏。列寧發現，莫斯科衞戍部隊不準備保衞布爾什維克：大部分士兵要麼保持中立，要麼站在反對德國的左派社會革命黨人一邊。「今天下午3時左右，一個左派社會革命黨人用炸彈炸死了米爾巴赫，」列寧打電報給察里津的斯大林，「這起暗殺事件顯然是符合君主派或英法資本

家利益的。左派社會革命黨人⋯⋯逮捕了捷爾任斯基和拉齊斯，並且
發動反對我們的暴亂。我們今天夜裏就採取無情的鎮壓行動，並向人
民説明全部真相：我們正處在〔與德國的〕戰爭的邊緣。」[312]* 第二天，
斯大林回電説，左派社會革命黨人是「歇斯底里」。[313] 他説得對。

　　但反擊沒有把握。為了抗擊捷克斯洛伐克人的叛亂，為數很少的
靠得住的紅軍部隊，許多都派到了東部。大約在7月6日的午夜，列寧
召見拉脱維亞人的最高指揮員、矮壯的約阿基姆・瓦采季斯上校。「克
里姆林宮一片漆黑，空蕩蕩的」，瓦采季斯在回憶時提到了人民委員會
的會議室，最後，列寧在那裏出現了，並問道：「『同志，我們能堅持
到早晨嗎？』問了這個問題後，列寧就一直盯着我。」[314] 瓦采季斯大吃
一驚。他同情左派社會革命黨人，本來至少可以決定保持中立，那樣
一來，布爾什維克或許就在劫難逃了。但他自己就同德國人打過仗而
且傷亡慘重，那是在1916年聖誕節期間，所以，重新開戰根本沒有吸
引力。（無論如何，俄國根本沒有軍隊可以重新開戰。）再説，他希望
德意志帝國政權會像以前俄國一樣，因為戰爭而垮台，既然如此，為甚
麼要白白犧牲士兵的生命呢？瓦采季斯並不知道的是，列寧連他也不信
任：那天夜裏接見他的半小時前，列寧叫來了派到拉脱維亞人那裏的兩
名政治委員，得到保證説瓦采季斯是忠誠的。

　　當時也不清楚，拉脱維亞普通士兵願不願意為布爾什維克而戰。
7月6日，左派社會革命黨人一直在等待米哈伊爾・穆拉維約夫 (Mikhail
Muravyov，生於1880年) 中校的到來，他是左派社會革命黨人中的主戰
派，俄羅斯人，拉脱維亞步兵的另外一名指揮員，但他沒有出現在首
都。[315] 不過，瓦采季斯在見過列寧後，準備在7月7日凌晨趁天沒亮的
時候，對左派社會革命黨人實施反擊，但那天剛好是拉脱維亞的民族
節日施洗者聖約翰節，該國步兵決定為了慶祝節日到莫斯科郊外的霍
迪恩卡遠足，[316] 結果根本沒有拉脱維亞人、赤衛隊或任何人在出發地點
集合。[317] 進攻只好等到天亮。契卡武裝部隊是由左派社會革命黨人、

---

* 　譯註：《列寧全集》第48卷，第227–228頁。

前波羅的海艦隊水兵德米特里‧波波夫（Dmitri Popov）指揮的；他們駐
紮在莫斯科市中心帶有圍牆的基泰哥羅德，總共有600至800人，大部
分是水兵。為了攻打他們，瓦采季斯後來聲稱，他集中了大約3,300人
（其中俄羅斯人不到500人）。[318]拉脫維亞人後來說，波波夫的部隊裝備
比他們好，有重炮、幾十挺機關槍和四輛裝甲車。「波波夫的手下佔領
了一排房屋，」瓦采季斯解釋說，「將其加固為工事。」事實上，波波夫
——他的隊伍中除了水兵之外還有許多芬蘭人——一直想着要為己方招
募更多戰士，並期待着布爾什維克會要求談判。但瓦采季斯沒有要求
談判，而是下令運來了152毫米的榴彈炮，想把波波夫和契卡的據點，
甚至連同裏面的捷爾任斯基一起夷為平地。[319]當炮擊開始給那幢房子
以及相鄰的建築物造成毁滅性的打擊時，波波夫及其手下開始逃跑（他
們扔下了捷爾任斯基）。對於戰鬥持續的時間有不同的説法（或許是很
多個小時，或許是40分鐘）。雙方陣亡十人左右，負傷的約有50人。
幾百名左派社會革命黨人被捕。[320]大約有13人，其中包括斯皮里多諾
娃，被送進克里姆林宮的牢房。下午4時，人民委員會自信地宣佈「暴
亂……平定了」。[321]

　　契卡對左派社會革命黨人立即採取反政變措施，加強布爾什維克
的壟斷地位。[322]契卡查抄了非布爾什維克報刊的編輯部並砸毀印刷設
備。[323]布柳姆金逃往烏克蘭。但很多被布爾什維克關押的左派社會革
命黨人，包括救了拉齊斯一命的亞歷山德羅維奇，未經審判就被立即
處決；布爾什維克公開宣佈的槍斃人數大約有200人。[324]全國各地的左
派社會革命黨人絕大多數僅僅是改換門庭，加入布爾什維克黨。與此
同時，沒有了左派社會革命黨代表，蘇維埃代表大會在7月9日繼續召
開，托洛茨基向代表們詳細報告了「暴動」的情況。[325]事實上，一個名
叫普羅什‧普羅相（Prosh Proshyan）的社會革命黨人，大概在7月6日午
夜的時候，曾經去電報局宣佈，「我們殺死了米爾巴赫，人民委員會已
經被捕」。短期擔任過郵電人民委員的普羅相向全國發出了一系列混亂
的電報，其中一封稱社會革命黨是「目前的執政黨」。[326]但是，除了這
次由個人主動採取的行動外，不存在任何左派社會革命黨人的政變。
左派社會革命黨的領導層在事變之前和期間已經多次明確地説過，他們

是準備用武力來保衛自己而不是要奪權：他們的暴動是代表蘇維埃政權「反對帝國主義分子」（德國），不是反對布爾什維克。[327]

　　左派社會革命黨事件與七個月前1917年10月列寧的政變形成了鮮明的對照。就如1917年一樣，1918年夏天，政權也是放在那兒待人奪取：左派社會革命黨人對列寧和布爾什維克的勝算決不低於列寧當初對克倫斯基的勝算。左派社會革命黨人在契卡任職，一度完全控制了契卡。他們通過鼓動工作贏得了大部分衛戍部隊的支持，而且握有克里姆林宮的通行證，包括進入帝國參政院即列寧辦公地點的通行證。[328]但左派社會革命黨人缺少某種關鍵的東西，也就是意志。列寧一心想奪取並掌握政權，而事實證明，他的意志在布爾什維克政變中是決定性的，正如同現在在左派社會革命黨人並非政變的行動中，缺少意志事實上也是決定性的。

　　列寧曾經無情地追逐個人的權力，儘管不是因為權力的緣故：驅使他的還有通過革命實現社會正義的幻想，以及在他繼續攻擊許多同時代人，說他們是瘋子的時候，對於自己的正當性抱有的據說是科學的（馬克思主義的）信念。[329]但列寧在對付社會主義者中的對手方面，運氣一直很好：人多勢眾的右派社會革命黨維克托‧切爾諾夫，在首都衛戍部隊主動提出用武力保衛立憲會議的時候退縮了；孟什維克的尤利‧馬爾托夫，死抱着歷史的「資產階級階段」，即便並沒有資產階級；列夫‧加米涅夫以前反對布爾什維克政變，試圖用全都由社會主義者組成的聯合政府取代布爾什維克的壟斷，但後來卻乞求重新加入布爾什維克中央委員會。而現在，事實證明瑪麗亞‧斯皮里多諾娃根本不是列寧的對手。[330]1918年，年僅34歲的斯皮里多諾娃是唯一廣為人知的左派社會革命黨領袖，而且還是1917至1918年間各種政治力量中唯一的女性領導人。長期以來，這樣的身份讓她養成了一種優越感（「戴着夾鼻眼鏡，情緒始終處於亢奮狀態，就像漫畫版的雅典娜女神」，有德國記者評論説）。[331]但她肯定不缺勇氣。1906年26歲時，她就開槍打死了鎮壓1905年農民叛亂的一位沙皇警長，為此，她被判在東西伯利亞終生服苦役。在囚禁和押送期間，她遭到毆打和強姦，這其中，把煙頭摁在她裸露的乳房上算是最輕的。她有勇氣。她可能還很有政治眼

光：與絕大多數左派社會革命黨人不同，與自封的左派布爾什維克黨人也不同，斯皮里多諾娃支持布列斯特——里托夫斯克條約。「簽訂和約不是因為……布爾什維克，」她敏銳地指出，而是「因為貧窮、饑荒，還有全體人民都受夠了、厭倦了，不想再打了。」[332] 但列寧和斯維爾德洛夫幾次三番利用她的誠摯。現在，1918 年 7 月，她出人意料地讓他們處在她的掌握下，可她並沒有推進自己最初的戰略並抓住機會。

　　與此同時，布爾什維克對左派社會革命黨人的反擊在對該黨的秘密「審判」中達到了高潮。斯皮里多諾娃只判了一年，而且後來還獲得特赦。[333] 但一個曾經強大的政治力量現在失去了鋒芒。[334] 左派社會革命黨人的代表不在了，蘇維埃代表大會在最後一天 (7 月 10 日) 通過了一部憲法，宣佈「中央和地方的全部政權歸蘇維埃」，並號召「消滅一切人剝削人的現象，完全消除把社會劃分為不同階級的現象，無情鎮壓剝削者，建立社會主義的社會組織，使社會主義在所有國家獲得勝利」。

280

暗殺：已遂和未遂

　　羅曼諾夫家族的人還活着，因此，不管是對布爾什維克的公審來說，還是對想要爭取自由的反布爾什維克力量來說，都是一個潛在的有號召力的因素。尼古拉的弟弟米哈伊爾大公先是被克倫斯基逮捕，後來又被布爾什維克解送到烏拉爾 (彼爾姆) 的一座監獄。在那裏，1918 年 6 月 13 日凌晨，五名契卡武裝人員，在一名過去在沙皇監獄服過刑的老恐怖分子的帶領下，策劃了一起陰謀：為了處死大公而誘使他逃跑。米哈伊爾大公彈痕累累的屍體被放在熔爐裏燒掉了。布爾什維克不敢承認處死了大公，便散佈謠言說，米哈伊爾已被君主派放跑了。[335] 至於尼古拉，臨時政府決定把他和他的家人流放到國外，但蘇維埃反對，而且不管怎麼說，尼古拉和亞歷山德拉兩人的表哥、英國國王喬治五世，撤銷了同意為他們提供庇護的聲明。[336] 因此，克倫斯基把俄國皇室軟禁在托博爾斯克的總督宅邸 (尼古拉的列車被偽裝成「紅十字會」列車並插上了日本國旗)。[337] 流放西伯利亞的象徵意義產生了反響。當有傳言說，前沙皇活得很舒服而且君主派陰謀要把他解救出去的時候，烏

拉爾蘇維埃決定把尼古拉轉移到葉卡捷琳堡。但是在1918年4月，斯維爾德洛夫派了一名信得過的特工把他從托博爾斯克帶到莫斯科。當曾經的沙皇乘坐列車途經葉卡捷琳堡時，烏拉爾的布爾什維克們劫持了他，把他安頓在一個叫做尼古拉·伊帕季耶夫(Nikolai Ipatyev)的退休陸軍工程師的宅邸。他們在宅邸四周圍上柵欄，並配備了一大群衛兵。在莫斯科，列寧讓手下搜集材料，準備審判尼古拉，報刊上對此也進行了討論，但審判不斷「延期」。[338]「那時候，」托洛茨基在談到有關審判的秘密討論時說道，「列寧的情緒相當低落。」[339]

到1918年7月，捷克斯洛伐克軍團越來越逼近葉卡捷琳堡，於是，烏拉爾的布爾什維克軍事委員到莫斯科去商量烏拉爾的防禦問題——可能還有尼古拉及其家人的問題。7月2日，人民委員會委派一個委員會起草法令，將羅曼諾夫家族的財產國有化。兩天後，新成立的葉卡捷琳堡的契卡接替了當地的蘇維埃，承擔沙皇一家的警衛工作。尼古拉顯然生活得很困惑；他發現了帝俄時代偽造的臭名昭著的反猶小冊子《錫安長老會紀要》，講的是猶太人的全球性陰謀，現在他把它讀給自己的德國妻子和女兒們聽；共產主義或許就是猶太人的陰謀？[340] 不久，契卡粗製濫造了一封君主派用法語寫的信件，內容是策劃一場陰謀，解救沙皇並讓他復辟。以此為藉口，在1918年7月16日萬籟俱寂的夜裏，在沒有正式指控的情況下——更別說審判——行刑隊對尼古拉、亞歷山德拉、他們的兒子阿列克謝(13歲)、他們的四個女兒(年齡在17歲到22歲不等)、家庭醫生以及三個僕人執行了死亡「判決」。領導這支11人的行刑隊的，是雅科夫·尤羅夫斯基(Yakov Yurovsky)，一個猶太女裁縫和一個玻璃安裝工(也是盜竊嫌疑犯)所生的十個孩子中的老八。手槍射出的彈雨在半地下室四周的磚牆上亂蹦，連行刑者也被燙傷了(有的後來成了聾子)。阿列克謝僥倖沒死，呻吟着，但尤羅夫斯基上前近距離射殺了他。沙皇的女兒們有的身上藏着首飾，首飾擋住了子彈，結果她們被刺刀剁成了碎片。尤羅夫斯基的行刑隊把屍體埋在葉卡捷琳堡北面12英里*處的一個村子(科普佳基)的土路附近。他們把硫

---

*　編註：約19公里。

酸倒在屍體上，讓死者面目全非、難以辨認，然後焚燒並單獨掩埋了阿列克謝和沙皇的一個女兒（被誤以為是亞歷山德拉）的屍體。同一天，7月19日，尤羅夫斯基到莫斯科去匯報。[341] 布爾什維克中央政府根本不承認自己負有責任，說那是烏拉爾的布爾什維克幹的。[342] 布爾什維克政府在公佈沙皇死訊的那天——謊稱阿列克謝和亞歷山德拉還活着——還發佈了（六天前通過的）將羅曼諾夫家族的財產收歸國有的法令。[343]「人民沒有露出悲痛或同情的跡象，」前沙皇總理弗拉基米爾·科科夫佐夫（Vladimir Kokovtsov）寫道——公佈沙皇死訊的那天，他正坐在彼得格勒的電車裏——「沙皇的死訊是在一片得意的笑聲、嘲諷聲和卑劣的評論聲中宣讀的。」有些乘客說：「早就該死了！」[344]

　　草草處死羅曼諾夫一家，而且沒有進行公開的政治審判，反映的是一種絕望的情緒。布爾什維克完全沒有能夠真正承擔作戰任務的軍事力量，嘗試組建一些像樣的軍隊也困難重重，因為士兵們為了弄到糧食都分散了，甚至變成了打劫的。就連值得信賴的拉脫維亞人也在另謀出路。「當時以為，俄國中部會變成自相殘殺的戰場，布爾什維克政權大概要保不住了」，拉脫維亞人的指揮員瓦采季斯在提到1918年夏天時回憶說。他擔心「拉脫維亞步兵會全軍覆沒」，便開始同勁頭十足的里茨勒進行秘密談判——里茨勒是個代辦，臨時接替已故的米爾巴赫。里茨勒擔心布爾什維克垮台並被親協約國的政權所取代，便暗中敦促德國，以「保護」使館的名義，調動一個營的擲彈兵，發動政變，在莫斯科扶植一個同樣對柏林友好的政府。[345] 列寧拒絕他們入境（他倒是同意調些德國人來，分成小組，不穿制服）。[346] 不管怎麼說，里茨勒在柏林的德國外交部的上級認為，根本沒有必要放棄列寧，列寧已經讓俄國陷入了癱瘓而且依然忠於德國。[347] 但里茨勒仍希望通過拉脫維亞步兵的倒戈，讓布爾什維克垮台——拉脫維亞步兵部隊負責克里姆林宮的警衛工作——於是，他找到一幫拉脫維亞人，他們願意接受他的建議而且一心想回到被德國佔領的祖國。假如拉脫維亞人被遣返，瓦采季斯承諾說，他們會在德國同布爾什維克攤牌時保持中立。[348] 但魯登道夫將軍破壞了里茨勒的談判。他認為要是把拉脫維亞步兵遣返回去，拉脫維亞就會受到布爾什維克宣傳的毒害。德國國防軍再一次幫助挽救了布爾什維主義。

　　1918年7月25日，捷克斯洛伐克軍團和反布爾什維克武裝佔領了葉卡捷琳堡，而此時距離尼古拉被埋在那裏還不到一週。[349]「協約國收買了捷克斯洛伐克軍，反革命暴動猖獗一時，整個資產階級竭盡全力要推翻我們」，列寧於次日寫信給德國革命者克拉拉‧蔡特金 (Clara Zetkin) 説。[350]* 1918年8月，與布爾什維克的願望相反，英國人從摩爾曼斯克 (布爾什維克曾邀請他們在那裏登陸) 轉移到更大的港口阿爾漢格爾斯克，希望將其作為一個更好的行動基地，與捷克斯洛伐克軍團合兵一處，重新開闢對德作戰的東線戰場。流言四起，説協約國武裝會向南面750英里† 處的莫斯科進軍。[351]草草建成的北方鐵路線一片恐慌。「我們中沒有誰會懷疑，布爾什維克的末日已經來臨，」一位竟然混到副貿易人民委員之職的奸細 (他由前沙皇將軍米哈伊爾‧阿列克謝耶夫派到莫斯科) 寫道，「在布爾什維克政權周邊已經形成了包圍圈，我們當時都覺得布爾什維克逃不掉了。」[352]北有英國人，而且很快還有美國人 (抱着不同的目標)；東有捷克斯洛伐克軍團和其他反布爾什維克武裝，他們佔領了喀山 (8月7日)；南有得到德國援助的反布爾什維克武裝，他們正在向察里津推進，以便和東面的反布爾什維克武裝連成一片；西面則有德國人，他們佔領了波蘭、烏克蘭和波羅的海沿岸地區，而且還應芬蘭政府之邀，在該國駐紮了一支力量。列寧以及核心圈中的人們考慮放棄莫斯科，遷往更深的腹地下諾夫哥羅德。[353]布爾什維克官員還開始為自己的家人申請前往德國的外交護照和旅行證明；金錢被轉移到瑞士銀行。[354]

　　列寧會不會從哪裏來就回哪裏去？「布爾什維克在公開談論自己的日子已經不多了。」新任德國大使卡爾‧黑爾費里希 (Karl Helfferich，地位在里茨勒之上) 説——他當時在催促柏林與時日無多的布爾什維克斷絕關係，同時，出於安全原因，他不敢離開自己在莫斯科的駐地。[355]

　　可列寧提出了直到當時為止最大膽、最冒險的計劃。就在英國遠征軍在阿爾漢格爾斯克登陸的當天——當地的政變讓一個非布爾什維克

---

*　　譯註：《列寧全集》第48卷，第253頁。
†　　編註：約1,207公里。

的人物上台——列寧派外交人民委員到德國大使館，請求德國採取他這位布爾什維克領袖長期以來一直擔心的行動：向俄羅斯帝國首都彼得格勒方向入侵。「考慮到公共輿論的狀況，與德國建立公開的軍事同盟是不可能的，但採取類似的行動是可能的」，格奧爾吉・契切林告訴黑爾費里希說。這位人民委員不是要德國人佔領彼得格勒，而是**保衞它**，是向摩爾曼斯克和阿爾漢格爾斯克進軍，打擊協約國軍隊。另外，在南方，契切林要求德國人不要再支持反布爾什維克武裝，而是調部隊過去攻打他們。黑爾費里希向柏林報告說：「契切林明確表示，讓德國在南方和北方出兵的要求直接來自列寧。」[356] 雖然對於德國人會不會佔領彼得格勒本身一直存在爭論，但是在1918年8月27日，蘇俄簽訂了一份新的、條件更加苛刻的和約，作為布列斯特—里托夫斯克條約的「補充」。列寧同意放棄愛沙尼亞和利沃尼亞（立陶宛）；將巴庫油田生產的25%的石油賣給德國；將黑海艦隊的使用權交給德國；提供60億馬克，即一半的黃金儲備，用於賠償。德國承諾送來煤、步槍、子彈、機槍，並撤出白俄羅斯——資源已經枯竭的德國所作的承諾，甚至不及印刷這些承諾所用的紙張有價值。[357] 三項秘密條款——儘管布爾什維克譴責資本主義的「秘密外交」——允許德國在俄國北方和南方採取軍事行動，打擊協約國軍隊，並把英國人趕出巴庫，為此，德國獲得了在巴庫登陸的權利。[358]

　　列寧就像正在傾覆的船隻底部生的水鏽一樣，緊緊依附於德意志帝國。如果說在謠言四起的1914至1917年，想像中的沙皇宮廷投靠德國人的行為根本不是真的，那麼，在1918年，布爾什維克向德國人屈服的卑劣行徑則是再真實不過了。8月27日的條約比布列斯特—里托夫斯克條約更可恥，而且是列寧自願簽訂的。他是想用行賄達到自己想要的結果：既可以讓德國人不去推翻政權，又可以讓他們幫助挫敗協約國推翻政權的企圖。「既然存在利益上一致的地方，」列寧用手寫的方式——那樣就可以不讓秘書們知道——寫信給布爾什維克駐瑞典的使節說，「要是不利用它，那我們就是白癡。」[359] 德國人方面同樣心懷鬼胎。他們決心像外交大臣說的那樣，「為了我們的利益而盡可能地與布爾什維克合作或者說利用他們，只要他們還掌握着政權。」[360] 8月，布

284

爾什維克匯出了承諾的 1.2 億金盧布賠款中的第一筆（9 月會支付更多的賠款）。

　　為了挽救形勢，拉脱維亞人的指揮員瓦采季斯上校被派到喀山，幫助紅軍收拾殘局。1918 年 8 月 30 日，列寧寫信給托洛茨基，説如果不能奪回喀山，就槍斃瓦采季斯。[361] 當天夜裏晚些時候，星期五，這位布爾什維克領袖前往位於莫斯科工廠區——那裏集中了大量的工人——中心位置的米歇爾遜工廠發表演説。在莫斯科，星期五是「黨的節日」，官員們會在晚上分頭到城裏的各個地方，在工人和士兵的群眾大會上發表演説。列寧到了莫斯科後，從 3 月到 7 月，已經在莫斯科以及緊鄰的周邊，在大約 140 場這樣的集會上做過演説。[362] 他去米歇爾遜工廠時——那是他當天的第二場公開演説——除了自己的司機之外（他留在車裏），沒有帶任何衛兵。當時許多人都有暗殺布爾什維克高層人物的想法。證據顯示，1918 年，英國秘密情報局人員要求一名在俄國出生的英國間諜，找個適當的理由採訪斯大林，以便混進去刺殺他（那名英國間諜聲稱他拒絕了這一要求）。[363] 8 月 30 日那天早晨，彼得格勒契卡主席莫伊謝伊・烏里茨基（Moisei Uritsky），又一位投奔布爾什維克的前孟什維克，在冬宮廣場前沙皇政權的總參大樓被暗殺了（廣場後來改成了他的名字）。捷爾任斯基為了監督事件的調查工作而離開莫斯科。[364] 列寧之前在米歇爾遜工廠發表過四次演説。那天晚上，會場——製造手榴彈的車間——擠滿了人。但列寧直到很晚的時候還脱不開身，最後只好在晚上 9 時——離原定的開始時間已經過了兩個小時——先派人替他給人們講話。大約 45 分鐘過後，列寧的車來了，他馬上登上講台。「同志們，我不會説很長時間，我們有個人民委員會的會議」，他開頭説，然後就發表了一個小時的長篇講話，主題是「資產階級專政與無產階級專政」。聽眾提了很多尖鋭的問題（按照慣例，是以書面形式提交的），但列寧説沒有時間回答。「我們的出路只有一條，」他總結説，並號召大家拿起武器保衛革命，「不勝利，毋寧死！」[365]*

---

*　譯註：《列寧全集》第 35 卷，第 84 頁。但該卷第 45 條註釋中説，「傍晚 7 時 30 分，列寧講完話離開該廠時，在工廠院內遭到了……槍擊」。

　　列寧出來了，但在快要進入等候他的汽車時，他撲倒在地，胸部和左臂中彈（子彈穿過了他的肩膀）。司機斯捷潘·吉利和工廠委員會的幾位委員把他放在車的後座上。列寧面色蒼白，雖然綁了止血帶，可鮮血還是汩汩地往外流，而且還有內出血。[366] 他們駛往克里姆林宮。當電話打到克里姆林宮時，衛戍司令馬爾科夫從大克里姆林宮沙皇的藏品中拿了幾個枕頭，帶到帝國參政院列寧的住處——受傷的領袖已送到那裏。誰都不知道怎樣止血，結果列寧因失血和疼痛而暈了過去。[367] 克里姆林宮車庫負責人趕忙出去找氧氣罐：花了80盧布從附近的特維爾大街A. 布洛赫和H. 弗賴曼藥店租了個氧氣罐，又花了55盧布從另一間更遠的藥店租了一個。（這位汽車部門負責人在報告中寫道：「這錢是我自己掏的，我要求還給我。」）[368] 虛弱不堪的列寧第一個要見的，是他昔日的情婦伊涅薩·阿爾曼德，她帶着女兒一起趕來了。[369] 邦契—布魯耶維奇命令克里姆林宮的警衛保持高度戒備。[370] 斯維爾德洛夫召來一位名醫；在此期間，邦契—布魯耶維奇的醫生妻子薇拉（Vera），為列寧量了脈搏並注射了嗎啡。[371]

　　再來說說米歇爾遜工廠。在逃的費佳·羅伊德曼（Feiga Roidman，又名范尼·卡普蘭〔Fanya Kaplan〕）被認定為刺客，在附近的一個電車站被扣。[372] 作為一名28歲的右派社會革命黨人，她在剛開始審訊時就招認了，但堅持說跟他人無關，儘管她近乎失明，而列寧是在暗處被擊中的。（原本打算執行此次暗殺行動的，有可能是一個叫利季婭·科諾普列娃〔Lidiya Konopleva〕的同謀——無政府主義的社會革命黨人，卡普蘭的競爭對手——或別的甚麼人。）[373] 斯維爾德洛夫以蘇維埃中央執行委員會的名義，指責右派社會革命黨人是「英法的走狗」。[374] 邦契—布魯耶維奇打電報給托洛茨基（當時在東南戰線的斯維亞日斯克），報告列寧的體溫、脈搏和呼吸情況。[375] 托洛茨基趕緊返回莫斯科。1918年9月2日，他在蘇維埃中央執行委員會會議上發表講話，稱列寧不僅是「新時代的領袖」，還是「我們革命時代最偉大的人」。儘管他承認，馬克思主義者相信的是階級而不是個人，但仍認為，要是失去列寧，那將是極大的損失。托洛茨基的講話後來刊登在報紙上，並印成小冊子廣為散發。[376] 同一天，政權宣佈成立共和國革命軍事委員會，主席是

托洛茨基。第二天，斯維爾德洛夫命令克里姆林宮衛戍司令馬爾科夫
處死卡普蘭。馬爾科夫執行完命令後，就在克里姆林宮的亞歷山大花
園，用一隻金屬桶焚燒了屍體。[377] 9月4日，瓦采季斯非但沒有被槍斃，
還被提升為紅軍總司令。普通的拉脱維亞步兵對於布爾什維克的專政
行為越來越失望。[378] 瓦采季斯又一次同德國人接觸，想讓他的士兵回
到拉脱維亞，但再次被斷然拒絕。[379]

∽

從一開始，當新政權着手清除建築物上沙皇時代的標誌並推倒舊的
雕像時——比如説克里姆林宮的亞歷山大二世雕像和基督救世主大教堂
外面的亞歷山大三世雕像——布爾什維克的冒險行為能不能長久就受到
了懷疑。列寧等人用繩子鄭重其事地拆毀了克里姆林宮中紀念1905年
被暗殺的莫斯科總督謝爾蓋（‧羅曼諾夫）大公的巨型正教十字架。[380]
在這些位置，後來立起了達爾文、丹東、亞歷山大‧拉吉舍夫等左翼
萬神廟中人物的雕像。1918年9月12日，即遭到槍擊數天後，列寧給
教育人民委員阿納托利‧盧那察爾斯基寫道，他「非常氣憤⋯⋯街頭沒
有馬克思的半身雕像⋯⋯我要責備你這種嚴重的疏忽。」[381]*

布爾什維克開始為莫斯科的街道更名：復活廣場改成革命廣場；舊
的巴斯瑪納亞大街變成了馬克思大街；普列奇斯堅卡大街變成了克羅波
特金大街；大尼基塔大街變成了亞歷山大‧赫爾岑大街。[382] 1918年，
在莫斯科最大的主幹道特維爾大街上，位於莫斯科大劇院和小格涅茲德
尼科夫巷交界處的比姆—博姆咖啡館總是熱鬧非凡。咖啡館屬於小丑
組合比姆和博姆（Bim and Bom）的創始成員伊萬‧拉敦斯基所有（Iwan
Raduński他此時充當比姆，與梅奇斯拉夫‧斯坦涅夫斯基〔Mieczysław
Staniewski〕搭檔）。這對有名的組合可以追溯到1891年，擅長伴以音樂

---

* 譯註：此處據作者引文譯出。列寧在1918年9月18日給盧那察爾斯基的電報中説：「今天
聽了維諾格拉多夫關於修建半身雕像和紀念碑的報告後，非常氣憤⋯⋯街頭沒有馬克思的
半身雕像⋯⋯鑒於這種不能容忍的玩忽職守的態度，我宣佈給您警告處分⋯⋯」《列寧全
集》第48卷，第353頁。

的辛辣諷刺。在布爾什維克的新首都，博姆咖啡館經常爆滿，裏面的
人物形形色色，有政界的 (孟什維克領導人尤利·馬爾托夫、年輕的左
派社會革命黨人雅科夫·布魯姆金)，也有藝術界的 (作家伊利亞·愛
倫堡、扮演馬戲團小丑的弗拉基米爾·杜羅夫)。這家咖啡館難免引起
莫斯科犯罪分子的注意，其中有一個人，謊稱咖啡館同一條街上的莫斯
科總督宅邸是自己的住宅，將其賣掉後把賣房所得據為己有。不過，
當那些無禮的諷刺家開始嘲笑新的布爾什維克政權時，觀眾當中的拉
脫維亞步兵就朝天開槍，追打比姆和博姆。觀眾大笑，以為這是在表
演。小丑們後來被逮捕了。[383]

　　儘管有這種出於本能的鎮壓，儘管有遠大的計劃，這個自封的政
權在1918年還是跌入了低谷。莫斯科流言四起，説列寧死了，而且
已被偷偷埋掉了。季諾維也夫在1918年9月6日的公開演説中提到列
寧，稱他是「人類迄今為止所知道的最偉大領袖，是社會主義革命的使
徒」，並把列寧著名的《怎麼辦？》比作福音書。這種有意無意地把列寧
神聖化的説法，讓人聽上去覺得不太吉利。[384] 邦契—布魯耶維奇不顧
列寧的反對，趕緊安排人在克里姆林宮的院子裏為他拍攝室外影像，
以證明他還活着。那是列寧的第一部紀錄片。[385] 與此同時，布爾什維
克宣佈實行恐怖政策，以「粉碎反革命九頭蛇」。[386] 為了起到震懾作用，
季諾維也夫後來宣稱，在彼得格勒槍斃了500名「人質」——對那些被
關押的前沙皇官員的處決是安排在公共場所。[387] 在1918年的紅色恐怖
中，兩個月之內就至少處死了6,185人。從1825年到1917年，被俄國
法院判處死刑的有6,321人，但並沒有全部執行。當然，要搞清楚沙俄
時期到底處死了多少人，也不是件容易的事情：例如，1830年鎮壓波
蘭起義的時候，通常是在司法體系之外進行的；1905至1906年間被軍
事法庭判處死刑的人，一般也不計入「正常的」統計數據。儘管如此，
紅色恐怖的規模之大還是很明顯的。[388] 而且當時為了加強效果，還故
意公開誇大其影響範圍。「社會革命黨人、白衞軍以及其他冒牌的社會
主義者的罪惡的冒險行為，迫使我們採取群眾性的恐怖行動，以回應
工人階級敵人的罪惡用心」，契卡副主席雅科夫·彼得斯 (Jēkabs Peterss)
在《消息報》上憤怒地説道。同一期的《消息報》上還刊登了斯大林的一

則電報，號召組織「公開的、經常的、群眾性的恐怖行動來鎮壓資產階級」。[389]*

288　　　布爾什維主義認為自己關於資本主義和階級鬥爭的核心信念是毋庸置疑的，以至於任何手段，哪怕是撒謊和就地槍決，都不僅方便，而且在道義上是必要的。帶有示威性質的紅色恐怖，就像從前法國發生的，會給敵人，同樣也會給剛剛開始擁護布爾什維克的人，造成難以磨滅的印象。[390] 在面臨覆滅的危險時，布爾什維克利用「反革命」的幽靈，讓人民群眾心甘情願地為了建立一個真正的國家而拼死保衛「革命」。1918年夏天和秋天的那種在世人看來像是政治達達主義的東西，很快就將成為延續多年、雄心勃勃的專政。[391]

---

* 譯註：《斯大林全集》第4卷，第115頁。

第八章

階級鬥爭與黨國

隨着停戰協議的簽訂，世界大戰正式結束了……但是從那時候開始，所有我們經歷的和仍將經歷的，其實都是世界大戰的延續和演變。

　　　　　——彼得·司徒盧威，（白軍佔據的）頓河畔羅斯托夫，
　　　　　　　　　　　　　　　　　　　　1919年11月[1]

所有軍事專家身邊都必須有政委，而且手裏要拿着左輪手槍。

　　　　　——列夫·托洛茨基，陸軍人民委員，1918年[2]

　　除了1917至1918年的壟斷，布爾什維克還在1918至1920年創立了一個國家。人們往往忽視其中的差異。強行剝奪其他黨派的統治權，不等於就能夠施行統治和控制資源。新國家的形成除了要靠給人民造成的震懾或強制徵兵，還要靠對物資（糧食、建築物及貴重物品）的掠奪、沒收和再分配，這些都以革命的階級鬥爭觀念反映出來。由此產生的政權，有學者評論說，「必然意味着一個迅速形成的官僚系統，用來剝奪舊的所有者並管理剛剛剝奪的財產」。[3] 很多時候，即便那些官僚本人不是留用人員，也會沿用沙皇政權或臨時政府的做法。不過，這是一個非常特殊的國家：類似於匪幫的武裝政治警察；到處插手，並在擴張官僚

勢力的過程中擊敗了無數競爭對手的糧食人民委員部；劃撥戰利品而且
自身就靠戰利品為生的分配機關；擅離職守的現象非常嚴重的龐大的紅
軍；效率低下但由於處在緊急狀態而越來越等級森嚴的黨，如九頭蛇一
般吸收和調配人員；還有宣傳機器，估計在1918年已擁有5萬名積極分
子，可以利用的手段有報紙、海報、滑稽短劇、電影和鼓動列車，活動
範圍基本上限於城市和軍隊。[4]儘管有各種蘇維埃和革命法庭，但這是
一個幾乎完全行政化的國家，各種相互競爭的行政部門紛紛索要權力，
無論是中央還是地方，「委員」和「委員」爭權，委任的和自封的爭權。尤
其是，這個新國家的存續得益於內戰，大多數國家都是如此，但它在和
平時期依然把鎮壓叛亂當作主要目標。[5]內戰並沒有讓布爾什維克變異；
內戰塑造了他們，實際上還把他們從達達主義和1918年的險些「被拋到
九霄雲外」之中拯救出來。[6]當然，在內戰全面爆發前，布爾什維克就公
開採取了剝奪和恐怖政策。但內戰提供了機會，對「剝削階級」和（國內
外）「敵人」的鬥爭得以加強並且合法化，掠奪性的手段表面上讓人感覺
是合法的、迫不得已的和充滿道義熱情的。[7]「統治階級，」就像列寧解
釋的，「決不會將自己的權力交給受壓迫階級。」[8]* 因此，權力必須靠武
力不間斷地索取，而不是一次性地索取。「奪權」要每天重新上演。[9]

同列寧一樣，斯大林確實嚮往隨着國家締造而出現的種種宏大標
誌，但是對於國家的偶像崇拜，起初並沒有推動布爾什維克的國家建
設。[10]世界大戰和革命所造成的巨大破壞也不是推動力量。相反，一些
觀念或者說思維習慣，特別是對市場和一切資產階級事物的憎惡，以及
不受約束的革命手段，通過不斷的自我強化，加重了這場災難。[11]許多
政權都以形勢緊迫為由，為軍法管制、就地處決、集中關押和沒收財產
作辯護，但他們通常並沒有把私人貿易完全當成非法行為，沒有宣佈工
業的國有化，沒有按照階級(是工人還是「非勞動人員」)來分配口糧，
沒有號召「貧農」和工人去剝奪富農，沒有因為世界上的幾個主要國家
是資本主義國家(「帝國主義者」)就想着顛覆它們。布爾什維克的國家

---

* 譯註：《列寧全集》第36卷，第125頁。

建設起初是拼命想要解決過去遺留下來、並在後來變得越來越嚴重的城市缺糧問題，但**每一個**挑戰都被當作反革命問題而被歸咎於某人某地。「以從反革命手中挽救革命的名義」，這個時候的無數文件都是這麼開頭的，接着就是指示：「徵用」麵粉、汽油、槍枝、車輛和人員。[12]「今天是革命一週年，」一名前沙皇官員評論說(他說的是二月革命)，「一年前，幾乎人人都是革命者，而現在，幾乎人人都是反革命。」[13]反革命這個概念帶來了持久的影響。

291

　　無情的階級鬥爭構成了列寧思想的核心。在他看來，世界大戰不可逆轉地證明，資本主義已經喪失了繼續存在的權利。但是，蘇維埃國家並不是帶着全副武裝從列寧的額頭蹦出來的。廣大民眾有一種本能的仇視資產階級的傾向——剝削者與被剝削者的對立，有產者與無產者的對立——這給進行全面動員以保衛革命和同反革命作鬥爭，既提供了動力，也提供了合理性。想一想1918年夏末在伏爾加河畔的卡梅辛斯克，一個擁有許多鋸木廠、磨坊和西瓜的商業小城發生的革命吧。「契卡對所有大資產階級都作了登記，當時他們被關在一艘駁船上，」充當地方政治警察的那群人驕傲地宣佈，「白天〔犯人們〕在城裏幹活。」根本沒有人向當地那些保衛革命的人解釋過，「資產階級」是些甚麼人，他們為甚麼是敵人。當時卡梅辛斯克駁船上的「資產階級」中突然有人病倒，契卡同意從附近的薩拉托夫來的一位醫生給他們打針。醫生建議為病人提供更好的口糧並且不要再讓他們從事強制勞動，感到懷疑的契卡人員決定調查醫生的來歷，結果發現他是冒名頂替的。「現在他也在船上」，那名特工得意地說道。[14]用來關押「階級異己分子」的駁船在伏爾加河的上下游都有——給人印象最深的莫過於斯大林在察里津的時候——就像從前在俄羅斯帝國到處都是和駁船差不多的監獄一樣。[15]這種經過意識形態調整的實踐，催生了駁船監獄，讓幾萬名新人在幾千個地方把一個不負責任的新政權牢牢地保護起來。[16](為了劫掠「資產階級」，不關心政治的匪徒和投機分子也行動起來。)由社會主義的革命邏輯衍生出來的針對「反革命」的暴力行動激起了人們的憤慨。「各省的權力屬於甚麼人？」1918年秋天，一名憤怒的部級官員問道，「是屬於蘇維埃和它們的執行委員會，還是屬於契卡？」[17]答案是再清楚不過的：當同樣在伏爾加河流

域的薩馬拉省的農民表示，他們想要重新選舉當地的契卡領導人時，契卡人員亮出了武器。有個農民因為害怕而想要逃走，一名16歲的契卡人員從後面開槍把他打死了。「特別要注意這一點並請把它登在報上，」有農民強烈建議，「這裏的傢伙想打死誰就打死誰。」[18]

這是個取得重大突破的時刻：從下到上，以及在兩者的中間地帶，革命的階級鬥爭觀念與實踐造就了蘇維埃國家。馬克思談到解放和自由，但他也談到了階級鬥爭。革命要成功，人類要擺脫束縛取得進步，就必須砸爛與「資產階級」以及資本主義有關的一切。所有妨礙消滅資產階級和資本主義的障礙也必須清除，這其中包括其他的社會主義者。當然，決不是說所有人都捲入了這種極度的混亂。絕大多數人只是想靠撿破爛、坑蒙拐騙和逃離家園活下去。但也有相當多的人想要**投身於**當下的革命，成立公社、建托兒所、寫科幻小說。「生活的所有方面——社會的、經濟的、政治的、精神的、道德的、家庭的——都敞開了大門，等待人們加以有目的的改造，」伊薩克·施泰因貝格 (Isaac Steinberg) 寫道，「到處都充滿蓬勃的熱情，想要創造出與『舊世界』截然不同的新事物。」[19] 但在這種烏托邦中，階級原則從根本上來說是不寬容的。許多一心為人類服務的布爾什維克開始覺得，他們為結束苦難和抹平社會等級所作的奮鬥，其結果卻適得其反。意識到這一點讓有些人痛心疾首，但對於大多數人來說，這只是革命進程中的一個小站。[20] 真正的革命者中混進了投機分子，革命的苦行者中混進了騙子，他們一起以社會正義和富饒新世界的名義，把無能、腐敗和虛張聲勢推向了哪怕是在沙皇俄國也很罕見的高度。[21]

與布爾什維主義對抗的農民游擊部隊，在指責市場不公的同時，也從自己控制的農村強行徵糧，像紅軍一樣成立類似的組織，甚至部署部隊準備對付平民並利用政委來確保忠誠。反布爾什維克的白軍也有負責內部秩序的部隊，也徵糧，也有政治委員，也像老百姓哀嘆的那樣使用恐怖手段。[22] 但布爾什維克和他們的敵人不同，他們吹噓對所有事情都有無所不包的、科學的解答，還花費大量資源傳播自己的意識形態。政黨思維把布爾什維主義與歷史進程等同起來，結果，所有的批評者，哪怕同樣是社會主義者，都被歸為反革命。同時，在那樣的戰亂年代，

要把工業、運輸、燃料、糧食、住房、教育和文化一起管好，革命者面臨着缺少專門知識的問題，可他們對於擺脱困境的辦法在意識形態上又極為厭惡：他們不得不留用作為階級敵人的沙皇時代的「資產階級專家」，這些人往往憎惡社會主義，但願意幫助重建荒蕪的家園。對於布爾什維克，沙皇將軍兼臨時政府陸海軍部長亞歷山大・韋爾霍夫斯基（Alexander Verkhovsky）在十月政變剛結束時就很有預見性地寫道：「這些人雖然承諾了一切，但甚麼也不會兑現——不是和平，而是內戰；不是麵包，而是饑荒；不是自由，而是掠奪、無政府狀態和殺戮。」[23] 但韋爾霍夫斯基很快就加入了紅軍。與之形成鮮明對照的是，幾乎所有來自德國舊政權的留用人員，在與魏瑪共和國合作時都極為猶豫。但是與新政權合作的沙皇專家，哪怕忠心耿耿也得不到信任，因為他們是「資產階級」。要仰仗被視為階級敵人的人，這一點塑造了，實際上也扭曲了，蘇維埃俄國的政治和公共機構。懂業務但政治上得不到信任的人，要同政治上可靠但業務能力不行的人結對子，先是在軍隊，繼而在從鐵路到學校的所有公共機構。[24] 這種在無意中形成的做法，讓每個「資產階級專家」都有一名共產黨員盯着，甚至在紅軍經過訓練、成為專家之後還繼續存在，從而造成一種永久性的「黨國」二元體制。

　　這個革命國家變得越來越強勢，但本質上仍然是拼湊的、混亂的。監督是非正式的，時有時無。施泰因貝格，一個在1918年短命的聯合政府中擔任過司法人民委員的左派社會革命黨人，試圖約束「肅清反革命、怠工和投機非常委員會」專橫的權力，但沒有成功。不過，僅僅官場內訌還不能打敗他。1918年3月遷都莫斯科的時候，中央契卡只有131名僱員，其中普通士兵35人、司機10人，其他許多是秘書或通訊員，特工大概有55人。[25]「預算」就放在他們的口袋或手槍的槍套裏。再説了，為莫斯科單獨設立一個契卡，對中央機關是有害的。誠然，到1918年8月，即便在左派社會革命黨人被大量趕出契卡之後，首都的政治警察都已經增加到683人。[26] 但更重要的是，到1918年夏末，據《消息報》説，在38個省以及更基層的75個縣（uezd）都有了地方性的契卡。[27] 此外，鐵路部門也成立了單獨的契卡，以便同覆蓋面很廣的鐵路網中到處存在的「反革命」作鬥爭。紅軍成立了負責保衛工作的契卡「特

293

別部」。沒有任何人協調或控制這些政治警察。地方性的契卡和形形色色類似契卡的組織，大多是自行設立的。比如卡梅辛斯克的駁船，再比如葉卡捷琳堡的契卡——它「設在普希金大街7號；那是一座兩層的小樓，有個很深的地窖，裏面塞滿了犯人」，在那裏工作的一名特工人員寫道，「白軍軍官和神父像沙丁魚一樣，同把糧食藏起來不肯上交的農民緊緊地擠在一起。每天夜裏我們都『清除掉』一些『寄生蟲』。」——也就是把犯人從地牢裏帶上來，到院子的另一邊槍斃掉。這名特工還說，由於沒收「資產階級」的財產，「有很多五花八門的東西：珠寶首飾、鈔票、小飾品、衣服、食物。我們把所有東西擺在一起，然後分掉」。[28] 總的來說，政治警察的情況一團糟，腐敗，而且各幹各的。[29] 但「契卡」不僅是正式的國家機構，還是一種冷酷無情的思想傾向，它預設了階級敵人的存在並要求不擇手段地鏟除他們。[30] 對政治警察持批評態度的社會主義者，比如施泰因貝格，總是被告知，就地處決是「臨時」措施，在階級鬥爭取得勝利之前、世界革命發生之前、或者是在到達其他某個階段之前使用。同時，契卡人員說，歷史會原諒過度的嚴厲，但不會原諒過度的軟弱。私刑和假公濟私——又名階級鬥爭——既敗壞了這項事業的名聲也激勵了好鬥分子。在充滿熱情的幻想的驅使下，暴力性的混亂成了某種「管理」方式。

　　帝俄地緣政治空間的破裂，以及內戰中許多事件在歐亞大陸的一端到另一端同時上演，讓敘述成了一件不容易的事情。（愛因斯坦說過：「時間存在的唯一理由，就是不會讓一切事情同時發生。」）接下來我們要講到斯大林在察里津的專政（1918），共產國際的成立（1919），凡爾賽條約（1919），德國、匈牙利和意大利的左翼革命或近乎革命的事件，以及戰況不斷變化的紅白大戰（1919–1920），東部各民族代表大會（1920），重新征服突厥斯坦（1920），坦波夫等地的大規模農民暴動（1920–1921），喀琅施塔得水兵暴動（1921），第十次黨代表大會，征服格魯吉亞的戰爭（1921），以及蘇維埃俄國在蒙古建立第一個衛星國。就連這樣一幅巨大的全景畫，也不足以全面敘述所發生的一切。單一的俄國沒有了，取而代之的是一下子冒出的許多國家。在這些國家中，自封的政府旋生旋滅（基輔易手19次）。將這一破裂的空間結合在

一起的，是國家權威的重建、俄羅斯化的深厚遺產、思想觀念以及伴隨着這一切的陰謀和人脈網絡。這裏，我們將會看到斯大林逐漸嶄露頭角，成為政權中僅次於列寧的顯赫勢力。「毫無疑問，」托洛茨基後來寫道，「同許多人一樣，斯大林的性格深受內戰的環境和經歷的影響，影響他的還有後來使他得以建立個人專政的整個集團……以及上升為指揮員和管理者的整個工農階層。」[31] 俄國內戰產生了一大批人物、公共機構、社會關係和激進的行動。在這場風暴中已經可以看出斯大林未來實行個人專政的可能性。

紅軍和白軍，軍官和糧食

　　拉夫爾·科爾尼洛夫將軍1918年4月死後，他從前的一個獄友，安東·鄧尼金中將 (Anton Denikin，生於1872年)，掌握了志願軍的軍事指揮權。鄧尼金的母親是個裁縫，波蘭人，父親是個俄羅斯族的農奴，因為當兵 (通常要服役25年) 而獲得「解放」，他本人先後做過阿列克謝耶夫將軍、布魯西洛夫將軍，最後是科爾尼洛夫將軍的參謀長。他起初想隱瞞充滿魅力的科爾尼洛夫的死訊，因為擔心志願軍會大批倒戈。[32] 但鄧尼金的軍隊現在集結了超過1萬人，佔據了南方的庫班河盆地。當身患癌症的阿列克謝耶夫也去世之後 (1918年10月8日)，鄧尼金又獲得了政治領導權。與他在南方的高升相似的還有西北的尼古拉·尤登尼奇將軍 (Nikolai Yudenich，生於1862年)，一位宮廷低級官員的兒子，曾經是與奧斯曼帝國作戰的俄國軍隊的指揮官，「身高5英尺2英寸、體重約280磅*，〔他的〕體形就像一輛雙門小轎車，兩條腿短得不容易注意到」。[33] 尤登尼奇利用分離出去的愛沙尼亞作為避難所，建立了第二個、也是比較小的一個反布爾什維克根據地。最後還有亞歷山大·高爾察克 (生於1874年)，父親是炮兵少將，而他本人則是俄國歷史上最年輕的海軍中將 (在1916年獲得晉升)，他作戰勇敢而且充滿愛國熱情，最喜歡的讀物據說是《錫安長老會紀要》。[34] 1918年，他訪美無果後，經由符拉迪沃斯

---

*　編註：身高約1.57米，體重約127公斤。

296 托克返回國內，但是在他前去加入南方志願軍的途中，11月16日，鄂木斯克(西西伯利亞)發生政變，社會革命黨人上台。兩天後，西伯利亞的哥薩克逮捕了那些社會主義者，邀請高爾察克擔任俄國「最高執政」。高爾察克答應了，把他的新職務稱為「十字架」，但他把自己晉升為海軍上將，儘管那裏離最近的港口也有3,500英里*，而且沒有艦隊。[35]

高爾察克(東方)、鄧尼金(南方)和尤登尼奇(西北)領導的三個獨立的反布爾什維克集團，誣稱「人民委員」都是德國的特務和猶太人，褻瀆了俄國的愛國者和正教徒所珍愛的一切。布爾什維克反唇相譏，說他們的敵人是「白軍」，這種顏色使人聯想到法國1789年之後反對革命、擁護君主復辟的那些人。在「白軍」的幾個領導人中，根本沒有人想要復辟君主制。[36] 但他們的確想要顛覆社會主義革命。

白軍的領導人組建軍隊的任務看上去還比較容易，但他們必須招募跟自己截然不同的軍官。1914年參加世界大戰的俄國軍官團，主要是總參軍事學院的畢業生(比如阿列克謝耶夫、科爾尼洛夫、鄧尼金)以及帝國近衞軍的精英，87.5%的將軍和71.5%的參謀人員都生於貴族之家。(儘管大部分人根本沒有任何財產。)[37] 但俄國單是在世界大戰的頭兩年，就損失了6萬多名軍官。與此同時，帝俄及之後臨時政府的軍官隊伍卻猛增到25萬人。無論是替補的還是新招募的，絕大多數都出身農村和城市底層家庭。[38] (除了猶太人，凡是稍微受過一點正規教育的俄國適齡男子幾乎都能成為軍官。)[39] 這些出身低微的沙皇軍官許多都變成了小暴君，他們虐待士兵比出身上層的軍官還厲害。[40] 但他們的社會背景自然使他們不會採取反社會主義的立場。換句話說，世界大戰的災難不僅使布爾什維克勉強發動的政變成為可能，還增加了保守勢力武裝反抗布爾什維主義的難度。與此同時，白軍還讓自己原本就很困難的任務難上加難，因為他們拒絕承認農民奪取的土地，疏遠了潛在的群眾基礎。要不是因為有哥薩克——他們人多勢眾，最終支持鄧尼金，可仍然不願離開頓河和庫班的家鄉，到別的地方去打仗；要不是因為有

---

*　編註：約5,633公里。

捷克斯洛伐克軍團——他們依然不願離開烏拉爾和西伯利亞，除非是為家鄉而戰（但有時也為高爾察克而戰）；要不是因為有協約國提供的軍事援助，根本不會有白衛運動。

其實，紅軍的誕生也是困難重重。[41] 起初，布爾什維克只想招募工人，不想要農民，因為那是他們不信任的階級，但這種想法不切實際，只好作罷。[42] 另外，絕大多數布爾什維克也不想要從前的沙皇軍官：士兵和水兵發動革命就是要反抗他們的權威。事實上，共產黨中的左派，還有孟什維克批評者，反對「波拿巴式的人物」領導的常備軍，呼籲建立一支忠於蘇維埃的、民主的民兵隊伍。[43] 但新任陸海軍人民委員、沒有受過任何專門軍事訓練的托洛茨基（他從來沒有當過兵），強烈主張建立一支由真正的軍人領導的職業軍隊。[44] 後來，托洛茨基説過，以推動民主化著稱的1917年的「一號命令」是「二月革命中唯一有價值的文件」，但是在紅軍中，他決不允許民主。[45] 1918年3月，過去扳倒了沙皇的士兵委員會被正式取消。[46] 托洛茨基還呼籲從前的沙皇軍官，甚至將軍，重新來服役，並在第二天發表的報紙採訪中表示，「沙皇時代的後遺症以及不斷加深的經濟混亂削弱了人民的責任感……必須阻止這種狀況。在軍隊中就和在蘇維埃艦隊中一樣，紀律就是紀律，士兵就是士兵，水兵就是水兵，命令就是命令」。[47] 他還堅持認為：「我們必須要有一些瞭解戰爭科學的老師。」[48] 斯大林是反對「軍事專家」最堅決的人之一。但列寧贊成托洛茨基必須實行專業化的觀點，並使之成為官方的政策。[49] 不過，斯大林等人繼續反對資產階級專家。[50]

因此，紅軍獲勝的關鍵——軍事專家和徵召入伍的農民——仍然飽受叛變的質疑。可到頭來，農民革命在很多方面影響了整個內戰的面貌，而大量吸收從前的沙皇軍官則影響了整個蘇維埃國家的面貌。

大部分參加內戰的前沙皇軍官都投奔了反布爾什維克軍隊，歸鄧尼金的大約有6萬人，歸高爾察克的有3萬人，歸其他指揮官的有1萬人。[51] 但打到最後，在紅軍中服役的有7.5萬人左右，在大約13萬人的布爾什維克軍官團中佔一半以上。更突出的一點是，沙皇時代的總參謀部中，約有775名將軍和1,726名其他軍官都一度加入了紅軍。[52] 他們的動機各不相同，從愛國、保留軍隊編制、充足的報酬和口糧，到憂心

298　被扣為人質的家人，不一而足。他們會忠心嗎？這個問題曾經促使臨時政府開始讓「政委」同留用的沙皇軍官團並肩工作，布爾什維克將這一做法推而廣之。[53] 各層各級的指揮員都要搭配至少一名政委，與此同時還設立了由上級任命的「政治部」，負責文書和宣傳工作。[54] 布爾什維克政委的權力包括，「防止任何反革命行動，不管它可能源自哪一方」，逮捕「違反革命命令的人」。[55] 軍事上的決定由軍官們單獨負責，但在實踐中，這些決定只有在指揮員和政委都簽名之後才能生效，這就為政委干預純粹的軍事事務打開了方便之門。[56] 軍政關係緊張成了一種通病。[57]

結果就出現了一場奇怪的內戰：白軍推開農民，想從底層招募軍官去同社會主義者作戰；紅軍把指揮崗位交給沙皇軍官，儘管只是在有武裝警衛監管的前提下，儘管只是不情願地招募農民。若是白軍欣然接受農民革命，若是紅軍把前沙皇軍官全都趕到白軍那邊，列寧、托洛茨基、斯大林等人就會再次流亡，或者被吊在路燈桿上。

在這種狂熱的政治氣氛下，俄國內戰在許多方面都是一場城市對農村的戰爭，是一場糧食（小麥、黑麥、燕麥、大麥）爭奪戰。[58] 不過，無論是糧食供應上的失敗甚或採用徵糧的辦法，都不是源自布爾什維主義。早在1916年秋，沙皇政府的農業部就開始實行徵糧指標制（*prodrazverstka*）。按照這種制度，以固定價格徵收的糧食指標被攤派到省，省又攤派到縣，如此這般，一直攤派到村。可以想見，這樣做並不成功。1917年3月，在麵包遊行導致沙皇突然垮台之後，臨時政府成立了一個專門負責糧食供應的部門，宣佈除了給農民留下固定的、最低限度的糧食之外，對糧食分配實行國家壟斷。但省區兩級的供應委員會弄不到糧食，同時，農民拿到手的貨幣卻在因為通貨膨脹而貶值（消費品反正是基本買不到）。[59] 彼得格勒之所以還能有吃的（儘管吃得很差），只是因為在碼頭、公路和鐵路上，到處都是商販——往往只能提心吊膽地坐在列車車廂的頂上——他們無視國家壟斷，從農村往城市倒賣糧食。1917年8月底，就在克倫斯基和科爾尼洛夫攤牌的時候，臨時

299　政府突然把國家代理人付給農民的糧價提高了一倍，這樣的讓步被國內批評者稱為「徹底投降」，然而在當時別說是麻袋和火車車皮，就連紙幣的供應都跟不上。臨時政府要靠農民的合作去解決城市和軍隊的糧

食問題，但在土地問題上卻不願滿足農民的要求。[60] 1917年10月16日，照理說，在收穫之後的這個月糧食很充裕，可臨時政府（最後一任）糧食部長卻似乎很絕望地說，「我們不要再想着靠游說……現在絕對必須改用強制的辦法」。[61] 戰爭，再加上對糧食供應實行國家管制未果，使得國家採取了沒收和分配這種比較拙劣的形式。[62]

　　布爾什維克對私商更不能容忍，他們決定強制推行臨時政府的失敗做法，對糧食實行國家壟斷，同時還用階級的詞彙將其重新裝飾一番，以得到「貧」農的幫助，找到藏糧食的地方。貧農們沒有響應號召，但事實證明，布爾什維克的強制措施要有力得多。[63] 儘管如此，這項按照人為制定的價格攤派納糧指標，以換取根本就不存在的工業品的基本政策，仍然無法滿足城市和軍隊的糧食需求。1918年初還沒有紅軍，可到了當年12月，紅軍數量已達到驚人的60萬，至少從要求的口糧來看是這樣；無事可做的人在挨餓。[64] 承諾能吃飽肚子有助於推進徵兵工作，但承諾能不能兌現，那就是另外一回事了。結果，許多士兵和大部分普通人之所以還能有吃的，那是因為很多人都變成了非法的私商（並非總是心甘情願）。[65] 一份非布爾什維克報紙一邊挖苦說，「形形色色的委員會的幾十萬個委員們需要吃飯」，一邊提供了一個合乎邏輯的建議：在糧食領域恢復合法的自由貿易和自由價格。[66] 實際上，解決問題的辦法本該如此，但在當時，它仍屬於異端邪說。

　　可以說列寧根本就不理解俄國的農業、土地利用、流動勞工和農民村社的實際運作，至於市場的激勵作用，那就更不用說了。1918年1月底，他任命托洛茨基做了存在時間很短的糧食和運輸特別委員會主席；之後不久成立了糧食人民委員部，農學院畢業的亞歷山大·瞿魯巴（Alexander Tsyurupa）在2月25日被任命為糧食人民委員。列寧建議說，所有農民都必須點名交糧，沒有照做的「要當場槍斃」。瞿魯巴，甚至還有托洛茨基，沒有執行。[67] 列寧繼續嚴厲譴責那些「有餘糧而不把餘糧運到收糧站者」，並宣佈他們是「**人民的敵人**」。[68]* 同月，政權宣佈實

300

---

* 譯註：《列寧全集》第34卷，第295頁。

行「糧食專政」，並向在戰爭中變得「又肥又富」而「現在拒絕把麵包給饑餓的人民」的「糧食投機商、富農、吸血鬼、擾亂分子、受賄者」宣戰。[69] 捷爾任斯基和盧那察爾斯基警告說，這樣做會危及布爾什維克同農民的關係，但列寧沒有理睬他們的意見。[70] 到了冬天，隨着內戰的全面展開，布爾什維克作出讓步，放棄了對富農和投機商進行嚴厲打擊的**官方政策**，回到從前按固定價格交納義務糧以換取工業品的政策。[71] 不過，他們實際上仍在繼續以階級鬥爭的名義，派人攔截私商並武裝徵糧，斯大林就是在這樣的背景下崛起的。[72]

不只是牢船：斯大林在察里津（1918）

內戰期間，沒有哪個地區比伏爾加河流域更關鍵，因為那裏是糧食和兵員最主要的來源地，同時也是把高爾察克（烏拉爾和西伯利亞）和鄧尼金（頓河和庫班）這兩支規模較大的白軍分割開來的戰略要地。[73] 沒有哪個地方比伏爾加河與察里津河交匯處的察里津更能體現出階級鬥爭的革命力量。察里津既是俄國東南部最大的工業中心（有15萬人口），也以濃縮的形式展現了革命的歷程——那裏在1917年2月還沒有布爾什維克，到1917年9月就被布爾什維克控制了，而當時彼得格勒還沒有發生政變。[74] 對高加索與莫斯科之間的糧食和原料運輸而言，紅色察里津是重要的鐵路樞紐，但它的西邊緊挨着廣袤的頓河流域和庫班河流域，而那裏是哥薩克的地盤，也是志願軍和白軍在南方的根據地。[75] 紅色察里津周圍的軍事形勢岌岌可危，但莫斯科和彼得格勒的工人隔一天才能領到區區4盎司* 麵包，所以，位於產糧區中間的察里津似乎是解決問題的辦法。為了領導南下的徵糧隊，列寧挑選了工人出身的堅強的布爾什維克、勞動人民委員亞歷山大‧施略普尼柯夫。同列寧的關係變得密切起來的瞿魯巴，建議把斯大林也派去。最後，施略普尼柯夫有事耽擱在莫斯科，斯大林只好獨自前往：1918年6月4日，他帶着

301

---

*   編註：約113克。

460名武裝人員離開莫斯科，兩天後抵達察里津火車站。[76]他的角色實際上就是南方的布爾什維克首腦，要為北方的首都解決吃飯問題。已是中央政府（或人民委員會）高級成員的斯大林，被任命為「南俄糧務領導者」。糧食危機以及為了緩解糧食危機而碰巧讓斯大林單獨負責武裝徵糧隊，使得他能夠再次上演在巴統（1902）、奇阿圖拉（1905）和巴庫（1907）有過的英勇行為，但這一次的影響要大得多。

列寧當時已經任命安德烈・斯涅薩列夫（Andrei Snesarev，生於1865年）為紅色察里津的總司令。斯涅薩列夫做過沙皇軍隊的參謀，臨時政府掌權時晉升為中將，後自願加入紅軍。1918年5月27日，他帶着由列寧簽署的人民委員會委任狀，作為新任命的負責人，來到新成立的北高加索軍事人民委員部所在地察里津。由於紅色武裝正在瓦解，斯涅薩列夫便開始從當地游擊部隊的散兵游勇中創建一支真正的軍隊，其中許多人都是剛剛被不斷推進的德國國防軍從烏克蘭趕出來的，就像流寇一樣。斯涅薩列夫在給中央的第一份報告中表示（5月29日），急需更多的軍事專家。[77]但是在6月2日，察里津的一名政治委員告訴莫斯科，當地人「幾乎沒聽說過成立紅軍的消息……在這裏，我們有一大堆司令部和頭頭，從基層的到特設的和最高指揮部的」。[78]這是在斯大林到達四天後。

斯大林沒有去當地的法蘭西飯店，而是住在一節停靠着的列車車廂裏，還像指揮員那樣穿了一件無領短上衣——那種因為克倫斯基而出了名的半軍事式樣的衣服——還讓當地鞋匠為他做了一雙黑色的高筒靴。[79]斯大林把不到20歲的妻子娜佳也帶在身邊；她穿着軍服，擔任他的隨行「秘書」。早在他的第一個工作日，即6月7日，他就向列寧誇口說，當他「抽乾」這個富饒的地區，他會發去八趟裝滿糧食的直達列車。他還說，「請放心，我們的手決不發抖」。同時，斯大林抱怨說：「如果我們的軍事『專家們』（飯桶！）不蒙頭睡覺，遊手好閒，線路就不會被切斷；如果線路恢復，那也不能歸功於軍事專家，而是由於反對了他們。」[80]*6月10日，列寧向「所有辛辛苦苦的勞動者」發佈公告說，援助

---

* 譯註：此處作者引用的內容實際上分屬兩份不同日期的文獻，即1918年6月7日斯大林在察里津給列寧的電報和1918年7月7日斯大林在察里津給列寧的信；另外，在《斯大林全集》中文版裏，6月7日給列寧的電報中並無「抽乾」一說。參見《斯大林全集》第4卷，第104–106頁。

的糧食很快就到：「派到察里津領導頓河和庫班河地區所有糧食供應工作的人民委員斯大林，已經給我們發來電報，說儲備了大批糧食，他希望很快運往北方。」[81]事實上，沒過幾個星期，斯大林就向北方發出了第一批運糧列車，據說大概9,000噸，儘管斯大林發往北方的糧食總數是多少還不清楚。不過，他就像承諾的那樣，對任何事和任何人都不姑息。他頻頻打電報給列寧，答應繼續運去糧食，並對執行類似任務的其他官員滿懷怨恨，稱他們是破壞分子。[82]

302

　　這個趾高氣揚的鞋匠兒子最重要的工具之一，就是察里津的契卡。它於1918年5月剛剛成立，那時佔據了一棟俯瞰伏爾加河的兩層宅邸。上面一層用於辦公和住宿，下面一層分隔成幾間牢房。那些牢房很快就塞滿了犯人，他們被打得不省人事地「認了罪」。契卡的打擊對象包括「資產階級」、神職人員、知識分子以及沙皇軍官——他們中的許多人響應當地的號召加入了紅軍。工人和農民要是敢批評，或是有人說他們批評了這種隨意抓人打人的行為，也會被當成反革命抓起來。[83]關於契卡暴行的流言為它增添了幾分神秘色彩：哈爾科夫的契卡據說會剝下受害者的頭皮，葉卡捷琳諾斯拉夫的契卡會用石頭砸死受害者或者把他們釘在十字架上，而克列緬丘格的契卡會把受害者釘在尖樁上。[84]在察里津，據說契卡用手鋸鋸斷人的骨頭。[85]當時在察里津已經是地區契卡首腦的亞歷山大‧I. 切爾維亞科夫（Alexander I. Chervyakov，生於1890年），表現得就像暴君。他和他的穿着皮衣的打手們算了他們的舊帳，包括與其他契卡特工人員的舊帳，但現在，他們都聽命於斯大林。[86]有位見證人，布爾什維克費奧多爾‧伊利英（Fyodor Ilin，他根據陀思妥耶夫斯基小說中的人物名，用過「拉斯科爾尼科夫」〔Raskolnikov〕這個名字）回憶說，「在察里津，斯大林就是一切」——該地區契卡事實上的首腦，而且很快也成為該地區紅軍事實上的首腦。[87]

　　斯涅薩列夫建立了一支2萬人的地方紅軍隊伍，並在察里津至葉卡捷琳諾達爾鐵路沿線爆發激烈戰鬥的時候，組織察里津周圍的防禦。[88]但斯大林此時正在處心積慮地想要撤換這位前沙皇軍官。7月10日，他打電報給列寧說：「南方糧食很多，但是要得到這些糧食，必須有一個不受軍用列車、各集團軍司令員等阻撓的健全機構。」因此，斯大林的

結論是：「從工作利益着想，我必須有軍事全權。這一點我過去提過，但是沒有得到答覆。好吧。在這種情況下，我將自己作主，不經形式手續把那些損害工作的集團軍司令員和政治委員撤職⋯⋯我決不因為沒有托洛茨基的公文而不去行動。」[89]* 這種公然貌視陸軍人民委員權威的行為讓托洛茨基十分意外。他在7月17日打電報給斯大林，指出斯涅薩列夫應該留在司令員 (voenruk) 的位置上，但是，「如果你認為保留斯涅薩列夫軍事委員的職務不合適，那就告訴我，我會把他調走。托洛茨基」。[90] 斯大林迫不及待地接受了這一讓步。7月19日，用當地的三人革命軍事委員會取代斯涅薩列夫及其北高加索軍事委員職務的批文到了。這三人是：斯大林；察里津布爾什維克的頭號人物謝爾蓋·米寧 (Sergei Minin)，他是神父的兒子，同斯大林一樣，也曾是神學院的學生；以及當地的另外一名官員。在莫斯科發來的命令上還有這麼一句：「發來的這封電報得到了列寧的批准。」[91] 列寧需要糧食。[92] 斯大林需要不受托洛茨基節制的自主權。

　　斯大林現在把斯涅薩列夫的作戰處據為己有。一張7月22日的清單列出的物品有：打字機（「雷明頓牌」）一台；電話（城市線）一台；電話（察里津司令部）一台；桌子四張；藤椅七張；鋼筆三支；鉛筆五支；文件夾一個；垃圾桶一個。[93] 斯大林認為斯涅薩列夫是托洛茨基的人，因而曾經強迫他把兩支軍隊統一歸克利姆·伏羅希洛夫指揮。[94] 伏羅希洛夫出生於盧甘斯克，同察里津契卡的亞歷山大·切爾維亞科夫一樣，老家都在頓巴斯煤礦。伏羅希洛夫在1906年黨的第四次代表大會上同斯大林見過（他們住在同一個房間）。他的出身同樣低微：母親是給人洗衣服的，父親在礦上和鐵路上做工。伏羅希洛夫八歲時就輟學伺候牲口、學做鎖匠。1917年8月，他從切爾維亞科夫手中接管了盧甘斯克市的杜馬，掌管到1918年2月，烏克蘭成為德國人的天下，於是他開始打游擊，而這也成了他最初的軍事經歷。[95] 他和其他赤衛隊員一起從烏克蘭撤到察里津。作為一個優秀的騎手和射手，一個真正的

303

---

*　譯註：《斯大林全集》第4卷，第108–109頁。

無產者，他在普通士兵中有些名氣，但決不是一個戰略家。「從個人來講，伏羅希洛夫並不太具備一名軍事長官所必須具備的素質，」斯涅薩列夫在1918年7月給托洛茨基寫道，並且還説他「不遵守部隊指揮的基本規則」。[96] 但斯大林和伏羅希洛夫一起極力主張的防禦計劃是，把察里津北面防線的部隊調到其南面和西面發動進攻。進攻在8月1日如期開始。不到三天，察里津就失去了同莫斯科的聯繫；部隊不得不調回城市的北面。斯大林寫信給列寧（8月4日），把責任推給斯涅薩列夫留下的「攤子」。[97]

斯大林讓人逮捕了斯涅薩列夫和各式各樣沙皇時代的軍人，這是清除「軍事專家」行動的一部分，而「軍事專家」也包括當地的整個炮兵指揮部，連文書都算。[98] 契卡總部前有一條河，他們被關在河裏停泊的一條駁船上。托洛茨基派了一名助手、西伯利亞人阿歷克謝·奧庫洛夫（Alexei Okulov）調查此事。奧庫洛夫釋放了斯涅薩列夫（他被派到了別的地方），同時批評了斯大林和伏羅希洛夫。托洛茨基還發了一封措辭嚴厲的電報，命令察里津允許沙皇軍官們幹他們的工作，但斯大林在電報上寫道，「不予考慮」。[99] 關在船上的大約400名被捕人員，很多都在1918年夏天被餓死或槍斃了。

斯大林此時還在緊張地進行另一項針對高層的燃料遠征隊的陰謀。燃料在莫斯科也十分緊缺，因此，為了弄到石油，列寧讓最高經濟委員會的布爾什維克K. E. 馬赫羅夫斯基（K. E. Makhrovsky）組織一支遠征隊，帶了1,000萬盧布的現金到北高加索的格羅茲尼煉油廠。在交通人民委員部的黨外技術專家N. P. 阿列克謝耶夫（N. P. Alekseev）以及捷列克省（北高加索）的蘇維埃負責人謝爾蓋·基洛夫的陪同下，馬赫羅夫斯基的油罐專列於7月23日左右抵達察里津，準備從那裏前往格羅茲尼。斯大林對他們説，向南的鐵路線已經落到車臣的叛軍和捷列克的哥薩克手中。馬赫羅夫斯基向他索要在察里津發現的燃料未果，便返回莫斯科匯報，把空的油罐列車和鎖在手提箱裏的1,000萬盧布留給了自己的妻子和黨外專家阿列克謝耶夫。8月13日，基洛夫以斯大林的名義向馬赫羅夫斯基的妻子討要那筆錢。她拒絕了，然後偷偷地同阿列克謝耶夫商量，把錢藏到一個新的地方。8月15日，馬赫羅夫斯基回到察里

津。為了那1,000萬以及相關的事務你來我往地又爭執了一番，8月17日的夜裏，斯大林讓人逮捕了阿列克謝耶夫，並在馬赫羅夫斯基的陪同下，把阿列克謝耶夫交給了契卡。對他的指控是策劃一起牽連很廣的奪權陰謀。他的同謀據說很多，有前沙皇軍官、塞爾維亞軍官、社會革命黨人、工聯分子、托洛茨基的一名「將軍」、前臨時政府官員。[100]「所有專家，」據說契卡頭子切爾維亞科夫認為，「都是資產階級，而且大部分是反革命。」[101]

馬赫羅夫斯基本人也被抓了起來。對於他那由列寧簽發的政府委任狀，察里津契卡拒不認可。「同志，不要說中央，也不要說地方必須服從中央，」據馬赫羅夫斯基（呈交給列寧）的描述，審訊人員伊萬諾夫對他說，「在莫斯科，他們有他們做事的方式，而在這裏，我們有我們自己做事的方式……中央不能甚麼事都對我們發號施令。我們要讓中央聽從我們的意志，因為在地方上是我們掌權。」[102]當月的晚些時候，在當地的蘇維埃想要調查察里津契卡隨意抓人殺人的行為時，後者阻止了他們，聲稱自己得到了中央的授權。實際上，他們執行的是斯大林的命令。斯大林最後放掉了馬赫羅夫斯基，但他也得到了自己想要的：燃料遠征隊的錢、車輛和所有其他東西。[103]

斯大林同伏爾加河上下游的其他人一樣，把犯人關在船上，可他有的不只是牢船。他領導下的察里津契卡大肆宣揚，發現了準備資助反革命的幾百萬盧布；隨後是大逮捕，處死了「由右派社會革命黨人和黑色百人團軍官組成的阿列克謝耶夫反革命白衛分子陰謀」的23名領導人。[104]根本沒有審判。阿列克謝耶夫被打得渾身是血，然後同他的兩個兒子（其中一個才十幾歲）一起被槍殺了；其他被關押的，不管是出於甚麼原因，或者根本就沒有原因，也被扯進了這起「陰謀」。斯大林充分利用了報刊的力量。他（在8月7日）把當地的《北高加索軍區新聞報》改為面向大眾的《革命士兵報》；（1918年8月21日的）「特別」版及時宣佈了「挫敗」阿列克謝耶夫「陰謀」的消息。「斯大林對鼓動工作寄予厚望，」察里津紅軍指揮部的參謀、前沙皇軍官阿納托利·諾索維奇上校（Anatoly Nosovich）寫道，「他經常在有關軍事藝術的爭論中説，關於軍事藝術的必要性，所說的一切都很好，但是，如果世界上最有才能的

指揮員缺乏依靠鼓動工作正確地培養起來的具有政治覺悟的士兵，那可以肯定，他是對付不了數量雖小但積極性很高的反革命分子的。」[105]

在爆出「阿列克謝耶夫陰謀」的重大新聞時，新選出的頓河哥薩克的阿特曼（首領）彼得‧克拉斯諾夫將軍（Pyotr Krasnov）已經率領軍隊包圍了察里津，但斯大林處決犯人並不是因為恐慌。[106] 許多人都在擔心哥薩克有可能進入這座紅色城市，而他卻在利用「反革命」的幽靈去激勵工人，恐嚇試圖與布爾什維克為敵的人。在一場政治秀中，契卡強迫「資產階級」在城市周圍挖防禦戰壕，並在眾目睽睽之下，在說要處死他們的竊竊私語中，反擰着雙臂把犯人從「牢船」押往監獄。據說當時到處都有通風報信的人。[107] 最主要的是，斯大林領導下的契卡消滅「敵人」的行為釋放出一種強烈的、帶有宣傳性質的信號：據説在克拉斯諾夫的白軍包圍察里津期間，為了讓哥薩克佔領這座城市，革命內部的敵對分子正在策劃暴動。[108]（這在後來叫做第五縱隊。）從這裏，1920和1930年代無數捏造的審判——在1937至1938年的大恐怖中達到頂峰，已經露出了一點點影子。

斯大林的工作方法深受階級觀念的影響。為了打通生死攸關的鐵路線，他甚至想把寥寥幾個對鐵路線真正比較暸解的技術專家抓起來或就地處決，因為他們是階級異己分子，而階級異己分子就是破壞分子。當然，他還沒有目光短淺到反對所有前沙皇軍官的地步。[109] 但他依靠那些新提拔上來的、像他本人一樣來自「人民」的人，只要他們忠於自己。無產者出身的伏羅希洛夫（生於1881年），沒有露出任何想要踏着斯大林向上爬的意思。伏羅希洛夫後來認為，斯大林的做法是「對後方無情的清洗，是鐵腕管理」——在布爾什維克當中，這根本算不上惡行。

大概就是在這個時候（1918年8月），在喀山落到白軍手中之後，托洛茨基去了喀山附近的斯維亞日斯克，在那裏認識了前沙皇軍隊的上校、拉脱維亞人指揮員約阿基姆‧瓦采季斯，並把他提拔為紅軍最高總司令（該位置一直空缺）。[110] 托洛茨基還認識了伏爾加河艦隊司令費奧多爾‧拉斯科爾尼科夫以及兩名委員伊萬‧斯米爾諾夫（Ivan Smirnov，「西伯利亞的列寧」）和阿爾卡季‧羅森格爾茨（Arkady Rozengolts）。喀

山戰役中的這幾個人，後來成了托洛茨基手下的一個小集團，類似於斯大林的察里津幫。[111] 為了挽救行將崩潰的戰線，托洛茨基命令：「如有哪支部隊擅自後退，第一個被槍斃就是政委，第二個就是指揮員……膽小鬼、只顧自己的人和叛徒也逃不過挨槍子。」[112] 因此，托洛茨基對斯大林有意見，不是因為斯大林的過分殘忍，而是因為他在軍事上的業餘和不服從命令。就斯大林而言，他對來自遠方的軍事命令感到憤怒，在他看來那些命令沒有考慮到「當地的情況」，所以他才擅自改變莫斯科送給南方高加索戰線的軍需物資的用途，關押並槍斃軍事專家，想要依靠赤衛隊式的武裝工人守住城市。

在察里津時，斯大林的個性暴露得十分充分：對階級觀念和無師自通抱着極其偏執的態度；固執而易怒；注意政治上的教訓但軍事上比較無知。托洛茨基注意到斯大林在軍事上一知半解、任性而且易怒，但其他方面就不甚了了。除了伏羅希洛夫，幾乎沒有別人對斯大林有全面的認識。但有一個人「看穿了」斯大林，那就是前沙皇軍官諾索維奇（生於1878年）。諾索維奇出身貴族，1918年加入紅軍，同年秋天投奔白軍，從而逃過了斯大林為階級異己分子和批評者準備的斷頭台，他的叛逃讓斯大林更加堅信自己對於軍事專家的看法是正確的。[113]「斯大林在選擇實現目標的手段時不會猶豫，」諾索維奇（化名A.「黑海人」）在他當時揭露紅色陣營的報道中寫道，「聰明、精明、受過教育而且詭計多端，〔斯大林〕是察里津及其居民中的邪惡天才。各種各樣的徵用，將住戶掃地出門，伴隨着無恥偷盜的搜查、逮捕以及其他針對平民的暴力行為，在察里津是很平常的事情。」對於格魯吉亞人的真正任務——不惜一切代價搞到糧食——以及紅色察里津所面臨的真正威脅，諾索維奇說的是對的。他看到的不僅有斯大林對於絕對權力的渴望，還有他對於事業絕對的獻身精神：斯大林從自己人那裏竊取了1,000萬盧布和一支車隊，不是為了個人享受，而是為了保衛革命；他在沒有證據或未經審判的情況下處死「反革命分子」，不是因為要逞威風或者恐慌，而是將這當作一種激勵群眾的政治策略。「公正地說，」諾索維奇最後表示，「任何舊的行政官員都不如斯大林那樣充滿活力，而他無論如何都要把事情辦好的能力也值得學習。」[114] 可察里津仍舊危在旦夕。

斯大林被召回和化險為夷

1918年8月30日，當列寧在莫斯科米歇爾遜工廠遭到槍擊後，斯大林同斯維爾德洛夫通了電報，知道自己的恩主傷勢十分嚴重。[115] 因為斯大林和托洛茨基都不在莫斯科，斯維爾德洛夫便負起責任；他身材瘦小，說話渾厚有力，是會場上的權威，但名望遠不及列寧。托洛茨基的威信僅次於列寧，斯大林的名聲也在上升，但兩人彼此的敵意很深；斯維爾德洛夫既不能化解他們的分歧，也無法超過兩人當中的任何一個。三人只能祈禱列寧能夠康復，那是布爾什維克存亡的關鍵。

308

隨着列寧逐漸康復，托洛茨基和斯大林之間的對立變得越發嚴重。1918年9月11日，北高加索軍區更名為「南方戰線」，同時，斯維爾德洛夫將斯大林召到莫斯科；9月14日，斯大林到達莫斯科，並在第二天見了斯維爾德洛夫和列寧。9月17日，在斯大林也一同出席的共和國革命軍事委員會會議上，托洛茨基任命前沙皇軍隊少將帕維爾·瑟京 (Pavel Sytin) 為南方戰線司令員 (南方戰線不僅僅是一個地方，還類似於一個集團軍群)，也就是伏羅希洛夫的上級。[116] 9月24日，斯大林回到察里津；三天後，他向列寧抱怨說，察里津的彈藥完全空了，而莫斯科一點都沒有運過來 (「這是某種犯罪性的掉以輕心，簡直就是叛變行為。如果這樣拖下去，我們無疑將輸掉南方的這場戰爭！」)[117]* 同日 (9月27日)，斯大林向軍方索要大批新武器和10萬套制服 (超過了當地部隊的數量)，而且言辭激烈地威脅道：「我們宣佈，如果這些要求不能儘快滿足，我們將被迫停止軍事行動並撤到伏爾加河的左岸。」[118]

1918年9月29日，瑟京少將來到察里津；斯大林和米寧隨即阻撓他行使任命指揮員和發佈作戰命令的權利，反對他把戰線司令部轉移到察里津城外以確保與莫斯科的聯繫的計劃。[119] 10月1日，斯大林正式要求用伏羅希洛夫取代瑟京。[120] 同日，斯維爾德洛夫發來一封措辭嚴厲的電報：「共和國革命軍事委員會的所有決定」——也就是托洛茨基的所

---

* 譯註：《蘇聯歷史檔案選編》(社會科學文獻出版社，2002)，第1卷，第212頁。

有決定——「對戰線各革命軍事委員會都具有約束力」。[121] 托洛茨基向斯維爾德洛夫抱怨（1918年10月2日），並直接給斯大林和伏羅希洛夫下令（10月3日），不要干涉軍事事務。[122] 同日，斯大林寫信給列寧，喋喋不休地指責他的死敵。「問題在於，一般說來托洛茨基不大喊大叫指手畫腳是不行的。」斯大林寫道，「在布列斯特，他以自己漫無節制的『左』的姿態打擊事業。在捷克斯洛伐克人的問題上，他也……以自己那種大喊大叫的外交姿態損害了事業。現在，他又在紀律問題上以其固有的裝腔作勢進行新的打擊，更何況托洛茨基強調這種紀律實際上是由於前線的一些傑出活動家識破了『無黨派』反革命分子陣營中的軍事專家的陰謀詭計。」[123]* 實際上，雖然托洛茨基認為革命會徹底地改變一切，甚至語言，但他堅持認為革命並沒有改變戰爭：同樣的戰術、後勤保障和基本軍事組織仍然是有效的。[124] 在軍事事務方面，斯大林是左傾主義者，不管前沙皇軍官的表現如何，都對他們進行無情的階級鬥爭。斯大林在10月3日給列寧的信裏最後假惺惺地說道，「我不是吵鬧和醜劇的愛好者」，「現在應該——還為時不晚——制止托洛茨基，讓他遵守秩序」。† 斯維爾德洛夫認為應該婉轉一點，但是在10月4日，托洛茨基從南方別的地方打電報給斯維爾德洛夫，並抄送列寧，說「我堅決主張召回斯大林」。[125]‡

　　衝突的結果自然是托洛茨基和斯大林各自請求列寧撤掉對方。

　　感到疑惑而憤怒的托洛茨基指出，在南方戰線，紅軍的數量是白軍的三倍，可察里津仍然形勢嚴峻。[126]「伏羅希洛夫能夠指揮一個團，不能指揮5萬人的集團軍。」托洛茨基在10月4日要求召回斯大林的電報中寫道，「但我還是把他〔伏羅希洛夫〕留下擔任察里津第10集團軍司令員，條件是服從南方戰線司令員瑟京的指揮。」托洛茨基威脅說，「如果明天還不執行，我就把伏羅希洛夫和米寧送上法庭，並將此情況通報

309

---

*　譯註：《蘇聯歷史檔案選編》第1卷，第213頁。

†　譯註：《蘇聯歷史檔案選編》第1卷，第214頁。

‡　譯註：《蘇聯歷史檔案選編》第1卷，第216頁，註1。

全軍……沒有時間來進行外交談判。察里津要麼服從，要麼離開。」[127]*
10月5日，斯維爾德洛夫再次指示斯大林、米寧和伏羅希洛夫要執行托
洛茨基的命令。[128]

　　列寧同意托洛茨基召回斯大林的要求——察里津不能丟，但拒絕了
托洛茨基處分斯大林的要求。「我收到斯大林從察里津動身來莫斯科的
消息，」斯維爾德洛夫打電報給托洛茨基說（10月5日），「我認為現在
必須對察里津那幫人保持最大的謹慎。那裏有很多老同志。在態度強
硬、毫不妥協的同時必須儘量避免衝突。不用說，我只是在表達我的意
見。」[129]斯維爾德洛夫很有分寸地表達了他對斯大林的判斷，同時要求
托洛茨基適可而止。10月6日，斯大林動身前往莫斯科，並在10月8日
見到列寧。[130]在察里津，10月7日那天，米寧主持的有五十多個地方黨
組織、蘇維埃和工會積極分子參加的會議通過了一項決議，建議對起用
前沙皇高級將領一事，召開「全國代表大會，重新審視和評估中央的政
策」。外省人要求中央委員會撤銷這項政策，此舉一方面說明，在1918
年的時候，權力沒有完全集中到中央，另一方面也說明地方上的人相信
有斯大林「罩着」（或充當保護人）。[131]然而斯大林在莫斯科的日子並不
舒心：他被解除了南方戰線的職務，雖然為了安撫他，又任命他為共和
國中央軍事委員會委員。[132]現在，斯大林在同托洛茨基聯繫的時候，必
須要在電報上寫上「軍事委員會委員斯大林」致「軍事委員會主席」。[133]

310　　　　大概在10月11日，斯大林又回到了察里津，而且證據顯示，是在
斯維爾德洛夫的陪同下，而斯維爾德洛夫的目的是想緩和當地紅色陣營
內部的緊張關係。[134]白軍在1918年10月15日打到了察里津郊區，在紅
軍總司令瓦采季斯發給伏羅希洛夫同時抄送瑟京和托洛茨基的電報中，
這一天的局勢被說成是「災難性的」；瓦采季斯責備伏羅希洛夫不配合
他的上級瑟京。[135]斯大林在10月19至20日決戰正酣的時候離開了察里
津，而且再也沒有回去。托洛茨基趕來代替他以及挽救這座城市的防
禦工作。[136]

---

*　譯註：同上註。

後來保住、但只是勉強保住察里津的不是托洛茨基，而是德米特里・日洛巴（Dmitry Zhloba）。他的15,000人的「鐵軍」離開高加索前線，16天走了500英里*，偷襲了沒有防備的白軍後方。[137] 10月25日，「鐵軍」把哥薩克趕過頓河。[138] 四天後，斯大林向莫斯科蘇維埃全體會議報告了形勢一度是如何危急。[139] 實際上，要是在1918年秋天丟掉察里津，除了永久的名譽損失之外，他可能還要受到政府的調查和處分。[140]

世界的轉折點（1918年11月–1919年1月）

喜歡豪賭的並不是只有列寧。德國指揮部就接連嘗試了一系列的豪賭：試圖打贏機動性戰爭的施利芬計劃（1914）、為了耗盡敵人的資源而在凡爾登採用新的消耗戰戰略（1916）、為了打破英國的海上封鎖而實施無限制的潛艇戰（1917）、為了製造混亂並促使俄國退出戰爭而把列寧送回國；以及在德軍取得東線的勝利後，接着又於1918年3月21日在西線大舉進攻。[141] 到了6月，西線德軍已經距離巴黎不到37英里†，近到足以用「大貝爾塔」重炮去轟擊巴黎的程度。但德國國防軍付出了100萬人傷亡的代價，卻沒能拿下法國的首都。[142] 潛艇戰招致美國部隊的加入，他們開始以每月12萬人的速度抵達法國（美國已在1917年初參戰，當時**共有**15萬隨時可應令出征的士兵）。與此同時，加拿大、澳大利亞、新西蘭、印度和南非也派兵代表英國參加軍事行動，而且比美國後來派的還多，結果在1918年8月，得到增援的協約國開始反攻。是的，由於布列斯特和約——或者更確切地説，由於柏林主動違背自己在條約中所禁止的行為，德國向西線調動了50萬軍隊，從而使那裏的兵力從150個師增加到192個師。[143] 但是到1918年9月28日，負責西線攻勢的副總參謀長埃里希・魯登道夫告訴自己的上司、陸軍元帥保羅・馮・興登堡，德國取勝無望，因為沒有可以投入戰鬥的後備力量。魯登道夫沒有提到的是，在發動西線攻勢期間，混亂的東線佔領

311

---

* 　編註：約805公里。

† 　編註：約60公里。

區拖住了近100萬德國國防軍士兵，從東線佔領區非但沒能獲得資源，反而消耗了他們的力量。[144]（單是為了讓烏克蘭的鐵路恢復通車，德國就輸出了8萬噸煤。）魯登道夫後來拿布爾什維主義及其對德國軍隊的「傳染」做替罪羊，哀嘆説：「我過去時常夢想這場〔俄國〕革命，以為它會大大減輕我們的戰爭負擔，可現在，夢想突然以一種始料未及的方式變成了現實。」[145]但就如有學者解釋的，「打敗作為軍人的魯登道夫的那個人，與其説是〔協約國最高總司令〕福煦元帥，不如説是作為政客的魯登道夫」。[146]

在此期間，為了拯救正在撤退的國防軍——他們遍佈在從法國到烏克蘭的外國領土上——焦頭爛額的魯登道夫建議向協約國要求立即停火，但德國新內閣的文官們不同意。文官們考慮進行全民總動員，作最後的抵抗，這同後來所謂在背後捅刀子的説法恰好相反。[147]魯登道夫很快就改變求和的想法並辭去了職務；內閣也從未設法動員平民。

11月9日，列寧在新古典主義風格的莫斯科大劇院，高興地對參加第六次全俄蘇維埃代表大會的代表們説：「我們從來沒有像現在這樣接近國際無產階級革命。」[148]*同一天，堅定的君主派興登堡以及德國指揮部的其他人，因為擔心國內會發生他們送列寧回俄國煽動的那種革命，便向德皇施壓，要求他退位。威廉二世讓人把他的專列轉軌，越過邊境進入荷蘭，在人身安全得到保障之後，立即簽署了一份正式的退位聲明。[149]（和被處死的表弟尼基不同，維利的壽命很長，在流亡中獲得善終。）接着就是在1918年11月11日，在福煦元帥位於前線附近的法國森林中的專列上簽署了停戰協議。停戰協議要求各地德軍立即撤出——在從前的俄羅斯帝國境內的除外，德軍要繼續留在那裏等待協約國的下一步命令。[150]兩天後，莫斯科單方面宣佈廢除布列斯特和約以及1918年8月的補充和約（連同補充和約中的60億盧布的賠款，只是賠款已經支付了一部分）。[151]（獲勝的協約國很快就迫使德國宣佈，正式放棄布列斯特和約。）經過了可怕的52個月，世界大戰結束了。列寧心情大好，

312

---

*　譯註：《列寧全集》第35卷，第114頁。

釋放了在押的非布爾什維克社會主義者，並於1918年11月30日讓孟什維克黨重新成為合法的政黨。[152]

　　戰爭帶來了巨大而深遠的影響。在美國和英國，戰時GDP都提高了，但是在奧地利、法國、奧斯曼帝國以及俄國卻下降了30%至40%。[153] 在各參戰國，世界大戰讓稅收和國家對經濟的控制達到了史無前例的水平，而且後來大多沒有降下來。[154] 除了戰爭中有850萬人死亡和近800萬人被俘或失蹤外，全球還有5億人染上流感並至少有5,000萬人死亡，足足佔全世界人口的3%（有些人估計死亡人數高達1億）。[155] 約有2,000萬人返回家鄉時都受過不同形式的重傷。150萬英國士兵落下殘疾（殘疾軍人的補助標準是：失去右臂的每週16先令，失去右手和前臂的11先令6便士，失去左臂的10先令，臉部毀容的甚麼也沒有）。在德國，約有270萬人在回國時都帶有戰爭造成的殘疾，同時，戰爭還製造了50萬寡婦和120萬孤兒。為了維護公共秩序，更別説也是為了還債，士兵和寡婦得到了撫恤金。由於戰爭的影響而採取的其他緊急社會政策還包括緊急住房法令——在無奈之下開始實行永久性的政府管制。在戰爭的刺激下，失業保險、疾病救濟金、生育及喪葬補助，擴大為原始形態的福利國家。俄羅斯帝國的損失有：死亡200萬人，受傷250萬人。[156] 俄國人當中染病的估計有240萬人，被俘有390萬人——投降的人數之多，相當於其他參戰國戰俘數量的總和。[157] 正是在這樣的背景下，托洛茨基才嘲諷「天主教徒和教友會教徒口口聲聲説的人的生命的神聖性」，而列寧也以贊同的口吻引用了馬基雅維利的話，大意是「暴力只能用暴力來回答」。[158]*

　　接受德意志帝國的幫助返回俄國，在彼得格勒發動政變，與德國單獨媾和，列寧的幾次豪賭成功了。俄國和德國，戰爭中的兩個對頭，現在都失敗了，兩國提供了一種很有啟發性的對比。列寧承認：「戰爭使人得到了許多教益，它不僅使人知道人們要遭受痛苦，而且使人懂得，佔上風的總是擁有高度的技術裝備、組織性、紀律性和精良的機器

313

---

* 　譯註：《列寧全集》第35卷，第252頁。

的人。」[159]* 同時代的很多人都說魯登道夫（出生於1865年）和列寧（出生
於1870年）兩人的方法有相似之處，就跟戰爭時期德國的政策同布爾什
維克的政策總的來說很相似一樣。[160] 東歐的德國佔領軍的辦法是人口
登記、財產充公、徵兵及胡亂發佈法令，在陷入自己造成的管理混亂的
同時，卻要求獲得無限的權力。但與布爾什維主義不同，戰時德國在
東歐的統治並沒有從政治和文化上把民眾組織起來。也沒有創辦任何
使用本地語言的報紙和學校，用以影響和塑造當地社會。相反，德國
人一心想着如何讓本國公職人員沉浸在德意志文明（*Kultur*）中，唯恐他
們受到當地習俗的影響。要不是因為當地有說意第緒語並能很快成為
德國人翻譯的猶太人，那些德國霸王恐怕都沒有辦法交流。[161] 德國人
根本沒有把激發大眾參與作為首要的目標，他們也沒有建立群眾組織。
德國在東歐的經驗不僅證明了布爾什維主義應該在多大程度上歸功於世
界大戰，還證明了布爾什維主義在多大程度上強於軍事佔領。[162] 另外，
把魯登道夫在立陶宛、西白俄羅斯和拉脫維亞的私人王國同斯大林在察
里津相比較，可以發現斯大林展示出與魯登道夫完全相反的才能：軍事
上業餘，但政治上老道。

　　斯大林的門徒、駐防察里津的第10集團軍司令員伏羅希洛夫還在
堅持。[163] 起初，最高總司令瓦采季斯想要解除他的職務，可托洛茨基
儘管堅決要求立即撤掉謝爾蓋‧米寧（「執行的是極端有害的政策」），
卻表示要是給伏羅希洛夫身邊派個得力的人，可以讓伏羅希洛夫留
任。[164] 但不久托洛茨基便打電報給斯維爾德洛夫，要求把伏羅希洛夫
也撤掉（「沒有表現出任何主動精神，淺薄，缺乏才幹」）。[165] 與此同時，
瓦采季斯的態度卻有所鬆動，表示他並不太反對讓伏羅希洛夫去指揮
烏克蘭的紅軍（可能對於那個位置他根本沒有其他人選）。[166] 托洛茨基
大怒。「妥協是必要的，但不能隨意妥協，」他向列寧申辯說（1919年1
月11日），「實際上，察里津那幫人全都集中在哈爾科夫……我認為斯
大林對察里津幫的保護是個危險的潰瘍，比軍事專家的背叛和賣國更壞

314

……伏羅希洛夫，連同烏克蘭人的游擊習氣、缺乏教養和蠱惑人心，那是我們在任何情況下都要不得的。」[167]

伏羅希洛夫和托洛茨基之間的敵意讓前者對斯大林來說十分重要。伏羅希洛夫、米寧及其手下為了報復而開始暗中散佈托洛茨基的謠言，說這位陸軍人民委員同沙皇的將軍們關係很近，正在把共產黨員交給行刑隊，那可是叛變的苗頭。[168]（斯大林可以把對托洛茨基不利的話直接報告給列寧。）左派共產主義者，比如主編《真理報》的尼古拉‧布哈林，則利用察里津幫繼續他們自己的反托洛茨基活動，以實現軍事組織的「民主化」。[169] 托洛茨基被迫進行還擊。他在 1919 年初嘲笑「蘇維埃新官僚」，說這些官僚「在他們的任務面前發抖」，嫉賢妒能，不願學習，還為自己的過失找替罪羊。「這是對共產主義革命事業的真正威脅……是反革命的真正幫兇。」[170] 這成了托洛茨基後來批判斯大林主義的要點。

列寧把斯大林突然調離察里津，但是對於這位自己的格魯吉亞門徒，很明顯仍然十分信任。1919 年 1 月，他把斯大林派到一個新的熱點地區，烏拉爾的維亞特卡，去調查彼爾姆及其周圍地區為甚麼會落到海軍上將高爾察克手裏。[171] 與斯大林一起去的是契卡的捷爾任斯基，而且斯大林依然帶着妻子娜佳，還有娜佳的姐姐安娜‧阿利盧耶娃（生於 1896 年）；捷爾任斯基的貼身秘書斯坦尼斯拉夫‧雷傑恩斯（Stanisław Redens，生於 1892 年）也是波蘭人，他愛上斯大林的大姨子，很快娶了她。至於紅軍在彼爾姆的潰敗，斯大林和捷爾任斯基先後提交了三份報告，強調紅軍的極端混亂和當地人對政權的敵意（因為徵糧），但每次的報告都推卸責任，先是責難托洛茨基，然後是瓦采季斯。他們的報告刻意列出了紅軍方面叛逃到白軍那邊的前沙皇軍官。報告中也承認布爾什維克政權應避免把「太年輕的」同志或黨內「煽動家」派去監督沙皇時代的指揮員——或許是由於列寧干預的緣故，這個說法相比於斯大林早先的強硬路線緩和了一些。[172] 在此期間，1 月 19 日星期日那天，列寧去見正在莫斯科郊外的新鮮空氣和樹林中養病的克魯普斯卡婭時，他的勞斯萊斯被三名武裝士兵搶走了。剩下的路，這位革命領袖只好同他的妹妹、司機（斯捷潘‧吉爾）以及一名衛兵一起徒步跋涉了。[173]

凡爾賽 1919：反常現象

315   在載入史冊的諸多和約中，受批評最多的幾乎要數凡爾賽條約
了。巴黎和談從1919年1月18日（德國統一紀念日）開始，於1919年
6月28日（弗朗茨·斐迪南大公遇刺五週年那天），在凡爾賽的鏡廳，
也就是德意志帝國宣告成立的地方結束。37個國家派去了代表（有的
還不止一個）；處理種族及領土要求相關議題的有各種各樣的專家委員
會；報道會議進程的記者有500人，但決定會議結果的只有三人：大
衛·勞合—喬治（David Lloyd George，英國）、喬治·克列孟梭（Georges
Clemenceau，法國）和伍德羅·威爾遜（Woodrow Wilson，美國）——他
是普林斯頓大學教授，也是第一位出訪歐洲的美國在任總統。78歲的
克列孟梭想要削弱德國在經濟實力和人口方面的優勢；勞合—喬治想
要通過犧牲德國的利益來實現英國在殖民地和海軍方面的目標；威爾遜
則在設想一種穩固而永久的和平，儘管他慫恿法國對德國施以懲罰。
最終的內容包括440條，其中開頭26條是關於新的國際聯盟的，其餘
414條涉及所謂由德國獨自承擔的戰爭罪。德國不得擁有超過10萬人的
軍隊，不得擁有任何軍用飛機，而且喪失了包括割讓給法國的阿爾薩斯
和洛林在內的13%的領土、海外殖民地及商用船隊。法國本來還想把
萊茵蘭分開，但勞合—喬治不同意；結果萊茵蘭成了非軍事區。德國
西普魯士的大部分地方都劃給了剛剛重建的波蘭，以德意志人為主的但
澤成了「自由市」，而且在德國的領土間形成了一條所謂的波蘭走廊，從
而把德國的東普魯士分隔開來。為了給法國和比利時提供重建資金，
為了給英國提供償還所欠美國戰爭貸款的資金，德國要賠償1,320億金
馬克，這在當時相當於314億美元或66億英鎊。（大約相當於2013年的
4,400億美元。）[174]

        就如同那位狂妄的布爾什維克卡爾·拉狄克當初在布列斯特向德
國談判代表預言的那樣，德國把布列斯特和約強加給俄國，成了明顯
帶有懲罰性質的凡爾賽條約的一大依據。在此期間，凡爾賽條約中的
條件甚至在西方也受到公開的指責。法國的福煦元帥表示，「這不是和
約，而是為期20年的停火協議」。[175] 不過，與布列斯特和約中的帝俄不

同，德國沒有被肢解。（勞合—喬治在談到德國的時候說，「我們不能既讓它受到嚴重的削弱又指望它支付賠款」。）而且後來與其他戰敗國簽訂的條約，即與奧地利簽訂的聖日耳曼條約（1919年9月10日）、與保加利亞簽訂的納伊和約（1919年11月27日）、與匈牙利簽訂的特里亞農宮條約（1920年6月4日）以及與土耳其簽訂的塞夫爾條約（1920年8月10日），有些方面更為苛刻。（只有土耳其人拿起武器，設法修改了條約內容。）由勝利者主導的凡爾賽條約，不管它如何把戰爭罪單獨歸於德國，肯定是有缺陷的。它一邊把自決和民族奉為神聖，一邊又推動版圖的重新劃分：凡爾賽條約以及與之相關的一系列條約，讓6,000萬人有了他們自己的國家，同時讓另外2,500萬人成了國內的少數民族。（無國籍的人也一下子增加了許多。）愛德華・貝奈斯（Edvard Beneš）[*]和托馬斯・馬薩里克（Tomáš Masaryk）[†]犧牲匈牙利的利益，讓新的捷克斯洛伐克獲得了額外的領土，雖然兩國曾經站在輸掉戰爭的奧地利一邊並肩戰鬥過。羅馬尼亞也通過犧牲匈牙利的利益，得到了大片由不同民族混居的土地。但如果說匈牙利是匈牙利人天經地義的祖國，那根據民族自決原則，為甚麼要把那麼多匈牙利人塞到其他地方？猶太人根本沒有獨立的祖國，結果在所有國家都屬於少數民族。自決原則並不適用於英國和法國這兩個帝國統治下的任何殖民地民族，而這兩個帝國都擴大了：1919年，單是英帝國就擴大到四分之一個地球。許多戰利品都同殖民地有關，比如礦產資源豐富的非洲新領地，還有中東的新油田。新的捷克斯洛伐克的首任總統托馬斯・馬薩里克，稱凡爾賽和會是「建在一大片墓地上的實驗室」。

　　不管凡爾賽條約在原則上存在多大的漏洞，從強權政治的角度來看，它完全是失敗的：美國人要回家，英國人要後退，而和德國緊挨着的法國人承擔不了落實條約規定的重任。¹⁷⁶懲罰性和約只有在齊心合力地執行時才具有懲罰性，而當時缺的就是齊心合力。這一切已經夠

---

[*]　譯註：1884–1948，捷克政治家，一戰後先後擔任過捷克斯洛伐克的外交部長、總理和總統等職。

[†]　譯註：1850–1937，捷克政治家和哲學家，捷克斯洛伐克的第一位總統。

要命的了，但是，即便在列強放棄凡爾賽體系之前，它就是建立在一種
暫時的反常現象——德俄兩強同時解體的基礎上的。這兩種狀況**都**不
可持久；到頭來哪一個都不會。

　　到1917年為止，俄國在世界大戰中對協約國的貢獻還沒有得到承
認。英國人原以為，為了打敗德國，俄國「壓路機」將同法國一起承擔大
部分作戰任務（和傷亡），那樣一來，英國就可以只負責補給和軍費，但
是，把俄國人當作英國傭兵和炮灰的做法引起了難以消弭的怨恨，因而
不得不放棄。[177] 與此同時，英國發現自己陷入了一種要依賴於盟友的戰
略要務的境地，這讓它很不習慣，於是倫敦在戰後開始追求一種不即不
離的大戰略，而這種戰略，除了源自世界大戰的經驗，還源自由來已久
的偏好（隔岸觀火）和優先考慮的重點（帝國）。[178] 至於此時此地的布爾
什維克俄國，協約國不知道如何是好。福煦主張發動先發制人的戰爭，
克列孟梭鼓吹遏制（建立防疫帶）；勞合—喬治認為可以通過貿易來軟化
布爾什維主義，英國政界的其他人物想要逐步削弱左翼的威脅。[179] 對於
英國的某些帝國主義者來說，他們樂於見到俄國被迫放棄對高加索的統
治，並希望強化魯登道夫在東線採取的分裂俄羅斯帝國的政策，但其他
英國人對德國抱有戒心，他們寧可讓俄國重新統一，以作為一種制衡的
力量。結果，雖然凡爾賽條約大談「布爾什維克病菌」的傳播，但它對
俄國遠不如對德國那麼關注。可這兩個國家事實上是分不開的。[180] 德國
的政治精英大多拒絕接受凡爾賽的裁決；和會接納了格魯吉亞、阿塞拜
疆、亞美尼亞和烏克蘭的代表，而蘇維埃俄國卻被拒之門外，這就讓莫
斯科有理由不承認會議結果的合法性。在德俄兩國努力恢復其大國地位
的過程中，凡爾賽條約把矛頭對準德國同時又忽視了俄國，這就把兩個
棄兒推向彼此的懷抱，從而奠定了斯大林的世界的基礎。[181]

成為眾矢之的的人民委員

　　布爾什維克試圖立即對凡爾賽發起反擊。1919年1月24日，他們
通過電報向全世界發出邀請函；3月2日，約50名共產黨人和其他左翼
人士組成的半國際性集團出席了在莫斯科召開的會議，並成立了第三

（共產黨）國際或者叫共產國際。克里姆林宮帝國參政院又長又窄的米特羅法諾夫大廳的地板鋪上了豪華地毯，窗戶也掛上了色彩鮮艷的簾幕，但是在這個非常寒冷的地方，火爐卻因為缺少燃料而成了擺設。來自莫斯科黨組織的約50名特邀代表列席旁聽。「代表們在明顯是從某個咖啡館借來的搖搖晃晃的桌子旁的破椅子上坐了下來，」一名法國共產黨員回憶說，「牆上有一些照片：第一國際的創始人馬克思和恩格斯；仍然受到尊敬的第二國際的領袖們，他們中的大部分都已經不在了。」[182] 由於協約國的封鎖和內戰造成的混亂，前往蘇維埃俄國其實很困難；只有九名代表是從國外來的。有幾個左翼政黨把「委託書」交給了生活在莫斯科的個人。即使這樣，也只有34位與會者持有代表大約20個國家（其中很多都是從前沙皇帝國的一部分）的共產黨或近乎共產黨的政黨的證明文件。列寧、托洛茨基、斯大林、契切林、布哈林和季諾維也夫是有表決權的代表（六個人共有五票；斯大林簽發了他們的委託書）。[183]「參加過舊的第二國際代表大會的人，」某俄共黨員在《真理報》上評論說，「會感到十分失望。」[184] 不過，隨着越來越多與會者的到來，此次會議通過表決大膽地把自己確定為第三國際成立大會。托洛茨基的筆端迸發出喜悅之情。「沙皇們和神父們，莫斯科克里姆林宮的古代統治者們，我們要說，從來沒有想到，有一天，現代人類中最革命的部分的代表們會匯聚在它的灰牆之內」，他在第三國際代表大會閉幕那天（3月6日）寫道。而且他還說：「我們是世界歷史上一個最偉大的事件的見證者和參與者。」[185] 列寧原計劃在柏林公開召開此次會議，但德國社會民主黨人反對。[186] 在莫斯科，列寧讓季諾維也夫（他能說點德語）擔任執行委員會主席，拉狄克也是執行委員會委員，他曾在德國和瑞士上過大學，受過羅莎・盧森堡的影響，後來又反對她，接着又回過頭來幫助她成立了德國共產黨。[187]「代表們」通過了列寧譴責「資產階級民主」和贊成「無產階級專政」的提綱，而這恰恰是同德國社會民主黨爭論的焦點。左翼陣營的裂痕——此時已經在全球範圍內制度化了——再也沒能彌合。[188]

　　在此期間，已經計劃好緊接着共產國際會議之後，在3月16日晚召開俄共第八次代表大會，會議只開半場，以便讓代表們參加巴黎公

社 (1871) 的紀念活動，但是在3月8日，視察奧廖爾的雅科夫·斯維爾
德洛夫發着高燒返回了莫斯科；他再也沒有完全恢復。傳言紛紛，要
麼説是因為他在寒冷的室外給工人講話，要麼説他是在廠裏被一個工人
用重物擊中頭部打死的。實際上，斯維爾德洛夫是死於斑疹傷寒或流
感。[189] 據托洛茨基所述，3月16日那天，列寧從克里姆林宮的住處打
電話給這位陸軍人民委員説，「『他走了。他走了。他走了。』〔有一會
兒，我們都拿着聽筒，彼此都可以感受到電話另一端的沉默。然後我
們就掛斷了。再也沒説甚麼。〕」[190]

319

　　斯維爾德洛夫被埋葬在紅場上，在靠近克里姆林宮宮牆的地方，
為他舉行了布爾什維克首個重大的國家葬禮。由於他的去世，紀念巴
黎公社的活動取消，黨代表大會也推遲兩天。3月18日，即葬禮後的
當晚，在帝國參政院圓形的葉卡捷琳娜大廳 (它後來以斯維爾德洛夫命
名)，俄共第八次代表大會開幕。托洛茨基也缺席了：由於形勢「極其
嚴峻」，經中央委員會批准，他已重返前線。他還要求所有紅軍代表返
回前線，但他們提出抗議，結果獲准自行決定；許多紅軍代表留下來參
加了此次代表大會。[191] 開幕當晚，列寧在講話中稱讚斯維爾德洛夫是
對全黨來説「最主要的組織者」。全體起立。[192]* 部分是由於斯維爾德洛
夫的能力，也由於紅軍的建立，從一年前的上一次代表大會以來，黨
的規模擴大了一倍。出席大會的有受邀嘉賓以及301名有表決權的代表
和102名有發言權的代表，代表蘇維埃俄國 (220,495) 以及芬蘭、立陶
宛、拉脱維亞、白俄羅斯、波蘭——它們當時並不受蘇俄的統治——的
313,766名黨員。[193] 對五百多名與會者的調查表明，17%是猶太人，近
63%是俄羅斯人，但這一情況並不能改變人們的印象。[194] 白軍和其他
的布爾什維克反對者把該政權貶稱為，有一支「猶太佬」紅軍 (托洛茨基)
的「猶太佬布爾什維克」政權。[195]

　　大會的主要議題之一是普遍起用前沙皇軍官。這項有爭議的政策
同托洛茨基有關，因為他不在，列寧只好為他辯護。爭論了很久，也

---

* 　譯註：《列寧全集》第36卷，第115頁。

很激烈 (3月 20–21日)。[196] 列寧在開幕當天就解釋過這件事。「組建紅軍完全是一個新問題，甚至在理論上是從來沒有提出過的」，他在3月18日說，還說布爾什維克黨人正在進行試驗，但「不武裝保衛社會主義共和國，我們就不能生存」。[197]* 因此，蘇維埃俄國需要一支紀律嚴明的正規軍，這就需要具有豐富知識的軍事專家。列寧知道，他必須改變大廳裏所有共產黨人的想法，他擁有同他們一樣的階級觀念，但遠比他們靈活。於是，這位布爾什維克領袖就讓自己指派的人在大會上作報告，使用「凶險」(grozno)這個詞來描述前線的形勢，還用了一幅整個會堂都可以看到的大型彩色標識地圖來說明這一點，並把責任歸咎於不正規的游擊習氣。[198] 不過，爭論也提到了加入紅軍隊伍的前沙皇軍官的叛變問題 (那不過是少數幾個人，而為紅軍服務的軍官有幾萬人)。[199]

另外，托洛茨基也發表了幾篇文章，為起用前沙皇軍官辯護，但這些文章的邏輯比較粗暴，缺乏政治敏感性，令反對者越發憤怒。(「好吧，你們能給我，今天就給我，十名師長、五十名團長、兩名集團軍司令和一名方面軍司令，而且全都是共產黨員嗎？」) [200] 大會前夕，托洛茨基還發表過為軍事政策辯護的「提綱」，現在又讓格里戈里·索柯里尼柯夫為它們辯護；左派共產主義者弗拉基米爾·斯米爾諾夫 (Vladimir Smirnov)提出反駁。[201] 索柯里尼柯夫試圖證明，危險不在於前沙皇軍官，而在於農民。被稱作「軍事反對派」的批評者們，除了伏羅希洛夫，幾乎找不到哪個無產者可以接替前沙皇軍官的指揮職務，於是他們就建議加強政委和共產黨在紅軍中的作用，在這一點上，托洛茨基通過索柯里尼柯夫作了讓步。這樣，政策問題就在不知不覺中轉變為如下問題：加強政委的作用是否就意味着更有力的政治控制，或者用斯米爾諾夫的話說，「在軍隊的指揮上起到更大作用」。[202] 如此一來，分歧就縮小了，不過，原則方面的激烈爭論 (贊成或反對起用「軍事專家」)仍然主導了那幾場會議。[203]

320

---

* 譯註：《列寧全集》第36卷，第124、125頁。

　　斯大林先是讓伏羅希洛夫為察里津的事情接受批評，然後自己發言，說歐洲擁有真正的軍隊，所以要想抗衡，就必須建立「一支充滿紀律精神、有組織得很好的政治部……的正規軍」。不久前，不是別人，正是科爾尼洛夫在1917年8月的莫斯科國務會議上提出一個得到廣泛支持的觀點：「只有一支依靠鐵的紀律團結起來的軍隊」才能拯救俄羅斯。[204] 其次，斯大林還流露出對農民的敵意：「我必須說，那些在我們軍隊中佔多數的非工人分子——農民——不會自願為社會主義而戰的。許多事實都説明了這一點。」[205]* 在強調紀律和不願意接受農民方面，他同托洛茨基的觀點相似。但斯大林沒有提到托洛茨基的名字。[206]

　　1919年3月21日，列寧再次發言。「有時他朝聽眾的方向往前走一兩步，然後退後，有時他又低頭看着桌上的筆記，」有親歷者回憶説，「當想要強調最重要的地方或者表示不能接受軍事反對派的觀點時，他就舉起一隻手。」[207] 列寧承認：「斯大林在察里津槍斃人，我就認為這是個錯誤。」† 這話有意思：槍斃人是個錯誤，不是犯罪。[208] 但現在，在進一步瞭解了情況之後，列寧承認這並不是錯誤。不過，他沒有接受斯大林的含沙射影的説法——陸軍人民委員部迫害伏羅希洛夫，而是指名道姓地批評了斯大林的門徒：「伏羅希洛夫同志的過錯在於他不願意拋棄舊的游擊習氣（*partizanshchina*）。」[209]‡ 列寧的猛烈進攻讓「軍事反對派」只有招架之功，而且很可能對投票結果產生了影響。3月21日，贊成中央委員會提綱（由托洛茨基起草並得到列寧的支持）的有174票，贊成軍事反對派提綱的有95票，3票棄權。[210] 投票後，勝利在握的列寧成立了一個五人協商委員會，三人來自獲勝一方，兩人來自失利一方；3月23日，他們一起確認了對托洛茨基提綱的某些細微改動。[211]

　　斯大林在表決時站在列寧一邊。[212] 在給前線的托洛茨基的電報上斯大林也簽了字——電報告訴托洛茨基他的提綱已經獲得通過，這顯然是列寧做了工作，想讓兩人和解。[213] 下諾夫哥羅德有位黨的官員，叫

---

*　譯註：《斯大林全集》第4卷，第221頁。
†　譯註：《列寧全集》第36卷，第172頁。
‡　譯註：《列寧全集》第36卷，第174頁。

拉扎爾 · 卡岡諾維奇 (Lazar Kaganovich)，他在當地報紙上的一篇文章中預見到這種政策上的妥協，文章摘要被刊登在《真理報》上，它反駁對軍事專家的反對意見，同時也警告說不要「過分相信」他們，還建議黨要嚴密地監視他們。[214] 卡岡諾維奇最初崇拜托洛茨基，但很快就成了斯大林最重要的助手之一。

軍事上的爭論幾乎掩蓋了大會的另一主題：燃料或糧食短缺。反對者嘲笑布爾什維主義是強盜行徑，還說它是「貧窮和饑餓的社會主義」。剛剛成為契卡部務委員的蘇倫 · 馬爾季羅相 (人稱瓦爾拉姆 · 阿瓦涅索夫) 對代表們說：「現在，廣大群眾……要求我們的不是進行有關麵包的鼓動工作，而是提供麵包。」[215] 從一個急劇收縮的經濟體中弄到的糧食，大部分都給了兩支「軍隊」：一支在戰場，一支在辦公室。[216] 糧證上面按照階級明確規定了可以分到的糧食數量，但卻常常拿不到供應，因為布爾什維克的糧食人民委員部弄到的糧食還趕不上1916至1917年的沙皇俄國。[217] 就算國家的代理人弄到的糧食再多，被嚴重破壞的鐵路也無法將其全部運到城市，就算糧食真的運來了，也沒有足夠的勞力卸下來，而且正常開工的磨粉廠也很少。與此同時，以國家的名義徵用的糧食，大約有80%都被拿到黑市裏私下出售。[218] 為了活命，人們紛紛逃離城市，世界大戰期間曾經增長到200萬的莫斯科人口，下降到100萬以下。[219] 即便如此，城市的糧食仍然十分緊缺。[220] 餘下的城市居民別無選擇，只好儘量避開攔截小分隊，冒險到農村買糧並把糧食弄回來，這被稱為「裝袋子」。(當莫斯科魯緬采夫博物館〔後來的列寧圖書館〕的官員、歷史學家尤利 · 戈蒂爾〔Yuri Gothier〕1919年從特維爾講完學回去時，他在日記中對此行收支狀況的記錄是「30磅黃油」。)[221]

非法的小型私人貿易維持着這個國家的生命，但官僚的假公濟私卻讓它有窒息的危險。中央委員維克托 · 諾金 (Viktor Nogin) 要求代表大會的代表們注意「有關酗酒、淫亂、腐敗、搶劫以及黨的許多公職人員玩忽職守等駭人聽聞的事實，以便引以為戒」。[222] 大會批准成立了新的國家監察人民委員部 (後改名為工農檢查院)；大會之後，過了幾個星期，斯大林在擔任民族事務人民委員的同時，又被任命為監察人民委員，他最終掌握了廣泛的調查權，可以監督中央和地方的國家行政機關。

322

作為黨綱規定的最高機關，代表大會還選舉產生了新的中央委員會，即在兩次代表大會之間的黨的執行機構。新的中央委員會包括19名委員——列寧在首位，其餘的按字母順序排列——以及8名候補委員。代表大會採用了新的黨綱（一直沿用到1961年）。足足有50名代表投了托洛茨基的反對票，這一數字遠高於其他任何候選人。[223] 他最親密、忠實的支持者之一阿道夫·越飛未能再次當選（而且再也沒有當選）。托洛茨基已經成了眾矢之的，對他專橫跋扈的「管理」的對立情緒，將會擴大到會議代表的範圍之外，出現在基層黨組織的討論中。[224]

代表大會還正式確立了規模較小的「政治局」和書記處，以及新成立的規模較大的「組織局」的地位。就如列寧解釋的，「組織局管調配人員，政治局管政治問題」。[225]* 政治局有五名有表決權的委員——列寧、托洛茨基、斯大林、列夫·加米涅夫、尼古拉·克列斯廷斯基（Nikolai Krestinsky）——和三名候補委員（沒有表決權）：季諾維也夫、加里寧、布哈林。[226] 克列斯廷斯基接替斯維爾德洛夫的書記職務。同時，斯維爾德洛夫的防火保險櫃被送到克里姆林宮衛戍司令的倉庫，仍然還鎖着。裏面裝有沙皇時代的金幣——數量有108,505盧布、黃金製品、珠寶（共計705件）、總額達75萬盧布的沙皇時代的紙幣，還有九本外國護照，其中一本是斯維爾德洛夫的名字，布爾什維克似乎也害怕這些落到白軍手裏。[227]

統治勢力

323   凡爾賽在爭吵，世界在改變，而且會有更多的改變，連法國、英國和美國的大人物都沒有注意到的改變。隨着1919年的到來，戰爭引發的通貨膨脹掏空了中產階級的積蓄，許多人只好拿家具乃至鋼琴去換幾袋麵粉或馬鈴薯，飯店外面甚至有老兵徘徊，想要討得一點殘羹剩飯。柏林和中歐的許多城市成立了「委員會」（蘇維埃），其目的主要

---

*   譯註：《列寧全集》第38卷，第292頁。

在於公共秩序的重建以及食物和水的分配，但空氣中也可以聞到革命的氣息。[228] 人民渴望的不只是填飽肚子，還有結束窮兵黷武和戰爭、警察的橫行霸道和政治鎮壓，以及可惡的貧富差距。1918 年 12 月，從羅莎·盧森堡——出生於沙皇俄國的波蘭猶太革命家——領導的斯巴達克同盟起義誕生了德國共產黨。[229] 就在盧森堡獲釋並幫助成立德國共產黨之前，她在德國布雷斯勞的監獄裏抨擊了列寧和布爾什維主義。她寫道：「只給政府的擁護者以自由，只給一個黨的黨員以自由——就算他們的人數很多——這不是自由。自由始終是持不同思想者的自由。」[230]* 但盧森堡對德國社會民主黨的改良主義抨擊得更猛烈。[231] 她根本沒有機會展示，要是社會主義革命成功了，會怎樣兌現她對於自由的承諾。1919 年 1 月，在德國共產黨的參與下，工人們行動起來，舉行總罷工，柏林有 50 萬工人遊行，接着就是有爭議的武裝起義；起義遭到鎮壓，力主起義的卡爾·李卜克內西（Karl Liebknecht）和反對起義的盧森堡遇害。這讓人想到，列寧和托洛茨基在 1917 年**並沒有**被暗殺。殺害這兩位德國共產黨領袖的是所謂的「自由軍團」，這是由前線回來的士兵組成的極右翼民族主義民兵組織，是德皇下台後那個搖搖欲墜的政府召來對付左翼分子的。一起被殺害的還有大約 100 人；「自由軍團」也死了 17 人。

　　相比之下，在慕尼黑，庫爾特·艾斯納（Kurt Eisner），一個有着猶太血統的德國記者，企圖把新的草根委員會——蘇維埃，與議會制度調和，這是克倫斯基的方式，但他也失敗了。反倒是從社會民主黨分離出來的一個新黨，再加上一些無政府主義分子，在 1919 年 4 月 7 日宣佈成立了巴伐利亞蘇維埃共和國。六天後，德共接管了巴伐利亞蘇維埃共和國，清空監獄，開始組建紅軍（從失業者當中招募士兵），並給莫斯科發去電報報捷。4 月 27 日，列寧回電表示祝賀並提出建議：「工人是否已經武裝起來？資產階級是否已被解除武裝？……資本家在慕尼黑的工廠和財產以及慕尼黑郊區的資本主義農場是否已被沒收？小農的押

324

---

*　編註：〈論俄國革命〉，殷敘彝譯，《盧森堡文選》下卷（人民出版社，1990），第 500 頁。

金和地租是否已經取消？是否已把所有印刷所和紙張沒收，用來印刷通
俗的傳單和群眾性的報紙？⋯⋯是否已把所有銀行拿到手裏？是否扣留
了資產階級的人質？」[232]* 可是，從1919年五一節開始，大約3萬名「自
由軍團」的武裝分子，加上9,000名德國陸軍的正規部隊，很快就鎮壓
了巴伐利亞蘇維埃共和國。[233] 激戰中有一千多名左翼分子被打死。（艾
斯納被一名右翼極端分子殺害）。德國革命不是布爾什維克式的極左革
命，德國在魏瑪召集的立憲會議（1919年2–8月）產生了一個由中左翼
力量主導的議會共和國。反自由主義的右翼勢力繼續進行動員。[234]

　　類似的一幕也在意大利上演。意大利名義上是世界大戰中的戰勝
國，但損失慘重，徵召的500萬士兵總共傷亡了70萬，預算赤字達120
億里拉，多次發生大罷工和佔領工廠事件，有的北部城市還出現了接管
政權的現象。這種形勢刺激了處於萌芽階段的被稱作法西斯主義的右
翼團體——一個組織嚴密、以保衛國家對抗社會主義威脅為宗旨的戰鬥
聯盟。1919年3月21日，以共產黨人庫恩‧貝拉（Béla Kun）為首的蘇
維埃共和國在正在大面積喪失領土的匈牙利宣告成立。庫恩曾經作為
戰俘在俄國待過並見過列寧。幾個月前，在莫斯科的一家飯店，他同
匈牙利黨的核心人物達成和解，可是一回到匈牙利，他就和其他領導人
一起被關進監獄。受命組建政府的匈牙利社會民主黨人決定同共產黨
人聯合起來，以獲得俄國的軍事援助，恢復匈牙利在1918年以前的帝
國疆界。庫恩「徑直從牢房走上了部長崗位，」有觀察家寫道，「他在監
禁期間受過嚴刑拷打，臉上傷痕累累，十分渴望復仇。」[235] 列寧熱情讚
揚匈牙利革命。1919年五一節那天，布爾什維克黨人滿懷希望地說：
「今年之內，整個歐洲都將屬於蘇維埃。」[236] 布達佩斯政府發佈了一大堆
法令，對工業、商業、住房、運輸、銀行以及40公頃以上的土地實行
國有化或社會化。教堂和神父、莊園和貴族都受到了攻擊。共產黨人
還成立了一支由拉科西‧馬加什（Mátyás Rákosi）領導的赤衛隊，警察和
憲兵也加入其中。庫恩企圖在維也納發動政變（他的僱傭兵放火燒了奧

325

---

*　譯註：《列寧全集》第36卷，第311頁。

地利議會）。但當庫恩想要和莫斯科以及紅軍部隊正式結盟的時候，托洛茨基答覆説他實在抽不出人手。[237] 沒關係，庫恩讓赤衛隊入侵捷克斯洛伐克去收回斯洛伐克，入侵羅馬尼亞去收回特蘭西瓦尼亞。一位外國記者指出：「他〔庫恩〕一次又一次地用煽動性的演講把群眾集結起來。」[238] 但「革命攻勢」失敗了，共產黨人在1919年8月1日辭職。庫恩逃往維也納。133天的共產黨共和國結束了。（「要想革命，無產階級就需要對資產階級實行最冷酷無情的專政」，就在流亡前，庫恩不滿地説道。）8月3至4日，羅馬尼亞軍隊開進布達佩斯。海軍少將霍爾蒂‧米克洛什（Miklós Horthy，像西伯利亞的「海軍上將」高爾察克一樣）在匈牙利這個內陸國家初步建立了一支國民軍，它的部隊開始對左翼分子和猶太人實行白色恐怖，殘殺了至少6,000人。在羅馬尼亞人撤兵並且把從糖和麵粉到火車頭和打字機在內的所有東西一掃而空之後，霍爾蒂很快便自封為「匈牙利王國攝政」，並成立了一個右翼獨裁政府。[239]

1919年的白軍攻勢──托洛茨基的沉浮

　　在俄國，有望成為統治勢力的，是東方、南方和西北三支不同的白軍，他們在戰場上並未遇到多少困難。就像布爾什維克（以及布爾什維克之前的保安處）一樣，白軍也成立了「情報部」，收集秘密線人──難民、演員、鐵路職員和產科醫生──提供的關於主流政治情緒的報告，但他們根本沒有有效地利用這一情報機關。[240] 他們「對社會問題既不理解也沒有表現出任何興趣，」白衞運動中有位政治活動家抱怨説，「他們的興趣全在於軍事權力，他們的希望全集中於軍事勝利。」[241] 在「統一而不可分的俄國」的口號下，白軍在少數民族的領土上活動，卻拒絕正視這些民族的理想，拒絕同烏克蘭或其他反布爾什維克力量結盟。[242] 鄧尼金的軍隊，特別是烏克蘭的反布爾什維克軍隊，對猶太人犯下的暴行給白衞運動打上了深刻的印記。[243] 單是在烏克蘭，1918至1920年就發生了1,500多起屠殺猶太人的事件，多達12.5萬猶太人死亡，他們「被殺害在路上、田野裏和列車上；有時全家都被打死了，連留下來訴説他們遭遇的人都沒有」。[244] 白軍對待英國和法國的恩主表現得自以為是，

326

而且從未減輕他們對德國的敵意。[245] 另外，白軍部署在中心地區的外圍，從烏拉爾和西伯利亞開始，向西穿過南方草原，直到彼得格勒郊區，形成一條5,000英里*長的、不連貫的環形包圍圈，給後勤保障和通信聯絡造成巨大困難。兩條主要的戰線，即鄧尼金的南方戰線和高爾察克的東方戰線，始終未能連接起來。[246] 鄧尼金和高爾察克始終未能會合。

不過，缺少聯合，缺少盟友，缺少民眾支持的白軍在1919年發動了一次攻勢，對布爾什維克控制下的莫斯科大公國的中心地區構成了威脅。[247] 攻勢兵分三路：1919年春，高爾察克從東面向莫斯科方向推進；1919年春夏之交，鄧尼金從南方也向莫斯科方向推進；1919年秋，尤登尼奇從北面向彼得格勒推進。每次進攻都只是在前一次進攻已經難以為繼的情況下才開始。

高爾察克手下大約有10萬人。雖然這位海軍上將不諳陸戰，可他的軍隊依然在向西推進，而且讓紅軍沒有料到的是，他們竟然在1919年3月佔領了烏法，把布爾什維克的東方防線截成幾段，還威脅到了伏爾加河流域中部的喀山和薩馬拉。（之所以會同意托洛茨基不參加黨的第八次代表大會而返回前線，就是因為這一原因。）不過，米哈伊爾·伏龍芝 (Mikhail Frunze)，一名從工人成長起來的34歲的指揮員，整頓紀律並領導反攻，於1919年5月擋住了高爾察克推進的勢頭。[248] 可就在此時，鄧尼金開始行動了。他的「志願軍」已更名為「南俄武裝力量」，兵力增加到15萬人，既有哥薩克，又有在烏克蘭招募的農民，給養由協約國提供。[249] 參謀出身的鄧尼金從來沒有指揮過龐大的野戰部隊，但事實證明，他是一位令人生畏的軍事家。1919年6月12日，他的部隊佔領了烏克蘭的哈爾科夫。6月30日，他們佔領了察里津。（「匪徒們把它團團圍住，」《真理報》〔在1919年7月1日〕悲憤地説道，「英國和法國的坦克佔領了工人的堡壘……察里津陷落了。察里津萬歲！」）[250] 1919年，鄧尼金總共消滅了近20萬指揮和裝備都很拙劣而

---

*　編註：約8,047公里。

且常常餓着肚子的紅軍。在鄧尼金勝利進入察里津並出席城裏的正教
大教堂舉行的宗教儀式後，7月3日，他「命令我們的武裝力量向莫斯
科進軍」。[251] 托洛茨基像以往一樣，把從伏爾加河流域到烏克蘭草原
的反布爾什維克戰線的形成，歸咎於紅軍的游擊習氣。他的看法是有
道理的。儘管托洛茨基已經下過命令，不讓伏羅希洛夫再擔任集團軍
司令，但是在1919年6月，他仍然得到了指揮烏克蘭第14集團軍的職
務，並且很快就致使哈爾科夫失守，被鄧尼金的部隊佔領。伏羅希洛
夫被押送革命特別法庭候審。該法庭後來的結論是，他不適合擔任高
級指揮職務。(「我們都知道克利姆，」烏克蘭軍事委員和伏羅希洛夫的
朋友莫伊謝伊·魯希莫維奇〔Moisei Rukhimovich〕指出，「他是個勇敢的
傢伙，但指揮一個集團軍還是算了吧。頂多一個連。」)[252] 至於被佔領
的察里津，它之前也是伏羅希洛夫的轄區。但是，接連兩次敗給白軍
卻讓伏羅希洛夫集團——托洛茨基在布爾什維克內部的敵人——膽子越
來越大。

　　托洛茨基很少在陸軍人民委員部露面，管理那裏的是才二十多歲
的埃夫拉伊姆·斯克良斯基，他畢業於基輔大學醫學院，煙癮很大，
管理能力很強，用休斯電報機與前線保持聯繫。[253] (「哪怕是在凌晨2時
或3時給他打電話，也會發現他還在工作」，托洛茨基後來寫道。)[254] 托
洛茨基住在自己的裝甲列車上，那是1918年8月他急着趕往斯維亞日斯
克的時候倉促造好的。[255] 列車需要兩台引擎並備有武器、制服、氈靴
以及準備作為獎品發給作戰勇敢的士兵的手錶、雙筒望遠鏡、單筒望
遠鏡、芬蘭刀、鋼筆、雨衣和煙盒。車上有印刷室(其設備佔了兩節車
廂)、電報站、無線電台、發電站、圖書室、宣傳鼓動隊、裝有卡車轎
車和油罐的車庫、軌道維修隊、浴室以及秘書處。還有一支12人的衛
隊，負責尋找食物(野味、黃油、蘆筍)。供托洛茨基起居的那節車廂
又長又舒適，以前是帝國鐵路大臣的。開會是在餐車。[256] 士兵們從頭
到腳都是黑色的皮革製品。那時候的托洛茨基，黑頭髮，藍眼睛，穿
着當兵的穿的無領短上衣(現在叫做沃日傑夫卡〔vozhdevka〕)。他在車
上下了12,000多道命令，還寫了無數的文章，其中有很多是為列車的報
紙(《在路上》)寫的。[257] 整個內戰期間，斯大林實際上也在不停地奔波，

而且他也有一輛列車，但是沒有廚子和速記員，也沒有印刷室。托洛茨基的列車行駛了6.5萬英里*，發起動員，加強紀律，鼓舞士氣。[258] 列車還逐漸成為一支獨立的軍事部隊 (參加過13次戰鬥)，享有神話般的地位。「列車到來的消息，」托洛茨基後來回憶説，「也會傳到敵人的戰線那裏。」[259] 不過，他的到來也意味着一連串的命令，而這些命令在下達時，別説是同當地的紅軍指揮員商量，往往就連通知都沒有。[260] 與托洛茨基發生衝突的，遠不只是伏羅希洛夫一個人。[261]

　　1919年7月3日，即鄧尼金下令向莫斯科進軍那天的一次充滿仇恨的中央全會上，矛盾終於爆發了。[262] 此前斯大林一直在強烈要求解除約阿基姆‧瓦采季斯的職務。瓦采季斯是紅軍最高總司令，與托洛茨基關係密切。1919年5月底6月初，斯大林在彼得格勒戰線揭露了一起軍事專家的「陰謀」，促成了7月全會的召開。[263] 就瓦采季斯而言，他對於不停地指控像他那樣的前沙皇軍官是破壞分子感到十分氣憤，但他同另一個前沙皇上校、野心勃勃的謝爾蓋‧加米涅夫 (Sergei Kamenev，與列夫‧加米涅夫無關) 也有衝突。加米涅夫是東方面軍司令，他想進入西伯利亞追擊正在撤退的高爾察克，可他的上司、有托洛茨基支持的瓦采季斯，卻擔心會中圈套。托洛茨基撤銷了加米涅夫東方面軍司令的職務，但在其繼任者、一位前沙皇將軍十天內五次改變主攻方向後，他又同意讓加米涅夫官復原職。[264] (對於較大的戰略問題，托洛茨基後來承認，加米涅夫的看法是正確的。) 現在，被撤職的成了瓦采季斯。證據顯示，托洛茨基建議由米哈伊爾‧邦契—布魯耶維奇接替瓦采季斯的職務，但他的建議未能通過。謝爾蓋‧加米涅夫成了新的總司令。[265] 與拉脱維亞人瓦采季斯不同，加米涅夫是俄羅斯人，而且要年輕八歲。列寧也單方面徹底調整了共和國革命軍事委員會，將其成員從大約15人驟減為6人，並將總部從謝爾普霍夫 (在首都南面60英里†處) 搬到了莫斯科，這樣，他就可以施加更有力的控制；他還把托洛茨基的幾個忠實支持者趕出了委員會。斯大林也被調整了出去。主席仍是托洛

* 編註：約10.4萬公里。
† 編註：約97公里。

茨基，副主席斯克良斯基；其他的還有謝爾蓋·加米涅夫、人稱謝爾蓋·古謝夫 (Sergei Gusev) 的雅科夫·德拉布金 (Yakov Drabkin，他是加米涅夫的人，起初是斯大林的死敵)、伊瓦爾·斯米爾加 (Ivar Smilga，另一位拉脫維亞人) 以及列寧的副手阿列克謝·李可夫。[266] 由於爭奪總司令職務失利，再加上他自己主管的機構未經協商就遭到清洗，托洛茨基遞交了辭呈，要辭去在軍隊和黨內擔任的所有職務。7月5日，中央委員會拒絕接受他的辭呈。[267]

謝爾蓋·加米涅夫的晉升於1919年7月8日生效。[268] 第二天，當時又回到前線 (在沃羅涅日) 的托洛茨基接到通知說瓦采季斯已經被捕——距離這位拉脫維亞人從左派社會革命黨人手中挽救了布爾什維克政權將近一年時間。對斯大林的代理人伏羅希洛夫進行紀律處分的理由是正當的 (拱手讓出哈爾科夫)，逮捕托洛茨基的代理人瓦采季斯的指控是含糊的：同白衛分子有勾結。瓦采季斯很快被釋放了，高層的某個人沒有讓斯大林的詭計得逞，但這是對托洛茨基的警告。[269] 這可是奇恥大辱。[270]

托洛茨基喜歡把自己描寫成置身於這一切之外，就好像布爾什維克政權內部的權力鬥爭沒有引起沒完沒了的誹謗和污蔑似的。有位契卡高級官員，維亞切斯拉夫·明仁斯基，有一次到托洛茨基的裝甲列車上拜訪時私下裏告訴他，斯大林「對列寧等人含沙射影地說，您在自己周圍聚攏了一幫人，他們都特別敵視列寧」。如果是斯大林，那他會馬上拉攏這位有權有勢並對自己抱有同情的契卡人員，可托洛茨基說，他非但沒有那樣，反而訓斥了明仁斯基。[271] 就算如此，斯大林也不是唯一一個在暗中講托洛茨基的壞話，說前沙皇軍官準備帶部隊反水的人。莫斯科收到大量的告狀信，狀告陸軍人民委員為人傲慢、在軍事決策上把舊軍官的作用捧上天，這似乎暴露出他缺乏階級觀念。[272] 就連受到指控說有托洛茨基撐腰的那些沙皇軍官也對他非常不滿，因為他看不起他們的循規蹈矩，外加同他相比知識面比較狹窄。[273] 由於列寧的緣故，1919年夏天的軍事危機讓托洛茨基的反對者從僅僅四個月前黨的第八次代表大會上的失敗中得到了補償；雖說有點兒晚，可列寧還是控制了中央委員會，哪怕不是為了使軍官們服從黨，至少也是為了肯定黨和軍官的雙重領導是革命的一項特殊成就。[274] 但是，如果說列寧感到他的

陸軍人民委員過於自我膨脹，那這位布爾什維克領袖也在繼續利用各種
機會表明，托洛茨基仍然不可或缺。例如在1919年，為了把心懷疑慮
的馬克西姆‧高爾基爭取過來，列寧說，「再找個能用不到一年的時間
就組織了一支幾乎是模範軍隊並贏得軍事專家尊敬的人給我看看。我
們有個這樣的人。」[275] 要是列寧在1919年7月讓斯大林那幫人完全打敗
托洛茨基，那另外一場戰鬥的結局，也就是對白軍內戰的結局，或許就
不一樣了。[276]

托洛茨基趕往岌岌可危的南方戰線與鄧尼金對陣，因為謝爾蓋‧
加米涅夫，帝國總參軍事學院的畢業生，制訂了一個計劃，沿頓河向
察里津方向反攻，從側翼包圍鄧尼金並切斷他和他的主要根據地之間
的聯繫。在托洛茨基的支持下，瓦采季斯主張穿過比較友好的頓涅茨
克煤田（那裏不但工人多，鐵路也很發達），而不是穿過哥薩克的地盤
——在那裏，紅軍的進攻會讓反布爾什維主義的居民團結起來。包括斯
大林在內的政治局，支持謝爾蓋‧加米涅夫的計劃。結果，在鄧尼金
向前推進，進攻紅軍兵力空虛的莫斯科附近的中部地區時，他奪取了基
輔，佔領了幾乎整個烏克蘭。10月13日，鄧尼金的部隊奪取了距離首
都只有240英里*的奧廖爾（約有從德國邊境到巴黎那麼遠，可以體現俄
國人對距離的感知）。10月15日，政治局推翻了自己的決定，轉而贊成
——儘管有點遲——瓦采季斯和托洛茨基原來的作戰計劃；斯大林此時
也承認，托洛茨基的意見是對的。[277] 經過奧廖爾北面的激戰，托洛茨
基使數量是敵人兩倍的紅軍重整旗鼓，開始利用白軍戰線拉得過長等弱
點。就在此時，尤登尼奇的部隊，1.7萬人加上6輛英國提供的坦克，
從愛沙尼亞向彼得格勒方向推進，先後佔領了加特契納（10月16–17日）
和彼得格勒郊外的皇村。天寒地凍再加上沒有糧食，讓彼得格勒的工
人紛紛從閒置的工廠逃往農村，城裏的人口一下子從230萬減少到150
萬。[278] 有名的工人階級的維堡區，1917年的「布爾什維克公社」，從6.9
萬人減少到5,000人。[279]「一隊隊近乎衣衫襤褸的士兵，步槍用繩子拴

330

---

* 編註：約386公里。

着，吊在肩膀上，邁着沉重的步伐，走在自己部隊的紅旗下，」一位親歷者在提到1919年的彼得格勒時説道，「那是一座又冷又餓，充滿仇恨和苦難的大都市。」[280]列寧建議放棄這座從前的首都，那樣就可以把紅軍用來保衞莫斯科；他的建議得到了彼得格勒黨組織的首腦季諾維也夫支持。托洛茨基，還有斯大林，堅持認為應該竭盡全力保衞「革命的搖籃」，如有必要，就進行街頭的肉搏戰。[281]

　　關鍵時刻，白軍的「最高執政」、海軍上將高爾察克，拒絕承認芬蘭獨立，結果芬蘭領導人卡爾·曼納海姆拒絕為進攻彼得格勒的尤登尼奇提供軍隊和芬蘭的軍事基地，同時，協約國也拒絕提供支援。[282]托洛茨基趕往西北戰場——隨之而來的還有增援部隊，因為尤登尼奇部隊未能控制住鐵路線——抵擋住了白軍的攻勢。「托洛茨基來到前線的效果立竿見影：正常的紀律得以恢復，軍政機構也都動員起來迎接挑戰，」作為一名主要的政治委員，米哈伊爾·拉舍維奇 (Mikhail Lashevich，生於1884年) 解釋説，「托洛茨基的命令清晰而明確，誰都不許例外，所有人都要全力以赴，準確、迅速地執行作戰命令，讓人感到有了堅定有力的指揮……托洛茨基清楚所有的細節，他把火熱的、永不枯竭的幹勁與驚人的毅力投入到每一項工作中。」[283]尤登尼奇被打敗了，他的部隊被趕回到愛沙尼亞並被解除武裝、扣押起來。他本人則移居法國的里維埃拉。[284]鄧尼金雖然有9.9萬人的作戰部隊，但能夠召集起來作為先頭部隊向莫斯科方向發動進攻的只有2萬人，同時，由於整個戰線拉得過長，從他們在庫班的根據地算起有700英里*，因而在部隊向前推進的過程中，就暴露出很大的缺口。[285]在奧廖爾附近，鄧尼金孤注一擲進攻莫斯科、把戰線拉得過長的賭博也失敗了。[286]到1919年11月7日，即革命兩週年的時候，剛剛40歲的托洛茨基一下子取得了輝煌的勝利。同僚們用紅旗勳章，即蘇維埃俄國最高級別的國家獎章，來表彰他的裝甲列車以及他個人。據托洛茨基説，列夫·加米涅夫建議授予斯大林同樣的殊榮。「憑甚麼？」據托洛茨基説，米哈伊爾·加里寧

331

*　編註：約1,127公里。

表示反對。會後，布哈林把加里寧拽到一邊說：「難道你還不明白？那是列寧的主意。要是別人有而他沒有，斯大林就活不下去。」斯大林沒有出席在莫斯科大劇院舉行的慶祝儀式，而在宣佈授予他紅旗勳章的時候，幾乎沒有人鼓掌。托洛茨基受到熱烈的歡迎。[287]

白軍的失利

　　彼得格勒和莫斯科保住了。高爾察克在伊爾庫茨克（東西伯利亞）成了階下囚，未經審判就在1920年2月7日凌晨4時被行刑隊處決，他的屍體被踢下在安加拉河的支流烏沙科夫卡河的冰面上鑿出的洞裏，那條大河成了這位上將的墳墓。[288]「最高執政」是唯一被俘的白軍高級領導人。與高爾察克一同消失的還有帝俄的黃金。世界大戰前夕，沙皇俄國擁有大約800噸黃金，那是當時世界上最大的黃金儲備之一。1915年初，這批黃金從國家銀行的金庫疏散到喀山等地保管，但其中大部分都在1918年被捷克斯洛伐克軍團搶走。（托洛茨基槍斃了讓喀山和帝俄黃金落入敵手的紅軍指揮員和政委。）最後，這筆財寶輾轉落到高爾察克手裏——480噸金錠以及14個國家的金幣，價值超過6.5億盧布，用了36節車皮運到西伯利亞的鄂木斯克。有傳言說，它被沉入貝加爾湖，也有傳言說，它被日本政府搶走了。[289]實際上，高爾察克在他的幾次戰役中已經胡亂分發了近2億盧布的黃金，剩下的大多經符拉迪沃斯托克偷偷地運到上海銀行，準備移居國外時再用。[290]鄧尼金沒有為解救高爾察克採取任何措施。他的軍隊在奧廖爾北面大敗之後就一路南撤。1920年3月，他們陸續來到克里米亞半島，收攏了大約3萬殘兵。鄧尼金被迫將指揮權交給彼得·弗蘭格爾男爵中將（Pyotr Wrangel），然後逃往巴黎。帶有德意志血統的弗蘭格爾男爵不久前還只指揮一個騎兵師。他是個瘦高個兒，很誇張地穿了一件切爾克斯卡（cherkeska），即北高加索的那種黑色長袍，外面帶有兩個交叉的子彈袋。換了領導人，而且在克里米亞有（臨時）落腳點，可白軍還是完了。

　　針對白衛運動這個最後的據點，斯大林向托洛茨基報告說，將發佈命令，「徹底消滅弗蘭格爾匪幫的軍官團」。命令發佈並得到執行。

332

因為「肅清了克里米亞半島上的白軍軍官和留下的反間諜人員，除掉了
30名省長、50名將軍、300多名上校以及同樣多的反間諜人員，總數達
1.2萬人的白色分子」，紅軍指揮員被授予紅旗勳章。[291] 總的來說，對於
這場紅白大戰，現在根本沒有可靠的傷亡數字。紅軍的陣亡人數估計
高達70.1萬人；白軍陣亡人數從13萬到該數字的很多倍不等。[292] 缺少
可靠的數據本身就說明對陣雙方不但不把人命當回事，而且管理能力非
常有限。

　　紅軍的勝利並不能說明它的戰略有多麼正確，相反，它犯了很多錯
誤。[293] 贏得戰爭也不是因為情報。[294] 取勝也不是因為後方的生產。為
了恢復軍工生產和補給，布爾什維克成立了數不清的「中央」委員會，
這些委員會又不斷改組，結果事情越來越糟。[295] 他們以前嘲笑沙皇政
府的補給問題，但沙皇國家裝備的軍隊是戰場上紅軍的十倍以上，而且
沙皇國家還給紅軍提供了補給。舊政權積攢的1,100萬支步槍、7.6萬挺
機槍和1.7萬門野炮，有20%至60%都在世界大戰中保存下來，而這筆
巨大的遺產幾乎全部落到紅軍手裏。[296] 1919年，蘇維埃俄國僅僅製造
了46萬支步槍（相比之下，沙皇俄國在1916年生產了130萬支）、152門
野炮（1916年的產量是8,200門）和18.5萬發炮彈（1916年的產量是3,300
萬發）。[297] 1919年，紅軍擁有大約60萬支能夠使用的步槍、8,000挺機
槍和1,700門野炮。（由彼得大帝創建的）圖拉工廠每月大約能生產2,000
萬發子彈，而紅軍的消耗是7,000萬至9,000萬發。[298] 波蘭一位密切關
注蘇俄事務的觀察家約瑟夫・皮爾蘇茨基（Józef Piłsudski，我們會在下
一章談到他）在1919年紅白大戰之前，正確地告訴英國大使說雙方軍隊
的質量同樣低劣，可紅軍還是迫使白軍撤往黑海方向。[299]

　　關鍵是，布爾什維克只需要守住陣地，而白軍則需要把他們趕
走。[300] 鐵路樞紐、軍需倉庫、兵營以及舊的沙皇軍隊的中央管理核心，
都位於紅軍佔據的兩個首都和中心地區。[301] 另外，能夠投入戰場的白
軍士兵不到30萬（南方16萬，北方不足2萬，東方可能有10萬），而紅
軍的作戰人員最多時達80萬。是的，1918至1920年，蘇維埃俄國作為
動員對象登記在冊的人口——550萬，其中有40萬是所謂的勞動軍——
可能有多達一半沒有報到或者是擅離部隊，但那些被徵召入伍的人並沒

333

有叛逃到對方那裏，而是逃離了戰爭(尤其是在農忙季節)。[302] 此外，紅軍可以得到補充，因為他們佔據的是俄國中心地區，擁有大約6,000萬人口，其中大多是俄羅斯族，這一數量比歐洲當時任何一個國家的人口都多。白軍基本上是在帝國的邊疆區，控制的人口約有1,000萬，其中很多是非俄羅斯族。[303] 至於英、法、美的干涉，他們並沒有派出足夠多的士兵推翻布爾什維主義，但他們確實派了軍隊，這一事實恰恰給布爾什維主義的宣傳幫了忙。[304]

紅軍的後方也保住了。許多人，尤其是政權本身，預計顛覆政權的力量會很強。1919年夏天，通過線人和仔細的檢查，契卡發現了一個叫做「民族中心」的地下網絡，成員包括莫斯科和聖彼得堡的前政客和沙皇軍官，他們在陰謀策應鄧尼金。[305] 列寧在得到消息後，指示捷爾任斯基「要迅速、果斷地進行**較大規模的**逮捕」。[306]* 1919年9月23日，契卡宣佈處決67名間諜和破壞分子。[307] 兩天後，兩枚炸彈炸穿了莫斯科黨部舞廳的窗戶，那是一棟兩層的大宅，位於列昂季耶夫巷，從前是烏瓦羅娃伯爵夫人的，1918年左派社會革命黨人的假政變失敗後，布爾什維克把它從後者手裏沒收了；來自莫斯科各區的大約120名共產黨積極分子和鼓動人員被召集起來，參加揭露「民族中心」的演講。據有些人的說法，列寧原計劃是要到場的(實際上沒去)。12人遇害(其中包括莫斯科黨組織書記弗拉基米爾·扎戈爾斯基〔Vladimir Zagorsky〕)，55人受傷(其中包括布哈林)。契卡當即懷疑是白衛分子的報復，於是在9月27日宣佈，處決一些同「白衛分子陰謀」有關的人員。契卡很快發現，扔炸彈的罪犯是一個無政府主義者(得到了一名熟悉這棟建築情況的左派社會革命黨人的協助)。為了找出無政府主義分子藏身的地方，整個首都進行了大搜捕，同時還警告工人階級保持警惕。[308] 內部的大規模顛覆行動根本沒有出現。

紅軍的領導層也作出了貢獻，儘管其方式十分複雜。列寧一次也沒有視察過前線。他是在帝國參政院用地圖、電報和電話跟蹤瞭解內

---

* 譯註：《列寧全集》第49卷，第69頁。

戰形勢的。[309] 他能夠保持克制，沒有擔任最高總司令，一般也不干涉制訂作戰計劃，不過還是犯了幾個最大的錯誤，或者說，對於這幾個最大的錯誤他難辭其咎。沒有誰把勝利歸功於他。但是有三個重大的時刻，可以從中感受到列寧在與白軍的鬥爭中起到的至關重要的領袖作用：從1918年初開始，他支持托洛茨基起用前沙皇軍官，包括高級軍官；1918年10月，他沒有讓托洛茨基取得對斯大林的決定性勝利；最重要的是，1919年7月，他也沒有讓斯大林取得對托洛茨基的決定性勝利。[310] 至於托洛茨基，他的貢獻也很複雜。在插手軍事行動的問題時，他犯過錯誤，而且他的干預讓許多政委和指揮員十分憤怒，但他也使廣大指戰員變得有組織、有紀律、有鬥志。[311] 托洛茨基擅長鼓動，而且在這方面顯得十分突出，這一點雖然在內部招致怨恨，卻為政權提供了巨大的力量。[312] 斯大林的作用現在仍有爭議。他把察里津搞得亂七八糟，可有些重大任務，列寧仍然要派他解決（烏拉爾、彼得格勒、明斯克、斯摩棱斯克、南方）。真正的缺陷和瓶頸到處都是，但是在斯大林的報告裏，很難把事實和誇大其詞或捏造區分開來。每次在揭露反蘇維埃的「陰謀」時，每次在違背莫斯科直接下達的命令時，每次在指責除自己之外的所有人時，他都是滿腹委屈，覺得別人不理解自己，覺得別人中傷自己。然而，托洛茨基回憶說，他問過南方面軍革命軍事委員會的另外一名中央委員，要是沒有斯大林，他們能不能行。他得到的回答是：「不行，我不能像斯大林那樣施壓。」[313]「這種『施壓』的能力，」托洛茨基得出結論說，「正是列寧在斯大林身上很看重的。」——話裏帶刺，不過比較準確。[314]

　　不過，說到底，白軍在政治上存在嚴重缺陷。[315] 白軍根本沒有超出無政府主義軍閥的水平，甚至還趕不上魯登道夫將軍的佔領軍。[316] 在白軍的頭腦中，「政客」就是克倫斯基那樣的笨蛋和叛徒。[317] 高爾察克建立「軍事獨裁」，承認沙皇時代的國債和法律，譴責「分離主義」，下令把工廠還給它們的主人，把耕地還給貴族。[318] 但政府根本不存在，不管是軍政府還是別的政府，因為軍官集團和政客集團都在忙於政治謀殺和假公濟私。[319]「軍隊的組織渙散，」有觀察家在談到高爾察克糟糕的1919年攻勢時寫道，「最高司令部的無知而輕率的計劃；政府的腐敗

與不和，以及野心勃勃、自高自大的傢伙當道；……社會中的恐慌、自私、貪污受賄和各種各樣可惡的事情。」[320] 尤登尼奇迫於英國的壓力，才在西北隨便成立了一個政府，製造出由君主派和社會主義者（孟什維克和社會革命黨人，他們彼此間都不信任，更不用説信任君主派了）組成的意識形態怪物。鄧尼金的政治夢想是，超越不同政見，實行「臨時的」軍人統治；1917年的經驗讓他相信，在俄國，民主等同於無政府狀態（他説，立憲會議是在「普遍瘋狂的日子」出現的）。[321] 鄧尼金的恩主英國的代表團在1920年2月對他説，「要是你到了莫斯科，那將是一場徹頭徹尾的災難，因為你身後的佔領區得不到鞏固」。[322] 只有弗蘭格爾——當時已經太晚——任命了幾個真正的平民部長，支持地方自治，正式承認從前帝俄領土上的各個分離主義政府，承認農民對於土地的所有權，但他的土地法令（1920年5月25日）要求耕者為他們已經控制的土地向他的政府交税。[323]

缺少政府機構削弱了白軍的力量，而白軍在思想領域的失敗則讓這一點變得更加嚴重。有效的赤色宣傳給白軍打上了軍事冒險分子、外國走狗和復辟分子的標記。白軍開展了他們自己的宣傳攻勢、閱兵儀式和有正教神父祈福的部隊視察活動。他們的紅、白、藍三色旗，即1917年之前的俄國國旗，上面常有正教聖徒的畫象，而其他的旗幟則帶有骷髏圖案。白軍模仿布爾什維克的做法，也派出鼓動列車。但他們的口號——「讓我們成為統一的俄羅斯民族」——缺乏説服力。[324] 在別的地方，比如信奉羅馬天主教的巴伐利亞、匈牙利和意大利，當左翼革命或微型革命爆發的時候，部分是受到布爾什維主義幽靈的刺激，這些地方開始右轉。實際上在整個歐洲，包括反對共產主義的社會民主黨人在內，統治勢力仍然處於上風。顯然，政治結局的關鍵不在於戰爭期間的破壞、君主制的垮台、軍隊的嘩變、罷工、地方蘇維埃的建立，或者是左翼分子直接採取行動奪取政權，而在於有組織的右翼運動和可靠的農民軍隊是強是弱。寡不敵眾的白軍儘管徹底脱離了農民，但還是指望民眾發起暴動，加入他們。[325] 但是，與意大利、德國以及匈牙利的情況不同，白軍甚至沒有試圖在右翼民粹主義的基礎上，重新發起反左運動，他們中甚至沒能出現一個霍爾蒂那樣的人物。「在心理上，

白軍表現得就像甚麼事也沒發生一樣,然而他們周圍的整個世界已經坍塌了,」彼得‧司徒盧威觀察到,「這種心理狀態仍然停留在從前那個已經不復存在的環境之中,沒有甚麼比這對『白衛』運動的傷害更大了……在革命中,只有革命者才能找到自己的路。」[326]

公職人員坐天下

在為一次未能發表的講話準備的筆記中,列寧是這樣看待內戰的:「國內戰爭教育了和鍛煉了〔我們〕(鄧尼金等等都是很好的**教員**;教得很認真;我們所有優秀的公職人員(*rabotniki*)都參加過軍隊)。」[327]* 列寧說得對。此外,威權主義不是副產品。工廠委員會、草根蘇維埃、農民委員會、工會以及群眾革命中其他組織的可悲命運,並不讓人覺得不可思議。在劇烈的「一體化」(*Gleichschaltung*)† 過程中(正如一位研究布爾什維克早期國家建設的歷史學家給這種類似於後來納粹政權的過程所取的一個貼切的說法),布爾什維克竭力接管或鎮壓草根組織。[328] 就連許多當選的蘇維埃代表,也開始把經由選舉產生的草根機構看作行政管理的障礙。[329] 但是,將常常採取獨立形式的基層政治表達列為打擊目標,都植根於一些核心信念。列寧政權用來作為自己存在理由的,不是自由的最大化,而是生產的最大化。「無產階級專政,」就像托洛茨基大聲宣佈的,「在生產資料領域的表現在於,廢除私有財產」——不是在於工人對工業的控制或者是採取其他方式參與決策過程。[330] 管制(*contrôle*),俄語中吸收的一個法語詞彙,其含義從工人對工廠運營情況的自發控制,轉變為官僚機構對工廠和工人的控制。[331] 這其中起推動作用的觀念是超越資本主義和建設社會主義,而集中的國家權力是完美的工具。

行政機器從混亂中產生,反過來又製造混亂。大力推行層級制在很大程度上是源自對規範化和可預測性的渴望。政權不但在治理方

---

* 譯註:《列寧全集》第43卷,第324頁。

† 譯註:作為納粹的術語,這個詞是指對德國社會中的方方面面實行強制的統一管理與控制。

面，而且在自我管理方面，都在經歷一段艱難時期。在財政人民委員部，單是在1920年10月的一次內外勾結的劫案中，就有超過2.87億盧布不見了蹤影。[332] 一個通過沒收建立起來的政權開始沒收它自己的財產了，而且從未停止。內戰結束時出版的城市指南《紅色莫斯科》的作者們評論説：「所有革命都有一個儘管短暫卻很醜陋的特點：各種各樣的惡棍、騙子、冒險家以及純粹的罪犯紛紛登上舞台，他們懷着這樣那樣的罪惡目標依附於政權。他們對革命的危害巨大。」[333] 然而，理想主義和機會主義之間的界線往往非常細。革命是社會地震，是大地開裂，可以讓形形色色的新人湧現，擔任他們若非如此就得等上幾十年才能擔任、或者永遠都不可能擔任的職務。革命的使命是和他們對於自身命運的意識交織在一起的。

　　布爾什維克政變後，重建可以正常運轉的國家政權就成了頭等大事，這也是能讓布爾什維克黨人不至於「被拋到九霄雲外」的事情，但是，要供養那些受益者，需要耗費相當數量的國家預算，這還沒有把他們的假公濟私算進去。大約有5,000名布爾什維克及其家人在克里姆林宮和莫斯科市中心幾個最好的飯店住了下來。內戰期間，他們共同佔用了相當多的服務人員，消耗了相當多的資源。他們的住處——不僅僅是列寧的——需要生爐取暖，儘管很難弄來燃料。在克里姆林宮內部，他們有託兒所、俱樂部、醫務室和浴室，以及一些「不對外公開的」中心，可以分發食品和衣物。（托洛茨基聲稱，1919年，他在人民委員會的「合作社」發現有高加索葡萄酒，想讓人搬走，因為嚴格説來，他當着斯大林的面對列寧説，酒是不許賣的，但據説斯大林反駁説，高加索的同志沒有酒是不行的。）[334] 相比於沙皇時代的皇室和高級貴族，布爾什維克的精英們得到的補貼，比如公寓、別墅、小汽車、食品，根本算不上奢侈，可是由於戰火的蹂躪與貧窮，這些福利就顯得特別突出和惹眼。[335] 公職人員的特權成了一個痛點，其範圍遠遠超出了中央政權。「我們割斷了與群眾的聯繫，結果很難獲得他們的好感，」1919年7月，圖拉省的一名布爾什維克寫信對列寧説，「以前黨內那種同志般的精神徹底消失了。取而代之的是一種新的個人統治，黨的首腦掌管一切。受賄現象泛濫：要是不受賄，我們共產黨的幹部簡直活不下去。」[336]

機關中也有着充沛的理想主義，但「官僚主義」的迅速蔓延讓革命者感到震驚。粗俗、惡毒、推諉、貪污公款、相互傾軋、爭奪權力的「官僚主義分子」突然間變得無處不在。[337]但這場革命的許多悖論之一在於，所有的「社會力量」，不管是異己的（資產階級、富農、小資產階級），還是友好的（工人，有時也包括農民），都可以說是一個階級，唯獨當權的那個不能説是一個階級。

⚮

從象徵的角度講，紅與白的二元對立——布爾什維克黨人與其他所有人的對立，包括二月革命的發動者和非布爾什維克社會主義者——規定了新政權的性質。這一點在革命三週年紀念日那天（1920年11月7日）有着戲劇性的表現。當時，彼得格勒再現了「猛攻冬宮」的一幕，參與人數遠遠超過原本的事件，演出的有6,000至8,000人，觀眾10萬人。表演中，在那座巴洛克風格的大型建築前面，在世界上最大的公共空間之一的巨大廣場上，佈置了兩座大型舞台，一紅一白，中間有拱橋相連。晚上10時，號聲響起，宣告行動開始，約500人的樂隊演奏了名為《羅伯斯庇爾》的交響曲，繼而是《馬賽曲》。泛光燈照亮了右側舞台，可以看到臨時政府、寶座上（！）的克倫斯基，還有部長、白軍將軍和有錢有勢的資本家。克倫斯基一邊指手畫腳，誇誇其談，一邊收受大袋大袋的金錢。突然，探照燈照亮了左側的舞台，那裏有一批剛剛下班、精疲力竭的群眾，其中許多人都因為戰爭而變成了殘疾。他們亂哄哄的，可一聽到有人喊「列寧」或高唱《國際歌》的旋律，就聚攏在紅旗周圍，組成了一支紀律嚴明的赤衛隊。拱橋上，武裝鬥爭開始了，赤衛隊在鬥爭中佔得上風。克倫斯基乘坐小汽車逃往舊政權的堡壘——冬宮，但赤衛隊還有觀眾們緊追不捨。他男扮女裝逃脱了，但群眾對冬宮發起了「猛攻」。大約150盞大功率投影燈照亮了冬宮，透過一扇扇巨大的窗戶，可以看到一幅幅啞劇般的戰鬥畫面，直到所有窗戶的燈光都變成紅色。[338]只要對那種狂熱稍有質疑，就會像克倫斯基和其他溫和派社會主義者一樣，被歸為白色陣營，結果白色陣營的人數不斷擴大。

在制度方面，壟斷性質的布爾什維克政權不但組成了國家，而且還因為大量吸收前沙皇軍官而變成了一個黨國。關於那些政治監察人員，托洛茨基解釋説，紅軍中的「政委制」，是「要充當腳手架的……我們會一點一點地拆掉這個腳手架」。[339] 然而，不管政委們是如何頻繁地要求把自己撤掉，上述的拆除從來都沒有發生。[340] 相反，名為維亞切斯拉夫·莫洛托夫的中央黨務官員很快就在一本小冊子中吹噓，治理國家的任務使得蘇俄共產黨如何不同於其他政黨。在諸多創新中，他特意指出把政委安插到技術專家身邊的做法，而且不僅是在紅軍中，所有的經濟和行政機關都是如此。[341] 黨國這樣的事物在沙皇俄國是不曾有過的。紅與專的二元並存，即便是在絕大多數國家官員、軍隊軍官和學校教員都成了黨員後，也會繼續存在，成為官員數量激增和浪費的又一根源。

傳統上認為，托洛茨基在俄國內戰中起到的作用比十月政變時還要突出。在公眾的想像中，他無處不在，他的列車裝載的是紅軍和勝利。但是，人們長期抱有的那種看法，即托洛茨基要遠遠強於斯大林，並沒有相關事實可以證明。[342] 無論是斯大林還是托洛茨基都非常激進，但是在前沙皇軍官問題上，斯大林推行的「無產階級」路線，激怒了托洛茨基（托洛茨基的憤怒又啟發了斯大林）。當然，斯大林不是排斥所有的軍事專家，他只是排斥「階級異己分子」。對他來說，階級異己分子包括具有貴族血統的人和在1917年前就獲得高級軍銜的人，而托洛茨基也主張，不僅要培養初出茅廬的新人，還要培養從前的士官。[343] 對此，托洛茨基聲稱，1918年，前沙皇軍官佔紅軍指揮和行政人員的四分之三，到內戰結束時，據他所説，他們僅佔三分之一。[344] 然而，不管總數到底有多少，起用前沙皇軍官和其他領域的「資產階級」專家，都使得已經普遍存在的對於托洛茨基的負面看法聚集起來，結果，在他立下赫赫戰功的內戰中——這比人們通常以為的要早很多——他已成為眾矢之的，成為那個他幫助贏得勝利的政權內部所普遍厭惡的對象。同時，斯大林在內戰中的角色——敲腦袋——相當重要，這一點就連托洛茨基也是承認的。[345] 1918年在察里津那段時期——那時候的形勢無論是對於紅軍還是對於斯大林個人來説都極為艱難——預示著斯大

林日後的做法：用渲染「敵人」的陰謀和公開處決的辦法來加強紀律並贏得政治上的擁護。

　　托洛茨基是猶太人，但就像俄羅斯帝國中幾乎所有的知識分子以及革命者一樣，他是被俄羅斯文化完全同化的猶太人，而且他還有雙引人注意的藍眼睛，鼻子也不高，可他聲稱，他感到自己的猶太人身份是一種政治上的缺陷。農民當然知道他是猶太人。[346] 在俄國的美國紅十字會負責人稱托洛茨基是「自耶穌基督以來最偉大的猶太人」。白衞分子的雜誌談的都是「布爾什維克的猶太佬政委」和托洛茨基領導的「猶太佬紅軍」。[347] 1919年，托洛茨基收到一名朝鮮族俄共黨員的來信，其中提到有傳言說：「祖國被猶太政委們征服了。國家的所有災難都被歸咎於猶太人。他們說共產黨政權得到了猶太智囊、拉脫維亞步兵和俄羅斯白癡的支持。」[348] 倫敦《泰晤士報》斷言（1919年3月5日），猶太人佔據了蘇維埃俄國四分之三（！）的領導崗位。蘇維埃俄國的許多共產黨員把「斯莫爾尼」（Smolny）說成「西莫爾尼」（Shmolny，即 Jewish 中的「sh」），把主席團（presidium）唸成「普列日蒂姆」（prezhidium〔Jew-sidium〕）。[349] 托洛茨基在自己的檔案中保存了一本1921年的德國書冊，裏面有所有猶太布爾什維克的畫像，為那本書作序的是阿爾弗雷德·羅森堡（Alfred Rosenberg）。[350]* 農民們也知道他是猶太人。他在後來提到作為一個猶太人的自知之明，以說明他為甚麼在1917年拒絕列寧的建議，沒有擔任內務人民委員（即政權警察）。[351] 不過，他接受了讓他擔任的一些別的高級職務，而他的猶太人身份對於那些職務有多大的妨礙，現在還不清楚。高層當中，只有格魯吉亞人朱加施維里—斯大林沒有猶太血統。列寧外婆的猶太人身份那時沒人知道，但其他領導人是猶太人，這在當時眾所周知，可這並沒有妨礙他們：季諾維也夫出生時叫做「奧夫謝伊—格爾申·拉多米斯爾斯基」，用的是他母親的姓「阿普費爾鮑姆」；加米涅夫出生時叫做「列夫·羅森菲爾德」，父親是猶太人；他倆的妻子都是猶太人。[352] 托洛茨基—勃朗施坦之所以成為眾矢之的，原因是多方面的，不只因為猶太人身份。

341

---

* 譯註：1893–1946，德國人，納粹的意識形態理論家。

與托洛茨基不同，斯大林從未在引人關注的爭論——比如布列斯特和約問題——中公然挑戰列寧，儼然與之平起平坐，激起他的憤怒。斯大林的確經常在政治上惹是生非。[353] 可是，對於斯大林為了震懾敵人和贏得工人的支持而濫用恐怖手段，列寧不會反感，因為作為一種給予政治教訓的方式，列寧提倡先開槍再問問題。（列寧支持托洛茨基槍斃逃兵的嚴厲措施，即使他們是黨員。）列寧也不傻：他看穿了斯大林的個性，以自我為中心，喜歡搞陰謀詭計，但列寧看重的是，斯大林既有堅定的革命信念，又能辦事，適合需要全力以赴的革命性的階級鬥爭。在政權內部的各個小集團中，斯大林對於列寧的作用顯而易見。「身居高位的布爾什維克，」副貿易人民委員阿爾卡季·博爾曼（Arkady Borman）回憶說，「可以分為兩類：列寧的門徒和剩下的人。前者在部門內部的衝突中感覺到地位穩固、安全，並且總是佔據上風。」[354] 斯大林既是列寧小集團中級別最高的成員，後來又自成一派，而他那一派與列寧的一派在人員上有部分重疊。相對應地，托洛茨基一派與列寧的一派則不存在重疊，結果便成了那位布爾什維克領袖的靶子。（野心勃勃的季諾維也夫有自己的小集團，在彼得格勒。）內戰期間，斯大林可以用向列寧求助的辦法，不聽命於托洛茨基，儘管後者的職務是革命軍事委員會主席。接下來我們將會看到，時移勢易，輪到托洛茨基為了避免在黨內聽命於斯大林而向列寧求助了。斯大林的權勢擴張已經領先了許多，但其實還只是開始。

第九章
發現之旅

我對俄國瞭解很少。辛比爾斯克、喀山、彼得堡、流放，差不多
就這樣！

　　——大約1908年在卡普里島，當有人談到俄國農村時列寧這麼回答。
　　　　　　　　　　　　　　　　　　　見馬克西姆·高爾基回憶錄[1]

各個蘇維埃共和國孤立的存在是不穩固不牢靠的，因為資本主義國
家威脅着它們的生存。第一、各蘇維埃共和國國防的共同利益，
第二、恢復被戰爭破壞的生產力的任務，第三、產糧的蘇維埃共和
國給予不產糧的蘇維埃共和國必要的糧食幫助，——這三者絕對要
求各個蘇維埃共和國建立國家聯盟，這是免遭帝國主義奴役和民族
壓迫的唯一道路……

　　　　　　　——以斯大林報告為基礎的黨的第十次代表大會決議，
　　　　　　　　　　　　　　　　　　　　　　1921年3月15日[2]*

---

* 譯註：《蘇聯共產黨代表大會、代表會議和中央全會決議彙編》(第二分冊)(人民出版社，
　1964年版)，第98–99頁。

　　革命和內戰是在俄羅斯帝國這樣一個橫跨歐亞兩大洲，且成分極其複雜的國家爆發的。不過，從民族主義觀點來看，這個國家在治理上並未帶來特別困難的挑戰。帝俄過去根本沒有格魯吉亞和烏克蘭這兩個「共和國」；嚴格說來，烏克蘭人甚至不存在（他們是「小俄羅斯人」）。誠然，過去帝俄支持兩個所謂的受保護國（布哈拉、希瓦），芬蘭享有一定程度的自治，可帝國其餘部分卻被分成若干個總督轄區（gubernii）。後來，由於世界大戰、德國的軍事佔領和內戰，芬蘭、波蘭、立陶宛、拉脫維亞和愛沙尼亞紛紛獨立，紅軍沒能再次征服其中的任何一個。世界大戰、軍事佔領和內戰還催生了烏克蘭、白俄羅斯、格魯吉亞、亞美尼亞和阿塞拜疆，它們倒是全都被紅軍再次征服了，但這些民族共和國仍然保留了國家的某些重要特徵。民族問題一下子成了中心問題。

　　世界大戰使政治景觀發生了無可挽回的變化。三個主要的陸上帝國都解體了，不過，跟奧匈帝國以及奧斯曼帝國不一樣，俄國死而復生，雖說不是全部，也不是以同樣的形式。讓俄國與眾不同的，並且在某種程度上把俄國內戰變成了成功收復從前帝俄領土戰爭的，是若干工具和觀念的結合：共產黨、列寧的領導（實際的和象徵的）、布爾什維克後來才發現的聯邦制的辦法、世界革命——不僅僅是俄國革命，它讓「自決」成了一個靈活的概念——的幻想以及斯大林的謀略。帝俄的許多政治人物，從沙皇時代的右翼政治家彼得·斯托雷平等人到左翼的斯大林等人，再加上中間的立憲民主黨，都認為有必要採取地方自治和民族自治的形式，但必須是在一個強大的國家（gosudarstvennost'）領導下。[3] 斯大林是如何得出上述結論的，這是他在內戰的艱難歷程中不太為人所知的方面；它也是布爾什維克的國家建設中令人費解的一大成就。

　　「十月革命一開始，」列寧在1918年11月說道，「對外政策和國際關係的問題就成了我們最主要的問題。」[4*] 布爾什維主義不只是一項關於國

---

*　譯註：《列寧全集》第35卷，第150頁。

家建設的事業，還是一種可供選擇的世界秩序。布爾什維克訴諸聯邦制，在向殖民地人民發出的響亮號召中，承認對蘇俄歐亞地區的各附屬民族擁有正式的繼承權。[5]國家結構、國內的少數民族政策、殖民地政策以及對外政策緊緊地聯繫在一起。

　　作為俄國曾經的敵人，德國承認新的蘇維埃國家，但它後來垮掉了，而作為俄國曾經的盟友，英國和法國現在成了對手：它們承認阿塞拜疆、亞美尼亞和格魯吉亞這幾個新的獨立共和國，卻不承認蘇維埃俄國。但是大波蘭和大羅馬尼亞這兩個凡爾賽條約的大贏家，作為蘇俄最直接的對手出現在西側。在另一側，俄國從前的遠東地區正處於日本軍隊的佔領下，這其中的原因部分在於美國總統伍德羅·威爾遜請求日本出兵，參加計劃由11國的2.5萬名士兵組成的遠征軍，拯救捷克斯洛伐克軍團並保衛西伯利亞的軍用倉庫。日本人起初拒絕武裝干涉俄國，但在1918年卻派出了比請求它派出的還要多的軍隊，目的除了反共，還想奪回歷史上失去的領土。日本在蘇俄遠東地區陷入了與眾多不同敵人的纏鬥，佔領軍增加到7萬多，引發了國內分歧，並付出了很高的代價——約1.2萬人的死亡和近10億日元的軍費。不過，在美國人1920年撤出符拉迪沃斯托克之後，日本人卻留了下來。[6]於是，日本、波蘭、羅馬尼亞和英國，聯手在各蘇維埃社會主義共和國周圍形成了一個包圍圈，儘管如同我們將會看到的，由於再次征服了南高加索，蘇維埃革命在伊朗取得了短暫的突破，在蒙古取得了永久的突破。

　　到1921年，再次征服的戰爭的結局差不多明朗了。各蘇維埃共和國的總人口約有1.4億，其中俄羅斯人約7,500萬，而在6,500萬非俄羅斯人當中，操突厥語和波斯語的約3,000萬。在蘇維埃國家的總人口中，農民在1.12億左右。民族問題實際上也是農民問題，他們在俄國歐亞地區每一個民族中都佔絕大多數。

　　紅軍戰勝白軍的基礎不在農民本身，而在共產黨員。[7]1919年清黨時，記錄在案的黨員有將近一半被開除；1920年新一輪的清黨中，超過四分之一的黨員被踢了出去，但黨還是在不斷壯大。[8]黨從（1918年3月的）34萬人擴大到內戰結束時的70萬人，紅軍中的黨員數量也從4.5

萬人發展到 30 萬人。農民不起決定作用，可他們在任何時候都要佔到紅軍士兵的四分之三，儘管往往並不是出於自願。農民士兵經常帶着槍擅離職守。他們也使用獵槍和土法製造的武器。1920 至 1921 年，在烏克蘭，在伏爾加河流域、頓河流域和庫班河流域，在坦波夫省和沃羅涅日省，尤其是在西西伯利亞，至少有 20 萬農民拿起武器反抗布爾什維克的苛政，紅軍在 1920 年 9 月開始復員也為暴動增添了新的力量。政權的回擊非常殘酷，但它也作出了重大讓步。1921 年，農民迫使列寧結束徵收制，而列寧則迫使黨的第十次代表大會通過了所謂的新經濟政策，允許農民出售他們種植的大部分糧食。沒收行為並未停止：一個建立在階級鬥爭的思想和實踐基礎上的國家，需要時間來適應新經濟政策。但是在歐亞地區的大部分地方，內戰帶來的不僅是布爾什維克的壟斷性的黨國，還有承認民族身份的聯邦，以及合法化的市場（這要感謝與之同時的農民革命）。

「萬花筒」根本不能形容歐亞地區內戰的複雜多樣，尤其是在 1920 至 1921 年。歐亞地區需要從地理上去理解。在俄語中就如在德語和英語中一樣，「歐亞」這個詞出現於 19 世紀晚期，指歐洲加上亞洲，但是在 20 世紀初，其含義變成了與兩者截然不同的神秘的事物。[9] 一小群別出心裁的知識分子，他們因為革命而流落國外——而且恰好是烏克蘭人、波蘭人和立陶宛人，突然宣稱從地理和種族構成上來說，已瓦解的俄羅斯帝國融匯了東方基督教和草原的影響，形成了一種新的超越性的綜合體。「俄羅斯人以及那些屬於『俄羅斯世界』各個民族的人，既不是歐洲人，也不是亞洲人，」這些逃往西方的流亡者在其宣言《到東方去》（1921）中寫道，「正與我們周圍的本土文化和生活元素融合在一起的我們，毫不羞愧地宣佈說，我們是**歐亞人**。」[10] 他們的歐亞是從莫斯科實行統治的，經濟上自給自足，政治上民有（demotic，屬於人民所有，但和民主不同），據說是某種類似於交響樂的統一體。[11] 就像我們將會看到的，同時也像斯大林充分認識到的——因為他當時正在處理多樣性問題——沒有甚麼觀念比這更荒謬了。斯大林欽佩大俄羅斯民族和俄羅斯工人階級，而且他一貫主張中央集權和黨的統治（即階級）高於民族利益，但他也承認，必須因應不同的民族創造出新的吸引力和制度。[12] 之

前他在民族問題上的核心觀點是語言平等和行政管理的本土化。[13] 當然，俄共企圖通過接納民族國家，來得到本地人的擁戴，而這件事的另一面就是，這些國家中有民族傾向的共產黨人獲得了實現自己抱負的手段。要是真的如同僑民們幻想的，存在一個「歐亞人」綜合體，那斯大林的一生就會簡單許多。

俄國內戰相當於某種「發現之旅」，雖然與克里斯托弗·哥倫布以及瓦斯科·達伽馬不同，俄國內戰中的航海者並未越過真正的海洋。一群令人眼花繚亂的人物在舞台上飄然而過：波蘭元帥約瑟夫·皮爾蘇茨基和波蘭布爾什維克約瑟夫·溫什利赫特 (Józef Unszlicht)；留着八字鬍的紅色哥薩克首領謝苗·布瓊尼 (Semyon Budyonny) 和亞美尼亞騎手、人稱加伊·德米特里耶維奇·加伊 (Gai Dmitrievich Gai) 的蓋克·布日什基揚 (Haik Bzhishkyan)，他是米哈伊爾·圖哈切夫斯基 (Mikhail Tukhachevsky) 的親密戰友；兩位韃靼穆斯林共產黨人、彼此都想置對方於死地的薩希卜·加列伊·賽義德—加利耶夫 (Sahib Garei Said-Galiev) 和米爾賽義德·蘇丹—加利耶夫 (Mirsäyet Soltangäliev)，以及巴什基爾非共產黨人艾哈邁德—扎基·瓦利季 (Akhmetzaki Validi)，他阻截了蘇丹—加利耶夫的韃靼帝國主義；丹增 (Danzan) 和蘇赫—巴托爾 (Sükhbaataar)，兩位蒙古民族主義分子，他們相互合作，直到後來拔刀相向；想讓波斯擺脫外國影響的溫文爾雅的米爾扎·庫丘克汗 (Mirza Kuchek)，還有在德黑蘭領導右翼分子暴動的冷酷的禮薩汗 (Reza)；人稱薩法羅夫 (Safarov) 的白俄羅斯猶太人、在突厥斯坦擔任委員的格奧爾吉·沃爾金 (Georgy Voldin)，以及拉脫維亞人、老派的契卡人員雅科夫·彼得斯，他在突厥斯坦差點兒毀掉偉大的無產階級指揮官米哈伊爾·伏龍芝的事業；農民叛亂的領袖亞歷山大·安東諾夫 (Alexander Antonov) 及其布爾什維克對手弗拉基米爾·安東諾夫—奧弗申柯 (Vladimir Antonov-Ovseyenko)，後者攻佔冬宮並逮捕了臨時政府成員，卻無力平息坦波夫農民的怒火；強調工人作用的兩位布爾什維克亞歷山大·施略普尼柯夫和亞歷山德拉·柯倫泰，他們是共產黨的黨內反對派領袖；有民族傾向的烏克蘭共產黨人米科拉·斯克雷普尼克 (Mykola Skrypnyk) 以及格魯吉亞共產黨人菲利普·馬哈拉澤 (Pilipe Makharadze)

346

和布杜·姆季瓦尼 (Polikarp "Budu" Mdivani)；容易被人遺忘的駐守喀琅施塔得要塞的前沙皇少將亞歷山大·科茲洛夫斯基 (Alexander Kozlovsky) 和不易被人遺忘的前沙皇哥薩克軍官、波羅的海地區的德意志人、想要繼承成吉思汗事業的羅曼·馮·溫格恩—什捷爾恩貝格男爵 (Roman von Ungern-Sternberg)。可主要人物，甚至比列寧還重要的主要人物，卻是那位格魯吉亞人，他在民族問題上是斯托雷平轉世。斯大林追求的是國家主義議程，想把保留宏大的中央集權國家和容許民族差異結合起來，並毫不留情地打擊分離主義，儘管他無論是在長相還是在事實上，都是典型的邊疆地區的人。[14]

民族問題在內戰中始料未及的重要性，讓斯大林得以大權在握，並同列寧建立了緊密的工作關係。兩人常常受到堅決反對民族主義的強硬派布爾什維克和具有民族傾向、反對中央集權的布爾什維克的夾擊，於是，他們試圖實行一種切實可行的聯邦制，既合乎馬克思主義原則，又考慮到現實狀況與地緣政治要求。[15]

意外的聯邦主義者

347　　1917年的政變有四個口號：和平、土地、麵包，還有民族自決，但民族自決的觀念長期以來讓左翼分子傷透了腦筋。「工人的民族性不是法國的、不是英國的、不是德國的民族性，而是勞動……」馬克思在早年寫道，「他的政府不是法國的、不是英國的、不是德國的政府，而是資本。他的領空不是法國的、不是德國的、不是英國的領空，而是工廠的領空。」[16]* 但馬克思在晚年因為「愛爾蘭問題」而改變了自己的立場；第一國際的綱領含有自決權。[17] 卡爾·考茨基的文章〈現代民族〉(1887) 成了馬克思主義者的首次重大嘗試，它闡明了如下正統觀點：資本主義的商品關係造就了民族，而民族將會隨着資本主義一起消失（這篇文章在1903年被譯成俄文）。1908至1909年，羅莎·盧森堡概

---

*　譯註：《馬克思恩格斯全集》第42卷，第256頁。

述了馬克思主義在民族問題上的強硬立場。她也認為資本主義催生了民族主義，分裂了國際無產階級，把他們跟統治階級捆綁在一起，但她認為除了被剝削的工人階級，其他人沒有自決權——這樣的立場在使用多種語言的東歐，對於專注於階級問題的左翼來說很有吸引力。[18]後來在奧匈帝國出現了一種對立的馬克思主義觀點。奧匈帝國的奧托‧鮑威爾等人提出了一個詳盡的綱領，主張與地域無關的「民族文化自治」，試圖把民族問題同階級問題調和起來。[19]斯大林的文章〈民族問題和社會民主黨〉(1913)，反對奧地利馬克思主義者用資產階級的民族(文化)代替階級鬥爭的企圖(盧森堡主義)。例如，他質問穆斯林地主和毛拉們憑甚麼代表勞苦的穆斯林講話，並且指出，許多所謂的「文化」(宗教、搶婚、罩面紗)都是要廢除的。斯大林具體針對的目標是奧地利馬克思主義者的「民族文化自治」在高加索引起的反響(饒爾丹尼亞和格魯吉亞孟什維克)。他堅持認為自治只應是區域性的(也就是說，不能擴大到祖國領土之外的國民)。不過，最後他也承認，民族主義有助於爭取到容易受民族主義訴求影響的工人，從而為解放全世界無產階級服務。[20]列寧——斯大林反駁奧地利馬克思主義者的文章曾被誤認為是受他之託——抨擊的對象是盧森堡，1914年她在日內瓦俄僑雜誌上發表了一篇文章，對民族主義不屑一顧。[21]列寧區分了壓迫民族的民族主義和被壓迫民族的民族主義(比如愛爾蘭人的事業，那對馬克思產生過影響)，部分贊同自決權，而且與只出於策略考慮的斯大林不同，他還出於道義和政治的考慮：被壓迫民族勞苦大眾的解放。[22]在列寧看來，一個人不能既主張社會主義又主張帝國主義(大國的民族壓迫)。

348

　　有馬克思主義傾向的相關著述就是這些，彼此口誅筆伐：以正統派考茨基(主張多數主義的德國公民)、強硬派盧森堡(被德國同化的波蘭人)、溫和派鮑威爾(主張多元民族主義的奧匈帝國臣民)為一方，以斯大林(被帝俄同化的格魯吉亞人)和列寧(主張多數主義的俄國臣民)為另一方。在俄國內戰的現實背景下，這些思想成了一個更大的戰場。

　　布爾什維克的成員體現了帝俄極為突出的多民族特點(就像本書按照原文給出的人名所證明的)，但這些布爾什維克也是被徹底俄羅斯化

的(就像他們的名字更典型的拼法所表明的)＊。不過，他們認識到俄羅斯
民族與俄羅斯帝國是不一樣的。托洛茨基是個俄羅斯化的猶太人，他從
十分消極的文化角度描繪了俄國，認為俄國人民需要「與亞細亞方式、
與17世紀、與神聖的俄羅斯、與聖像和蟑螂的徹底決裂」。[23]† 列寧猛烈
抨擊大俄羅斯沙文主義，認為那是一種特別的罪惡，這種罪惡「使他們
〔勞苦大眾〕腐化墮落，鮮廉寡恥，讓他們習慣於壓迫異族人民，習慣
於用一些貌似愛國的虛偽言詞來掩飾自己可恥的行為」，不過，他也承
認，在俄羅斯族人當中可能會出現一種大眾化的民族主義。[24]‡ 斯大林過
去激烈地批評過俄羅斯化。「呻吟叫苦的有俄國境內被壓迫的各民族和
異教徒，其中包括那些被逐出鄉土而其神聖情感蒙受傷害的波蘭人和芬
蘭人，歷史賦予他們的權利和自由都被專制制度蠻橫地踐踏了。」他用
格魯吉亞文在《鬥爭報》上寫道(1901年11–12月)，「呻吟叫苦的有經常
受迫害受侮辱的猶太人，他們甚至被剝奪了其他俄國庶民所享有的微不
足道的權利，即隨處居住的權利、就學的權利、供職的權利等等。呻吟
叫苦的有格魯吉亞人、阿爾明尼亞人以及其他民族，他們被剝奪了開辦
本族學校的權利、在國家機關中工作的權利，他們不得不服從專制政權
所瘋狂推行的、可恥的、壓迫少數民族的**俄羅斯化**政策。」[25]§ 但斯大林很
快就放棄了這種格魯吉亞民族主義立場，還在1904年9月的《無產階級
鬥爭報》上否認民族特性或民族精神的存在。[26] 到1906年，仍用格魯吉
亞文寫作的他認為，民族自治會把「我國〔格魯吉亞〕與俄羅斯割裂，卻
與亞洲的野蠻落後聯繫起來」。[27] 因此，列寧反對俄羅斯沙文主義，而斯
大林則擔心除俄羅斯人之外的其他民族的落後狀態，並開始把俄羅斯人

＊　編註：在原書中，非俄羅斯人的名字是按照其原有的拼法。例如，斯大林是格魯吉亞
　　人，其姓氏「朱加施維里」在書中按照格魯吉亞語拼作「Jughashvili」。如果用俄羅斯化的拼
　　法，是「Dzhugashvili」，後者是英文世界更常見的拼法。也可參看作者在〈參考文獻〉中的
　　說明。

†　編註：《文學與革命》(劉文飛等譯，外國文學出版社，1992)，第80頁；托洛茨基用聖像
　　與蟑螂來指代傳統的俄國。

‡　譯註：《列寧全集》第26卷，第111頁。

§　譯註：《斯大林全集》第1卷，第17–18頁。

的監護作用視為提升其他民族的手段──這樣的想法可能和他在俄羅斯正教學校的經歷有關。[28] 事實證明，這種差別非常重要。

　　憑藉其格魯吉亞人出身和1913年的文章，斯大林成了黨內核心集團中公認的民族問題專家，是決定蘇維埃國家結構的最重要的人物。首屆布爾什維克政府設立了一個由他領導的民族事務人民委員部，這一點決非偶然。[29] 俄羅斯帝國在戰爭與革命中的瓦解，造成了一種極其特殊的局面。革命的倖存者突然發現，廣闊的俄國歐亞地區只有很少的無產階級，或者根本就沒有。為了尋找同「世界帝國主義」以及「反革命」作鬥爭的盟友，黨不得不在某些地區，尤其是在沒有工業的地區，甚至是的確存在無產階級的地區，與「資產階級」民族主義分子建立暫時的同盟。首先在這方面作出努力的是波蘭語地區：早在1917年11月，為了招募波蘭共產黨員並讓波蘭繼續留在蘇維埃俄國，民族事務人民委員部就成立了一個負責波蘭事務的下屬機構，儘管政權當時根本沒有控制任何波蘭領土，而且世界大戰的各交戰國已經不斷加碼，許諾讓波蘭成為一個獨立國家。監督波蘭蘇維埃化計劃的是斯大林的副手、波蘭人斯坦尼斯拉夫·佩斯特科夫斯基。他那頑固的盧森堡主義觀點只是加劇了波蘭左翼力量的分裂，造成了地方蘇維埃同各地波蘭人的委員會之間的摩擦。[30] 事態的發展表明，波蘭不僅是一個民族，它本身就是一個地緣政治要素。民族事務人民委員部成立了一些下屬機構，分別負責立陶宛、亞美尼亞、猶太人、白俄羅斯等等的事務，但民族事務人民委員部和斯大林的注意力特別集中於俄國歐洲和亞洲部分的穆斯林地區，集中於尋找聽話的穆斯林合作者。負責穆斯林事務的下屬機構成立了，但其領導人想要解決的是他們自己的問題：一個把從前沙皇俄國幾乎所有的穆斯林都包括在內的「自治的」韃靼里亞。為了維持某種政治控制，斯大林起初在1918年5月對大韃靼里亞計劃是支持的，但很快就加以阻撓，認為它危險，與布爾什維克的壟斷格格不入，對爭取非韃靼穆斯林的忠誠是有害的。[31] 雖說斯大林對俄國的歐洲和亞洲部分十分熟悉，但對問題的認識也有個過程。

　　作為斯大林的主要工具，聯邦制在布爾什維克當中起初幾乎沒有人支持。在美國革命中，聯邦主義者是那些支持強勢的中央政府的人。

在法國革命中，為了反對絕對主義國家，聯邦主義者想要削弱中央權

350　力。對排斥聯邦制的馬克思產生影響的是法國人的理解。(無政府主義
分子贊成寬鬆、分權和聯邦制。)[32] 列寧曾經寫道 (1913)：「馬克思主義
者當然反對聯邦和分權」，同年，他在一封私信中進一步解釋說，他「在
原則上反對聯邦制」，因為「它削弱經濟聯繫，它對一個國家來說是不合
適的形式」。[33]* 斯大林在 1917 年 3 月發表了〈反對聯邦制〉，認為「聯邦
制在俄國不會解決而且不能解決民族問題，它只能用堂吉訶德式的掙扎
來扭轉歷史車輪，把民族問題弄得錯綜複雜起來」。[34]† 可車輪已經扭轉
了，而且很快。1918 年，掌握了權力的斯大林承認聯邦制──不是沙皇
時代的強迫的統一，而是「俄國各民族和各部落勞動群眾的兄弟般的自
願聯合」──是必要的，但只是臨時措施，是社會主義的「過渡」階段。[35]‡
1918 年 4 月 1 日，蘇維埃俄國的憲法起草委員會匆匆拼湊起來，斯大林
是唯一在人民委員會兼職的成員；他寫的提綱成了 7 月 3 日公佈的文件
草案的基礎，並提交中央委員會批准。在 7 月 4 至 10 日的蘇維埃代表大
會上，該憲法得到正式通過──大會是在左派社會革命黨人在莫斯科發
動準政變期間召開的。[36] 蘇維埃俄國正式成為俄羅斯社會主義聯邦蘇維
埃共和國 (Russian Soviet Federated Socialist Republic，RSFSR)。[37]「聯邦」
這個詞出現在憲法標題和最初的原則中，但是沒有出現在具體說明治理
機制──聯邦如何實踐──的文本中。[38] 儘管如此，在組成俄羅斯社會
主義聯邦蘇維埃共和國的大部分「自治」實體迅速落入白軍和其他反布
爾什維克力量手中之後，蘇維埃俄國仍然是一個聯邦。

　　在布爾什維克方面，為聯邦制提供基本理論依據的是斯大林。按
照他的看法，聯邦制需要有一種辦法，把許多民族的人民融為單一的
一體化國家。「在那些居民文化落後的邊疆地區，蘇維埃政權遠沒有能
夠成為這樣的人民政權。」他在《真理報》上寫道 (1918 年 4 月 9 日)。他
認為布爾什維克的任務是通過建立「地方學校、地方法院、地方行政機

---

* 　譯註：《列寧全集》第 46 卷，第 380 頁。

† 　譯註：《斯大林全集》第 3 卷，第 27 頁。

‡ 　譯註：《斯大林全集》第 4 卷，第 68 頁。

關、地方政權機關、地方社會政治機關和教育機關」，並「保證在社會
政治工作的各方面有使用地方的、為邊區勞動群眾所熟悉的語言的充
分權利」，讓群眾同「資產階級」民族主義分子斷絕聯繫。[39]* 換句話說，
斯大林的理解是不僅僅提供指導：儘管大俄羅斯擁有更高級的文化並
對各族人民伸出援手，各族人民仍需要使用當地語言的教育和宣傳，
需要參與管理他們自己的事務。在這裏，共產黨明白了過去的俄國正
教傳教士在帝國邊遠地區弄明白的道理：必須使用帝國的各種地方語
言來教授《聖經》，那樣才會讓異教徒去閱讀並皈依基督教。共產主義
也是如此。這不是正教傳教士對布爾什維主義產生直接影響的問題，
而是在類似環境中採取了類似辦法的問題。[40] 斯大林表現得就像實際上
的傳教士。

　　黨內民族問題的首次大討論發生在1919年3月黨的第八次代表大
會上。大會還再次肯定了任用沙皇軍官的做法。這種任用必須要有政
委，結果便固化了黨國二元結構。在民族問題上，布哈林、皮達可夫
等左派共產主義者在大會上要求採取盧森堡主義的強硬立場（取消民族
自決的口號）。[41] 聯邦制畢竟是孟什維克、崩得分子、亞美尼亞達什納
克黨人和烏克蘭非社會主義的民族主義分子的主張。列寧回答說，民
族是「客觀」存在的，「事實擺在那兒，不承認不行」。[42] 表決結果承認，
民族主義是一種「必要的惡」，列寧的主張獲得了勝利。大會甚至把自
決原則寫進了共產黨的綱領中，儘管它沒有採用斯大林的表述（「勞動
群眾的自決」），而是主張抱着「歷史觀點和階級觀點」的自決。實際
上，斯大林對於這一表述是可以接受的，因為它意味着，如果一個民族
從資產階級民主制轉變為蘇維埃民主制，那麼無產階級就是那個應該獲
得自決權的階級，但要是從中世紀制度轉變為資產階級民主制，那「資
產階級」民族主義分子就可以參與到政治聯合中。[43] 但第八次代表大會
影響最為深遠的是在決議中嚴格確認了黨的非聯邦性質。「俄共及其領
導機關的一切決議，黨的各個部分（不分其民族成分）必須無條件地執

351

---

* 譯註：《斯大林全集》第4卷，第69、70頁。

行。」該決議寫道，「烏克蘭、拉脱維亞、立陶宛共產黨中央委員會享有
黨的區域委員會的權利，完全隸屬俄共中央。」[44*] 就這樣，第八次代表
大會在保留了聯邦國家的同時，進一步確認了黨的非聯邦性質。換句
話説，聯邦制必須從屬於「無產階級」。

東歐的霸權

352   從1795年到1918年，波蘭是不存在的。約瑟夫·皮爾蘇茨基（生
於1867年）出身貴族，同費利克斯·捷爾任斯基一樣畢業於維爾諾中
學，曾是一名主張波蘭獨立、反對沙皇統治的政治恐怖分子，站在同盟
國一方參加過世界大戰，但因拒絕向德國宣誓而被關進監獄。1918年
11月8日，也就是在距離簽訂停戰協定還有三天的時候，德國人把他放
了；他沒有像一年前的列寧那樣返回彼得格勒，而是乘列車返回華沙。
當波蘭在被瓜分123年之後重新出現在地圖上的時候，其邊界還不確
定。六種毫無價值的貨幣還在流通，更別提還有分屬三個已經不存在
的帝國（奧地利、德意志和俄羅斯）的官僚系統；犯罪、饑餓和斑疹傷
寒到處肆虐。[45] 藉助談判，新的國家元首皮爾蘇茨基不僅讓德國的其他
部隊撤出了魯登道夫控制的地區（許多部隊都把他們的武器留給了波蘭
人），還讓德國衛戍部隊撤出了華沙。他還成立了一支專門從事偵察和
破壞活動的部隊，叫做「波蘭軍事組織」，並在法國的幫助下，開始拼
湊起一支軍隊。「從下到上，差不多一切都需要重建」，剛剛從德國戰俘
營放出來充當教官的法國人夏爾·戴高樂（Charles de Gaulle）寫道。[46] 從
1919年初開始，為了反擊有擴張主義思想的布爾什維克和地方民族主
義分子，臨時拼湊的波蘭軍隊佔領了過去由沙皇統治的白俄羅斯、立陶
宛和烏克蘭的部分領土，包括加利西亞的油田。[47] 到1919年秋天，波
蘭人主動提出，願意為英國拿下莫斯科，投入的軍隊是50萬人，每天
的開支計劃在60萬至100萬英鎊；結果誰都不願出這筆錢（英國人仍在

---

*   譯註：《蘇聯共產黨代表大會、代表會議和中央全會決議彙編》（第一分冊），第567頁。

支持鄧尼金）。[48] 1919年12月，皮爾蘇茨基試探了巴黎的態度，看能否支持波蘭人對布爾什維主義發動一場大的攻勢；法國覺得波蘭有望成為維護凡爾賽秩序的東方堡壘，但它只是作了模棱兩可的答覆。[49] 蘇俄人也向法國發出呼籲，並幻想能從魯登道夫周圍的圈子得到德國軍方的幫助，打擊波蘭人。[50] 到最後，波蘭和蘇維埃俄國很大程度上都靠自身的力量打了一場戰爭。

　　1919至1920年的波蘇戰爭反映的是相鄰國家的一連串邊境武裝衝突——羅馬尼亞和匈牙利是因為特蘭西瓦尼亞，意大利和南斯拉夫是因為里耶卡（舊稱阜姆），波蘭和德國是因為波茲南和波美拉尼亞，波蘭和捷克斯洛伐克是因為西里西亞。特別是大羅馬尼亞，因為君主制原封未動，成了蘇俄西南邊境一個新的大國。但華沙和莫斯科的衝突更大，是爭奪東歐霸權的全面戰爭，對兩次世界大戰之間那段時期的局勢產生了深刻的影響。[51] 它對布爾什維克的國內政治也產生了深刻的影響。

　　沙俄時期，流亡在外的列寧和皮爾蘇茨基都在哈布斯堡王朝統治下的克拉科夫生活過，而且是同一時期、同一街道。甚至在導致列寧哥哥被處死的那場暗殺亞歷山大三世的陰謀中，皮爾蘇茨基也被捕了。但是，曾是歐洲最大國家的波蘭—立陶宛聯邦（1569–1795）與世界歷史上最大的國家俄羅斯帝國，二者在版圖上的重合啟發了兩種相互競爭的帝國主義。[52] 上台後，列寧和皮爾蘇茨基彼此都向對方提出了基本屬於騙人的和平倡議，一邊野心勃勃，一邊聲稱自己是在採取防禦性的軍事行動。列寧把「資產階級的」波蘭看作是反對凡爾賽秩序的重要革命戰場：要麼充當協約國干涉社會主義俄國的跳板——這是必須防止的，要麼成為布爾什維克在德國發動革命的走廊。[53] 作為社會民主黨人和波蘭民族主義者，皮爾蘇茨基現在添加了元帥頭銜，他要的是一個疆域縮小的俄國和一個大波蘭——與白俄羅斯、立陶宛一起組成一個由波蘭主導的「聯邦」，並與小的、獨立的烏克蘭結盟。[54]

　　歷史上屬於烏克蘭的地方曾在不同時期、以不同的方式屬波蘭—立陶宛聯邦和帝俄的一部分。1918年，它從三個陸上大帝國的解體中看到了自己的機會，但與波蘭的情況不同，凡爾賽的決策者拒絕承認烏克蘭獨立。德國的傀儡政府、布爾什維克俄國和波蘭，再加上鄧尼金將軍，

353

來來往往，但是在那些競相提出的對主權的聲索中，農村地區對於任何想要成為統治者的人來說，都是無法治理的。1920年4月，被罷免的烏克蘭民族主義運動領導人西蒙‧佩特留拉（Symon Petliura）——他的所謂的「督政府」控制了很小部分烏克蘭領土，而他本人則在華沙避難——與皮爾蘇茨基訂立了被稱為華沙條約的軍事同盟。為了在反抗布爾什維克、爭取烏克蘭獨立的鬥爭中得到波蘭的援助，佩特留拉放棄了對（以利沃夫／利維夫為中心的）東加利西亞的領土要求，並因此而受到那裏講烏克蘭語的多數派嚴厲指責。波蘭民族主義分子根本就反對烏克蘭的存在，面對他們的鼓噪，皮爾蘇茨基認為，波蘭軍隊不可能在廣闊的烏克蘭的全境都駐軍，而且考慮到俄羅斯帝國主義的歷史，「要是烏克蘭不獨立，波蘭也絕對獨立不了」。同時，他代表波蘭對西部擁有大量講烏克蘭語人口的地區提出了領土要求。[55] 後者包括他的故鄉維爾諾／維爾納／維爾紐斯，而立陶宛和白俄羅斯也想得到那裏。此外，波蘭人已經佔領了明斯克，而白俄羅斯甚至某些立陶宛人也對那裏提出了領土要求。（白俄羅斯在鼎盛時期包括帝俄的格羅德諾、維爾納、明斯克、莫吉廖夫和維捷布斯克幾個省；布列斯特—里托夫斯克在格羅德諾省。）

在莫斯科，在那些有待考慮的重大問題中，為了讓蘇維埃俄國先慶祝列寧的50歲生日，推遲了原定於1920年4月22日的反波蘭示威活動。政權的兩份主要報紙幾乎都用來專門給布爾什維克領袖祝壽了，托洛茨基、季諾維也夫、布哈林和斯大林都寫了頌詞，熱情讚揚列寧消滅了敵人。[56] 但是在4月23日政權開會時，斯大林竟然斗膽談到了列寧犯過的政治錯誤，包括他嚷嚷着要在蘇維埃代表大會召開前發動十月政變，當時人們沒有對他的要求讓步。斯大林說：「他微笑着，狡黠地瞅着我們說：『是的，恐怕是你們對。』」列寧並不害怕承認自己的錯誤。[57]*

同一天，列寧向波蘭發出和平倡議，表示願意割讓整個白俄羅斯和烏克蘭大部。[58] 該倡議讓波蘭軍隊要是再向東推進就成了無端的侵略。如果皮爾蘇茨基接受列寧的和平倡議，那波蘭元帥要麼會在布爾什維克

---

* 譯註：《斯大林全集》第4卷，第281頁。

不能兌現承諾時揭穿它的騙局，要麼會無需動手就把波蘭邊界東移很多。皮爾蘇茨基沒有接受列寧的和平倡議，而是在4月25日擲出鐵骰子，派遣大約5萬名波蘭士兵開進了歷史上屬於烏克蘭的地方——這樣做據說是為了搶在布爾什維克發動攻勢之前先發制人。[59]在烏克蘭民族主義武裝的協助下，皮爾蘇茨基的軍隊於1920年5月7日佔領基輔，並宣佈從俄國的壓迫下解放了烏克蘭。事實上，布爾什維克為了點燃俄國人反抗波蘭人的熱情並保存紅軍的實力——紅軍當時正在向北方集結——未經戰鬥就放棄了這座東斯拉夫人的母城。

從皮爾蘇茨基向東進軍的行動中，列寧看到的不是彌賽亞式的波蘭民族主義運動，而是世界帝國主義的詭計，所以在布爾什維克的宣傳中，這成了一場階級衝突。「聽着，工人們，聽着，農民們，聽着，紅軍戰士們，」托洛斯基宣稱，「波蘭貴族（*szlachta*）和資產階級已經向我們發動了戰爭……消滅波蘭資產階級。在它的屍體上，我們已經和波蘭工農結成了聯盟。」[60]但托洛茨基本人私下警告説，不要指望波蘭工人會發動聲援性的起義。[61]一直關注着這個民族主義政權的斯大林也初步表達了自己的懷疑。他在《真理報》上寫道（1920年5月20日和26日），鄧尼金和高爾察克沒有「自己的」後方，與之相比，「波蘭軍隊的後方是單純的，**民族方面**團結的……當然，波蘭後方在階級方面不是單純的……但是，階級衝突還沒有達到使民族一致的感情被衝破……的程度。」* 在波蘭人當中，民族感情勝過了階級感情，不可思議但卻是真的。雖然有一點斯大林是同意列寧的：他也認為有協約國在為波蘭撐腰。[62]皮爾蘇茨基魯莽的進攻乍看起來確實像是有這麼回事。而且英國陸軍部最後給皮爾蘇茨基送來了步槍和大炮；這些槍炮是前一年訂下的，但是在新的背景下，看上去就像是英國在支持波蘭「入侵」。實際上，法國人還有英國人都對皮爾蘇茨基1920年春天向東發動的攻勢非常不滿。

不管這場衝突是民族內部的衝突、民族間的衝突還是階級衝突，它

---

* 譯註：《斯大林全集》第4卷，第286–287頁。

都是世界大戰在軍事上的餘波。世界大戰期間，為同盟國作戰的波蘭人可能有 800 萬；在沙皇軍隊中作戰的有 200 萬。[63] 波蘭人此時仍舊穿着奧地利或德國的制服——他們在上面別了一個白鷹徽章。許多在西線做了戰俘的波蘭人穿的是法國制服。紅軍士兵有許多穿的是沙皇軍隊的制服——除了帶有紅星的尖帽子，他們還在衣服上繫了一根紅帶子。有些波蘭人也穿着從前沙俄的制服。

至於戰場，它就像一個三角形，三個角分別是西面的華沙、北面的斯摩棱斯克和南面的哈爾科夫。普里皮亞季沼澤在三角形的裏面，這就意味着要是向西推進，只有走這個森林密佈的沼澤地區的兩側：北面的斯摩棱斯克—維爾諾—格羅德諾—華沙一線（它反過來就是拿破侖進軍的路線），或者是南面的基輔—羅夫諾—盧布林—華沙一線（蘇俄人把它交給了西南方面軍）。兩條線最終匯合在一起，但它們在後方缺少一個基地或指揮中心，這就使紅軍的行動變得複雜了。[64] 但波蘭人長驅直入，打到基輔，使自己遠離家鄉，戰線拉得過長，很容易遭到反擊。俄方在戰場上做出改變，投入了 1919 年秋天為對付哥薩克而成立的第一騎兵集團軍。這些哥薩克紅軍的首領是謝苗·布瓊尼，一個高大威猛的騎手，過去是沙皇軍隊的軍士長，因作戰勇敢而得到過聖格奧爾吉勳章。伏羅希洛夫是第一騎兵集團軍的政委，這意思是說，他們上面的庇護者是斯大林。他們的數量增加到 18,000 人，都是些從前的哥薩克、游擊隊和土匪。他們中有一些年輕的指揮官，比如格奧爾吉·朱可夫（Georgy Zhukov，生於 1896 年）和謝苗·鐵木辛哥（Semyon Timoshenko，生於 1895 年）。托洛茨基像他一貫的那樣表現得十分傲慢：在視察了這支騎兵部隊後，這位陸軍人民委員把它稱為一幫由「阿特曼首領」率領的傢伙，還說「他指向哪裏，那幫人就會打到哪裏：今天為紅軍打仗，明天為白軍打仗」。[65] 但是，布瓊尼和他那為對付可怕的哥薩克白軍騎兵而成立的軍隊，1920 年 2 月在東南方向的新羅西斯克把鄧尼金的軍隊趕進了大海。他們的策略是，把高度的機動性與巨大的規模結合在一起：先是試探敵人的弱點，然後把所有的兵力集中起來，直插敵人的後方並大肆破壞，給敵人造成恐慌，使他們不得不後撤，接着便施以兇猛的襲擊，讓後撤變成一場潰敗。為了從新羅

西斯克趕到西南前線，紅軍的第一騎兵集團軍騎着馬向西走了750多英里[*]。[66] 1920年5月底，波蘭情報人員從飛機上發現了紅軍騎兵的戰馬在途中揚起的漫天塵土。[67]

在紅軍騎兵橫掃烏克蘭之前，1920年4月29日，紅軍最高總司令謝爾蓋·加米涅夫寫信給列寧，請求讓米哈伊爾·圖哈切夫斯基擔任波蘭戰役的戰場總指揮。[68] 圖哈切夫斯基不僅僅是貴族，他的家族世系可追溯到12世紀曾為基輔羅斯大公效力的一個神聖羅馬帝國貴族。他的母親是農民。1914年，他以班級第一的成績畢業於亞歷山大軍事學校並選擇了謝苗諾夫近衛團，那是帝國兩個隸屬於宮廷的、歷史最悠久也最負盛名的近衛團之一。「他是一個體形很勻稱的青年，相當傲慢，覺得自己天生就是幹大事的」，有朋友回憶說。[69] 另一位同班同學回憶，圖哈切夫斯基對低年級生顯得很霸道，「大家因為害怕，都想躲開他」。（據說三個由他訓練的學員自殺了。）[70] 世界大戰期間，圖哈切夫斯基在1915年6月被德軍俘虜，成了5,391名被俘的俄軍軍官之一。與很快逃脫的拉夫爾·科爾尼洛夫將軍不同，圖哈切夫斯基在慕尼黑外面的英戈爾施塔特戰俘營（戴高樂也關在那裏）受了兩年半的折磨。就在布爾什維克奪權的前幾天，他設法回到了俄國，很早就自願加入紅軍，甚至入了黨（1918年4月）。[71] 1918年夏天，白軍在辛比爾斯克俘虜了他，但年輕的布爾什維克積極分子約納瓦·瓦列伊基斯（Jonava "Iosif" Vareikis）救了他。[72] 1918年夏天，圖哈切夫斯基在辛比爾斯克（列寧的故鄉）大敗白軍；1919年，他又在烏拉爾山區取得勝利，把高爾察克的軍隊趕到西伯利亞，其殘部後來在此地被殲滅。[73] 到1919年12月他在總參軍事學院發表講話，扼要介紹「革命戰爭」理論的時候，已是公認的紅軍最高指揮官。1920年春，他的聲名更加顯赫，當時他作為高加索方面軍司令，幫助擊潰了鄧尼金的軍隊。1920年他27歲，和他的偶像拿破侖進行傳奇般的意大利戰役時的年齡相同。基輔落到波蘭人手裏的那個星期，他趕到斯摩棱斯克的西方面軍司令部，開始集結力量準備對西北方向實施重大打擊。

───────────

[*] 編註：750英里約1,207公里。

　　另一名前沙皇軍官亞歷山大・葉戈羅夫 (Alexander Yegorov，1883年出生)——五金工人、中校，曾經從伏羅希洛夫手中接管並丟掉了察里津，然後又把奧廖爾丟給了鄧尼金，但接着就發動了戰績輝煌的反攻——擔任了西南方面軍的最高指揮官，而斯大林剛剛被任命為那裏的委員。西南方面軍的任務包括剿滅克里米亞的弗蘭格爾白軍殘部，但現在還要承擔反攻波蘭的任務。1920年6月3日，斯大林打電報給列寧，要求要麼同弗蘭格爾立即達成停戰協議，要麼就全力猛攻，迅速將其粉碎。列寧驚駭地寫信給托洛茨基(「這顯然是空想」)。托洛茨基十分惱怒：斯大林繞過他這個共和國革命軍事委員會主席直接找了列寧。「您的進攻克里木的建議事關重大，」列寧承認，「我們必須……極慎重地加以考慮。」[74*]在弗蘭格爾問題上並沒有立即做出決定。6月5日，布瓊尼的騎兵在烏克蘭突破了波蘭人的防線。「我們已經拿下基輔」，6月12日，托洛茨基興奮地說道。他還說：「撤退的波蘭人破壞了客運和貨運火車站、電廠、供水網以及弗拉基米爾大教堂。」他建議公開這些罪行，在國際上對波蘭人施加壓力，不讓他們在撤退時破壞更多的基礎設施。[75]與此同時，推進中的紅軍劫掠和凌辱他們在途中遇到的一切：教堂、店舖、住宅。「紅軍士兵光顧後留下的記號，」有作家解釋說，「一般都是屎，拉在家具上、畫上、床上、地毯上、書上、抽屜裏、盤子上的屎。」[76]

　　1920年6月24日，斯大林在哈爾科夫西南方面軍司令部，向一份報紙公開表達了對波蘭戰役作戰目標的懷疑。「其中一部分人不滿足於前線的勝利，叫喊『向華沙進軍』；」他說的顯然是針對圖哈切夫斯基，「另一部分人不滿足於只是防衛我們的共和國，使它免受敵人進攻，傲慢地說，只有打到『紅色蘇維埃華沙』，他們才能罷休。」[77†]但是，這樣的懷疑消失在連戰連捷所帶來的過度樂觀的情緒中。「工人革命的戰士們！」7月2日，圖哈切夫斯基在斯摩棱斯克的西方面軍司令部發佈的一道由西方面軍兩名委員伊瓦爾・斯米爾加和約瑟夫・溫什利赫特聯合簽署的命令中說，「報仇的時候到了。我們的戰士正在從整條戰線上發

358

---

* 　譯註：《列寧全集》第49卷，第398–399頁；克里木即克里米亞。
† 　譯註：《斯大林全集》第4卷，第295頁。

起進攻……那些參加戰鬥的戰士們粉碎了高爾察克、鄧尼金和尤登尼奇……讓受帝國主義戰爭蹂躪的土地見證革命怎樣用血向舊世界及其走狗清算舊帳吧……世界革命的命運將會在西方決定。在波蘭白軍的另一邊，是通向世界大戰的道路。在我們的刺刀上，我們會為勞苦大眾帶來幸福與和平……向維爾納、明斯克和華沙——進軍！」[78]

　　八天後，布瓊尼在南方徹底趕跑了波蘭軍隊，佔領了皮爾蘇茨基在烏克蘭戰役發起點羅夫諾城的司令部以及該城極富象徵意義的凡爾賽飯店。[79]（列寧喜歡指責波蘭是凡爾賽條約的「私生子」。）紅軍現在打到了布格河畔，那條河是大部分波蘭語地區和大部分烏克蘭語地區粗略的分界線。[80] 雖然圖哈切夫斯基已經下令向華沙進軍，但紅軍方面的戰略仍然沒有確定。托洛茨基、斯大林、捷爾任斯基和拉狄克——他在柏林的監獄裏關了一年剛剛回來，人們覺得他對波蘭事務十分瞭解——認為進攻華沙不會成功，除非波蘭工人階級發動起義，而那種可能性很小。[81] 斯大林在《真理報》（1920年7月11日）上公開警告說：「在弗蘭格爾的危險還沒有消除以前，就說『向華沙進軍』和一般地說我軍的勝利是鞏固的，那是可笑的。」[82]* 然而，就在那天，明斯克被圖哈切夫斯基指揮的軍隊攻陷。波蘭政府再次向協約國求援。法國政府雖然還在對皮爾蘇茨基的魯莽感到生氣，可還是建議展開反布爾什維克的行動；英國在7月11日向布爾什維克遞交了由外交大臣寇松勳爵簽署的照會，建議在西部地區按照有利於蘇維埃俄國的領土狀況停戰，在克里米亞（弗蘭格爾的避難所）與弗蘭格爾停戰並設立中立區，同時嚴厲警告說，不要越界進入「人種學意義上的」波蘭領土。照會想把波蘇邊界定在布格河以東大約50英里的地方（實際上就是1797年普魯士與帝俄的邊界線）；日後這條邊界線被稱為寇松線。[83] 波蘭人大為震驚：英國人似乎是放棄了被波蘭人視為「歷史上就屬於他們的」祖產（不管在1920年的時候，生活在那裏的是甚麼人）。[84] 對列寧來說，這就像是英國人想要按照處理直布羅陀的方式兼併克里米亞半島，從而用一把白色波蘭那樣的匕首指

359

---

*　譯註：《斯大林全集》第4卷，第302頁。

向赤色的蘇俄；7月12至13日，他敦促斯大林「猛烈加強攻勢」。[85]*

　　戰場上的勢頭有助於實現列寧的願望：第一騎兵集團軍已經推進到波蘭境內。在布瓊尼的一個騎兵師，有個來自敖德薩市區的小伙子名叫伊薩克・巴別爾（Isaac Babel，生於1894年），他有寫日記的習慣，後來他利用自己的日記創作了一些短篇小說，收在《紅色騎兵軍》裏，把他們的殘暴行為變成了詩。[86]圖哈切夫斯基在北方同時進行的推進也是由騎兵打頭。那是人稱加伊・德米特里耶維奇・加伊（生於1887年）的蓋克・布日什基揚領導的第三騎兵軍。他出生在波斯的大不里士，父親是亞美尼亞人，母親是波斯人，他們是從高加索移民過去的，但是在1901年又回到梯弗利斯。加伊在世界大戰中為俄國打過仗。按照第一騎兵集團軍的模式組建的加伊的第三騎兵軍，雖然兵力只有前者一半，而且也沒有一座巴別塔來讓它的功績永垂不朽，但其覆蓋範圍和推進速度卻是布瓊尼騎兵軍的兩倍，而且面對波蘭人集結的主力，他們反覆突破對方的戰線。加伊本人的馬上技藝比不上布瓊尼，但令人恐怖的戰術卻和布瓊尼不相上下，而且他更勝一籌的地方在於知道如何把騎兵用作步兵前面的突擊力量。[87]（這將是歐洲歷史上最後一場倚重騎兵的重要戰爭。）列寧迫不及待地指示為了簽訂條約正在和立陶宛民族主義分子談判（條約在7月12日簽訂）的外交人民委員格奧爾吉・契切林：「所有這些讓步都不重要……我們必須佔領和蘇維埃化……我們必須確保我們首先要把立陶宛蘇維埃化，然後把它還給立陶宛人。」[88]事實上，加伊把波蘭人趕出了維爾諾/維爾納，並於7月14日搶在立陶宛民族主義分子前面進入了該城。[89]次日，加伊得到了他的第二枚紅旗勳章。[90]

　　7月14日，謝爾蓋・加米涅夫向陸軍人民委員托洛茨基建議，不管政府對待寇松照會的立場怎樣，既然波蘭人在逃跑，「繼續軍事行動對於開始和談是比較有利的」。[91]兩天後，中央委員會集中討論了寇松照會等議題；斯大林是唯一缺席的政治局委員，當時他在哈爾科夫的西南方面軍司令部。托洛茨基力主談判，理由是紅軍和國家已經因為戰爭

---

*　譯註：《列寧全集》第49卷，第462頁。

而精疲力竭。[92] 但大多數人都支持列寧的意見，拒絕協約國的調停，想繼續展開軍事行動。[93] 7月17日，列寧打電報給前線的兩位最高委員斯大林和斯米爾加（西方面軍），誇口說他的政策勝利了，並指示他們「迅速執行命令，發動猛烈攻勢」。[94] 加伊的部隊在7月19日佔領了格羅德諾。為全面瞭解戰局，紅軍最高總司令謝爾蓋·加米涅夫抵達西方面軍在明斯克的新司令部；大約在7月22日午夜，他命令圖哈切夫斯基務必在1920年8月12日之前佔領華沙，也就是說，距離紅軍發動此次戰役只有六週時間。[95]

　　列寧是靠譴責「帝國主義」戰爭上台的。要是他接受寇松照會作為簽訂和平協議的基礎——不管是出於他本人的意願，還是因為發生了甚麼無從想像的事情，使得托洛茨基和斯大林聯起手來，以他們有根有據的懷疑向政治局施壓——那波蘭人也會被迫很不情願地接受寇松照會。那樣一來，烏克蘭、白俄羅斯大部和立陶宛就會交到蘇俄手裏。列寧沒有那樣做，而是夢想着點燃整個歐洲的革命烈火。他擲出了鐵骰子。

列寧的狂想

　　7月23日，莫斯科成立了一個由少數波蘭布爾什維克組成的「波蘭革命委員會」，其中包括兩名契卡人員捷爾任斯基和溫什利赫特。同一天，斯大林的西南方面軍將其作戰方向從盧布林—華沙突出部調整為更南面的利沃夫/利維夫，那是加利西亞東部的首府。[96] 這樣做的原因部分在於北方的突出部攻勢進展十分順利。此外，東南歐的大國大羅馬尼亞的軍隊已經鎮壓了匈牙利蘇維埃共和國，佔領了過去屬於沙俄的比薩拉比亞並和蘇俄軍隊發生了衝突；斯大林想要震懾羅馬尼亞軍隊。[97] 托洛茨基也擔心羅馬尼亞會發動進攻，因為紅軍已經越過寇松線。因此，佔領利沃夫/利維夫可以保障蘇俄與羅馬尼亞接壤的側翼安全，為列寧打算在中歐進行的進攻性的、由軍隊來實施的革命化過程提供一個基地。為了讓英國人承認蘇俄而正在倫敦談判的列夫·加米涅夫，寫信給列寧要求趕緊佔領利沃夫/利維夫，因為寇松已經承認它是俄國的，而且它是通往匈牙利的門戶。[98] 7月23日，列寧寫信給斯大

林，輕率地談到蘇維埃化要一直進行到意大利半島的目標：「季諾維也夫、布哈林和我還認為，應該立刻在意大利發動革命……匈牙利應該蘇維埃化，或許還有捷克和羅馬尼亞。」斯大林遷就了列寧的意見，第二天從哈爾科夫回答說，「不在意大利鼓動革命」簡直是「犯罪」，「我們需要在帝國主義把它的破馬車一點一點修好……並發起決定性攻勢之前就起錨上路。」斯大林還說波蘭實際上已被「打敗」。[99]

全速前進：7月30日，在北方的斯摩棱斯克—華沙一線，波蘭革命委員會把總部設在一座徵用來的貴族豪宅中，從那裏可以俯瞰比亞韋斯托克城，而城裏的大多數居民恰好都講意第緒語。[100] 這幾個外來的波蘭布爾什維克在此宣佈，他們是社會主義波蘭的「臨時」政府。[101] 當地政府和社區組織被解散。工廠、地主財產和森林被宣佈「國有」。店舖和倉庫（多數為猶太人所有）遭到搶劫。[102]「為了你們的自由和我們的自由！」波蘭革命委員會的宣言宣佈。[103] 8月1日，圖哈切夫斯基的幾個集團軍突破波蘭人的防線，佔領了極富象徵意義、距離華沙只有120英里*的布列斯特—里托夫斯克。他的突擊式進攻——其目的在於施加軍事和心理壓力——正在把敵人包圍起來，而加伊也在右翼躍進，以殲滅任何撤退的波蘭士兵。加伊的騎兵很快就衝到華沙西北的托倫附近，距離柏林只有150英里†，但是他接到命令，不要越過德國邊界。[104] 與此同時，向前推進的紅軍不得不靠搶掠來補充給養，而且其人員也在逐漸減少。「有些人赤着腳，其他人綁着樹皮裹腿，還有人穿的是某種橡膠製品」，有觀察家在談到紅軍的普通士兵時說。波蘭小鎮的一位堂區神父——他不太支持蘇俄——在談到紅軍入侵者的時候表示：「一看到這群忍饑挨餓、衣衫襤褸的烏合之眾，就不禁心生憐憫。」[105] 此外，固執的圖哈切夫斯基一發覺冒進使得自己的左翼嚴重暴露，就和謝爾蓋‧加米涅夫採取補救措施，準備向北急調葉戈羅夫和斯大林的西南方面軍部隊，把它們交給圖哈切夫斯基指揮。[106] 但是，準備把西南方面軍的力量調給西方面軍沒能實現。

---

*　編註：約193公里。
†　編註：約241公里。

　　戰場在快速向前發展，這時是否還應該不顧困難繼續猛攻，布爾什維克對此有了分歧。英國政府威脅說要武力干涉或制裁布爾什維克，於是，8月2日，政治局（在斯大林缺席的情況下）討論了與「資產階級波蘭」達成和平協議的可能性。但對於列寧來說，波蘭問題和克里米亞問題差不多，它們是以倫敦為首的世界帝國主義的兩個立腳點。所以，現在作出的決定是，戰鬥會繼續下去，但應該把西南方面軍分成不同的部分，一部分轉歸南方面軍（對付弗蘭格爾），其餘的則併入圖哈切夫斯基的西方面軍（對付皮爾蘇茨基）。然而斯大林和葉戈羅夫不同意。8月3日，列寧給斯大林寫道：「我不十分理解，為甚麼您對劃分戰線不滿意。講講您的理由。」列寧最後堅持要求「儘快消滅弗蘭格爾」。[107]* 第二天，列寧徵求斯大林的意見。「坦率地說，我不知道您為甚麼需要我的意見」，斯大林不耐煩地回覆說（8月4日），並表示「波蘭已被削弱，需要喘息的時間」，不能由和談來提供這個喘息的時間。進攻波蘭雖然不是他的主意，可現在正在進行。[108] 8月5日，中央委員會召開全會，再一次支持政治局的決定，繼續展開軍事行動；謝爾蓋·加米涅夫傳達了命令。[109]

　　但是，斯大林手下準備北調的主力部隊、此時已傷痕累累的布瓊尼第一騎兵集團軍被包圍在遠離華沙的利沃夫／利維夫。他們在8月6日突出重圍，但據說是「精疲力竭，無法移動」，想要休整幾天以恢復元氣。此外，布瓊尼想再次包圍並佔領利沃夫／利維夫。[110] 而且葉戈羅夫和斯大林——他們該去同弗蘭格爾作戰——實在不想把他們的寶貝騎兵讓給圖哈切夫斯基。[111] 8月7日，列寧打電報給斯大林，說有關繼續對波蘭展開軍事行動一事，「您對弗蘭格爾的勝利將有助於消除中央內部的猶豫，」但他又說，「許多事情還取決於華沙及其命運」。[112]† 8月10日，圖哈切夫斯基的部隊逼近華沙郊區。[113] 把布瓊尼派去同圖哈切夫斯基會合似乎沒有必要。第二天，列寧再次打電報給斯大林：「我們已經獲得巨大的勝利，如果再擊潰弗蘭格爾，就會得到全勝……請你們

362

---

* 　譯註：《列寧全集》第49卷，第482頁。
† 　譯註：《列寧全集》第49卷，第486頁。

也盡一切努力，無論如何在這次突擊中全部收復克里木。現在一切都決定於此。」[114]* 8月11日和12日，加米涅夫再次下令，要求西南方面軍的部隊把作戰方向從利沃夫／利維夫改為盧布林。[115] 斯大林公然抗命，沒有理睬謝爾蓋‧加米涅夫（關於盧布林）的命令和列寧（關於弗蘭格爾）的指示。[116]

斯大林當時在想甚麼？托洛茨基後來推測說，由於圖哈切夫斯基即將拿下華沙，那斯大林至少想要得到利沃夫／利維夫，所以，他「是打他自己的戰爭」。[117] 可是，不管斯大林如何好面子，那時**不拿下**利沃夫／利維夫似乎是愚蠢的。蘇俄的報道把西方面軍向華沙的輝煌進軍說成是獨自進行的，給西南方面軍的調令幾乎沒有意義，布瓊尼等人能不能及時趕到華沙附近，沒甚麼區別（紅軍方面此時預計會在8月16日左右佔領波蘭首都）。[118] 再說，為了獲得革命的跳板，列寧當初是同意斯大林去佔領利沃夫／利維夫的。不過，謝爾蓋‧加米涅夫在8月13日那天再次下達調動部隊的命令。[119] 斯大林和葉戈羅夫回覆說，他們的部隊已準備就緒，要攻打利沃夫／利維夫，「不可能」改變作戰任務。[120] 8月14日，為了當面澄清此次爭端，斯大林被召到莫斯科。（最終在8月20日那天，布瓊尼很不情願地放棄了圍攻利沃夫／利維夫──這是一個戰略失誤，結果僅僅是今天被調往一個方向，明天又被調往另一個方向。）[121]

但最令人感到好奇的一點是，圖哈切夫斯基接到命令，不要直接進攻華沙，而是兜了一個圈子，到華沙的西北方向。其中部分原因是為了切斷協約國從但澤和波蘭走廊給波蘭人的補給，但主要還是為了把這些地方交給德國。從政治上來說，德國在憎惡共產主義和為對付波蘭而尋求國際援助之間搖擺不定。一名波蘭官員評論說，德國政府「不可能將其以消滅波蘭為目標的對外政策，與在很大程度上由對斯巴達克同盟起義的恐懼主導的國內政策調和起來」。[122] 事實上，德國政府一心想重新劃定邊界，但只能依靠和平手段，而在所有可以借用的力量當中，偏偏紅軍打算自願恢復1914年的德國邊界──為的是給凡爾賽秩序致

* 譯註：《列寧全集》第49卷，第494頁。

命一擊。前線的紅軍指揮官甚至告訴德國觀察員，他們準備同德國一起向法國進軍。[123]

列寧在想甚麼？1920年7月19日至8月7日，在有關波蘭軍事行動的關鍵決策期間，列寧一直在歡欣鼓舞地忙於共產國際的第二次代表大會；出席大會的代表有二百多人，遠遠多出之前1919年3月成立大會上的那一點人。[124] 到達彼得格勒的時候——那是社會主義首次取得突破的地方——他們在斯莫爾尼的「大廳」中受到盛情款待，並和工人一起參加了遊行，然後在從前的股票交易所看了一場古裝戲，表演者有幾千人，戲名叫《兩個世界的壯麗景象》。列寧在大會的開幕講話中預言說，凡爾賽條約會遭遇與布列斯特—里托夫斯克條約相同的命運。[125] 當代表們來到莫斯科繼續開會的時候，據說布爾什維克當局召集了那個紅色首都的25萬名工人去歡迎他們（參加歡迎儀式的工人是有報酬的，然後還可以到食堂參加小型宴會）。[126] 大會在從前的弗拉基米爾大廳繼續進行，那是這座中世紀的克里姆林宮的觀見大廳。（代表們住在傑洛沃伊德沃爾〔Delovoi Dvor〕，那裏以前是莫斯科的商務大飯店。）列寧的《共產主義運動中的「左派」幼稚病》寫於1920年4月，6月用俄文發表，7月用德文、英文和法文發表；代表們人手一冊，非布爾什維克的社會主義者幾乎都成了它的批評對象。更直接的是，大會會議是在一幅超大的波蘭地圖下召開的。一有消息傳來，紅軍的進展情況就會標到這幅地圖上去。正是在這樣的背景下，列寧在7月23日的電報中對斯大林興奮地談到，要打過波蘭去，還說「共產國際的形勢非常好」。[127]

在共產國際代表大會之前，剛剛舉行過一些大規模的示威活動，反對在朝鮮和中國的殖民主義，同時，雖然除了俄國，代表人數最多的是德國、意大利和法國，但和共產國際第一次代表大會相比——那時它的亞洲代表還不多，只有中國和朝鮮的少數流亡者——第二次代表大會的亞洲代表至少有30人。列寧強調說，「現在全世界已經劃分為兩部分，一部分是為數眾多的被壓迫民族，另一部分是少數幾個擁有巨量財富和強大軍事實力的壓迫民族」，*而蘇維埃俄國正在領導着這場鬥爭。在共

364

---

* 譯註：《列寧全集》第39卷，第229頁。

產國際代表大會上他沒有明説的是，從1917年起就已經是他盟友的德國，應該幫助粉碎世界帝國主義和凡爾賽秩序。

圖哈切夫斯基之所以輕兵冒進，要為德國收復但澤和波蘭走廊，原因就在這裏。在列寧的鼓動下，圖哈切夫斯基在華沙北面的部隊孤軍深入，沒有後備力量，而且左翼完全暴露(左翼離華沙最近)。他只能假設或者説寄希望於正在撤退的皮爾蘇茨基不會重新集結力量。皮爾蘇茨基把所有的波蘭軍隊都撤到華沙的各個出入口，雖然讓圖哈切夫斯基的冒進變得更加容易，但也爭取到時間。不過，這位波蘭元帥後來聲名掃地：他在1914年前導致自己的政黨陷入分裂，他在世界大戰中的軍團遭到拘押，他對烏克蘭的入侵造成了對波蘭的入侵。協約國當時已經像列寧和圖哈切夫斯基一樣，把他當作政治和軍事上的廢物扔掉了。但就在布爾什維克以為華沙會被拿下的那天早晨(8月16日)，皮爾蘇茨基發動了反攻：五個師在圖哈切夫斯基的左翼撕開了一個近100英里*的口子，不到24小時就推進了40英里†，而且沒有遇到紅軍。皮爾蘇茨基開始懷疑這是圈套，於是乘車視察前線，想要找到敵人。到了晚上，波蘭人已經深入到圖哈切夫斯基的後方，繳獲了幾門準備運往前線攻打華沙的蘇俄重炮。

驚天霹靂！到8月17日，《真理報》上一篇沒有注意到事態發展的報道還在説：「波蘭白軍在工農武裝的連續打擊下正在向後逃跑。」同一天，從哈爾科夫被召回到莫斯科的斯大林，請求解除自己所有的軍事職務。在明斯克司令部的圖哈切夫斯基到晚些時候才弄明白，波蘭人突破了他的左翼，於是他下令撤退。「多年來他提到那天時總是説一下子老了十歲」，一位同時代的人説道。[128] 謝爾蓋·加米涅夫到8月18日半夜之後才打電話給明斯克，問波蘭人的反攻為甚麼會來得如此突然，這説明他自己對於情況很不瞭解。[129] 8月19日，列寧絕望地懇求拉狄克——他剛被增補進準備在華沙就職的「政府」：波蘭革命委員會——「既然您到捷爾任斯基那裏去，那就請您堅持更迅速、更有力地無情鎮

---

* 編註：約161公里。
† 編註：約64公里。

壓地主和富農，而且要利用地主的土地和森林實際幫助農民。」[130]* 可在第二天，列寧通知在倫敦的列夫·加米涅夫，「我們未必能很快攻下華沙」。[131]†《真理報》(8月21日) 嘆息道：「就在一週前，來自波蘭前線的報道還讓人充滿希望。」加米涅夫回電：「像往常一樣，刺刀政策『由於未曾料到的情況』而失靈了。」這是不加掩飾地責備列寧。[132]

皮爾蘇茨基取得了一場大勝——「維斯瓦河畔的奇蹟」。在隨後的潰退中，圖哈切夫斯基失去了他五個集團軍中的三個，其中一個被殲，兩個逃跑；另有兩個集團軍損失嚴重。[133] 這是一次驚人的失敗，而這樣的失敗常常會導致軍事生涯的終結。加伊帶着他著名的騎兵逃到德國的東普魯士，他們在那裏被解除武裝並逮捕。[134] 受到指責是難免的。因為在最後攻擊華沙時紅軍的總兵力是13.7萬人，在克里米亞和利沃夫／利維夫的軍事行動中的紅軍加起來共有14.8萬人，這些部隊被認為是決定性的缺失因素。結果葉戈羅夫和斯大林沒有調動它們。[135] 儘管要及時調動布瓊尼的騎兵決不是項簡單的任務。1920年9月1日，政治局接受了斯大林辭去軍事職務的請求。[136] 把他的抗命當作替罪羊是一條現成的路。皮爾蘇茨基的軍隊還在向東進軍。

東方各民族

在南高加索(俄語稱外高加索)，在奧斯曼帝國和俄羅斯帝國同時解體後(就亞美尼亞而言，是在與奧斯曼人的軍事衝突後)，亞美尼亞東部、阿塞拜疆北部以及格魯吉亞都成了獨立的國家。但是在1920年4月27日，布爾什維克紅軍未經戰鬥就佔領了巴庫，那是木沙瓦特黨人或阿塞拜疆民族主義政府的首都，它的旗幟上有代表突厥文明的藍色、代表伊斯蘭的綠色和代表歐洲社會主義的紅色。當亞美尼亞人同阿塞拜疆人在名為卡拉巴赫的有爭議的山區發生集體衝突，阿塞拜疆人決定把他們總共3萬士兵中的2萬人派去的時候，格魯吉亞的布爾什維克

366

---

* 　譯註：《列寧全集》第49卷，第510頁。
† 　譯註：《列寧全集》第49卷，第516頁。

格里戈里·「謝爾戈」·奧爾忠尼啟則(總政治委員)，以及無獨有偶，正是圖哈切夫斯基(軍事指揮官)就找到了發動進攻的機會。[137] 另外，巴庫有一個穆斯林居住區的獨有特點，即那裏的產業工人相當多，其中有些人是布爾什維克黨，因此歡迎紅軍的到來。實際上，就像斯大林和托洛茨基曾經達成過的共識，巴庫是一個跳板。1920年5月18日拂曉，為了得到之前由白軍領導人鄧尼金控制而現在屬於伊朗境內英國佔領軍的俄國艦船和彈藥，一支由大約13艘炮艇組成的蘇俄海軍部隊入侵伊朗，炮艇上的人兼有蘇俄水兵、蘇維埃阿塞拜疆的步兵和騎兵，以及巴庫伊朗族的碼頭工人。[138]

　　指揮登陸的是費奧多爾·拉斯科爾尼科夫和奧爾忠尼啟則。他們的理由是，英國人可能會把那些艦船重新裝備好，再投入到對紅軍的行動中。但現在，英國軍隊交出了所有的東西，並撤向內陸的德黑蘭。「英國的殖民政策遇到安扎利工人國家的真正的軍隊，結果失敗了」，嫁給了拉斯科爾尼科夫的蘇俄記者拉里莎·賴斯納(Larissa Reisner)寫道。[139] 5月24日，米爾扎·庫丘克汗(生於1880年)——長期活動於伊朗北部吉蘭森林的反殖民主義的立憲運動領袖，既反對俄國的也反對英國的干涉——經過勸說，決定利用紅軍入侵的機會和布爾什維克反對帝國主義的主張，宣佈自己為吉蘭省波斯蘇維埃社會主義共和國首腦。[140] 入侵部隊中隨行的外交事務官員列夫·加拉罕(Lev Karakhan)打電報給莫斯科説，「勞苦人民和資產階級民主派應當以波斯自由的名義聯合起來，要把他們鼓動起來反對英國人，並把英國人趕出波斯」。不過，他告誡説由於那裏欠發達，先不要完全蘇維埃化。[141] 但外交人民委員格奧爾吉·契切林向列寧表達了他的不滿，認為此事是「斯大林的吉蘭共和國」而不予考慮。[142]

　　庫丘克汗的聯合政府——極左派和立憲派、無政府主義分子和庫爾德首領、反帝國主義者和俄羅斯人——是不穩定的，而且他不肯承擔列寧那種專制君主的角色；實際上，他在1920年7月離開該省首府(雷什特)回到森林，讓蘇俄特工人員和伊朗共產黨接管了政權。[143] 在伊朗的布爾什維克考慮將他們由庫爾德人、亞美尼亞人、伊朗森林游擊隊員以及邊境兩側的阿塞拜疆人組成的1,500人雜牌游擊部隊與紅軍

增援部隊結合，向德黑蘭進軍。由於伊朗人的反對，計劃未能通過。但是，為在伊朗北部的成功而興奮不已的奧爾忠尼啟則，從1920年7月底開始，幫助發起並籌劃了為期一週的東方各民族代表大會。大會在巴庫召開，那裏現在成了莫斯科在裏海的陳列櫃，用於向穆斯林發出呼籲。[144]

　　東方各民族代表大會是在共產國際領導下召開的到當時為止最大的一次會議。大會從1920年9月1日開始，即布爾什維克在西部的戰爭中慘敗於波蘭後不久。共產國際此次大會針對的是土耳其、亞美尼亞和波斯「被奴役的人民群眾」，同時，就好像是收到信號一樣，1920年8月20日，協約國強加給戰敗的奧斯曼帝國的塞夫爾條約，宣佈了英國人和法國人在近東問題上的強制命令：確認協約國在奧斯曼境內的石油和商業特許權，德國人在那裏的產業由協約國接管，從宣佈託管和保護關係開始，瓜分奧斯曼的領土——這是協約國的秘密的戰爭目標之一。在此期間，近1,900名代表在巴庫會聚一堂，其中有60人是女性。人數最多的是講突厥語和波斯語的代表，接下來是亞美尼亞人和俄羅斯人，然後是格魯吉亞人。印度代表團（有15人出席大會）和中國代表團（8人）也來了。有相當多的大會代表，或許是多數大會代表，都不是共產黨人，而是激進的民族主義分子。[145]大會宣言要求，「把全人類從資本主義和帝國主義奴役的枷鎖中解放出來」。[146]俄語講話隨即被翻譯成阿塞拜疆的突厥語和波斯語。卡爾·拉狄克、匈牙利流亡者庫恩·貝拉和美國人約翰·里德作了發言，但主要的演講者是共產國際的主席季諾維也夫。「兄弟們，」他大聲說道，「我們號召你們進行聖戰，首先是反對英帝國主義！」（紛紛鼓掌，長時間地高呼「烏拉」。大會成員站了起來，揮舞他們的武器。發言者有段時間無法繼續講下去。所有代表都起立鼓掌。人們高喊「我們發誓」。）[147]

　　在殖民地問題上，共產國際的政策實際上是有分歧的。列寧認為，由於殖民地無產階級的規模有限，那裏的共產黨需要同資產階級民族主義分子聯合起來，把殖民地人民從帝國主義列強手中解放出來。但其他人，比如來自孟加拉的馬納本德拉·納特·羅易（Manabendra Nath Roy）堅持認為，殖民地的共產黨人應該準備自己奪取政權。有些

368

代表認為，第一種戰略並不排除在適當的時候向後者轉變。[148] 但羅易
對巴庫代表大會不屑一顧，拒絕出席，說那是「季諾維也夫的把戲」。[149]

斯大林沒有出席巴庫大會，因為波蘭戰爭還在繼續，但他憑藉民族
事務人民委員的身份，在布爾什維克高層當中是同蘇維埃俄國少數民族
共產黨人接觸最多的。[150] 這倒不是說，他喜歡和那些有着無窮無盡怨
言和要求的各族代表爭吵個沒完沒了。他的副手斯坦尼斯拉夫·佩斯
特科夫斯基在談到這位人民委員時回憶說，斯大林會玩失蹤，而且做得
很巧妙，說了句「就一小會兒」，人就不見了：「躲在斯莫爾尼——後來
是克里姆林宮的某個隱秘的地方。要找到他是不可能的。一開始我們
常常等他。但到最後我們就休會了。」[151] 後來在內戰期間，斯大林幾乎
總是在前線。[152] 即便是真的出現在部裏的時候，他往往也會破壞工作
人員為了將制定政策的過程變得規範而付出的努力 (他在決策中的獨斷
專行激起了他們的不滿並向中央委員會反映)。[153] 對於阿塞拜疆、白俄
羅斯或烏克蘭這些地方，民族事務人民委員部是沒有管轄權的，所有這
些地方即便是在重新蘇維埃化的時候，從形式上來說，都是獨立於蘇維
埃俄國的。民族事務人民委員部的權限也不包括蘇維埃俄國的大多數
人口 (俄羅斯人)；相反，它只涉及俄羅斯社會主義聯邦蘇維埃共和國中
22% 的少數民族人口。但是在上述問題上，斯大林培養了一幫穆斯林激
進分子。他們被戲稱為「蘇維埃伊斯蘭教教法的信徒」，尤其是巴什基
爾人艾哈邁德—扎基·瓦利季 (生於 1890 年) 和韃靼人米爾賽義德·蘇
丹—加利耶夫 (生於 1892 年)。

生活在裏海以北的韃靼人和巴什基爾人——他們是世界上最北面的
穆斯林——都是講突厥語的民族，但韃靼人不遷徙、數量遠比巴什基爾
人多，巴什基爾人則仍然過着半遊牧的生活。他們彼此雜居。韃靼人
蘇丹—加利耶夫出生在 (巴什基里亞的) 烏法附近的一個村莊，父親是
圖書館 (*maktaba*) 的教師，他在父親的小學學習時採用的是以穆斯林現
代化改革家自詡的伊斯梅爾·加斯普林斯基 (Ismail Gasprinski) 的「新方
法」。除了韃靼語和阿拉伯語，蘇丹—加利耶夫的父親還教他俄語，這
讓他進了喀山師範學校。很多韃靼精英，包括很多韃靼布爾什維克，
都是從那所學校出來的。[154] 1917 年，針對其他穆斯林指責他與布爾什

維克合作的背叛行為，蘇丹—加利耶夫解釋説：「他們還對壓迫印度、埃及、阿富汗、波斯和阿拉伯的英帝國主義宣戰。他們還奮起反抗奴役摩洛哥、阿爾及爾等非洲阿拉伯國家的法帝國主義。我怎麼就不能支持他們呢？」[155] 在遭到白軍進攻時，蘇丹—加利耶夫幫助組織喀山的防禦，儘管他在俄國國內公然主張轄鞡帝國主義，並鼓吹泛圖蘭主義——他的野心從喀山延伸到伊朗和阿富汗、土耳其和阿拉伯，斯大林仍然讓他成了俄國最引人注目的穆斯林共產黨人，任命他為東部各民族共產黨組織中央局負責人。在非正式的場合下，他被稱為穆斯林共產黨主席，儘管根本不存在那樣的實體。至於突厥語言文學專家、巴什基爾人瓦利季，他不是共產黨人，而是溫和派的社會主義者和巴什基爾愛國者，他通過不同的方式得到了斯大林的庇護：在內戰中與高爾察克鬥爭的艱苦歲月，瓦利季主動提出，不再帶領自己的6,500名巴什基爾士兵和白軍一起對抗紅軍，而是相反，調轉槍口攻打海軍上將。針對和瓦利季在莫斯科的談判，斯大林在《真理報》上發表了一篇帶有拉攏性質的文章，〈我們在東部的任務〉(1919年3月2日)，強調説蘇維埃俄國有3,000萬講突厥語和波斯語的居民，「民族成分非常複雜，文化落後，他們不是還沒有脫離中世紀，就是不久以前才進入資本主義發展的階段……文化不發達和生活落後的現象不是一下子就能消除的，這些現象在東部蘇維埃政權的建設中仍然（將來還會）發生影響」。* 這是一個有待解決的難題。[156]

　　在斯大林和巴什基爾人談判期間，剛好先後召開了共產國際第一次代表大會和黨的第八次代表大會。在莫斯科，瓦利季發現，和他碰到的持反民族主義強硬立場的盧森堡主義者相比，「列寧和斯大林看起來真的非常積極」。瓦利季還見到了托洛茨基，注意到斯大林和托洛茨基彼此厭惡（並搶着討好他）。他還發現斯大林精於挑唆。瓦利季後來回憶了之後不久在烏克蘭的時候，斯大林如何邀請他去自己在內戰中乘坐的沙皇時代傳下的專列。「我們喝了格魯吉亞葡萄酒，吃了烤雞，」瓦利

---

* 譯註：《斯大林全集》第4卷，第210–211頁。

季寫道,「斯大林很親切。他的話説到了我的心坎裏。他説他是一個東方人,他是專門為我們東方人,即被蹂躪的小民族的代表工作的。我們所有的不幸都是托洛茨基造成的——他把托洛茨基叫做猶太國際主義者。他〔斯大林〕十分理解我們,因為他是一位格魯吉亞作家的兒子*,本人就是在民族的背景下長大的。他指責俄羅斯人的沙文主義並詛咒他們。他像列寧一樣,説我應該在全俄層面工作,不要太多參與到一個小民族的管理:所有民族都會逐漸獲得權利。」[157] 這種亞洲人的姿態是斯大林不太為人所知的一面。[158]

　　瓦利季在白軍按計劃發動春季攻勢前夕背叛了高爾察克,所得到的獎賞是成立巴什基爾蘇維埃社會主義自治共和國,並於1919年3月20日,即黨的第八次代表大會召開後的第三天簽訂了協議(列寧匆匆簽訂協議,為的是向大會展示成果)。過去是白衞分子的巴什基爾軍隊的指揮官們,一下子有了合法的身份,成立了巴什基爾革命委員會——對於這樣大的轉變,雙方誰也不相信。[159] (瓦利季後來承認,他是瞞着下屬同蘇俄當局談判的。)[160] 帝俄統治時期,巴什基爾人從來不是農奴,而且能夠保有自己的軍隊。他們約有200萬人口,遍佈烏拉爾山脈西南面的山坡上。巴什基爾自治共和國的地圖是瓦利季繪製的,他不僅把領土放到最大限度,還把巴什基爾族的人口估計到最大,以便盡可能少地包括俄羅斯移民。結果就有了小巴什基里亞。[161] 但韃靼民族主義分子仍然非常憤怒:他們的夢想,也就是以巴什基里亞為中心的大韃靼里亞,受到了致命的打擊。[162]

　　斯大林在1919年成立巴什基爾共和國,就像早先韃靼—巴什基爾失敗的婚姻一樣,並不是深思熟慮之後形成的戰略,想要在民族問題上分而治之;相反,它是臨時想出來的,目的是分化反布爾什維克的力量。[163] 然而,實際上災難卻接踵而至。一大群俄羅斯以及其他非巴什基爾族的共產黨人進入該地區,他們直接或間接地破壞了自治:他們是在為建立共產主義世界而戰,不是為了某個小民族的「權利」。同時,

---

*　編註:原文如此(斯大林是鞋匠的兒子)。

當地的紅軍軍官把協議理解為投降，於是就開始解除巴什基爾士兵的武裝並把他們關押起來，結果引起了反抗。此外，大批紅軍騎兵開始了大規模的搶劫、殺人和強姦。他們的最高指揮官——不是別人，正是加伊——試圖約束這種違紀行為，但收效甚微（後來他受到指責說，作為一個亞美尼亞人，他可能是故意縱容反穆斯林行為）。[164] 瓦利季請求讓巴什基爾人的部隊保持完整，這遭到了加伊的拒絕，可到頭來，巴什基爾第一騎兵團設法自行恢復了建制——不過是在高爾察克那邊。瓦利季絕望地打電報給斯大林，告訴他那些誤會和暴行。（遠在莫斯科的斯大林邀請他商量對策。）[165] 只是由於白軍的推進才阻止了紅軍的暴行，但是在白軍被再次趕走之後，紅軍開始向巴什基爾人「復仇」。流血事件和相互指責引起了全國的爭論，促使政治局於1920年4月任命了由斯大林負責的巴什基爾委員會。瓦利季被召到莫斯科，並被告知那裏需要他的幫助。實際上，這顯然是為了把瓦利季和他在巴什基爾的根據地隔離開來。斯大林告訴他，是托洛茨基決定把他扣在莫斯科，瓦利季在東部省份不斷提高的威望讓托洛茨基和捷爾任斯基感到不放心。[166] 瓦利季會見了巴什基爾「委員會」。加米涅夫告訴他，他們正在擴大巴什基里亞的範圍，把烏法等地也包括進去，而那些地區恰恰是俄羅斯人佔多數。[167] 1920年5月19日頒佈了有關巴什基爾自治嚴格的限制條件：巴什基爾軍隊的補給、財政以及其他很多方面，都直接隸屬於俄羅斯社會主義聯邦蘇維埃共和國。[168] 政治局不得不宣佈，巴什基爾自治共和國「不是一個偶然的、臨時的現象……而是俄羅斯社會主義聯邦蘇維埃共和國的一個有機的、自治的部分」——這說明各方面的人都在懷疑。[169]

371

　　巴什基爾的有限「自治」成了一種模式。1920至1923年，俄羅斯社會主義聯邦蘇維埃共和國在其領土上成立了17個民族自治共和國和省。[170] 接下來是韃靼里亞。即便（暫時）沒有巴什基里亞，蘇丹—加利耶夫也會再試一次，讓列寧接受一個泛突厥國家——韃靼里亞，與突厥斯坦和哈薩克草原連成一片並由韃靼人領導，有點兒類似於皮爾蘇茨基想像中由波蘭人領導的包括白俄羅斯和立陶宛在內的聯邦。但事與願違，1920年5月27日宣佈成立了一個小的韃靼蘇維埃社會主義自治共和國，只包括俄國境內420萬韃靼人中的150萬（不但把國內四分之

三的韃靼人排除在外，還讓韃靼人在巴什基里亞佔了多數）。[171] 另外，斯大林讓薩希卜·加列伊·賽義德—加利耶夫（生於1894年）而不是蘇丹—加利耶夫做了韃靼政府的首腦，前者在韃靼里亞之外的穆斯林中威望要小得多，民族主義傾向也少一些，更聽話一些，而且是蘇丹—加利耶夫的死敵。賽義德—加利耶夫很快就指控蘇丹—加利耶夫企圖搞暗殺；蘇丹—加利耶夫回應說，所謂的暗殺是假的，只是為了敗壞他的名聲；莫斯科的調查實際上沒有得出甚麼結論，只是弄清楚了一點：賽義德—加利耶夫把大量的時間浪費在喝茶鬥嘴上。[172] 蘇丹—加利耶夫及其擁護者仍然決心利用他們掌握的一切手段，把喀山變成東部的穆斯林首府。[173] 相反，瓦利季及其擁護者密謀放棄他們的官職，武裝反抗蘇維埃政權。1920年6月，他們隱秘地消失了，在突厥斯坦加入「巴斯馬赤」（Basmachi，這個詞可能源自突厥語 *basmacı*，指邊疆地區的土匪、強盜，類似於哥薩克；講俄語的人通常用它來指從事游擊戰爭或其他反布爾什維克政權抵抗活動的穆斯林）。在巴什基爾蘇維埃社會主義自治共和國，憤怒的俄羅斯共產黨人——他們讓反革命分子跑掉了——清洗了剩下的巴什基爾官員，並開始再次實行針對巴什基爾人的恐怖政策。[174] 背叛的醜聞是有可能損害斯大林的政治生涯的，因為不管怎麼說，瓦利季被認為是他的門徒。

1920年9月，當東方各民族代表大會在巴庫開幕的時候，到處都找不到米爾賽義德·蘇丹—加利耶夫——他是最初的倡議者之一，而且是受邀講話的。原來是斯大林不讓他出席大會。但瓦利季卻逃過契卡的搜捕，乘火車和其他交通工具從突厥斯坦一路趕到巴庫，參加了東方各民族代表大會，儘管政治警察正在巴庫挨家挨戶地搜捕他。[175] 9月12日，瓦利季寫信給列寧、斯大林、托洛茨基和李可夫，譴責蘇俄的少數民族政策和沙皇的殖民做法差不多，並反映說斯大林欺騙了他。他認為格魯吉亞人是「一個玩弄人的虛偽的、戴着面具的專政者」。斯大林企圖把瓦利季騙到莫斯科——據說讓人給他傳話，說他「比蘇丹—加利耶夫更聰明、更有活力」，是「一個非同凡響、強而有力的人，有性格，有意志力，是一個實幹家」，說他已經證明了自己「可以用巴斯馬赤來創建一支軍隊」。瓦利季始終沒有被抓到。[176]

中亞方舟

此時在從前沙皇統治下的突厥斯坦，出現了多個企望獲得政權的權力中心。布爾什維克在土庫曼人中間的統治因為受人憎惡而在1918年被迅速推翻，取而代之的是一個反布爾什維克的外裏海政府，它基本屬於無產階級政府，但迫切需要徵糧，結果也引起民變，外裏海「政府」淪為幾個城市中的幽靈一般的存在。在西伯利亞與高爾察克作戰的紅軍部隊將其趕走，突襲並佔領了梅爾夫和阿什哈巴德（1919年7月）、克孜勒阿爾瓦特（1919年10月）以及最後，土庫曼人的首府克拉斯諾沃茨克（1920年2月）。在更遠的內陸地區，另外一個重要的權力中心是塔什干，它被當地以斯拉夫人為主的蘇維埃所控制。這個蘇維埃就像我們看到的，在1918年2月屠殺了穆斯林的浩罕自治政府。塔什干蘇維埃在1919年1月的內部暴動中逃過一劫。暴動是陸軍人民委員發動的，那位陸軍人民委員處死了當地的14名高層共產黨員，然後，據一位英國親歷者說，就「開始喝得醉醺醺的」，結果被滯留在那裏的一支由匈牙利戰俘組成的小分隊幹掉了。[177] 大張旗鼓的紅色恐怖殺害了大約4,000人，這還不包括因為缺糧而餓死的人。恰好在這個時候，1919年2月12日，斯大林指示塔什干蘇維埃：「必須提高各勞動階層的文化水平，對他們進行社會主義教育，發展當地語言的文學，使當地最接近無產階級的人參加蘇維埃組織，吸收他們參加管理邊區的工作。」[178]* 外來的紅軍到達了塔什干，指揮官是農民出身的小伙子米哈伊爾・伏龍芝，他的母親是俄羅斯人，父親是摩爾達維亞人。他的父親是個醫護兵，曾經在沙皇統治下的突厥斯坦服役，伏龍芝就是在那裏出生的。伏龍芝沒有受過任何專門的軍事訓練，但是在1919年11月，他開始加強平叛措施，鎮壓巴斯馬赤抵抗運動。[179] 突厥斯坦最後的權力中心是希瓦和布哈拉這兩塊小的「埃米爾領地」（emirate）†，它們在沙俄時期享有特殊的地位，1917年後並不受紅軍的控制。兩塊領地

373

---

*　譯註：《斯大林全集》第4卷，第204頁。

†　編註：「埃米爾」是阿拉伯國家的貴族頭銜，意為「掌權者」，突厥歷史上也使用過。

就像是在全副武裝的強盜面前，擺在玻璃下面、沒有保護措施的璀璨珠寶。

　　布哈拉在中亞穆斯林的內心世界中有着崇高的地位，是伊斯蘭傳統學問的中心，也是蘇菲派長老的中心。布爾什維克內部有些人警告說，武力奪取布哈拉會帶來嚴重的後果。[180]「我認為從軍事上來說，粉碎他們的軍隊不是難事，」1920年春天，即將離任的突厥斯坦委員會外交事務代表格爾什·布羅伊多 (Gersh Broido) 寫信對列寧說，「但那樣就會造成持久戰的局面，持久戰會證明紅軍不是解放者，而是佔領者，布哈拉的游擊勇士們會成為保衞者……反動派會利用這種局面。」他警告說軍事佔領甚至會把穆斯林和突厥民族廣泛地聯合起來對抗蘇維埃政權。[181]但伏龍芝是不會被嚇住的。首先被佔領的是希瓦，之後在1920年6月，花剌子模人民蘇維埃共和國宣佈成立。然後，1920年7月24日，伏龍芝寫信給列寧解釋說，至於布哈拉，如果等待它從內部發生革命，那要很長時間，所以他強烈敦促「從外部進行革命」。[182]在紅軍最終向華沙推進的同時，攻打布哈拉的準備工作也在進行。從1920年8月30日開始，在一小幫突厥共產黨人策劃「起義」並請求「幫助」之後，紅軍動用了大約15,000名士兵襲擊布哈拉埃米爾領地。布哈拉人的數量——包括非正規軍——至少是紅軍的兩倍，但紅軍擁有更好的武器，包括11架飛機，結果他們轟炸了這座老城裏年代久遠的清真寺和光塔、客店、聖壇和陵墓。9月2日，紅軍奪取了埃米爾雄偉的雅克城堡，接着便是大規模的縱火和搶掠——絲綢長袍、珠寶，甚至石頭。女眷們的命運就難說了。9月4日，伏龍芝下達停止搶劫的命令，並以處決相威脅，但他卻把製作精良的劍和其他戰利品據為己有。最大的一批戰利品據說是從埃米爾的地窖裏發現的，是該王朝幾個世紀積攢下來的，估計含有價值1,500萬盧布的黃金；這批財寶被裝車「轉移」到塔什干。埃米爾本人逃往阿富汗，而他可能已經把自己的部分財寶運走了。[183]他是最後一位仍在世界上某個地方當統治者的12世紀蒙古成吉思汗的直系後裔。

　　伏龍芝被調往克里米亞。他指揮的軍事行動很快就趕走了弗蘭格爾男爵的白軍，永遠結束了白軍的抵抗，從而為這位紅軍指揮官贏得了非凡的軍事榮耀。但是，給伏龍芝調離突厥斯坦蒙上陰影的是，莫斯

科接到報告說，伏龍芝的部隊對布哈拉進行了可恥的搶劫和無端的破壞。[184] 搶劫黃金的消息傳遍了東部，損害了蘇俄人的名聲。[185] 契卡駐突厥斯坦全權代表雅科夫‧彼得斯，背着伏龍芝寫信給捷爾任斯基和列寧，報告了違反軍紀的行為。在整個歐亞地區，紅軍內部都在爭奪戰利品和胡作非為的特權——警察機關的特工人員與軍隊的軍官，黨務人員與警察，中央全權代表與地區掌權者。揭發材料淹沒了莫斯科；「添麻煩的」人遭到貶黜或者乾脆被槍斃。但這種算舊帳的做法很少達到突厥斯坦的那種程度，而且似乎很少涉及重要的原則。

　　來自俄國西北端波羅的海沿岸某地區的拉脫維亞人彼得斯（生於1886年），奮起反對來自俄國西南端黑海沿岸某地區的摩爾多瓦人伏龍芝——他（1885年）出生於遙遠的東部，靠近帕米爾高原的比什凱克。彼得斯決不是工於心計的野心家，想要從這條艱難的道路爬上事業的頂峰：他已經到了絕頂，有着契卡創始人的顯赫名聲；他甚至短暫代任過捷爾任斯基的契卡主席職務（在左派社會革命黨人政變期間，當時捷爾任斯基已被扣為人質）。當然，彼得斯不是沒有篡改過事實，比如，他在黨內的自傳材料說，自己是貧農的兒子，而在更早的時候，他曾經對一位美國記者說他的父親擁有大量的土地，而且還有僱工，但所有人都那樣做。（女人總是覺得他是「一個熱情、聰敏、活潑的小伙子，有一頭黑色的鬢髮，鼻子上翹，使他的臉像問號，一雙藍眼睛充滿柔情」。）[186] 彼得斯對革命和階級鬥爭中的檢舉揭發沒有絲毫顧忌。1919年在彼得格勒的時候，他處決過從前舊政權的大批要人：通過電話簿確認身份，然後派人上門。但是，作為老派人物，他對腐敗是不會容忍的。在布哈拉遭到洗劫後，他逮捕了紅軍戰地指揮官別洛夫，結果發現他有一麻袋的金、銀和錢。[187] 於是，彼得斯讓手下攔住並包圍了伏龍芝的列車。「昨天晚上，」伏龍芝在1920年9月21日怒氣沖沖地給塔什干寫道，「除了我自己和〔格列布‧〕博基（Gleb Boki），整個隊伍都受到了搜查，令我在下屬面前蒙羞。」

　　伏龍芝堅持說，塔什干當局對於被他沒收並裝到列車上的所有布哈拉的貴重物品都有清單，彼得斯也有。莫斯科黨組織書記維亞切斯拉夫‧莫洛托夫親自出面，撤銷了彼得斯成立的革命法庭，通過黨的

中央監察委員會悄悄處理掉了這件事情。不過，捷爾任斯基讓他最信任的一位特工人員，「不要聲張，不要驚動任何人，列一個清單，説明布哈拉埃米爾的黃金散落何處，又是如何散落的（落到誰手裏了，有多少）」。[188] 此事結果如何，現在還不清楚。

　　1920 年 9 月 24 日，突厥斯坦「蘇維埃社會主義自治共和國」正式宣佈成立。[189] 接着，10 月 8 日成立了布哈拉人民蘇維埃共和國，與花剌子模成了一對。在突厥斯坦的這些事變中，斯大林幾乎沒起甚麼作用，但他採取的行動很快就對中亞的命運產生了決定性影響。與此同時，在他未來個人專政中的大量高級官員，都在征服突厥斯坦的過程中嶄露頭角或在仕途上更進一步。例如，後來在斯大林當權時擔任黨的監察委員會主席的瓦列里安·古比雪夫 (Valerian Kuibyshev)，1920 年春天和夏天是突厥斯坦委員會的主席，致力於深化布爾什維克的統治和制訂征服埃米爾領地的計劃。同伏龍芝一起服役的博基，後來在斯大林當權時執掌關鍵的密碼部。在突厥斯坦軍隊的總政治部負責信息登記部門的年輕特工人員亞歷山大·波斯克列貝舍夫 (Alexander Poskryobyshev)，當時還不為人知，後來成了斯大林的高級助手，在專政體制的核心崗位幹了幾十年。另一位年輕的共產黨特工人員拉扎·卡岡諾維奇，作為高級黨務官員在 1920 年 9 月被派往突厥斯坦。[190] 同月，格里戈里·索柯里尼柯夫（又名吉爾希·布里連特）取代伏龍芝成了突厥斯坦方面軍和共產黨突厥斯坦局負責人。在塔什干，索柯里尼柯夫接着就開始了當地的金融改革，取消了毫無價值的地方貨幣，預示着日後斯大林主政時他作為財政人民委員在莫斯科進行的全國性金融改革。在突厥斯坦，索柯里尼柯夫還取消了徵收制，選擇了實物稅——此舉後來在莫斯科被稱為新經濟政策。突厥斯坦是政策實驗室，是布爾什維克事業的方舟。

沒有榮耀

　　輸掉戰爭總會引起政治上的連鎖反應。波蘭戰爭失敗的創傷還在作痛，列寧就在 1920 年 9 月 22 日，在莫斯科召開的黨的第九次代表大會上，對着 241 名代表（其中 116 人有表決權）作了關於波蘭戰爭失敗問

題的長篇報告。他斷言,由於紅軍打敗了白軍——那些協約國的幫兇——「與世界帝國主義的戰爭的防禦階段結束了,我們可以而且有義務去利用這種軍事形勢發動進攻性的戰爭」。「用刺刀進行的試探」原本是為了弄清楚在「世界帝國主義整個體系的中心」波蘭,以及在德國,革命的條件是否真的成熟,但是碰巧「準備得很不好」。不過,列寧仍然高興地得出結論,「我們已經破壞了凡爾賽條約,我們一遇到合適的機會就會粉碎它」,因為「雖然我們的首次失敗就是徹徹底底的失敗,我們還是會再三地繼續從防禦政策轉向進攻政策,直到把他們全都永遠地消滅掉」。[191]* 對列寧的政治報告甚至沒有表決(自掌權以來,這在黨的會議上還是頭一次),而且他甚至沒有費心出席(9月25日的)閉幕會議。[192] 《真理報》對列寧9月22日報告的敘述省略了談到「進攻戰」或試圖「對波蘭進行蘇維埃化」的地方,對於「慘重的」「巨大的」「前所未聞的失敗」提都沒提。[193] 在大會討論中,拉狄克公開責備列寧,而其他人也跟着那樣。維護中央委員會革命主張的責任落在了斯大林肩上。突然,托洛茨基斥責斯大林誤導中央,因為後者報告説,撤退中的波蘭軍隊已經喪失了全部戰鬥力。托洛茨基還斥責斯大林破壞此次戰役,沒有執行調動部隊的命令。接着,列寧也猛批自己這位格魯吉亞門徒。

377

　第二天(9月23日),斯大林堅持要求答覆托洛茨基和列寧的指責,向大會透露説他對發動深入波蘭腹地的戰役表示過懷疑。[194] 事實上,向華沙進軍是圖哈切夫斯基和謝爾蓋·加米涅夫指揮的。列寧當然是此次潰敗背後最主要的責任人,但現在他並不支持斯大林,不怪自己把革命形勢估計得過於樂觀,而怪軍事推進操之過急。[195] 實際上,要是圖哈切夫斯基提前三天趕到華沙,那他猛打猛衝的作戰計劃或許就會截住混亂中的波蘭軍隊。[196] 但是,即使佔領了華沙又能怎樣?[197] 圖哈切夫斯基守住華沙的可能性並不比皮爾蘇茨基守住基輔的可能性大。紅軍事先就知道,自己不可能守住所有的佔領區,所以就沒打算那麼做,但列寧要打仗的理由——激起波蘭工人的起義——是無效的。[198] 紅軍從波蘭方面只收

---

* 譯註:作者引文的部分內容可見於《列寧全集》第39卷,第277頁。

容了少量的逃兵；就連烏克蘭人和白俄羅斯人參軍的都不多。至於波蘭
共產黨，其黨員總數非常少。別說是與大多數農民建立聯盟，哪怕是想
得到工人的擁護，它還要和猶太工人組織崩得、社會民主黨以及龐大而
獨立的波蘭工會團體展開競爭。[199] 波蘭革命委員會只是在比亞韋斯托克
/別洛斯托克地區建立了基層組織，存在了不到一個月。[200] 連在比亞韋斯
托克/別洛斯托克的波蘭革命委員會中央負責人也警告說，由於整個民族
團結一致，所以不要指望鼓動波蘭工人革命。[201] 列寧忽視了他們的警告。

　　至少列寧後來在私下裏表現出了悔意。[202] 但圖哈切夫斯基此後多
年都不曾後悔。[203]「資本主義的波蘭同蘇維埃無產階級革命之間的鬥爭
正在歐洲的範圍內展開」，他在關於戰爭的演講中聲稱——演講中有一
段內容的標題是「來自國外的革命」(izvne)。「所有關於波蘭工人階級的
民族感情因為我們的進攻而覺醒這種廢話，都只是由我們的失敗造成
的……輸出革命是可能的。資本主義歐洲的基礎已經動搖了，要不是
我們的戰略失誤和在戰場上的失利，波蘭戰爭就會把1917年的十月革
命與西歐的革命連接起來。」[204] 圖哈切夫斯基不點名地指責斯大林。[205]
但是其他人，尤其是沙皇的參謀軍官鮑里斯·沙波什尼科夫 (Boris
Shaposhnikov)——不久他就成了紅軍的參謀長——明確指責西南方面
軍，即葉戈羅夫和斯大林，違背了兩條戰線互相策應的原則。[206]

　　因此，情況就是：列寧對形勢嚴重誤判；沙皇貴族圖哈切夫斯基推
波助瀾，讓蘇維埃俄國犯下大錯，為點燃「來自國外的革命」之火而發動
進攻性戰爭，接着又在多年之後聲稱那並不是一個大錯；無產者出身並
對這種冒險行為提出過警告的斯大林，因為不服從命令而成了替罪羊。[207]

　　回到戰場上，蘇俄人交了好運。1920年10月7日，波蘭軍隊重新
奪取了皮爾蘇茨基的家鄉維爾諾，但圖哈切夫斯基在後撤時設法在世界
大戰的戰壕那一帶穩住了紅軍的陣腳（「進攻華沙後，我們撤到了明斯
克」，他後來寫道）。[208] 1920年10月12日，精疲力竭的雙方同意在里加
簽訂停戰協議 (18日生效)，邊界設在寇松線以東125英里*。同一天，共

---

*　　編註：約201公里。

產國際的負責人季諾維也夫在德國哈雷出席了獨立社會民主黨特別代表大會，目的是分裂他們並將其左翼併入由德國共產黨組成的小黨。在此時的德國國會，獨立社會民主黨代表有103人，社會民主黨是278人，共產黨是2人。季諾維也夫遭到魯道夫·希法亭和列寧在孟什維克中的老對手馬爾托夫的有力反駁，但是在一個裝飾着各種蘇維埃徽章的大廳裏，投票結果符合莫斯科的預期。[209]「我們要繼續前進，徹底消滅貨幣，」季諾維也夫解釋説，「我們要用商品來支付工資。我們要引入不收費的有軌電車。我們有免費的公共學校，免費吃飯 (儘管眼下伙食很差)，免租金的公寓，免費的照明。我們正在最困難的條件下非常緩慢地實現這一切。我們必須不停地戰鬥，但我們有出路，也就是計劃。」[210] 德國當局此前竟然給季諾維也夫發放了簽證，但現在就毫不猶豫地把他驅逐出境了。可到了12月，89萬獨立社會民主黨人中，有30萬人加入德國共產黨，使後者的人數達到35萬。[211] 在歐洲的心臟地帶，突然出現了一個人數眾多的共產黨。[212] 與此同時，德國社會民主黨受到極大的削弱，後果十分嚴重。

　　至於羅馬尼亞，當時沒再發生任何直接的武裝衝突，但是在1920年10月28日，在布加勒斯特，協約國承認了大羅馬尼亞對比薩拉比亞的兼併；蘇維埃俄國拒不承認該條約，要求進行全民公投，但這一要求被忽視了。[213]

379

　　相比於波蘭人，紅軍陣亡和重傷的有2.5萬人；波蘭人陣亡可能有4,500人，受傷的2.2萬人，失蹤1萬人。[214] 紅軍另有14.6萬人在波蘭和德國境內被俘；在被波蘭人囚禁期間，他們中有多少人死亡，現在仍眾說紛紜，可能在1.6萬至1.8萬之間 (有1,000名戰俘拒絕回國)。蘇俄境內的6萬名波蘭戰俘，約有一半人活着返回了家鄉 (有2,000人拒絕回國)。[215] 為了自我安慰，列寧聲稱：「我們雖然沒有獲得國際勝利，即對我們來說是唯一可靠的勝利，但是卻給自己爭得了能夠同那些……資本主義列強並存的條件」。[216]* 當然，像那樣的條件根本就沒有爭得。

---

* 譯註：《列寧全集》第40卷，第23頁。

至於皮爾蘇茨基——在犧牲了那麼人之後，到頭來他又回到了和他入侵
烏克蘭之前差不多的情況，他覺得這場有數萬人死亡和傷殘的戰役不值
一提，「有點像小孩子的混戰」。[217]

　　在此期間，紅軍沒有等到春天就從西南方向的波蘭戰線調動了大批
部隊去打擊弗蘭格爾。1920年11月7日，即革命三週年那天，米哈伊
爾·伏龍芝率領13.5萬人向克里米亞半島發動了聯合進攻。「今天我們
可以慶祝我們的勝利了」，在莫斯科大劇院召開的三週年慶祝大會上，
列寧說道。[218]* 很快，弗蘭格爾就真的下令全部撤向土耳其海峽和君士
坦丁堡。11月13至16日，從塞瓦斯托波爾、雅爾塔和克里米亞的其他
港口，126艘船搭載着大約15萬士兵、家屬以及其他平民離開了俄國；
弗蘭格爾乘「科爾尼洛夫將軍號」離開了。[219] 契卡在那些留下的人中間
大顯神威，處死了包括婦女在內的幾千人。[220] 就這樣，在「白色」波蘭
想要取代蘇維埃俄國成為東歐大國的野心受挫後不久，俄國國內的白軍
被徹底消滅了。斯大林沒有獲得任何榮耀：消滅弗蘭格爾的任務原本
是交給他的，但他因為波蘭戰役而辭去了軍事職務。

民怨沸騰的冬天（1920–1921）

　　與農民更加疏遠的白軍，無意中給布爾什維克幫了很多忙，可一旦
白軍不再是戰場上的威脅，布爾什維克就要直接面對老百姓中憤怒的大
多數了。看似矛盾的是，就像有歷史學家說的，「與波蘭簽訂和約以及
消滅弗蘭格爾，從共產黨人的觀點來看，在心理上是不利的」。[221] 形勢
的發展消除了直接的威脅，同時也暴露出政權好挑事卻又無能的一面。
1918年的危機是靠動員內戰克服的，1919至1920年的軍事危機很大程
度上是由於白衞運動在政治上的失敗解決的，而1920至1921年秋天和
冬天爆發的，是一場在很多方面更加深刻的新的危機：蘇俄的人民不僅
饑寒交迫，飽受疾病之苦，還充滿了怨恨。像所有極端的暴力一樣，

---

*　譯註：《列寧全集》第40卷，第1頁。

戰爭，尤其是內戰，極大改變了個人的選擇與行為，來自和平時期的政治「擁護」的概念並不那麼容易適用。[222] 但是，被剝奪以及某種程度的幻滅，有可能比四年前尼古拉二世統治時的二月革命前夕還要嚴重。

農民遭受各方軍隊的侵擾，因而至少在他們開拔之前，不得不選擇歸順。「白軍來來往往，還有紅軍以及其他許多沒有顏色的軍隊」，就像作家維克托・什克洛夫斯基 (Viktor Shklovsky) 用詩一般的語言總結的那樣。[223] 當然，農民很清楚，白軍想讓以前的老爺回來，同時還不承認民族差別，但農民也痛恨布爾什維主義的徵兵徵糧。在歐亞地區的各個地方，早在 1918 年中期，農民就開始普遍抵制布爾什維克的徵糧運動。[224] 徵糧小分隊開始動用的不但有步槍，還有機關槍，有時還有炸彈。即便如此，農民仍在反擊。「許多村莊現在都充分地武裝起來，結果，徵糧到頭來很少有不死人的」，有報紙報道説。「一隊饑餓的『游擊隊員』攻擊了運糧的火車，」1918 年，《真理報》在談到烏法時説道，「他們先是破壞了鐵軌，然後向火車上的衛兵開火。」[225] 顯而易見的選擇是，允許通過市場激勵制度解決糧食供應危機，鼓勵農民繳納固定税，並保留他們辛苦得到的利潤。但是在布爾什維克當局的眼中，農民要求自由貿易是愚昧無知的表現。[226] 不過，農民在繼續提醒所有人，他們開始了自己的革命。

1920 年 8 月，正當列寧幻想着征服波蘭，進而推翻整個凡爾賽秩序的時候，正當圖哈切夫斯基在華沙北部的曠野損失了自己軍隊的時候，在莫斯科東南 350 英里* 處的坦波夫，農民叛亂開始了。起初只是少數叛亂者打死了徵糧隊的一些隊員，然後又打退了布爾什維克的幾次報復行動；到 1920 年秋天，當地的反叛力量擴大到 8,000 人。他們領頭的名叫亞歷山大・安東諾夫 (生於 1889 年)，革命前為了給社會革命黨籌集經費，幹過剝奪工作 (他曾經被捕並在西伯利亞做過苦役)；在布爾什維克的暴虐統治下，他重操舊業，搞起了地下恐怖活動。叛亂農民中很多都在沙皇軍隊或紅軍中幹過，後來又擅離職守 (駐守在小城市的部

---

* 編註：約 563 公里。

隊有可能也做過戰俘，伙食很差)。叛亂者把各村莊結合成一個網絡，
稱為「貧苦農民聯盟」。他們打入坦波夫的契卡，用游擊戰術襲擊政權
的工作人員和軍事設施。他們有時穿着紅軍制服，以秘密的無記名投
票的方式成立了一個作戰司令部，偵察工作幹得很好，而且有一個強
大的鼓動部門。坦波夫叛亂者的代表大會正式取消了布爾什維克政權
的權威性，號召爭取「真正的社會主義革命的勝利」以及確保農民的土
地所有權。[227] 在坦波夫農民的要求中，最有意思的一個方面也許是「不
分階級，所有人在政治上一律平等」。[228] 政權只是隱約知道正在發生的
事情。最高總司令謝爾蓋‧加米涅夫向政府報告說，坦波夫和沃羅涅
日、薩拉托夫等省的饑民，正在懇求地方當局從收糧站那弄些穀種。
他還報告說，有幾次「人群遭到機槍掃射」。[229] 儘管有加米涅夫表現出
的這種理解，但由於受到階級鬥爭成見的影響，莫斯科並不瞭解農村地
區所發生的災難的程度，結果政權把農民合理的不滿條件反射般地稱為
「富農、土匪和逃兵的暴動」。

全權代表、1917年猛攻冬宮的領導者弗拉基米爾‧安東諾夫—奧
弗申柯1921年2月趕來整頓當地士氣低落的契卡，加強攻勢，包圍並殲
滅農民軍，可單靠鎮壓是無法挽救局勢的。後來證明，當時的收成很
差，政治騷亂已迫使糧食人民委員部在13個省份「暫停」糧食收購。[230]
2月9日傳來報告說，在西伯利亞農村也出現了巨大的武裝騷亂風潮，
切斷了鐵路聯繫和糧食運輸。[231] 四天後，一個契卡工作組在談到坦波
夫時寫道：「目前的農民暴動和以往的區別在於，他們有政治綱領，有
組織，有計劃。」[232] 瓦西里‧烏爾里希 (Vasily Ulrich) 是1921年初被派到
坦波夫的令人生畏的革命法庭高級官員，他就招人痛恨的徵糧隊的情況
向莫斯科報告說：「除了引起更多的敵意和造成更多的叛亂，他們甚麼
也得不到。」不過，烏爾里希不是笨蛋。他建議說，表現出忠於蘇維埃
政權的農民應該得到獎勵，好讓「那些說蘇維埃政權對農民只索取、不
給予的社會革命黨的鼓動人員閉嘴」。[233] 於是，1921年2月，坦波夫省
取消了按照固定價格強制交納定額糧食的政策，取而代之的是實物稅，
它允許農民保留自己的大部分糧食用來售賣，這是到當時為止在一省範
圍內非常重大的讓步。[234]

382

「沒有布爾什維克的蘇維埃」

在農村發生叛亂的同時，城市也出現了大規模的罷工。[235] 當時在商店裏可以買到的消費品只有1913年的五分之一。仍然留在彼得格勒的工人要被迫從事沒有報酬的額外「義務勞動」(*povinnost'*)。接着，當局在1921年2月12日宣佈，因燃料不足，臨時關閉93座工廠，甚至包括著名的普梯洛夫工廠，結果，近3萬名工人面臨失業和完全失去口糧（不管有多麼粗劣）的危險。[236] 當十天後許多工廠重新開工的時候，一些勞動集體突然舉行罷工，公開要求結束共產黨的專政，回到用真正的自由選舉產生蘇維埃的做法。[237] 孟什維克和社會革命黨集團發表了反布爾什維克宣言；契卡錯誤地指責非布爾什維克社會主義者煽動罷工，好像工人自己就不能反對政權的壓迫政策和無能似的。2月24日，就在幾千人開始出現在街頭時，彼得格勒黨組織領導人格里戈里·季諾維也夫和彼得格勒契卡逮捕了大批非布爾什維克社會主義者（大概有300名孟什維克和社會革命黨人），派遣年輕的軍校學員用朝天開槍警告的辦法驅散遊行隊伍，並宣佈戒嚴——就像差不多四年前，在尼古拉二世統治時期，沙皇將軍哈巴洛夫在同一座城市做過的那樣。罷工的工人被鎖在工廠外。同時，該市突然發放額外的口糧，還撤銷了在通往農村的道路上攔截糧食的小分隊。不過，除了流血的傳聞外，戒嚴的消息也傳到了附近的喀琅施塔得要塞，那裏距離彼得格勒20英里，[*] 在芬蘭灣的一座島上，是波羅的海艦隊司令部所在地。[238]

1917年臨時政府執政期間，喀琅施塔得從來不存在「雙重政權」，只有蘇維埃，當時的要塞是一個迷你型的社會主義國家。1921年，島上除了3萬平民之外，還有水兵和紅軍士兵組成的1.8萬人的守備部隊。3月1日，他們中的1.5萬人聚集在喀琅施塔得的錨廣場，並以壓倒優勢通過了一項決議，提出15點內容，明確要求貿易自由以及「對工人、農民、無政府主義者、左翼社會黨派實行言論和出版自由」[†]——也

---

[*]　編註：約32公里。
[†]　譯註：《蘇聯歷史檔案選編》第7卷，第34頁。

就是説，不是對資產階級，甚至也不是對右翼社會黨派。水兵們還要求「政權歸蘇維埃，不歸黨」。[239*] 只有兩位在場的布爾什維克官員反對決議，趕來向水兵講話的全俄蘇維埃主席(國家元首)米哈伊爾·加里寧也被轟下台，並在自己是否可以繼續發言這一問題上失去表決權。一個社會主義政權面臨着自己的武裝力量中堅定的社會主義者的叛亂。

3月1日深夜，水兵們成立了一個臨時革命委員會，負責監督島上的秩序，並準備用自由、公正、有多個候選人的無記名投票，選舉產生喀琅施塔得蘇維埃。第二天在教育之家(以前的工程師學校)，斯捷潘·佩特里琴科(Stepan Petrichenko，生於1892年)——「彼得羅巴甫洛夫斯克號」戰列艦上的文書，曾是共產黨員，但在「重新登記」中失去了黨員資格——召開了有202名代表參加的會議，會議主席團成員全部是黨外人員。要塞中的共產黨員趕到黨的總部，要求得到250枚手榴彈，但那天晚上，大部分黨員和契卡特工人員都從冰面撤到陸上，結果，革命委員會沒有流血就上了台。第二天，莫斯科政權發表了由列寧和托洛茨基簽署的聲明，譴責叛亂事件是「白衞軍的陰謀」，是法國情報機關煽動的，通過的是「極端反動的社會黨決議」。[240†] 有些契卡特工人員準確地報告了水兵們的要求：「出版自由，取消阻擊隊，實行貿易自由，通過全面而秘密的投票改選蘇維埃。」[241‡] 但布爾什維克的政治警察把水兵們留在彼得格勒的妻子和孩子抓起來作為人質，封鎖該島，切斷所有通訊聯繫，並從飛機上散發傳單：「你們被全面包圍了……喀琅施塔得沒有任何糧食，沒有任何燃料。」「你們聽到的是謊言，比如說彼得格勒如何支持你們……」[242] 與1917年不同，水兵們沒有辦法把暴動的真實情況告訴外界。政權利用新聞壟斷誹謗叛亂者，以保衞革命這一無產階級崇高目標的名義，召集忠實的支持者，鎮壓無產階級水兵和士兵。此外，與1917年不同，當局擁有可靠的鎮壓工具——契卡。

是否繼續進攻，奪取南岸的奧拉寧鮑姆和北岸的謝斯特羅列茨克以

384

---

* 譯註：《蘇聯歷史檔案選編》第7卷，第92–93頁。

† 譯註：《蘇聯歷史檔案選編》第7卷，第30頁。

‡ 譯註：《蘇聯歷史檔案選編》第7卷，第48頁。

擴大該島防禦範圍，關於這一問題喀琅施塔得共和國內部爆發了激烈爭論；革命委員會否決了這種計劃。水兵們的行為坦坦蕩蕩，他們實踐着自己信奉的理想，在(1917年喀琅施塔得蘇維埃主席主編的)喀琅施塔得報紙上全文發表了蘇俄的幾乎所有政府公告，並派代表團到彼得格勒談判；布爾什維克當局逮捕了談判人員(他們後來被處決了)，發起惡毒的誹謗運動，還下達最後通牒，命令對方投降——就像水兵們指出的，這些做法就跟壓迫性的沙皇政權一樣。[243] 1921年3月5日，政治局把「清算」此次起義的任務秘密交給了圖哈切夫斯基，並將進攻日期定於3月8日，即黨的第十次代表大會開幕那天(大會日期從3月6日延後到10日)。3月5日下午，托洛茨基乘坐裝甲列車來到彼得格勒——僅僅幾個月前他在那裏打敗了尤登尼奇；陪同這位陸軍人民委員的是圖哈切夫斯基和謝爾蓋·加米涅夫。[244] 3月7日夜裏對喀琅施塔得實施炮擊，凌晨5時，多路進攻發動了，紅軍步兵(許多都披着白床單)越過冰封的白色芬蘭灣。但是，越過幾英里冰面發動的猛攻被打退了。「水兵陣地有人守衛，他們開火對炮擊進行了還擊。」圖哈切夫斯基向謝爾蓋·加米涅夫不安地報告說。[245] 托洛茨基打電話問是怎麼回事。[246] 他得到了一個令人震驚的消息：儘管是專門挑選的，但最可靠的紅軍部隊仍然猶豫不前。[247]

　　同樣是在3月8日早晨，代表着超過70萬共產黨員的近900名代表(其中604人有表決權)，齊聚莫斯科參加黨的第十次代表大會，在紅旗下宣佈「無產階級」的勝利。[248] 莫斯科大劇院寬闊的花壇和五層包廂被擠爆了。白軍被趕走了——埋在土裏了，關進監獄了，或者流亡了，但大規模工業自1913年以來下降了82%，煤產量是1913年水平的四分之一，電是三分之一。[249] 與波蘭的作戰暴露出紅軍的經濟基礎薄弱，而要想重建，就要休養生息。[250] 政治方面，非農業勞動力自十月政變以來已經從360萬下降到150萬，其中手藝人超過三分之一，結果在這個工人國家，只剩下95萬產業工人。[251] 與該數字形成強烈對比的是，公務人員可能達到240萬人。除了波羅的海艦隊的水兵，彼得格勒等地的工人也在要求與1917年布爾什維克鼓動人員向他們主張的同樣的綱領——「全部政權歸蘇維埃！」——但現在明確要求，不要布爾什維克黨員參加。農民也以真正的人民政權的名義拿起了武器。世界革命沒能成為

現實；相反，在蘇維埃俄國周邊嘗試的幾次革命都被鎮壓了。更糟糕的是，列寧遭到黨內一些小集團有組織的反對。當然，黨內反對他的力量一直存在：在地下鬥爭年代，馬爾托夫和孟什維克反對列寧關於黨和策略的觀點；1917年，季諾維也夫和加米涅夫反對奪權；1918年，布哈林和「左派共產主義者」反對布列斯特——里托夫斯克條約；1919年，「軍事反對派」反對起用沙皇軍官。但現在，一個自封的「工人反對派」——為首的是兩位堅定的布爾什維克，亞歷山大·施略普尼柯夫和亞歷山德拉·柯倫泰——在要求「黨內民主」和維護工人權利的真正的工會。

列寧對工人反對派十分惱火，但不管怎樣，他本人還是給了它充分的機會來表達批評意見。根據中央委員會的決定，從1920年11至12月開始，黨的報刊一直在刊登有關工會問題的激烈的爭論文章。[252]在黨的會議大廳之外的這種**公開**爭論很不尋常。實際上，它可能是列寧挑起的，目的是讓托洛茨基到處鼓吹其不得人心的「擰緊螺母」的工作方法，自取其辱。托洛茨基要求工會成為國家的臂膀。列寧似乎同季諾維也夫合謀，先引誘托洛茨基上鈎，然後予以反擊（季諾維也夫看不起托洛茨基）；斯大林也對托洛茨基進行了反擊。[253]在代表大會上，列寧贏得了政策之戰：工會既沒有被國家化（托洛茨基），也沒有獲得自治（施略普尼柯夫）。但事實上列寧贏得不容易。[254]「同志們，」他在開幕詞中寫道，「……我們竟幹出了搞黨內辯論和爭論這種奢侈行為。」[255]* 這意思是說，要結束這種「奢侈行為」。列寧還怒氣沖沖地對施略普尼柯夫說，應該用步槍來對付他的言論。[256]† 與施略普尼柯夫不同，托洛茨基沒有像支持者強烈建議的那樣，為此次代表大會成立一個正式的派別，但列寧對他的嘩眾取寵沒有好感。「同志們，今天托洛茨基同志同我爭論時特別客氣，他責備我，或者說稱呼我是一個非常謹慎的人，」3月14日，列寧在他的一次比較溫和的發作中對代表們說，「我應當感謝他的這種恭維，但是我沒有辦法用這個來回敬他，這是很遺憾的。」[257]‡

386

---

* 譯註：《列寧全集》第41卷，第2頁。
† 譯註：《列寧全集》第41卷，第42頁。
‡ 譯註：《列寧全集》第41卷，第45頁。

蘇維埃社會主義共和國之間的關係

可想而知，在黨的第十次代表大會上，斯大林的工作是民族問題。在 1919 至 1920 年與鄧尼金等白軍的戰鬥中，紅軍以蘇維埃政權的名義重新征服了烏克蘭，但俄羅斯社會主義聯邦蘇維埃共和國感到責無旁貸，在 1920 年 12 月 28 日與烏克蘭蘇維埃社會主義共和國簽訂了所謂聯盟條約，那是與不同的蘇維埃共和國簽署的許多類似的條約之一。[258]不過，條約的名稱雖然是聯盟，可俄羅斯社會主義聯邦蘇維埃共和國和烏克蘭蘇維埃社會主義共和國並沒有確立總括性的聯盟公民身份或者可以管理各成員國的最高機構，它們雙方在國際關係上繼續各行其是。像蘇維埃俄國一樣，蘇維埃烏克蘭接着也在 1921 年底之前，同波蘭、奧地利、立陶宛、拉脫維亞、愛沙尼亞簽訂了很多國與國的條約。[259]烏克蘭在布拉格、柏林、華沙、維也納保留了駐外使團，而且往往是和俄羅斯社會主義聯邦蘇維埃共和國的使團在同一棟建築；烏克蘭還在莫斯科設立了代表機構。[260] 在黨的代表大會召開前夕，斯大林發表了針對尚未一體化的各蘇維埃共和國之間關係問題的提綱。他認為締結條約的方式已經「沒有後勁」了——實際上才剛剛開始，並要求採取新的方式。「任何一個單獨的蘇維埃都不能認為自己能保證不會在經濟上枯竭，不會在軍事上被世界帝國主義打敗，」他寫道，「因此，各個蘇維埃共和國孤立的存在是不穩固不牢靠的，因為資本主義國家威脅着它們的生存……從『本族的』和『異族的』資產階級手中解放出來的各民族蘇維埃共和國，只有聯合成緊密的國家聯盟才能使自己生存下去，才能戰勝帝國主義的聯合力量……」[261]* 不過，這樣一個一體化的國家，需要俄羅斯以外的共和國，比如說烏克蘭，作出重大讓步。[262]

在 3 月 10 日黨的代表大會報告中詳細闡述這些提綱時，斯大林主張按照俄羅斯社會主義聯邦蘇維埃共和國的聯邦模式，建立「蘇維埃共和國聯邦」。他批評了正在成為自己競爭對手的外交人民委員契切林的看法，並稱讚「烏克蘭、阿捷爾拜疆、土爾克斯坦和其他邊疆地區的國

---

*　譯註：《斯大林全集》第 5 卷，第 18–19 頁。

387　家制度」*，但警告説泛伊斯蘭主義和泛突厥主義是一種「傾向」，它植根
於過去的民族壓迫——他不認為那是一種有待接受的、帶有前瞻性的綱
領。[263] 斯大林的講話似乎沒有產生多大影響。托洛茨基和季諾維也夫
沒有出席，而是在彼得格勒忙於鎮壓喀琅施塔得叛亂。這位格魯吉亞
人在台上用他特有的口音，輕聲細語地講着——那時還沒有麥克風。在
禮貌性的鼓掌之後，斯大林的心腹、主持會議的克利姆·伏羅希洛夫
建議休息。「要是不休息，」伏羅希洛夫告誡代表們，「我們這裏就必須
嚴厲禁止走來走去、看報紙和其他不耐煩的行為。」

　　伏羅希洛夫接着又宣佈，鑒於喀琅施塔得的局勢，原定計劃有變，
代表們晚上不用開會，可以去莫斯科大劇院。他對他們説：「今天，大
劇院會上演《鮑里斯·戈杜諾夫》，只是沒有夏里亞平。」[264] 原本伏羅希
洛夫自己可以扮演那個角色，但他很快就要出發前往喀琅施塔得。

　　顯然是突厥斯坦代表團的40名代表聯名請願，要求人稱薩法羅夫
的格奧爾吉·沃爾金 (生於1891年) 作有關民族問題的聯合報告。格奧
爾吉·沃爾金出生於聖彼得堡，身上有一半亞美尼亞血統，一半波蘭
血統，喜歡有時戴工裝帽，有時戴英式遮陽帽。他隨伏龍芝一起去了
突厥斯坦，並很快擔任黨的突厥斯坦局負責人。現在他作了一個凌亂
的聯合報告，承認「在〔東部的〕邊疆地區，我們沒有強大的革命運動」，
同時，「在突厥斯坦，共產黨只是在十月革命之後才出現」，所以黨內充
斥流氓惡棍。[265] 薩法羅夫要求「糾正」斯大林的提綱。在討論過程中，
發言者之一、阿塞拜疆黨組織官員、亞美尼亞人阿納斯塔斯·米高揚
(Anastasy "Anastas" Mikoyan) 也對斯大林的觀點提出了質疑。他認為「在
斯大林同志的提綱裏，對於我們應該怎樣處理邊疆地區的階級問題，怎
樣準確認定這些民族的階級結構，甚麼也沒有説」。雖然米高揚等人再
三強烈建議，必須考慮當地的條件，可布爾什維克黨人仍在試圖通過意
識形態來思考和行動。[266]

---

* 　譯註：在3月10日的報告中，斯大林説，「在舊制度下，沙皇政權不努力也不可能努力發
　　展烏克蘭、阿捷爾拜疆、土爾克斯坦和其他邊疆地區的國家制度」。參見《斯大林全集》第
　　5卷，第31–32頁。「阿捷爾拜疆」即阿塞拜疆，「土爾克斯坦」即突厥斯坦。

當討論突然中斷的時候，比斯大林年長六歲的烏克蘭共產黨人米科拉・斯克雷普尼克在席位上插話說：「民族問題很重要，也很困難；斯大林同志在他的報告中完全沒有解決這個問題。」[267] 但是，受到斯大林講話折磨的斯克雷普尼克沒有發言的機會。薩法羅夫也沒有總結發言的機會。最後講話的是斯大林，他嚴厲批評了林林總總的反對意見。「我接到一張條子，上面說我們共產黨員似乎在人為地培植白俄羅斯民族，」他說道，「這是不對的，因為白俄羅斯民族存在着，它有着和俄羅斯語言不同的語言，因此，只有使用白俄羅斯本族的語言，才能提高白俄羅斯人民的文化。大約五年前，關於烏克蘭，關於烏克蘭民族，也有人說過同樣的話……可是很明顯，烏克蘭民族存在着，發展它的文化是共產黨員的義務。違背歷史是不行的。」[268]*

388

大會表決決定，採納斯大林的整個提綱作為基礎，成立一個17人的委員會，以便作進一步的行動。他的基本觀點，即「各民族蘇維埃共和國，只有聯合成緊密的國家聯盟才能使自己生存下去，才能戰勝帝國主義的聯合力量」——表明了他將堅決採取的行動。[269] 黨的代表大會之後不久，1921年4月11日，斯大林把突厥斯坦蘇維埃社會主義自治共和國併入了俄羅斯社會主義聯邦蘇維埃共和國。

「農民的布列斯特—里托夫斯克條約」以及黨的「統一」

在工會和民族問題之後，黨的第十次代表大會轉向了荒蕪的、民怨沸騰的農村中間存在的問題。西伯利亞代表團在到莫斯科去的時候，就像有代表回憶的，曾經「武裝到牙齒」，因為他們要經過的地區，到處都是手持原始武器的叛亂的農民。[270] 在列寧的倡議下，3月15日早晨選舉了新的中央委員會之後，大會通過決議，不僅在坦波夫，而且在整個蘇維埃俄國都實行實物稅。實物稅將會低於最近的定額，而且在完稅後，不管農民剩下甚麼糧食，他們都可以按照市場價出售，而這就意味着私

---

* 譯註：《斯大林全集》第5卷，第38–39頁。

人貿易的合法化。[271]「我沒有必要來詳細論述為甚麼要作這種修正的問題。」列寧對大會解釋道。他還說：「毫無疑問，在一個小農生產者佔人口大多數的國家裏，實行社會主義革命必須通過一系列的過渡辦法，這些辦法在……發達的資本主義國家裏，是完全不需要採用的。」[272]*

非法的私人貿易至少佔到糧食銷售量的70%，但仍有人反對私人貿易合法化。有關定額制相對於稅收及私人貿易的優點，從1918年開始就不時地在爭論，最後幾乎總是以斷言無產階級需要「領導」農民結束（這就意味着要通過徵糧來養活城市）。[273] 1920年2月，為了鼓勵人們增加種植面積，托洛茨基建議實行實物稅，因為這種稅制意味着成功的農民（富農）不會受到懲罰，但他沒有提到要同時實行自由貿易，只是說「商品交換」(*tovaroobmen*) 和「勞動義務」。他主張國家干預 (*dirigiste*) 的提綱被否決了。[274] 誠然，由於坦波夫暴動，就連狂熱的左傾分子布哈林也開始認為需要作出讓步。[275] 但對於會場上大多數人來說，列寧的建議是一個沉重的打擊，因為與1920年的托洛茨基不同，他承認，要實行實物稅，就必須把私人貿易合法化。[276]

實行新政策的必要性顯而易見，但人們卻灰心喪氣。「究竟是怎麼回事，共產黨難道可以承認貿易自由，可以實行這種自由嗎？」列寧當着代表們的面自問道，「這裏是否有不可調和的矛盾呢？」他沒有回答，只是說問題「非常困難」。[277]† 但不管在理論上有多麼棘手，列寧依然認為，這個遭到戰爭蹂躪的國家絕對需要喘息的時間。要打破他幫助建立的東西，即打破由於濫用武力所造成的惡性循環——給城市供應的糧食減少，武裝徵糧活動增多，糧食變得更少——他的領導作用至關重要。[278] 在當天（3月15日）晚上的會議中，當受人尊敬的馬克思主義理論家達維德·梁贊諾夫 (David Ryazanov) 很貼切地把向實物稅和自由貿易的轉變稱為「農民的布列斯特—里托夫斯克條約」時，列寧獲得了擺脫困境的良機。[279] 當然，與德國簽訂的布列斯特—里托夫斯克條約在黨內遭到普遍反對，但它很快證明列寧是正確的。列寧再次如願以償。

---

*　譯註：《列寧全集》第41卷，第50頁。
†　譯註：《列寧全集》第41卷，第54頁。

在與農民簽訂布列斯特—里托夫斯克條約的同時，列寧對於政治批評者毫不妥協。3月16日，即黨的第十次代表大會的最後一天，出了一件意外的事，其影響一點都不比向私人貿易合法化的轉變小：列寧再次作了演說，並在講話中支持「關於黨的統一」的決議。決議要求，擁有各自綱領的集團立即解散，否則就會被開除出黨。(具有諷刺意味的是，工人反對派的出現正是允許公開討論工會問題和根據「綱領」選舉大會代表的結果。)換句話說，最主要的派別分子列寧，現在想要終結所有派別(除了他自己的)。「我認為這個問題不需要談很多」，在開始施行實際上使「反對派」處於非法地位的統一決議時，他再次言不由衷地說道。[280]* 大會代表們的表決結果是，413票贊成，25票反對，2票棄權。[281] 卡爾‧拉狄克以其特有的直率和睿智說道：「如果贊成這項決議，我覺得它很可能會被用來對付我們。」不過，他還是贊成「關於黨的統一」的決議。他說：「要是中央委員會覺得有必要，那就讓它在危急的時候採取最嚴厲的措施對付黨內最優秀的同志吧。」[282]

黨的第十次代表大會有着廣泛而重大的意義，這其中包括，它見證了斯大林勢力的擴張。斯大林不會指望像托洛茨基在黨的代表大會上那樣引人關注，但他在全黨面前大膽地抓住了一個最重要的問題——各蘇維埃共和國之間模糊不清的關係——並且準備採取有力手段，讓這些關係朝着更加緊密的方向發展。政治方面，斯大林在工會這個大問題上緊跟列寧，而且總的來說，在組織上勝過了他的競爭對手托洛茨基。在列寧列出新的中央委員會名單時，他沒有讓托洛茨基的支持者獲得提名候選的機會：伊萬‧斯米爾諾夫、尼古拉‧克列斯廷斯基、列昂尼德‧謝列布里亞科夫(Leonid Serebryakov)、葉夫根尼‧普列奧布拉任斯基。取代他們的是莫洛托夫、伏羅希洛夫、奧爾忠尼啟則、葉梅利揚‧雅羅斯拉夫斯基(Yemelyan Yaroslavsky)、格里戈里‧彼得羅夫斯基(Hryhory "Grigory" Petrovsky)——他們都跟列寧很合得來，與斯大林的關係也很近。跟斯大林關係同樣很近的謝爾蓋‧基洛夫、

390

---

* 譯註：《列寧全集》第41卷，第88頁。

瓦列里安·古比雪夫和弗拉斯·丘巴爾 (Vlas Chubar) 成了候補中央委員。代表大會後，新的中央委員會隨即召開會議，選出了由列寧、斯大林、托洛茨基、季諾維也夫和加米涅夫組成的政治局，莫洛托夫現在成了「責任書記」，這是一個有可能起到關鍵作用的崗位。[283] 由於托洛茨基不停地爭論和挑事，列寧正在高層幫助建立一個反托洛茨基的派別，而這個派別將會落到斯大林手裏。政權上層的內部人物在使用「斯大林派」(stalinisty) 這個說法時，把它看作了「托洛茨基派」(trotskisty) 的對立面。[284]

白衞分子、帝國主義者和社會革命黨人

391
對喀琅施塔得水兵來說，這一切都很遙遠。到黨的代表大會即將落幕的時候，非黨的「喀琅施塔得共和國」已經存在了15天。政權動員並裝備了幾個省的大約1,000名武裝的共產黨員，還從莫斯科派了一趟專列，搭載了由伏羅希洛夫率領的200多名參加黨代表大會的代表，他們是新近由2.4萬人組成的平叛力量的一部分。[285] 此外，這些被動員起來的代表還聽到傳言說，幾百名試圖對要塞發起強攻的軍校學員已經死在冰面上。人們感到擔憂。[286] 3月16日，即「關於黨的統一」的決議獲得通過的那天，圖哈切夫斯基發動了第二次打擊。先是炮擊，接着是步兵的猛攻。經過激烈的巷戰，這座城市於3月18日早晨被政權的武裝力量佔領。幾天前，水兵的領導層曾向芬蘭政府請求政治避難，並很快得到肯定的回覆，允許8,000名參與叛亂的水兵乘船逃走——儘管托洛茨基通過契切林向赫爾辛基發出了警告。[287] 有多少喀琅施塔得人在交戰中喪生，現在仍不清楚。[288] 紅軍陣亡1,200人；代表大會的代表有2人死亡，23人受傷。[289] 芬蘭政府和蘇俄政府一同清除了芬蘭灣冰面上的屍體。處理喀琅施塔得起義的革命特別法庭後來判處2,103人死刑；另有6,459名水兵被關進勞改營。

3月18日，莫斯科的布爾什維克舉行紀念活動，慶祝巴黎公社成立50週年——巴黎公社被鎮壓後，立即處決的大約有3萬人。對於這件頗具諷刺意味的事情，當時有沒有人發表過意見，現在仍不清楚。[290]

幾天後，列寧在政治局會議上與托洛茨基私下交換了便條，提到解散波羅的海艦隊問題。它不但要消耗大量的燃料和糧食，而且在將來還有可能成為政治上的麻煩；托洛茨基堅持認為要有一支海軍。[291]

就在喀琅施塔得開始遭到嚴重破壞的那天（1921年3月16日），經過漫長的談判，蘇維埃俄國與英國簽訂了貿易協議。[292] 蘇俄人已經展示出某種外交實力。1921年2月21日在哥薩克白軍和英國人的幫助下，通過暴動在德黑蘭取得政權的禮薩汗，迅速在波斯宣佈廢除現存的英國與波斯條約，並簽訂蘇俄與波斯友好條約，條約規定英蘇雙方都要撤軍。獨立的阿富汗為防止英國的再次入侵，與蘇維埃俄國簽訂了條約。阿塔圖爾克（Ataturk）*的土耳其開始與蘇俄人談判，並在三週後簽訂了條約。[293] 所有這三個條約——波斯（2月26日）、阿富汗（2月28日）和土耳其（3月16日）——都在外交上承認了蘇維埃俄國。英國情報機關僱傭了一位有名的沙俄密碼專家，可以破譯莫斯科的密碼，因而當契切林否認蘇俄干涉波斯事務時，英國知道他在撒謊。列寧被截聽到說，「討厭的勞合—喬治在騙人時毫無羞恥。他說的話一句也不要相信……」[294] 儘管如此，到3月中旬，英國內閣仍然認為，「俄國雖然發生了一連串事件」——喀琅施塔得、坦波夫，「但蘇維埃政府的地位是絕對牢固和穩定的」。[295] 莫斯科把初步的貿易協議當作是在政治上得到了這個老牌帝國主義強國的實際承認。英國商品也有助於讓蘇維埃俄國的農民出售他們的糧食（那樣就會有東西可買）。[296]

與英國簽訂了貿易協議之後，3月18日，蘇俄人終於和波蘭在里加簽訂了和約，和約也意味着外交上的承認。[297] 不過，里加條約並沒有化解俄波之間的新仇舊恨，也沒有改變它們在東歐的野心。[298]

世界上現在有八個國家承認了蘇維埃俄國的存在：伊朗、阿富汗、土耳其、波蘭、立陶宛、拉脱維亞、愛沙尼亞和芬蘭。俄羅斯社會主義聯邦蘇維埃共和國也同烏克蘭那樣的其他的社會主義蘇維埃共和國建立了條約關係。不久之後，德國予以外交上的承認，但與此同時，共

---

*　編註：即穆斯塔法・凱末爾・阿塔圖爾克（1881–1938），土耳其共和國的締造者。

產國際的季諾維也夫和布哈林，在作為共產國際代表居住在德國的匈牙利人庫恩・貝拉的慫恿下，決定玩火：1921 年 3 月 21 日，德國共產黨人開始了極其愚蠢的奪權行動。[299] 暴動被粉碎。[300] 新設立的特別法庭對 4,000 人做出判決。德共的黨員總數幾乎少了一半，只剩下 18 萬人。莫斯科的布爾什維克把失敗歸咎於「反革命」，其中包括德國社會民主黨人希法亭，他在幾個月前徒勞地反對過季諾維也夫讓獨立社會民主黨人加入德國共產黨的要求。[301] 在 7 月 12 日的共產國際代表大會上，（當時）已經受到嚴重削弱的德國共產黨最後完全成了俄國人的下級。[302]

形形色色的敵人讓布爾什維克越發心神不寧。列寧在黨的第十次代表大會上說，喀琅施塔得起義是白軍將領和社會革命黨人領導的，「這種小資產階級反革命勢力無疑要比鄧尼金、尤登尼奇和高爾察克合起來還要危險，因為在我國，無產階級佔少數」。[303]* 對水兵的反革命指控中，最重要的一環落在島上的前沙皇少將亞歷山大・科茲洛夫斯基身上。他為紅軍服務，是一位優秀的參謀軍官和炮兵專家，波羅的海艦隊司令費奧多爾・拉斯科爾尼科夫曾經獎給他一枚手錶，以表彰他「在與尤登尼奇的戰鬥中的勇敢和功績」。[304] 契卡正確地報告說，科茲洛夫斯基少將不是喀琅施塔得革命委員會的成員，但仍荒唐地堅持認為「他是運動的主要領導者」。[305] 科茲洛夫斯基逃到了芬蘭（他在芬蘭的維堡做了一名俄語教師）。不久，列寧警告說，在歐洲，俄國的流亡者有 70 萬人，「現在歐洲沒有一個國家裏沒有白衞分子」。[306]† 當然，布爾什維克自己的隊伍中有 7.5 萬名從前的沙皇軍官，包括幾百名從前的沙皇將軍，而且布爾什維克恢復了資本主義的自由貿易。契卡實際上是沒有能力組織針對喀琅施塔得事件中的社會革命黨人和「協約國間諜」的大型公審的。[307] 但捷爾任斯基仍在內部的評估報告中認為：「只要蘇維埃俄國還是共產主義革命的孤立的中心，並處於資本主義的包圍中，它就需要採取強硬措施，鎮壓白衞分子的冒險行為。」[308]

393

---

*　譯註：《列寧全集》第 41 卷，第 19 頁。

†　譯註：《列寧全集》第 41 卷，第 129 頁。

　　孟什維克領導人尤利‧馬爾托夫同列寧一起創辦過俄僑最早的馬克思主義報紙《火星報》。他於1920年10月離開俄國，參加德國左翼分子在哈雷召開的重要會議，結果被禁止回國：他得了重病，很快去了黑森林的一家療養院，但他在1921年初自己新辦的僑民報紙《社會主義通報》上繼續提出尖銳的批評。馬爾托夫強調，列寧有勇無謀，想把波蘭蘇維埃化卻未能成功，結果「許多原本不屬於波蘭的領土被割讓給波蘭帝國主義，損害了俄國勞動階級的利益」。[309] 在喀琅施塔得問題上，他也責備列寧。[310] 尤其是，他指出孟什維克黨人自始至終都是正確的——在俄國開展社會主義革命的時機不成熟，這一點已被列寧犯下的諸多錯誤、對政治鎮壓的依賴性和朝三暮四的農民政策所證明。[311] 可是，馬爾托夫再次開始了流亡生活，列寧卻端坐在克里姆林宮。「讓那些希望玩議會活動、立憲會議和非黨代表會議遊戲的人到國外去好了，請你們到那裏去，到馬爾托夫那裏去，」1921年4月，列寧在《論糧食稅》的小冊子裏大發雷霆，「而我們則要把孟什維克和社會革命黨人，不論他們是公開的或裝扮成『非黨人員』的，統統關進監獄。」[312]*

　　與此同時，在坦波夫，即使是在作出讓步實行實物稅之後，農民們也沒有停止叛亂，而是一邊襲擊軍火庫，一邊繼續招兵買馬，甚至到相鄰省份（薩拉托夫、沃羅涅日）招募新的支持者。他們除了搶糧和牲畜，還搶人，把隊伍擴充到二萬多人。[313] 1921年4月，實力大增的游擊隊員竟然在戰鬥中多次打敗紅軍。全權代表安東諾夫—奧弗申柯在數次報告中懇求莫斯科增派援兵。4月26日，埃夫拉伊姆‧斯克良斯基向列寧建議，「派圖哈切夫斯基去平定坦波夫暴動」；列寧表示同意。[314] 圖哈切夫斯基的權力並沒有因為未能奪取華沙而受到削弱。[315] 政治局給了他一個月的時間「清算」坦波夫叛亂。[316] 5月6日，他在緊鄰坦波夫的一座火藥廠設立了司令部，宣佈準備發動步步為營的「打擊戰役」，使用機動力量消滅叛亂分子，然後由步兵佔領清剿過的村莊，讓叛亂分子無處容身。大多由城市居民組成的超過10萬人的紅軍部隊各就各位，

394

_____

*　譯註：《列寧全集》第41卷，第229–230頁。

和他們一起的還有契卡的特別小分隊。通過公開處決、扣押人質和大張旗鼓地把整村的人驅趕到集中營，到1921年6月的第三個星期，叛亂分子只剩下少數的游兵散勇。[317] 為了把殘餘的叛亂分子趕出森林，「消滅所有藏在森林中的人」，圖哈切夫斯基動用了大炮、機槍和氯氣。[318] 5至6月，被打死的農民至少有1.1萬人；紅軍損失2,000人。幾萬人被驅逐或埋葬。「匪徒們自己已經開始認識到……蘇維埃政權意味着甚麼。」集中營負責人在談到改造計劃時寫道。[319] 列寧的副手阿歷克謝·李可夫注意到了相關的共產黨人在坦波夫的野蠻行為，想讓圖哈切夫斯基收斂一些，不要疏遠了農民，但謝爾蓋·加米涅夫卻力主堅持下去：「總的來説，自從任命圖哈切夫斯基同志到坦波夫指揮以來，事實證明，他採取的所有措施都是完全合適和有效的。」[320]

　　叛亂分子的領導人亞歷山大·安東諾夫逃走了。契卡知道他夢想着把右派社會革命黨人和左派社會革命黨人以及立憲民主黨人統一起來，於是就放風説，將會於1921年6月28日在莫斯科召開反布爾什維克游擊運動全體「代表大會」。三名右派社會革命黨人的「代表」，其中有兩個是契卡的特工人員，堅持要求安東諾夫參加此次大會。他沒有參加，但是有大批安東諾夫分子中計被捕。（安東諾夫在沼澤森林裏躲了近一年時間，最後由於一個藥劑師的密報而暴露了位置，於1922年6月在一個村子裏交火時被打死；他埋葬在當地的契卡總部——坦波夫的一座修道院內。）[321]

化解格魯吉亞的民族主義

395　　1920年11月，在東方各民族代表大會兩個月後，斯大林來到巴庫。8日，他給列寧打電報説：「有件事情是可以肯定的。必須向亞美尼亞邊界迅速調動部隊，而且有必要讓他們進入埃里溫。奧爾忠尼啟則正在按照這一精神進行準備。」奧爾忠尼啟則此時尚未得到莫斯科的授權。[322] 1920年秋，土耳其軍隊入侵從前屬於沙俄帝國的亞美尼亞，那裏此時名義上是由被稱為達什納克黨的亞美尼亞民族主義分子統治，但五十多萬難民、流行病和饑餓讓它飽受困擾。[323] 11月28日，奧爾忠

尼啟則和斯大林密謀派遣軍隊，越過俄羅斯與亞美尼亞的邊界，發動「起義」，(「遵照亞美尼亞勞苦群眾的意志」)宣佈成立亞美尼亞蘇維埃共和國。和阿塞拜疆的木沙瓦特黨人一樣，達什納克黨人屈服了。[324] 蘇俄對亞美尼亞的征服差點引發與土耳其的戰爭，但是，亞美尼亞再次被征服，受到最直接影響的是格魯吉亞。

從1918年開始，斯大林的祖國一直由具有孟什維克傾向的格魯吉亞社會民主黨統治，他們按照以(資產階級)民主革命為優先的原則，不通過蘇維埃——蘇維埃被他們取締了——而通過議會進行治理。[325] 格魯吉亞總理是孟什維克諾伊・饒爾丹尼亞。正是他在1898年讓當時一心想參加社會主義運動的20歲的斯大林回校讀書，並在1904年再次羞辱斯大林，迫使他放棄「格魯吉亞崩得主義」——主張成立正式獨立的格魯吉亞社會民主黨和獨立的格魯吉亞國家。[326] 但接着就是世界大戰、革命和帝國解體，以及格魯吉亞孟什維主義蛻變為格魯吉亞民族主義的工具。[327] 列寧和契切林為了得到英國的正式承認，已於1920年5月7日簽訂條約，承認獨立的格魯吉亞孟什維克國家，並保證不干預它的事務。[328] 不過，作為交換，格魯吉亞政府在一份秘密附件中同意讓共產黨在其領土上的活動合法化。布爾什維克在高加索的代理人，其中包括一個叫做拉夫連季・貝利亞的年輕特工，因此而迅速行動起來，準備顛覆這個孟什維克國家。[329] 正當格魯吉亞人在莫斯科等待簽訂最終版的條約時，紅軍佔領了阿塞拜疆。而在亞美尼亞再次被征服後，布爾什維克武裝實際上已經包圍了孟什維克的格魯吉亞。

列寧以及布爾什維克其他高層人物對於孟什維克的看法是既鄙視又恐懼。誠然，俄國的孟什維克並沒有被禁止參加蘇維埃第八次代表大會(那是他們最後一次參加蘇維埃代表大會)。大會是在1920年12月22至29日召開的。正是在那次大會上，在冰冷、昏暗的莫斯科大劇院，列寧透露了一項異想天開的計劃——實現俄國的電氣化。[330] 但是，早在1917年10月的蘇維埃第二次代表大會上就把孟什維克和右派社會革命黨人扔進了歷史垃圾堆的托洛茨基，告訴與會的2,537名代表說，「由於內戰的結束，孟什維克和社會革命黨人就特別危險，必須毫不留情地打擊他們」。捷爾任斯基也這麼看。孟什維克領導人費奧多爾・唐恩指

396

出，列寧在講話中列出了一長串與蘇維埃俄國簽訂和約的國家，但卻漏掉了格魯吉亞。[331] 事實上，列寧此時正暗中敦促，在處理格魯吉亞的民族感情時要特別慎重，這顯然是他接受了波蘭慘敗的教訓。列寧明確命令奧爾忠尼啟則，不許「自行解決格魯吉亞問題」。[332]*

不過，對武力奪取格魯吉亞的必要性，托洛茨基和斯大林的意見倒是一致的，就像之前在利用巴庫作為革命跳板的問題上他們也是意見一致。[333] 實際上，在格魯吉亞問題上，斯大林沒有表現出半點猶豫，而在波蘭問題上，他曾幾次三番猶豫不決。除了憎惡格魯吉亞孟什維克，他對於採取激進政策明確提出了一個戰略上的理由。「高加索對革命所以具有重要意義，不僅在於它是原料、燃料和糧食的產地，」他對《真理報》的記者說（1920年11月30日），「而且還在於它位於歐洲和亞洲之間，特別是位於俄國和土耳其之間，並且有幾條在經濟上和戰略上極重要的道路。」[334]† 特別是，斯大林認為孟什維克的格魯吉亞提供了「一個外國干涉和佔領的區域」，即侵略者進攻蘇俄中心地區的跳板，這明顯增加了事情的緊迫性。[335]

許多布爾什維克預計，格魯吉亞孟什維克政府會因為它自身的不得人心和無能而垮台，因而建議等待民眾起義。可格魯吉亞共產黨只有1.5萬人，不是一支真正可以依靠的本地力量，而孟什維克至少有7.5萬人，並且還可以得到工人的支持。[336] 在莫斯科，人們紛紛指責孟什維克政府的危害性——比如支持北高加索反蘇維埃叛亂分子——這時，反對採取軍事行動的意見開始動搖。1921年2月14日，列寧放棄謹慎的立場，最終允許奧爾忠尼啟則佔領格魯吉亞。實際上，2月11至12日，身在當地的奧爾忠尼啟則就同莫斯科的斯大林和托洛茨基計議好，從亞美尼亞派紅軍進入格魯吉亞，並在不同民族雜居的爭議地區洛里，策劃了一場由亞美尼亞和俄羅斯叛亂分子發動的「起義」。「起義」成了紅軍全面入侵的藉口。[337] 2月15日，紅軍從阿塞拜疆全面入侵格魯吉亞。2月16日，格魯吉亞布爾什維克菲利普‧馬哈拉澤宣佈成立格魯吉

* 譯註：《列寧全集》第49卷，第736頁，註259。
† 譯註：《斯大林全集》第4卷，第360頁。

亞蘇維埃共和國，並向蘇維埃俄國請求「援助」。2月25日，紅軍進入梯弗利斯（為免遭炮擊，梯弗利斯已被放棄）。

奧爾忠尼啟則在自己的家鄉格魯吉亞做了伏龍芝在其家鄉突厥斯坦做過的事情。「蘇維埃格魯吉亞萬歲！」奧爾忠尼啟則在給莫斯科的電報中欣喜若狂。斯大林對於摧毀協約國的僕從也是洋洋得意。但列寧——他在1917年曾因為不允許俄國的其他社會主義者加入革命政府而威脅要辭職——現在指示奧爾忠尼啟則，要儘量與被打敗的格魯吉亞孟什維克組成**聯盟**。[338] 列寧這樣做似乎是因為他覺得，在「小資產階級的」格魯吉亞，布爾什維主義的政治基礎比較薄弱。此外，他似乎還覺得紅軍入侵給蘇俄人的國際聲譽蒙上了陰影：格魯吉亞事件在歐洲社會民主黨人中間引起了廣泛的關注。1921年3月3日，感到為難的奧爾忠尼啟則打電報給列寧：「正在盡一切可能增進與格魯吉亞知識分子的接觸與理解。」[339] 但奧爾忠尼啟則覺得，謹小慎微是一種失敗的政策。[340] 不管怎麼說，格魯吉亞孟什維克拒絕了列寧成立聯合政府的建議。

格魯吉亞不是波蘭，從軍事意義上來說肯定不是，而且南高加索三個不穩定的小共和國缺少波蘭那樣的國家，可以讓它們像波羅的海沿岸地區的三個小共和國一樣，緊隨其後走向獨立。格魯吉亞孟什維克原先指望倫敦和巴黎，但兩個協約國沒有伸出援手，法國只是答應移交之前白軍留下的、現存放在伊斯坦布爾倉庫裏的生鏽的卡賓槍和機槍。就在梯弗利斯陷落當天，格魯吉亞的幾位部長還在巴黎懇求法國政府提供軍事援助。[341] 英國人的眼睛盯在裏海的石油上，以前他們為了不讓德國得到石油，曾經派過一支遠征軍，但後來發現，長期佔領高加索的代價太大，問題太複雜。「我現在是坐在一隻火藥桶上，成千上萬的人想要引爆它」，英國專員從梯弗利斯寫信給妻子說。[342] 外交大臣寇松竭力勸說自己的政府，在南高加索和波斯北部保持英國代價不菲的軍事存在，以防俄國重新征服，但是和寇松一樣反對布爾什維克的陸軍大臣溫斯頓·丘吉爾認為，如果俄國繼續分裂，將來德國的勢力就有可能再次擴張到整個東歐，或許還有地中海東部。[343]

英國人撤出了巴庫和梯弗利斯，一路向西到達巴統，接着就永遠離開了高加索（1920年6月7日）。格魯吉亞人慶祝英國人的離開，認為那

是對帝國主義取得的勝利。巴統飄揚着格魯吉亞的旗幟，但是，由於法國人的猶豫再加上英國人的撤離，格魯吉亞人的命運只能由莫斯科和安卡拉決定了。[344] 土耳其的穆斯塔法·凱末爾（Mustafa Kemal）優先考慮的是兼併亞美尼亞人居住的省份（卡爾斯、阿爾達漢），而不是援助阿塞拜疆的突厥同胞，而且他把蘇維埃俄國看作是反抗凡爾賽秩序的盟友（差不多是和蘇德恢復友好關係同時）。[345] 在紅軍從東、北兩個方向入侵格魯吉亞時，土耳其人從南面向前推進，目的是奪取港口城市巴統，而那裏的格魯吉亞領導人在紅軍到來之前就逃走了。1921年3月11日，法國的「埃內斯特·勒南號」軍艦已把格魯吉亞的黃金儲備、教會珍寶以及檔案文件運往伊斯坦布爾，準備轉運法國。[346] 五天後，土耳其宣佈兼併巴統。但孟什維克格魯吉亞的1萬名士兵設法解除了土耳其人在巴統的一支2,000人的小規模守備部隊的武裝。[347] 為了不讓土耳其人得逞，3月22日，在孟什維克的默許下，紅軍開進巴統。[348] 三天後，法國和意大利的軍艦把孟什維克政府、軍事指揮機構以及難民，從他們之前趕走英國人的同一座港口運到了伊斯坦布爾。[349]

在此期間，斯大林疾病纏身，身體虛弱，在飲食上享受特殊的待遇。1921年3月15日，娜佳·阿利盧耶娃寫信給加里寧，説「這個月的食品包裹裏有15隻雞（專門給斯大林的）、15磅土豆和一輪奶酪」，但「已經吃掉10隻雞，而這個月還有15天。因為需要特殊的飲食，斯大林只能吃雞」。她請求把每個月雞的數量增加到20隻，土豆增加到30磅。[350] 3月25日，斯大林做了闌尾切除手術。[351] 列寧讓助手給斯大林送了「四瓶最好的波爾圖葡萄酒。必須在手術前給斯大林補補身體」。[352] 但是，斯大林當時還患有其他疾病，可能和斑疹傷寒有關，也可能和處於非活動期的慢性肺結核有關，因為革命前他得過肺結核（斯維爾德洛夫患有肺結核，斯大林在西伯利亞流放時和他合住一間屋子；在青黴素出現之前，這種病根本無法治癒）。1921年4月，政治局命令斯大林去做溫泉療養，因此，1921年5至8月，他是在北高加索的納爾奇克度過的。[353] 列寧給奧爾忠尼啟則發了幾封電報，詢問斯大林的健康狀況和醫生的意見。

在斯大林療養期間，正好是山那邊的南高加索政局持續動盪的時候。1921年4月10日，在魯斯塔維里大街的梯弗利斯歌劇院召開了一

次約有3,000名工人代表和工人參加的會議，會議通過的決議敦促布爾什維克革命委員會捍衛格魯吉亞的獨立和自決權，同時要求讓所有並非意在推翻政權的社會主義組織合法化，甚至要求組建獨立的格魯吉亞紅軍。這樣的情緒只會加強。為了讓自己的同胞屈服於他們的布爾什維克新主人，奧爾忠尼啟則急需得到幫助。於是，他邀請斯大林到山這邊的梯弗利斯。斯大林慨然應允，參加了1921年7月2至3日的高加索局全體會議。奧爾忠尼啟則在會上作了政治形勢報告。[354] 7月5日，在梯弗利斯召開的另一次有工人參加的大會上，斯大林在講話的開頭「以革命的名義向梯弗利斯的工人致意，強調他們的領導作用」，但會場上招呼他的是一片嘲笑聲，說他是「叛徒」和「兇手」。主要的發言人、格魯吉亞馬克思主義元老伊西多爾·拉米施維里的講話贏得了熱烈的掌聲，他指責斯大林和布爾什維克的武力征服。梯弗利斯的工人領袖亞歷山大·德格布阿澤（Alexander Dgebuadze）對斯大林說：「誰讓你來這裏的？我們的條約怎樣了？拜克里姆林宮所賜，這裏流了血，而你卻談友誼！索索，你在給我倆開玩笑呢！」[355] 聽眾唱起了歌頌格魯吉亞自由的歌曲。[356]

　　當天晚上，在自己的家鄉和老地盤格魯吉亞遭到當眾羞辱之後，斯大林讓契卡逮捕了一百多名當地的孟什維克社會民主黨人，其中包括拉米施維里和德格布阿澤，塞滿了沙皇時代的麥捷希監獄以及下面那座較新的拘留所。（當斯大林發現童年時代的朋友、現在是格魯吉亞孟什維克的索索·伊列馬施維里也被逮捕的時候，他讓人把他放了，還邀請他見面，但伊列馬施維里拒絕了——他把斯大林視為叛徒——後來他帶着青年斯大林在哥里時的秘聞一起移居國外了。）[357]

　　7月6日，斯大林來到當地的布爾什維克黨部，訓斥格魯吉亞領導層（菲利普·馬哈拉澤、馬米亞·奧拉赫拉施維里〔Mamiya Orakhelashvili〕、布杜·姆季瓦尼），並在梯弗利斯黨組織全體黨員大會上發表講話。「我記得在1905年至1917年期間，南高加索各民族的工人和全體勞動者中間呈現出一片兄弟般團結的景象，當時阿爾明尼亞工人、格魯吉亞工人、阿捷爾拜疆工人和俄羅斯工人兄弟般地團結在一個社會主義大家庭中。」按照會議記錄，斯大林如此説道，「而現在，當我到達梯弗里斯之後，使我感到驚奇的是南高加索各民族工人之間過去的

400

那種團結已經沒有了。民族主義在工人和農民中間增長了，對其他民族同志的不信任情緒加深了。」他把這種「侵略性的民族主義精神」歸咎於格魯吉亞孟什維克、阿塞拜疆木沙瓦特黨人和亞美尼亞達什納克黨人三年來執政的結果，號召格魯吉亞布爾什維克「同民族主義作無情的鬥爭，恢復……那種兄弟般的國際主義關係」。*斯大林還談到為遏制三方的民族主義情緒而成立南高加索聯邦的想法，該想法遭到強烈反對。[358]事實證明，格魯吉亞布爾什維克的民族主義情緒一點也不比被推翻的孟什維克的民族主義情緒小。實際上，隨着波蘭、芬蘭和波羅的海三國的分離，格魯吉亞人還有烏克蘭人的民族主義情緒是最難平息的。1921年**之後**，從政治上和精神上對於斯大林的家鄉格魯吉亞的征服，對他個人的專政也產生了巨大的影響。

蘇俄的第一個衛星國

當作者們通過回溯一位早年的精神變態和殺人兇手來為斯大林作傳時，他們的作品讀起來像在描寫與他同時代的羅曼·馮·溫格恩——什捷爾恩貝格男爵。[359]這位野蠻而瘋狂的男爵1880年代出生於奧地利，母親是德國貴族，父親是波羅的海地區的德意志人、一個古老貴族家庭的後裔，但這個男孩就像他參加過十字軍東征的祖先一樣，是在帝俄波羅的海沿岸地區長大的。他加入帝俄軍隊，在東部貝加爾地區和阿穆爾地區多民族的哥薩克部隊服役，並在世界大戰中因為作戰勇敢而屢立戰功。他也因為任性而受到過處分。勇敢，殘忍，他的這種特點部分是來自參加十字軍東征的條頓騎士，但據説他還曾對朋友吹噓，總有一天，他會成為中國的皇帝，甚至有可能恢復成吉思汗橫跨歐亞的宏大的蒙古帝國。男爵娶了一位19歲的滿洲格格，這讓他又有了一個身份——滿洲人。他是堅定的君主派，憎恨布爾什維主義的瀆聖行為，於是便拼湊了一個所謂的「野蠻師」，由東西伯利亞的哥薩克、韃靼人、蒙古人和藏人等組成，在內戰中向紅軍發動聖戰，但是在高爾察克被打敗

401

---

*　譯註：《斯大林全集》第5卷，第76–77頁。

之後，他在滿洲尋求避難。1920年10月，男爵率領他那800人的小小的「野蠻師」，從滿洲跋涉數千英里，進入外蒙古——它過去是中國的一個省，直到1911年由於清朝滅亡而獲得事實上的獨立，但在1919年，中國軍隊再次佔領那裏並實行了恐怖的統治。中國人廢黜了蒙古的世俗統治者、活佛博克多格根（Bogd Gegen），他在藏傳佛教中的地位僅次於達賴喇嘛（在拉薩）和班禪喇嘛，男爵的目的是恢復那位活佛的地位。但是在1920年10月底、11月初，溫格恩—什捷爾恩貝格未能拿下中國人據守的蒙古首都庫倫，守衛庫倫的部隊多達12,000人。在處決了逃兵之後，他退到蒙古東部，在那裏收容了很多從東西伯利亞過來的白軍潰兵，另外又招募了想要解放這個佛教國度的蒙古和藏族部隊，搶劫過往的中國商隊，滿足他的大煙癮，因勇敢、殘暴而聲名大振。被他用鞭子抽得皮開肉綻的士兵會被送去醫治，傷好之後再接着用鞭子抽。有時候，男爵會把人捆起來，燒他的頭髮；有時候，他會往人的鼻孔裏灌水，往直腸裏灌松節油。[360]

　　1921年2月初，溫格恩—什捷爾恩貝格再次向庫倫發動進攻，他的手下大約有1,500人，而中國士兵至少有7,000人，但這一次，在吉利的農曆新年那天（2月4日），他勝利了。[361]清理大約2,500具屍體花了幾天時間，其中大部分都帶有馬刀的傷口。隨即便是搶劫。遠道而來的中國援軍遭到阻擊，丟下幾百頭駱駝運來的武器、給養和銀元。[362]2月21日——同一天，未來的國王禮薩汗在德黑蘭發動右翼政變，四天後，奧爾忠尼啟則從孟什維克手中奪取了格魯吉亞的首都梯弗利斯，八天後，喀琅施塔得爆發起義——溫格恩—什捷爾恩貝格在蒙古首都舉行隆重的儀式，讓博克多格根重新上台。[363]在蒙古人和藏人的奉承中得意洋洋的男爵，開始四處捕殺布爾什維克政委、猶太人和身體有缺陷的人。名單上列出的目標有846人，其中猶太人38人，他們都被就地處決。[364]

　　長期以來，俄國商人和冒險家已經滲透到通往中國的門戶——外蒙古。現在，布爾什維克政權把一個阿爾泰人（衛拉特）、負責共產國際蒙藏部的謝爾蓋·鮑里索夫（Sergei Borisov），和一個「顧問」小組一起派到庫倫。[365]鮑里索夫來自一個信奉薩滿教的民族，佛教徒一度試圖讓他們皈依（他本人讀的是俄國正教學校）。他的目的是與蒙古民族主義分子結

成聯盟，後者已經和東西伯利亞布里亞特的布爾什維克有過接觸。蒙古民族主義分子有兩個集團。一是東庫倫集團，由海關低級官員丹增 (生於1885年) 領導，他是一個貧窮婦女的私生子；該集團的成員包括蘇赫—巴托爾 (生於1893年)，他19歲就成了博克多格根軍隊中的機槍團團長。另外一個集團叫做「領事山」(庫倫主要由俄國人居住的區域)，比較激進，由博多 (Bodoo，生於1895年) 領導，他是一所俄國學校的蒙語教師；集團成員有喬巴山 (生於1895年)，他做過喇嘛，是一位逃離寺院的貧窮婦女的私生子，在做雜役時碰到了一所俄國翻譯學校的校長，他先是在那裏上學，然後又到東西伯利亞首府伊爾庫茨克接受進一步教育。[366] 1920年6月25日，兩個集團在丹增的帳篷裏聯合起來，成立了蒙古人民黨，目標是：「清算對我們的宗教和民族抱有敵意的外來的敵人；恢復失去的權利並真正復興國家和宗教；……全面關注窮人和地位卑微的群眾的利益；過上既不壓迫他人也不受他人壓迫的生活。」[367] 他們同意鮑里索夫的意見，決定派代表團到莫斯科請求幫助。[368] 1920年11月，由七人組成的蒙古代表團抵達蘇俄首都，會見了列寧和斯大林。[369]

這時，博克多格根已經重登汗位，庫倫也已被溫格恩—什捷爾恩貝格佔領。1921年3月1至3日，蒙古人民黨在邊界蘇方一側的特洛伊茨科薩夫斯克 (恰克圖) 召開大會，最後那天的代表有26人。[370] 為了推翻溫格恩—什捷爾恩貝格，他們成立了一個臨時革命委員會和由大約400名騎兵組成的人民革命軍，這支部隊集中在西伯利亞的東南部；接着，他們在3月18日——同一天，布爾什維克與波蘭簽訂和約——越過蘇蒙邊界，紅軍部隊跟在後面。[371]

用共產國際的話說，在蒙古，根本不存在「革命形勢」，但溫格恩—什捷爾恩貝格男爵佔領蒙古成了天賜良機，為布爾什維克的入侵及革命暴動提供了藉口。到1921年春，蒙蘇聯軍打擊蒙古「反革命基地」，打擊溫格恩—什捷爾恩貝格以對蒙古牧民大肆「徵用」為生的軍隊的攻勢，本身已經在進行了。5月21日，溫格恩—什捷爾恩貝格發佈公告，「以俄羅斯合法的主人、全俄皇帝米哈伊爾·亞歷山德羅維奇」的名義，號召西伯利亞的俄國人起來反抗布爾什維主義，並發誓「消滅政委、共產黨員和猶太人」。[372] (儘管尼古拉二世的弟弟米哈伊爾大公

1918年已經在彼爾姆被處死了。）6月16日，政治局才批准發動「革命進攻」。一份「請求」蘇俄軍隊援助的官方文件被炮製出來。蘇赫—巴托爾和紅軍部隊在1921年7月5至6日佔領了庫倫。[373]

　　斯大林在遠離莫斯科的地方度假。在格魯吉亞的首都梯弗利斯，有人對他起哄，說他是布爾什維克的帝國主義分子。在格魯吉亞和蒙古事件發生的同時，共產國際恰好在莫斯科召開第三次代表大會，大會的主題之一就是民族解放。「這裏我還想強調一下殖民地運動的意義，」7月5日，列寧對來自五十多個國家的605名代表說，「十分明顯，在未來的世界革命的決戰中，世界人口的大多數原先為了爭取民族解放的運動，必將反對資本主義和帝國主義。它所起的革命作用也許比我們預期的要大得多。」落後國家一下子成了革命的領導者（「全場活躍以示贊同」）。* 而且就像蘇維埃俄國「為東方各民族爭取自身獨立提供了有力支持一樣，東方各國在我們共同反對世界帝國主義的鬥爭中也是我們的盟友」。[374] 7月11日，蒙古再次宣佈獨立。在此期間，溫格恩—什捷爾恩貝格的部隊在前往西伯利亞的途中，順便俘虜或打散了大批中國人，但未能如願在西伯利亞本地挑起反蘇維埃起義，因此他只能四處逃竄；共產國際的報告把他的手下說成是「投機分子、嗎啡成癮者、鴉片鬼……以及其他反革命勢力中的渣滓」。[375] 據見過他最後一次行軍的人說，男爵「垂頭喪氣，騎着馬，走在隊伍前面。他沒戴帽子，幾乎沒穿衣服。在他赤裸的胸上，用一根明黃色的繩子掛了許多蒙古人的護身符和小飾物。他看起來活像是史前的猿人」。[376]

　　溫格恩—什捷爾恩貝格在一次暗殺陰謀中逃過一劫（他的帳篷遭到機槍掃射），但是在1921年8月22日，他被活捉並交給紅軍，他向抓住他的人透露了自己的身份。[377] 證據顯示，他的蒙古顧問逃走時帶走了1,800千克的金銀珠寶，這些珠寶被藏在了河底下。一支隊伍把男爵押送到西西伯利亞的首府新尼古拉耶夫斯克。† 那裏的審訊證明，他「心理上絕對不健康」。[378]

404

---

*　譯註：《列寧全集》第42卷，第41–42頁。
†　譯註：後更名為新西伯利亞。

列寧用休斯電報機從莫斯科下令召開公審大會——大會本來是要在莫斯科開的，但是被稱為「西伯利亞列寧」的伊萬·斯米爾諾夫堅持認為，在當地審判的影響更大。[379] 1921年9月15日，鄂畢河岸邊新尼古拉耶夫斯克最大的公園中，在用木頭建造的夏日劇場裏，幾千人參加的公審大會開始了。男爵出現時穿着他的黃色蒙古袍，胸前戴着帝俄的聖格奧爾吉十字勳章。大約六個小時過後，他被判犯有如下罪行：為日本人工作，想要建立一個中亞國家；企圖復辟羅曼諾夫皇朝；拷打；反猶；以及暴行。他只否認與日本人有勾連。[380] 當天晚上或次日凌晨，他被當地的契卡處死。[381] 他的瘋狂讓其他人得到了好處。男爵不僅代表蒙古人把中國軍隊趕出了蒙古，而且他的劫掠和野蠻還幫助趕走了中國的農民移民——1911年，其數量約有10萬人，但是到1921年，只剩下8,000人。[382] 1921年9月14日，蒙古政府發表聲明，不承認中國的宗主權。[383] 契切林代表蘇維埃俄國發表了一份模稜兩可的聲明，它沒有直接否認中國的宗主權，但實際上承認了蒙古的獨立。[384]

無論是對於蒙古的獨立還是蘇俄的第一個衛星國的建立——比二戰後的東歐早得多——馮·溫格恩—什捷爾恩貝格的貢獻都是歷史性的，因為在他被打敗之後，紅軍就留了下來。[385] 1921年9月，讓蘇俄外交人民委員部措手不及(它正試圖與中國建立外交關係)的是，一個以丹增為首的蒙古代表團抵達莫斯科，這其中包括26歲的蘇赫—巴托爾。蒙古人是要尋求財政、基礎設施和武器方面的援助，同時還想討論與蘇維埃俄國的領土爭端以及即將到期的帝俄經濟特許權問題。[386] 從1921年10月26日開始，在大都會飯店連續開了五次會。來自布里亞特的共產國際官員鮑里斯·舒米亞茨基(Boris Shumyatsky)在11月2日對列寧解釋說，別說社會主義革命，他們能進行資產階級革命就不錯了，因為蒙古要落後蘇維埃俄國兩個世紀：將近一半的男性人口是喇嘛廟的僧人，唯一的權威人物是活佛博克多格根。但舒米亞茨基補充說：「蘇赫—巴托爾是陸軍部長，平民，是蒙古方面新出現的。儘管年輕，卻極為勇敢……是蒙古人民黨中最活躍的人物之一，也是優秀的演說家……完全傾向於蘇維埃俄國。會說一點俄語。」[387] 11月5日，已經宣佈廢除沙俄所有秘密條約的蘇俄政府，自己也同外蒙古簽訂了不平

等的條約。[388] 紅軍部隊「獲邀」駐留，兩個政府也互相承認──不是兩個國家，這是為了不過分得罪中國。舒米亞茨基起草了文件（在斯大林執政時期，他將負責電影業）。在博克多格根仍然作為名義統治者的同時，蒙古實行君主立憲，但也屬於「新型的人民民主」。[389]

∽

歷史上從未有過在如此廣闊的區域進行的內戰。與世界大戰相比，俄國內戰中的戰役和再次進行的領土征服戰爭，規模都不算大，但是在1918至1923年，那裏卻有800萬至1,000萬人喪生。其中十分之九是平民。死於斑疹傷寒、傷寒、霍亂、流感以及饑餓的人可能比死於敵人炮火的人還多。無數在戰場上受傷的士兵都因為缺少戰地醫生、藥物、轉移途徑以及醫院而死亡。另外，多達20萬人成了紅色恐怖的犧牲品，而成為白色恐怖犧牲品的至少有5萬人。財富損失也很巨大。1921年的經濟產量甚至不到1914年前的六分之一；1921年的糧食收成是1913年的一半。[390] 1913年，俄國是世界上的糧食出口國；1923年，俄國出現了人吃人的現象。[391] 另外，醫生、科學家、教師、藝術家等等，紛紛移居國外，總共大概有150萬人，而且（與1789年後的法國不同）其中大多數後來再也沒有回到俄國，他們把歐俄的文明帶到了全世界，並對蘇維埃俄國的對外政策造成很大的影響。在國內，出現了不是一種，而是兩種強大的結構：一是農民革命，它讓白軍磕壞了牙齒，二是布爾什維克專政，它被迫同意「農民的布列斯特─里托夫斯克條約」。一貫喜歡賭博的列寧用後者又賭了一把。他後來說，1921年春天在經濟上遭到的「失敗」，要比高爾察克、鄧尼金或皮爾蘇茨基造成的軍事上的失敗「嚴重得多」。[392]* 不過，可悲的是，列寧在1921年3月黨的第十次代表大會上，不顧黨內相當一部分人的反對作出讓步，實行實物稅，承認私人貿易的合法性，儘管對於挽救政權來說不算太遲，但是對於挽救鄉村裏的遍地餓殍來說，則來得太遲了（這是第十章的主題）。

---

*　譯註：《列寧全集》第42卷，第184頁。

406　　　俄羅斯人與歐亞人之間的搏鬥也是一場經濟戰，因為戰場上的每次推進都會帶來戰利品：糧食、私酒、布匹、靴子、煤油，或者像布哈拉那樣，黃金。士兵或其他武裝人員奪取的紀念品通常會出現在剛剛形成的黑市上。打家劫舍也是常事。在紅軍控制的地方，市場上可以買到紅軍各種各樣的軍用違禁品（步槍、機槍、炮彈）。有時，武器並不是來自戰場，而是直接來自倉庫或火車站，做生意所需付出的代價不過是給官員和衛兵行賄。革命取締了市場，結果把包括政權在內的整個國家都變成了非法市場交易的從業者。「新經濟政策，」國家計劃委員會的一位官員評論説，「不是從天上掉下來的，而是從罪惡的土壤中長出來的，是從十月革命消除資本主義制度的『罪孽』中形成的。」[393] 以雪崩一般的法令確立合法市場多少有點奇怪，這些法令在1921年4至7月紛湧而至，勉強允許這樣那樣的私人活動。（1921年8月9日的法令要求國家代理人執行那些法令。）[394] 然而，以往那種強制剝奪財產的做法並沒有很快消除。[395] 新經濟政策有關財產問題的法律，對於共產黨統治下的市場關係，在許多方面仍然模棱兩可。

　　　民族政策同樣十分混亂。在布爾什維克的統治集團中，斯大林多次表現出他最重視俄國歐亞地區的防衛作用。他精通民族事務，自信在這一領域足以指導列寧。[396] 但是在波蘭民族主義問題上，列寧忽視了斯大林的警告，為了輸出革命而在西部發動了一場不幸的軍事攻勢。[397] 波蘭在1920年大勝蘇維埃俄國，讓接受民族主義的「必要的惡」有了明顯的地理上的重要性：烏克蘭蘇維埃共和國和白俄羅斯蘇維埃共和國——那是斯大林參與建立的——現在似乎成了遏制波蘭擴張的力量。[398] 但是，就在波蘭民族主義變成了一個外部難題並在內部產生影響的時候，同樣強大的格魯吉亞民族主義卻被化解了，而這在很大程度上是靠斯大林的謀略。怎樣控制這樣的民族主義並將其用來為共產黨的目標服務，是他一直考慮的問題。從根本上來説，他是一個在階級問題上毫不妥協的人，但也知道與少數民族共產黨人妥協的必要性，雖407 然當他感到那些地區會被蘇俄的外部敵人用來削弱甚至入侵蘇維埃國家時，是不會容忍分離主義的。[399]

　　列寧形成了一種截然不同的成見：在大俄羅斯與各個較小民族的交往中，普遍存在即便不能說是暴力，至少也是傲慢和赤裸裸的歧視，而這在他看來，顯示出蘇維埃俄國不好的一面。1921年9月9日，阿道夫·越飛給列寧發了一封憂心忡忡的電報，聲稱在突厥斯坦，兩位布爾什維克官員之間的政策分歧點燃了俄羅斯人與當地人之間的仇恨。列寧在9月13日回覆時要求提供更詳細的信息（「要事實，事實，事實」），並在最後說：「取得當地人的信任；取得三倍、四倍的信任；證明我們不是帝國主義者，我們不能容忍這種傾向存在——這對我們的整個世界政策（*Weltpolitik*）是極其重要的。這是一個世界性問題，是毫不誇張的世界性問題……這個問題將影響印度，影響東方，這可開不得玩笑，要千倍地慎重。」[400]*

　　大概就是在這個時候，列寧開始說了一些有着十分重要的理論意義的題外話。1921年，他說布爾什維克只是完成了資產階級民主革命；他們還沒有到達社會主義。[401] 社會主義在俄國何時、尤其是如何真正建成的問題，隨着世界革命出人意料的失敗，隨着內戰的「發現之旅」暴露出的落後程度和已經支離破碎的歐亞地區普遍的絕望情緒，變得愈發尖銳了。

　　斯大林想要繼續弄清楚全球的革命前景，包括戰爭與革命的關係。在拉狄克1920年寫的一本著作上面，他寫道：「在俄國，工人和士兵聯合了起來（因為和平未能實現），而在德國，他們卻沒有，因為那裏**和平**已經實現。」[402] 在季諾維也夫1920年的一本《戰爭與社會主義運動中的危機》上，斯大林寫道：「沒有這次〔1905年俄國被日本〕戰敗，也不會有俄國革命。」[403] 表達這些觀點的時候，剛好是在紅軍成為革命的工具，再次征服從前的帝國邊疆地區——烏克蘭、突厥斯坦、南高加索——以及蒙古之前。[404] 在和契切林私下交換意見的時候，他流露出某種悲觀的情緒。「您對我在信中談到的對東方國家的經濟政策提出的反對意見，是以對我們自己經濟狀況的極端的悲觀情緒為基礎的，認為協約

---

*　譯註：《列寧全集》第51卷，第322、323頁。

408　國資本現在會滲透到東方各國，而我們對此卻無能為力，」契切林給他寫道（1921年11月22日），「但情況並非如此。我們在討論的是一個相當漫長的過程，在這個過程中，我們是不會原地不動的。即使在那些與西方資本有機地聯繫在一起的國家，民族資產階級在協約國資本的猛攻下也不會那麼快地投降認輸，它們之間將會進行長期的鬥爭。」契切林提到了羅馬尼亞、土耳其、波斯和埃及。但斯大林沒有被説服。「當然，在將來的某個時候我們會慢慢擺脱經濟上遭受的嚴重破壞，那時候，我們就可以討論在這些國家的經濟行動了。」不過，與此同時，盧布的交換價值卻在不斷下跌，蘇維埃俄國沒有任何可供出口的東西，貿易差額不理想，而且缺乏足夠的黃金。斯大林認為，蘇維埃俄國最好開發國內與東方接壤的地方——突厥斯坦、西伯利亞、阿塞拜疆。[405]

　　1921年底，斯大林公開表露出悲觀情緒。「世界資產階級對無產階級革命的『害怕』或『恐懼』（如他們在紅軍進攻華沙時所表現出的）已經煙消雲散。」他在《真理報》上寫道（1921年12月17日），「與此同時，歐洲的工人幾乎每次得到蘇維埃俄國的消息都會表現出的那種無限的熱情，也在消失。」從地緣政治的角度説，俄國在世界上的勢力因為內戰而在總體上減弱不少。與英國達成的來之不易的貿易協議是一項帶刺的桂冠。「不應忘記，貿易的和其他各種各樣的代表團和協會源源來到俄國，一方面是做生意並幫助俄國，另一方面這些也是世界資產階級最好的情報員，因此，現在世界資產階級對蘇維埃俄國，對它的強弱比過去任何時候都知道得清楚，這種情況下，一旦發生新的武裝干涉就有非常嚴重的危險。」斯大林寫道。除了日本，他還指出波蘭、羅馬尼亞和芬蘭，甚至土耳其和阿富汗都是可怕的挑戰。[406*] 獲勝的蘇維埃俄國遭到包圍和滲透。它在竭力同資本主義列強暫時妥協的同時，也通過新經濟政策努力在國內與資本主義達成和解。杜爾諾沃的革命戰爭產生了自相矛盾的結局。

---

* 　譯註：《斯大林全集》第5卷，第95、96–97頁。

註釋

文獻全稱見〈參考文獻〉

第一部 雙頭鷹

1　Kern, *Culture of Time and Space.*

2　Rieber, "Stalin: Man of the Borderlands."

3　"Polozhenie o voenno-polevykh sudakh"; Rawson, "The Death Penalty in Tsarist Russia."

4　Brewer, *Sinews of Power.*

5　Kotkin, "Modern Times."

6　Pflanze, *Bismarck,* I: 82.「政治是一門有着無限可能的藝術」，俾斯麥的這句名言並沒有直接的出處，據說是他在 1867 年 8 月 11 日對邁爾・馮・瓦爾德克 (Meyer von Waldeck) 所說。(轉引自 Amelung, *Bismarck-Worte,* 另見 Keyes, *Quote Verifier.*) 但在俾斯麥有案可稽的思想中，這一觀念隨處可見。

7　Pflanze, *Bismarck,* I: 242.

8　Pflanze, *Bismarck,* I: 81–5; Steinberg, *Bismarck,* 130–2.

9　Steinberg, *Bismarck,* 198.

10　俾斯麥特別不能滿足於一味地安享榮耀，結果他的不安分常常讓自己陷入不必要的麻煩，就像他不停繞來繞去的戰術使自己失去騰挪的空間一樣。在與德國天主教的文化鬥爭 (*Kulturkampf*) 中，他給自己製造了最大的困難，一項沉重的、勝負難料的任務。Waller, *Bismarck at the Crossroads.*

11　Steinberg, *Bismarck,* 184, 241 (引自 *Kölnische Zeitung*).

12　Prince S. N. Trubetskoy, 轉引自 Riabushinskii, *Velikaia,* I: 96.

13　Tucker, *Stalin as Revolutionary.* 有關批評，參見 Suny, "Beyond Psychohistory." 貝索喝醉了就狠揍自己的兒子，這方面主要的原始材料見於 Iremashvili, *Stalin und die Tragödie.* 同樣是哥里人、和斯大林一起就讀於梯弗利斯神學院的伊列馬施維里成了一名孟什維克，並在 1921 年 10 月和另外 60 人一起被驅逐到德國。他的書提供了第一手資料，回憶了斯大林的童年時代，分析了這位未來專政者的心理。部分是為了彌補無法獲得原始資料的缺憾，塔克在他的第一卷中也採取了心理分

析的方法，這是可以理解的。在塔克的第二卷中，斯大林被描寫成一個統治者，個性偏執，就和其他偏執的統治者、尤其是恐怖的伊萬一樣，而且他從俄國的政治文化中**吸取**了偏執的統治風格的基本要素。Tucker, *Stalin in Power*. 塔克在2010年去世時尚未完成設想中的第三卷也就是最後一卷。

14 RGASPI, f. 558, op. 4, d. 665, l. 14; Stalin Museum, 1955, 146, 1–11 (伊麗莎白施維里); Dawrichewy, *Ah: ce qu'on*, 82–4. 斯大林後來回來了，把幾千萬牲畜變成了集體財產。

15 「在他晚年的時候，他總是接濟他們」，有位學者在提到斯大林時指出。Rayfield, *Stalin and His Hangmen*, 8.

16 1931年9月，當斯大林獲悉他在神學院的歷史老師、時年73歲的尼古拉·馬哈塔澤 (Nikolai Makhatadze) 被關在梯弗利斯的麥捷希監獄時，這位專政者命令貝利亞把他放了。RGASPI, f. 558, op. 11, d. 76, l. 113.

17 Trotsky, *Stalin*, 61–2. 為托洛茨基和斯大林寫過傳記的伊薩克·多伊徹，繼托洛茨基之後把斯大林列為「幾近半流浪狀態的落魄者」，也就是說，算不上真正的**知識分子**。Deutscher, *Stalin*, 24–6.

18 Montefiore, *Young Stalin*. 蒙蒂菲奧里的書讀起來像小說。

19 Wheen, *Karl Marx*.

20 Montefiore, *Young Stalin*, 10.

21 只有拉夫連季·貝利亞後來調到莫斯科是全靠斯大林，但貝利亞跟斯大林不同，他打造了一部巨大的高加索機器，而這部機器——這一點也跟斯大林不同——他是隨身帶到了莫斯科並使其遍佈蘇聯。

22 Kun, *Unknown Portrait*, 74–5; Montefiore, *Young Stalin*, 3–16. 關於劫案的問題，艾米爾·路德維希在1931年採訪斯大林時寫道：「這是唯一一個他不願回答的問題——除非是說，他是用置之不理的方式來回答。」"Iz besedy," *Bol'shevik*, 42–3.

23 在撰寫傳記這個行當中，有些成就最突出的從業者把填補空白看作是必不可少的。參見 Hermione Lee, *Virginia Woolf's Nose*.

24 格魯吉亞社會民主黨的檔案已經佚失。Van Ree, "The Stalinist Self," 263, n18 (引自斯蒂芬·瓊斯〔Stephen Jones〕2006年8月的私人通信)。

25 Arsenidze, "Iz vospominaniia o Staline," 219. 另見一同被流放到西伯利亞的鮑里斯·伊萬諾夫 (Boris Ivanov) 的説法，Tucker, *Stalin as Revolutionary*, 160–1。

26 斯大林在參加1920年3月烏克蘭共產黨第四次代表會議時填過一份調查表。他在表中聲稱，從1902年到1913年，他經歷過八次被捕、七次流放和六次逃脱。同年晚些時候，在為瑞典社會民主黨的刊物撰寫的文章中，斯大林説自己經歷了七次被捕、六次流放和五次逃脱。這就是他的一些官方傳記存在混亂的根源。Ostrovskii, *Kto stoial*, 7. 2004年的這一版跟較早的那版 (Olma, 2002) 略有不同。

27 青年斯大林上學的時候正好是亞歷山大三世在位期間 (1881–1894)，當時帝國的所有小學都被置於至聖主教公會的領導下，以擴大正教在教育領域的影響 (其實這種影響已經很大了)。*Istoricheskii ocherk razvitiia tserkovnykh*.

28 Rayfield, "Stalin as Poet."

29　De Lon, "Stalin and Social Democracy," 169.

30　Service, *Stalin*, 27; King, *Ghost of Freedom*, 183–4.

31　Pokhlebin, *Velikii psevdonym*, 76; Iremashvili, *Stalin und die Tragödie*, 18.

32　Ostrovskii, *Kto stoial*; RGASPI, f. 71, op. 10, d. 273 (Vladimir Kaminskii, "An Outline of the Years of Childhood and Youth of Stalin"); Rieber, "Stalin as Georgian: the Formative Years," 18–44; Jones, *Socialism*. 斯大林筆名和化名的清單可見於 Smith, *Young Stalin*, 453–4。所有「姑娘」——到1918年為止有十個，還不包括兩個妻子——的名單可見於 Montefiore, *Young Stalin*, xxviii。

第一章　帝國子民

1　路德維希問獨裁者，他成為職業革命家，是不是因為童年受到了虐待。斯大林不可能承認他對革命的忠誠是因為童年時代的怨恨，但他的否認聽起來仍然是實話。"Iz besedy," *Bol'shevik*, 轉載於 *Sochineniia*, XIII: 104–23 (at 113) .

2　Mitchell, *Maritime History*.

3　Lieven, *Empire*, 204.

4　Blum, *Lord and Peasant*; Raef, *Understanding Imperial Russia*; Hoch, *Serfdom and Social Control*.

5　de Madariaga, *Russia in the Age*; Klier, *Russia Gathers her Jews*.

6　Bushkovitch, "Princes Cherkasskii."

7　Baddeley, *Russian Conquest*; Allen, "Caucasian Borderland," 230; Gammer, *Muslim Resistanc*.

8　有些定居在北高加索的低地地區而沒有越過邊境。Degoev, *Kavkaz i velikie*; Barrett, *Edge of Empire*; Breyfogle, *Heretics and Colonizer*; Jersild, *Orientalism and Empire*.

9　King, *Ghost of Freedom*, 140. 臭名昭著的帝俄高加索總督阿列克謝・葉爾莫洛夫（Aleksei Ermolov，1771–1861）將軍——他抱怨説「這個山區到處都是不服管教的人」——在巡視各處的時候會穿着本地的服裝，佩戴高加索的手工製品。

10　Avalon, *Prisoedinenie Gruzii k Rossii*; Gvosdev, *Imperial Policies*. 另見 Allen, *History of the Georgian People*; 以及 Atkin, "Russian Expansion," 139–87.

11　「格魯吉亞人，」有位學者寫道，「有理由感謝俄國的統治。」Rayfield, *Stalin and His Hangmen*, 3. 到1915年，當地人口已達1,150萬，包括南高加索（外高加索）和北高加索。

12　Lang, *Last Years*; Jones, "Russian Imperial Administration." 另見 Suny, *Georgian Nation*, 70–3.

13　Zubov, *Kartina Kavkazskogo*, I: 151. 有位早期的外國觀察家稱梯弗利斯是「第二個聖彼得堡」。Van Halen, *Memoirs*, II: 167.

14　關於斯大林作為帝國邊民的諸多方面，參見 Rieber, "Stalin: Man of the Borderlands."

15　*Kavkaz: spravochnaia kniga storozhila*, 60; Azhavakov, "Gorod Gori"; Sidorov, *Po Rossii*, 460–77; Gorkii, "Prazdnik shiitov"; Bukhnikashvili, *Gori*.

16   Mgaloblishvili, *Vospominaniia*, 11, 14.

17   Gogokhiia, "Na vsiu zhizn' zapomnilis' eti dni," 7.

18   1920年2月的地震破壞了這座城市。在四百多頁的1927年版高加索旅遊指南
      中，哥里只有一頁多一點，它特別指出了這座小城的古代遺址和負有盛名的桃
      子，但完全沒有提到斯大林的出生地。*Batenina, Kavkaz*, 395–6.

19   Kun, *Unknown Portrait*, 19, n. 30.

20   V. Kaminskii and I. Vereshchagin, "Detstvo," 24–5.

21   Montefiore, *Young Stalin*, 19 (引自GF IML, f. 8, op. 2, ch. 1, l.143-6: M. K. Abramidze-
      Tsikhatatrishvili). 正式的結婚日期 (不是訂婚日期) 有時被説成是1872年5月，蒙
      蒂菲奧里採用了這一説法 (引自GF IML, f. 8, op. 5, d. 213〔沒有頁碼〕以及
      RGASPI, f. 558, op. 4, d. 1, l. 1)。假如他們是在1872年結婚的，那他寫的「結婚九
      個月之後，1875年2月14日」(22) 就讓人費解了。在蘇聯的原始材料中，對斯
      大林母親出生年份的正式説法也各不相同，有時候説是1860年。她似乎至少要
      大上兩歲，而按照她訃告中的説法，她要大四歲 (生於1856年)，這顯然是為了
      讓她結婚時年齡顯得大一點：16歲 (如果是在1872年) 或18歲 (如果是在1874
      年)。*Zaria vostoka*, June 8, 1937.

22   Kaminskii and Vereshchagin, "Detstvo," 24–5 (伊麗莎白施維里); Montefiore, *Young Stalin*,
      21 (引自GF IML, f. 8, op. 2, d. 15, l.2–15: Keke's unpublished "memoirs"). 凱可的回憶是
      由L. 卡斯拉澤 (L. Kasradze) 在1935年8月記錄的，當時她已年近八旬。據蒙蒂菲奧
      里説，這部「新發現的回憶錄」「塵封」了70年。奧斯特洛夫斯基用的是與凱可的
      「談話」，他註明的談話日期是在1935年5月，參見他的 *Kto stoial*, 2002。

23   關於在哥里的婚禮。參見Suliashvili, *Uchenicheskie gody*, 24–8。

24   Montefiore, *Young Stalin*, 19–20 (引自GF IML, f. 8, op. 2, d. 15, l.2-15: 凱可未出版的
      「回憶錄」).

25   斯大林後來把自己的出生年份從1878年推後到1879年。RGASPI, f. 558, op. 4, d.
      61, l. 1. 直到1920年底，他給出的出生日期還是1878年12月6日，但是在1922
      年，他的一名助手發佈了「更正」，將其改為1879年12月21日，這個日期就成了
      正式的日期。*Izvestiia TsK KPSS*, 1990, no. 11: 134 (托夫斯圖哈). 斯大林為甚麼選
      擇不同的日期，現在還不清楚。對斯大林出生日期的進一步討論，參見Kun,
      Unknown Portrait, 8–10, 60; 以及Rieber, "Stalin, Man of the Borderlands," 1659.

26   按照一些道聽途説的記述，1875年還生過一個女孩，只活了一週，但沒有任何
      證據可以支持這一説法。

27   Kaminskii and Vereshchagin, "Detstvo," 27–8.

28   Zhukov, *Vospominaniia*, III: 215.

29   RGASPI, f. 558, op. 4, d. 665 (阿布拉米澤—齊哈塔特里施維里).

30   Ostrovski, *Kto stoial*, 93 (引自Dato Gasitashvili, GF IML, f. 8, op. 2, ch. 2, d. 8. l. 196,
      200); Kaminskii and Vereshchagin, "Detstvo," 30 (伊麗莎白施維里). 另見GF IML, f. 8,
      op. 2, ch. 1, d. 10, l.23–47 (戈格利奇澤); 以及Iremachvili, *Stalin und die Tragödie*,
      8–10.

31　胡特希施維里1939年寫給斯大林的信：RGASPI, f, 558, op. 11, d. 722, l. 51.

32　Lobanov, *Stalin v vospominaniakh*, 13–4 (D. Papiashvili); GF IML, f. 8, op. 2, ch. 1, d. 53 (Aleksandr Tsikhatatrishvili); Kaminskii and Vereshchagin, "Detstvo," 26; Ostrovskii, "Predki Stalin."「維薩里昂這人非常古怪，」另一個見過他的人回憶説，「他中等個子，皮膚黝黑，長眉毛，黑色的大鬍子，表情嚴厲，走來走去的，看上去比較陰鬱。」RGASPI, f. 8, op. 2, d. 1, l. 48 (N. Tlashadze). 在哥里的斯大林博物館掛着一幅唯一已知的貝索的照片，那是老年時期的，可能是他，也可能不是。

33　Montefiore, *Young Stalin*, 25–8. 儘管蒙菲奧里非常認同凱可在她的「回憶錄」（採訪）中對貝索浪蕩行為的敘述，但他也提供了同凱可的一面之詞相矛盾的證據材料，可以證明她「粗俗的毛病」。

34　Dawrichewy, *Ah: ce qu'on*, 26–7. (達夫里舍維是那位哥里警察的兒子。)

35　按照謝爾戈‧貝利亞 (拉夫連季的兒子) 不太可信的説法，據説凱可有一次告訴謝爾戈的母親，「在我年輕的時候，我給人收拾屋子，要是遇到了好看的小伙子，我可不會浪費機會。」Beria, *Beria My Father*, 21.

36　Dawrichewy, *Ah: ce qu'on*, 30–5.

37　Ostrovskii, *Kto stoial*, 88–9; Service, *Stalin*, 17. 斯大林從不酗酒，而且儘管他年輕時在兩性關係上比較隨便，但卻漸漸地變得十分謹慎。

38　Ostrovsky, *Kto stoial*, 89 (引自 "Detskie i shkol'nye gody Iosifa Vissarionovicha Dzhugashvili [Stalina]"；GF IML, f. 8, op. 6, d. 306, l. 13; Gori. d. 287/1, l. 2).

39　Suliashvili, *Uchenicheskie gody*, 9–16.

40　「雅科夫小時候很頑皮，一點也不安分，」斯維爾德洛夫的妻子回憶説，「他為街頭所有的孩子組織遊戲。」Sverdlova, *Iakov Mikhailovich Sverdlov* [1976], 60.

41　Ostrovsky, *Kto stoial*, 99 (引自 GF IML, f. 8, op. 2, ch. 1, d. 10, l. 57); Kaminskii and Vereshchagin, "Detstvo," 37 (戈格利奇澤).

42　Kaminskii and Vereshchagin, "Detstvo," 37 (伊麗莎白施維里).

43　Ostrovskii, *Kto stoial*, 93–4 (引自 GF IML, f. 8, op. 2, ch. 1, d. 10, l. 57: Simon Goglichidze; "Detskie i shkol'nye gody Iosifa Vissarionovicha Dzhugashvili," GF IML, f. 8, op. 6, d. 306, l. 13).

44　Ostrovskii, *Kto stoial*, 101 (引自 GF IML, f. 8, op. 2, ch. 1, d. 48, l.14–5: E. K. Jugashvili, May 1935). 戈格利奇澤的回憶説索索不到兩週就回去上學了，這顯然有誤 —— 如果是這樣，他為甚麼留級呢？

45　*Pravda*, October 27, 1935. 關於貝索讓索索輟學的年份，回憶錄中存在衝突。比如，斯大林的奶媽和鄰居馬紹‧阿布拉米澤回憶説，貝索在二年級時 —— 那就是在1891至1892年 —— 就威脅讓索索輟學，而她的丈夫和雅科夫‧葉格納塔施維里都盡力勸説貝索不要那樣。Kaminskii and Vereshchagin, "Detstvo," 43–5.

46　*Novoe obozrenie*, January 6, 1891; Khoshtaria-Brose, *Ocherki sotsial'no-ekonomicheskoi*, 46–7.

47　麥捷希要塞可以追溯到5世紀，但多次遭到破壞，包括1690年代波斯國王對它的破壞，那以後俄羅斯帝國就在1819年把它改建成監獄。蘇聯統治時期，它一直

是監獄，直到1934年成為格魯吉亞蘇維埃社會主義共和國的藝術博物館（後來又成了科學研究所）。1959年，麥捷希要塞被拆除。

48　Makharadze and Khachapuridze, *Ocherki*, 143–4.

49　關於「綁架」這件事情，人們經常引用唱詩班老師戈格利奇澤的說法，而且因為索索上學時的表現，他後來也備受稱道。他的說法給人留下的印象是，好像貝索就是容不了索索學習：「一想到兒子要去上學而不是學手藝，這位父親就很生氣。於是，在一個晴朗的白天，維薩里昂趕到哥里，把索索交給了阿傑利哈諾夫工廠。」Lobanov, *Stalin v vospominaniakh*, 20.

50　Trotsky, *Stalin*, 9.

51　Kaminskii and Vereshchagin, "Detsvo," 45（戈格利奇澤）。

52　Iremashvili, *Stalin und die Tragödie*, 5–6. 斯大林第二次婚姻所生的女兒斯維特蘭娜小時候知道凱可，但不知道貝索。她後來說，斯大林「喜歡母親要遠遠超過他父親」。Alliluyeva, *Twenty Letters*, 204.

53　Loginov, *Teni Stalina*, 56. 引自帕維爾‧魯西施維里（Pavel Rusishvili）。魯西施維里第一次見到斯大林是在1938年春天，在莫斯科近郊的扎列恰別墅，當時在一起的還有另一幫格魯吉亞人，包括達塔‧加西塔施維里（Data Gasitashvili）和葉格納塔施維里兄弟以及貝利亞。斯大林剛進別墅就用格魯吉亞語說「願上帝保佑各位健康」（Loginov, 60–1）。在莫斯科受到斯大林接見時等了好長時間的加西塔施維里，在哥里住在一間帶有鐵床的單間（他的兒子們佔據了不大的起居空間的其餘部分）。

54　Ostrovsky, *Kto stoial*, 94–5; RGASPI, f. 558, op. 4, d. 669（卡帕納澤）; GF IML, f. 8, op. 2, ch. 1, d. 48, l.14–5 (E. Jugashvili, May 1935).

55　*Mgeladze, Stalin*, p. 242（引自古拉姆‧拉季施維里〔Guram Ratishvili〕，他是雅科夫‧葉格納塔施維里的孫子）。

56　Lang, *Modern History*, 114–5; Tucker, *Stalin as Revolutionary*, 80–81; Montefiore, *Young Stalin*, 63.

57　Iremashvili, *Stalin und die Tragödie*, 18. 年少的斯大林是在甚麼時候讀的那部小說，現在還不清楚。1893年，也就是在他進入格魯吉亞首府神學院的前一年，窮困潦倒的卡茲別吉死在了格魯吉亞的一家精神病院，但恰夫恰瓦澤寫了一則著名的訃告。

58　Iremashvili, *Stalin und die Tragödie*, 14; Alliluyeva, *Only One Year*, 360（「母親總是打兒子，而她的丈夫又總是打她」）；以及 Alliluyeva, *Twenty Letters*, 153–4, 204.

59　Kaminskii and Vereshchagin, "Detsvo," 49–50; 關於斯大林參加拳擊賽的情況: RGASPI, f. 71, op. 10, d. 273, l.86–8.

60　Dawrichewy, *Ah: ce qu'on*, 82; Iremashvili, *Stalin und die Tragödie*, 5; Kaminskii and Vereshchagin, 29–32, 48–50 (B. Ivanter, A. Khakonov).「葉格納塔施維里家族的人作為摔跤手非常有名，整個卡特里都知道，」據說未來的斯大林在回憶時說，「但排名第一、同時也最強的是雅科夫。」Montefiore, *Young Stalin*, 38–9（引自 Candide Charviani, "Memoirs"〔未出版的手稿〕, 3). 關於哥里的街頭文化，參見 Suliashvili, *Uchenicheskie gody*, 41–6.

61 Smith, *Young Stalin*, 28–9（引自胡佛研究所檔案中的一份1909年8月的俄國警方報告）；Montefiore, *Young Stalin*, 57, 70. 關於梯弗利斯自由廣場附近亞美尼亞人的巴扎，參見Nadezhdin, *Kavkazskii krai*, 318–9.

62 斯大林繼續說道：「記得在十歲的時候我感到很不開心，因為父親破產了，沒想到40年後，這成了一件對我有好處的事情。但這種好處完全不是我掙來的。」RGASPI, f. 558, op.11, d. 1121, l. 49–50, 轉載於 *Istochnik*, 2001, no. 2: 54–5.

63 Ostrovskii, *Kto stoial*, 96（引自 GF IML, f. 8, op. 2, ch. 1, d. 1, l. 228–9, 236–9: Pyotr Adamishvili）.

64 Kaminskii and Vereshchagin, "Detstvo," 36（伊麗莎白施維里），41（戈格利奇澤）; "Neopublikovannye materialy iz biografii tov. Stalina," *Antireligioznik* (Khabelashvili). 年少的斯大林的語文老師是弗拉基米爾‧拉夫羅夫（Vladimir Lavrov）。

65 Kaminskii and Vereshchagin, "Detstvo," 41–2; Iremashvili, *Stalin und die Tragödie*, 7–8.

66 GF IML, f. 8, op. 2, ch. 1, d. 10, l. 23–47（戈格利奇澤）, d. 54, l.202-15 (Kote Charkviani); Montefiore, *Young Stalin*, 43–4.

67 Kaminskii and Vereshchagin, "Detstvo," 34（伊麗莎白施維里）.

68 談到這一點的不但有斯大林時代國內的回憶錄，還有移居國外的伊列馬施維里的書 *Stalin und die Tragödie*, 8. 另見 Suliashvili, *Uchenicheskie gody*, 13.

69 Rank, *Trauma of Birth*; Horney, *Neurotic Personality*; Horney, *Neurosis and Human Growth*; Erikson, *Young Man Luther*; Tucker, "Mistaken Identity"; Tucker, "A Stalin Biography's Memoir," 63–81.

70 *Tovarishch Kirov*; Kostrikova and Kostrikova, *Eto bylo*; Sinel'nikov, *Kirov*.

71 Rayfield, *Stalin and His Hangmen*, 8.

72 Ostrovskii, *Kto stoial*, 109. 格魯吉亞有三間神學院；第三間在庫塔伊西。

73 "Neopublikovannye materialy iz biografii tov. Stalina," *Antireligioznik* (Girgory Glurdzhidze).

74 Dawrichevy, *Ah: ce qu'on*, 47, 60. 達夫里舍維當警察局長的爸爸把他送到了梯弗利斯最好的。

第二章 拉多的門徒

1 Ostrosvkii, *Kto stoial*, (2002), 197.

2 Cameron, *Personal Adventures*, I: 83. 另見 Wagner, *Travels in Persia*, II: 119.

3 Badriashvili, *Tiflis*; Chkhetia, *Tblisi*. 1897年的統計數字是159,590人。其中有4.7萬亞美尼亞人，但是到1910年，在30.3萬總人口中，亞美尼亞人增長到12萬，超過了40%。*Pervaia vseobschaia perepis' naseleniia Rossiiskoi imperii*, xi–xiv; *Kavkaz: Opisanie kraia*; Suny, "Tiflis," 249–82. 1970年，這座城市的人口以格魯吉亞人為主。

4 梯弗利斯當時有六種亞美尼亞文報紙、五種俄文報紙、四種格魯吉亞文報紙。Bagilev, *Putevoditel' po Tiflisu*. 關於帝國的市政管轄權，參見 Seton-Watson, *Russian Empire*, 662–3.

5 Moskvich, *Putevoditel' po Kavkazu*, 246. 據說納里卡拉要塞最早可追溯到公元4世紀波斯人統治時期，但這個名字帶有突厥語風格，而且是源自蒙古人統治時期（公元13世紀）；1827年的地震摧毀了這座要塞。

6 Baedeker, *Russia: A Handbook*, 465–71.

7 Anchabadze and Volkova, *Stary Tblisi*, 98–9. 在梯弗利斯，據說「一個希臘人騙得了三個猶太人，但一個亞美尼亞人騙得了三個希臘人。」

8 Makharadze and Khachapuridze, *Ocherki*, 66, 114–7; Khachapuridze, "Gruziia vo vtoroi," 46–66; Suny, *Georgian Nation*, 124–43.

9 Rieber, "Stalin as Georgian: The Formative Years."

10 Tucker, *Stalin as Revolutionary*, 89–90.

11 Joseph Iremashvili, *Stalin und die Tragödie*, 16–7. 另見Gogokhiia, "Na vsiu zhizn' zapomnilis' eti dni," 14–5.

12 RGASPI, f. 558, op. 4, d. 21, d. 29, d. 665. 詳細的敘述可見於Kun, *Unknown Portrait*, 26.

13 Kun, *Unknown Portrait*, 27（引自RGASPI, f. 558, op. 1, d. 4327：申請書的日期是1898年6月3日）。

14 Parsons, "Emergence and Development," 2689. 恰夫恰瓦澤在1907年被人謀殺，這一案件至今未能告破。

15 Jones, *Socialism*, 52; "Gruzinskii ekzarkhat," IV: 197–209; Kirion, *Kratkii ocherk*; Agursky, "Stalin's Eccelsiastical Background," 4.

16 Manuil (Lemeshchevskii), *Die Russsischen Orthodoxen Bischöfe*, II: 197–207 (at 203); Makharadze, *Ocherki revoliutsionnogo dvizheniia*, 57–8; Lang, *Modern History*, 109. 菲利普‧馬哈拉澤，1890年長達一週的罷課運動的領導者之一，被准予畢業，而吉布拉澤則被開除了。殺人的學生是約瑟夫‧拉賈施維里（Ioseb Lagiashvili），被殺的院長是帕維爾‧丘傑茨基（Pavel Chudetsky）。

17 轉引自Souvarine, *Stalin*, 14–5.

18 Zhordania, *Moia zhizn'*, 11–15; Uratadze, *Vospominaniia*, 58–9.

19 "Iz zaiavleniiia," 174–5; Makharadze, *Ocherki revoliutsionnogo dvziheniia*, 57–8.

20 Ostrovskii, *Kto stoial*, 112（引自GF IML, f. 8, op. 2, d. 52, l.198–9: I. Tsintsadze）.

21 Rayfield, "Stalin as Poet"; *Sochineniia*, XVII: 1–6.

22 Rayfield, *Literature of Georgia, 3rd ed.*, 182–3.

23 RGASP, f. 558, op. 1, d. 655 (Kapanadze).

24 Ostrovskii, *Kto stoial*, 125（引自GF IML, f. 8, op. 2, ch. 1, d. 12, l. 176: Devdariani）; RGASPI, f. 558, op. 4, d. 665, l. 128 (Parkadze); Iremashvili, *Stalin und die Tragödie*, 17. 伊列馬什維利也屬於傑夫達里阿尼的小組。成了哲學家的傑夫達里阿尼在1937年被貝利亞的手下槍殺。根據現有的材料，他的手稿《格魯吉亞思想史》不復存在。Rayfield, *Stalin and His Hangmen*, 49.

25 Iremashvili, *Stalin und die Tragödie*, 16–7. 另見Darlington, *Education in Russia*, 286–8.

26 De Lon, "Stalin and Social Democracy," 170. 從姆加洛布利施維里（Mgaloblishvili）那裏也可以弄到這類書籍。他畢業於梯弗利斯神學院，1870年代回到哥里，帶回

了一批藏匿的格魯吉亞文書籍，這批書籍成了一個事實上的圖書室。他和其他人建立了一個民粹主義小組。這個小組不可避免地遭到警方的滲透。警方在1878年實施了逮捕。(同樣重要的是，這些活動家們發現，農民對城裏人漠不關心。) Mgaloblishvili, *Vospominanii,* 120. 警方在哥里還搗毀了一個與聖彼得堡民意黨聯繫不太緊密的「武裝密謀組織」。一個在「土地與自由」社的啟發下，由神學院學生組成的行為不太出格的小組，一直堅持到1890年代。其成員包括城裏的幾個貴族子弟以及一個叫做阿爾森‧卡拉納澤 (Arsen Kalanadze) 的農民後代，他經營的書攤歡迎教會學校和神學院的學生。G. Glurdzhidze, "Pamiatnye gody," 18.

27　Kaminskii and Vereshchagin, "Detstvo," 71.

28　1898年秋，阿巴希澤學監記錄了下面這件事：「在搜查某些五年級學生物品期間，約瑟夫‧朱加施維里 (V. I.) 屢次大着嗓門對學監們説話，言語中表示對搜查的不滿……」Kaminskii and Vereshchagin, "Detstvo," 65, 84. 另見 "Neopublikovannye materialy iz biografii tov. Stalina," *Antireligioznik* (Razmadze).

29　"Iz besedy," (經進一步的修改) 轉載於 *Sochineniia,* XIII: 104–23 (at 113). 關於這些搜查，另見 Glurdzhidze, "Pamiatnye gody," 20; Kaminskii and Vereshchagin, "Detstvo," 66 (Vano Ketskhoveli).

30　Trotsky, *Stalin* [1946], 10.

31　Jones, *Socialism*, 51, 309, n11. 另見 Chelidze, *Iz revoliutsionnogo.*

32　Manchester, *Holy Fathers.* 神父的兒子佔帝國人口的百分之一。

33　RGASPI, f. 71, op. 10, d. 273, l. 185; Rieber, "Stalin as Georgian," 34. 達維塔施維里移民到萊比錫。

34　在哥里，據説塔拉謝‧姆加洛布利施維里為了保護農民，組織了地方民團。Mgaloblishvili, *Vospominaniia,* 35–6, 37–9.

35　Jones, *Socialism*, 22–6.

36　RGASPI, f. 71, op. 10, d. 273, l.201–2 (Grigory Elisabedashvili). 年輕的斯大林幫助伊麗莎白施維里準備1898年夏天的考試。

37　斯大林時代的回憶錄顛倒了雙方的角色："Neopublikovannye materialy iz biografii tov. Stalina," *Antireligioznik* (Razmadze).

38　Ostrovskii, *Kto stoial*, 139 (citing GF IML, f. 8, op. 2, ch. 1, d. 12, l. 181: S. Devdariani); RGASPI, f. 558, op. 1, d. 665; Iremashvili, *Stalin und die Tragödie*, 21.

39　Iremashvili, *Stalin und die Tragödie*, 5–6.

40　拉多可能是經亞歷山大‧楚盧基澤 (Aleksandr Tsulukidze) 的介紹加入第三小組，而後者是在1895年加入的。Beriia and Broido, *Lado Ketskhoveli*, 9–10; Khachapuridze, "Gruziia vo vtoroi," 66; V. Ketskhoveli, "Druz'ia i soratniki tovarishcha Stalina," 75–86.

41　RGASPI, f. 71, op. 10, d. 272, l. 67.

42　*Katalog Tiflisskoi Deshevoi biblioteki*, 15, 17. 另見 RGASPI, f. 71, op. 10, d. 273, l. 179 (Ignatii Nonoshvili).

43　RGASPI, f. 71, op. 10, d. 273, l. 85 (Parkadze); Uratadze, *Vospominaniia*, 15. 有關拉多是如何引導斯大林從事地下鬥爭的，參見 Tucker, *Stalin as Revolutionary*, 89–90.

44　Riasanovsky, *Teaching of Charles Fourier.*

45　Marx and Engels, *Communist Manifesto*, 64–5, 67.

46　Malia, *Alexander Herzen*. 另見Randolph, *House in the Garden.*

47　俄國農民有三種制度化的存在方式：依靠貴族的私有土地生活的農奴 (約42%)，
　　生活在租用的國有土地上的國有農民 (約53%)，以及隸屬皇室、地位介於農奴
　　和國家農民之間的宮廷農民 (約5%)。Kabuzan, *Izmenenie v razmeshchenii*. 另見
　　Crisp, "State Peasants"; Deal, *Serf and Peasant Agriculture.*

48　農民的土地所有權是以村社份地的形式獲得的，並由村社集體付給貴族贖金，而
　　森林 (燃料) 和草場 (放牧牲畜) 的所有權，仍由貴族掌握，這是農民一直感到不
　　滿的根本原因。但是，從長遠來看，即便就改變耕地的所有權模式而言，農奴
　　解放到底起了多大作用，現在依然存有爭議。Gershchenkron, "Agrarian Policies";
　　Hoch, *Serfdom and Social Control*; Gatrell, *Government, Industry, and Rearmament*;
　　Mironov, *Gosudari i gosudarevy liudi*. 1865年的國有農民土地所有權改革以比較低的
　　價格分配給了他們同樣的土地。

49　Wortman, *Crisis of Russian Populism.*

50　Baron, *Plekhanov*; Baron, "Between Marx and Lenin"; von Laue, "The Fate of Capitalism
　　in Russia."

51　Marx and Engels, *Selected Correspondence [1944]*, 354–5. 另見Shanin, *Late Marx.*

52　"Tsensura."

53　Liadov, "Zarozhdenie legal'nogo," 107ff.

54　Zhordania, *Moia zhizn'*, 8–9, 13, 25, 27.

55　Gorgiladze, "Rasprostranenie marksizma v Gruzii," V: 472.

　56　Makharadze, *Ocherki revoliutsionnogo dvizheniia*, 53, 72–3; Ostrovskii, *Kto stoial*, 141 (引
　　自GARF, f. 124, op. 7, d. 144, l. 1–6).

57　Ostrovskii, *Kto stoial*, 130–1; *Sochineniia*, VIII: 173–4.

58　RGASPI, f. 71, op. 10, d. 273, l.195–7. 斯大林未來的岳父把他第一次接觸工人的時
　　間正確地定為1898年。Sergei Alliluev, "Vstrechi s tovarishchem Stalinym," 154.

59　*Sochineniia*, VIII: 174; Rieber, "Stalin as Georgian," 35–9; Jones, *Socialism*, 71–5.

60　Jordania, "Staline, L'Écho de la lutte"; Vakar, "Stalin."

61　司徒盧威接着又在1905年10月與他人共同組建了立憲民主黨，當時組黨變得合
　　法了。

62　Struve, "Istoricheskii smysl russkoi revoliutsii i natsional'nye zadachi."

63　參加會議的九個人，有一個死於1911年；有五個在1917年革命後不久便離開了
　　俄國；一個在1922年離開俄國；兩個 (包括埃傑爾曼) 在斯大林的清洗中被處
　　決。Medish, "First Party Congress."

64　四年後在俄屬波蘭的比亞韋斯托克召開的第二次「成立」大會失敗了。

65　Carr, *Bolshevik Revolution*, I: 6–7; *Vsesoiuznaia Kommunisticheskaia Partiia (b) v
　　rezoliutsiiakh* (6th ed.), I: 7–10. 1900年1月，當列寧在西伯利亞流放期滿之後，他
　　和年輕的妻子娜捷施達‧克魯普斯卡婭 (他們是在1898年7月結婚的) 搬到普斯

科夫，但沒過幾個月就去了德國，開始了在國外的流亡生活。Service, *Lenin*, I: 80–1; Carr, *Bolshevik Revolution,* III: 3.

66 RGASPI, f. 558, op. 4, d. 53, l.2, 157 以及其他沒有編號的材料；d. 60, l.1–4; Kaminskii and Vereshchagin, "Detstvo," 84–5 (Talakvadze); Ostrovskii, *Kto stoial*, 140–1 (被開除的學生是瓦西里・克爾巴基阿尼〔Vasily Kelbakiani〕).

67 GIAG, f. 440, op. 2, d. 64, l. 7ob; *Dukhovnyi vestnik gruzinskogo ekzarkhata* (June 15–July 1, 1899), no. 12–13: 8; Kaminskii and Vereshchagin, "Detstvo," 86.

68 這是斯大林在1932年黨的調查表中寫的，而它也成了黨內的標準說法。RGASPI, f. 558, op. 1, d. 4349, l. 1; Aleksandrov, *Iosif Vissarionovich Stalin*, 10; Yaroslavsky, *O Tovarishche Staline*, 14; *Istoricheskie mesta Tblisi*, 29; Tucker, *Stalin as Revolutionary*, 91. 斯大林的母親後來想要承擔責任，說是她不讓他上學，因為他得了肺結核。實際上，凱可對他被開除非常憤怒。Smith, *Young Stalin*, 54 (引自 H. R. 尼克博克〔H. R. Knickerbocker〕對凱可的採訪，*New York Evening Post*, December 1, 1930); GF IML, f. 8, op. 2, ch. 1, d. 32, l.258–9 (Mariia Kublidze).

69 這些話分別是在1902年（在巴統監獄）、1910年（在巴庫）和1913年說的。Ostrovskii, *Kto stoial*, 142–3 (引自 GIAG, f. 153, op. 1, d. 3431, l. 275; RGASPI, f. 558, op. 4, d. 214, l. 9ob); Montefiore, *Young Stalin*, 73 (引自 RGASPI, f. 558, op. 1, d. 635 and f. 71, op. 10, d. 275).

70 Kaminskii and Vereshchagin, "Detstvo," 84; Montefiore, *Young Stalin*, 70–3. 阿巴希澤似乎在1898年秋天就想開除朱加施維里，但沒有成功。RGASPI, f. 558, op. 4, d. 665, l. 211–2 (Vaso Kakhanishvili); GF IML, f. 8, op. 2, ch. 1, d. 10. l. 141 (Gogokhiia); *Zaria vostoka*, August 12, 1936 (Gogokhiia); GF IML, f. 8, op. 2, ch. 1, d. 47, l. 126–7 (Talakvadze).

71 由於其極端的親俄立場，1905年，阿巴希澤不得不被調離格魯吉亞。他在烏克蘭（波多里亞）、突厥斯坦和克里米亞服務。1914年，他在克里米亞加入海軍，成為黑海艦隊的隨軍牧師。1918年，他拒絕承認格魯吉亞教會恢復獨立。內戰期間，他支持白軍和弗蘭格爾的軍隊，並在1919年移居國外。1920年代末，他重新在基輔露面——多年之前，他正是在那裏的神學院畢業（1896）——並成為一名隱修士，更名為安東尼。他設法逃過了給烏克蘭神職人員帶來滅頂之災的歷次清洗，後來又在納粹佔領期間倖存下來。紅軍收復基輔後不久，1943年12月，他自然死亡。他被安葬在基輔洞窟修道院，並立有大理石墓碑。Manuil (Lemeshchevskii), *Die Russsischen Orthodoxen Bischöfe*, III: 27–8; Agursky, "Stalin's Eccelsiastical Background," 10.

72 Agursky, "Stalin's Eccelsiastical Background," 6 (引自 Anonymous, *Iz vospominanii russkogo uchitelia pravoslavnoi gruzinskoi dukhovnoi seminarii* [Moscow, 1907]); 以及 Durnovo, *Sud'ba gruzinskoi tserkvi.*

73 Kun, *Unknown Portrait*, 30.

74 RGASPI, f. 71, op. 10, d. 73, l. 153–4; Kaminskii and Vereshchagin, "Detstvo," 62–6. 到1900年，據說300名學生中只有50個格魯吉亞人，而到了1905年，只有4名格魯吉亞學生畢業。庫塔伊西神學院1905年關閉。

75   1938年，帕沙丈夫的姑姑為了她侄媳婦的事情寫信給斯大林；信通過內務部 (V.
     伊萬諾夫〔V. Ivanov〕) 在 1938 年 4 月 16 日交給了波斯克列貝舍夫。信裏特意提
     到斯大林母親知道孩子的存在，而黑眼睛的帕沙在丈夫、孩子和母親去世後已經
     沒有了親人。1938 年 3 月，證據表明帕沙曾想要拜訪斯大林，她把自己多年來的
     照片和給他的信件的副本交到他的秘書處。她過去一直住在薩拉托夫省，卻在
     莫斯科突然消失──無疑是被捕了。Ilizarov, *Tainaia zhizn'*, 284–7 (引自 RGASPI, f.
     558, op. 11, d. 775, l. 9–13). 斯大林讓人把帕沙丈夫姑姑的信保存在他的檔案裏。
     「索索同志年輕時對某人感到有點同情，但持續的時間不長」，格里戈里·伊麗
     莎白施維里隱晦地説。RGASPI, f. 558, op. 1, d. 655.

76   Gogokhiia, "No vsiu zhizn' zapomnilos' eti dni," 13); Montefiore, *Young Stalin*, 72–3.

77   有人回憶説朱加施維里在復活節假期後開學時就沒去上學，而是回了哥里老
     家，那時考試還沒有開始。RGASPI, f. 558, op. 4, d. 665, l. 381 (Talakvadze); GF, f. 8,
     op. 2, ch. 1, d. 47, l.126–7.

78   Kun, *Unknown Portrait*, 32–3; Ostrovskii, *Kto stoial*, 146–7 (引自 GIAG, f. 440, op. 2, d.
     82, l. 59; RGASPI, f. 558, op. 4, d. 65, l. 3–3ob).

79   RGASPI, f. 558, op. 4, d. 65, l.1–4; Vano Ketskhoveli, "Na zare sozdanii partii rabochego
     klassa," *Zaria vostoka*, July 17, 1939: 3.

80   Dawrichewy, *Ah: ce qu'on*, 67. 伊列馬施維里聲稱，他想勸朱加施維里放棄離開神學
     院的念頭，因為那樣就意味着放棄了上大學的機會，但朱加施維里認為當局是不
     會讓他上大學的，他不管怎樣都要投身革命。Iremashvili, *Stalin und die Tragödie*,
     23–4.

81   GF IML, f. 8, op. 2, ch. 1, d. 48, l. 164 (Elisabedashvili); d. 12, l. 28–9 (P. Davitashvili).

82   Montefiore, *Young Stalin*, 79; van Ree, "The Stalinist Self,", 266, 引自 G. Elisabedashvili, I.
     V. Stalin State House Gori-Museum Fond, f. 3, op. 1, d. 1955/146, l.1–11, 20–31 (格魯
     吉亞文).

83   GF IML, f. 8, op. 5, d. 429, l. 170 (Vano Ketskhoveli); Vano Ketskhoveli, "Na zare
     sozdaniia partii rabochego klassa"; "K istorii fabrik i zavodov Tblisi"; Berdzenishvili, "Iz
     vospominanii"; RGASP, f. 558, op. 4, d. 651, l.50–3.

84   Jones, *Socialism*, 91.

85   V. Ketskhoveli, "Druz'ia i soratniki tovarishcha Stalina," 75–86; Jones, *Socialism*, 71–2.

86   Iremashvili, *Stalin und die Tragödie*, 22; Vakar, "Stalin"; Tucker, *Stalin as Revolutionary*,
     87–8.

87   RGASPI, f. 71, op. 10, d. 273, l. 240; Vano Ketskhoveli, "Iz vospominanii o Lado
     Ketskhoveli," *Zaria vostoka*, August 17, 1939: 3; *Lado Ketsokhveli*, 76, 109–10.

88   "Neopublikovannye materialy iz biografii tov. Stalina," *Antireligioznik* (Kitiashvili).

89   Montefiore, *Young Stalin*, 70.(據凱可堂姊妹安娜·格拉澤〔Anna Geladze〕的説法).

90   RGASPI, f. 558, op. 4, d. 72, l. 5; Ostrovskii, *Kto stoial*, 160; Rieber, "Stalin as Georgian,"
     39; Galoian, *Rabochee dvizhenie i natsional'nyi vopros v Zakavkaz'e*, 10–2.

91   Jones, *Socialism*, 70, 99.

92　Ostrovskii, *Kto stoial*, 161 (引自 GF IML, f. 8, op. 2, ch. 1, d. 15, l. 245: N. L. Dombrovskii).

93　*Lado Ketskhoveli*, 24 ; Jones, *Socialism*, 100–1; Tutaev, *Alliluyev Memoirs*, 49–51.

94　在斯大林早年，另外一個關鍵人物是當時32歲的維克托·庫爾納托夫斯基，斯大林1900年在梯弗利斯遇到了他。庫爾納托夫斯基見過列寧。Medvedev, *Let History Judge*, 30.

95　1938年，貝利亞認為這篇文章是斯大林和克茨霍維里合寫的。斯大林後來說自己是這篇文章的唯一作者——文章被譯成俄文，名為〈俄國社會民主黨及其當前任務〉。*Sochineniia*, I: 11–31 (at 27); Beriia and Broido, *Lado Ketskhoveli*, 17–33. 斯大林還假稱自己是《鬥爭報》上第一篇（未署名的）社論的作者。*Sochineniia*, I: 4–9; Deutscher, *Stalin*, 56–7; Jones, *Socialism*, 315.

96　"Podpol'naia titpografiia 'Iskra' v Baku (Materialy Vano Sturua)," 137–8; Yenukidze, *Nashi podpol'nye tipografii na Kavkaze*, 24; V. Ketskhoveli, "Druz'ia i soratnikitovarishcha Stalina," 75–86; Lelashvili, "Lado Ketskhoveli," 87–90; Jones, *Socialism*, 72–3. 沙皇政治警察發佈通告，懸賞清除革命印刷所——這引發了印刷所數量的虛報——但是有一個政治警察頭目聲稱他清除了十間，卻沒有拿到賞金。Martynov, *Moia sluzhba*, 100, 313–4.

97　Makeev, "Bakinskaia podpol'naia tipografiia 'Nina' (1901–1905)," XVII: 90–109; A renshtein, "Tipografiia Leninskoi 'Iskry' v Baku"; N a lbandian," 'Iskra' i tipografiia 'Nina' v Baku," XXIV: 3–30; Sarkisov, *Bakinskaia tipografiia leninskoi "Iskry."*

98　Faerman, "Transportirovka 'Iskry' iz-za granitsy i rasprostranenie ee v Rossii v 1901–1903 gg.," 54–92; Koroleva, "Deiatel'nost' V. I. Lenina po organizatsii dostavki 'Iskry' v Rossiiu (dekabr' 1900 g.–noiabr' 1903 g.)"; *Podpol'nye tipografii Leninskoi "Iskry" v Rossii*; V. Kozhevnikova "Gody staroi *Iskry*".

99　Lih, *Lenin Rediscovered*; Carr, *Bolshevik Revolution*, I: 11–22; Ulam, *The Bolsheviks*, 160–216.

100　Arkomed, *Rabochee dvizhenie*, 81–4 (at 84); Talakavadze, *K istorii*, I: 62; Rieber, "Stalin as Georgian," 39; Talakavadze, *K istorii*, 62–3; Jones, *Socialism*, 106; van Ree, "Stalinist Self," 267 (引自 GARF, f. 102, op. 199, d. 175, l. 93). 證據顯示，阿爾科梅德（真名 S. A. 卡爾吉安〔S. A. Kardjian〕）在1901年11月的發言引起了斯大林的反對，反對讓工人加入。阿爾科梅德的書第一版是在1910年移居國外時出的，但1923年版（只是增加了一些註釋）是在蘇聯時期出的，並設法巧妙地不點名批評了斯大林。

101　RGASPI, f. 70, op. 10, d.273, 292. 斯大林的反對者聲稱，黨的特別法庭把他從梯弗利斯委員會開除了，因為他陰謀反對席爾瓦·吉布拉澤。但這一說法在警方的監視記錄裏未發現任何佐證。根據監視記錄，朱加施維里沒有出席1901年11月25日梯弗利斯委員會的會議，但沒有提到開除。事實上，朱加施維里似乎是在1901年11月被選進梯弗利斯委員會的（九名委員之一）。Ostrosvkii, *Kto stoial*, 169–73. 關於所謂的開除，參見 Vakar, "Stalin"; Jordania, "Staline, L'Écho de la lutte," 3–4; 以及 Uratadze, *Vospominaniia*, 67. 席爾瓦·吉布拉澤對斯大林特別不滿。1921

年，在布爾什維克的武裝力量重新征服高加索之後，吉布拉澤沒有選擇移居國外，而是組織孟什維克的地下活動。他在1922年2月的猝死顯然是因為健康問題；他的同志們將其遺體從「從事密謀活動的住處」搬走，但梯弗利斯的布爾什維克秘密警察把遺體沒收了。據説貝利亞跟此事有關（貝利亞當時在格魯吉亞契卡，並在1922年11月成為格魯吉亞契卡的首腦）。吉布拉澤要是有墳墓的話，墓地的位置現在依然是個謎。Urutadze, *Vospominaniia*, 278.

102 Tolf, *The Russian Rockefellers*. 曼塔舍夫生於梯弗利斯，長於伊朗的大不里士。Esadze, *Istoricheskaia zapiska ob upravlenii Kavkazom*; Mostashari, *On the Religious Frontier*.

103 Arsenidze, "Iz vospominaniia o Staline," 220–1.

104 那以後不久，大概是在1902年新年，這座機械化的工廠發生了一起火災，接着發生了一次小規模的罷工，然後又是一次大規模的罷工。有謠言説，24歲的朱加施維里為了籌集革命經費，讓人在羅斯柴爾德公司縱火，然後利用工人罷工進行敲詐，交換條件是以後減少縱火。這種説法是異想天開。事實上，羅斯柴爾德的工人撲滅了火災，可是領到額外補償的只有工頭，這激起了人們的怒火。另外，從1902年1月31日開始的第一次大罷工發生在A. I. 曼塔舍夫的公司，當時一名工人的工資被扣，據説是因為和工友談論工作上的事情。到1902年2月18日，由於工人對工作條件和懲罰制度的要求部分得到了滿足，曼塔舍夫公司恢復運營。

105 高加索的軍事長官下令對工人的居住條件進行內部調查，結果就有了具有歷史意義的第一手資料：Makharadze and Khachapuridze, *Ocherki*, 137–8（存檔報告的日期是1903年3月28日）.

106 一大批參加抗議活動的曼塔舍夫工廠的工人被趕回他們老家的村子。那些村子許多都在古利亞（西格魯吉亞），這使得那裏在1902至1906年間正在發展的農民運動越演越烈。Jones, *Socialism*, 102, 129–58.

107 罷工開始後，庫塔伊西省的軍事長官要求工人復工；他們拒絕了。32人被捕，等候遣送。其他工人唱着革命歌曲遊行到監獄，要求要麼把他們的工友放了，要麼把大家都抓起來。這些工人被騙進轉運監獄的營房。工人們怒火中燒，導致流血衝突。*Batumskaia demonstratsiia*, 9–11, 99–103 (Teofil Gogoberidze), 177–202, 203–41 (at 207); Arkomed, *Rabochee dvizhenie*, 110–8.

108 GARF, f. 102, op. 199, d. 175, l.47–8.

109 朱加施維里可能在某個時候回過梯弗利斯，去了他的朋友卡莫的住處，讓他幫忙裝配一台非法的印刷機。「卡莫是這方面的專家」，格里戈里·伊麗莎白施維里興奮地説。Ostrovskii, *Kto stoial*, 174–80; Zhvaniia, *Bol'shevistkaia pechat' Zakavkaz'ia nakanune*, 70; Chulok, *Ocherki istorii batumskoi kommunisticheskoi organizatsii*, 39–52. 據説一個叫姆什韋奧巴澤 (Mshviobadze) 的列車員用制服、帽子和提燈幫斯大林喬裝打扮，偷偷把他從巴統帶到了梯弗利斯。RGASP, f. 558, op. 1, d. 655; Kun, *Unknown Portrait*, 4.

110 Van Ree, "The Stalinist Self," 270（引自 RGASPI, f. 124, op. 1, d. 1931, l. 11: Todriia recollections); *Batumskaia demonstratsiia*, 98–9 (Todriia).

111 Rayfield, *Stalin and His Hangmen,* 26; Kun, *Unknown Portrait,* 59; Alliluyeva, *Vospominaniia,* 37, 168.

112 Pokhlebin, *Velikii psevdonym,* 47–50. 蒙蒂菲奧里利用回憶錄中的材料，把朱加施維里描寫成「巴統監獄的主要頭目，控制自己的朋友，恐嚇知識分子，買通看守並和罪犯交朋友」。Montefiore, *Young Stalin,* 103. 可以比較一下烏拉塔澤流亡後寫的回憶錄：「在我們出來放風、大家都走到監獄院子中這個那個角落的時候，斯大林獨自一人，小步前後走動，要是有人想跟他說話，他就會張開嘴，露出他冷冷的笑容，偶爾說上幾句。」Uratadze, *Vospominaniia,* 65.

113 Ostrovskii, *Kto stoial,* 194; RGASPI, f. 558, op. 4, d. 619, l.172, 轉載於 *Sochineniia,* XVII: 7–8.

114 醫生名叫格里戈里·埃利阿娃 (Grigol Eliava)。1903年初，在等待流放的時候，25歲的朱加施維里本來會被徵召加入沙皇軍隊，但是在家裏一位很有勢力的朋友的干預下，被免除了兵役。*Ah: ce qu'on,* 31.

115 Alliluev, *Proidennyi put',* 109.

116 他前腳回來，梯弗利斯社會民主黨人後腳就遭到大逮捕，這更加讓人覺得他的突然返回比較可疑。Ostrovskii, *Kto stoial,* 212–6; RGASPI, f. 558, op. 4, d. 537, l. 21 (M. Uspenskii); *Perepiska V. I. Lenina.,* II: 114–5.

117 Makharadze and Khachapuridze, *Ocherki,* 71; Chulok, *Ocherki istorii batumskoi kommunisticheskoi organizatsii,* 70–2.

118 Ostrovskii, *Kto stoial,* 214 (引自 GF IML, f. 8, op. 2, d. 4, l. 53: Makharadze, and ch. 1, d. 6, l. 231: Boguchava); Arsenidze, "Iz vospominanii o Staline," 218.

119 Ostrovskii, *Kto stoial,* 216 (引自 GF IML., f. 8., op. 2, ch. 1, d. 43, l. 217: Sikharulidze); Montefiore, *Young Stalin,* 123 (引自 GF IML f. 8, op. 2, ch. 1, d. 26, l.22–6: Sikharulidze, and d. 26, l.36–9: Sikharulidze).

120 Alliluev, *Proidennyi put',* 108–9.

121 *Machiavelli, Gosudar'.*

122 Tun, *Istoriia revoliutsionnykh dvizhenii v Rossii.*

123 Makharadze, *K tridsatiletiiu sushchestvovaniia Tiflisskoi organizatsii,* 29.

124 Jones, *Socialism,* 183–4.

125 Davis, "Stalin, New Leader"; Davis, *Behind Soviet Power,* 14. 有關戴維斯的內容，詳見第十三章。在羅伯特·塔克寫的斯大林傳記中，他強調了斯大林的馬克思主義信仰，這樣做無可厚非，但他對於斯大林向馬克思主義立場的轉變，說得有點簡單化和戲劇化：「階級鬥爭的宏大主題……過去和現在的社會是一個巨大的戰場，兩大敵對階級——資產階級和無產階級——被困其中並作殊死的搏鬥。」實際上，就像斯大林本人解釋的，僅僅是因為生活在帝俄，就把許多青年變成了馬克思主義者。Tucker, *Stalin as Revolutionary,* 115–21.

126 《斯大林全集》收錄的頭兩篇文章是1901年發表在《鬥爭報》上的兩篇未署名文章。除了浪漫主義詩歌之外，他的第一篇署名文章發表在1904年9月1日。*Sochineniia,* I: 3–55.

127 Arsenidze, "Iz vospominaniia o Staline," 235–6.

128 關於作為「老同志」的拉多，另見Yenukidze, *Nashi podpol'nye tipografii na Kavkaze*, 5, 24; 以及 Rieber, "Stalin as Georgian," 36–7.

129 Alliluev, "Moi vospominaniia," 173–5; Boltinov, "Iz zapisnoi knizhki arkhivista," 271–5; Ulam, *Stalin*, 38. 在克茨霍維里遭到槍殺後，副省長趕緊趕到監獄。一小隊哥薩克迅速把屍體運走掩埋了。Beriia and Broido, *Lado Ketskhoveli*, 201–18 (esp. 214).

130 Beriia and Broido, *Lado Ketskhoveli,* 這是斯大林恐怖時期在高加索出版的；Guliev, *Muzhestvennyi borets za kommunizm*.

131 RGAKFD, ed. khr. 15421 (1937).

第三章 沙皇制度最危險的敵人

1 Ascher, "The Coming Storm," 150. 這位名叫C. 金斯基 (C. Kinsky) 的使館隨員是阿洛伊斯·萊克薩·馮·埃倫塔爾 (Aloys Lexa von Aehrenthal，1854–1912) 大使的手下。

2 Kabuzan, *Russkie v mire*.

3 Hughes, *Peter the Great*, 11.

4 Klyuchevsky, *Peter the Great*, 257, 262–5.

5 引自 Bushkovitch, *Peter the Great*, 210; 譯自德語，稍作修改。

6 Peterson, *Peter the Great's Administrative and Judicial Reforms*; Anisimov, *Reforms of Peter the Great*; Zitser, *Transfigured Kingdom*.

7 1730年，兩個貴族家族限制皇權的嘗試——設置登上皇位的條件——之所以失敗，主要是因為其他貴族家族的反對。Waters, *Autocracy and Aristocracy*.

8 Hellie, "Structure of Russian Imperial History." 斯大林統治時期，這種效忠的義務，其範圍已經從國家工作人員和軍官擴大到工廠管理人員、集體農莊主席、科學家、作家、音樂家甚至芭蕾舞演員。

9 Raeff, "Bureaucratic Phenomenon"; Raeff, "Russian Autocracy"; Cherniavsky, *Tsar and People*, 82–90; Taranovski, "The Politics of Counter-Reform," chap. 5; Lieven, *Aristocracy in Europe*. 勒多內認為，當時俄國的確形成了具有自我意識的統治精英。LeDonne, *Absolutism and Ruling Class*. 另見Torke, "Das Russische Beamtentum."

10 引自Yanov, *Origins of Autocracy*, vii.

11 Vasil'chikov, *Vospominaniia*, 142–4, esp. 227–8; Lieven, "Russian Senior Officialdom," 221.

12 Vitte, *Vospominaniia* [1960], III: 460.

13 Dickson, *Finance and Government*.

14 Robbins, "Choosing the Russian Governors," 542; Robbins, *Tsar's Viceroys*; Keep, "Light and Shade."

15 *Otchet po revizii Turkestankogo kraia*, 38, 47; Khalid, *Politics of Cultural Reform*, 60. 斯拉夫人常被送到突厥斯坦以示懲戒，而該地區差不多完全成了殖民地。沙皇政權

想要把塔什干變成其治下的模範城市，但是在19世紀末，從倫敦到印度很可能都比從聖彼得堡到突厥斯坦容易。

16 Zaionchkovskii, *Pravitel'stvennyi apparat samoderzhavnoi Rossii v XIX v.*, 221–2; Troitskii, *Russkii absoliutizm i dvorianstvo v XVIII veke*, 212–6; Rogger, *Russia in the Age of Modernization*, 49–50; Figes, *A People's Tragedy*, 46. 嚴格説來，醫生、大學教授、工程師以及其他許多專業人員，都屬於國家官員，這樣一來，這些數字和比較就不太精確了。根據另外一種説法，到1900年為止，從事行政事務的有52.4萬人。Freeze, "Reform and Counter-Reform," 170–99 (at 186). 到1912年為止，據説俄國每60名城市居民就有1名工作人員，而農村居民每707名才有1名工作人員。Rubakin, *Rossiia v tsifrakh*, 64.

17 Hoetzsch, *Russland*, 270.

18 Häfner, *Gesellschaft als lokale Veranstaltung.*另見 Starr, *Decentralization and Self-Government.*

19 Yevtuhov, *Portrait of a Russian Province.*

20 Polovtsov, *Dnevnik* , I: 477; Suvorin, *Dnevnik*, 25, 327; Lamzdorf, *Dnevnik*, 310. 另見 Rogger, *Russia in the Age of Modernization*, preface.

21 參見科科夫佐夫（Kokovtsov）的評論，Lieven, "Russian Senior Officialdom," 209（引自 TsGIAL, f. 1200, op. 16/2, d. 1 and 2, s. 749); Lieven, *Russia's Rulers*, 292. 貴族們強烈反對亞歷山大一世統治時期開始採用的考試制度；1834年，考試制度被取消。

22 Tatishchev, *Imperator Aleksandr Vtoroi*, I: 140.

23 Baumgart, *Crimean War*; Stephan, "Crimean."

24 Rieber, "Alexander II"; Rieber, *Politics of Autocracy*.

25 Miliukov, *Ocherki po istorii Russkoi kul'tury*, I: 145–9. 關於俄國的自由主義，參見 Leontovitsch, *Geschichte des Liberalismus*; Fischer, *Russian Liberalism*; Karpovich, "Two Types of Russian Liberalism," 129–43; Raeff, "Some Reflections"; Pipes, *Peter Struve*; Shelokhaev, *Russkii liberalizm*.

26 Valuev, *Dnevnik P. A. Valueva*, I: 181. 其中的一個擔心是，議會會成為波蘭貴族的跳板。

27 Pravilova, *Zakonnost' i prava lichnosti*; Wortman,"Russian Monarchy and the Rule of Law." 國家工作人員只有在得到其上級批准的情況下才可以受到起訴和審判。Korkunov, *Russkoe gosudarstvennoe pravo*, II: 552.

28 1860年代以及1880年代又一次沒能頒行憲法和設立立法機關，對於由此造成的長遠影響，參見 George F. Kennan, "The Breakdown of the Tsarist Autocracy," 載於 Pipes, *Revolutionary Russia*, 1–15.

29 Makarov, *Sovet ministrov Rossiiskoi Imperii*, 41.

30 Dolbilov, "Rozhdenie imperatorskikh reshenii."

31 Chavchavadze, *The Grand Dukes*, 128.

32 Lauchlan, *Russian Hide-and-Seek*, 57–74. 另見 Laporte, *Histoire de l'Okhrana*; Monas, *The Third Section,* 40–1; Hingley, *The Russian Secret Police*; Zuckerman, *The Tsarist Secret Police*;

748

Ruud and Stepanov, *Fontanka 16*; Peregudova, *Politicheskii sysk Rossii*; 以及 Shchëgolëv, *Okhranniki i avantiuristy*.

33 Vasilyev, *Ochrana*, 41, 55, 57. 到1913年為止，一共有七個暗室。Kantor, "K istorii chernykh kabinetov," 93. 保安處負責破譯密碼的頭目後來受僱於蘇維埃秘密警察。Hoare, *Fourth Seal*, 57. 基輔保安處的特工卡爾‧西韋爾特 (Karl Zivert) 發明了一種方法，可以不破壞封蠟就取出信件，這種技術後來傳給了克格勃。Kahn, *Codebreakers*. 梯弗利斯的暗室在1905年短暫關閉過，那裏有七名工作人員。

34 當杜爾諾沃在1905年底成為內務大臣時，他發現了一封被截獲的信件，那封信是他自己寫的，他在信中命令，不許拆看他自己的郵件。Lauchlan, *Russian Hide-and-Seek*, 122. 另見 Gurko, *Features and Figures*, 109. 按照俄國的法律，嚴格來説，拆看他人郵件是違法的；暗室工作人員都使用代號來指稱自己。但他們在1908年被一位名叫M. E. 巴凱 (M. E. Bakai) 的前高級僱員揭露出來。

35 Daly, *Autocracy Under Siege*, 105. 俄國人數最多的警察類別是憲兵隊，有1萬到1.5萬人。

36 Monas, "The Political Police," 164–90. 莫斯科保安處處長祖巴托夫 (Zubatov) 開始採取最新的記錄方式、建立人體測量學的檔案並設立省級分支機構。他於1917年自殺。Zhilinskii, *Organizatsiia i zhizn' okhrannago otdeleniia*, 120.

37 Lauchlan, *Russian Hide-and-Seek*, 167, n77.

38 瓦西里耶夫講了一個名叫斯廖托夫 (Sletov) 的人的故事。斯廖托夫帶了行動小組來到聖彼得堡，準備暗殺尼古拉二世。他的一個熟人是保安處的線人。不過，斯廖托夫的計劃雖然引起了最高警察當局的注意，可他並沒有被逮捕。警方的考慮是，保安處可能還不知道這起陰謀的其他參與者。於是，警方就讓人警告斯廖托夫，説他已暴露，希望促使他的整個小組逃跑以便對其加以監視。對皇帝的直接威脅被化解了。雖然有些逃掉的人將來還會進行政治暗殺，但至少現在警方可以確信，這些人全都在他們的掌握之中。Vasilyev, *Ochrana*, 71–2.

39 Vasilyev, *Ochrana*, 71–2; Lauchlan, *Russian Hide-and-Seek*, 221; Ruud and Stepanov, *Fontanka 16,* 125–51. 瓦西里耶夫解釋説，招募的密探過着雙重生活，他們有時會突然精神失控，以致「警方的官員常常會被為他們效力的密探殺害，而那些密探在當時一直顯得絕對可靠」(*Ochrana*, 77–8)。

40 Lauchlan, *Russian Hide-and-Seek*, 90–1. 1905年單獨設立了一個負責宮廷安全的機構 (okhrana)；當時規模大得多的保安處 (okhranka) 並不叫 okhrana。斯大林後來不但遇到監視他的幾位警察頭目，甚至還遇到過幾位刺客。

41 Pipes, *The Degaev Affair*. 聯合起來的社會革命黨直到1905年12月至1906年1月才在俄屬芬蘭召開了第一次正式的代表大會。Sletov, *K istorii vozniknoveniia partii sotsialistov revoliutsionerov*, 76–8.

42 Levine, *Stalin's Great Secret*; Smith, *Young Stalin*; Brackman, *Secret File*. 雖然費了很大的力氣，但無論是尼古拉‧葉若夫還是拉夫連季‧貝利亞，似乎都沒有找到令人信服的、可以證明所謂斯大林是為保安處工作的文件材料。而像羅曼‧馬利諾夫斯基等人，他們還在世的時候就被揭露出來與保安處有聯繫。Montefiore, *Young Stalin*, xxiii.

43 托洛茨基後來遭到指控，説他在1905年向警方出賣聖彼得堡蘇維埃，並從1902年開始就成了保安處的密探。Shul'gin, *Chto nam v nikh ne nravitsia*, 281; Volkogonov, cmc *Trotsky*, 40. 在對托洛茨基的起訴書中，斯大林沒有採用葉若夫和貝利亞報告的材料，這或許是因為它也會讓人聯想到有關斯大林的種種傳聞。雅科夫·斯維爾德洛夫當時也受到懷疑。Lipatnikov, "Byl li agentom okhranki Sverdlov?" 後來，加米涅夫也被指控同保安處有聯繫。Trotsky, *Stalin*, 221; Slusser, *Stalin in October*, 201–4.

44 Vasilyev, *Ochrana*, 96. 另見 Daly, *Autocracy Under Siege*, 117–23.

45 有位學者總結得很好：「舊政權根本沒有領會現代產業經濟的需要。」Gatrell, *Government, Industry, and Rearmament*, 326. 對沙皇時期經濟業績的比較研究，參見 Gregory, *Russian National Income*.

46 Gann, "Western and Japanese Colonialism," at 502.

47 Kotkin, "Modern Times."

48 Fridenson, "The Coming of the Assembly Line to Europe," 159–75; Hounshell, *From the American System to Mass Production*.

49 Conant, *Wall Street and the Country*; Feis, *Europe: the World's Banker*.

50 Davis, *Late Victorian Holocausts*.

51 Cotton, *New India*, 83.

52 Headrick, *Tools of Empire*.

53 當時俄國的工業產值只有美國的10%。Gregory, *Before Command*, 17–22.

54 當威廉·富勒問「在18世紀和19世紀初，俄國政權很成功地將其軍事資源轉化成權力，而此後同樣的事情卻很不成功，這是怎麼回事以及為甚麼」時，他在俄國國內的因素中找到了答案。但實際上，他可以參考其他大國取得的進步。從軍事角度來説，俄國的成敗也總是相對的。Fuller, *Strategy and Power*, xiv.

55 Kingston-Mann, "Deconstructing the Romance of the Bourgeoisie." 1893年，丹尼爾遜用化名發表了他自己的答案，那是對馬克思的俄式解讀：Nikolai-on, *Ocherki nashego poreformennogo obshchestvennogo khoziaistva*.

56 *Rossiia: Entsiklopedicheskii slovar'*, 192–209. 1903年12月，英國首相亞瑟·鮑爾弗 (Arthur Balfour) 指出了這樣一個顯而易見的事實，即「俄國的優勢在於其龐大的人口和不易進攻的領土。劣勢是財政。」Neilson, *Britain and the Last Tsar*, 242.

57 1888年，帝國用在格魯吉亞的年度開支據估計有4,500萬盧布，而格魯吉亞的財政收入只有1,800萬。Kondratenko, *Kratkii ocherk ekonomicheskogo polozheniia Kavkaza po noveishim ofitsial'nym i drugim otchetam*, 77.

58 Hickey, "Fee-Taking"; van de Ven, "Public Finance."

59 Crisp, *Studies in the Russian Economy*, 26–8; Babkov, "National Finances," 184; Dmitriev, *Kriticheskie issledovaniia o potreblenii alkogoliia v Rossii*, 157.

60 Fuller, *Strategy and Power*; Pogrebinskii, *Ocherki istorii finansov dorevoliutsionnoi Rossii*, 176. 到1913年為止，在俄國政府的開支中，軍事佔30%。這要低於18世紀時的60%，當時國家在人力資本上（教育、健康等等）的投入近乎為零。Gatrell, *Russia's First World War*, 8; Kahan, *The Plow*, 336.

61   Rieber, "Persistent Factors," 315–59; LeDonne, *Russian Empire and the World*.

62   Daly, *Autocracy Under Siege*, 108–10; Spiridovich, *Zapiski zhandarma*, 81–2.

63   Aleksander I. Spiridovich, "Pri tsarskom rezhime," Gessen, *Arkhiv russkoi revoliutsii*, XV: at, 141. 另見 Pipes, *Russian Revolution*, 4.

64   Schneiderman, *Sergei Zubatov and Revolutionary Marxism*.

65   Gregory, "Grain Marketings and Peasant Consumption"; Goodwin and Grennes, "Tsarist Russia."

66   Sukennikov, *Krestianksaia revoliutsiia na iuge Rossii*.

67   Jones, *Socialism*, 129–58; Shanin, *Rots of Otherness*, II: 103–7.

68   Borzunov, "Istoriia sozdaniia transsibirskoi zhelezno-dorozhnoi magistrali."

69   Westwood, *History of Russian Railways*; Westwood, *Historical Atlas*.

70   Marks, *Road to Power*, 35–41.

71   *Sibir' i velikaia zhelznaia doroga*, 211; Putintsev, "Statisticheskii ocherk Tomskoi gubernii," 83–4. 1880年代，西伯利亞在俄國黃金產量中所佔的比例已經在下降，但仍有 80%。

72   Marks, *Road to Power*, 184, 217; McCullough, *Path Between the Seas*, 173, 610. 蘇聯早期的計劃制定者把這條鐵路視為先驅：Grinevetskii, *Poslevoennye perspektivy Russkoi promyshlennosti*, 62.

73   Kann, "Opyt zheleznodorozhnogo stroitel'stva v Amerike i proektirovanie Transsiba," 114–36.

74   Kaufman, "Cherty iz zhizni gr. S. Iu. Witte"; McDonald, *United Government*, 11–30.

75   Yaney, "Some Aspects of the Imperial Russian Government."

76   *Ministerstvo vnutrennykh del*; *Ministerstvo finansov, 1802–1902*.

77   國土部(1837–1894)變成了「農業與國土部」(1894–1905)，後來又變成「土地開墾與農業總局」(1905–1915)。*Sel'sko-khozyaystvennoe vedomstvo*. 從形式上來說，單獨的農業部只存在於戰爭期間(1915–1917)。

78   Yaney, "Some Aspects of the Imperial Russian Government," 74.

79   Kuropatkin, *Russian Army*, I: 139–40.

80   von Korostowetz, *Graf Witte*, 20.

81   "Dokladnaia zapiska Witte Nikolaiu II"; von Laue, *Sergei Witte*, 1–4; von Laue, "Secret Memorandum."

82   Von Laue, "High Cost."

83   Wcislo, *Tales of Imperial Russia*, esp. 104–11.

84   Gurko, *Features and Figures*, 56–61; Wcislo, *Tales of Imperial Russia*, 144–53; Urusov, *Zapiski tri goda*, 588. 另見 Harcave, *Count Sergei Witte*.

85   Romanov, "Rezentsiia," 55.

86   Lieven, *Russia's Rulers*, 139 (引自 *Novoe vremia*, September 9, 1915: 3).

87   Iswolsky, *Recollections of a Foreign Minister*, 121; Gurko, *Features and Figures*, 259.

88   Romanov, *Rossiia v Man'chzhurii*, 11, n2; Geyer, *Russian Imperialism*, 186–219.

89　Malozemoff, *Russian Far Eastern Policy*. 另見 Schimmelpenninck, *Toward the Rising Sun*.

90　Williamson, "Globalization," 20.

91　O'Rourke and Williamson, *Globalization and History*.

92　LaFeber, *The Clash*, 67; Aydin, *Politics of Anti-Westernism in Asia*, 81.

93　Gann, "Western and Japanese Colonialism," at 503.

94　Sergeev, *Russian Military Intelligenc*, 31–52; Fuller, *Strategy and Power* 328–9. 1899 年，有位俄國官員嘆道：「要是俄國的外交官更警覺一些，更主動一些，他們在 1894 至 1895 年的〔中日〕戰爭期間，就可以同日本秘密達成諒解，共同瓜分遠東。」轉引自 Lensen, "Japan and Tsarist Russia," at 339, n9.

95　Westwood, *Russia Against Japan*, 22; White, *Diplomacy of the Russo-Japanese War*, 142–3; Nish, *Origins of the Russo-Japanese War*, 241–2.

96　Ferris, "Turning Japanese," II: at 129.

97　Ukhtomskii, *Puteshestvie na Vostok ego imperatorskogo vysohchestva gosudaria naslednika tsarevicha*; Shin, "The Otsu incident."

98　McDonald, *United Government*, 31–75; Esthus, "Nicholas II"; Gurko, *Features and Figures*, 264; March, *Eastern Destiny*, 173–84.

99　Koda, "The Russo-Japanese War."

100　*Vpered!*, January 1, 1905; Pavlovich, "SSSR i vostok," 21–35.

101　尼古拉在日記中寫道：「現在，關於整個分艦隊在兩天的戰鬥中幾乎全軍覆沒的可怕消息，終於得到證實。」*Dnevnik imperatora Nikolaia II* (1923), 201.

102　Lieven, *Empire*, 159.

103　Menning, *Bayonets Before Bullet*, 152–99; Nish, "Clash of Two Continental Empires," I: 70.

104　*Dnevnik Imperatora Nikolaia II* 1991, 315.

105　Trusova, *Nachalo pervoi russkoi revoliutsii*, 28–30; Field, "Petition Prepared for Presentation to Nicholas II."

106　Gapon, *Story of My Life*, 144, 180–8; Gurko, *Features and Figures*, 345; Galai, *Liberation Movement in Russia*, 239; Pankratova, *Revoliutsiia*, IV: 103, 811, n112; Zashikhin, "O chisle zhertv krovavogo voskresen'ia"; Ol'denburg, *Istoriia tsarstvovaniia Imperatora Nikolaia II*, I: 265–6.

107　Heenan, 轉引自 Askew, "An American View," 43.

108　Savich, *Novyi gosudarstvennyi stroi Rossii*, 11–14; Daly, *Autocracy Under Siege*, 168–9; Verner, *Crisis of Russian Autocrac*, 182–217.

109　Martynov, *Moia sluzhba*, 59.

110　Zhordania, *Moia zhizn'*, 44. 1905 年的頭十個月，為了恢復秩序，至少出動軍隊 2,699 次（相比之下，1900 年只有 29 次）。

111　Robbins, *The Tsar's Viceroys*, 230–2（引自 I. F. Koshko, *Vospominania gubernatora [1905–1914 gg.]: Novgorod, Samara, Penza* [Petrograd, 1916], 83–8）. 1904 年 7 月，高加索總督戈利岑（Golitsyn）在一次恐怖襲擊中受傷身亡。接替他的是精力充沛的伊拉里

翁・沃龍佐夫伯爵（Illarion Vorontsov），一位馬主兼石油投資商，他和沙皇關係密切，結果成了總督（該職位已經恢復）。沃龍佐夫在1905年請求辭職，但被迫留任（直到1915年）。

112 Westwood, *Russia Against Japan*, 135, 153.

113 谷壽夫（Tani Toshio）在他有關這場戰爭的秘史的書中，認為責任在於日本的情報機關，而羅伯特・瓦利恩特則認為應歸功於俄國人的防衛。Valliant, "Japan and the Trans-Siberian Railroad," 99.

114 Fuller, *Strategy and Power*, 403–4; Steinberg, *All the Tsar's Men*, 121.

115 Geyer, *Russian Imperialism*, 234–6.

116 White, *Diplomacy of the Russo-Japanese War*, 227ff.

117 Aydin, *Politics of Anti-Westernism*, 71–92 (at 73: Alfred Zimmern of Oxford University). 另見 Barraclough, *Introduction to Contemporary History*.

118 明石元二郎（Akashi Motojirō），《落花流水》（*Rakka ryūsui*）。保安處截獲了他的郵件並出版了一本小冊子——《革命的陰暗面：日本經費與俄國的武裝暴動》(1906)，詳細披露了那位大佐的活動。*Iznanka revoliutsii: Vooruzhennoe vozstanie v Rossii na iaponskie sredstva* (St. Petersburg: A. S. Suvorin, 1906). 這本小冊子10戈比一本。明石被從德國召回，獲任命為日本在殖民地朝鮮的憲兵首腦，在那裏率先採取了那種讓他出名的鎮壓手段。

119 Roy A. Medvedev, "New pages from the Political Biography of Stalin," 載於 Tucker, *Stalinism*, 199 (at 200–1). 1阿爾申等於16韋爾紹克，相當於28英寸。

120 Von Laue, *Sergei Witte*, 40.

121 轉引自 Makharadze and Khachapuridze, *Ocherki,* 135. 另見 Chakhvashvili, *Rabochee dvizhenie*, 63.

122 除了朱加施維里之外，高加索赤色百人團的組織者還包括米霍・茨哈卡雅、菲利普・馬哈拉澤、米霍・博恰里澤（Mikho Bocharidze）、布杜・姆季瓦尼和孟什維克派的席爾瓦・吉布拉澤。Talakavadze, *K istorii*, I: 143; Parkadze, "Boevye bol'shevistskie druzhiny v Chiature v 1905 gody," 46–50. 另見 Montefiore, *Young Stalin*, 112; 以及 van Ree, "The Stalinist Self," 275–6.

123 "Predislovie k pervomu tomu," 載於 *Sochineniia*, I: 10; XVII: 622–37 (斯大林自己的描述，見於瓦西里・D. 莫恰洛夫〔Vasily D. Mochalov〕1945年12月28日在克里姆林宮一次會議上所做的筆記)；Service, *Stalin*, 54–5 (引自謝爾蓋・卡夫塔拉澤〔Sergei Kavtaradze〕未公開發表的格魯吉亞文回憶錄)；Tucker, *Stalin as Revolutionary*, 140–1.

124 "Kak ponimaet sotsial demokratiia natsional'nyi vopros?," *Sochineniia*, I: 32–55 (引自 *Proletariatis Brdzola*, Sept. Oct. 1904). 另見 Tucker, *Stalin as Revolutionary*, 140–1.

125 RGASPI, f. 71, op. 10, d. 183, l. 111, 轉引自 van Ree, *Political Thought of Joseph Stalin*, 69.

126 拉米施維里後來在巴黎被蘇聯特工暗殺。參見 Chavichvili, *Patrie, prisons, exil*. 恰維施維里（1886–1975）是社會民主黨記者，移民後從事與國際聯盟有關的記者工作。

127 Ostrovskii, *Kto Stoial*, 231–6 (引自 GF IML, f. 8, op. 5, d. 320, l.2–2ob); Trotsky, *Stalin*, 59; Tucker, *Stalin as Revolutionary*, 104. 1904年11月底，在梯弗利斯召開的第一次外高加索布爾什維克代表會議上，朱加施維里是12名代表之一。他們成立了單獨的「高加索局」（現在還不清楚朱加施維里是不是一開始就是其中一員），討論了即將於1905年4月在倫敦召開的布爾什維克代表會議──它被托洛茨基稱為「布爾什維主義的立憲會議」。在倫敦的4名高加索（布爾什維克）代表是加米涅夫、茨哈卡雅、賈帕里澤 (Japaridze) 和涅夫斯基。朱加施維里當時還在奇阿圖拉。RGASPI, f. 558, op. 4, d. 651, l.226–7 (M. Chodrishvili) ; *Perepiska V. I. Lenina*, III: 215–22; Taratuta, "Kanun revoliutsii 1905 g. na Kavkaze," ; Moskalev, *Bol'shevistskie organizatsii Zakavkaz'ia Pervoi russkoi revoliutsii i v gody stolypinskoi reaktsii*, 72; Ostrovskii, *Kto stoial*, 223.

128 RGASPI, f. 558, op. 4, d. 649, l. 361 (S. Khanoian, *Zaria vostoka*, January 24, 1925); op. 1, d. 938, l.5–8; Jones, *Socialism*, 122; Talakavadze, *K istorii*, 119–20; Bibineishvili, *Kamo*, 70; Chavichvili, *Patrie, prison, exil*, 68–9, 71–9, 88–9, 92, 113, 116–7; Ostrovskii, *Kto stoial*, 231–6; van Ree, 271; *Sochineniia*, I: 99–103.

129 Getzler, *Martov*, 219, 引自 Martov, *Vpered' ili nazad?* (Geneva, 1904), 2.

130 *PSS*, VI: 126–7.

131 「誰有刀槍，誰就有麵包」，出自布朗基之口的這句話，出現在墨索里尼早期的社會主義報紙《意大利人民報》的報頭上。

132 Lih, *Lenin Rediscovered*. 利赫取得了許多突破，他還證明了列寧距離考茨基歸根結底沒有那麼遠。後者在1899年寫道：「社會民主黨是富有鬥爭精神的無產階級政黨；它要做的就是啟發和教育無產階級，把它組織起來，想盡一切辦法擴大它的政治和經濟力量，佔領一切能夠佔領的陣地，從而讓它強大和成熟起來，並最終使它能夠奪取政權並推翻資產階級統治」(87–88)。

133 Ulam, *The Bolsheviks*, 193–4.

134 Sapir, *Fedor Il'ich Dan*, 50–5. 曾經和馬爾托夫一起幫助列寧反對崩得分子的費奧多爾‧唐恩，也是把列寧最初的幾本《怎麼辦？》(1902) 放在手提箱夾層裏偷偷帶進俄國的人之一。整個1940年代，移居國外的唐恩始終認為布爾什維主義和孟什維主義是互補的而不是對立的。參見 Liebich, "Menshevik Origins." 警察也在追捕崩得分子。從1903年6月至1904年7月，有近4,500名崩得成員被捕。Minczeles, *Histoire générale du Bund*, 119.

135 Iremashvili, *Stalin und die Tragödie*, 21–3; Arsenidze, "Iz vospominaniia o Staline," 235; 以及 Tucker, *Stalin as Revolutionary*, 99, 133–7.「要是沒有列寧，」斯大林本人晚年若有所思地說，「我還是個唱詩班的男生和神學院的學生。」當然不是這麼回事：朱加施維里在瞭解──如果說有點瞭解──列寧之前，早就離開了唱詩班和神學院。Mgeladze, *Stalin*, 82.

136 Himmer, "First Impressions Matter." 1905年11月26至30日，在梯弗利斯召開了俄國社會民主工黨高加索聯盟代表會議，與會者討論了布爾什維克和孟什維克統一的必要性，並選出三名代表參加即將舉行的第五次黨的代表大會 (譯註：此處說法有誤，應為俄國社會民主工黨第一次代表會議或布爾什維克代表會議。)：朱

加施維里、彼得・蒙京 (Pyotor Montin) 以及格里戈里・捷利亞。RGASPI, f. 558, op. 4, d. 655, l. 185 (G. Parkadze). 這次代表大會本來是準備在聖彼得堡召開的，但內務大臣杜爾諾沃12月3日對聖彼得堡蘇維埃成員大肆逮捕，迫使會議更改地點。Ostrovskii, *Kto stoial*, 242–5.

137 列寧和克魯普斯卡婭將在1906年8月避居沙皇治下的芬蘭，接着又在1907年12月再次流亡歐洲。

138 Stalin, "O Lenine," 轉載於 *Sochineniia*, VI: 52–64 (at 54). 另見 Souvarine, *Stalin*, 82; Trotsky, *Stalin*, 69; Dawrichewy, *Ah: ce qu'on*, 160, 212–3.

139 Medvedev, *Let History Judge*, 97. 聖彼得堡蘇維埃在1905年成立的詳情現在還有爭議。Voline, *Unknown Revolution*; Trotsky, *1905* [1922]; Trotsky, *1905* [1971]. 另見 Samoilov, *Pervyi sovet rabochikh deputatov.*

140 轉引自 Verner, *Crisis of Russian Autocracy*, 234; "Perepiska Nikolaia II i Marii Fedorovny."

141 Maksakov, "Iz arkhiva S. Iu. Vitte" and "Doklady S. Iu. Vitte Nikolaiu II," 107–43, 144–58 ; Gurko, *Features and Figures*, 396; Verner, *Crisis of Russian Autocracy*, 228–33; Witte, *Samoderzhavie i zemstvo*, 211. 1908年，在被問到對專制制度所作的政治改革時，據說維特是這樣回答的：「我頭腦裏有部憲法……但至於我心裏……」說到這裏，他朝地上吐了口唾沫。Pares, *My Russian Memoirs)*, 184.

142 Trepov, "Vespoddaneishaia zapiska D. F. Trepova."

143 Mehlinger and Thompson, *Count Witt*, 29–46.

144 Vitte, *Vospominaniia [1923–24]*, III: 17, 41–2; Pilenko, *At the Court of the Last Tsar*, 97; "Zapiska A. F. Redigera o 1905 g.," *Krasnyi arkhiv*, 1931, no. 14: 8. 大公起初是支持鎮壓的，但他的想法變了。"Zapiska Vuicha," in Vitte, *Vospominaniia* [1960], III: 22.

145 *Svod zakonov Rossiiskoi imperii*, I: 2; Savich, *Novyi gosudarstvennyi stroi Rossii*, 24–5; Ascher, *Revolution of 1905*, II: 63–71.

146 Borodin, *Gosudarstvennyi sovet Rossii*; Iurtaeva, *Gosudarstvennyi sovet v Rossii*; Korros, *A Reluctant Parliament*; Gurko, *Features and Figures*, 22–3. 到尼古拉二世開始執政時，國務會議中被任命的委員已經從35人增加到大約100人，但其中積極參與的只有不到40人，而沙皇也沒有義務一定要向他們諮詢。在整個尼古拉二世統治時期，共有大約215人被任命為國務會議委員，其中有超過三分之二的委員要靠薪水而不是繼承的財富為生，所以並不真正獨立。

751

147 McDonald, *United Government*, 83–6 (引自 RGIA, f. 1544, op. 1, d. 5, l.3–9 [Kryzhanovskii] and l. 270 [Witte]). 另見 Doctorow, "Introduction of Parliamentary Institutions."

148 Brunck, *Bismarck*, 36.

149 有關各部的情況，參見Yaney, *Systematization*, 286–318. 當政府大臣在國家杜馬（或作為上院的國務會議）會議上發言時，他們開頭要說這樣一句話，「承蒙皇帝俯允」。這是為了表示，即便是匯報情況也是皇帝的恩典。

150 起草人是國務會議成員阿列克謝・奧博連斯基 (Alexei Obolensky)。*Iuridicheskii vestnik*, 11/3 (1915): 39 (A. S. Alekseev).

151 Verner, *Crisis of Russian Autocracy*, 434; McDonald, *United Government*, 10.

152 Maslov, *Agrarnyi vopros v Rossii*, II: I59–60; Perrie, "Russian Peasant Movement."

153 McDonald, "United Government," 190–211. 維特並未擁有作為一名總理所應擁有的正式權力，但他憑藉強有力的個性，在某種程度上主導了鬆散的大臣會議（1906年4月解散）。

154 Gerassimoff, *Der Kampf*, 67; Gerasimov, "Na lezvii s terroristami," II: 139–342 (at 183–4); Vitte, *Vospominaniia [2000]*, II: 288, III: 74–5, 619. 維特回憶說那位外交官代表的是西班牙。

155 證據顯示，維特當時是想讓杜爾諾沃擔任副內務大臣，但杜爾諾沃拒絕了。Urusov, *Zapiski tri goda*, 589–92; Gurko, *Features and Figures*, 180, 406, 411–2; Vitte, *Vospominaniia 2000*, III: 71–2; Daly, *Autocracy Under Siege*, 173–4.

156 Martynov, *Moia sluzhba*, 59. 1912至1917年，馬丁諾夫負責莫斯科保安處。

157 Santoni, "P. N. Durnovo," 118–20; Ascher, *Revolution of 1905*, II: 22. 1906年的俄國基本法仿照了普魯士和日本的憲法，而後兩者都沒有實行真正的議會統治。Miliukov et al, *Histoire de Russie*, III: 1123–4; Doctorow, "Fundamental State Law."

158 Gerasimov, *Na lezvii*, 52; D. N. Liubimov, "Sobytiia i liudi (1902–1906 gg.)," RGALI, f. 1447, op. 1, d. 39, l. 464; Beletskii, "Grigorii Rasputin," no. 22: 242; Gurko, *Features and Figures*, 410.

159 "Nikolai II—imperatritse Marii Fedeorovne, 12 ianvaria 1906," 187.

160 Keep, *Rise of Social Democracy*, 251–2; Engelstein, *Moscow 1905*.

161 Pankratova, *Revoliutsiia*, V, ii: 76–7.

162 Shanin, *Rots of Otherness*, II: 278–9.

163 Shestakov, *Krest'ianskaia revoliutsiia*, 50.

164 Ascher, *Revolution of 1905*, II: 157–8. 應徵入伍的農民實際上是再次陷入了農奴制：不僅是在暴君一般的軍官手下，還要被迫去種地，自己製作衣服和工具。

165 Fuller, *Strategy and Power*, 138–9.

166 Bushnell, *Mutiny amid Repression*. 另見 Fuller, *Civil-Military Conflict*, 144–55. 1906年5至7月，兵變重新開始（總數再次超過200），而舊秩序似乎又要壽終正寢了。

167 Gurko, *Features and Figures*, 7. 另見 Daly, *Autocracy Under Siege*, 176; 以及 Lieven, *Russia's Rulers*, 216.

168 Stepun, *Byvshee i nesbyvsheesia*, 304.

第四章 立憲專制

1 Loukianov, "Conservatives and 'Renewed Russia,'" 776 （引自 A. I. Savenko to N. K. Savenko, April 28, 1914: GARF, f. 102, op. 265, d. 987,1. 608).

2 Vereshchak, "Stalin v tiur'me"; Tucker, *Stalin as Revolutionary*, 117. 這些回憶錄寫於1928年1月，而不是1930年代，而且是發表在流亡者的出版物上，不是蘇聯官方出版物，這就增加了它們的可信度。

3   Borges, "The New Czar."

4   Gilliard, *Thirteen Years*.

5   Tagantsev, *Perezhitoe*, 35–6. 另見 Kokovtsov, *Out of My Past*, 129–31.

6   M. A. Taube, "Vospominaniia," 171, ms., Bakhmeteff Archive, Columbia University. 關於該機構的結構，參見 Szeftel, *Russian Constitution*; 以及 McKean, *Russian Constitutional Monarchy*.

7   Maklakov, *Pervaia Gosudarstvennaia Duma*, 59–117; Emmons, *Formation of Political Parties*, 21–88.

8   Mehlinger and Thompson, *Count Witte*, 313–29.

9   身材高大的維特碰巧和亞歷山大三世一模一樣，而看上去酷似維特的亞歷山大三世的肖像——就掛在尼古拉二世的書房裏——親切有加而又沒完沒了地責備這位沙皇相比乃父的不足，但這些都無濟於事。尼古拉二世後來說，他在聽到維特死訊的時候，心中有一種「真正的復活節般的平和」（還有其他因素）。維特則說：「我是天生的君主派，我希望為君主而死，但我希望不再有尼古拉二世那樣的沙皇。」Anan'ich and Ganelin, "Opyt kritiki memuarov S. Iu. Vitte," 298–374 (at 299); Vitte, *Vospominaniia* [1960], III; 336.

10   Borodin, *Gosudarstvennyi sovet Rossii*, 49; Aldanov, "Durnovó," 39.

11   與斯托雷平當上總理有關的種種陰謀現在依然不太清楚。*Russkie vedomosti*, July 1, 1906: 2 (米留可夫); Kokovtsov, *Out of My Past*, 146–56; Shipov, *Vospominaniia i dumy o perezhitom*, 445–8, 457; Miliukov, *Vtoraia Duma*, 226; Miliukov, *Vospominaniia [2000]* I: 380; Ascher, *P. A. Stolypin*, 110–14.

12   當時做過各種手術但都沒能矯正這種畸形。Ascher, *P. A. Stolypin*, 15.

13   Ascher, *P. A. Stolypin*, 44–6, 88–90, 94–6; Fallows, "Governor Stolypin," 160–90; Waldron, *Between Two Revolutions*, 189, n30 (RGIA, f. 1276, op. 3, d. 959, l. 75).

14   Sidorovnin, *Stolypin, zhizn' i smert'*, 197; Daly, *Watchful State*, 34.

15   Kryzhanovskii, *Vospominaniia*, 209–21.

16   Robinson, *Rural Russia*, 130; Hindus, *Russian Peasant*, 91–2.

17   Mehlinger and Thompson, *Count Witte*, 288–41.

18   Shchëgolëv, *Padenie*, V: 406, 411, 415 (Kryzhanovsky); Lauchlan, *Russian Hide-and-Seek*, 115–23; Ruud and Stepanov, *Fontanka 16*, 111–6.

19   Waldron, *Between Two Revolutions*, 106–14.

20   沙皇每年只有兩個月是必須召集杜馬的。另外，有充分的證據表明，維特的繼任者、總理格雷米金（Goremykin）與尼古拉二世合謀讓杜馬開會，只是為了敗壞它在公眾心目中的聲譽。杜馬被解散了，格雷米金也被解除了職務。Verner, *Crisis of Russian Autocracy*, 332–4. 即便在有了杜馬之後，尼古拉二世在與德國大使談到君主專制時還說：「對於欠發達國家來說，根本不可能有別的制度，因為群眾需要有一隻堅定而粗暴的手去統治他們……在這裏，我是主人。」Rogger, *Russia in the Age of Modernization*, 19, 引自 Seraphim, *Russische Porträts* I: 250.

21   Ascher, *P. A. Stolypin*, 205–7. 根據新的選舉法，（選舉人團中）三分之二的選舉人來自貴族和擁有地產的商人，三分之一來自農民以及城市居民和工人。帝國有的

地區，比如突厥斯坦，整個地區都沒有代表。Harper, *New Electoral Law*; Doctorow, "The Russian Gentry." 尼古拉二世似乎把1907年6月3日的新選舉法視為復辟不受 約束的君主專制的第一步。Wortman, *Scenarios of Power*, II: 527.

22 Stockdale, "Politics, Morality and Violence."

23 "Memorandum by Professor Pares respecting his Conversations with M. Stolypin," 載於 Lieven, *British Documents on Foreign Affairs*, VI: 180–4 (at 183). 另見Waldron, *Between Two Revolutions*, 58–62.

24 引自Klemm, *Was sagt Bismarck dazu?*, II: 126.

25 Steimetz, *Regulating the Social*; Beck, *Origins of the Authoritarian Welfare State*; Hennock, *Origin of the Welfare State*.

26 Kotsonis, *Making Peasants Backward*.

27 參見喬治‧亞尼 (George Yaney) 在《體制化》(*Systematization*) 中給人以豐富聯想 的、別具一格的解釋。

28 Vitte, *Vospominaniia [2000]*, I: 724 (給沙皇的信). 另見Macey, *Government and Peasant*.

29 Gagliardo, *From Pariah to Patriot*, 238–42.

30 Karpov, *Krest'ianskoe dvizhenie*, 94–7; Frierson, *Aleksandr Nikolaevich Englehardt's Letters*; Leroy-Beaulieu, *Empire of the Tsars*, II: 45–6; Kofod, *Russkoe zemleustroistvo*, 23.

31 Pallot, *Land Reform in Russia*, 31.

32 因此，籠統地談論「高度現代主義的」治理方式是極其錯誤的。Scott, *Seeing like a State*.

33 Ascher, *P. A. Stolypin*, 11 (引自S. E. 克雷扎諾夫斯基).

34 Yaney, "The Concept of the Stolypin Land Reform."

35 關於同時代人普遍指出的村社在經濟上的靈活性，參見Grant, "The Peasant Commune," esp. 334–6; Nafziger, "Communal Institutions"; 以及Gregory, *Before Command*, 48–50. 約有80%的村社屬於「土地重分型」；其餘的——大多在波蘭— 立陶宛邊疆地區——屬於世代相傳型，在那裏，使用權更好，同時也存在一定 的轉讓權。在波羅的海沿岸各省或西伯利亞，根本沒有農民村社。

36 Atkinson, *End of the Russian Land Commune*, 71–100; Pallot, *Land Reform in Russia*; Dubrovskii, *Stolypinskaia zemel'naia reforma*. 但另見Blobaum, "To Market! To Market!"

37 Davydov, *Vserossiiskii rynok v kontse XIX-nachale XX vv. i zheleznodorozhnaia statistika*. 另 見Tarasiuk, *Pozemel'naia sobstvennost' poreformennoi Rossii*. 另外，農民幾乎沒有甚麼馬 匹：1912年的一項評估指出，36.5%的農戶沒有馬匹，40.4%的有一到兩匹， 1.9%的有四匹或以上。Jasny, *Socialized Agriculture*, 147–9.

38 Chernina et al., "Property Rights." 有時候情況相反，村社自身為了合併鄰近的農莊 而突然不再把土地劃分成條田。Yaney, *Urge to Mobilize*.

39 Dower and Markevich, "Do property rights in Russia matter?"

40 1906年11月的土地改革，還有其他的一些措施，在1910年6月獲得杜馬和國務 會議的正式通過，也得到沙皇的批准。*Polnoe sobranie zakonov Rossiiskoi imperii*, XXX/i, no. 33743: 746–53. 沙皇直到斯托雷平死後才批准工人保險法案。

41 1907年的選舉將範圍從各專業領域中的貴族（立憲民主黨）轉變為外省地方自治機關中的土地貴族，這使得後者可以對抗斯托雷平想要擴大和開放地方自治的企圖。Wcislo, *Reforming Rural Russia.* 另見Weissman, *Reform in Tsarist Russia.*

42 Diakin, "Stolypin I dvoriantsvo"; Waldron, *Between Two Revolutions*, 115–77, 182–3; Borodin, *Gusdarstvennyi sovet Rossii.*

43 Elwood, *Russian Social Democracy.*

44 Lane, *Roots of Russian Communism*, 11–155, 21–8; Zimmerman, *Politics of Nationality.* 1901年11月，梯弗利斯委員會正式成為俄國社會民主工黨格魯吉亞支部，實質上是和俄國黨聯合起來，儘管並沒有失去自身的獨立性。社會民主黨在杜馬的代表主要來自高加索——擅長演説的策列鐵里、祖拉博夫、馬哈拉澤和拉米施維里。Jones, *Socialism*, 223; Kazemzadeh, *Struggle for Transcaucasia*, 187.

45 Emmons, *Formation of Political Parties*, 146–7.

46 Perrie, *Agrarian Policy*, 186. 社會革命黨聲稱有35萬人「經常受到黨的影響」。Radkey, *Agrarian Foes,* 61–3.

47 Rawson, *Russian Rightists*, 59, 62; Spirin, *Krushenie pomeschchik'ikh i burzhuaznykh partii*, 167; Stepnaov, *Chernaia sotnia*, 107–8.

48 Rogger, "Formation of the Russian Right: 1900–1906," 66–94.

49 Löwe, "Political Symbols." 另見Bohon, "Reactionary Politics in Russia"; Brock, "Theory and Practice."

50 Brunn and Mamatey, *World in the Twentieth Century*, 891. 同時代與之類似的，只有19世紀末20世紀初哈布斯堡家族統治下的維也納對工人和中產階級下層進行的右翼的街頭動員和選舉動員，而維也納是另一個使用多種語言的帝國的首都，這個帝國也在一個王朝治下並擁有龐大的猶太人口。Schorske, *Fin-de-Siècle Vienna*, 116–80.

51 Liubosh, *Russkii fashist.*

52 在它發表在聖彼得堡的報紙上之後，1905年，謝爾蓋·尼盧斯（Sergei Nilus）又以書籍的形式發表了該「紀要」的擴充版。他抱怨説沒人把它們當回事。布爾什維克革命後，尼盧斯繼續留在俄國，最終作為該「紀要」的發表者出了名。他雖然多次被捕，但都得以釋放。他死於1929年。Cohn, *Warrant for Genocide*, 90–8.

53 De Michelis, *Non-Existent Manuscript.* 這一發現取代了下述假説，即那份滿是污言穢語的「文件」是在保安處的幫助下，以一些法國的反猶小冊子為基礎編纂而成的，而那些小冊子則是在1890年代德雷福斯案以及第一次猶太復國主義國際代表大會（巴塞爾，1897）的影響下產生的。Rollin, *L'apocalypse de notre temps.*

54 Rawson, *Russian Rightists*, 75–106, 172–224.

55 基輔作為一個講波蘭語的猶太城市，四周是信奉東正教的講烏克蘭語的內陸地區，那裏的右翼分子起了示範作用，他們在1906年利用街頭鼓動和選舉控制了市杜馬。被西南地區講烏克蘭語的農民選進國家杜馬的代表，幾乎全部是（信奉東正教的）俄羅斯民族主義分子。Hillis, "Between Empire and Nation"; Meir, *Kiev.* 關於保守派在1912至1913年為了組織起來而做出的努力，參見Diakin, *Burzhuaziia*, 54–55, 169–70.

56　Kryzhanovskii, *Vospominaniia*, 153–4.

57　Lauchlan, *Russian Hide-and-Seek*, 278–80.

58　*Krasnyi arkhiv*, 1929, no. 32: 180.

59　Ascher, *P. A. Stolypin*, 121–7, 173–4; Ascher, "Prime Minister P. A. Stolypin"; Geifman, *Thou Shalt Kill*, 99–100.

60　Rogger, *Jewish Policies*, 232; LöweLöwe, *Antisemitismus und reaktionäre Utopie*.

61　Rogger, "Russia," 443–500.

62　Kuzmin, *Pod gnetom svobod*, I: 170.

63　Loukianov, "Conservatives and 'Renewed Russia'"; Newstad, "Components of Pessimism."

64　Kokovtsov, *Out of My Past*, 164–5; Gurko, *Features and Figures*, 497–8; Ascher, *P. A. Stolypin*, 138–42; Lauchlan, "The Accidental Terrorist."

65　沙皇的最後一任保安處處長否認參與過迫害猶太人的活動，但他認為猶太人是奸商——「他們除了做生意或買賣之外，簡直不習慣用任何別的方式謀生。」 Vasilyev, *Ochrana*, 101.

66　Rawson, *Russian Rightists*.

67　有表決權的代表有112人，其中62人傾向於孟什維克，42人傾向於布爾什維克；其餘的還包括崩得以及波蘭、立陶宛、拉脫維亞、烏克蘭和芬蘭的社會民主黨代表。格魯吉亞人在全部孟什維克代表中佔四分之一，但他們對俄國孟什維克派的反覆無常十分警惕。Jones, *Socialism*, 213.

68　有位重要的學者說格魯吉亞是「1917年之前俄羅斯帝國社會民主運動最成功」的地方。Jones, *Socialism*, xi. 饒爾丹尼亞後來宣稱，高加索的社會民主運動是帝國其他任何地方都比不了的多元文化運動，但此說並不屬實。Zhordaniia, *Moia zhizn'*, 38–9.

69　建議採取這一立場的還有布爾什維克的代表 S. A. 蘇沃林 (S. A. Suvorin)。*Chetvertyi (ob''edinitel'nyi) s"ezd RSDRP*, 339; Zhordaniia, *Moia zhizn'*, 34; Arsenidze, Nicolaevsky Collection, box 667, folders 4–5 (1961年7月對阿爾謝尼澤〔 Arsenidze 〕的採訪); Jones, *Socialism*, 63–4, 69, 95–6, 124. 阿爾謝尼澤在1906年4月第四次代表大會召開的那個月被捕。

70　後來，在朱加施維里變成斯大林和專政者之後，與他在斯德哥爾摩旅館同住一個房間的俄羅斯人、布爾什維克克利姆‧伏羅希洛夫，想起的不是那位格魯吉亞人的政策建議有哪些內容，而是他在私下裏能夠背誦普希金以及翻譯成俄文的莎士比亞、歌德和惠特曼的作品。在伏羅希洛夫的回憶中，在斯德哥爾摩的時候，未來的斯大林「很壯實，個子不高，和我差不多年齡，黝黑的面孔，上面有些不太看得出來的麻子，可能是小時候得天花留下的」。當然，伏羅希洛夫還發現斯德哥爾摩時的斯大林「目光如炬」，並且「精力充沛、快活、充滿活力」。Voroshilov, *Rasskazy o zhizni*, 247. 伏羅希洛夫最初是在1920年代撰寫未發表的回憶錄並說起這些往事的。RGASPI, f. 74, op. 2, d. 130; op. 1, d. 240. 另見 Trotskii, *Stalin*, I: 112. 斯大林的突出之處還有，他不像饒爾丹尼亞或奧爾忠尼啟則那樣，出生於西格魯吉亞的鄉村貴族家庭。Ostrovskii, *Kto stoial*, 568–72.

71 Smith, *Young Stalin*, 197; Geifman, *Thou Shalt Kill*, 222–5.

72 Weissman, "Regular Police." 1889年，帝國還開始在農村實行所謂的地方長官制度
    (*zemskie nachal'niki*)；他們也被人看不起。Beer, *Kommentarii*.

73 在沙皇政權的最後幾十年，據說在政治恐怖中被打死打傷的總共至少有1.7萬
    人。Geifman, *Thou Shalt Kill*, 21, 264, n57, 58, 59; Hoover Institution Archives, Boris
    Nicoalevsky Collection, box 205, folder "Lopukhin," protocol 37: 59–66.

74 Spiridovich, *Istoriia bol'shevizma v Rossii*, 120.

75 Geifman, *Thou Shalt Kill*, 249.

76 Lauchlan, *Russian Hide-and-Seek*, 245（引自 GARF, f. 102, op. 295, d. 127, 以及 Hoover
    Institution Archives, Nicolaevsky Collection, box 205, folder Lopukhin, protocol 37: 59–
    66). 1825 至 1905 年，因為政治罪行被處死的不到 200 人。政府為到東方定居的農
    民提供了特別貨車，用來裝運一起帶過去的牲畜和農具。(在蘇維埃時代，這些
    「斯托雷平貨車」會被安上鐵柵欄，用來押運囚犯。)

77 V. I. Lenin, "Stolypin i revoliutsiia," *Sotsial-Demokrat,* October 18, 1911, 載於 *Sochineniia,*
    2nd and 3rd ed. , XVII: 217–25.

78 設在巴黎的保安處國外部成立於1884年；柏林的機構存在的時間是1900至1905
    年。Lauchlan, *Russian Hide-and-Seek*, 103; Agafonov, *Zagranichnaia okhranka*; Patenaude,
    Wealth of Ideas. 1901 年的時候，俄國在國內流放的只有 3,900 人。在國內被警方列
    為調查對象的，1889 年有 221 人，到 1910 年有 1.3 萬人。Lauchlan, *Russian Hide-
    and-Seek*, 153（引自 Hoover Institution Archives, Okhrana Collection, box 157, folders
    2–6).

79 "Sovremennyi moment i ob"edinitel'nyi s"zed rabochei partii," *Sochineniia*, I: 250–76,
    410, n74 (at 250–1).

80 GF IML, f. 8, op. 2, ch. 1, d. 43, l. 154 (Aleksandra Svanidze- Monoselidze).

81 1905 年 9 月回去的時候，他躲在梯弗利斯的斯瓦尼澤家，但他以前可能也在他們
    家躲過。Kun, *Unknown Portrait*, 341（引自 RGASPI, f. 558, op. 4, d. 651:
    Elisabedashvili). 老斯瓦尼澤靠在鐵路上工作為生，但他也是地主，而卡托的母親
    (謝波拉) 則出身格魯吉亞貴族；他們把兒子阿廖沙送去德國學習，這說明家裏
    還是比較富裕的。

82 Ostrovskii, *Kto stoial*, 235–5（引自 Gori, d. 287/1, l. 8-9: M. M. Monoselidze);
    Dawrichewy, *Ah: ce qu'on*, 228; Tucker, *Stalin as Revolutionary*, 107; Alliluev, *Khronika
    odnoi sem'i*, 108.

83 斯大林後來在沃洛格達流放時的少女女友佩拉格婭‧奧努夫里耶娃説，「他告訴
    我他有多愛她，失去她對他來説有多難。『我那時太痛苦了，』他告訴我，『因
    此，我的同志們把我的槍拿走了。』」Kun, *Unknown Portrait*, 117（引自 RGASPI, f.
    558, op. 4, d. 547). 另外，據説斯大林對自己再婚後所生的女兒斯維特蘭娜也講到
    過卡托：「她非常可愛和漂亮，她融化了我的心。」Montefiore, *Young Stalin*, 159
    (引自羅莎蒙德‧理查德森〔Rosamund Richardson〕掌握的斯維特蘭娜的採訪錄
    音)。

84 Ostrovskii, *Kto stoial*, 253 (引自 Gori, d. 287/1, l. 14: M. Monoselidze, d. 39/2, l. 49–50: Berdzenoshvili, d. 146/2, l. 61: Elisabedashvili; GIAG, f. 440, op. 2, d. 39, l.36–7), GF IML, f. 8, op. 5, d. 213, l. 43–4, RGASPI, f. 71, op. 1, d. 275, l. 31, GF IML, f. 8, op. 2, ch. 1, d. 43, l. 155: A. Svanidze-Monoselidze); Montefiore, *Young Stalin*, 160 (引自 GF IML, f. 8, op. 2, ch. 1, d. 34, l. 317–54: Monoselidze).

85 Gegeshidze, *Georgii Teliia*, 34–9.

86 「工人強烈的求知欲和追求社會主義的熱情卻日益增長，」列寧在1899年寫道，「工人中間的真正英雄人物也不斷出現，他們雖然生活環境極壞，在工廠中從事着使人變蠢的苦役勞動，但是有頑強的個性和堅定的意志來不斷學習，學習，再學習，使自己成為覺悟的社會民主黨人，成為『工人知識分子』。」（譯註：《列寧全集》第4卷，第234頁。）Lenin, *Sochineniia, 2nd and 3rd eds.*, IV: 258.

87 "Pamiati tov. G. Teliia," *Sochineniia*, II: 27–31 (Dro, March 22, 1907). 米霍·茨哈卡雅也在墓前發表了講話，之後不久，他就被迫移民，去了日內瓦。Gegeshidze, *Georgii Teliia*, 41–2.

88 我們永遠無從得知，斯大林從捷里亞的文章中借鑒了多少，或者他對捷里亞的文章進行了多少打磨。「它們就是在那裏，在印刷所，在我的膝蓋上，斷斷續續地寫出來並匆匆付印的」，斯大林後來聲稱。Ilizarov, *Tainaia zhizn'*, 240–1. 最初的四篇刊登在1906年6月和7月的《新生活報》上。該報被查封後，那四篇文章按照編輯的要求，用「通俗易懂的語言」重新發表在1906年12月和1907年1月的《新時代報》上。1907年2月又在《我們的生活報》上發表了四篇文章，該報也很快被查封了，還有四篇於1907年4月發表在《時報》上。*Sochineniia*, I: 294–372; 最初四篇文章的原版收在附錄中 (373–392)。斯大林還在文章被收進全集之前對它們作了「修改」，儘管他說是沒有。參見瓦西里·莫恰洛夫 (Vasily Mochalov) 1945年12月28日的便條，*Sochineniia*, XVII: 625–6. （莫恰洛夫是馬克思恩格斯列寧研究院斯大林辦公室的負責人，他和研究院院長 V. S. 克魯日科夫〔V. S. Kruzhkov〕有矛盾。研究院在格魯吉亞的下屬機構還參與了尋找原件和俄文翻譯的工作。）斯大林去世後，在昆采沃別墅發現了他的全集第一卷的長條校樣 (編註：某些尚未定稿的書刊，由於需要經常改動，可以先排成不合版面的長條，這種狹長的未經拼版的校樣就是「長條校樣」。)，上面有他用彩色鉛筆在〈無政府主義還是社會主義？〉上留下的記號。斯大林刪去了兩篇序言，即全集編輯的序言和他自己的序言。Ilizarov, *Tainaia zhizn'*, 228 (引自 RGASPI, f. 558, op. 11, d. 911, l. 15; d. 910, l. 5ob).

89 大約也是在這段時期，普列漢諾夫1894年寫的諷刺性的小冊子《無政府主義和社會主義》出了擴充的第二版。普列漢諾夫的小冊子原來是用法語寫的，並被翻譯成德語、英語和俄語 (2nd ed. Moscow: V. O. Karchagin, 1906)。朱加施維里的文章沒有引用普列漢諾夫的觀點。私下裏，在普列漢諾夫對《怎麼辦？》提出批評之後，朱加施維里寄給身在國外的列寧一封帶有迎合性質的信，其中寫道：「此人不是完全發了瘋，便是心懷仇恨和敵意。」（譯註：《斯大林全集》第1卷，第47–48頁）*Sochineniia*, I: 56–7. 1938年，斯大林再版了普列漢諾夫的《論一元論歷史觀之發展》，保留下來的副本上有這位專政者做的記號。

754

90 *Sochineniia*, I: 297 [修改過的], 375 [原來的].

91 *Sochineniia*, I: 314–6.

92 *Sochineniia*, I: 331, 344–5, 348, 368.

93 Souvarine, Stalin, 109. 托洛茨基聲稱，他是1935年才從蘇瓦林的(法文版)傳記中得知斯大林參加了倫敦代表大會。Trotsky, *Stalin*, 90.

94 Zhordania, *Moia zhizn'*, 53; Service, *Stalin*, 66.

95 1865至1871年，在法國的倡議下，討論了設立單獨的歐洲央行和發行被稱為「歐元」的單一貨幣的計劃。但英國人和德國人抵制。相反，為了確保可兌換性和穩定的匯率，德國人在1870年代在金本位問題上與英國人聯手，其他國家也加入其中(日本是在1897年)。Einaudi, *Money and Politics.*

96 Jablonowski, "Die Stellungnahme der russischen Parteien," 5: 60–93.

97 從英國方面來說，與俄國的和解得益於「愛德華時代的人」(出生於1850至1860年代)取代了「維多利亞時代的人」(出生於1830至1840年代)。「維多利亞時代的人」不滿俄國在中亞的滲透，而「愛德華時代的人」是在俾斯麥完成統一大業和威廉德國崛起後成年的。Neilson, *Britain and the Last Tsar*, 48–50, 267–88.

98 McDonald, *United Government*, 103–11.

99 有些無法解決的議題，比如西藏問題，就被擱置起來。Churchill, *Anglo-Russian Convention*; Williams, "Great Britain and Russia," 133–47; Ostal'tseva, *Anglo-russkoe soglashenie 1907 goda.*

100 Bernstein, *Willy-Nicky Correspondence*, 107–8.

101 McDonald, *United Government*, 77–81.《消息報》(1917年12月29日)後來公佈了這個形同虛設的條約。另見Nekliudov, "Souvenirs diplomatiques"; Bompard, "Le traité de Bjoerkoe"; Fay, "The Kaiser's Secret Negotiations"; Feigina, *B'orkskoe soglashenie*; Vitte, Vospominaniia [1922], II: 476–81; Iswolsky, *Recollections of a Foreign Minister*, 40–3; 以及Astaf'ev, *Russko-germanskie diplomaticheskie otnosheniia.*

102 Bogdanovich, *Tri poslednikh samoderzhavtsa* [1924], 461.

103 Pashukanis, "K istorii anglo-russkogo soglasheniia," 32; de Taube, *La politique russe*, 118. 在對外政策上，或許只有另一個傑出的右翼分子完全同斯托雷平一樣謹慎，那就是他在國內問題上引人注目的保守主義的批評者杜爾諾沃。但後者並不能完全諒解斯托雷平——他甚至不負責外交和軍事事務(那是沙皇的特權)——1908年巧妙地避免讓俄國重複外交上的不幸的做法。McDonald, *United Government*, 151.

104 Nash, *The Anglo-Japanese Alliance*; O'Brien, *The Anglo-Japanese Alliance*; Daniels et al., "Studies in the Anglo-Japanese Alliance."

105 Coox, *Nomonhan*, 1–16.

106 "Londonskii s"ezd Rossiiskoi sotsial-demokraticheskoi rabochei partii (Zapiski delegata)," 載於*Sochineniia*, II: 46–77 (at 50–1), 刊登於《巴庫無產者報》，1907年6月20日和7月10日。

107 Getzler, *Martov*, 124.

108 根據梯弗利斯神學院從前的學生和哥里的神父之子索索‧達夫里切武（Soso Dawrichewy，有很長時間保安處都以為他和卡莫是同一個人），對朱加施維里而言，這不是他第一次，也不是最後一次幹這種事。Dawrichewy, *Ah: ce qu'on,* 174–5, 177, 181, 213, 237–8.

109 Gerasimov, *Na lezvii s terroristami,* 92.

110 高加索軍事長官還報告說，1905年和1906年，當地的搶劫和暗殺導致1,239人死亡，還有差不多數量的人受了重傷。Geifman, *Revoliutsionnyi terror,* 21, 34–5, 228.

111 米克洛什‧庫恩（Miklós Kun）找到了黨內對李維諾夫處分的檔案，證明斯大林參與了這起劫案。Kun, *Unknown Portrait,* 74–80. 另見Montefiore, *Young Stalin,* 3–16（除了許多別的資料，它還引用了斯大林妻子的姐姐薩希科‧斯瓦尼澤未發表的回憶錄），178–91. 保存下來的關於埃里溫劫案的保安處檔案已經經過清洗。Bordiugov, *Neizvestnyi Bogdanov,* II: 120–42. 卡莫從另一名郵政職員吉戈‧卡斯拉澤（Gigo Kasradze）那裏得到了郵車的內部情報。

112 GF IML, f. 8, op. 2, ch. 1, d. 7, l.64–84 (G. F. Vardoyan); *Perspektivy,* 1991, no. 6: 51–7: Geifman, *Revoliutsionnyi terror,* 163–4; Ostrovsky, *Kto stoial,* 257; Avtorkhanov, *Proiskhozhdenie,* I: 183–6; RGASPI, f. 332, op. 1, d. 53. 卡莫上過三年學。在卡莫的妹妹約瓦麗婭‧胡圖盧施維里（Javariya Khutulushvili）後來的回憶中，談到了他對斯大林的崇拜：Kun, *Unknown Portrait,* 75; *Perspektivy,* 1991, no. 6: 51–7; Ostrovskii, *Kto stoial,* 257; Avtorkhanov, *Proiskhozhdenie,* I: 183–6; RGASPI, f. 332, op. 1, d. 53. 另見 Urtadze, *Vospominaniia,* 130–2, 163–7; Smith, *Young Stalin,* 193–211; van Ree, "The Stalinist Self," 275–6; van Ree, "Reluctant Terrorists?"; 以及Montefiore, *Young Stalin,* 7（引自 Candide Charkviani, "Memoirs," manuscript, 15）.

113 根據民間的傳說，在到處是屍體和一片混亂的情況下，有那麼一會兒，搶劫似乎亂了套，直到假扮成軍官的卡莫駕着他自己的四輪馬車穿過硝煙，撿起大部分放錢的袋子，然後把趕來的警察指向錯誤的方向。Medvedeva Ter-Petrosyan, "Tovarishch Kamo," 130. 有2萬盧布落在馬車裏；有個車夫想把另外9,500盧布揣進自己口袋，但是被抓住了。

114 Wolfe, *Three Who Made a Revolution,* 393–4; Geifman, *Revoliutsionnyi terror,* 164; Krupskaya, *Reminiscences of Lenin,* 155.

115 Trotsky, *Stalin,* 109.

116 Martov, *Spasiteli ili uprazdniteli?,* 22–3.

117 Bibineishvili, *Kamo,* 30–1, 371. 勇敢的卡莫的下場是一再被關進精神病人的囚室；1922年，他在梯弗利斯被一輛蘇維埃官員的小汽車軋死了，當時他騎着一輛自行車。他的左眼已經在1907年5月被自己的炸彈炸壞了，這可能是造成事故的原因之一。

118 朱加施維里可能到國外看過列寧，分別是在1907年8月（斯圖加特）和1908年1月（瑞士）。

119 Reiss, *The Orientalist,* 11–3; Hone and Dickinson, *Persia in Revolution,* 158–68.

120 Ordzhonikidze, "Bor'ba s men'shevikami," 42. 很多穆斯林工人都是來自伊朗北部省份的阿塞拜疆族的季節性打工者，有的合法，有的非法。Alstadt, "Muslim

Workers," 83–91; 以及 Chaqueri, *Soviet Socialist Republic of Iran*, 24–25, 沙克利估計，伊朗北部20至40歲的成年男子，有20%至50%的人最終都會越過邊境工作一段時間，主要是在俄國的高加索地區。

121 Vereshchak, "Stalin v tiur'me," 1306; Vereshchak, "Okonchanie," 1308.

122 沙皇政權也導致達什納克黨轉而反對俄國，部分原因在於1903年沒收亞美尼亞的教會財產（尼古拉二世不得不在1905年取消了這項政策）。Suny, *Transcaucasia*, 166–7; Suny, *Looking Toward Ararat*, 48–9, 92.

123 "Otvet na privetstviia rabochikh glavnykh zheleznodorozhnykh masterskikh v Tiflise," 載於 *Sochineniia*, VIII: 174–5. Suny, "Journeyman for the Revolution."

124 Trotskii, *Stalin* [1985], I: 158, 163.

125 Montefiore, *Young Stalin*, 190–3（引自斯瓦尼澤家族的回憶錄和對斯瓦尼澤的一位表親的採訪）。

126 Dawrichewy, *Ah: ce qu'on*, 35; GDMS, f. 87, d. 1955-146, l.51–6 (Elisabedashvili). 關於這場婚姻，很長時間以來最主要的消息來源都是移居國外的孟什維克伊列馬施維里，他聲稱參加了卡托的葬禮，而且他還指出，卡托的死是轉折點，使斯大林「失去了任何道德約束」。Joseph Iremashvili, *Stalin und die Tragödie*, 30–40.

127 RGASPI, f. 558, op. 4, d. 655, l. 18.

128 Arsenidze, "Iz vospominaniia o Staline," 224; Deutscher, *Stalin*, 110.

129 RGASPI, f. 558, op. 4, d. 647 (Sukhova).

130 Dubinskii-Mukhadaze, *Ordzhonikidze*, 92.

131 RGASPI, f, 71, op. 1, d, 275, l. 23; Smith, *Young Stalin*, 28–9; McNeal, *Stalin*, 336, n15; Kun, *Unknown Portrait*, 18. 斯維特蘭娜說他是在酒館打架被刺死的，但沒有任何證據可以證明這一說法。Alliliyueva, *Twenty Letters*, 153 n. 1939年，斯大林命令梯弗利斯黨組織不要搜集貝索的歷史信息。

132 在社會民主黨人——斯大林的所謂同志——中間，他被當作「列寧的左腳」而沒有人理睬。Arsenidze, "Iz vospominaniia o Staline," 223.

133 工人階級比較激進，但革命政黨比較虛弱，關於這一點，參見McKean, *St. Petersburg*.

134 Daly, *Autocracy Under Siege*, 117–23.

135 阿澤夫當時已經成為社會革命黨戰鬥組織的首腦。根據有些說法，在從保安處領取報酬期間，他還監督執行了28次針對政府官員的成功的恐怖襲擊；保安處根本看不透他的動機和忠誠度。1909年，他逃到德國，讓社會革命黨一片混亂、深受打擊。「阿澤夫」成了整個沙皇體制的隱喻。Nicolaevsky, *Aseff*; Schleifman, *Undercover Agents*; Geifman, *Entangled in Terror* Daly, *Watchful State*, 81–109.

136 Biggart, "Kirov before the Revolution"; Mostiev, *Revoliutsionnaia publitsistika Kirova*; Kirilina, *Neizvestnyi Kirov*.

137 Daly, *Watchful State*, 110–1.

138 Shukman, *Lenin and the Russian Revolution*, 126.

139 Shchëgolëv, *Padenie*, VI: 176–7 (N. E. Markov).

140 Vitte, *Vospominaniia* [1960], III: 274–5; Hosking, *Russia*, 479.

141 Jones, "Non-Russian Nationalities," 35–63; Thaden, *Russification in the Baltic Provinces*; Weeks, *Nation and State*; Woodworth, "Civil Society"; Staliunas, *Making Russians*; Kryzhanovskii, *Vospominaniia*, 128. 關於俄羅斯民族主義與沙皇國家之間的不相容性，參見 Kappeler, *Russian Empire*, 238–42. 1867年的「妥協」造就了奧地利和匈牙利的二元君主制，這之後哈布斯堡帝國的匈牙利那一半開始實行有害的馬扎爾化，在此過程中也發生過類似的一幕。

142 Steinberg, *Bismarck*, 3 (引自 Karl Heinz Börner, *Wilhelm I, deutscher Kaiser und Königvon Preussen: eine Biographie* [Berlin: Akadamie, 1984], 221).

143 Kokovtsov, *Iz moego proshlogo* , I: 282–3.

144 McDonald, *United Government*, 10, 209, 213.

145 Rieber, *Politics of Autocrac*.

146 Gurko, *Features and Figures*, 30. 30年前也有人説過類似的話，參見 Stead, *Truth about Russia*, 199–200.

147 "K. Kuzakov—syn I. V. Stalina," *Argumenty i fakty*, 1995, no. 39: 12. 阿利盧耶夫一家聽說了農婦瑪特廖娜和私生子的故事，又告訴了斯維特蘭娜。Alliluyeva, *Only One Year*, 330.

148 Gromov, *Stalin*, 34–9.

149 在斯大林的個人檔案裏保存了一張佩拉格婭·奧努夫里耶娃和彼得·奇日科夫的照片：*Izvestiia TsK KPSS*, 1998, no. 10: 190. 奇日科夫1912年回到自己父母那裏之後不久就去世了。當時他才二十出頭。佩拉格婭於1955年去世；她的丈夫福明（Fomin）當時被捕了。

150 休·奧貝恩（Hugh O'Beirne），一位在英國駐聖彼得堡大使館長期任職的官員，1911年6月向倫敦報告説，斯托雷平「情緒低落」，他的位置「不穩」。Neilson, *Britain and the Last Tsar*, 74. 另見 Chmielski, "Stolypin's Last Crisis."

151 Pipes, *Russian Revolution*, 183–91; Hosking, *Russian Constitutional Experiment*, 136; Shchëgolëv, *Padenie*, VI: 252 (Guchkov). 1913年1月，尼古拉二世結束了對包括 A. I. 斯皮里多維奇（A. I. Spiridovich）在內的與暗殺有牽連的警方官員的審訊。

152 Ostrovskii, *Kto stoial*, 321–47.

153 *VI (Parizhskaia) Vserossiskaia konferentsiia RSDRP*. 關於1912年的布拉格代表會議是否創立了一個獨立的布爾什維克黨，參見 Lars Lih, "1912."

154 在布拉格代表會議上當選為中央委員的包括列寧、季諾維也夫、馬林諾夫斯基（保安處奸細）、菲利普·戈洛曉金（Filipp Goloshchyokin）、D. 施瓦爾茨曼（D. Schwarzman）以及斯大林的兩位高加索同事，格魯吉亞人奧爾忠尼啟則和亞美尼亞人蘇倫·斯潘達良；被增補為中央委員的是斯大林和伊萬·別洛斯托茨基，不久之後又增補了格里戈里·彼得羅夫斯基和雅科夫·斯維爾德洛夫。

155 Uratadze, *Vospominaniia*, 234.

156 這一點是派普斯提出的，他也是參考了許多人的看法。參見 Pipes, *Russia Under the Bolshevik Regime*, 248–9.

157 De Felice, *Mussolini*, 35n; de Begnac, *Palazzo Venezia*, 360; Balabanoff, *My Life as a Rebel* 44–52.

158 Gregor, *Fascist Persuasion*, 49.

159 Gregor, *Young Mussolini*, 35; Falasca-Zamponi, *Fascist Spectacle*, 42–3.

160 *PSS*, XXI: 409. 戰爭爆發後，1914年11月，墨索里尼改變立場，宣佈支持意大利政府參戰，結果被開除出社會黨，而他提出的理由是，民族是不能不考慮的。

161 從1912年開始，除了布爾什維克黨的津貼外，斯大林偶爾也會得到發表文章的稿酬，以及紅十字會為政治犯提供的資助。不過，他仍然會寫信給幾乎所有的熟人，請求給他寄吃的和穿的。「我沒有辦法，只能開口提這事」，1913年，他寫信給情人塔季亞娜‧斯洛瓦京斯卡婭 (Tatyana Slovatinskaya)。「我沒有錢，就連吃的也快沒了。」她寄了一個包裹，為此，他寫信說，「我不知道如何報答你，我親愛的甜心！」很快，他又開始跟她要東西了。RGASPI, f. 558, op. 4, d. 5392. 1920年代，為了報答她，斯大林在中央委員會的秘密部門給她安排了一個職務，那裏是他最重要的地盤。1937年，她的女兒被關進監獄，女婿被處決，她自己 (連同兩個孫子) 被趕出精英們居住的堤壩上的房子 (編註：指莫斯科河畔的一座高級公寓，位於莫斯科市中心。)。Khlevniuk, *Stalinskoe politburo*, 307.

162 Kun, *Unknown Portrait*, 127–8; Trotskii, *Stalin*, I: 192–3.

163 *Pis'ma P. B. Akselroda-Iu. O. Martovu*, I: 292–3.

164 Jones, *Socialism*, 221.

165 Melancon, *The Lena Goldfields Massacre*; Haimson, "Workers' Movement After Lena."

166 Montefiore, *Young Stalin*, 246 (引自《明星報》，未註明出處).

167 Melancon, *The Lena Goldfields Massacre*, 155.

168 Mintslov, *Petersburg*, 111, 231; Rogger, *Jewish Policies*, 225; Bogdanovich, *Tri poslednikh samoderzhtsa* [1990], 493; Podbolotov, "Monarchists Against their Monarch." 早在1903年，貝爾格萊德衛戍部隊的軍官們就曾攻佔塞爾維亞王宮並殺死了他們的國王——俄國右翼分子注意到了這一事實。「是不是該讓你們知道一個秘密？」黑色百人團的領袖和尼古拉二世的心腹B. V. 尼科利斯基 (B. V. Nikolsky) 1905年在日記中吐露了心事，「我認為要讓沙皇清醒過來自然是不可能的。他比無能更糟！他——願上帝寬恕我——根本就甚麼也不是！……我們需要像塞爾維亞人那樣。」Nikol'skii, "Iz dnevnikov," 77.「我對君主派政黨不抱任何希望了，」基輔的一名右翼教授寫信給莫斯科的同事説，「要掌握權力，他們需要真正的君主，但我們有的只是可憐的牛奶凍一樣的人物。」Y. A. 庫拉科夫斯基 (Y. A. Kulakovskii)，載於 Shevtsov, *Izdatel'skaia deiatel'nost' russkikh nesotsialisticheskikh partii*, 26.

169 Nazanskii, *Krushenie velikoi Rossii*, 76–7.

170 Suvorov, *Trekhsotletie doma Romanovykh*; *Moskovskie vedomosti*, February 23, 1913: 1; Wortman, *Scenarios of Power*, II: 439–80.

171 Syrtsov, *Skazanie o Fedorovskoi Chudotvornoi*. 費奧多羅夫聖母像，也稱作黑聖母，後來被革新派接管了。革新派1928年在莫斯科修復了這幅聖母像。1944年，當該

教派被解散的時候，正教會收回了這幅聖像；它現在還在科斯特羅馬，雖然布爾什維克炸毀了原來安放它的地方(科斯特羅馬的聖母升天大教堂)。

172 Semevslkii, *Monarkhiia pered krusheniem*; Shchëgolëv, *Padenie*, IV: 195–6 .

173 Rossiiskaia Gosudarstvennia Biblioteka, otdel rukopisi (RGB OR, f. 126 (Kireevikh-Novikovikh), k. 13 (Dnevnik A. A. Kireeva, 1900–1904), l. 131. 幾年後，基列耶夫還是會這樣抱怨：「這位君主……狀態太不穩定，要靠他是不行的。」RGB OR, f. 126, k. 14, 1. 343ob (1908年12月22日). 另見Elpatevskii, *Vospominaniia*, 264.

174 Wortman, *Scenarios of Power*, II: 464, 466 (Ivan Tolstoy).

175 Anan'ich and Ganelin, "Nikolai II"; Lieven, *Nicholas II*; Mark D. Steinberg in Steinberg and Khrustalëv, *Fall of the Romanovs*, 1–37; Warth, *Nicholas II*.

176 Rogger, *Russia in the Age of Modernization*, 22–3.

177 Remnev, *Samoderzhavnoe pravitel'stvo*, 6, 471.

178 維特的支持者後來聲稱——他們說得不錯——他在斯托雷平之前就建議把農民從村社的束縛下解放出來，並建議讓農民擁有私有財產和公民權；但這些支持者往往沒有指出，在斯托雷平推動相關立法之後，維特就在國務會議中反對它。對兩人的比較，參見Struve, "Witte und Stolypin," III: 263–73.

179 就像在1911年12月告訴英國的伯納德·佩爾斯教授的那樣："Papers Communicated by Professor Pares, December 23, 1911," 載於Lieven, *British Documents on Foreign Affairs*, VI: 185–8 (at 187).

180 Goriachkin, *Pervyi russkii fashist*.

181 McDonald, "A Lever without a Fulcrum," 268–314.

182 法西斯主義會在俄國的移民中盛行起來。這方面的文獻很多，參見Markov, *Voiny temnykh sil*. 作為狂熱的反猶分子，馬爾科夫(杜馬兩兄弟當中的弟弟)變成了一名納粹。

183 Rogger, *Jewish Policies*, 190.

184 Daly, *Watchful State*, xi, (引自I. Blok, "Poslednie dni starogo rezhima," 載於Gessen, *Arkhiv russkoi revoliutsii*, IV:13).

185 政權「當時的處境很危險」，從前的某個副內務大臣解釋說，「正常情況下，沒有哪個政府願意採取革命者採取的辦法，因為在政府手中，那樣的辦法會成為雙刃劍。」Gurko, *Features and Figures*, 437.

第二部 杜爾諾沃的革命戰爭

1 作為法治國家，英國從1832年開始，直到1912年才實現了從極其有限的投票權(限於有產男性)到全體男性擁有投票權的轉變。

2 John Channon, "The Peasantry in the Revolutions of 1917," 載於Frankel, *Revolution in Russia*, at 117.

3 Kurzman, *Democracy Denied*.

4　季娜伊達‧吉皮烏斯 (譯註：Zinaida Gippius〔1869–1945〕，俄國女詩人、劇作家和小説家。) 在1915年8至9月的日記中寫道：「右派——他們甚麼也不懂，甚麼也不幹，也不讓別人幹。中間派——他們懂，但他們甚麼也不幹，而是等待 (等待甚麼？)。左派——他們甚麼也不懂，卻像盲人一樣行動，雖然不知道要去哪裏，也不知道最終的目標是甚麼。」*Siniaia kniga*, 32.

5　"Nashi tseli" [未署名], *Pravda*, April 22, 1912, 載於 *Sochineniia*, II: 248–9.

6　Souvarine, *Stalin*, 133.

7　*PSS*, XLVIII: 162.

8　Medvedev, *Let History Judge*, 820–1.

9　這篇文章在次年出了單行本 (St. Petersburg: Priboy, 1914)；《斯大林全集》所收錄的內容作了很大的改動，載於 *Sochineniia*, II: 290–367. 另見 Fel'shtinskii, *Razgovory s Bukharinym*, 10.

10　到1912年4月為止，莫斯科保安處的工資名冊上大約有55名革命者。Smirnov, *Repressirovanoe pravosudie*, 101–3.

11　Wolfe, "Lenin and the Agent"; Lauchlan, *Russian Hide-and-Seek*, 254; Vladimir Ilyich Lenin, "Deposition in the Case of R. V. Malinovsky: Protocols of 26 May 1917, N. A.," 載於 Pipes, *Unknown Lenin*, 35; Elwood, *Roman Malinovsky*.

12　Luchinskaia, *Velikii provokator Evno Azef*; Geifman, *Entangled in Terror*. 1909年，阿澤夫在自己保安處奸細的身份暴露之後逃到德國，在那裏一直被關押到1917年，次年死於腎病。

13　"Vystuplenie N. I. Bukharina," 78. 在英國小説家 G. K. 切斯特頓 (G. K. Chesterton) 的小説《代號「星期四」》(1908) 中，有分別以一週中七天的名稱為代號的七個無政府主義者，他們計劃炸毀布萊頓碼頭，結果發現原來大家都是警方的奸細。

14　Lauchlan, *Russian Hide-and-Seek*, 194.

15　Smith, "Monarchy Versus the Nation."

16　俄國外交部的工作人員對杜爾諾沃擔心的社會仇恨很不瞭解。Gurko, *Features and Figures*, 481–562 (特別是有關 A. P. 伊茲沃利斯基和 S. D. 薩佐諾夫的評論).

17　杜爾諾沃致普列韋，載於 D. N. Liubimov, "Sobytiia i liudi (1902–1906 gg.)," RGALI, f. 1447, op. 1, d. 39, l. 461.

18　*Novoe vremia*, April 26, 1912; Aldanov, "Durnovó," 39–40; Lieven, "Bureaucratic Authoritarianism." 杜爾諾沃擔任公職的記錄 (RGIA, f. 1162, op. 6, d. 190, l.82–109) 可見於 *Al'manakh: Iz glubiny vremen*, 1995, no. 4: 151–65. 另見 Borodin, "P. N. Durnovó"; Shikman, *Deiateli otechestvennoi istorii*); and Glinka, *Odinnadtsat' let v Gosudarstvennoi Dumy*. 斯托雷平和杜爾諾沃幾乎從1904年兩人剛認識開始就成了對頭。Ascher, *P. A. Stolypin*, 48–9.

19　據其副手弗拉基米爾‧古爾科説，「在包括維特在內的那一時代的政治家中，杜爾諾沃是非常突出的，因為他消息靈通，有獨立思想，敢於表達自己的觀點，而且對事態發展有政治家一般的領悟力。」Gurko, *Features and Figures*, 413–5.

20　McDonald, "The Durnovo Memorandum."

21　Lieven, *Russia and the Origins*, 5.

22　杜爾諾沃還認為戰爭不會很快結束。他預見到意大利、土耳其和巴爾幹地區各國將會加入哪些陣營，甚至預見到日本和美國會如何發揮作用。布爾什維克在尼古拉二世的文件中發現了杜爾諾沃的備忘錄，葉夫根尼‧塔爾列 (Evgeny Tarle；譯註：1874-1955，蘇聯歷史學家。) 1922年發表過它的一個版本："Zapiska P. N. Durnovó Nikolaiu II." 另見 Tarle, "Germanskaia orientatsiia i P. N. Durnovó." 完整的英文譯本見於 Golder, *Documents of Russian History*, 3–23. 俄日戰爭期間，維特在與尼古拉二世的通信中討論軍事失敗時也曾疾言厲色。Dillon, *Eclipse of Russia*, 294–5 (自稱是直接引自維特給他的一封信).

23　Lenin, *Detskaia bolezn' "levizny" v kommunizme* (Petrograd, 1920), 轉載於 *PSS*, XLI: 3–90 (at 10).

24　早在戰爭爆發前的1913年，M. F. 馮‧科滕 (M. F. von Kotten) 就報告說，精英們普遍人心惶惶，覺得「1905年的可怕景象會再次成為現實」。Korbut, "Uchet departamentom politsii opyta 1905 goda," 219. 1914年4月，V. V. 穆辛—普希金 (V. V. Musin-Pushkin) 伯爵在寫給他岳父的信中總結了宮廷裏的氣氛：「大部分資產階級圈子都傾向於革命，外省的情況比首都更糟。毫無疑問，所有人都感到不滿。」這位伯爵還說，「最蠢、最讓人氣惱的是，不滿沒甚麼理由可講」(！)。Cherniavsky, *Prologue to Revolution*, 12–3.

25　M. O. Gershenzon, 載於 Shagrin and Todd, *Landmarks*, 81; Paléologue, *An Ambassador's Memoirs*, III: 349–50.

26　事實上，無論是英國人還是法國人，都不相信俄德會長期對抗，因為在聖彼得堡和柏林之間不存在根本的利益衝突。但是在俄國，主要的親德派謝爾蓋‧維特和杜爾諾沃都不再掌握大權，不足以影響尼古拉二世。聖彼得堡的親德情緒減弱，這構成了1914年2月杜爾諾沃備忘錄的背景。Lieven, "Pro-Germans"; Bestuzhev, *Bor'ba*, 44–6.

27　Fischer, *War of Illusions*, 334–6.

28　杜爾諾沃從前的副手指出，這位上司「不能理解人民內心深處的東西」。Gurko, *Features and Figures*, 415.

29　「治理國家要嚴厲，」杜爾諾沃在1910年底曾經解釋說，「正義本身要服從更高的國家利益的需要 …… 沙皇必須要威嚴〔令人敬畏〕，但也要仁慈，威嚴是首要的，仁慈其次。」*Gosudarstvennyi Sovet: stenograficheskii otchet, sixth session* December 17, 1910, col. 595; Lieven, "Bureaucratic Authoritarianism," 395, n25.

30　Lieven, *Russia's Rulers*, 277–308.

31　「繼承人的疾病，皇后的易怒，君主的優柔寡斷，拉斯普京的出現，總體而言政府的施政策略缺乏系統性，」國務會議中另外一名右翼分子亞歷山大‧瑙莫夫 (Alexander Naumov) 回憶說，「所有這一切都迫使正直而嚴肅的公共官員去思考現狀，謹慎展望一個不確定的未來。」Naumov, *Iz utselevshikh vospominanii*, II: 214–5 (包括所引杜爾諾沃的話).

757

32 多年之後，在移民中流傳着這樣一則故事，說沙皇曾經邀請杜爾諾沃擔任總理，掌管政府權力。「陛下，」據說杜爾諾沃反對，「無論是作為政府首腦還是內務大臣，我的辦法都不能立竿見影，只有在若干年後才能收效，而這若干年將會紛亂不堪：解散杜馬、暗殺、處決，或許還有武裝暴動。您，陛下，是不可能接受這種局面的，您會解除我的職務；在這種情況下，由我來主政毫無好處，只有害處。」認為杜爾諾沃會再次試圖贏得尼古拉二世的信任然後婉拒接掌權力的邀請，這完全是異想天開。不過，這段杜撰出來的、據說是他說過的話，的確反映出他以及其他人實際上有多麼灰心。Vasil'chikov, *Vospominaniia*, 225; Lieven, *Russia's Rulers*, 229–30.

33 Mal'kov, *Pervaia mirovaia voina*, 99.

34 Mendel, "Peasant and Worker ." 門德爾是在評論利奧波德・海姆森 (Leopold Haimson) 的觀點，後者那篇有影響的文章認為，俄國革命不可避免，因為在俄國社會存在雙重的對立：工人與其他社會群體之間的對立，以及受過良好教育的群體與君主專制之間的對立。Haimson, "Problem of Social Stability."

35 Dan, *Origins of Bolshevism*, 399. 初版為俄文 (1946)，是流亡的唐恩在紐約去世前夕出版的。

36 Hosking, *Russian Constitutional Experiment*. 新的研究參見 McKean, "Constitutional Russia," 以及彼得・加特列爾 (Peter Gatrell) 的回應 (82–94)。在非自由主義的政治秩序中，市民社會是無法存在的，但學者們仍然以為在沙俄存在市民社會，理由主要是存在各種協會，但這些協會幾乎無法保障公民權利，對國家也幾乎沒有甚麼影響力。Walkin, *Rise of Democracy*; Bradley, *Voluntary Association*; Ely, "Question of Civil," 225–42.

37 *Shelokhaev, Politicheskie partii Rossii*.

38 Holquist, "Violent Russia," 651–2.

第五章　愚蠢還是叛國？

1 *Rech'*, December 13, 1916, 翻譯並轉載於 Golder, *Documents of Russian History*, 154–166 (at 164).

2 Tikhomirov, "Nuzhny li printsipy?," 69.

3 Morris, *Colonel Roosevelt*, 56.

4 「皇帝就像打發傭人一樣讓我捲鋪蓋走人。」這位忿忿不平的前總理寫道。後來，俾斯麥進行了報復，用「威廉一世忠實的德意志僕人」作為自己的碑文。Steinberg, *Bismarck*, 454–5, 463, 480. 德皇解除俾斯麥的職務和尼古拉二世對待維特的做法差不多。

5 Kennan, *Fateful Alliance*.

6 Offer, *The First World War*, 324–30. 美國在國際貿易中位列第三，佔11%。Kennedy, *Over Here*, 298.

7　Steinberg, *Yesterday's Deterrent.*

8　引自 Paul Kennedy, "The Kaiser and Weltpolitik: Reflexions on Wilhelm II's Place in the Making of German Foreign Policy," 載於 Röhl and Sombart, *Kaiser Wilhelm II*, 143–68 (at 155). 另見該書的 (1-62) J. G. Röhl, "Introduction" 以及 "The Emperor's New Clothes: A Character Sketch of Kaiser Wilhelm II"; Hull, *Entourage of Kaiser Wilhelm II*; 以及 Hewitson, "The Kaiserreich in Question."

9　Neilson, *Britain and the Last Tsar.*

10　McClelland, *German Historians and England*; Sontag, *Germany and England*; 以及 Conrad, *Globalisation and Nation.*

11　引自 Ronaldshay, *Life of Lord Curzon*, III: 117.

12　Kennedy, *Rise of the Anglo-German Antagonism*, 360.

13　總論戰爭原因的著述，在許多方面都是由第一次世界大戰的例子發展而來的。Blainey, *The Causes of War*; Howard, *The Causes of Wars.* 可惜，關於戰爭原因的政治學文獻不久前走進了死胡同，而且現在還沒有完全走出來：Fearon, "Rationalist Explanations for War." 比較有幫助的有 Jervis, *Perception and Misperception.*

14　Gatrell, *The Tsarist Economy*, 31–2.

15　Stone, *The Eastern Front*, 42; Knox, *With the Russian Army*, I: xix.

16　Fischer, *War of Illusions*, 400; Berghahn, *Germany and the Approach of War*, 181.「俄國不斷在發展，」德國總理特奧巴爾德‧馮‧貝特曼‧霍爾韋格強調說，「它像夢魘一樣壓在我們身上。」另見 Pollock, *Creating the Russian Peril*; 以及 Mombauer, *Helmuth von Moltke.* 英國造船業建造戰艦的速度是俄國的兩倍，成本是俄國的一半，但英國自己給自己增加負擔，要控制全世界的航道。Gatrell, *Government, Industry and Rearmament.*

17　Wohlforth, "The Perception of Power"; John C. G. Röhl, "Germany," 載於 Wilson, *Decisions for War*, at 33–8.

18　Halévy, *The World Crisis*, 24–5; 另見 Crampton, "The Balkans," 66–79.

19　Fay, *The Origins of the World War*, II: 335; Albertini, *Origins of the War of 1914*, II: 74–88; Dedijer, *The Road to Sarajevo*; Vucinich, "Mlada Bosna and the First World War," 45–70; Zeman, *The Break-Up*, 24–34; Remak, *Sarajevo*; MacKenzie, *Apis*, 123ff. 早在 1910 年 6 月 3 日，波格丹‧熱拉伊奇 (Bogdan Žerajić，一名 22 歲的塞爾維亞人) 就曾試圖刺殺弗朗茨‧約瑟夫皇帝；12 天後，熱拉伊奇又企圖刺殺當時的波斯尼亞和黑塞哥維那總督馬里揚‧韋雷沙寧 (Marijan Verešanin) 將軍。熱拉伊奇在失敗後自殺。

20　Mark Cornwall, "Serbia," 載於 Wilson, *Decisions for War*, 55–96.

21　Trotskii, *Sochineniia*, XVII/1: 190.

22　弗朗茨‧約瑟夫咄咄逼人的姿態，讓有些人想起了 15 年前英國人在布爾戰爭中的行為，當時倫敦害怕失去對整個南非的控制，就發明了集中營，試圖消滅「傲慢自大的」南非白人居民。Lieven, "Dilemmas of Empire," 187.

23　Wandruszka, *House of Habsburg*, 178.

758

24 奧地利的決策受到了嚴厲的批評（Taylor, *The Struggle for Mastery*, 521; Williamson, *Austria-Hungary*, 211）。但也有人對奧匈帝國賭博式的做法作了機敏的辯護，參見 Schroeder, "Stealing Horses," 17–42. 當英國在1914年8月3日宣戰的時候，不到四分鐘，遠東的英軍指揮官就通過電報知道了。

25 Newton, *Lord Lansdowne*, 199.

26 Lieven, *Russia and the Origins*, 77–80. 對尼古拉產生了影響的不僅可能有杜爾諾沃和倒霉的俄日戰爭，還可能有俄屬波蘭銀行家伊萬‧布洛赫（Iwan Bloch）引起廣泛討論的六卷本《未來戰爭》（*Budushchaia voina*, St. Petersburg: Efron, 1898）。最後的第六卷被譯成英文，書名是《未來戰爭及其技術、經濟、政治的聯繫：戰爭是否不可能？》（*The Future of War in Its Technical, Economic, and Political Relations: Is War Now Impossible?* New York: Doubleday & McClure, 1899）。

27 Ropponen, *Die Kraft Russlands*; Fuller, "The Russian Empire," 110–20.

28 戰爭一開始，俄國外交大臣就向塞爾維亞施壓，要求割讓馬其頓地區的領土（給保加利亞）。Paléologue, *An Ambassador's Memoirs*, I: 22–23（1914年7月23日的日記）.

29 Albertini, *Origins of the War of 1914*, II: 352–62; Lieven, *Russia and the Origins*, 139–51; Spring, "Russia and the Coming of War," 57–86. 阿爾貝蒂尼在概括性的敘述中非常突出的一點在於，對俄國的原始資料掌握得十分詳盡。

30 Turner, "The Russian Mobilization in 1914," 252–66; Geyer, *Russian Imperialism*, 312–3; Sazonov, *Vospominaniia*, 248–9（薩佐諾夫是當時的外交大臣）. 有關文件可參見 "Nachalo voiny 1914 g.: podennaia zapis'."

31 Hans Rogger, "Russia in 1914." 亞歷山德拉在一封給尼古拉的信裏異想天開地認為，戰爭「振奮了精神，淨化了呆滯的心靈，造成了情感上的團結」，並認為這場戰爭「從道德上說是健康的戰爭」。Pares, *Letters of the Tsaritsa*, 9 (September 24, 1914). 尼古拉二世是在冬宮陽台上公開宣戰的，有關這方面的情況，參見 Vasilyev, *Ochrana*, 36.

32 這份報紙還說，「在這裏，第二次偉大的衛國戰爭開始了。」Gatrell, *Russia's First World War*, 18. 關於1914年德俄兩國新聞界的戰爭鼓噪，參見Fischer, *War of Illusions*, 370–88.「為甚麼戰爭總的來說是邪惡的而單單這次不知為何是好的呢？」聖彼得堡的女詩人季娜伊達‧吉皮烏斯在1914年8月的日記中寫道。Gippius, *Siniaia kniga*, 12.

33 正如約翰‧勒多內所言：「這些不是當權者的目標，他們已被德國的威脅搞得暈頭轉向了。」當然，鮑里斯‧諾爾德（Boris Nolde）說得很對，俄國的帝國主義戰爭目標不是決定宣戰的推動因素，那些目標是在戰爭開始後出現的。然而它們的出現並不是突如其來的。主要的當事人之一、俄國前外交大臣亞歷山大‧P. 伊茲沃利斯基（Aleksandr P. Izvolsky）事後企圖為俄國辯解，認為俄國採取行動只是因為擔心德國稱霸歐洲。LeDonne, *Russian Empire and the World*, 366–7; Boris Nol'de, "Tseli i real'nost' v velikoi voine," 81–6; Izvolsky, *Memoirs*, 83.

34 「俄國政府這麼長時間以來一直在反對戰爭，就是因為擔心它的社會影響，」有學者寫道，「而現在參戰也是出於同樣的理由。」McDonald, *United Government*, 207.

35 Zuber, *Inventing the Schlieffen Plan.* 另見 Snyder, *Ideology of the Offensive*, chapters 4–5; 以及 Sagan, "1914 Revisited."

36 Förster, "Dreams and Nightmares: German Military Leadership and the Images of Future War," 343–76 (esp. 360, 365, 372); Herwig, "Germany and the 'Short War' Illusion," 688; Snyder, *Ideology of the Offensive*, 112, 122–24; Howard, *The First World War*, 28–9; Offer, "Going to War in 1914."

37 Lambert, *Planning Armageddon.* 施利芬之所以認為必須速勝，有一個理由是，由於戰爭會給經濟帶來新的限制，要維持一場消耗戰是不可能的。Albertini, *Origins of the War of 1914*, III: 369ff.

38 Clark, *Kaiser Wilhelm II*, 214–18.

39 大使卡爾‧馬克斯‧利赫諾夫斯基侯爵 (Karl Max Lichnowsky) 致柏林，1914年8月1日，載於 *Die deutschen Dokumente zum Kriegsausbruch*, 2nd ed., 4 vols. (Berlin: Deutsche Verlagsgesellschaft für Politik und Geschichte, 1922), III: 66; Albertini, *Origins of the War of 1914*, III: 171–8, 380–6; Berghahn, *Imperial Germany*, 282–3. 關於德皇的擔心與克制，參見 Stevenson, *Cataclysm*, 21–35.

40 Tuchman, *Guns of August*, 99 (引自馮‧毛奇的回憶錄).

41 Nicolson, *King George V*, 328–9 (引自皇家檔案館中格雷的筆記); Young, "The Misunderstanding of August 1, 1914."

42 Von Moltke, *Erinnerungen*, 21; von Zwehl, *Erich von Falkenhayn*, 58–9.

43 按照1907年10月達成並於1910年1月26日生效的協議，國際法要求在戰爭開始前必須先行宣戰。

44 「〔德國〕政府，」海軍內閣首腦在日記中讚許地寫道，「非常成功地使我們成了受到攻擊的一方。」Berghahn, *Germany and the Approach of War*, 213ff.

45 A. J. P. 泰勒有個出名的說法，稱之為「按照時間表開始的戰爭」，並錯誤地把責任歸咎於動員，甚至斷言列強中誰都不想發動戰爭。參見 A. J. P. Taylor, *War by Timetable*.

46 英國政府具備實施封鎖的有利條件，但沒能協調好相關的許多部門。經濟戰從英國大戰略的基石變成了後來附加的東西。Lambert, *Planning Armageddon*, quote at 189 (Robert Brand). 另見 Ferguson, *Pity of War*, 189–97; 以及 Ferguson, "Political Risk."

47 針對泰勒說的「和平會讓德國在幾年內佔據歐洲的統治地位」，弗格森反駁說，如果英國保持中立，那接下來最壞的情況是，法國被迫接受一種溫和的德式和平，而比利時則可以保全。Taylor, *The Struggle for Mastery*, 528; Ferguson, *Pity of War*, 168–73, 442–62.

48 Lieven, *Russia and the Origins*, 142–3.

49 這不是要為馮‧毛奇開脫：1915年6月，在被埃里希‧馮‧法爾肯海因 (Erich von Falkenhayn) 取代後，自大的馮‧毛奇私下對朋友抱怨說，「在這場由我準備並發動的戰爭中被指責說無所作為，這讓人不痛快。」一年後，他死了。Mombauer, "A Reluctant Military Leader?," 419.

50 Stevenson, *Armaments*; Van Evera, "The Cult of the Offensive." 另見 Dickinson, *International Anarchy*.

51 Lieven, *Russia and the Origins,* 139–40. 關於榮譽，參見 Offer, "Going to War in 1914."

52 對決策情況的概述，參見 Hamilton and Herwig, *Decisions for War.*

53 有着巨大影響的塔奇曼的《八月炮火》，其特點是利用回憶錄（而不是當時尚未公開的檔案），把重點放在政治家們身上。參見 Strachan, *The First World War* [2004], 68; Strachan, *The First World War* [2003],I: 4–162; Stevenson, *Cataclysm*; 以及 Van Evera, "Why Cooperation Failed."

54 Christensen and Snyder, "Chain Gangs," 66.

55 Horne, *A Companion to World War I,* 249.「依我拙見，要是我可以這麼說的話，現在的歐洲各國全都瘋了。」在離戰爭還有幾年的時候（1911），加拿大總理（威爾弗雷德·勞里埃〔Wilfrid Laurier〕）就已經說過。轉引自 Offer, *The First World War,* 268.

56 French, *British Strategy,* xii, 200–1.

57 Pearce, *Comrades in Conscience,* 169; Keegan, *The First World War,* 278–99; Ferro, *The Great War,* 91–2. 另見 Prior and Wilson, *The Somme.*

58 Edgerton, *The Shock of the Old,* 142–6.

59 Ellis, *Social History of the Machine Gun.*

60 Haber, *The Poisonous Cloud,* 243.

61 Gumz, *Resurrection and Collaps.*

62 Russell, *Justice in War Time,* 13–4.

63 Harding, *Leninism,* 8–11, 113–41.

64 *Bol'shevik,* 1949, no. 1, 轉載於 *PSS,* XLIX: 377–9 (at 378); Lih, *Lenin,* 13. 利赫的著作充滿了原創性的洞見，但可惜，他把列寧描寫成一個主流的歐洲社會民主黨人，有點像尼采的英文譯者沃爾特·考夫曼（Walter Kaufmann），把那位激進的德國思想家理解成一個美式的自由主義者。

65 「愛國主義精神只是零星地表現出來，而在1915年，就幾乎完全看不到了……俄國人相當清楚他們在戰爭中要和甚麼人作戰，但不知道為誰而戰、為何而戰。」Jahn, *Patriotic Culture,* 134, 173. 戰時的愛國主義是上層社會的情緒：Gurko, *Features and Figures,* 538.

66 Lieven, *Empire,* 46.

67 Hull, *Absolute Destruction,* 5–90.

68 Hochschild, *King Leopold's Ghost.*

69 Prior and Wilson, *The Somme,* 222; de Groot, *Douglas Haig,* 242（引自 Haig, "Memorandum on Policy for the Press," May 26, 1916).

70 Kramer, *Dynamic of Destruction.* 有位歷史學家說過，「協約國，尤其是英國人，想方設法讓人以為，他們是不得已才採取殘忍或是不擇手段的行動，而德國人似乎總以此為樂。」事實上，最初在比利時的無緣無故的暴行儘管有誇大的成分，但確有其事。Taylor, *The First World War,* 57.

71 Omissi, *The Sepoy and the Raj,* 117–8.

72 *PSS,* XLIX: 101, 161.

73   Thatcher, *Leon Trotsky*, 212. 另見Martynov, "Ot abstraktsii k konkretnoi deiatel'nosti"; 以
      及 Thatcher, "Trotskii, Lenin, and the Bolsheviks."

74   *Biulleten' oppozitsii*, August 1930, no. 14: 8; Trotsky, *Stalin School of Falsification*, 184–5.
      《斯大林全集》第2卷收錄的最後一篇文章的日期是1913年1至2月，第3卷收錄
      的第一篇文章的日期是1917年3月。Medvedev, *Let History Judge*, 37.

75   Van Ree, "Stalin and the National Question," at 224, 237, n64 (引自 RGASPI, f. 30, op. 1,
      d. 20; f. 558, op. 1, d. 57); Shveitzer, *Stalin v turukhanskoi ssylke*. 甚至在斯大林準備他
      的全集時，這篇沒有發表的文章──據說是用手書寫滿了兩本練習冊──也沒能
      找到。RGASPI, f. 558, op. 4, d, 62, l.308ff, 424.

76   Van Ree, "Stalin and the National Question," 225 (引自 RGASPI, f. 558, op. 1, d. 54, d. 56).

77   Sverdlov, *Izbrannye proizvedennye* , I: 386–90.

78   *Krasnoiarskii rabochii*, July 25, 2003 (引自 Gosudarstvennyi arkhiv Krasnoiarskogo kraia):
      http://www.krasrab.com/archive/2003/07/25/16/view_article; *Pechat' i revoliutsiia*, 1924,
      kn. 2: 66; Sverdlov, *Izbrannye proizvedennye*, I: 276–7. Volkogonov, *Stalin: Politicheskii
      portret*, I: 51. 另見 Sverdlov, *Iakov Mikhailovich Sverdlov* [1985], 171–208.

79   這是引用了1938年10月的一句話：*Istoricheskii arkhiv* (1994), no. 5: 13; RGASPI, f.
      558, op. 11, d. 1122, l. 55. 關於他發誓娶那位姑娘的事情，參見 *Istochnik*, 2002, no.
      4: 74.

80   那些藏書是杜布羅溫斯基 (Dubrovinsky) 的。1929年，當那位名叫米哈伊爾‧梅
      爾茲利亞科夫 (Mikhail Merzlyakov) 的憲兵，因為從前當過沙皇警察而要被逐出所
      在的集體農莊時，他寫信給斯大林。斯大林給該村蘇維埃寫信說：「米哈伊爾‧
      梅爾茲利亞科夫執行警察頭子交給他的任務是照章辦事，但不像一般的警察那樣
      起勁。他沒有暗中監視我。他沒有為我的生活帶來不幸，也沒有對我威逼恐
      嚇。我經常不在，他也能容忍。有幾次他還對自己上級所下的很多命令和指示
      表示不滿。我認為我有責任向你們證實這一點。」RGASPI, f. 558, op. 4, d. 662.

81   Kvashonkin, *Bol'shevistskoe rukovodstvo*, 21 (RGASPI, f. 558, op. 1, d. 53, l.1–3: Feb. 27,
      1915); Allilueva, *Vospominaniia*, 118. 安娜是謝爾蓋‧阿利盧耶夫的另外一個女兒。
      RGASPI, f. 558, op. 4, d. 662. 斯大林當時在庫列伊卡 (1914–1916)，他後來告
      訴當地的兒童說：「我煩躁不安，有時大喊大叫，日子很艱難。」TsKhIDNI
      Krasnoiarskogo Kraia, f. 42, op. 1, d. 356, l. 22.

82   Ostrovskii, *Kto stoial*, 414–8. 因為是猶太人，斯維爾德洛夫也逃過了戰爭。

83   Best, "The Militarization of European Society," 13–29.

84   雖然俄國士兵散佈在大約800萬平方英里 (編註：約2,072萬平方公里。) 的領土
      上，但他們大多是靠步行，帶着馬或牛拉的大車走上戰場的。1914年，所有俄
      國的應徵入伍者要想到達動員的地點，走的距離平均下來都要超過德國、奧匈帝
      國或法國的應徵入伍者的三倍。Knox, *With the Russian Army*, I: xxxiii; Dobrorolski,
      Die Mobilmachung der russischen Armee, 28; Golovin, *Voennye usiliia Rossii*, I: 51, 61, II:
      69–71; Brusilov, *Moi vospominaniia*, 76; Danilov, *Rossiia v mirovoi voine*, 191–2; Rostunov,
      Russkii front, 100–1.

85　他們中許多人都死在前往遠離前線的後方醫院途中，當時他們被「堆放在貨車車廂的地板上，沒有採取任何醫療救護措施」。在送到醫院治療的500萬俄國士兵中，大概有一半人是在戰鬥中負的傷，其餘的是因為疾病——斑疹傷寒、傷寒、霍亂、痢疾——或者凍傷，而凍傷常常需要截肢。Viroubova, *Memories of the Russian Court*, 109. 另見Miliukov, *Vospominaniia,* II: 199; Rodzianko, *Reign of Rasputin*, 115–7.

86　在沙皇統治下的突厥斯坦，除了必須以低於市場價的價格為軍隊提供馬匹和家畜之外，1916年又開始實行徵兵制度，結果引發全面叛亂。暴力衝突導致大約2,500名俄羅斯人死亡，至少30萬草原遊牧人口遷移，其中有許多越過邊境逃到了中國。Piaskovskii, *Vosstanie 1916 godu*; Kendirbai, "The Alash Movement," V: at 855; Pipes, *Formation of the Soviet Union*, 84. 戰爭期間，大英帝國統治下的印度、埃及、愛爾蘭以及其他地方也發生了叛亂。

87　Stone, *The Eastern Front*, 215.

88　Showalter, *Tannenberg*.

89　Golovine, *The Russian Army*, 220–1. 另見Polivanov, *Iz dnevnikov i vospominanii*, 186.

90　Stone, *The Eastern Front*, 12, 93. 成立於1912年的俄國空軍，在1914年可能擁有360架飛機和16艘飛艇，是當時世界上最龐大的空中力量，但由於缺少零配件，大部分時間只能窩在地面，聽憑德國人四處調動而沒有發覺。

91　Ol'denburg, *Gosudar' Imperator Nikolai II Aleksandrovich*; 後被擴充成Ol'denburg, *Istoriia tsarstvovanie Imperatora Nikolaia II*; 並被譯作Ol'denburg, *Last Tsar.* 當時不只是杜馬。「帝國當局與市民社會的對立是我們政治生活中最大的災難，」農業大臣亞歷山大·克里沃舍因 (Alexander Krivoshein) 在戰爭期間嘆息說，「只要政府和社會堅持把對方看作兩個敵對的陣營，俄國的前途就仍然很危險。」引自Paléologue, *La Russie*, I: 289. 1914年2月，克里沃舍因以健康原因為由，謝絕出任首相。

92　Gurko, *Features and Figures*, 19; Mamontov, *Na Gosudarevoi sluzhbe*, 144–5, 151–3; Masolov, *Pri dvore imperatora* , 11–12; Lieven, *Nicholas II*, 117; Figes, *A People's Tragedy*, 15–24.

93　杜馬開會的時間還包括1915年7至8月戰爭開始一週年的時候，1916年2至5月，以及1916年11月至1917年2月。

94　Gurko, *Features and Figures*, 576.「我們必須戰鬥，因為政府是由一些惡棍組成的，」屬於民族主義政黨的瓦西里·舒利金解釋說，「但既然我們不打算到街壘去，我們就不可能把其他人鼓動起來。」Lapin, "Progessivnyi blok v 1915–1917 gg.," 114.

95　Shchëgolëv, *Padenie*, VII: 116–75 (羅將柯，關於馬克拉科夫) at 124. 另見Gurko, *Features and Figures*, 521–2. 謝戈廖夫的書是「沙皇政權的大臣及其他負責人非法行為特別調查委員會」的成果，該委員會由臨時政府成立，布爾什維克中止了委員會的工作，但出版了它的部分材料(那些材料是由詩人亞歷山大·布洛克抄寫的)。

96　國家為杜爾諾沃的葬禮花了4,000盧布。

97 Kir'ianov, *Pravye partii*; Kir'ianov, *Pravye partii*.

98 參見 Eroshkin, *Ocherki istorii*, 310.

99 Gal´perina, *Sovet ministrov Rossiiskoiimperii*; Cherniavsky, *Prologue to Revolution*. 在西部靠近前線的幾個地區，俄國大本營的確把文官政府撇在了一邊 (儘管文官政府不怎麼樣)，但是，從管理上講，軍人幹得也好不了多少。Graf, "Military Rule behind the Russian Front."

100 Jones, "Nicholas II"; Ol'denburg, *Last Tsar*, IV: 38–42; Brusilov, *Soldier's Note-book*, 267–8; Gurko, *Features and Figures*, 567–71; Golder, *Documents of Russian History*, 210–1. 就像維特說到尼古拉二世時講的，「神秘主義的輕霧使他所看到的一切發生了折射，放大了他自己的作用和他本人。」Dillon, *Eclipse of Russia*, 327 (引自據說是對維特的採訪).

101 Gourko, *War and Revolution*, 10–1; Mikhail Lemke, *250 dnei*, 149; Fuller, *Civil-Military Conflict*, 41.

102 Jones, "Nicholas II."

103 這些說法出自莫里斯‧帕萊奧洛格，引自 V. Kantorovich, *Byloe*, 1923, no. 22: 208–9.

104 *Letters of the Tsaritsa*, 114, 116 (1915年8月22日).

105 Fuller, *Foe Within*; Shatsillo, "Delo polkovnika Miasoedova"; Knox, "General V. A. Sukhomlinov."

106 Fülöp-Miller, *Rasputin*, 215; Radzinsky, *Rasputin File*, 40.

107 宮廷否認他的淫蕩。Viroubova, *Souvenirs de ma vie*, 115. 薩拉熱窩暗殺事件發生在西曆6月28日、俄曆7月15日；刺殺拉斯普京未遂事件發生在西曆6月29日、俄曆7月16日。暗殺者是希奧尼婭‧古謝娃 (Khionia Guseva)，察里津人。

108 Kokovtsov, *Iz moego proshlogo*, II: 40; Beletskii, *Grigorii Rasputin*, 32–6.

109 Kilcoyne, "The Political Influence of Rasputin."

110 Massie, *Nicholas and Alexandra*, 199–202; Fuhrmann, *Rasputin*, 93–8; Radzinsky, *Rasputin File*, 187. 阿列克謝左腿神經萎縮，在1913年夏天給他造成極大的痛苦，但1912年那種嚴重的危險已經過去了。Gilliard, *Thirteen Years*, 28–30. 吉利亞爾是阿列克謝的家庭教師，沒有人告訴他阿列克謝的病因。

111 Crawford and Crawford, *Michael and Natasha [New York]*, 122–46.

112 Figes and Kolonitskii, *Interpreting the Russian Revolution*, 10; RGIA, f. 1278, op. 10, d. 11, l. 332; Maylunas and Mironenko, *A Lifelong Passion*, 529.

113 Grave, *Burzhuaziia nakanune fevral'skoi revoliutsii*, 78. 另見 Wildman, *End of the Russian Imperial Army*, I: 156.

114 關於他所謂戰時的俄國社會組織的「近似於國營的綜合企業」，參見 Holquist, *Making War*, 4. 劉易斯‧西格爾鮑姆指出，相對於其他大國，與「先前處於國家機器之外，甚至對國家機器抱有敵意的社會利益集團」的合作，「在戰時的俄國是最不充分的」。但這個說法很可能並不符合1916年的情況。Siegelbaum, *Politics of Industrial Mobilization*, xi.

115　Lincoln, *Passage through Armageddon*, 61.

116　Zagorsky, *State Control of Industry*, 46; Maurice Paléologue, *La Russie*, I: 231–2 .

117　Stone, *The Eastern Front*, 227; Pogrebinskii, "Voenno-promyshlennye komitety"; Gronsky and Astrov, *The War and the Russian Government*.

118　阿列克謝耶夫反對布魯西洛夫採取「寬大正面」接敵的方式，而是竭力主張他應該攻擊一個 12 英里（編註：約 19 公里。）的狹窄正面，但布魯西洛夫堅持自己的計劃，而按照他的設想，這可以使敵人摸不著頭腦，不知該把預備隊投入到哪裏。Brusilov, *Soldier's Note-book*, 204–75; Brusilov, *Moi vospominaniia*, 237; Hart, *The Real War*, 224–7; Knox, *With the Russian Army*, II: 432–82; Rostunov, *Russkii front*, 321–3; Rostunov, *General Brusilov*, 154–5; Dowling, *The Brusilov Offensive*.

119　Stone, *The Eastern Front*, 243.

120　不過，他還寫道，「在我們與俄國人交手時，有時候必須搬走敵人在我方戰壕前留下的成堆的屍體，那樣才可以保證，當敵人再次發動潮水般的進攻時，不會妨礙到射擊。」Von Hindenburg, *Out of My Life*, I: 193; II: 69. See also Asprey, *German High Command*.

121　引自 McReynolds, "Mobilising Petrograd's Lower Classes," 171.

122　Knox, *With the Russian Army*, II: 462–9; Lyons, Vladimir Mikhailovich Bezobrazov,103–10.

123　Daly, *Watchful State*, 180(I. G. Shcheglovitov).

124　Fleer, *Rabochee dvizhenie*, 309.

125　Rezanov, *Shturmovoi signal P. N. Miliukova*, 43–61; Ol'denburg, *The Last Tsar*, IV: 99–104; Bohn, "'Dummheit oder Verrat'?"; Lyandres, "Progressive Bloc Politics." 米留可夫後來試圖為自己的謊言辯護：Miliukov, *Vospominaniia*, II: 276–7; Diakin, *Russkaia burzhuaziia*, 243. 另見 Riha, *A Russian European*; and Stockdale, *Paul Miliukov*.

126　Pipes, *Russian Revolution*, 261–6; Golder, *Documents of Russian History*, 166–75. 普利什凱維奇已經受到公開指控，說他想把尼古拉二世趕下台。"Sovremennoe pravosudie," *Dym otechestva*, 1914, no. 22: 1–2. 英國大使喬治・布坎南聽信了在俄國宮廷有德國間諜，而英國秘密情報機關的一名特工似乎是同謀的傳聞，因而擔心俄國人會單獨去和德國媾和。證據顯示，奧斯瓦爾德・雷納（Oswald Rayner）中尉，尤蘇波夫在牛津上學時的熟人，當時就在謀殺現場，而且第二天還和尤蘇波夫共進晚餐。雷納在聖彼得堡的上司之間的談話表明，他有可能同謀殺有關。Cook, *To Kill Rasputin*.

127　Voeikov, *S tsarem*, 178; Pipes, *Russian Revolution*, 266–7. 刺殺者根本沒有受到審判。

128　V Mikhailovich, *Kniga vospominanii*), 186; Mikhailovich, *Once a Grand Duke*, 184. 亞歷山大・米哈伊洛維奇是尼古拉二世的祖父、沙皇亞歷山大二世的弟弟（米哈伊爾・尼古拉耶維奇大公）的兒子。尤蘇波夫公爵，謀殺拉斯普京的兇手之一，是亞歷山大・米哈伊洛維奇大公的女婿（譯註：亞歷山大・米哈伊洛維奇大公的妻子是尼古拉二世的妹妹謝妮亞，所以沙皇又是他的內兄。）。

129　Lincoln, *Passage through Armageddon*, 312（引自 "Télégramme secret de M. Paléologue au Ministère des Affaires Etrangères," AdAE, Guerre 1914–1918, Russie, Dossier Générale no. 646: 78–9).

130　Buchanan, *My Mission to Russia*, II: 41.

131　莫斯科的保安處處長馬丁諾夫 (Martynov) 指出，群眾情緒激進，不是因為外界的鼓動者，而是因為政府的錯誤、沙皇威望下降以及宮廷醜聞。"Tsarskaia okhrana o politicheskom polozhenii v strane v kontse 1916 g.," *Istoricheskii arkhiv*, 1960, no. 1: 204–9; Pokrovskii and Gelis, "Politcheskoe polozhenie Rossii nakanune fevral'skoi revoliutsii v zhandarmskom osveshchenii," 節錄自 Daniels, *Russian Revolution*, 9–12.

132　"Fevral'skaia revoliutsiia i okhrannoe otdelenie."「所有政黨的有威信的領導者一個也不在場。他們全都在流放、監禁之中，或是在國外。」Sukhanov, *Russian Revolution*, I: 21.

133　Burdzhalov, *Vtoraia russkaia revoliutsiia*, 90–1, 107–8.

134　David Longley, "Iakovlev's Question, or the Historiography of the Problem of Spontaneity and Leadership in the Russian Revolution of February 1917," 載於 Frankel, *Revolution in Russia*, 365–87.

135　Manikovskii, *Boevoe snabzhenie russkoi armii* [1923].

136　Kimitaka, "Sōryokusensōto chihōtōchi."

137　Anstiferov, *Russian Agriculture*.

138　Kitanina, *Voina, khleb i revoliutsiia*, 70–1.

139　Kondrat'ev, *Rynok khlebov*, 137–8; Holquist, *Making War*, 31–2.

140　Lih, *Bread and Authority*; Holquist, *Making War*, 44–6. 戰前俄國生產的糧食只有三分之一流向市場，而且其中有一半用於出口。

141　Kondrat'ev, *Rynok khlebov*, 127; Struve, *Food Supply in Russia*, 128; Zhitkov, "Prodfurazhnoe snabzhenie russkikh armii"; Pavel Volobuev, *Ekonomicheskaia politika Vremmenogo Pravitel'stva*, 384–7; Yaney, *Urge to Mobilize*, 408–19; Kitanina, *Voina, khleb i revoliutsiia*, 217–8.

142　Lih, *Bread and Authority*, 12; "Gibel' tsarskogo Petrograda," 7–72.「我們的麵粉廠裏有糧食，但麵粉廠根本沒有燃料，」莫斯科的市長說，「有麵粉的地方沒有車皮可以運送，而有車皮的地方又無貨可運。」引自 Diakin, *Russkaia burzhuaziia*, 314.

143　這位密探警告說：「因為沒完沒了地排隊而心力交瘁的母親們……看着餓得奄奄一息的生病的孩子的母親們，也許比米留可夫和同盟，也就是杜馬『進步集團』的先生們更想來一場革命。」但這種說法低估了米留可夫。Hasegawa, *February Revolution*, 201 (引自 GARF, f. POO, op. 5, d. 669 [1917], l.25–33); Shchëgolëv, *Padenie*, I: 184 (Khabalov).

144　Gatrell, *Russia's First World War*, 170.

145　Mil'chik, "Fevral'skie dni."

146　Kolonitskii, *Symvoly vlasti i bor'ba za vlast'*, 14–37. 理查德 · 沃特曼認為：「在1917年2月尼古拉二世實際離開寶座之前，象徵意義的退位早就發生了。」Wortman, "Nicholas II," 127. 另見 Steinberg, "Revolution," 39–65; 以及 Figes, *A People's Tragedy*, 307–53.

147　Gurko, *Features and Figures*, 546. 另見 Kir'ianov, *Pravye partii*, II: 604–46; 以及 Sadikov, "K istorii poslednikh dnei tsarskogo rezhima," 241–2.

148 Diakin, "Leadership Crisis"; Diakin, *Russkaia burzhuaziia*, 300–2; Golder, *Documents of Russian History*, 116; *Sovremennye zapiski*, 1928, no. 34: 279 (Maklakov); "Aleksandr Ivanovich Guchkov rasskazyvaet," *Voprosy istorii*, 1991, nos. 7–8: (at 205); Rodzyanko, *Reign of Rasputin*, 244–5, 253–4; Gleason, "Alexander Guchkov"; Pares, *Fall of the Russian Monarch*, 427–9; Katkov, *Russia, 1917*, 215; Hasegawa, *February Revolution*, 187. 派普斯 對這些陰謀論不屑一顧，認為都是胡扯。Pipes, *Russian Revolution*, 269–70.

149 Steinberg and Khrustalëv, *Fall of the Romanovs*, 72; Hynes, *Letters of the Tsar*, 315 (1917年 2月24日); *Journal intime de Nicholas II*, 93.

150 Steinberg and Khrustalëv, *Fall of the Romanovs*, 73 (亞歷山德拉致尼古拉，1917年2月25 日); *Journal intime de Nicholas II*, 92. 哈巴洛夫發給大本營報告彼得格勒騷亂情況的第 一封電報是在25日晚上6:08收到的，但阿列克謝耶夫可能到26日才向沙皇匯報。 Sergeev, "Fevral'skaia revoliutsiia 1917 goda," 4–5; Martynov, *Tsarskaia armiia*, 80–1.

151 「甚麼革命？」首都的布爾什維克重要人物、從1915年起就是中央委員的亞歷山 大‧施略普尼柯夫譏諷説——他在1917年2月25日對於工人的情緒也有近距離 的觀察。「給工人一塊麵包，運動就結束了！」Hasegawa, *February Revolution*, 258 (引自 Sveshnikov, "Vyborgskii raionnyi komitet," 83–4). 另見 "Gibel' tsarskogo Petrograda," 39–41; Shchëgolëv, *Padenie*, I: 191–4 (Khabalov); II: 231–3 (Beliaev).

152 Voeikov, *S tsarem*, 195–200.

153 Chermenskii, *IV Gosudarstvennaia Duma*, 196, n4, 201; Daly, *Watchful State*, 189–92; Pares, *Fall of the Russian Monarchy*, 378–81, 393–96, 416–19.

154 Fuhrmann, *Complete Wartime Correspondence*, 6. 還有被稱作「笨蛋」的陸海軍部長米 哈伊爾‧別利亞耶夫，尼古拉二世説他「極其軟弱，做事總是退讓」。Hasegawa, *February Revolution*, 160–3.

155 巴爾克後來帶頭指責哈巴洛夫和別利亞耶夫，説他們優柔寡斷。*Poslednie novosti*, March 12, 1921.

156 "Gibel' tsarskogo Petrograda," 32; Burdzhalov, *Vtoraia Russkaia revoliutsiia*, 96; Wildman, *End of the Russian Imperial Army*, I: 121.

157 Ascher, *Revolution of 1905*, I: 225.

158 Burdzhalov, *Russia's Second Revolution*, 91–3. 鎮壓首都街頭抗議活動的應急方案可能 並不需要召回前線部隊——這或許是組建獨立的彼得格勒軍區的結果。Hasegawa, *February Revolution*, 163.

159 尼古拉二世給哈巴洛夫將軍的電報沒能保存下來。我們只有哈巴洛夫的證詞。 參見 Shchëgolëv, *Padenie*, I: 190–1. 比照 Martynov, *Tsarskaia armiia*, 81.

160 "Gibel' tsarskogo Petrograda,"38.

161 "Gibel' tsarskogo Petrograda," 39–41; Shchëgolëv, *Padenie*, I: 191–4 (Khabalov), II: 231–3 (Beliaev).

162 *Kak russkii narod zavoeval svobodu*, 8.

163 在打算同杜馬妥協之後，僅僅過了幾個小時，政府大臣們現在就主動動用沙皇的 權威，準備讓杜馬休會！卡特科夫推斷説，政府首腦尼古拉‧戈利岑 (Nikolai

Golitsyn) 握有一份沙皇簽發的、沒有註明日期的要求杜馬休會的指令，於是就擅自填寫了日期。Katkov, *Russia, 1917*, 287. 另見 Vasilyev, *Ochrana*, 215.

164 Sukhanov, *Zapiski*, I: 53, 59. 另見從警方的角度所作的描述，Daly, *Watchful State*, 201–6.

165 Budzhualov, *Russia's Second Russian Revolution, 161;* Budzhualov, *Vtoraia russkaia revoliutsiia*, 182. 當保安處試圖對武裝力量的政治可靠程度進行監督時，軍方高層因為覺得自己的榮譽感受到冒犯而進行了抵制。即使對軍隊進行監視，也不會有甚麼用。Lauchlan, *Russian Hide-and-Seek*, 333–6.

166 有些帕夫洛夫斯基近衛營的士兵被關了起來。「沙皇制度的堡壘出現了一道危險的缺口」，蘇漢諾夫寫道。Sukhanov, *Russian Revolution*, I: 29. 關於 2 月 26 日的衝突，巴爾克回憶説，他的辦公室來了一大幫對局勢憂心忡忡的警察機關和國家的官員。「和他們談了事態的發展，沒有發生國家政變。騷亂是有的，但俄國在過去這些年經歷了多次騷亂，而我們作為内務部的工作人員，是非常鎮定的：雙方要想避免犧牲那是不可能的，我們對此已習以為常，可沒想到，最後軍隊不願意鎮壓叛亂。」"Gibel' tsarskogo Petrograda," 42–3.

167 K. I. 格洛巴切夫 (K. I. Globachev) 將軍的話：Ganelin, "The Day Before the Downfall," 245–55; Ganelin et al., "Vospominaniia T. Kirpichnikova," 178–95. 1916 年 12 月，頓河地區的哥薩克拒絕向那些丈夫在前線的女人們開槍，參見 Engel, "Not By Bread Alone," 712–6.

168 "Fevral'skaia revoliutsiia i okhrannoe otdelenie," *Byloe*, 29, January 1918: 175–6.

169 Hasegawa, *February Revolution*, 233–8.「在那些天，我不知道自己看到過多少次撞人的事情」，一個叫維克托‧什克洛夫斯基 (Viktor Shklovsky) 的裝甲車司機回憶説。Shklovsky, *Sentimental Journey*, 16.

170 Sergeev, "Fevral'skaia revoliutsiia 1917 goda," 8 (2 月 27 日哈巴洛夫給尼古拉二世的電報，發出的時間是中午 12:10，收到的時間是中午 12:20)，15–6 (2 月 27 日哈巴洛夫給阿列克謝耶夫的電報，發出的時間是晚上 8 時，收到的時間是夜裏 12:55).

171 2 月 27 日晚上，材料顯示，巴爾克請求内務大臣允許自己和部隊一起撤到皇村。「甚麼，你這個城防司令，想要撤出彼得格勒？那是怎麼回事？」Shchëgolëv, *Padenie*, II: 149–50 (Protopopov). 註：普羅托波波夫把日期弄混了。

172 最後一任沙皇警察局長瓦西里耶夫寫道，「要鎮壓叛亂在當時根本不可能」——他説得對。但是和在他之後的許多人一樣，他錯誤地把這種不可能的原因歸結為在首都沒有可靠的軍隊，認為「如果有幾個可靠的團，很容易就可以維持彼得堡的秩序」。Vasilyev, *Ochrana*, 221.

173 Shchëgolëv, *Padenie*, V: 32–49 (Frederiks) (at 38).

174 Bublikov, *Russkaia revoliutsiia*, 17; Kantorovich and Zaslavskii, *Khronika fevral'skoi revoliutsii*, 28–9; Skobelev, "Gibel' tsarizma"; Browder and Keresnsky, *Russian Provisional Government*, I: 41–7; Abraham, *Kerensky*, 131–2; Chermenskii, "Nachalo vtoroi rossiiskoi revoliutsii," at 99. 另見 Lyandres, "On the Problem of 'Indecisiveness'."

175 *Izvestiia*, February 28, 1917, 載於 Golder, *Documents of Russian History*, 287–8; Avdeev,
Revoliutsiia 1917 goda, I: 41; A. Blok, "Poslednie dni tsarizma," *Byloe*, 1919, no. 15: 28.
1915年11月成立了一個「中央工人小組」，作為戰爭工業委員會與工人之間溝通
的橋樑。蘇維埃的另外一個來源是彼得格勒所有社會主義政黨的領導小組，
它是在1916年11月開始聯合的，二月革命之前和二月革命期間經常開會。
Melancon, *Socialist Revolutionarie*, 256–64.

176 Shul'gin, *Dni*, 127.最後一任總理尼古拉·戈利岑公爵 (1916年12月上任)，曾經
稱病並懇求尼古拉二世不要任命他。Shchëgolëv, *Padenie*, I: 331 (Golitsyn). 另見
Gippius, *Siniaia kniga*, 75–6 (日記，1917年，2月25日).

177 Voeikov, *S tsarem*, 175.

178 Browder and Kerensky, *Russian Provisional Government*, I: 86; Lyandres, "'O Dvortsovom
perevorote ia pervyi raz uslyshal posle revoliutsii . . .'," 252.

179 尼古拉二世不僅提到「驚慌的表現」，還提到阿列克謝耶夫要求任命一位「非常得
力的」將軍，擔起恢復秩序的責任。Steinberg and Khrustalëv, *Fall of the Romanovs*,
83. 另見 Beckendroff, *Last Days*, 2–3.

180 Martynov, *Tsarskaia armiia*, 114–5; Spiridovich, *Velikaia voina i fevral'skaia revoliutsiia*,
III: 240ff; Shchëgolëv, *Padenie*, V: 317–8 (Ivanov); Katkov, *Russia, 1917*, 315–6;
Hasegawa, *February Revolution*, 461–4.

181 Hasegawa, *February Revolution*, 473–92.

182 Martynov, *Tsarskaia armiia*, 145; Sergeev, "Fevral'skaia revoliutsiia 1917 goda," 31; S. N.
Vil'chkovskii, "Prebyvanie Gosudaria Imperatora v Pskove 1 I 2 marta 1917 goda, po
razskazu general-ad"utanta N. V. Ruzskogo," *Russkaia letopis'*, 1922, no. 3: 169. 阿列克謝
耶夫已經自行下令讓伊萬諾夫停止行動。Sergeev, "Fevral'skaia revoliutsiia 1917
goda," at 31.

183 早在1916年2月，尼古拉二世沒有把杜馬代表召到東宮——這是他罕有的幾次屈
尊會見杜馬時的慣例——而是親自去了杜馬的塔夫利達宮。在感恩讚樂曲過後，
尼古拉發表了講話(他說的話很多人都聽不到)，之後，人們自發地唱起了俄國
國歌《上帝保佑沙皇》。但尼古拉二世的姿態所營造的良好氣氛很快就消散了。
羅將柯再次請求他成立一個「責任政府」。「這事我會考慮的」，尼古拉在離開時
答覆說。Rodzianko, *Krushenie imperii*, 149–50; Dubenskii, *Ego Imperatorskoe Velichestvo
Gosudar' Imperator Nikolai Aleksandrovich*, IV: 221. 另見 Paléologue, *La Russie*, II: 196; 以
及 Miliukov, *Vospominaniia*, II: 226.

184 Steinberg and Khrustalëv, *Fall of the Romanovs*, 103–5; Sergeev, "Fevral'skaia revoliutsiia
1917 goda," 55–9.

185 Sergeev, "Fevral'skaia revoliutsiia 1917 goda," 72–3.

186 Steinberg and Khrustalëv, *Fall of the Romanovs*, 93. 尼古拉起初沒有向亞歷山德拉提起
退位，所以按照後者的理解，沙皇只是作了「讓步」(而讓步在她看來是可以收回
的)。Fuhrmann, *Complete Wartime Correspondence*, 699–701.「永遠別忘了，你是而且
必須繼續做專制的皇帝。」她後來勸他說。*Hynes, The Letters of the Tsar*, 105.

187 Steinberg and Khrustalëv, *Fall of the Romanovs*, 107; *Journal intime de Nicholas II*, 93. 卡特科夫的看法似乎很有道理：在尼古拉二世做出讓步，同意成立議會制政府，因而違背了君主專制原則的時候，他已經崩潰了，所以，與常理推斷的相反，退位本身就顯得沒那麼重要了。Katkov, *Russia, 1917*, 323.

188 Ol'denburg, *Gosudar' Imperator Nikolai II Aleksandrovich*, 29–31; Ol'denburg, *Last Tsar*, IV: 152–61; Voeikov, *S tsarem*, 207–19; Russky, "An Account of the Tsar's Abdication"; Danilov, "Moi vospominaniia," 223–4; Danilov, "How the Tsar Abdicated"; Bark, "Last Days of the Russian Monarchy." 正如有學者概括的，「事實上，就因為沒有保衛舊政權，軍隊的確是把它摧毀了」。Mayzel, *Generals and Revolutionaries*, 49.

189 到1917年秋天，俄國總共有至少100萬逃兵。Frenkin, *Russkaia armiia*, 197.

190 Danilov, "Moi vospominaniia," 221; Sergeev, "Fevral'skaia revoliutsiia 1917 goda," 37 40); Wildman, *End of the Russian Imperial Army*, I: 120.

191 Airapetov, "Revolution and Revolt," 94–118 (at 114).

192 有人認為阿列克謝耶夫反對尼古拉二世的做法事實上相當於政變，參見Lohr, "War and Revolution," II: 658, 664–5. 關於軍人奪權，參見Trimberger, *Revolution from Above.*

193 Fuller, *Civil-Military Conflict*, 228, 262.

194 Mayzel, *Generals and Revolutionaries*, 78–9; Shulgin, *Days*, 180–3; Fuller, *Civil-Military Conflict*, 259–63. 另見Steinberg, *All the Tsar's Men.*

195 Shchëgolëv, *Padenie*, VI: 263–6 (Guchkov); de Basily, *Memoirs*, 127–31.「誰會支持他？」舒利金對尼古拉二世已經不抱希望。「一個也沒有，一個也沒有。」Shul'gin, *Gody*, 459.

196 Steinberg and Khrustalëv, *Fall of the Romanovs*, 96–100 (at 98).

197 Chamberlin, *Russian Revolution*, I: 85; Ostrovsky, *Kto stoial*, 418–23; Shveitzer, "V achinskoi ssylke"; Shveitzer, *Stalin v Turukhanskoi ssylke*; RGASPI, f. 558, op. 4, d. 662, l. 275 (Shveitzer); Baikalov, "Moi vstrechi s Osipom Dzhugashvili," 118; Baikaloff, *I Knew Stalin*, 27–30; Tutaev, *Alliluyev Memoirs*, 189–90; Shliapnikov, *Kanun semnadtsatogo goda*, II: 444–6; Montefiore, *Young Stalin*, 304.

763

第六章　卡爾梅克救星

1　*VI s"ezd*, 111–2, 114.

2　Trotsky, *History of the Russian Revolution*, II: 150（援引杜馬代表、立憲民主黨中央委員費奧多爾‧I. 羅季切夫〔Fyodor I. Rodichev〕的話）.

3　Karpinskii, "Vladimir Il'ich za granitsei," II: 105–6; Figes, *A People's Tragedy*, 385. 一個月前，失去耐心的列寧在對瑞士青年社會主義者演講時還抱怨說：「我們這些老年人，也許看不到未來這次革命的決戰。」*PSS*, XXX: 328（譯註：《列寧全集》第28卷，第333頁）; Tucker, *Lenin Anthology*, 292.

4　Kornakov, "Znamena Fevral'skoi revoliutsii," 12–26; 以 及 Kornakov, "Opyt privlecheniia veksilologicheskikh pamiatnikov dlia resheniia geral'dicheskikh problem."

5　Keep, *Russian Revolution*, ix. 1917 年 10 月之前，只有九分之一的村莊有蘇維埃。

6　White, "1917 in the Rear Garrisons," 152–68 (at 152–3).

7　Steinberg, *Moral Communities*; Steinberg, "Workers and the Cross."

8　Rosenberg, "Representing Workers."

9　Kolonitskii, "Anti-Bourgeois Propaganda."

10　Kizevetter, "Moda na sotsializm."

11　Sukhanov, *Zapiski*, II: 265–6. 被警方通緝的蘇漢諾夫就躲在首都，而且用的是他的真名（希默）。他用真名在農業部謀了一個差事，成為突厥斯坦的灌溉專家。

12　De Lon, "Stalin and Social Democracy," 198.

13　*Pravda*, April 18, 1917（俄曆的五一節），載於 *Sochineniia*, II: 37–8.

14　在列寧 1917 年 7 至 10 月的很多文章（《列寧全集》第 34 卷）中，斯大林的名字只提到過一次。McNeal, *Stalin's Works*, 51–7. 斯大林也參加了布爾什維克籌備立憲會議選舉的委員會，並出現在候選人名單上。（作為他名義上的選區之一的斯塔夫羅波爾，根據有關候選人登記的法律規定，寫信詢問了他的真實姓名、年齡、住址和職業。）McNeal, *Stalin* 35–6（引自 *Perepiska Sekretariata TsK RSDRP (b)*, I: 378).

15　為應對查封，黨的機關報在 1917 年幾次改名：《工人和士兵報》（7 月 23 日 –8 月 9 日）、《無產者報》（8 月 13–24 日）、《工人日報》（8 月 25 日 –9 月 2 日）以及《工人之路報》（9 月 3 日 –10 月 26 日）。

16　「（威權主義的）早期版本是少數人以少數人的名義進行的統治；現代威權主義是少數人以多數人的名義進行的統治。」Perlmutter, *Modern Authoritarianism*, 2.

17　*Sobranie uzakonenii i rasporiazhenii pravitel'stva*, March 6, 1917, no. 54: 344; Golder, *Documents of Russian History*, 297–8; Shchëgolëv, *Otrechenie Nikolaia II*; Martynov, *Tsarskaia armiia*, 160; *Last Days at Tsarskoe Selo*, 46–7.「我不能和他分開」，尼古拉在對舒利金和古契科夫談到阿列克謝時說道。Mel'gunov, *Martovskie dni*, 192（引自普斯科夫會見的速記記錄); Steinberg and Khrustalëv, *Fall of the Romanovs*, 96–100.

18　De Basily, *Memoirs*, 119–20.

19　Mel'gunov, *Martovskie dni*, 226–7; Miliukov, "From Nicholas II to Stalin." 四個月後，克倫斯基以捏造的叛國罪名把大公投進監獄；大公在 1918 年 6 月 12 日被處決。

20　羅將柯，見於 Gessen, *Arkhiv russkoi revoliutsii*, VI: 62; Shul'gin, *Dni*, 295–307; Martynov, *Tsarskaia armiia*, 181; Miliukov, *Istoriia vtoroi*, I: 53–5; Miliukov, *Vospominaniia*, II: 316–8.

21　弗拉基米爾 · 納博科夫和鮑里斯 · 諾爾德兩人是法理學家。Vladimir Nabokov, "Vremennoe pravitel'stvo," 載 於 Gessen, *Arkhiv russkoi revoliutsii*, I: 9–96 (at 17–22); Boris Nol'de, "V. D. Nabokov v 1917 g.," 載 於 Gessen, *Arkhiv russkoi revoliutsii*, VII: 5–14 (at 6–8); Medlin and Powers, *V. D. Nabokov*, 17–28, 49–55; Mel'gunov, *Martovskie dni*, 356–7; Katkov, *Russia, 1917*, 409–15; Holquist, "Dilemmas." 從法律上講，杜馬也不能把最高權力移交給臨時政府：1906 年的基本法甚至沒有授予杜馬完全的立法權，而且不管怎麼說，尼古拉二世已經讓這個立法機關休會了。

22 Miliukov, *Vospominaniia*, II: 299; Shul'gin, *Dni*, 182; Nabokov, *Vremennoe pravitelstvo*, 67–8. 米留可夫似已自作主張，不把臨時政府的根基繫在杜馬，而這樣做的部分原因是為了排擠杜馬主席米哈伊爾‧羅將柯。這也是立憲民主黨指責過的斯托雷平1907年搞選舉「政變」的那個杜馬。米留可夫後來在1920年對自己用無足輕重的李沃夫公爵代替羅將柯這一決定後悔不已。羅將柯在1920年移居到由塞爾維亞人、克羅地亞人和斯洛文尼亞人組成新王國。四年後，他在窮困潦倒中去世，時年64歲。

23 Kakurin, *Razlozhenie armii*, 25–7; Burdzhalov, *Russia's Second Revolution*, 179.

24 Storozhev, "Fevral'skaia revoliutsiia 1917 g."; Nabokov, *Vremennoe pravitelstvo*, 39–40; Startsev, *Vnutrenniaia politika*, 114–6. 結果，臨時政府保留了沙皇時代的全部法律，準備到召集立憲會議的時候才明確推翻或修正。

25 國家出資出版了幾十萬份杜馬「決議」。1917年6月的蘇維埃代表大會投票「取消」了杜馬；實際上，就像報紙上宣佈的那樣，臨時政府是在10月7日才正式取消杜馬的。Vladimirova, *Kontr-revoliutsiia*, 72; Drezen, *Burzhuaziia i pomeshchiki 1917 goda*, 4–5; Gal'perina, "Chastnye soveshchanii gosudarstvennoi dumy," 111–7.

26 Miliukov, *Istoriia vtoroi*, I/i: 51; *The Russian Revolution*, I: 36.

27 Browder and Kerensky, *Russian Provisional Government*, I: 135–6.

28 Kochan, "Kadet Policy in 1917." 另見 Miliukov, *Istoriia vtoroi*, I/i: 51; Miliukov, *The Russian Revolution*, I: 36.

29 Gaida, *Liberal'naia oppozitsiia*. 一本比較早的描寫戰時自由派的書，並沒有把他們説成是渴望權力的、怯懦的人，參見 Pearson, *The Russian Moderates*.

30 Hoover Institution Archives, Alexander F. Kerensky, Papers, box 1, folder 19: "The February Revolution reconsidered," March 12, 1957, with Leonard Schapiro (有刪劃痕跡的打字稿)；夏皮羅比較欣賞克倫斯基。 另見 Rogger, *Russia in the Age of Modernization*, 25. 最後一任保安處處長承認，他的手下已經開始監視克倫斯基，但「不幸的是」，他們的目標「作為杜馬成員受到豁免權的保護」；瓦西里耶夫寫信給沙皇司法大臣要求撤銷克倫斯基的豁免權，還沒有得到答覆，克倫斯基本人就已經成了司法部長並看到了瓦西里耶夫提出的請求。「以他的〔新〕身份，」瓦西里耶夫説，克倫斯基「注意到我此前提出的限制他的自由的建議」。Vasilyev, *Ochrana*. 213–4. 瓦西里耶夫1928年死於巴黎。

31 Zviagintseva, "Organizatsiia i deiatel'nost' militsii Vremmenogo pravitel'stva Rossii"; Hasegawa, "Crime, Police and Mob Justice," 241–71. 保安處至少有一位負責破解密碼和分析情報的重要人物逃到了英國，並在1920年代幫助倫敦破譯蘇聯的密碼。

32 Avdeev, *Revoliutsiia 1917 goda*, I: 73; Medlin and Powers, *V. D. Nabokov*, 62–3, 83–4; Dubentsov and Kulikov, "Sotsial'naia evoliutsiia vysshei tsarskoi biurokratii," 75–84; Orlovsky, "Reform During Revolution," 100–25; Rosenberg, *Liberals*, 59. 關於外省的二月革命，參見 Ferro, *La révolution de 1917*, 126–31. 莫斯科的情況參見 Burdzhalov, "Revolution in Moscow." 突厥斯坦的情況，參見 Khalid, "Tashkent 1917."

764

33　Kulikov, "Vremennoe pravitel'stvo," 81–3; Wildman, *End of the Russian Imperial Army*, I: 3. 關於政治危機和革命時期軍隊的情況，參見 Finer, *Man on Horseback*.

34　Melancon, "From the Head of Zeus."

35　Chernov, *Great Russian Revolution*, 103. 蘇維埃與政黨的聯繫不夠緊密，對此感到沮喪的不只是切爾諾夫。

36　Boyd, "Origins of Order Number 1"; Shlyapnikov, *Semnatsadtyi god*, I: 170; Wildman, *End of the Russian Imperial Army*, I: 189.

37　Hasegawa, *February Revolution*, 396.

38　*Izvestiia*, March 2, 1917; Golder, *Documents of Russian History*, 386–7; Browder and Kerensky, *Russian Provisional Government*, II: 848–9; Shliapnikov, *Semnatsadtyi god*, I: 212–3; Zlokazov, *Petrogradskii Sovet rabochikh*, 58–62; Miller, *Soldatskie komitety russkoi arm*, 25–30. 一個略有不同的版本可見於 *Pravda*, March 9, 1917.

39　Medlin and Powers, *V. D. Nabokov*, 88; Shliapnikov, *Semnadtsatyi god*, II: 236; Gapoenko, *Revoliutsionnoe dvizhenie*, 429–30. 古契科夫本人後來在 5 月辭職。

40　Golder, *Documents of Russian History*, 386–90; Browder and Kerensky, *Russian Provisional Government*, II: 851–4.「二號命令」不是在蘇維埃的主要報刊上發佈的。「三號命令」發佈時重申了有關軍官選舉的禁令。*Izvestiia*, 8, 1917.

41　立憲民主黨成員、E. N. 特魯別茨科伊公爵也注意到了精英們的希望。他寫道，「所有人都參與了革命，所有人都製造了革命：無產者、軍隊、資產階級，甚至貴族」。*Rech'*, March 5, 1917. 關於精英們的擔心，參見 Pipes, *Russian Revolution*, 289.

42　Purishkevich, *Bez zabrala*, 3–4. 它也是在莫斯科和莫吉廖夫印刷的，並以打印稿的形式散發給陸軍和艦隊。

43　Purishkevich, *Vpered!*; *Moskovskie vedmoosti*, July 23, 1917: 1–3. 另見 P. Sh. Chkhartishvili, "Chernosotentsy v 1917 godu," *Voprosy istorii*, 1997, no. 8: 133–43.

44　Rendle, *Defenders of the Motherland*.

45　*Novaia zhizn'*, June 29, 1917. 高爾基在駁船上工作過。

46　Daulet, "The First All- Muslim Congress of Russia"; Davletshin, *Sovetskii Tatarstan*, 64–5; Rorlich, *Volga Tatars*, 127–9; Dimanshtein, *Revoliutsiia i natsional'nyi vopros*, III: 294–5.

47　「偉大的任務完成了！」1917 年 3 月 6 日，臨時政府宣佈説，「一個自由的新俄國誕生了。」*Vestnik vremmenogo pravitel'stva*, March 7, 1917, 載於 Browder and Kerensky, *Russian Provisional Government*, I: 158; *Rech'*, March 8, 1917: 5; Stepun, *Byvshee i nebyvshee*, II: 48–9.

48　Leonard Schapiro, "The Political Thought of the First Provisional Government," 載於 Pipes, *Revolutionary Russia*, 97–113; White, "Civil Rights," 287–312.

49　*Rechi A. F. Kerenskogo* (Kiev, 1917), 8. 1917 年 4 月，克倫斯基對前線的士兵説：「如果我們能讓其他國家走我們的道路，我們就能在世界歷史上發揮巨大的作用。」*A. F. Kerenskii ob armii i voine* (Odessa, 1917), 10, 32; *Rech' A. F. Kerenskogo, voennogo i morskogo ministra, tovarishcha predsedatelia Petrogradskogo Soveta rabochikh i sol- datskikh deputatov, proiznesennaia im 29 aprelia, v soveshchanii delegatov fronta* (Moscow, 1917), 3;

Pitcher, *Witnesses*, 61. 蘇維埃領導人伊拉克利‧策列鐵里展望了「民主制度在國內外的最終勝利」。Tsereteli, *Vospominaniia*, I: 147.

50 「現在，」傑出的學者、立憲民主黨政治家弗拉基米爾‧韋爾納茨基在1917年5月説道，「我們有了民主，但社會還沒有組織起來。」Holquist, *Making War*, 49（引自 *Rech*, May 3, 1917）.

51 古典自由主義者很快也重新發現了「國家意識」的重要性。Rosenberg, *Liberals*, 134–69; Holquist, *Making War*, 49–51.

52 與科爾尼洛夫在哈布斯堡王朝的加利西亞並肩戰鬥的安東‧鄧尼金評論説：「在採取最困難、甚至是注定要失敗的行動時，他極為果斷。他擁有罕見的勇敢精神，這一點給士兵留下了極其深刻的印象，也讓他非常受他們歡迎。」Denikin, *Ocherki russkoi smuty*, 145–6. 另見 Kerensky, *The Catastrophe*, 297.

53 Kerensky, "Lenin's Youth — and My Own," 69. 後來，克倫斯基甚至宣稱，「在老烏里揚諾夫死後，我父親因為和烏里揚諾夫家關係很近，就成了這家人的保護人」。Kerensky, *The Catastrophe*, 79.

54 Chernov, *Great Russian Revolution*, 174.

55 Kolonitskii, "Kerensky," 138–49; Kolonitskii, "'Democracy' in the Consciousness of the February Revolution"; Stankevich, *Vospominaniia*, 65.

56 Lauchlan, *Russian Hide-and-Seek*, 48; White, "Civil Rights," 295.

57 「誠實的人和不誠實的人、真摯的人和陰險的人、政治領導人、軍隊領導人還有冒險家都向他走去，」鄧尼金將軍寫道，「而且所有人都異口同聲地大喊：救救我們！」

58 Fitzpatrick, "The Civil War," 57–76 (at 74).

59 Daniels, *Red October*, 12–3.

60 Sigler, "Kshesinskaia's Mansion"; Hall, *Imperial Dancer*; Trotsky, *History of the Russian Revolution*, ,III; 58–61. 1917年3月，一些武裝團夥強佔了這所房子。克舍辛斯卡婭的律師向臨時政府上訴要求賠償未果，但她的確從法院贏得了有利的裁決（把布爾什維克趕出去的命令直到6月才下達，也沒有立即執行）。

61 Kshesinska, *Vospominaniia*, 191.

62 因為有傳言説，該別墅已經變成尋歡作樂、巫師夜半集會和囤積槍枝的巢穴，在徵得彼得格勒蘇維埃的同意後，警方把強佔者趕了出去。「他們總共大概有100人，是從彼得格勒的貧民窟出來的人渣，衣衫襤褸，一臉壞相，看上去就是些惡行累累的酒色之徒」，本身受到惡毒誹謗的反間諜局局長鮑里斯‧尼基京（Boris Nikitin）回憶説。他還説：「他們中多數人顯然已經幾年沒有用過肥皂和水了……在這些囚犯中，大概有30個從衣着來看可能是女人。」Nikitin, *Fatal Year*, 82–98; Sukhanov, *Russian Revolution*, II: 386–8.

63 *Vestnik istorii*, 1957, no. 4: 26.

64 Bennigsen and Wimbush, *Muslim National Communism*, 16.

65 Wade, "Why October?"

66 臨時政府在3月的時候曾經討論過，如果列寧打算回國，是否允許他在國內逗留。Medlin and Powers, *V. D. Nabokov*, 143.

67　列寧穿過前線的行程是由一個叫做雅各布‧菲爾斯滕貝格 (Jacob Fürstenberg)，又名加涅茨基 (Ganetsky) 的奧地利─波蘭社會主義者安排的。菲爾斯滕貝格是做走私生意的，他為人稱帕爾烏斯 (Parvus) 的亞歷山大‧海爾普漢德 (Alexander Helphand) 工作，而帕爾烏斯是一個出生於明斯克的猶太人，德國社會民主黨黨員，擁有博士頭銜，在戰爭中發了財。1917 年 7 月，被臨時政府反間諜機關逮捕的葉夫根尼婭‧蘇緬松 (Yevgeniya Sumenson) 承認自己是管錢的，其中包括從加涅茨基那裏收到的共計二百多萬盧布。在 1917 年 2 月以後，據說列寧與加涅茨基的通信僅次於與伊涅薩‧阿爾曼德的通信。Shub, *Lenin* 182; Mel'gunov, "*Zolotoi nemetskii klyuchik,*" 157; Hahlweg, *Lenins Rückkehr nach Russland*, 15–6; *PSS*, XLIX: 406; Krupskaya, *Memories of Lenin*, II: 200–12. 布爾什維克上台後，加涅茨基繼續為列寧打理財務，但是在 1937 年，他遭到逮捕和嚴刑拷打，被當作波蘭和德國的間諜以及托洛茨基分子處決了；事實上，斯大林在 1933 年 9 月曾派加涅茨基去波蘭取回列寧的一份檔案。Volkogonov, *Lenin: Life and Legacy*, 127–8. 同德國人聯繫最初可能是馬爾托夫的主意。

68　Scheidemann, *Memoiren enies Sozialdemokraten*, 427–8; Freund, *Unholy Alliance*, 1.

69　在德國邊境，旅客們換乘一輛有兩節車廂的列車 (一節是給俄國人的，另一節是給德國的護送人員的)，開往波羅的海港口，上了一艘開往瑞典的瑞典輪船，從那裏乘火車前往芬蘭，乘雪橇越過芬蘭邊境，最後再乘 20 英里 (編註：約 32 公里。) 的火車前往彼得格勒。Platten, *Die Reise Lenins*, 56; Zinov'ev, *God revoliutsii*, 503; Hahlweg, *Lenins Rückkehr nach Russland*, 99–100; Shliapnikov, *Kanun semnadtsatogo goda*, II: 77–8; Karl Radek, *Living Age*, February 25, 1922: 451; Senn, *Russian Revolution in Switzerland*, 224–8. 拉狄克在斯德哥爾摩一直待到整個 10 月結束。

70　馬爾托夫和他的孟什維克同志在等待俄國外交部的正式許可，因此要比列寧晚一個月左右，在 1917 年 5 月 9 日回到俄國，這期間只能由已在國內的其他孟什維克去對付列寧〈四月提綱〉的挑戰。Getzler, *Martov*, 147–50.

71　Katkov, "German Foreign Office Documents."

72　G. Ia. Sokol'nikov, "Avtobiografiia," 載於 Sokol'nikov, *Novaia finansovaia politika*, 39–50 (at 42).

73　Paléologue, *La Russie*, III: 305, 307–8. 很長時間之後，米留可夫在回憶錄中寫道，他當時根本不瞭解列寧的「新」立場。Miliukov, *Vospominaniia*, I: 337.

74　Andreev, *Vospominaniia*, 52–5.

75　Pallot, *Land Reform in Russia*; Pozhigailo, *P. A. Stolypin*. 有人認為俄國的土地問題在戰爭前夕正得到改善，這不無道理。Frank, "The Land Question."

76　1914 年，只有不到一半的貴族 (每五個當中可能有一到兩個) 是住在自己的領地上。Becker, *Nobility and Privilege*, 28.

77　有學者評論説：「那些將軍們的言行就像是革命者」。Yaney, *Urge to Mobilize*, 418.

78　Kotel'nikov and Mueller, *Krest'ianskoe dvizhenie*; Lohr, *Nationalizing the Russian Empire*; Ivan Sobolev, *Bor'ba s "nemetskim zasiliem"*. 東正教教會和皇室也有相當多的土地。

79　Shanin, *Awkward Class*, 145–61.

80　Keller and Romanenko, *Pervye itogi agrarnoi reformy*, 105.

81　"The Peasants' Revolution," 載於 Daniels, *Russian Revolution*, 87–91. 對農民革命最有趣的演繹或可見於扎米亞京的小說，Zamyatin, "Comrade Churygin Has the Floor," 193–203.

82　Antsiferov, *Russian Agriculture*, 290–6; John Keep, *Russian Revolution*, 211–2.

83　費吉斯提到，對於一個以城市為基礎的、基本上沒有同情心的政府，一種情形是地區性的，各地自行其是。他還指出，農民強佔土地，趕走貴族，但並沒有推翻傳統的地方治理機關。Figes, *Peasant Russia*, 42, 66–7.

84　Channon, "Tsarist Landowners." 到1927年底，在俄羅斯蘇維埃聯邦社會主義共和國境內，有超過10,750名前貴族仍住在自己的莊園，但是為了把更多的土地交到農民手裏，也有4,000多名貴族被趕了出去。Danilov, *Rural Russia*, 98.

85　Pipes, *Russian Revolution*, 717–8; Kim, *Istoriia Sovetskogo krest'ianstva*, 16; Danilov, *Pereraspredelenie zemel'nogo fonda Rossii*, 283–7; Atkinson, *End of the Russian Land Commune*, 178–80; Maliavskii, *Krest'ianskoe dvizhenie*.

86　Harding, *Leninism*, 92–5.

87　"Protokoly i rezoliutsii Biuro TsK RSDRP (b) (mart 1917 g.)," *Vestnik istorii KPSS*, 1962, no. 3: 143; Tucker, *Stalin as Revolutionary*, 163; Ulam, *Stalin*, 132–4.

88　*Pravda*, March 15, 1917. 莫洛托夫後來回憶說，加米涅夫和斯大林「把我趕走是因為他們威信更高，而且比我大十歲」。Chuev, *Molotov Remembers*, 91.

89　Shliapnikov, *Semnadtsatyi god*, I: 219–20; Slusser, *Stalin in October*, 46–8. 後來在1917年3月回到首都的時候，斯大林為自己的「錯誤立場」道了歉。*Sochineniia*, VI: 333.

90　Raskol'nikov, *Krosnshtadt i piter*, 54.

91　Lih, "The Ironic Triumph of 'Old Bolshevism'."

92　Kamenev, *Mezhdu dvumia revoliutsiiami*.

93　Burdzhalov, *Vestnik istorii*, 1956, no. 4: 51; Poletaev, *Revoliutsionnoe dvizhenie*, 15–6; Tucker, *Stalin as Revolutionary*, 168.

94　*PSS*, XXXI: 72–8; Slusser, *Stalin in October*, 60; Trotsky, *History of the Russian Revolution* [1961], 312–3. 發表後的那天，4月8日，彼得堡市的布爾什維克委員會以13票對2票拒絕接受列寧的觀點。(首都的布爾什維克委員會沒有把城市名改成彼得格勒。)

95　Tsapenko, *Vserossiiskoe soveshchanie soveta rabochikh*; Avdeev, *Revoliutsiia 1917 goda*, I: 114, 162–3. 「簡直是胡扯！」流亡中的列寧讀到彼得格勒蘇維埃主席齊赫澤的講話時大聲說道，「弗拉基米爾，注意措辭！」據說克魯普斯卡婭插話說。列寧：「我重複一遍：胡扯！」Futrell, *Northern Underground*, 154.

96　Sukhanov, *Zapiski*, III: 26–7, VII: 44.

97　「目前在世界各交戰國中，」列寧說，「俄國是最自由的國家」，因此，革命者必須利用這種自由。*PSS*, XXXI: 113–6 (譯註：《列寧全集》第29卷，第105頁。); Daniels, *Red October*, 4; Service, *Lenin*, II: 157.

98　*Leninskii sbornik*, VII: 307–8. 無論是發言還是討論都沒有留下文字記錄，但我們有列寧為發言準備的筆記：*Leninskii sbornik*, XXI: 33. 另見Raskol'nikov, *Na boevykh postakh*, 67.

99　Abramovitch, *Soviet Revolution*, 30.

100 Sukhanov, *Russian Revolution*, I: 287.

101 Uglanov, "O Vladmire Iliche Lenine." 還是在1905年的時候，馬爾托夫曾承認，在即將到來的資產階級革命中，社會主義者可以奪取政權，但只有在革命遭遇危險的時候才能這樣做。1917年，馬爾托夫自己也很糾結，試圖把權力之爭和政體之爭區別開來。Getzler, *Martov*, 167（引自 *Iskra*, March 17, 1905, 以及 *Rabochaia gazeta*, August 22, 1917）.

102 Service, *Bolshevik Party in Revolution*, 53-7. 許多外省代表根本不是列寧主義者，因此必須對他們進行威逼，好讓他們放棄重新和孟什維克派聯合的想法。

103 Ulricks, "The 'Crowd' in the Russian Revolution"; Trotsky, *History of the Russian Revolution* [1961], 124-66 (esp. 130-1).

104 從同時代人的材料來看，沒有誰說斯大林在那裏。當時還不是布爾什維克的托洛茨基也沒去。Slusser, *Stalin in October*, 49-52; Trotsky, *Stalin*, 194. 只是在後來斯大林才被加進去，要麼說他是在俄芬邊境俄國一側（別洛斯特羅夫）登上列寧列車的那群人當中，要麼說他是芬蘭車站歡迎會的領導者。參見 Zinoviev, "O puteshestvii," *Pravda*, April 16, 1924; Yaroslavsky, *Landmarks*, 94; 以及 Chuev, *Molotov Remembers*, 93. 莫洛托夫晚年也許是「想起」了蘇聯時期的那幅畫：列寧從列車上下來，斯大林跟在他的後面。

105 「這是一個極端錯誤的立場，因為這種立場滋長了和平主義幻想，幫助了護國主義，阻礙了對群眾的革命教育。」*Sochineniia*, VI: 333（譯註：《斯大林全集》第6卷，第289頁。）.

106 轉載於 Volin, *Sed'maia*, ix-x.

107 Stalin, "Zemliu krest'ianam," *Pravda*, April 14, 1917, 轉載於 *Sochineniia*, III: 34-6.

108 Service, *Stalin*, 128; Service, *Lenin*, II: 223-8.

109 *VII aprel'skaia vserossiiskaia konferentsiia*, 225-8, 323.

110 Chuev, *Molotov*, 216-7, 297. 該書對丘耶夫的《同莫洛托夫的一百四十次談話》(*Sto sorok besed s Molotovym*) 稍稍作了擴充。Chuev, *Molotov Remembers*, 93.

111 Allilueva, *Vospominaniia*, 185-90.

112 Alliluyeva, *Twenty Letters*, 90-4; Tutaev, *Alliluyev Memoirs*, 131-45, 168-75, 211-15.

113 Vasileva, *Kremlin Wives*, 56-8; Allilueva, *Vospominaniia*, 183-91; Kun, *Unknown Portrait*, 211-5; Montefiore, *Young Stalin*, ch. 40.

114 Trotsky, *Stalin*, 207-9. 在別的地方，托洛茨基說斯大林是「一個得力的組織者，但理論水平和政治水平比較落後」。Trotsky, *History of the Russian Revolution*, I: 288.

115 *VII aprel'skaia vserossiiskaia konferentsiia; Petrogradskaia obshchegorodskaia konferentsiia RSDRP (bol'shevikov)*, 324; *Pravda*, April 24-May 2, 1917. 列寧在流亡時就聽說過斯維爾德洛夫這個人，布爾什維克領袖試圖與他通信並讓他參加在沙俄境外舉行的黨的會議，但兩人直到1917年才見面。Duvall, "The Bolshevik Secretariat," 47（引自 L. D. Trotsky, *Selected Works*, II: 292）.

116 "Iz perepiski Sverdlova," *Pechat' i revoliutsiia*, 1924, no. 2: 64; Trotsky, *Stalin*, 173; Wolfe, *Three Who Made a Revolution*, 623; *Iakov Mikhailovich Sverdlov* (1926).

117 *Perepiska sekretariata TsK RSDRP (b)*, I: v–ix; S. Pestkovskii, "Vospominaniia o rabote v Narkomnatse," 126; Trotskii, *Sochineniia*, VIII: 251, XXI: 336; N. Bukharin, "Tovarishch Sverdlov," *Pravda*, March 18, 1919: 1.

118 White, *Socialist Alternative to Bolshevik Russia*, 15.

119 Oskar Anweiler, "The Political Ideology of the Leaders of the Petrograd Soviet in the Spring of 1917," 載於 Pipes, *Revolutionary Russia*, 114–28; Anin, "The February Revolution." 關於聯合政府，參見 Tsereteli, *Vospominaniia*, II: 401–17.

120 Broido, *Lenin and the Mensheviks*, 14–5. 倫納德・夏皮羅認為溫和派社會主義者的弱點在於有所顧忌；參見 *Origin of the Communist Autocracy* (1956)。奧蘭多・費吉斯認為，堅持資產階級革命戰略不是找錯了風車（編註：「風車」〔windmill〕出自《堂吉訶德》，此處指代鬥爭對象），而是毀掉了已經錯失的民主社會主義的成果：*A People's Tragedy*, 331.

121 Miliukov, *Istoriia vtoroi*, I/iii: 3–6; Miliukov, *The Russian Revolution*, III: 1–4. 5 月 22 日，克倫斯基對彼得格勒蘇維埃說：「對我來說，現在不存在不同的黨派，因為我是俄國的部長；對我來說，只存在人民和一條神聖的法則——服從大多數人的意志。」Radkey, *Agrarian Foes*, 225. 在外省，「聯合」只在短期內起了作用：在自由派的支持下產生的公共組織地方委員會，承認代表工人、士兵和農民的各種組織的地位，有時還承認它們具有最高權威，但這些委員會很快就因為治理和經濟上的混亂垮掉了。階級之間的猜忌失去了控制。Rosenberg, *Liberals*, 59–66; White, "Civil Rights," 290–3（引自 GARF, f. 1788, op. 2, d. 64）.

122 Figes and Kolonitskii, *Interpreting the Russian Revolution*, 102.

123 Mel'gunov, *Martovskie dni*, 105–13; Anin, "The February Revolution," 441.

124 克倫斯基後來回憶起一開始在塔夫利達宮那段時期的「團結、友愛、彼此信任和自我犧牲的精神」，嘆息地說道，「後來……在我們當中，事實證明越來越多的人是帶有個人野心的，總想讓自己的利益最大化，或者就是純粹的冒險家」。事實上，當卡爾洛・齊赫澤根據蘇維埃的政策拒絕出任臨時政府的部長時，克倫斯基卻在中央執行委員會否決了自己到臨時政府任職的請求之後，在 3 月 2 日闖進蘇維埃會場，大聲喊道：「同志們！你們相信我嗎？」他裝出要暈倒的樣子，結果贏得一片歡呼，似乎是祝福他接受司法部長的職務。這樣，克倫斯基就成了唯一一個既在蘇維埃又在臨時政府任職的人。彼得格勒蘇維埃領導層從來沒有原諒克倫斯基近乎脅迫的行為。*Izvestiia revoliutsionnoi nedeli*, March 3, 1917; Sverchkov, *Kerenskii*, 21; Kerensky, *The Catastrophe*, 21, 52–61.

125 Keep, "1917."

126 Browder and Kerensky, *Russian Provisional Government*, III: 1305. 在 6 月的蘇維埃代表大會上，大多數人贊成蘇維埃支持臨時政府的政策，贊成把戰爭打下去。時任郵電部長伊拉克利・策列鐵里說沒有哪個政黨準備獨自承擔治理的責任。「有的！」列寧反駁說。會場大笑。*PSS*, XXXI: 267（譯註：《列寧全集》第 30 卷，第 240 頁）; Service, *Lenin*, II: 181.

127 Chamberlin, *Russian Revolution*, I: 159; Keep, *Russian Revolution*, 131–2.

128 社會主義者贊成和平這件事，是俄國自由派覺得和平難以接受的原因之一。「以國際社會主義中的人道主義及世界主義思想的名義……宣佈放棄戰爭這件最有價值的事情是荒謬的，是犯罪」，米留可夫說道。理查德・斯蒂茨的序言〈米留可夫與俄國革命〉("Miliukov and the Russian Revolution")，參見 Miliukov and Stites, *The Russian Revolution*, xii. 就像克勞塞維茨說的，戰爭和古典自由主義是很難調和的。Von Clausewitz, *On War*, 85.

129 米留可夫一如既往地表現了他作繭自縛般的固執，但克倫斯基承認自己對於「整個事件達到高潮」也起了推波助瀾的作用。Kerensky, *The Kerensky Memoirs*, 246. 總理李沃夫公爵成立了「聯合政府」，也就是說，他讓（除克倫斯基之外的）一些蘇維埃領導人進入臨時政府，致使古契科夫辭職以示抗議，而影響最大的就是讓克倫斯基擔任陸海軍部長。Browder and Kerensky, *Russian Provisional Government,* III: 1045 (*Rech'*, March 28, 1917: 2), III: 1098 (*Rech'*, April 20, 1917: 4); Sukhanov, *Zapiski*, III: 254–443 (esp. 304–7); Miliukov, *Istoriia vtoroi*, I/i: 91–117; Wade, *Russian Search for Peace*, 38–48. Prince L'vov, *Rech'*, March 28, 1917: 2, in Browder and Kerensky, *Russian Provisional Government,* III: 1045. *Russkie vedomosti*, May 2, 1917: 5, in Browder and Kerensky, III: 1267.「關於外交政策和一般政策應該採取甚麼路線的問題，克倫斯基和我在內閣會議上爭得沒完沒了」，米留可夫談到他擔任外交部長的兩個月時這樣寫道。Miliukov, "From Nicholas II to Stalin."

130 Heenan, *Russian Democracy's Fatal Blunder*, 11–21. 另見 Rutherford, *The Tsar's War*.

131 Pedroncini, *Les mutineries de 1917*; Smith, *Between Mutiny and Obedience*. 那些認為協約國應該為布爾什維主義負責的人一定程度上是正確的，因為協約國堅持要求俄國發動攻勢。Wheeler-Bennet, *Forgotten Peace*, 51–2, 292.

132 4月中旬，阿列克謝耶夫將軍從前線回來向臨時政府匯報（會議地點是陸海軍部長古契科夫的私宅，因為他生病了），講到了軍隊的無政府主義情緒和軍紀的廢弛。Medlin and Powers, *V. D. Nabokov*, 135, 140.

133 Shliapnikov, *Semnadtsatyi god*, III: 291–3 (1917年3月30日，呈送古契科夫).

134 Brusilov, *Soldier's Note-book*. 另見 "The Diary of General Boldyrev," 載於 Vulliamy, *From the Red Archives*, 189–26.

135 Heenan, *Russian Democracy's Fatal Blunder*, 51–2.

136 克倫斯基在某個版本的回憶錄中承認，在1917年視察前線時，他感到「經過三年的苦戰，幾百萬已經厭倦了戰爭的士兵正在捫心自問：『當更加自由的新生活在國內剛剛開始的時候，我為甚麼現在要死？』」他還聲稱在一些人當中發現了他想要鼓勵的「健康的愛國主義」。Kerensky, *The Kerensky Memoirs*, 276–7. 關於克倫斯基竭力在維持戰鬥力和對軍隊的「民主」作出必要讓步之間保持平衡，參見 Browder and Kerensky, *Russian Provisional Government*, II: 882.

137 Stankevich, *Vospominaniia*, 246. 另見 Heenan, *Russian Democracy's Fatal Blunder*, 54; 以及 Wilcox, *Russia's Ruin*, 196–7.

138 Pethybridge, *Spread of the Russian Revolution*, 154–0 (esp. 161).

139 Wildman, *End of the Russian Imperial Army*, II: 53 (拉德科—季米特里耶夫，第12集團軍司令).

140 Lewis, *Eyewitness World War I*, 279.

141 維克托·什克洛夫斯基 (Viktor Shklovsky)，臨時政府派到軍隊的一名政委，談到了在「戰壕裏的布爾什維主義」中逃避現實的情況。Shklovsky, *Sentimental Journey*, 60.「布爾什維克在前線取得的成就，」一位歷史學家寫道，「真的是非常驚人。」Wildman, *End of the Russian Imperial Army*, II: 264. 另見 Ferro, "The Russian Soldier in 1917."

142 Tsereteli, *Vospominaniia*, I: 364–681. 1917年3月14日，彼得格勒蘇維埃通過了〈告各國人民書〉，譴責帝國主義戰爭和兼併主義目標。*Izvestiia*, March 15, 1917: 1, 載於 Browder and Kerensky, *Russian Provisional Government*, III: 1077.

143 Fainsod, *International Socialism*; Forster, *Failures of the Peace*, 113–25; Wade, *Russian Search for Peace*, 17–25; Wade, "Argonauts of Peace"; Kirby, *War, Peace, and Revolution*; Sukhanov, *Zapiski*, II: 336–42. 蘇漢諾夫對策列鐵里作了一番描繪 (*Zapiski*, III: 131–8).

144 *Pravda*, April 29, 1917. 另見 Wildman, *End of the Russian Imperial Army*, I: 38.

145 彼得格勒蘇維埃迫使臨時政府做出承諾，不會（為了阻止革命的熱情）把部隊從首都調到前線。Brusilov, *A Soldier's Note-book*, 291.

146 Wade, "Why October?," 42–3.

147 Browder and Kerensky, *Russian Provisional Government*, II: 1120–1; Getzler, *Martov*, 149–52. 現在還很難斷定，臨時政府在1917年6月3日公開表示想要組織一次協約國間的會議，審查戰爭條約，到底有多少誠意。

148 Ignat'ev, *Russko-angliiskie otnosheniia nakanune*, 42, 48, 50–1; *Berner Tagwacht* [Bern], October 11, 13, 14, 1916. 另見 Heenan, *Russian Democracy's Fatal Blunder*, 8–9. 德方表示願意割讓哈布斯堡王朝的加利西亞和布科維納以及土耳其海峽，只要俄軍能夠佔領這些地方，但反過來，德國要得到庫爾蘭（拉脫維亞），並讓主要講波蘭語的地區接受它的保護。與之相比，要是協約國打敗了德國，俄國可以得到的更多──布科維納、土耳其亞美尼亞人居住的地區以及波斯的一些地方──而且沒有任何附加條件。

149 Browder and Kerensky, *Russian Provisional Government*, II: 967; Feldman, "The Russian General Staff." 就和1916年一樣，現在成了最高總司令的布魯西洛夫用「突擊部隊」打頭陣，跟在後面的是由徵召的農民組成的步兵。

150 Fuller, *Foe Within*, 237–8; Knox, *With the Russian Army*, II: 462.

151 關於六月攻勢，阿爾弗雷德·諾克斯爵士寫道，俄軍當時「潰不成軍」。Knox, *With the Russian Army*, II: 648.

152 「對於委員會來說，最糟糕的是一轉眼就和那些選出他們的人失去了接觸」，臨時政府派到前線的政委維克托·什克洛夫斯基寫道。他還寫道：「蘇維埃的〔前線〕代表一連幾個月不在自己的部隊露面。士兵們完全不知道蘇維埃正在發生的事情。」Shklovsky, *Sentimental Journey*, 18.

153 Figes, *A People's Tragedy*, 380. 英國媒體巨頭比弗布魯克勳爵 (Lord Beaverbrook) 1931年6月問克倫斯基：「要是你單獨媾和，你會不會控制住布爾什維克？」克倫斯基回答說：「當然，那我們現在就會在莫斯科了。」比弗布魯克接着又問道：「那你

們為甚麼沒有那麼做？」「我們當時太天真了」，克倫斯基回答説。Lockhart,
British Agent, 177.

154 達維德‧勃朗施坦的家產後來在革命中被沒收了；托洛茨基讓他擔任了莫斯科
    附近一家徵用來的麵粉廠的廠長，但是在1922年，他因斑疹傷寒去世。

155 Ziv, *Trotskii*, 12. 另見 Carr, *Socialism in One Country*, I: 163; 以及 Volkogonov, *Trotsky*, 5.

156 "Terrorizim i kommunizm," 轉載於 Trotskii, *Sochineniia*, XII: at 59.

157 Buchanan, *My Mission to Russia*, II: 120–1.

158 Reed, *Ten Days* [1919], 21.「托洛茨基進入我黨的歷史讓人頗為意外，而且他馬上
    就顯露出了才華」，阿納托利‧盧那察爾斯基後來寫道。*Revolutiuonary Silhouettes*,
    59.

159 Trotsky, *My Life*, 295–6.

160 莫伊謝伊‧烏里茨基的話，引自 Lunacharskii, *Revoliutsionnye siluety*, 24.

161 *Leninskii sbornik*, IV: 303; Balabanoff, *Impressions of Lenin*, 127–8; Sukhanov, *Zapiski*, VII:
    44; Raskol'nikov, "V tiur'me Kerenskogo," 150–2; Slusser, *Stalin in October*, 108–14;
    Liberman, *Building Lenin's Russia*, 76.

162 Frenkin, *Zakhvat vlasti bol'shevikami*; Stankevich, *Vospominaniia*, 147–8; Denikin, *Ocherki
    russkoi smuty*, II: 127ff; Pipes, *Formation of the Soviet Union*, 52–6; Shankowsky,
    "Disintegration of the Imperial Russian Army," esp. 321–2.

163 人們把切爾諾夫綁起來塞進一輛汽車，宣佈他「被逮捕了」。托洛茨基衝出來，
    把切爾諾夫放了。Miliukov, *Istoriia vtoroi*, I/i: 243–4; Sukhanov, *Zapiski*, IV: 444–7;
    Vera Vladimirovna, "Iiul'skie dni 1917 goda," *Proletarskaia revoliutsiia*, 1923, no. 5: 3–52
    (at 34–5); Raskol'nikov, "V iiul'skie dni," 69–71; Rabinowitch, *Prelude*, 188. 據説，從附
    近的皇村派來抓捕蘇維埃領導人的那個團沒有奉命行事，反而決定保衞塔夫利達
    宮。Sukahnov, *Zapiski*, IV: 448–9.

164 Sukhanov, *Zapiski*, IV: 511–2; Nikitin, *Rokovye gody*, 148; Zinoviev, *Proletarskaia
    revoliutsiia*, 1927, no. 8–9: 62; *Pravda*, July 17, 1927: 3 (F. F. Raskol'nilov); *Krasnaia
    gazeta*, July 16, 1920: 2 (Mikhail Kalinin); *Petrogradskaia Pravda*, July 17, 1921: 3 (G.
    Veinberg); *Shestoi congress RKP (b)*, 17 (Stalin); Trotsky, *History of the Russian Revolution*,
    II: 13; *PSS*, XXXII: 408–9; Drachkovitch and Lazitch, *Lenin and the Comintern*, I: 95 (引
    自 Trotsky, *Bulletin Communiste*, May 20, 1920: 6); Buchanan, *Petrograd*, 131–46 (布坎
    南是英國大使的女兒). 另見 Rabinowitch, *Prelude*, 174–5.

165 從7月7日至7月24日，布爾什維克在彼得格勒的報紙沒能出版。Budnikov,
    Bol'shevistskaia partiinaia; Volkogonov,cmc *Trotsky*, 197; Kolonitskii, "Anti-Bourgeois
    Propaganda," 184. 據説列寧讓人銷毀了臨時政府關於布爾什維克叛國罪的檔案材
    料。即便如此，保存下來的德方文件還是可以證明，德國提供經費是毋庸置疑
    的。Zeman, *Germany and the Revolution in Russia*, 94; Latyshev, *Rassekrechennyi Lenin*;
    Volkogonov, *Lenin: politicheskii portret*, I: 220–2; Hahlweg, *Lenins Rückkehr nach Russland*.
    不過，臨時政府司法部為1917年7月的審判所搜集的彼得格勒與斯德哥爾摩之間
    的66封電報現已被揭露是 (由前保安處特工) 偽造的。Semion Lyandres, "The

Bolsheviks' 'German Gold' Revisited: an Inquiry into the 1917 Accusations," Carl Beck Papers, 1995; Kennan, "The Sisson Documents"; Stone, "Another Look"; Hill, *Go Spy the Land*, 200–1.

166 Trotskii, *O Lenine*, 58; Trotsky, *History of the Russian Revolution*, III: 127. 據說最轟動的文件材料，臨時政府要到公審時才公佈。

167 Nikitin, *Rokovye gody*, 115–6, 122–3; Vaksberg, *Stalin's Prosecutor*, 13–27. 至於具體的指控，參見*Rech'*, July 22, 1917, 譯文見於 Browder and Kerensky, *Russian Provisional Government*, III: 1370–7.

168 Allilueva, *Vospominnaiia*, 181–90; Volkogonov, *Stalin: Triumph and Tragedy*, 24–6; Slusser, *Stalin in October,* 162–78, 139–50; Service, *Lenin*, 283–91; Kerensky, *The Catastrophe*, 229–44. 許多孟什維克強烈要求釋放布爾什維克，理由是今天是布爾什維克，明天就會輪到整個蘇維埃。

169 Polan, *Lenin and the End of Politics*.

170 在被公開指控拿了德國人的錢之後——列寧否認該項指控，認為那是無中生有的事情——他的確變得更加謹慎了。Volkogonov, *Lenin: Life and Legacy*, 116–21. 臨時政府中列寧的案子是由帕維爾‧A. 亞歷山德羅夫（Pavel A. Aleksandrov）負責的，他後來在1939年被捕（並關在布蒂爾卡監獄）。據説他作證表示，在列寧「叛國罪」和「間諜罪」一案中，他與克倫斯基有密切的聯繫。內務人民委員部的調查人員認為，亞歷山德羅夫針對布爾什維主義活動的調查工作是「憑空捏造」，而且據説貝利亞為了證明亞歷山德羅夫的工作是有罪的，曾讓手下找回了臨時政府的檔案文件。Volkogonov papers, Hoover Institution Archives, container 3, Postanovlenie from Kobulov, 16 April 1939.

171 *Novaia zhizn'*, August 5, 1917 (A. S. Zarudnyi); *Zhivoe slovo*, July 6, 1917: 1; Avdeev, *Revoliutsiia 1917 goda*, III: 167; Polovtsoff, *Glory and Downfall*, 256–8.

172 Pol'ner, *Zhiznennyi put' kniazia Georgiia Evgenevicha L'vova*, 258. 同一天，克倫斯基下令把尼古拉二世和皇室轉移到西伯利亞關押（實際轉移要到7月31日才開始）。7月15日，臨時政府宣佈，蘇維埃派往前線部隊的「政委」與政府派出的人一樣，都歸政府管轄。

173 Sanborn, "Genesis of Russian Warlordism," 205–6.

174 總參謀部會議要求在後方恢復死刑，把士兵委員會的作用限制在經濟和教育方面，同時約束政委在軍事方面的權力。Browder and Kerensky, *Russian Provisional Government*, II: 989–1010.

175 Denikin, *Ocherki russkoi smuti*, 446–7; Trotsky, *History of the Russian Revolution*, II: 570; Sukhanov, *Zapiski*, IV: 469–70.

176 *Russkoe slovo*, July 21, 1917: 2.

177 克倫斯基最終在8月17日同意把總理令草案交由內閣決定。Martynov, *Kornilov*, 74–5, 100; Kerensky, *Prelude to Bolshevism*, 27. 科爾尼洛夫8月3日和8月10日兩次來到首都。8月3日，他和克倫斯基及臨時政府進行了討論（有報紙報道説，「克倫斯基在科爾尼洛夫將軍面前深深地鞠了一躬」），但證據顯示，當科爾尼洛夫開

始討論戰爭計劃的時候，克倫斯基和薩溫科夫 (Savinkov) 低聲對他説要小心。言
外之意就是俄國秘密的戰爭計劃會被政府的某些部長洩露出去，就像被敵人的特
工洩露出去一樣。Savinkov, *K delu*, 12–3; Lukomskii, *Vospominaniia*, I: 227;
Loukomsky, *Memoirs of the Russian Revolution*, 99; *Russkoe slovo*, August 4, 1917: 2. 蘇維
埃公開指責科爾尼洛夫和他的首都之行。*Izvestiia*, August 4, 1917.

178 *Voprosy istorii*, 1966, no. 2: at 12–3 (引自 I. G. 科羅列夫).

179 *VI s"ezdRSDRP*, 250.

180 *VI s"ezd RSDRP*, 28, 30–6; *Sochineniia*, III: 17.

181 在布爾什維克黨代表大會期間，7月27日，正在就列寧有可能出庭受審一事進行
談判的格魯吉亞布爾什維克格里戈里・「謝爾戈」・奧爾忠尼啟則，問聖彼得堡
蘇維埃的代表們，對臨時政府把列寧當作德國間諜的逮捕令怎麼看。孟什維克
本來可以進行甜蜜的復仇，欺騙布爾什維克談判人員說他們會誓死捍衛列寧，然
後背叛他。但蘇維埃主席團主席、格魯吉亞孟什維克卡爾洛・齊赫澤 —— 列寧
在4月剛一回國就毫不留情地羞辱過他 —— 是個有原則的人。「今天逮捕列寧，
明天就會逮捕我」他說，「孟什維克和社會革命黨的領導者們不相信列寧有罪
…… 他們本應該積極地要求調查列寧和季諾維也夫案件，但他們沒有 …… 無論
如何我們都不應該把列寧同志交出去 …… 在保證他們會受到公正的審判之前，
我們應該 …… 保護我們的同志不要受到傷害。」*VI s"ezd RSDRP*, 310–1.

182 Tyrkova-Williams, *From Liberty to Brest Litovsk*, 167; Orlovsky, "Corporatism or
Democracy," 67–90. 8月8至10日，還是在莫斯科，召開了一次由實業家里亞布申
斯基 (Ryabushinsky) 倡議、羅將柯主持的公眾人物會議。據說會議是商量暴動的
事情。參加會議的約有400人，而且順便舉行了多次私人會晤。*Moskovskie
vedomosti*, August 11, 1917; Sevost'ianova, *Delo Generala Kornilova*, II: 223–4 (利沃夫的
證詞); Katkov, *The Kornilov Affair*, 142–3 (引自馬克拉科夫).

183 *Izvestiia*, August 13, 1917. 相反的報道參見 *Russkoe slovo*, August 12, 13, 14, 15, and 17,
1917.

184 Pokrovskii *and* Iakovlev, *Gosudarstvennoe soveshchanie*, 335.

185 *Izvestiia*, August 13, 1917.

186 科爾尼洛夫那天夜裏還跟克倫斯基通了電話。*Russkoe slovo*, August 15, 1917: 3–4.
據說科爾尼洛夫認為克倫斯基不想讓他參加國務會議。Browder and Kerensky,
Russian Provisional Government, III: 1546–54 (Lukomsky). 證據顯示，克倫斯基在8月
14日會議之前召見了科爾尼洛夫。Miliukov, *Istoriia vtoroi*, I/ii: 134–5; Miliukov,
Russian Revolution, II: 108.

187 Holquist, *Making War*, 90–1, 引自 N. M. Mel'nikov, "A. M. Kaledin," *Donskaia letopis'*, 3
vols. (Vienna; Donskaia istoricheskaia komissiia, 1923–4), I: 24–5.

188 科爾尼洛夫最後説：「我相信俄羅斯人民的天賦，我相信俄羅斯人民的理性，我
相信國家能夠獲得拯救。我相信我們的祖國會有光明的未來，我相信我們軍隊
的戰鬥力，相信它可以重整旗鼓。但我要説，決不能再浪費時間了 …… 必須下
定決心，必須嚴格、堅定地執行提出的那些措施 (掌聲)。」Pokrovskii and Iakovlev,

Gosudarstvennoe soveshchanie, 60–6; Browder and Kerensky, *Russian Provisional Government*, III: 1474–8; Avdeev, *Revoliutsiia 1917 goda*, IV: 54–5.

189 Stalin, "Protiv moskovskogo soveshchaniia," *Rabochii i soldat*, August 8, 1917, 載於 *Sochineniia*, III: 193–5.

190 Stalin, "Kuda vedet moskovskoe soveshchane?," *Proletarii*, August 13, 1917, 載於 *Sochineniia*, III: 200–5 (at 201).

191 「國務會議是不是能堅持要求落實最高總司令的要求？」右翼的《新時報》起初擔心，「一切是不是還會跟以前一樣？」*Novoe vremia*, August 13, 1917: 5. 另見 *Rech'*, August 12–17, 1917. 關於新聞界對科爾尼洛夫講話的直接反應，參見 Browder and Kerensky, *Russian Provisional Government*, III: 1515–22. 後來仍然由羅柯主持，在10月12至14日召開了第二次公眾人物會議。會議表示，「我國政局變得越發黯淡了……我們被稱作反革命分子，我們被稱作科爾尼洛夫分子。」*Russkie vedomosti*, October 13, 1917: 5; Browder and Kerensky, *Russian Provisional Government*, III: 1745–7.

192 Miliukov, *Russian Revolution*, II: 100; Savich, *Vospominaniia*, 247, 250–1.

193 Kerensky, *Delo Kornilova*, 81. 「科爾尼洛夫將軍派頭十足地來參加莫斯科會議，」克倫斯基後來寫道，「首都的全體精英在車站迎接他……莫斯科街頭在散發小冊子，標題為〈國家英雄科爾尼洛夫〉。」Kerensky, *The Catastrophe*, 315. 另見 Miliukov, *Istoriia vtoroi*, II: 133; Miliukov, *Russian Revolution*, II: 107.

194 Dumova, "Maloizvestnye materialy po istorii kornilovshchiny," 78; Savich, *Vospominaniia*, 246–50. 另見 Rosenberg, *Liberals*, 196–233, 羅森堡認為，立憲民主黨不僅捲入了可能發生的科爾尼洛夫獨裁，而且還因此發生了分裂。在科爾尼洛夫被監禁之後，米留可夫以度假為由，悄悄離開了首都。他主編的《言論報》此時受到臨時政府的審查。立場更右的《新時報》被徹底封掉了。

195 格奧爾吉·卡特科夫 (George Katkov) 提出有力的證據，證明克倫斯基煽風點火，但卡特科夫也承認，「可以假定，科爾尼洛夫考慮了某些計劃，以防政府不會如他所願採取行動。」科爾尼洛夫的心腹盧科姆斯基 (Lukomsky) 將軍承認，科爾尼洛夫方面確實有這樣的計劃。Katkov, *Russia, 1917*. Katkov, *The Kornilov Affair*, 65; Lukomskii, *Vospominaniia*, I: 228–9; Loukomsky, *Memoirs of the Russian Revolution*, 100–1.

196 總參謀部的有些成員儘管厭惡，但除了和這個不合口味的「民主」力量 (士兵委員會) 合作，就找不到別的辦法把戰爭進行到底，原因也在於此。Wildman, "Officers of the General Staff and the Kornilov Movement."

197 Lukomskii, *Vospominaniia*, I: 228, 232. 「先生們，」野蠻師師長恰瓦恰澤 (Chavachadze) 1917年6月對自己的手下說，「我感到非常遺憾，最近加入我們部隊的年輕軍官們在開始他們的戰鬥生涯時，將不得不去做一件十分令人厭惡的警察工作。」Kournakoff, *Savage Squadrons*, 321.

198 Lih, *Lenin*, 140.

199 *Rabochii,* August 25, 1917, 載於 *Sochineniia*, III: 251–5.

200 有關綜述，參見 Munck, *Kornilov Revolt*. 對科爾尼洛夫事件的記錄大多出自克倫斯基及其屬下。但調查委員會成員 R. R. 勞帕赫 (R. R. Raupakh) 收集的證詞在一定

程度上保護了科爾尼洛夫。Allan K. Wildman, "Officers of the General Staff and the Kornilov Movement," 載於Frankel, *Revolution in Russia*, 76–101 (at 101, n36). 科爾尼洛夫實際上是唯一沒有提供書面陳述的參與者（他在第二年死了）；至於科爾尼洛夫1917年9月的證詞，參見Katkov, *Russia, 1917*, appendix.

201 「科爾尼洛夫事件一方面體現了舊軍隊瓦解造成的反響，另一方面反映了兩起陰謀的結合，這兩起陰謀不完全一致，但卻緊密地交織在一起，而且是朝同一個方向」——這說的是克倫斯基的陰謀和科爾尼洛夫的陰謀。Shklovsky, *Sentimental Journey*, 63. 現在還有第三種看法，認為在這起事件中，雙方都存在誤解；誤解肯定很多，但事情要更加隱晦。

202 *Russkoe slovo*, August 31, 1917 (N. V. Nekrasov); Martynov, *Kornilov*, 101. 由於紛紛傳說布爾什維克要發動政變，8月27日作為二月革命整整六個月的紀念日就顯得引人注目，而它也許是科爾尼洛夫特意挑選的日子。

203 Avdeev, *Revoliutsiia 1917 goda*, IV: 98. 另見Ukraintsev, "A Document on the Kornilov Affair" (烏克蘭采夫當時是克倫斯基成立的調查委員會成員，他揭穿了克倫斯基話中的不實之詞)。另見Pipes, *Russian Revolution*, 448–64; 以及Rabinowitch, *Bolsheviks Come to Power*, 117–27.

204 Lukomskii, *Vospominaniia*, I: 242; Avdeev, *Revoliutsiia 1917 goda*, IV: 100–1; *Novaia zhizn'*, August 31, 1917; Kerenskii, *Delo Kornilova*, 104–5; Abraham, *Kerensky*, 277; Pipes, *Russian Revolution*, 457–9.

205 Chugaev, *Revoliutsionoe dvizhenie*, 446; Golovin, *Rossiiskaia kontr-revoliutsiia*, I/ii: 37; Pipes, *Russian Revolution*, 460.

206 Trotsky, *My Life*, 331.

207 Rabinowitch, *Bolsheviks Come to Power*, 148–9.

208 據說克雷莫夫說過「拯救祖國的最後一張牌已經輸了——活着沒有甚麼意義了」，而且據說他給科爾尼洛夫留了遺書，但內容無人知曉。Martynov, *Kornilov*, 135–42, 14–51; Avdeev, *Revoliutsiia 1917 goda*, IV: 143, 343–50; Kerenskii, *Delo Kornilova*, 75–6; Browder and Kerensky, *Russian Provisional Government*, III: 1586–9.

209 Stalin, "Protiv soglasheniia s burzhuaziei," *Rabochii*, August 31, 1917, 載於*Sochineniia*, 236–7. 另見Stalin, "My trebuem," *Rabochii*, August 28, 1917, 載於*Sochineniia*, 256–60.

210 Gilliard, *Thirteen Years*, 243; Steinberg and Khrustalëv, *Fall of the Romanovs*, 198 (尼古拉二世本人的日記).

211 首都的軍官曾經接到通知準備響應 (Rendle, *Defenders of the Motherland*, 182–3)。那些軍官幾乎沒有或根本沒有採取行動，但另一方面，當時也不可能採取甚麼行動：克雷莫夫連彼得格勒都沒進，事情就結束了。因此，認為「骨幹分子的支持」「微乎其微」的說法並不正確 (Allan K. Wildman, "Officers of the General Staff and the Kornilov Movement," 載於Frankel, *Revolution in Russia*, 98)。還有，必須記住，克倫斯基散佈謊言並對正在發生的事情故意混淆視聽，讓有可能成為科爾尼洛夫支持者的那些人不敢輕舉妄動 (Pipes, *Russian Revolution*, 460–1)。至於精英集團對科爾尼洛夫態度的不確定性，參見Rendle, *Defenders of the Motherland*, 234. 不過，懷爾

德曼認為科爾尼洛夫得到了大本營大部分高級軍官最有力的支持的說法是正確的，他們還有總參軍事學院校友之誼。

212 「科爾尼洛夫把他的部隊派來而他自己卻靜坐大本營，這算是怎麼回事？」季娜伊達·吉皮烏斯在那幾天的日記裏說。她當即意識到，不是科爾尼洛夫發動政變，而是克倫斯基在挑撥是非。Gippius, *Siniaia kniga*, 180–1 (1917年8月31日).

770

213 同時代的一位記者、新西蘭人哈羅德·威廉姆斯 (Harold Williams) 當時注意到了克倫斯基明顯在出賣科爾尼洛夫的行為。Zohrab, "The Socialist Revolutionary Party," 153–4.

214 Kolonitskii, "Pravoekstremistskie sily," pt. 1: 111–24. 同時，科爾尼洛夫在彼得格勒和莫斯科工業家和銀行家中的支持者彼此之間存在敵意，這可能也對他不利。White, "The Kornilov Affair."

215 大本營的人大多看不起士兵委員會 (蘇維埃)，他們沒有明白，正是由於有了這些委員會，軍隊才在一定程度上遏止了瓦解的趨勢。Wildman, *End of the Russian Imperial Army*, I: 246.

216 參見克倫斯基派往軍隊的總政委、同樣是律師出身的弗拉達斯·斯坦卡 (Vladas Stanka，V. B. 斯坦科維奇〔V. B. Stankevich〕) 的持同情態度的分析，他認為克倫斯基採取的行動雖説最終沒起作用，卻是唯一與維護民主價值觀相一致的行動。Stankevich, *Vospominaniia*, 215–22. See also Keep, *Soviet Studies*.

217 Nielsen and Weil, *Russkaia revoliutsiia glazami Petrogradskogo chinovnika*, 9 (1917年9月19日).

218 Golovin, *Rossiiskaia kontr-revoliutsiia*, I/ii: 71, 101. 作為科爾尼洛夫動機問題的最終結論，派普斯引用了英國見證者的看法。Wilcox, *Russia's Ruin*, 276; Pipes, *Russian Revolution*, 464.

219 阿列克謝耶夫接受任命，顯然是想保護科爾尼洛夫以及其他被捕的叛亂分子。Ivanov, *Kornilovshcina i ee razgrom*, 207.

220 「科爾尼洛夫事件完全毀掉了克倫斯基和臨時政府的威信，」克倫斯基的妻子寫道，「結果幾乎沒有任何人支持他了。」Figes, *A People's Tragedy*, 455 (引自 O. L. Kerenskaia, "Otryvki vospominanii," 8, 載於 House of Lords Record Office). 督政府一直維持到9月25日被所謂第三屆 (也是最後一屆) 聯合臨時政府取代為止。Browder and Kerensky, *Russian Provisional Government*, II: 1659–61.

221 在1917年6月20至28日彼得格勒的全俄第三次工會代表大會上，全部211名代表中布爾什維克代表有73人；孟什維克、社會革命黨人和其他溫和派社會主義者佔據了大多數，否決了布爾什維克反對與「資產階級」合作的動議。*Tret'ia Vserossiiskaia konferentsiia professional'nykh soiuzov* (Moscow: VTsSPS, 1917). 在1917年6月莫斯科的市級選舉中，社會革命黨人獲得了勝利 (58%)；布爾什維克排名第四，位於立憲民主黨和孟什維克之後。Colton, *Moscow*, 83.

222 Duvall, "The Bolshevik Secretariat," 57; Steklov, *Bortsy za sotsializm*, II: 397–8; Ia. S. Sheynkman, "Sverdlov," *Puti revoliutsii* [Kazan], 1922, no. 1: 7; Podvoiskii, *Krasnaia gvardiia*, 23; Sverdlova, *Iakov Mikhailovich Sverdlov* [1957], 301, 336; Sverdlov, *Izbrannye*

proizvedennye, II: 38, 48–9, 277; Schapiro, *Communist Party*, 173. 蘇漢諾夫的妻子加林娜在斯維爾德洛夫的書記處工作。

223 Sukhanov, *Zapiski*, I: 201.

224 Lih, "The Ironic Triumph of 'Old Bolshevism'," （引自 *Listovki Moskovskoi organizatsii bol'shevikov, 1914–1925 gg.* [Moscow: Politcheskaia literatura, 1954]).

225 Mel'gunov, *Bolshevik Seizure of Power*, 4.

226 Kerensky, *The Catastrophe*, 321; Trotskii, *Istoriia russkoi revoliutsii*, II: 136–40; Chamberlin, *Russian Revolution*, I: 277; Wildman, *End of the Russian Imperial Army*, II: 185; Kolonitskii, "Kerensky," 146.

227 Stalin, "Svoim putem," *Rabochii put'*, September 6, 1917, 載於 *Sochineniia*, III: 272–4.

228 Stalin, "Dve linii," *Rabochii put'*, September 16, 1917, 載於 *Sochineniia*, III: 293–5.

229 V. I. Lenin, "Letter to the Bolshevik Central Committee, the Moscow and Petrograd Committees and the Bolsheviks Members of the Moscow and Petrograd Soviets," 載於 *Selected Works*, II: 390. 另見 Volkogonov, *Lenin: Life and Legacy*, xxxi (RGASPI, f. 2, op. 1, d. 4269, l. 1); 以及 *PSS*, XXXIV: 435–6.

230 Browder and Kerensky, *Russian Provisional Government*, III: 1641–2.

231 「現在，俄國公共場合的所有話題都和食物有關」，一個在伏爾加河流域旅行過的外國人寫道。Price and Rose, *Dispatches from the Revolution*, 65. 到 10 月 15 日，首都的糧食儲備也許只夠三四天。*Ekonomicheskoe polozhenie*, II: 351–2. 10 月初，普梯洛夫工廠的主管報告說，煤已用光，廠裏 13 個車間要關掉。*Ekonomicheskoe polozhenie*, II: 163–4.

232 Kitanina, *Voina, khleb i revoliutsiia* (Leningrad, 1985), 332–3 (October 13, 1917); Golovine, *Russian Army*, 175–6.

233 Abraham, *Kerensky*, 244.

234 Daniels, *Red October*, 61.

235 Stalin, "Kontrrevoliutsiia mobilizuetsia — gotovtes' k otporu," *Rabochii put'*, October 10, 1917, 載於 *Sochineniia*, III: 361–3.

236 Trotskii, *O Lenine*, 70–3; Trotsky, *History of the Russian Revolution [1961]*, 148–9; Slusser, *Stalin in October*, 226–36; *Protokoly Tsentral'nogo komiteta RSDRP (b*, 55; Kudelli, *Pervyi legal'nyi Peterburgskii komitet bol'shevikov*, 316 (Kalinin); Abrosimova, *Peterburgskii komitet RSDRP (b)*, 508; Rabinowitch, *Bolsheviks Come to Power*, 209–16.

237 *Novaia zhizn'*, October 18, 1917: 3. 加米涅夫擔心那些據說組織良好而且忠於政府的部隊、哥薩克和士官生，因此警告說要是起義失敗，有可能會給黨帶來滅頂之災。拉斯科爾尼科夫聲稱自己和加米涅夫發生了爭論，但誰也說服不了誰。F. F. Raskolnikov, "Nakanune Oktiabr'skoi revoliutsii"〔寫於 1921–1922 年〕, RGVA, f. 33 987, op. 2, d. 141, I. 463-500, Volkogonov papers, container 17.

238 *PSS*, XXXIV: 419–27; *Protokoly Tsentral'nogo komiteta RSDRP (b)*, 106–7. 在強迫黨發動政變的時候，列寧威脅說要退出中央委員會並發動基層公開反對它，這樣的權利他可沒有給過其他人（*Protokoly Tsentral'nogo komiteta RSDRP (b)*, 74）。

239 *Novaia zhizn'*, October 18, 1917; *Protokoly tsentral'nogo komiteta RSDRP*, 106–18; Slusser, *Stalin in October*, 234–37.

240 M. V. Fofanova, "Poslednoe podpol'e V. I. Lenina."

241 *Izvestiia*, October 14, 1917: 5; Avdeev, *Revoliutsiia 1917 goda*, V: 70–1. 另見 Sukhanov, *Zapiski*, VII: 40–1; Gronsky, *The War and the Russian Government*, 112. 托洛茨基就軍事革命委員會問題向彼得格勒蘇維埃發表了講話，說「他們說我們在成立司令部，準備奪權。這一點我們並不隱瞞。」Trotskii, *Sochineniia*, III: 15.

242 當臨時政府最終宣佈在12月12日舉行立憲會議選舉的時候，蘇維埃中很多人都想取消蘇維埃第二次代表大會，但是在布爾什維克的影響下，它沒有被取消，而是把議程改為起草立憲會議的立法建議。

243 Avdeev, *Revoliutsiia 1917 goda*, V: 109; *Novaia zhizn'*, October 18, 1917: 3.

244 軍事革命委員會選舉產生了五人領導集體（三名布爾什維克和兩名左派社會革命黨人），並聲稱擁有對衛戍部隊的管轄權。Chugaev, *Petrogradskii voenno-revoliutsionnyi komitet*, I: 63.

245 Sukhanov, *Zapiski*, VII: 91; Volkogonov, *Trotsky*, 88.

246 Chugaev, *Petrogradskii voenno-revoliutsionnyi komitet*, I: 84, 86; Ditetrich Geyer, "The Bolshevik Insurrection in Petrograd," 載於 Pipes, *Revolutionary Russia*, 164–79.

247 托洛茨基對這群人也講了話，他證實了斯大林的說法，指出加強力量或採取守勢可以保障大會開幕。可以推測，屆時表決通過「全部政權歸蘇維埃」將輕而易舉。Rabinowitch, *Bolsheviks Come To Power*, 252–4; Alexander Rabinowitch, "The Petrograd Garrison and the Bolshevik Seizure of Power," 載於 Pipes, *Revolutionary Russia*, 172–91. 後來，托洛茨基和斯大林都聲稱，採取守勢是一種偽裝。Trotskii, *O Lenine*, 69; Mints, *Dokumenty velikoi proletarskoi revoliutsii*, I: 3 (Stalin).

248 「必須以新的工農政府來代替目前的地主資本家政府，」斯大林被沒收的社論指出，「……如果你們大家都同心協力、堅定不移地行動起來，那末誰也不敢抗拒人民的意志。」Sochineniia, III: 390 (譯註：《斯大林全集》第3卷，第372、373頁。). 另見 *Rech'*, October 25, 1917: 2; Kerensky, *The Catastrophe*, 325–6; *Izvestiia*, October 25, 1917: 7.

249 Trotsky, *History of the Russian Revolution*, III: 121. 另見 Stankevich, *Vospominaniia*, 258. 10月17日，內務部長報告說，他手下有足夠多的可靠的部隊，可以擊退任何暴動，儘管還不足以採取先發制人的行動，鎮壓左翼分子。10月21日夜裏，克倫斯基向最高總司令杜鶴寧將軍保證，他仍會出來，到莫吉廖夫與他會面，不會因為「擔心騷亂、叛亂之類的事情」而被嚇住。Browder and Kerensky, *Russian Provisional Government*, III: 1744. 但他當時其實已經很緊張了。「我唯一希望的是〔布爾什維克〕會露面，好讓我把他們鎮壓下去」，克倫斯基對英國大使布坎南說。Buchanan, *My Mission to Russia*, II: 201. 在被宣佈為「彼得格勒蘇維埃節」的10月22日那天的群眾集會期間，蘇漢諾夫發現「有一種近乎狂喜的氣氛」。Sukhanov, *Russian Revolution*, II: 584.

250 「M. 克倫斯基政府在布爾什維克起義之前就垮掉了，」《曼徹斯特衛報》的記者說得很對，「因為在國內沒有人支持它。」M. Philips Price, *Manchester Guardian*,

November 20, 1917, 轉載於 Price and Rose, *Dispatches from the Revolution*, 88.「列寧和
托洛茨基那麼輕易地就推翻了克倫斯基最後一屆聯合政府，暴露出該政府本質上
的無能。這種無能的程度在當時即便是消息靈通人士也非常驚訝。」Trotsky,
History of the Russian Revolution, III: 870 (引用了納博科夫的話，未註明出處).

251 Reed, *Ten Days* [1919], 73; Wade, *Red Guards and Workers' Militias*, 196–207.

252 Daniels, *Red October*, 166; "Stavka 25–26 oktiabria 1917 g."

253 市裏的衞成部隊有16萬人，駐紮在郊區的還有8.5萬人。蘇漢諾夫估計市裏參加
起義的最多十分之一，而且「很可能更少」。Sukhanov, *Zapiski*, VII: 161; Solov'ev,
"Samoderzhavie i dvorianskii vopros," 77; Erykalov, *Oktiabr'skoe vooruzhennoe vosstanie*,
435.

254 Mel'gunov, *Kak bol'sheviki zakhvatili vlast'*, 87–9. 從彼得保羅要塞發射了大約30枚炮
彈，有2枚擊中目標(其中1枚擊中了檐口)。沒有人受傷，更別說在炮擊中被打
死。Avdeev, *Revoliutsiia 1917*, V: 189.

255 Milukov, *Istoriia*, III: 256.

256 Lutovinov, *Likvidatisiia miatezha Kerenskogo-Krasnogo*, 7.

257 Erykalov, *Oktiabr'skoe vooruzhennoe vosstanie*, 435; Rabinowitch, *Bolsheviks Come to Power*,
305. 切列米索夫將軍在10月14日那天發佈過一道命令，暗示會把彼得格勒衞成
部隊調往前線。

258 Rakh'ia, "Poslednoe podpol'e Vladimira Il'icha," 89–90; Rakh'ia, "Moi predoktiabr'skie i
posleoktiabr'skie vstrechi s Leninym," 35-6; Daniels, *Red October*, 158–61: Rabinowitch,
Bolsheviks Come to Power, 266.

259 Kotel'nikov, *Vtoroi vserossiiskii s"ezd sovetov*, 144–53.

260 Kotel'nikov, *Vtoroi vserossiiskii s"ezd sovetov*, 4, 34–5; Sukhanov, *Zapiski*, VII: 198–9;
Mstislavskii, *Piat' dnei*, 72; Mstislavskii, *Five Days*, 125.

261 Sukhanov, *Zapiski*, VII: 203; Trotsky, *History of the Russian Revolution*, III: 311 (引用了蘇
漢諾夫的話).

262 Nikolaevskii, "Stranitsy proshlogo," *Sotsialisticheskii vestnik*, July–August 1958: 150. 馬爾
托夫碰到的那名布爾什維克是伊萬·阿庫洛夫 (Ivan Akulov)。

263 Park, *Bolshevism in Turkestan*, 12–3; Khalid, "Tashkent 1917," 279; Stalin, "Vsia vlast'
sovetam!" *Rabochii put'*, September 17, 1917, 載於 Sochineniia, III: 297–99; Blank,
"Contested Terrain."

264 Daniels, *Red October*, 226; Wade, *Russian Revolution*, 302–3.

265 「我們離開了，既不知道去哪兒，也不知道為甚麼，」蘇漢諾夫在幾年後寫道，
「結果把我們自己與蘇維埃分割開來並和反革命分子攪在一起，敗壞和貶低了我
們在群眾眼中的聲譽和人格⋯⋯而且因為離開，我們讓布爾什維克完全放開了
手腳並徹底掌控了局勢。」Sukhanov, *Zapiski*, VII: 219–20. 另見 Schapiro, *Origins of
the Communist Autocracy* [1965], 66–8. 退出大會的人成立了一個「挽救祖國和革命委
員會」，但不具備蘇維埃那種巨大的吸引力。10月29日，他們指揮的士官生奪取
了電話局、國家銀行和阿斯托利亞飯店，然後又準備攻打斯莫爾尼宮，但軍事革

命委員會重新奪回了所有這些據點，沒費多大力氣就打散了士官生。*Novaia zhizn'*, October 30, 1917: 3.

266 究竟有多少代表離開會場，歷史上並沒有留下這方面的精確記錄。Kotel'nikov, *Vtoroi vserossiiskii s"ezd sovetov*, 53–4; Browder and Kerensky, *Russian Provisional Government*, III: 1797–8; *Dekrety Sovetskoi vlasti*, I: 1–2. 起義前夕，盧那察爾斯基曾與加米涅夫以及季諾維也夫一道撰文反對起義。

267 Kotel'nikov, *Vtoroi vserossiiskii s"ezd sovetov*, 164–5; *Izvestiia*, October 26, 1917: 5–6, October 27: 4, October 28: 4; Rabinowitch, *Bolsheviks Come to Power*, 273–304; Daniels, *Red October*, 187–96. 雖然大部分教科書都說被捕的地點是在內閣會議室（河邊的孔雀石大廳），但政府的部長們當時已經轉移到沙皇尼古拉二世的私人餐廳，那裏正對着內院。M. Levin, "Poslednie chasy vremennogo pravitel'stva v 1917 g.," *Krasnyi arkhiv*, 1933, no. 56: 136–8 (P. I. Palchinsky notes).

268 Rabinowitch, *Bolsheviks Come to Power*, 269–92; Figes, *A People's Tragedy*, 485–95. 約翰‧里德和他的妻子露易絲‧布賴恩特（Louise Bryant）以及艾伯特‧里斯‧威廉姆斯（Albert Rhys Williams）剛好走進冬宮，希望採訪克倫斯基，但溜達了一圈之後又離開了，當時赤衛隊員就在外面；最後，赤衛隊員們從窗子和沒有上鎖的大門進去了。參見 *Delo naroda*, October 29, 1917: 1–2 (S. L. Maslov).

269 Trotsky, *Stalin*, 228–34; Radzinsky, *Stalin*, 115–19.

270 列寧在1917年4月到達芬蘭車站時戴的是一頂很考究的帽子（從他中途在斯德哥爾摩拍的照片中可以看出來）。Nikolai I. Podvoiskii, "V. I. Lenin v 1917," *Istoricheskii arkhiv*, 1956, no. 6: 111–32 (at 115).

271 Reed, *Ten Days [1919]*, 125–7; Kotel'nikov, *Vtoroi vserossiiskii s"ezd sovetov*, 59, 165–6; Avdeev, *Revoliutsiia 1917 goda*, V: 179–80; *Izvestiia*, October 26, 1917: 7. 列寧（在托洛茨基之後）也出現在10月25日凌晨2:35左右由彼得格勒蘇維埃召開的並行會議上。

272 Volkogonov, *Lenin: Life and Legacy*, xxxvi（引自 *Obshchee delo* [Paris], February 21, 1921).

273 Volkogonov, *Lenin: Life and Legacy*, xxxvi,（引自 Velikii Lenin [Moscow, 1982]), 16–7.

274 Kotel'nikov, *Vtoroi vserossiiskii s"ezd sovetov*, 15–21, 59–68.

275 Kotel'nikov, *Vtoroi vserossiiskii s"ezd sovetov*, 22.

276 Sukhanov, *Zapiski*, III: 361.

277 Kotel'nikov, *Vtoroi vserossiiskii s"ezd sovetov*, 25–30, 82–7.

278 McCauley, *Russian Revolution*, 282–3, translation of K. G. Idman, *Maame itsenäistymisen vuosilta* (Porvoo-Helsiniki, 1953), 216.

279 Fülöp-Miller, *Mind and Face of Bolshevism* [1927], 29. 羅伯特‧瑟維斯認為，列寧「1917年〔在俄國國內〕並不是一個無足輕重的人物；但他的出名還局限於俄國的地下政治集團」。Service, *Lenin*, I: 1.

280 1917年9月，剛剛擔任司法部長的帕維爾‧馬良托維奇（Pavel Malyantovich，孟什維克）給各省的檢察官簽署了一道命令，表示緝拿列寧的逮捕令仍然有效。他在1940年1月21日列寧忌日那天被槍決。

281 關於「天才的革命家」列寧，參見 Schapiro, "Lenin after Fifty Years," 8.

282 「即使1917年我不在彼得堡，十月革命仍然會發生——只要列寧在那裏負責指揮就行了，」1935年3月底，托洛茨基在日記中説，「要是列寧和我都不在彼得堡，根本不會有十月革命。」 *Trotsky's Diary in Exile* [1963], 53–4.

283 *Bolshevik Propaganda: Hearings before a Subcommittee on the Judiciary, United States Senate,* 790; Hard, *Raymond Robins' Own Story*, 52.

284 Waters, *Rosa Luxemburg Speaks*, 367.

285 Brinton, *Anatomy of Revolution*. 不過，布林頓提出的激進化過程——經過了三個階段（充滿光明、兩極對立、激進化）——最後以反革命（「熱月政變」）告終。

286 Lyttelton, *Seizure of Power*, 86.

287 Wildman, *End of the Russian Imperial Army*, II: xv. 在臨時政府存在的飽受煎熬的八個月中，俄國發生了一千多次罷工，遠遠超過君主制垮台前的罷工次數：1917年3月有4.1萬名工人；7月是38.4萬名工人；9月是96.5萬名工人；而10月是44.1萬名工人。Orlovsky, "Russia in War and Revolution," 244. 但是，罷工沒有推翻臨時政府，就像它們沒有推翻君主制一樣。

288 Maklakov, "The Agrarian Problem."

289 "Okruzhili Mia Tel'tsy Mnozi tuchny," *Rabochii put'*, October 20, 1917, 轉載於 *Sochineniia*, III: 383–69.

290 *Protokoly Tsentral'nogo komiteta RSDRP (b)*, 107 (October 20, 1917).

291 Trotsky, *History of the Russian Revolution*, III: 211. 「我和加米涅夫在軍事革命委員會的辦公室一起度過了10月25日那具有決定意義的一夜，我在電話裏回答問題並發佈命令。」托洛茨基還説：「對於斯大林在那些具有決定意義的日子究竟發揮了甚麼作用的問題，我簡直無法回答。」Trotskii, *Stalinskaia shkola fal'sifakatsii*, 26. 就連斯大林的親友對他的評價也不高。「在那些日子裏，」費奧多爾·阿利盧耶夫寫道——他幾次目睹斯大林在他家裏打瞌睡，「斯大林同志只是在地下政治活動中與他有接觸的小圈子裏才真的有人認識。」RGASPI, f. 558, op. 4, d, 668, l. 30 (F. S. Alliluev, "V Moskve [Vstrecha s t. Stalinym]," 未註明日期的打字稿). 所有在十月革命時衝在前線的布爾什維克重要人物，比如拉斯科爾尼科夫、德賓科（Dybenko）、波德沃伊斯基（Podvoisky）、克雷連柯，後來都被斯大林政權殺害了。

292 「斯大林實在是不適合1917年那種紛亂的大眾政治」，斯大林1905年在奇阿圖拉的經歷表明，塔克的這個説法是站不住腳的。Tucker, *Stalin as Revolutionary*, 178.

293 De Lon, "Stalin and Social Democracy," 204. 立憲會議於1918年1月解散之後，薩吉拉施維里心灰意冷，離開彼得格勒回到了梯弗利斯。

294 Kotel'nikov, *Vtoroi vserossiiskii s"ezd sovetov*, 90, 174–5. 名單很可能是加米涅夫提交的。

第七章 1918：達達主義和列寧

1 Motherwell, *Dada Painters and Poets*, 78–9, 81.

2 Malkov, *Reminiscences*; Mal'kov, *Zapiski*.

3 米留可夫還說「經驗表明這種輕率的自信是一個嚴重的錯誤」。Miliukov, *Istoriia vtoroi*, I/iii: 179. 約翰‧里德寫道，「也許除了列寧、托洛茨基、彼得堡工人和比較純樸的士兵，沒人能想到布爾什維克掌權的時間會超過三天」。Reed, *Ten Days* [1919], 117.

4 「我更喜歡列寧這個公開的敵人而不是克倫斯基這隻披着羊皮的狼」，1917年10月31日，有位官員寫道。Nielsen and Weil, *Russkaia revoliutsiia glazami Petrogradskogo chinovnika*, 21. 克倫斯基指責這類人是「右翼的布爾什維克分子」。

5 Trotsky, *On Lenin*, 114; Miliutin, *O Lenine* , 4–5; Rigby, *Lenin's Government*, 23.

6 Figes, "Failure of February's Men." 另見切爾諾夫言辭激烈的評論，Chernov, *Great Russian Revolution*, 256–7.

7 1918年，儒略曆要比格里高利曆晚13天；俄國的1918年1月31日星期三之後便是2月14日星期四。因此，二月革命的紀念日是3月13日(至少要到1927年，此後官方的二月革命紀念活動就停止了)，十月革命的紀念日是11月7日。正教裡誕節變成了1月7日。

8 Larin, "Ukolybeli," 16–7; Stanisław Pestkowski, "Ob oktiabr'skikh dniakh v Pitere," *Proletarskaia revoliutsiia*, 1922, no. 10: 99–100; Mal'kov, *Zapiski* [1967], 42–7; Chugaev, *Petrogradskii voenno-revoliutsionnyi komitet*, I: 485.

9 Gil, *Shest' let s V. I. Leninym*, 10–3. 列寧還有一輛當時很先進的六缸「德洛內—貝爾維爾」70型豪華轎車，它原先是為尼古拉二世買的。

10 Krupskaia, "Lenin v 1917 godu," *Izvestiia*, January 20, 1960, 轉載於 *O Lenine*, 54. 她的這番話是在1934年說的。

11 Iroshnikov, *Sozdanie*, 156–61. 至於同時代人最好的描述，參見 M. Latsis, *Proletarskaia revoliutsiia*, 1925, no. 2: esp. 144.

12 1917年6月11日，彼得格勒蘇維埃成立過一個委員會，負責管理同烏克蘭拉達有關的事務(烏克蘭拉達當時正在要求自治)。

13 原計劃對於民族事務可能只打算設立一個「委員會」，而不是一個正式的人民委員部。Gorodetskii, *Rozhdenie*, 158.

14 佩斯特科夫斯基用討好的口氣寫道，「列寧一天也離不開斯大林」。Petskowski, "Vospominaniia o rabote v narkomnaste," 128.

15 Trotskii, *Moia zhizn'*, II; 62–4; Sukhanov, *Zapiski*, VII: 266; Zalkind, "N.K.I.D. v semnadtsatom godu." 另見 Deutscher, *Prophet Armed*, 325.

16 *Izvestiia TsK KPSS*, 1989, no. 5: 155 (1918年8月26日，給沃洛格達黨委的信). 據薩吉拉施維里推斷，斯大林想得到斯維爾德洛夫的位置，這是他從與斯大林過從甚密的奧爾忠尼啟則那裏聽說的。De Lon, "Stalin and Social Democracy," 199. 斯維爾德洛夫經常代表黨的書記處外出開會，因此很少去斯莫爾尼。

17   1918年，列寧的收入是24,683.33盧布，其中9,683.33盧布是人民委員會主席的
      工資，15,000盧布是稿費。這些錢都是邦契—布魯耶維奇經手的，他負責管理
      黨的經費。RGASPI, f. 2, op. 1, d. 11186, l. 2 (1919年9月20日).

18   Bunyan and Fisher, *Bolshevik Revolution*, 185–7; *Sobranie uzakonenii i rasporiazhenii
      rabochego i krest'ianskogo pravitel'stva*, 1917, no. 1: 10–1; Goikhbarg [Hoichberg], *Sotsial'noe
      zakonodatel'stvo sovetskoi respubliki*; Goikhbarg, *A Year in Soviet Russia*; Trotsky, *My Life*, 342.

19   Magerovsky, "The People's Commissariat," I: 29–31.

20   Stanisław Petskowski, "Ob Oktiabr'skikh dniakh v Pitere," 104; Trotsky, *Stalin*, 245.

21   *Izvestiia*, November 27, 1917: 6. 佩斯特科夫斯基的銀行工作，是通過另一個擔任高
      級職務的波蘭人維亞切斯拉夫·明仁斯基安排的。

22   Codrescu, *Posthuman Dada Guide*, 11.

23   Sandqvist, *Dada East*; Dickerman, *Dada*.

24   Nielson and Boris, *Russkaia revoliutsiia glazami Petrogradskogo chinovnika*, 13 (1917年10
      月22日).

25   簡·格羅斯説得對：「蘇維埃國家的締造者們早就發現，只要不讓他人染指，權
      力就可以不斷增加。」Gross, "War as Social Revolution," 32.

26   Marx and Engels, *Selected Correspondence [1965]*, 331, 338; Marx and Engels, *Selected
      Works*. 參見Gouldner, *The Two Marxisms*, 350–1. 作為列寧主義源頭之一的路易·奧
      古斯特·布朗基，整個巴黎公社時期都被關在監獄。

27   McLellan, *Karl Marx: Selected Writings*, 592–4; Marx and Engels, *The Civil War In France*,
      載於*Selected Works*, I: 473–545; 以及Marx and Engels, *Selected Correspondence [1965]*,
      318–20 (致庫格曼的兩封信，1871年4月12日和17日).

28   *Zagranichnaia gazeta*, March 23, 1908.

29   Lenin, *Collected Works*, XXIV: 170, n24.

30   Lenin, *Collected Works*, XXVII: 135.

31   Sakwa, "The Commune State in Moscow."

32   Warth, *The Allies*, 159. 臨時政府秘書長在被問到能否為克倫斯基提供一輛汽車逃離
      俄國的時候，認為這是小偷為了偷車而耍弄的伎倆！Startsev, "Begstvo Kerenskogo";
      Medlin and Powers, *V. D. Nabokov*, 157–8. 在皇村 (及其無線電台) 已經伸手可及的時
      候，克倫斯基還是被迫撤退到普斯科夫 (北方戰線司令部)，尼古拉二世就是在那
      裏退位的。10月30日，在彼得格勒附近的普爾科沃高地有過短暫的戰鬥，但反
      布爾什維克武裝被輕易打退了，克倫斯基再也沒能回到彼得格勒。

33   P. N. Krasnov, "Na vnutrennom fronte," 載於Gessen, *Arkhiv Russkoi revoliutsii*, I: 148–
      51; Kerensky, *The Catastrophe*, 340–3; Daniels, *Red October*, 205–6.

34   *Novaia zhizn'*, October 30, 1917: 3.

35   *Izvestiia*, Bovember 3, 1917: 5; Kerensky, *Russia and History's Turning Point*, 443–6.

36   *Novaia zhizn'*, October 30, 1917: 3; *Delo naroda*, Ocotber 30, 1917: 2; *Izvestiia*, October
      30, 1917: 2; Williams, *Through the Russian Revolution*, 119–49. 另見Reed, *Ten Days
      [1919]*, 193–207; 以及Gindin, *Kak bol'sheviki ovladeli gosudarstvennym bankom*.

37 Malyshev, *Oborona Petrograda*.

38 De Lon, "Stalin and Social Democracy," 257–8.

39 *Novaia zhizn'*, October 30, 1917: 2; Keep, *Debate on Soviet Power*, 44–5; Vompe, *Dni oktiabrskoi revoliutsii i zheleznodorozhniki*, 10.

40 *Izvestiia*, October 31, 1917: 7–8; Avdeev, *Revoliutsiia 1917 goda*, VI: 23, 45.

41 *Protokoly Tsentral'nogo komiteta RSDRP(b)* (Moscow: Politcheskaia literatura, 1958), 122–3. *The Bolsheviks and the October Revolution: Central Committee Minutes*, 127–8.

42 Avdeev, *Revoliutsiia 1917 goda*, IV: 22–3; *Protokoly Tsentral'nogo komiteta RSDRP(b)*, 271–2, n156; Vompe, *Dni oktiabr'skoi revoliutsii i zheleznodorozhniki*. 另見 Abramovitch, *Soviet Revolution*.

43 *Rabochii i soldat*, November 1, 1917. 另見 *Delo naroda*, October 31, 1917: 2.

44 1927年公佈的會議記錄刪掉了表揚托洛茨基的那段內容：*Pervyi legal'nyi Peterburgskii komitet bol'shevikov*. 托洛茨基拍照複製了1917年11月1日布爾什維克彼得堡委員會的會議記錄。*Biulleten' oppozitsii*, 1929, no. 7: 30–2.

45 *Peterburgskii komitet RSDRP(b) v 1917 godu*, 546. 年輕的莫洛托夫也支持強硬路線（第544頁）。

46 "Zasedanie TsK 1 noiabria 1917 g.," *Protokoly tsentral'nogo komiteta RSDRP (b)*, 124–30. 斯大林不在與會者名單上。

47 *Protokoly Tsentral'nogo komiteta RSDRP (b)*, 272, n162; *Protokoly zasedanii VTsIK*.

48 *Oktiabr'skoe vosstanie v Moskve: Sbornik dokumentov* (Moscow: Gosizdat moskovskoe otdelenie, 1922), 97–8, 轉載於 Bunyan and Fisher, *The Bolshevik Revolution*, 179; Pipes, *Russian Revolution*, 501–3; Koenker, *Moscow Workers*, 332–4; Pethybridge, *Spread of the Russian Revolution*, 198. 另見 *Sovety v Oktiabre*, 31–86; Mel'gunov, *Kak bol'sheviki zakhvatili vlast'*, 277–382; Nikolai N. Ovsiannikov (ed.); Ignat'ev, *Oktiabr' 1917 goda*; Grunt, *Moskva 1917-i*, ch. 6.

49 *Protokoly Tsentral'nogo komiteta RSDRP (b)*, 133–4; *The Bolsheviks and the October Revolution: Central Committee Minutes*, 138–40; *Lenin v pervye mesiatsy sovetskoi vlasti*, 46.

50 *Perepiska sekretariata TsK RSDRP(b)*, II: 27.

51 *Izvestiia*, November 4, 1917; Avdeev, *Revoliutsiia 1917 goda*, VI: 423–4; *Protokoly Tsentral'nogo komiteta RSDRP(b)*, 133–7; *Proletarskaia revoliutsiia*, 1927, no. 8–9: 321–51, no. 10: 246–98, no. 11: 202–14; 1928, no. 2: 132–69.

52 *Dekrety Sovetskoi vlasti*, I: 20.

53 Keep, *Debate on Soviet Power*, 86; Rabinowitch, *Bolsheviks in Power*, 48–9. 對表決過程略微不同的描述可見於 Pipes, *Russian Revolution*, 524–5.

54 *Protokoly Tsentral'nogo komiteta RSDRP(b)*, 146; *The Bolsheviks and the October Revolution: Central Committee Minutes*, 151–2; Bonch-Bruevich, *Na boevykh postakh*, 164; *Novaia zhizn'*, November 9, 1917.

55 Steklov, *Bortsy za sotsializm*, II: 400–1; Paustovsky, *Story of a Life*, 529; Trotskii, *Sochineniia*, VIII: 254. 斯維爾德洛夫有權自己做出決定，但他經常徵求列寧的意

見。Iroshnikov, *Predsedatel soveta narodnykh komissarov V. I. Ul'ianov (Lenin)*, 57（引自帕紐什金〔Paniushkin〕未發表的回憶錄）。

56　關於任命格里戈里·皮達可夫為新政府首腦的傳言，參見 *Pravda*, December 15, 1923, December 16, 1923, and January 3, 1924; 以及 *Biulleten' oppozitsii*, April 1938, no. 65: 13–4.

57　Raleigh, *Revolution on the Volga*, 319.

58　*VII ekstrennyi s"ezd RKP (b), mart 1918 goda*, 6. 蘇聯的編輯們加了一條註釋，認為斯維爾德洛夫的確切陳述「不嚴密」（第359頁）。

59　Fel'shtinskii, *Bol'sheviki i levye esery*.

60　*Dekrety Sovetskoi vlasti*, I: 24–5.

61　Berlin and Jahanbegloo, *Conversations*, 4. 另見 Sorokin, *Leaves from a Russian Diary*, 105–6.

62　*Delo naroda*, November 25, 1917: 4.

63　*Izvestiia*, October 28, 1917: 2; Bunyan and Fisher, *Bolshevik Revolution*, 220.

64　Trotskii, *O Lenine*, 102.

65　Holquist, *Making War*, 130–1.

66　Colton, *Moscow*, 103（季霍米羅夫，《消息報》1918年4月30日）。

67　McLellan, *Karl Marx: Selected Writings*, 592–4. 另見 V. I. Lenin, "Lessons of the Commune," *Zagranichnaia gazeta*, March 23, 1908.

68　「對於我們部門的工作人員，」某財政官員記載說，「斯莫爾尼的布爾什維克始終以禮相待，只是在一無所獲的時候，他們才發出威脅，說要是我們不交出1,500萬現金，他們就奪取國家銀行，〔砸開金庫，〕要多少拿多少。」財政部人員（在莫伊卡河畔）繼續罷工。Nielsen and Weil, *Russkaia revoliutsiia glazami Petrogradskogo chinovnika*, 14–5 (October 25, 1917), 23 (November 6, 1917).

69　Bunyan and Fisher, *Bolshevik Revolution*, 225–31; *Vlast' sovetov*, 1919, no 11: 5; Trotskii, "Vospominaniia ob oktiabr'skom perevorote"; Trotsky, *My Life*, 293.

70　*Denezhnoe obrashchenie i kreditnaia sistema Soiuza SSR za 20 let*, 1–2; Morozov, *Sozdanie i ukreplenie sovietskogo gosudarstvennogo apparata*, 52; *Novaia zhizn'*, November 16, 1917; *Ekonomicheskaia zhizn'*, November 6, 1918: 2–3 (V. Obolensky-Osinsky). 明仁斯基的頭銜有時被說成是財政部「臨時」或「代理」人民委員。名義上的人民委員是斯克爾佐夫—斯捷潘諾夫（Skortsov-Stepanov）。布爾什維克果真設法得到財政部官員和金庫主管（P. M. 特羅希莫夫斯基〔P. M. Trokhimovsky〕）的配合。*Proletarskaia revoliutsiia*, 1922, no. 10: 62–3; Iroshnikov, *Sozdanie*, 195.

71　Larsons, *Im Sowjet-Labyrinth*, 61–6.

72　Nielsen and Weil, *Russkaia revoliutsiia glazami Petrogradskogo chinovnika*, 40 (December 29 and 31, 1917). 人民委員會頒佈法令，要求從1918年1月11日起中止此類支付業務。*Obzor finansogo zakonodatel'stva, 1917–1921, gg.* (Petrograd, 1921), 15.

73　Schwittau, *Revoliutsiia i narodnoe khoziaistv*, 337; D'iachenko, *Istoriia finansov SSSR*, 24–7; *Svoboda Rossii*, April 19, 1918: 5; Katzenellenbaum, *Russian Currency and Banking*, 55–

60; Bunyan and Fihser, *Bolshevik Revolution*, 607–9; *Papers Relating to the Foreign Relations of the United States: Russia,* III: 32–3.

74　1909至1913年，每年的債息已高達3.45億盧布，到1918年，債息更是由於新的巨額戰時債務而呈現爆炸式增長。Dohan, "Foreign Trade," 218.

75　俄羅斯國家銀行 (1891) 壟斷了貨幣發行權。1917年11月的黃金儲備總量達12.6億盧布。Atlas, *Ocherki po istorii denezhnogo obrashcheniia*, 16–8; Carr, *Bolshevik Revolution*, II: 133–7.

76　Lenin, *Collected Works*, XLII: 64. 1918年2月，列寧估計國家支出有280億盧布，而收入是80億盧布，因為沒有人交稅。*PSS*, XXXV: 326–7, 331. 很快，布爾什維克又開始擔心，可以輕易獲得的紙幣會為反革命提供經費。*Pravda*, April 19, 1918. 明仁斯基在財政部門工作的時間很短；直到1918年4月，他是在契卡任職。

77　Owen, *Russian Peasant Movement*.

78　Brutzkus, "Die russische Agrarrevolution." 人們把在烏克蘭這個養活了數千萬人的大糧倉發生的農民革命比作旋風。Arthur Adams, "The Great Ukrainian Jacquerie," 載於 Hunczak, *The Ukraine*, 247–70.

79　Pipes, *Russian Revolution*, 718–9. 另見 Channon, "The Bolsheviks and the Peasantry."

80　反過來，通貨膨脹很快使他們放在國家儲蓄銀行或是埋在小屋附近地裏的存款蕩然無存。Pipes, *Russian Revolution*, 719–21.

81　Atkinson, *End of the Russian Land Commune*, 185.

82　*Novaia zhizn'*, December 31, 1917: 2 (Kolegaev). 臨時政府中的自由派認為，維克托·切爾諾夫，社會革命黨領袖兼臨時政府農業部長，是這場由奪取土地所引發的混亂的罪魁禍首，但在農村，切爾諾夫和社會革命黨卻因為反對立即重新分配土地而被視為叛徒。地方上的社會革命黨人與黨的中央高層斷絕關係，但整個黨並未因此獲得信任。切爾諾夫稱農民是「俄國政治史上的斯芬克斯」，但這種說法也適合他自己。Chernov, *Rozhednie revoliutsionnoi Rossii*, 75. 布爾什維克借鑒的不只是社會革命黨的土地綱領。「我們得到了一份社會革命黨的地方自治綱領 (我想這是他們在1905年制訂的)，於是就開始研究，制訂出我們的地方自治綱領，形式上跟前者差不多」，莫斯科的一位布爾什維克在談到1917年春的時候回憶說。Volin, "Vokrug Moskovskoi Dumy," 98.

83　「沒有哪部法律像土地法令那樣在那麼大的範圍廣而告之」，邦契—布魯耶維奇回憶說。參見 *Na boevikh postakh*, 115. 日曆這件事在前一年的邦契—布魯耶維奇回憶錄第一版 (Federatsiia, 1930, 125–127) 中並沒有提到。另見 Pethybridge, *Spread of the Russian Revolution*, 154.

84　Keep, *Russian Revolution*, 178.

85　Siegelbaum, "The Workers Group," at 155.

86　Gatrell, *A Whole Empire Walking*.

87　Chugaev, *Petrogradskii voenno-revoliutsionnyi komitet*, II: 111.

88　「淹死的人被抬出酒窖，在冬宮廣場上堆成幾排。」Antonov-Ovseenko, *Zapiski o grazhdanskoi voine*, I: 19–20.

89   *Izvestiia*, December 6, 1917; Bonch-Bruevich, *Na boevykh postakh*, 191. 邦契—布魯耶
      維奇還聽說偽裝的敵人正在儲備武器、偽造證件，他為此實施了緊急逮捕。
      Zubov, *F. E. Dzerzhinskii*, 161.

90   Iroshnikov, *Sozdanie*, 96, 201, 214–5; Z. Serebrianskii, "Sabotazh i sozdanie novogo
      gosudarstvennogo apparata," 8–11.

91   GARF, f. 130, op. 1, d. 1, l. 29–30, 30 ob; *Izvestiia*, December 10, 1917; Tsvigun, *V. I. Lenin
      i VChK* [1975], 34, n1; Belov, *Iz istorii Vserossiiskoi Chrezvychainoi komissii*, 72–9; *Krasnyi
      arkhiv*, 1924, no. 5: xiv–xv; *PSS*, XXXV: 156–8; *Pogranichnye voiska SSSR 1918–1928*, 67;
      Chugaev, *Petrogradskii voenno-revoliutsionnyi komitet*, III: 663–4; Latsis, *Chrezvychainye
      komissii*, 7–8; Vladimir Bonch-Bruevich, "Kak organizaovalas VChK," *Ogonek*, 1927, no. 3,
      轉載於 *Vospominania o Lenine*, 134–9 (at 137), 擴充版見於 *Na boevykh postakh*, 193–203
      (at 198–9); Carr, "Origins and Status." 人民委員會對捷爾任斯基報告的討論在後來公
      佈時被說成是「法令」（並作了改動）：Belov, *Iz istorii Vserossiiskoi Chrezvychainoi
      komissii*, 78–9. 另見 *Proletarskaia revoliutsiia*, 1924, no. 10 (33): 5–6 (Peterss) 及 1926, no. 9
      (58): 82–3 (Vācietis); 以及 *Pravda*, December 18, 1927: 2. 列寧給捷爾任斯基的便條，
      參見 *PSS*, XXXV: 156–8; Tsvigun, *V. I. Lenin i VChK* [1975], 37, and [1987], 19, 22 (譯
      註：《列寧全集》第33卷，第157–159頁。). 「無產階級雅各賓派」這個說法見於
      Zubov, *F. E. Dzerzhinskii*, 162, 在早期的版本中叫「革命的雅各賓派」，參見 *Feliks
      Edmundovich Dzerzhinskii: kratkaia biografiia*, 2nd ed. (Moscow: OGIZ, 1942), 53. 嚴格來
      說，契卡是取代了握有實權的革命軍事委員會，交接是在1917年12月5日突然完
      成的。Rigby, "The First Proletarian Government"; Pietsch, *Revolution und Staat*, 44–66. 有
      一種觀點認為，列寧匆忙成立契卡，是因為他擔心已經同意加入政府的左派社會
      革命黨人會堅持溫和路線。這種觀點同列寧允許左派社會革命黨人加入契卡部務
      委員會的事實相矛盾。Latsis, *Otchet VChK za chetyre goda ee deiatel'nosti, 20 dekabria
      1917–20 dekabria 1921 g.* Moscow: VChK, 1922, 8. I: 8; Rabinowitch, *Bolsheviks in Power*,
      81–7, 103. 但參考 Pipes, *Russian Revolution*, 536–7.

92   RGASPI, f. 76, op. 2, d. 270, l.32–33.

93   挫敗罷工的一個重要手段是查封彼得勒市杜馬，後者在政變中倖存下來並充當
      了一個集合點。*Dekrety Sovetskoi vlasti*, I: 91.

94   Peters, "Vospominaniia o rabote VChK," 10. 臨時政府辦成的少數事情之一就是成立
      了一個機構，披露有關保安處骯髒把戲的秘密檔案，既有系統性又聳人聽聞。
      Osorgin, *Okhrannoe otdelenie i ego sekrety*; Avrekh, "Chrezvychainaia sledstvennaia
      komissiia vremennogo pravitel'stva; Peregudova, "Deitel'nost komissii Vremennogo
      pravtitel'stva i sovetskikh arkhivov ,"; Ruud and Stepanov, *Fontanka 16*, 315–21. 警方的
      檔案遭到暴動人員的洗劫和焚毀；有些保安處高級官員在離任時為了抹掉辦事不
      力和其他方面的許多痕跡，把自己的檔案帶走了。不過，這個由穆拉維約夫（他
      以前被保安處稱作「蒼蠅」）主持的委員會所做的工作，後來以 GARF, f. 1647
      (Avrekh, "Chrezvychainia sledstvennaia komissiia") 為基礎，出版了七卷 (1927)；
      Zhilinskii, *Organizatsiia i zhizn' okhrannago otdeleniia*, 4–6. 巴黎分部的檔案原來以為
      是被沙俄駐法大使銷毀了，但在1957年又找到了（現藏於胡佛研究所）。

95 「蘇維埃政權的敵人，」捷爾任斯基解釋説，「既包括我們的政治對手，也包括所有的強盜、竊賊、投機分子以及其他犯罪分子。」*Novaia zhizn'*, June 9, 1918: 4.

96 Klement'ev, *V Bol'shevitskoi Moskve*, 53. 克列緬季耶夫 (Klement'ev)，俄羅斯帝國陸軍的炮兵軍官，之所以出現在莫斯科，或許是因為科爾尼洛夫將軍；那些聲稱跟科爾尼洛夫有聯繫的人曾命令克列緬季耶夫和一名上校 (佩爾胡羅夫〔Perkhurov〕) 準備在莫斯科組織反布爾什維克武裝，但克列緬季耶夫説沒有人理睬他們。

97 Bunyan, *Intervention*, 229 (譯自 *Ezhedel'nik chrezvychainoi komissii*, 1918, no. 4: 29–30).

98 Leggett, *The Cheka*, 56.

99 從職業抱負——沒收者希望能更好地管理那些財產，進而出人頭地——到貪婪 (「有時候作為競爭對手的工廠主會帶着必要的禮物特意拜訪國民經濟臨時委員會」)，「國有化」(掠奪，不要以為是國家控制) 的動機是多樣的。Gessen, *Arkhiv russkoi revoliutsii*, VI: 310–1 (Gurovich).

100 1918年1月1日，列寧在彼得格勒的天使長米哈伊爾騎術學校 (Archangel Michael Riding Academy) 對穿着五顏六色的衣服、即將開赴前線的「社會主義軍隊」發表演講之後，乘車返回斯莫爾尼。「他們的車剛走了幾碼 (編註：1碼約0.9米)，就遭到來自後面的機槍掃射。」《真理報》後來報道説。車內的瑞士社會主義者弗里茨·普拉滕 (Fritz Platten)——他是德國人為布爾什維克提供經費的中間人，也是張羅將列寧用鉛封列車送回俄國的組織者——把列寧的頭摁低；據説普拉滕的一隻手被子彈擦破了。*Pravda*, January 3, 1918, January 14, 1925 (由於採用了新的曆法，這一事件的週年紀念日就晚了13天，成了1月14日), January 21, 1926; Zinoviev, "Piat' let," manuscript, RGASPI, f. 324, op. 1, d. 267, l.1–7, 見於 Volkogonov papers, Hoover Institution Archives, container 14; Bonch-Bruevich, *Tri pokusheniie na V. I. Lenina*, 3–77; *Sovetskaia Rossiia*, January 3, 1963; Volkogonov, *Lenin: Life and Legacy*, 229. 要到多年之後，列寧那天發表的講話才得以公開 (《真理報》，1929年1月17日)。還不能確定此次暗殺事件的幕後主使是誰。(右派) 社會革命黨人的報紙最先披露了這一事件，同時暗示這是布爾什維克策劃的，目的是嫁禍於社會革命黨人，但此次暗殺也有可能是右派社會革命黨人策劃，由其他人笨拙地實施的。

101 *Iz istorii VChK*, 95–6.

102 Rabinowitch, *Bolsheviks in Power*, 97 (引自 GARF, f. 130, op. 2, d. 1098, l. 8), 97 (引自 TsA FSB RF, f. 1, op. 2, d. 25, l. 1: report of Ivan Polukarov).

103 就在10月25日政變之後，列寧手下能幹的弗拉基米爾·邦契—布魯耶維奇到瑪麗宮會見了已經停止運轉的臨時政府的秘書長弗拉基米爾·納博科夫 (Vladimir Nabokov, 未來的小説家的父親)，後者曾經協助起草了不光彩的臨時政府成立文件，即米哈伊爾·亞歷山德羅維奇的「退位」宣言。「他像老朋友一樣向我問好，顯得特別禮貌，」納博科夫寫道，並「想讓我相信，即使布爾什維克當局的基礎不比臨時政府的基礎更合法，起碼也是同樣地合法」。Vergil D. Medlin and Steven L. Powers (eds.), *V. D. Nabokov and the Russian Provisional Government 1917* (New Haven: Yale University, 1976), 170–2. 另見 *Izvestiia*, Ocober 28, 1917: 2.

104 列寧起初也想過把選舉延期。Trotsky, *Lenin*, 110. 至於證實選舉會在11月12至14日如期舉行的1917年10月27日的法令，參見 *Dekrety Sovetskoi vlasti*, I: 25–6.

105 卡盧加和比薩拉比亞這兩個地區以及堪察加、雅庫茨克和中東鐵路這三個遠東行
     政區雖然舉行了選舉，但沒有報告選舉的結果。北高加索省的庫班—黑海行政
     區只在首府葉卡捷琳諾達爾 (Yeketrinodar；譯註：1920年底更名為「克拉斯諾達
     爾」) 舉行了選舉。

106 *Izvestiia*, December 10, 1917: 3; *Dekrety Sovietskoi vlasti*, I: 165–6; Belov, *Iz istorii
     Vserossiiskoi Chrezvychainoi komissii*, 66–8; *PSS*, XXVI: 315; Tsvigun, *V. I. Lenin i VChK
     [AU: Year of edition needed]*, 15–7.

107 GARF, f. 130, op. 1, d. 1, l. 19–20; Volkogonov, cmc *Trotsky*, 91.

108 *Protokoly Tsentral'nogo Komiteta RSDRP (b),* 157 (November 29, 1917); *The Bolsheviks and
     the October Revolution: Central Committee Minutes*, 164; Trotsky, *Stalin*, 240–1.

109 Radkey, *Russia Goes to the Polls*.

110 Holquist, *Making War*.

111 Lenin, *Sochineniia* 2nd and 3rd eds., XXIV: 631–49 (at 638).

112 Radkey, *Russia Goes to the Polls*, 16, 34–5; Znamenskii, *Vserossiiskoe Uchreditel'noe Sobranie*,
     275, 338, 358, tables 1 and 2. 選舉是按照比例代表制根據候選人名單進行的；一個
     候選人可以同時在不超過五個選區參選；在一個以上選區當選的人必須作出選
     擇。

113 Radkey, *Russia Goes to the Polls*, 14–23.

114 Volkogonov, *Lenin: Life and Legacy*, 252. 蘇漢諾夫從馬克西姆‧高爾基那裏接手了
     《新生活報》的編輯工作，而在1918年德國大使米爾巴赫伯爵遭到暗殺之後，該
     報被關停了。

115 湊巧的是，在布爾什維克某次召開有關立憲會議的會議期間，有人從列寧的大衣
     中偷了一把左輪手槍並把它掛到鈎子上；罪犯找到了，他是一名應該守衞立憲會
     議的水兵，當即就被帶到後面槍斃了。Iurii Fel'shtinskii, *Brestskii mir, oktiabr' 1917
     goda—noiabr' 1918 g.* (Moscow, 1992), 219.

116 *Pravda*, April 20, 1924: 3 (Trotsky).

117 Sviatitskii, *Kogo russkii narod izbral*, 10–1.

118 Znamenskii, *Vserossiiskoe*, 339; Protasov, *Vserossiiskoe Uchreditol'noe Sobranie*.

119 布爾什維克的溫和派一直把立憲會議當作人民的議會認真對待，而列寧和斯維爾
     德洛夫則通過控制布爾什維克黨團的議程和參加者來削弱他們的力量。Bunyan
     and Fisher, *Bolshevik Revolution*, 363; Rabinowitch, *Bolsheviks in Power*, 88–92.

120 Reed, *Ten Days* [1919], 248.

121 Mal'chevskii, *Vserossiiskoe*, 217; Golikov, *Vladimir Il'ich Lenin*, V: 180–1.

122 Mal'chevskii, *Vserossiiskoe*, 110.

123 有些學者認為，立憲會議失敗的責任最終在於臨時政府：要是早一點舉行選
     舉，「議會體制在俄國肯定會有獲勝的機會」。Gill, *Peasants and Government*, 98. 另
     見 Jonathan Frankel, "The Problem of Alternatives," 載於 Frankel, *Revolution in Russia*,
     3–13. 克倫斯基可能也想參加立憲會議，可他未能當選為代表，因而被社會革命
     黨中央委員會拒絕了。Vishniak, *Vserossiiskoe uchreditel'noe sobranie*, 106; Vishniak,

776

Dan' proshlomu, 365. 維什尼亞克 (Vishniak，生於1883年) 是立憲會議的書記，他勇敢地記下了會議內容；他試圖與布爾什維主義作鬥爭，結果被關進了基輔的監獄，並於1919年移居巴黎。

124 Volkogonov, *Lenin: Life and Legacy*, 177–8, 引自 Arkhiv INO OGPU, 17 458, vol. II: 215.

125 「我們要召集立憲會議嗎？」負責監督會議的莫伊謝伊·烏里茨基問道。「是的。我們會解散它嗎？也許吧；那要看情況。」Chamberlin, *Russian Revolution*, I: 368.

126 Volkogonov, *Trotsky*, 121 (引自 Trotskii, *Sochineniia*, XVII/i: 201). 1917年12月19日，托洛茨基想到，要用「無產階級革命的鐵的壓路機壓碎孟什維主義的脊樑」。那些人不但以前跟托洛茨基是一派，還同為社會民主黨的夥伴。Volkogonov, *Trotsky*, 78.

127 拉德基認為，考慮到社會革命黨的軟弱性，立憲會議「本來會自行失敗」。Radkey, *Sickle Under the Hammer*, 466.

128 總共或許有1萬人的幾個近衛團保證說，如果要求他們帶着武器參加會議，那他們會照做，但社會革命黨的領導層不想用武力來保衛立憲會議。社會革命黨中央委員會甚至還成立了一個委員會，調查武力保衛立憲會議的事情。B. F. Sokolov, "Zashchita vserossiiskogo uchreditel'nogo sobraniia," 載於 Gessen, *Arkhiv russkoi revoliutsii* XIII: 5–70 (at 41–4), 50, 60–1; Bunyan and Fisher, *Bolshevik Revolution*, 380–4; *Istochnik*, 1995, 1: 25–40; Rabinowitch, *Bolsheviks in Power*, 95 (引自 Sokolov and Bakhmeteff Archive, Zenzinov Collection, SR Central Committee protocols, pp. 18–9). 可是在後來有位社會革命黨人聲稱，「在1月5日那天，沒有動用武力的企圖，不是因為我們不想，而是因為我們沒有實力。」*Pravda*, June 15, 1922 (Likhach). 孟什維克對於布爾什維克的專橫也沒有多少辦法。立憲會議召開前不久，在有大約100名代表參加的俄國社會民主工黨—孟什維克代表大會上，尤利·馬爾托夫提出一項決議 (它得到多數代表的支持)，準確地把布爾什維主義定義為「永久的無政府狀態的體制」。但馬爾托夫自己的立場也很難站得住腳：他敦促孟什維克黨人追求所有社會主義政黨的聯合，這當然也包括與布爾什維克聯合，儘管布爾什維克並不打算分享權力，儘管在馬爾托夫自己看來，在目前的歷史階段，真正的社會主義在俄國還行不通。他贊成正在進行中的剝奪資產階級財產的做法，認為工人會設法幫助完成資產階級革命的歷史階段。Burbank, *Intelligentsia and Revolution*, 13–6 (引自 *Novyi luch*, December 3, 1917: 4); Haimson, "The Mensheviks."

129 Orlando Figes, *Peasant Russia, Civil War: The Volga Countryside in Revolution 1917–1921* (Oxford: Clarendon, 1989), 40–69.

130 1918年1月9日，在莫斯科有多達2,000人舉行了遊行示威活動，至少有30人被踩踏致死或者受到槍擊。*Pravda*, January 22, 1918: 3, 以及 January 24, 1918: 3; Yarkovsky, *It Happened in Moscow*, 267–75; Colton, *Moscow*, 87 (引自 Tsentral'nyi arkhiv obshchestvenno-politicheskoi istorii Moskvy [TsAOPIM], f. 3, op. 1, d. 46, l. 296).

131 Vishniak, *Dan' proshlomu*, 289; Gorkii, *Nesvoevremmenye mysli I rassuzhdenii*, 110–1; Mal'chevskii, *Vserossiiskoe uchreditel'noe sobranie*; Radkey, *Sickle Under the Hammer*, 386–

416; *Novitskaia, Uchreditel'noe sobranie*; Rabinowitch, *Bolsheviks in Power*, 123–5; Bailey, "The Russian Constituent Assembly of 1918"; Avrich, *Anarchist Portraits*, 107–9. 熱列茲尼亞科夫（Zhelznyakov）據說參加過「猛攻」冬宮的戰鬥。他在1919年的內戰中被白軍的炮彈打死了，時年24歲。

132 列寧寫過兩套關於立憲會議的提綱，一套在會議解散之前，一套在解散之後。GARF, f.130, op. 1, d.7, l. 15–6, Volkogonov papers, Hoover Institution Archives, container 21; *Pravda*, January 12, 1917, 轉載於 *PSS*, XXXV: 162–6（譯註：參見《列寧全集》第33卷，第163–167頁）. 就像列寧和斯維爾德洛夫謀算的那樣，左派社會革命黨人在人民委員會中獲得了幾個次要的委員職位之後，在保衛立憲會議方面明顯變得不那麼堅定了。

133 Keep, *Debate on Soviet Power*, 247. 從1917年12月24日到27日，列寧曾短暫地去過附近的芬蘭度假（斯大林「替人民委員會主席」簽署了12月27日關於將普梯洛夫工廠收歸國有的法令：Volkogonov papers, Hoover Institution Archives, container 14）。不過，列寧不是在休息，而是在忙着寫東西。不管怎樣，參加立憲會議的布爾什維克代表們沒有通知就出現在芬蘭並且找回了列寧。

134 一同召開的有兩個全國性的代表大會，一個是農民代表，一個是工人和士兵代表，兩者在1918年1月13日合併在一起。蘇維埃代表大會還重申了「各族人民的直到完全脫離俄羅斯的自決權」。*Tret'ii vserossiiskii s"ezd sovetov rabochikh, soldatskikh i krest'ianskikh deputatov* (Petrograd, 1918), 73.

135 Oldenbourg, *Le coup d'état bolchéviste*, 169–70, 173–4. 當代表大會在第二天通過「和平法令」的時候，列寧重複了他的警告：「戰爭不能用拒絕的辦法來結束，不能由單方面來結束。」（譯註：《列寧全集》第33卷，第12頁）Kotel'nikov, *Vtoroi vserossiiskii s"ezd sovetov*, 62.

136 Avdeev, *Revoliutsiia 1917 goda*, IV: 285–6; Kennan, *Russia Leaves the War*, 75–6.

137 Bunyan and Fisher, *Bolshevik Revolution*, 268–75.

138 *Izvestiia*, November 10, 1917, 譯文見於 Bunyan and Fisher, *Bolshevik Revolution*, 242–4; Iroshnikov, *Sozdanie*, 166–7; *DVP SSSR*, I: 11–4.

139 Warth, *The Allies*, 168.

140 新的當局與軍隊的關係很怪誕，這被人稱「日內瓦人」（得名於他在革命前的流亡時期）的亞歷山大·伊利英（Alexander Ilin，生於1894年）看了出來——他被任命為新的陸軍人民委員部書記，看到過聖彼得堡莫伊卡運河畔沙皇陸軍部的豪華辦公室：「絲滑的家具，絲滑的壁紙，門窗都有簾幕，各種鏡子，雕花的枝形吊燈和厚厚的地毯，腳踩在上面簡直會陷進去。」伊利英及其布爾什維克官員同事，堅持吃「跟士兵們一樣的白菜湯」，以顯示其權力機構的「民主性質」。同時，伊利英據回憶了克雷連柯在自己的權威沒有得到承認時是怎樣發火的（「他整個的矮小身形讓人感受到一種真正的威嚴」）。不過，這種專橫跋扈並沒有讓伊利英感到不安，儘管日常吃的都是「民主的」菜湯。「我們遇到的是謊言、誹謗還有某種程度上拒絕承認我們的權威。在這種情況下，」伊利英強調說，「保持堅定非常重要。不管怎麼說，只有權威確信自身的能力，並且通過自身的行為來讓人

相信這種能力的時候，才會得到承認。」Il'in-Zhenevskii, *Bol'sheviki u vlasti*; Il'in-Zhenevskii, *Bolsheviks in Power*.

141 Bunyan and Fisher, *Bolshevik Revolution*, 232–42, 264–8; Spiridovich, *Istoriia bol'shevizma v Rossii*, 406–7; Wildman, *End of the Russian Imperial Army*, II: 380–401.

142 *Novaia zhizn'*, December 13, 1917; *Russkoe slovo*, December 6, 1917; Bunyan and Fisher, *Bolshevik Revolution*, 267–8; Masaryk, *Making of a State*, 163–4. 杜鶴寧是在1917年11月3日才擔任代理最高總司令的，17天後被殺害。

143 Fischer, *Germany's Aims*, 477; Wildman, *End of the Russian Imperial Army*, II: 400–1; *Sovetsko-Germanskie otnosheniia*, I: 108; Niessel, *Le triomphe des bolschéviks*, 187–8.

144 *Pravda*, November 15, 1917: 1; Bunyan and Fisher, *Bolshevik Revolution*, 258–9. 另見 *Izvestiia*, December 2–6 and December 9, 1917; 以及 Kamenev, *Bor'ba za mir*. 如果實現了「普遍和平」，德國承諾說會放棄比利時、法國北部、塞爾維亞、羅馬尼亞、波蘭、立陶宛和庫爾蘭。德國想以此來打消協約國繼續戰鬥進而解放這些地區的念頭。但這種承諾是不真誠的。Wheeler-Bennett, *Forgotten Peace*, 136.

145 RGASPI, f. 17, op. 109, d. 9, l. 23.

146 Buchan, *History of the Great War*, IV: 135. 這幾個師是在1917年底剛從西線調到里加的。Ludendorff, *My War Memoires*, II: 34.

147 Freund, *Unholy Alliance*, 3. 拉狄克把自己的奧地利護照一直留到1918年。

148 Ottokar, *In the World War* [1920], 246; Wheeler-Bennett, *Forgotten Peace*, 113.

149 托洛茨基對此的描述略有不同，參見 *History of the Russian Revolution to Brest-Litovsk*, 5.

150 *Sovetsko-germanskie otnosheniia*, I: 194–6.

151 米夏埃爾·蓋爾 (Michael Geyer) 令人信服地指出，通過**內涵式** (intensively，比如俄羅斯帝國和德國) 而不是**外延式** (extensively，比如法國和英國，靠的是自己的殖民地以及來自美國的貸款) 的辦法進行動員的社會，所承受的動盪和社會變化是最大的。Geyer, "The Militarization of Europe," 65–102.

152 *Izvestiia*, March 2, 1922 (Ioffe).

153 *Proceedings of the Brest-Litovsk Peace Conference*, 82; Trotsky, *My Life*, 311, 319–20; Trotsky, *Lenin*, 128.

154 Pavliuckenkov, *Krest'ianskii Brest*, 22 (引自 GARF, f. 130, op. 2, d. 11, l. 20: 給人民委員會作報告的是米哈伊爾·邦契—布魯耶維奇，他以前是沙皇軍官，現在負責紅軍總參謀部)。

155 *Pravda*, February 24, 1918: 2–3 (1月7日宣佈，列寧的提綱); Bunyan and Fisher, *Bolshevik Revolution*, 500–5; *PSS*, XXXV: 243–51; Wheeler-Bennett, *Forgotten Peace*, 139. 來自全國各地的布爾什維克黨的官員都在城裏，準備參加即將召開的蘇維埃代表大會，而列寧希望利用他們作為施加壓力的集團，於是就讓近50名省級黨的領導人參加了中央委員會的會議。Debo, *Revolution and Survival* 72–90.

156 *Protokoly Tsentral'nogo Komiteta RSDRP (b)*, 171; *The Bolsheviks and the October Revolution: Central Committee Minutes*, 177.

157 *Protokoly, Tsentral'nogo Komiteta RSDRP (b)*, 173. 另見 *Sed'moi ekstrennyi s"ezd RKP (b), mart 1918 goda*, xxvi–xxvii; 以及 Krupskaya, *Reminiscences*, 448.

158 *PSS*, XXXV: 253–4.

159 *Pravda*, January 17 and 18, 1918; *Sochineniia*, IV: 36–7.

160 Price, *My Reminiscences*, 224–5.

161 *Protokoly Tsentral'nogo Komiteta RSDRP (b)*, 174-80; *The Bolsheviks and the October Revolution: Central Committee Minutes*, 185. 1月13日，布爾什維克中央委員會和左派社會革命黨中央委員會舉行聯席會議，結果大多數人都贊成托洛茨基的辦法——「停止戰爭，不簽和約」(283)。

162 Wargelin, "A High Price for Bread."

163 Von Kühlmann, *Erinnerungen*, 531.

164 就像霍夫曼解釋的，「困難是暫時的；我們在任何時候都可以用武力支持〔拉達〕，讓它重新建立起來」。Hoffmann, *War Diaries*, II: 216.

165 Fedyshyn, *Germanys' Drive to the East*, 65–86.

166 Fischer, *Germany's Aims*.

167 Ioffe, *Mirnye peregovory v Brest-Litovske*, I: 207–8; *Proceedings of the Brest-Litovsk Peace Conference*, 172–3; Hoffmann, *War Diaries*, II: 218–9; D. G. Fokke, "Na tsene I za kulisami Brestskoi tragikomedii (memuary uchastnika)," 載於 Gessen, *Arkhiv russkoi revoliutsii*, XX: 5–07 (at 207); Wheeler Bennett, *Forgotten Peace*, 227–9; Freund, *Unholy Alliance*, 6; *PSS*, XXII: 555–8.

168 Trotsky, *My Life*, 386. 「他多才多藝、有教養而且舉止優雅，心情好的時候很有魅力，」某個學者說起托洛茨基時評論道，「但他的態度通常都是傲慢易怒的，那時他就成了冷冰冰的火。」Wheeler-Bennett, *Forgotten Peace*, 152.

169 Il'in-Zhenevskii , *Bolsheviks in Power*, 21–2.

170 Ottokar, *In the World War* [1919], 328; Hoffmann, *War Diaries*, II: 219. 由於和烏克蘭單獨締結了和約，奧匈帝國與俄國甚至都不再接壤。(波蘭人脫離了奧地利軍隊體系，開進了烏克蘭以收復「波蘭的」領土。)

171 Fischer, *Germany's Aims*, 501–5; *Sovetsko-germanskie otnoshniia*, I: 328.

172 Magnes, *Russia and Germany*, 109–123.

173 Nowak, *Die Aufzeichnungen*, I: 187 (1918年2月22日的日記).

174 Khalid, "Tashkent 1917," 279.

175 Chokaeiv, "Turkestan and the Soviet Regime," 406.

176 Gordienko, *Obrazovanie Turkestanskoi ASSR*, 309–10.

177 Khalid, *Politics of Cultural Reform*, 273–4. 該書利用了同時代突厥語報紙的報道，這樣就糾正了薩法羅夫的說法。參見 Safarov, *Kolonial'naia revoliutsiia*, 64.

178 *Pobeda oktiabr'skoi revoliutsii*, II: 27.

179 Park, *Bolshevism in Turkestan*, 15–22.

180 Khalid, *Politics of Cultural Reform*, 277.

181 Chokaeiv, "Turkestan and the Soviet Regime," 408.

182 Chaikan, *K istorii Rossiikoi revoliutsii*, 133.

183 Alekseenkov, *Kokandskaia avtonomiia*, 58.

184 Etherton, *In the Heart of Asia*, 154.

185 *PSS*, XXXV: 245–254; Wheeler-Bennett, *Forgotten Peace*, 217–39.

186 *The Bolsheviks and the October Revolution: Central Committee Minutes*, 206; *Protokoly Tsentral'nogo komiteta RSDRP (b)* (Moscow: Politicheskaia literatura, 1958), 171–2, 199, 202–4, 212–3, 215–7; "Deiatel'nost' Tsentral'nogo komiteta partii v dokumentakh (sobytiia i fakty), *Izvestiia TsK KPSS*, 1989, no. 4: 142–4..

187 Trotsky, *My Life*, 382–4; Trotsky, *Lenin*, 106–10. 在1918年3月黨的第七次代表大會上，列寧透露了他和托洛茨基的約定。「當時我們之間曾經約定：德國人不下最後通牒，我們就一直堅持下去，等他們下了最後通牒我們再讓步。」*PSS*, XXXVI: 30（譯註：《列寧全集》第34卷，第27頁）; Debo, *Revolution and Survival*, 80.

188 *Protokoly Tsentral'nogo komiteta RSDRP (b)*, 204; *The Bolsheviks and the October Revolution: Central Committee Minutes*, 210–1; *Sed'moi ekstrennyi s"ezd RKP (b), mart 1918 goda*, 197–201; *PSS*, XXXV: 486–7; Deutscher, *Prophet Armed*, 383, 390. 贊成的有列寧、斯大林、斯維爾德洛夫、季諾維也夫、索柯里尼柯夫、斯米爾加和托洛茨基；反對的有越飛、羅莫夫（Lomov）、布哈林、克列斯廷斯基和捷爾任斯基。

189 *Pravda*, February 20, 1918.

190 Upton, *Finnish Revolution*, 62–144.

191 *PSS*, XXXVI: 10.

192 Wheeler-Bennett, *Forgotten Peace*, 254.

193 Trotsky, *My Life*, 333.

194 Trotsky, *My Life*[1930], 388–9.

195 *Protokoly Tsentral'ngo komiteta RSDRP(b)*, 211–8; *Pravda*, February 24, 1918; *Proceedings of the Brest-Litovsk Peace Conference*, 176–7; Wheeler-Bennett, *Forgotten Peace*, 255–7; Debo, *Revolution and Survival*, 142.

196 *Protokoly Tsentral'ngo komiteta RSDRP (b)*, 215; *The Bolsheviks and the October Revolution: Central Committee Minutes*, 223; *Pravda*, February 24, 1918; *PSS*, XXXV: 369–70, 490; Volkogonov, *Stalin:Politicheskii portret*, I: 86; Volkogonov, *Stalin: Triumph and Tragedy*, 36. 投棄權票的還有克列斯廷斯基、捷爾任斯基和越飛。布哈林投了反對票。

197 *Pravda*, February 26, 1918: 3.

198 *PSS*, XXXV: 381; Rabinowitch, *Bolsheviks in Power*, 172–8.

199 索柯里尼柯夫宣稱：「這次帝國主義分子和軍國主義分子對國際無產階級革命的勝利……只是暫時的和短暫的勝利。」*Proceedings of the Brest-Litovsk Peace Conference*, 180.

200 Bunyan and Fisher, *Bolshevik Revolution*, 521–3; Wheeler-Bennett, *Forgotten Peace*, 308.

201 Wheeler-Bennett, *Forgotten Peace*, 275–6. 在布爾什維克奪權之前，列寧拒絕討論革命的後果問題，有關這方面的分析參見Kingston-Mann, "Lenin and the Beginnings of Marxist Peasant Revolution."

202　Hahlweg, *Diktatfrieden*, 51; *Novaia zhizn'*, April 30, 1918: 2 (S. Zagorsky).

203　Pipes, *Russian Revolution*, 595–7.

204　Dohan, "Soviet Foreign Trade in the NEP Economy," 218.

205　有人認為，列寧拋棄諸如左派社會革命黨人之類的布爾什維克的左翼盟友，採取重視對德關係的策略，事實證明是有助於專政的，但是在一開始，重視對德關係差點兒毀掉布爾什維克。Wheeler-Bennett, *Forgotten Peace*, 345–8; Mawdsley, *Russian Civil War*, 39–44.

206　*VII ekstrennyi s"ezd RKP (b), mart 1918 goda*, 11–3, 127–9, 133, 176–7; *PSS*, XXXVI: 1-77. Kin and Sorin, *Sed'moi s"ezd*.

207　彼得格勒的工廠也將疏散到內地。Avdeev, *Revoliutsiia 1917 goda*, V: 23, 30–1; *Rabochii put'*, October 6, 1916; Pethybridge, *Spread of the Russian Revolution*, 188; Colton, *Moscow*, 96. 在克倫斯基的計劃中，彼得格勒蘇維埃及其中央執行委員會，還有各級蘇維埃本來就該自己保衛自己，因為嚴格來説，它們是「個人的」而不是政府的機構。Miliukov, "From Nicholas II to Stalin."

208　10月9日，臨時政府宣佈，為了保衛彼得格勒，將把龐大的首都衛戍部隊（近20萬人）中的一半力量部署在通往這座城市的各個通道，結果此舉又招來指責，説這是想把（激進的）衛戍部隊派往前線以扼殺革命。Avdeev, *Revoliutsiia 1917 goda*, V: 52.

209　"Iz perepiski E. D. Stasovoi."

210　邦契—布魯耶維奇後來聲稱，此前考慮搬到伏爾加河畔的下諾夫哥羅德是和社會革命黨人控制的鐵路工會（*Vikzhel*）精心策劃的一場騙局。Bonch-Bruevich, *Pereezd Sovetskogo pravitel'stva.* 另見Malinovskii, "K pereezdu TsK RKP (b)." 梁贊諾夫曾認為這與1871年巴黎公社的戰士有相似之處，可那些人是與巴黎城共存亡的。

211　Trotskii, *Kak vooruzhalas' revoliutsiia*, I: 105.

212　Sidorov, *Revoliutsionnoe dvizheniie*; Krastiņš, *Istoriia Latyshskikh strelko*; Gērmanis, *Oberst Vācietis*; "Iz vospominanii glavkoma I. I. Vatsetis."

213　Rabinowitch, *Bolsheviks in Power*, 201 (引自 TsA VMF, f. r-342, op. 1, d. 116, l.34–56ob.).

214　Mal'kov, *Zapiski komendanta* [1967], 133–5.

215　*Izvestiia*, March 17, 1918: 2. 蘇維埃事後批准了「臨時」遷都的計劃。季諾維也夫當時曾反對遷都莫斯科；他之所以主張遷到下諾夫哥羅德，就是因為後者會是臨時的。

216　直到1918年6月9日，為了「節約開支」，這個「莫斯科沙皇國」才正式取消。Lenin, *Leninskie dekrety o Moskve*, 62–3; Ignat'ev, *Moskva*, 85–7. 1918年8月，列寧設法取消了這個州（*oblast*）級的人民委員會，並讓加米涅夫作為莫斯科蘇維埃主席坐鎮莫斯科。

217　*Istoriia Moskvy*, II: 127.

218　大都會飯店成了蘇維埃2號樓；位於莫斯科市中心的神學院作為蘇維埃3號樓，成了各個機構的駐地。沃茲德維任卡大街黨的中央委員會所在的那幢樓稱為蘇維埃4號樓。蘇維埃5號樓是個綜合性的住宅大樓，在舍列梅捷夫大街（後更名為「格拉諾夫斯卡婭大街」）。莫斯科德累斯頓飯店也有一部分成了中央委員會辦公的地方。

219 *Krasnaia Moskva*, 347; *Izvestiia*, January 25, 1921: 4; *Narodnoe khoziaistvo*, 1918, no. 11: 11–14 (V. Obolensky-Osinsky).

220 1920年12月，契卡把總部搬到盧比揚卡廣場2號的俄羅斯保險公司大樓。Leggett, *The Cheka*, 217–20 (*Spravochnik uchrezdeniia RSFSR*, January 22, 1920, 215–28). 1918年3月搬到莫斯科後沒過幾個星期，契卡就對二十幾個「無政府主義」場所發動了大搜捕，包括著名的里亞布申斯基公館，那是由建築師費奧多爾·舍赫捷利 (Fyodor Shekhtel) 按照現代藝術風格設計的，在那裏，警察並沒有試圖驅散大批的圍觀者——讓群眾們看看契卡吧！*MChK*, 20; Klement'ev, *V Bol'shevistkoi Moskve*, 139.

221 Solomon [Isetskii], *Sredi krasnykh vozhdei*, I: 192–4. 格奧爾吉·伊謝茨基 (Georgy Isetskii，1868–1934)，又名「所羅門」，出生於貴族家庭，跟列寧關係很近。伊謝茨基聲稱他當時開始在米柳京巷他所屬的 (糧食) 人民委員部大樓裏居住。

222 戰後的德國政府，即魏瑪共和國 (在魏瑪成立)，把擁有1,200個房間的柏林霍亨索倫宮空着，就是為了避免讓人聯想起君主制和舊的軍國主義政權。後來的希特勒和納粹政權也因為不想讓人聯想起普魯士君主制而沒有進入霍亨索倫宮。

223 一個在1918年參加過人民委員會會議的人覺得，在這幢非常大的建築裏，列寧房間下面的兩層缺乏生氣。Bortnevskii and Varustina, "A. A. Borman," I: 115–49 (at 129).

224 Mal'kov, *Zapiski*, 116–20; Malkov, *Reminiscences*, 123–4. 在彼得格勒，新政權的官員們徵用過電車。Mal'kov, *Zapiski* [1967], 43.

225 Mal'kov, *Zapiski* [1967], 133–5.

226 Trotsky, *My Life*, 351–2; Trotskii, *Portrety revoliutsionerov*, 54–5.

227 Stanisław Petskowski, "Vospominaniia o rabote v narkomnaste (1917–1919 gg.)," *Proletarskaia revoliutsiia*, 1930, no. 6: 124–31 (at 130).

228 Golikov, *Vladimir Il'ich Lenin*, V: 307–8. 官方的材料來源沒有記載斯大林結婚的準確日期，在他的1918年大事記中也沒有提到，參見Sochineniia, IV: 445–56. 斯大林在他後來的人生中只回過彼得格勒三次：1919年彼得格勒受到反布爾什維克武裝威脅的時候；1926年為了顯示徹底打垮了季諾維也夫集團；以及1934年基洛夫被謀殺的時候。McNeal, *Stalin*, 342, n1.

229 Alliluyeva, *Twenty Letters*, 104 (致阿利薩·拉德琴科〔Alisa Radchenko〕).

230 Alliluev, *Khronika odnoi sem'i*, 27.

231 RGASPI, f. 558, op. 4, d, 668, l. 18 (F. S. Alliluev, "V Moskve [Vstrecha s t. Stalinym]," 未註明日期的打印文件); Alliluyeva, *Vospominaniia*, 187.

232 *Moskovskii Kreml'—tsitadel' Rossii* (Moscow, 2008), 185.

233 Trotskii, *Portrety revoliutsionerov*, 54–5.

234 Astrov, *Illustrated History*, II: 509.

235 V. I. Lenin, "Doklad o ratifikatsii mirnogo dogovora 14 marta." *Pravda*, March 16/17, 1918, 載於 *PSS*, XXXVI: 92–111.

236 這次代表大會還在1918年3月16日正式批准遷都莫斯科，儘管是在事後。關於代表人數的說法存在衝突：*Izvestiia*, March 17, 1918: 2.

779

237 *Chetvertyi Vserossiikii s"ezd sovetov rabochikh*, 30–3; Bunyan and Fisher, *Bolshevik Revolution*, 532.

238 Warth, *The Allies*, 199–205, 235–41.

239 George, *War Memoirs*, II: 1542–3, 1550–1, 1891–2, 1901; Kettle, *Allies and the Russian Collapse*, 172–3. 英國對俄國的干涉讓人想到世界大戰中一次以小博大的嘗試——不幸的達達尼爾海峽戰役。

240 並非巧合的是，許多在俄國的英國情報人員之前都去過印度。Occleshaw, *Dances in Deep Shadows*.

241 GARF, f. R–130, op. 2, d. 1 (Sovnarkom meeting, April 2, 1918).

242 *Protokoly zasedanii Vserossiiskogo*, 263–70 (列寧在1918年5月14日的講話).

243 *Pravda*, March 26, March 27, 1918.

244 *Pravda*, April 3, April 4, 1918.

245 A. Goldenweiser, "Iz Kievskikh vospominanii (1917–1921 gg.)," 載於 Gessen, *Arkhiv russkoi revoliutsii*, VI: 209–16; N. Mogilianskii, "Tragediia Ukrainy," 載於 Gessen, *Arkhiv russkoi revoliutsii*, IX: 84–90; Bunyan, *Intervention*, 6–17.

246 Bunyan, *Intervention*, 4; Collin Ross, "Doklad . . . o polozhenii del na ukraine," 載於 Gessen, *Arkhiv russkoi revoliutsii*, I: 288–92; Fedyshyn, *Germanys' Drive to the East*, 133–83.

247 Martov, "Artilleriskaia podgotovka," *Vpered!*, March 18, 1918.

248 *Pravda*, April 1, 1918; *Zaria Rossii*, April 17, 1918.

249 RGASPI, f. 558, op. 2, d. 3, l.1–63; op. 2, d. 42. 審判中斯大林的主要辯護人、《真理報》編輯索斯諾夫斯基 (Sosnovky) 後來在大清洗中遇害。

250 Hoover Institution Archives, Nicolaevsky Collection, no. 6, box 2, folder 27; Grigorii Aronson, "Stalinskii protsess protiv Martova," *Sotsialisticheskii vestnik*, 19/7–8 (April 28, 1930): 84–9; *Vpered!*, April 14 and April 26, 1918; Wolfe, *Three Who Made a Revolution*, 470–1 (引自對尼古拉耶夫斯基・拉斐爾・阿布拉莫維奇〔Rafael Abramowich〕以及薩穆埃爾・列維塔斯〔Samuel Levitas〕的口頭採訪); Chavichvili, *Révolutionnaires russes à Genève*, 74–91; Trotsky, *Stalin*, 101–10; "Delo Iu. Martova v revoliutsionnyi tribunale," *Obozrenie*, 1985, no. 15: 45–6, no. 16: 43–6; Kun, *Unknown Portrait*, 81–4. 後來，孟什維克尼古拉耶夫斯基對孟什維克黨人的回憶錄反應過度，錯誤地認為「斯大林在卡莫集團的活動中所起的作用後來被誇大了」。Nikolaevskii, *Tainye stranitsy istorii*, 88. 尼古拉耶夫斯基從幾個格魯吉亞人那裏搜集到的書面證詞出了甚麼問題，依然是個謎。

251 Okorokov, *Oktiabr' i krakh russkoi burzuazhnoi pressy*, 275–7.

252 這段經歷經常被篡改：Antonov-Ovseenko, *The Time of Stalin*, 3–7.

253 N. Rutych (ed.), "Dnevniki, zapisi, pis'ma generala Alekseeva i vospominaniia ob otse V. M. Alekseevoi-Borel," 載於 *Grani*, no. 125, 1982: 175–85.

254 Lincoln, *Red Victory*, 48 (引自 K. N. Nikolaev, "Moi zhiznennyi put'," 150–1, 載於 Bakhmeteff Archive, Columbia University, K. N. Nikoaev Collection).

255　S. M. Paul, "S Kornilovym," in *Beloe delo*, 7 vols. (Berlin: Miednyi vsadnik, 1926–1933), III: 67, 69.

256　Lincoln, *Red Victory*, 88（引自A. Bogaevskii, "Pervyi kubanskii pokhhod [Ledianoi pokhod],"82, 載於Bakhmeteff Archive, Columbia University); Khan Khadziev, *Velikii boiar* (Belgrade, 1929), 369, 396.

257　Denikin, *Ocherki russkoi smuti*, II: 301.

258　"Rech' v Moskokskom sovete. . . 23 aprelia 1918 g.," *Pravda*, April 24, 1919; *Izvestiia*, April 24, 1919, 載於 *PSS*, XXXVI: 232–7.

259　Jászi, *Dissolution*.

260　*Rossiia v mirovoi voine 1914–1918*, 41.

261　Klante, *Von der Wolga zum Amur*, 318; Bradley, *Allied Intervention*, 65–105.

262　Fić, *The Bolsheviks and the Czechoslovak Legion*, 206, 242, 262, 307–8, 313. 捷克軍團主要駐紮在烏克蘭。1918年2月，當德奧軍隊入侵烏克蘭時，捷克軍團就退到蘇俄境內。

263　1918年3月，鄂木斯克蘇維埃表示，捷克軍團是一支反革命武裝，因而不想接受它：斯大林在1918年3月26日打電報通知他們，這是人民委員會的決定。Bunyan, *Intervention*, 81–2.

264　Maksakov and Turunov, *Khronika grazhdanskoi voiny*, 168. 托洛茨基此前收到過一份契卡的電報（1918年5月20–21日），跟捷克斯洛伐克軍團中一個名叫格奧爾吉‧武克馬諾維奇（Georgy Vukmanović）的塞爾維亞軍官有關：「我確信，這些部隊的組織具有反革命性質，他們之所以被特別組建起來，是為了派往法國，但與此同時……他們打算把部隊集中在西伯利亞各個火車站的沿線，而一旦日本人發動進攻，他們就會把整個鐵路線掌握在自己手中。」在電報上連署的是捷爾任斯基，並附有一張手寫的便條，表示他對那位塞爾維亞人（「格言家」）以及他聲稱擁護布爾什維主義感到懷疑，但並非完全不屑一顧。RGASPI, f. 17, op. 109, d. 13, l. 1.

265　Bunyan, *Intervention*, 86–92.

266　Bullock, *Russian Civil War*, 46.

267　Bunyan, *Intervention*, 277, n1.

268　Stanisław Petskowski, "Vospominaniia o rabote v narkomnaste (1917–1919 gg.)," *Proletarskaia revoliutsiia*, 1930, no. 6: 124–31 (at 130).

269　Stalin, "O iuge Rossii," *Pravda*, October 30, 1918.「在我們面臨的所有困難中，」托洛茨基在6月9日的一次講話中說，「最緊迫的……莫過於糧食問題。」他還舉例說，無數的電報提到了饑餓和斑疹傷寒。Bunyan, *Intervention*, 468; Trotskii, *Kak vooruzhalas' revoliutsiia*, I: 74–86 (at 74).

270　Israelin, "Neopravdavshiisia prognoz graf Mirbakha."

271　*Pravda*, April 27, 1918. 拉狄克在文章中提到「今天莫斯科的所有勞動者用來迎接德國首都代表的那種仇恨」。*Izvestiia*, April 28, 1918.

272　RGASPI, f. 17, op. 109, d. 4, l.10.

273　*Izvestiia TsK KPSS*,1989, no. 4: 143–4.

274　*Nashe slovo*, May 15, 1918: 2.

275　Drabkina "Dokumenty germanskogo polsa v Moskve Mirbakha," 124; Pipes, *Russian Revolution*, 617, 引自 Winfried Baumgart, *Vierteljahreshefte für Zietgeschichte*, 16/1 (1968): 80.

276　為了強調這一點，斯維爾德洛夫當月又給各個黨組織接連發過幾次通知。*Pravda*, May 19, May 22, and May 29, 1918; *Perepiska sekretariata TsK RKP (b)*, III: 64, 72–4, 81–3; Sakwa, "The Commune State in Moscow," 443–7; 以及 Hegelsen, "The Origins of the Party-State Monolith."

277　*PSS*, L: 88.

278　Nicoalevskii, *Tainy stanitsy istorii*, 384–6 (庫爾特・里茨勒的話).

279　Ludendorff, *My War Memories*, II: 658; Bunyan, *Intervention*, 177–9; Denikin, *Ocherki russkoi smuty*, III: 82–3. 魯登道夫在1918年6月9日給帝國總理轉交了一份長篇備忘錄。

280　再過不到六個月，就輪到威廉二世倒台了。Zeman, *Germany and the Revolution in Russia*, 126–7, 137–9.「投入的錢再多一些，」1918年5月18日，德國國務大臣給駐莫斯科的德國使節（大使）米爾巴赫伯爵寫道，「因為總的來說，要是布爾什維克生存下來，那是合乎我們利益的。」他還說：「如果錢不夠，請電報告知需要多少。如果布爾什維克倒台了，從這裏很難説去支持哪種勢力。」Zeman, *Germany and the Revolution in Russia*, 128–9.

281　Wheeler-Bennet, *Forgotten Peace*, 348–55.

282　Baumgart, *Deutsche Ostpolitik 1918*, 84.

283　即便德國在簽訂布列斯特—里托夫斯克條約之後，還在繼續侵奪從前的沙俄領土（烏克蘭），列寧仍請求德國國防軍，與他無法控制的紅軍部隊斡旋。I. I. Vatsetis, *Pamiat'*, 1979, no. 2: 44.

284　N. Rozhkov, "Iskliuchenie oppozitsii iz TsIK," *Novaia zhizn'*, June 18, 1918; Drabkina, "Moskva 1918."

285　Häfner, *Die Partei der linken Sozialrevolutionäre*; Leont'ev, *Partiia levykh sotsialistov-revoliutsionerov*. 從1917年11月開始，左派社會革命黨人才成為一個獨立的黨派。

286　Makintsian, *Krasnaia kniga VChK*, II: 129–30; Gusev, *Krakh partii levykh eserov*, 193–4. 契卡那一卷不久就停止發行了；在改革期間它又重新發行 (Moscow: Politizdat, 1989).

287　Litvin, *Levye esery i VChK*, 69–73 (TsA FSB, d. N–2, t. 2, l. 10). 這部文件彙編是 *Krasnaia kniga VChK* (Makintsian) 的擴充版。

288　*Piatyi Vserossiiskii s"ezd sovietov*, 5–37; Rabinowitch, "Maria Spiridonova's 'Last Testament'," 426; Rabinowitch, *Bolsheviks in Power*, 288 (引自 TsA SPb, f. 143, op. 1, d. 224, l. 75).

289　Bunyan, *Intervention*, 198, n57.

290　*Piatyi vserossiiskii s"ezd sovetov*, 22–3; Bunyan, *Intervention*, 200.

291　*Piatyi vserossiiskii s"ezd sovetov*, 50–61; *Izvestiia*, July 5, 1918: 5; Bunyan, *Intervention*, 207–9. 再次採用死刑也激怒了左派社會革命黨人，特別是在一個明顯體現了英雄

主義精神的例子中。當時，仍然完整的波羅的海艦隊駐紮在它的主要基地赫爾
辛基，但是在1918年3月，德軍在芬蘭的西南部登陸，因而危及波羅的海艦隊和
彼得格勒。英國人擔心德國人奪取波羅的海艦隊，就暗中和托洛茨基商量，鑿
沉那些艦船。1918年3至4月，艦隊司令阿列克謝‧夏斯內（Alexei Schastny）用破
冰船開路，奇蹟般地把艦隊安全地帶到喀琅施塔得。但托洛茨基錯誤地懷疑夏
斯內不願執行他的準備毀掉艦隊的命令。5月，夏斯內辭職。仍不滿意的托洛茨
基親自組織審判並讓人把他處死了，捏造的罪名是企圖推翻彼得格勒政府。當
時托洛茨基是唯一獲允作證的證人。Rabinowitch, "Dos'e Shchastnogo."

292　*Piatyi vserossiiskii s"ezd sovetov*, 73; Bunyan, *Intervention*, 210.

293　*Piatyi vserossiiskii s"ezd sovetov*, 63, 69; Gogolevskii, *Dekrety Sovetskoi vlasti o Petrograde*, 171.

294　Makintsian, *Krasnaia kniga VChK*, I: 185.

295　Makintsian, *Krasnaia kniga VChK*, I; 201–6 (Blyumin), II: 224–33. 另見 *Neizvestnaia Rossiia: XX vek* (Moscow, 1992), II: 55.

296　M. Lācis, *Proletarskaia revoliutsiia*, 1926, no. 9: 90.

297　Sadoul, *Notes sur la révolution bolchevique*, 305; Lockhart, *British Agent*, 295. 薩杜爾和洛克哈特當時都是目擊者（譯註：Jacques Sadoul，法國人，律師、政治家、第三國際創始人之一；R. H. Bruce Lockhart，英國外交官兼特工）。

298　RGASPI, f. 4, op. 2, d. 527, l. 13（達尼舍夫斯基〔Danishevsky〕回憶錄）。

299　Strauss, "Kurt Riezler, 1882–1955"; Thompson, *Eye of the Storm*.

300　Erdmann, *Kurt Riezler*, 713–4（1952年提供的書面證詞）; von Bothmer, *Mit Graf Mirbach in Moskau*, 72, 78; Makintsian, *Krasnaia kniga VChK*, I: 196–7; Hilger and Meyer, *Incompatible Allies*, 5–6, 8–9; Jarausch, "Cooperation or Intervention?," 安德烈耶夫1919年死於斑疹傷寒。他們的證件上還有契卡書記克謝諾豐托夫的簽名。

301　德國大使館的武官博特默（Bothmer）已經趕到大都會飯店的外交人民委員部，副人民委員列夫‧加拉罕從那裏給列寧打了電話。Golikov, *Vladimir Il'ich Lenin*, V: 606.

302　Erdmann, *Kurt Riezler*, 715; Baumgart, *Deutsche Ostpolitik 1918*, 228, n71; Chicherin, *Two Years of Soviet Foreign Policy*; Sadoul, *Notes sur la révolution bolchevique*, 405. 有證據表明列寧在弔唁簿上簽了字。

303　*Pravda*, July 8, 1918, 轉載於 Dzierzynski, *Izbrannye proizvedeniia*, 111–6 (at 114). 這段引文在隨後的幾個版本中被保留了下來：(Moscow, 1967), I: 265; (Moscow, 1977), I: 176–9.

304　「他認為列寧是在暗中做着加米涅夫和季諾維也夫在十月革命中做過的事情，」布爾什維克黨的一次會議記錄了捷爾任斯基說過這樣的話，「我們是無產階級的政黨，所以應該清楚，如果我們簽了這份和約，無產階級是不會跟着我們走的。」*Sed'moi ekstrennyi s"ezd RKP (b): mart 1918 goda*, 245.

305　Bonch-Bruevich, *Ubiistvo germanskogo posla Mirbakha I vosstanie levykh eserov*, 27. 另見 Spirin, *Krakh odnoi aventiury*, 38. 阿布拉姆‧別連基當時和捷爾任斯基一起被扣為人質。

306 Makintsian, *Krasnaia kniga VChK*, II: 194.

307 Litvin, *Levye esery i VChK*, 97 (Lācis: TsA FSB, d. N–8, t. 9, l. 8); Vladimirova, "Levye esery," 121.

308 Steinberg, "The Events of July 1918," 122.

309 Paustovskii, *Povest' o zhizni*, I: 422–24. Lockhart, *British Agent*, 294–300.

310 Litvin, *Levye esery i VChK*, 211–33 (Shliapnikov: *Za zemliu i voliu*, July 16–19, 1918).

311 Steinberg, "The Events of July 1918," 20.

312 *PSS*, L: 114.

313 "Pis'mo V. I. Leninu," *Sochineniia*, IV: 118–9; *Pravda*, December 21, 1929; Voroshilov, *Lenin, Stalin, i krasnaia armiia*, 43; *Bolshevik*, 1936, no. 2: 74.

314 Vatsetis, "Grazhdanskaia voina: 1918 god," 26–7.

315 穆拉維約夫起先是在1917年負責彼得格勒的安全工作。接着，他又在1918年2月鎮壓了烏克蘭的拉達，此後便被派往比薩拉比亞。4月，捷爾任斯基讓人逮捕了穆拉維約夫，罪名是搶掠、隨便殺人、給蘇維埃政權抹黑以及勾結莫斯科無政府主義分子。但是在1918年6月13日，大本營任命無所畏懼、無法無天的穆拉維約夫為伏爾加河這一關鍵戰線上親布爾什維克武裝的總司令。在此期間，駐莫斯科的德國大使館官員庫爾特‧里茨勒給穆拉維約夫行賄，要他接收捷克斯洛伐克軍團的叛軍。這件事被契卡知道了。左派社會革命黨人在莫斯科發動的叛亂被鎮壓下去之後，7月10日，穆拉維約夫宣佈自己將調轉槍口，向作為「世界帝國主義先鋒」的德國開戰，並邀請他之前的敵人捷克斯洛伐克人加入。他統領着當時最大的一支完整的紅色軍隊，因此，他的背叛可能會導致布爾什維克失去具有重要戰略意義的整個伏爾加河流域及其糧食供應，而這有可能會成為一個轉折點。辛比爾斯克城裏一位年輕的立陶宛工人、布爾什維克約納瓦‧瓦雷基斯讓形勢轉危為安。是他誘使穆拉維約夫落入圈套，讓後者在7月11日被槍和刺刀殺死了。（瓦采季斯後來被派往東部解決問題。）Rabinowitch, *Bolsheviks in Power*, 25（引自 *Izvestiia*, November 2, 1917）; Savchenko, *Avantiuristy grazhdanskoi voiny*, 44–64 (at 56); Baumgart, *Deutsche Ostpolitik 1918*, 227; Erdmann, *Kurt Riezler*, 474, 711; Alfons Paquet, 載於 Baumgart, *Von Brest-Litovsk*, 76; Pipes, *Russian Revolution*, 631; *Dekrety sovetskoi vlasti*, III: 9–10; Vladimirova, "Levye esery," 120, 131; Lappo, *Iosif Vareikis*, 13–4; *Spirin, Klassy i partii*, 193–194; Mawdsley, *Russian Civil War*, 56–7.

316 Vatsetis, "Grazhdanskaia voina: 1918 god," 16. 許多拉脱維亞部隊都已被派往伏爾加河流域。

317 Rabinowitch, *Bolsheviks in Power*, 294（引自 GARF, f. 130, op. 2, d. 1098, l. 2）.

318 Vatsetis, "Grazhdanskaia voina: 1918 god," 40–1. 他聲稱戰鬥持續了七個小時，從凌晨5時直到中午，但這種可能性很小。另見 Makintsian, *Krasnaia kniga VChK*, I: 201–4 (Sablin).

781 319 Valdis Berzins, "Pervyi glavkomi eo rukopis," *Daugava*, 1980, no. 2–5（瓦采季斯1919年以後的回憶錄）; V. D. Bonch-Bruevich ─ I. V. Stalinu," *Izvestiia TsK KPSS*, 1989, no. 4: 199–201.

320 Leggett, *The Cheka*, 70–83; Steinberg, "The Events of July 1918," 21–2 (援引拉齊斯的話); Steinberg, *Spiridonova*, 216.

321 *Izvestiia*, July 8, 1918. 即便是在這個時候，一位在現場的拉脫維亞指揮員報告說，他的許多同胞還是認為布爾什維克的日子不長了。Swain, "Vatsetis," 77 (引自拉脫維亞國家檔案館，f. 45, op. 3, d. 11, l. 3).

322 D. A. Chudaev, "Bor'ba Komunisticheskoi partii za uprochnenie Sovetskoi vlasti: Razgrom levykh eserov," *Uchenye zapiski Moskovskogo oblastnogo pedagogicheskogo instituta*, XXVII/ii (Moscow, 1953), 177–226. 捷爾任斯基在被釋放的那天（7月7日）辭去了契卡首腦的職務。不同尋常的是，所有報紙都報道了他辭職的消息，而且首都到處都張貼了他辭職的佈告。取代他的，至少在表面上看來，是拉脫維亞人雅科夫·彼得斯，契卡的創始人之一，正是他從左派社會革命黨人控制的戰鬥小分隊手中奪回了盧比揚卡總部。（彼得斯不久之後對一份報紙誇口說，「我根本不像人們想像的那樣嗜血」。）不過，捷爾任斯基在整個夏天仍然留在莫斯科，而他究竟讓出了多少權力，現在還不清楚。他後來在8月22日正式官復原職，又成了契卡首腦。Tsvigun, *V. I. Lenin i VChK [AU: Year of edition needed]*, 69, 83; Bonch-Bruevich, *Vospominaniia o Lenine [1969]*, 316; *Utro Moskvy*, November 4, 1918. 另見 Ia. Peters, "Vospominaniia o rabote v VChK v pervyi god revoliutsii," *Proletarskaia revoliutsiia*, 1924, no. 10 (33): 5–32. *MChK*, 77–79; Leggett, *The Cheka*, 251. 對於捷爾任斯基辭職一事，過去說得比較含糊，參見 Makintsian, *Krasnaia kniga VChK*. 直到1919年6月，也就是在左派社會革命黨人瓦解差不多一年之後，莫斯科市契卡還為它的最高決策機構——部務委員會證實了兩名前左派社會革命黨分子。*MChK*, 154.

323 Blium, *Za kulisami "ministerstva pravdy,"* 34.

324 Erdmann, *Kurt Riezler*, 715; *Izvestiia*, July 14, 1918: 4. 波波夫被缺席判處死刑；他要到1921年才被捉住。Litvin, *Levye esery i VChK*, 145–56 (Popov: TsA FSB, d. N-963, l.50–5).

325 *Piatyi Vserossiiskii s"ezd sovetov*, 108–28; Trotskii, *Sochineniia*, XVII/i: 451–76; Trotskii, *Kak vooruzhalas' revoliutsiia*, I: 266–74. 另見 Zinoviev and Trotskii, *O miatezhe levykh s. r.*; 以及 Erde, "Azefi i Azefshchina," *Izvestiia*, July 9, 1918. 瓦采季斯後來也堅持說左派社會革命黨人是打算發動政變的，只是行動不夠果斷："Grazhdanskaia voina: 1918 god," 19.

326 Litvin, *Levye esery i VChK*, 99 (Efretov: TsA FSB, D. n-8, t. 1, l. 177); Rabinowitch, *Bolsheviks in Power*, 294, 443, n48, 引自 TsA FSB, no. N-8, vol. Ia: 58, 以及 RGALI SPb, f. 63, op. 1, d. 4, l. 155 (Proshyan); Vladimirova, "Levye esery, 122–3; *PSS*, XXIII: 554–6; Makintsian, *Krasnaia kniga VChK*, II: 148–55. 普羅相逃過了抓捕，但不久就因為患了斑疹傷寒而死在一所用假證件住進去的外省醫院。列寧為他寫了訃告！Litvin, *Levye esery i VChK*, 14; *PSS*, XXXVII: 385 (譯註：《列寧全集》第35卷，第379–380頁).

327 Makintsian, *Krasnaia kniga VChK*, II: 129–30, 186; Häfner, "The Assassination of Count Mirbach," *Piatyi vserossiiskii s"ezd sovetov*, 132, 208; *Pravda*, July 9, 1918: 1, 3; *Izvestiia*,

July 10, 1918: 5. 彼得‧斯米多維奇（Pyotr Smidovich）當時就意識到它不是政變：*Izvestiia*, July 8, 1918: 5. 左派社會革命黨人後來還（在1918年7月13日）暗殺了駐烏克蘭的德軍總司令。

328 *Piatyi Vserossiiskii s"ezd sovetov*, 109.

329 Leonard Schapiro, *The Origin of the Communist Autocracy: Political Opposition in the Soviet State, First Phase 1917–1922* (London: LSE, [1977]), x.

330 Trotsky, *History of the Russian Revolution*, III: 305. 斯皮里多諾娃為左派社會革命黨人的瓦解而自責。Rabinowitch, *Bolsheviks in Power*, 308, 引自 TsA FSB, no. N–685, vol. 6, l. 35ob. (斯皮里多諾娃在獄中給左派社會革命黨第四次代表大會的信)；Makintsian, *Krasnaia kniga VChK*, 200—1.

331 Paquet, *Im kommunistischen Russland*, 26. 另見 Erdmann, *Kurt Riezler*, 467.

332 *Znamia truda*, April 19, 1918.「我們反對戰爭，我們不鼓勵國家重新開戰，」斯皮里多諾娃在1918年6月的左派社會革命黨第三次代表大會上說，「我們要求撕毀和約。」引自 Vladimirova, "Levye esery," 113.

333 在左派社會革命黨人引發的混亂中，庫爾特‧里茨勒打電報給柏林並預言說，「憑藉迅速而無情的行動和良好的組織，布爾什維克將會佔據上風並再次取得成功，除非他們自己的部隊垮掉」。Jarausch, "Cooperation or Intervention?," 388. 後來在1937年斯大林統治時期，斯皮里多諾娃在烏法再次被捕，當時她和其他十幾名左派社會革命黨人一起被流放在那裏。1941年9月，在德國國防軍逼近的時候，內務部的人把她和一大群人槍殺在奧廖爾監獄外面的森林裏。

334 布爾什維克、前崩得分子 S. M. 納希姆松（S. M. Nakhimson）在1918年6月（即他在左派社會革命黨人的雅羅斯拉夫爾暴動中被殺害前一個月）給黨的書記處的信中說，「所有蘇維埃以及其他機構都只是黨的附屬機關」。納希姆松已於1918年4月在雅羅斯拉夫爾主持了對孟什維克和左派社會革命黨人的「審判」。D. B. Pavlov, *Bol'shevistkaia diktatura*, 3 (引自 RGASPI, f. 17, op. 4, d. 91, l. 24); I. Rybal'skii, "Iaroslavskii proletaroiat na slam'e podsudimykh," *Vpered!*, April 25, 1918; G. B. Rabinovich, "Kto sudit iaroslavskikh rabochikh (otkrytoe pis'mo)", *Vpered!*, April 27, 1918.

335 Bykov, *Poslednie dni Romanovykh*, 121; Sokolov, *Ubiistvo tsarskoi sem'i*, 266; Smirnoff, *Autour de l'Assassinat des Grand-Ducs*; Crawford and Crawford, *Michael and Natasha [London]*, 356–61; Ioffe, *Revoliutsiia i sud'ba Romanovykh*, chap. 8. 在這起謀殺事件中領頭的是加夫里爾‧米亞斯尼科夫（Gavriil Myasnikov）。他在1921年被開除黨籍，在1923年因為加入黨的工人反對派而被逮捕。米哈伊爾‧羅曼諾夫的兒子格奧爾吉（布拉索夫伯爵〔Brasov〕）已被暗中帶出俄國；他在1931年21歲生日前夕死於車禍。1952年，米哈伊爾的妻子娜塔莉亞‧布拉索娃（Natalia Brasova）在窮困潦倒中死於巴黎的一家慈善醫院。

336 喬治五世擔心，被廢黜的君主來到英國會讓溫莎家族不得人心。Rose, *King George V*, 211–5.

337 Pipes, *Russian Revolution*, 745–88; Steinberng and Khrustalëv, *Fall of the Romanovs*, 169–376.

338 Steinberg, *Spiridonova* 195; *Vechernii chas*, January 12, 1918; *Nashe slovo*, April 13, 1918; *Sovetskaia Rossiia*, July 12, 1987, 4 (G. Ioffe).

339 Pipes, *Russian Revolution*, 763（引自托洛茨基的日記〔1935年4月9日〕，Trotsky Archive, Houghton library, Harvard University, bMS/Russ 13, T–3731, p. 110）.

340 Pipes, *Russia Under the Bolshevik Regime*, 257n（引自 *Chicago Daily News*, June 23, 1920: 2〔援引了亞歷山德拉皇后的日記〕). 這本書是在葉卡捷琳堡時從亞歷山德拉的物品中發現的：Sokolov, *Ubiistvo tsarskoi sem'i*, 281.

341 關鍵的原始文件以及分析可見於 Steinberg and Khrustalëv, *Fall of the Romanovs*, 287–93, 310–5, 351–66.

342 至今沒有發現列寧或斯維爾德洛夫下達過任何處決的命令。一些二手的報道，這其中最有力的就是托洛茨基日記中記載的內容，暗示是列寧和斯維爾德洛夫給那些兇手下達了命令。Pipes, *Russian Revolution*, 770（引自托洛茨基的日記〔1935年4月9日〕，Trotsky Archive, Houghton library, Harvard University, bMS/Russ 13, T-3731, p. iii）. 就在斯維爾德洛夫向人民委員會匯報此事的當天，當地下達了處死尼古拉二世的命令。GARF, f. R–130, op. 2, d. 2 (Sovnarkom meeting, July 17, 1918). 在歐洲報刊提前報道了處死前沙皇的消息之後，列寧用英文寫了一封電報：「傳言不實，前沙皇是安全的，所有的傳聞都只是資本主義報刊的謊言。列寧。」幾個小時後，尼古拉就被處死了。Pipes, *Unknown Lenin*, 47.

782

343 *Izvestiia*, July 19, 1918; *Pravda*, July 19, 1918; *Dekrety*, III: 22.

344 Kokovtsov, *Out of My Past*, 522.「秩序會得到重建，那些異想天開的社會主義觀念會被消滅，」前沙皇政府總理科夫佐夫發現自己被帶到基斯洛沃茨克時回憶說，「志願軍正在組建，而且一直有傳聞説，國家即將獲得解放，擺脱布爾什維克的壓迫……根本沒有確切的消息，大家作的是最不可信的猜測，比如説德國人正在向前推進，準備解放基斯洛沃茨克。瑪麗亞·帕夫洛夫娜大公 (Grand Duchess Maria Pavlovna)」——亞歷山大二世的二兒媳——「十分認真地告訴我，她期待有列車會來把她接到彼得格勒，為了恢復舊秩序，那裏已經做好一切準備。」Kokovtsov, *Out of My Past*, 496.

345 Pipes, *Russian Revolution*, 654–5.

346 Chicherin, *Two Years of Soviet Foreign Policy*, 15–17.

347 Baumgart, *Deutsche Ostpolitik 1918*, 244; Freund, *Unholy Alliance*, 252–3; Mawdsley, *Russian Civil War*, 42–3.

348 *Pamiat'*, 1979, no. 2: 43–4; Erdmann, *Kurt Riezler*, 112–3.

349 大約六個月之後就開始了認真調查：白軍抓獲了一名之前的守衛並挖出了許多皇室物品。調查人員中為首的尼古拉·索科洛夫，在密碼專家的幫助下，查明了真相和沙皇全家被殺事件中罕見的殘忍。Sokolov, *Ubiistvo tsarskoi sem'i*, 247–53. 另見 Bulygin, *Murder of the Romanovs*; Mel'gunov, *Sud'ba Imperatora Nikolaia II*; Bruce Lockhart, *British Agent*, 303–4; Radzinsky, *Ubiistvo tsarskoi sem'i*; 以及 Rappaport, *Last Days of the Romanovs*.

350 「但是，」列寧讓蔡特金放心，「我們堅信，我們一定能度過這『尋常的』(如在
    1794年和1849年那樣)革命進程並戰勝資產階級。」*Leninskii sbornik*, XXI: 249 (July
    26, 1918).

351 Mawdsley, *Russian Civil War*, 49–52. 另見 Fischer, *Soviets in World Affairs*, I: 128 (引自與
    契切林的交談).

352 Viktor Bortnevski, "White Intelligence and Counter-intelligence during the Russian Civil
    War," Carl Beck Papers, no. 1108, 1995, 16–7; Makintsian, *Krasnaia kniga VChK*, II: 120;
    Bortnevskii and Varustina, "A. A. Borman," I: 115–49 (at 139).

353 Baumgart, *Deutsche Ostpolitik 1918*, 237–8; Pipes, *Russian Revolution*, 656.

354 Paquet, *Im kommunistischen Russland*, 54.

355 Hoover Institution Archives, Nicolaevsky Collection, 128, box 1, file 9: Karl Helfferich,
    "Moia Moskovskaia missiia," 17; Jarausch, "Cooperation or Intervention?," 392–4;
    Brovkin, *Mensheviks After October*, 272. 黑爾費里希一共在莫斯科待了九天就被外交
    部召回了。

356 Pipes, *Russian Revolution*, 660–1; Helfferich, *Der Weltkrieg*, III: 653; *PSS*, L: 134–5;
    Baumgart, *Deutsche Ostpolitik 1918*, 108–10; Erdmann, *Kurt Riezler*, 472n.; G. Chicherin,
    "Lenin i vneshniaia politika," *Mirovaia politika v 1924 godu* (Moscow, 1925), 5; Freund,
    Unholy Alliance, 23–4.

357 Chicherin, *Vneshniaia politika Sovetskoi Rossii za dva goda*, 5; Pearce, *How Haig Saved
    Lenin*, 71; Wheeler-Bennett, *Forgotten Peace*, 436.

358 *Dokumenty vneshnei politiki*, I: 467; "Geheimzusatze zum Brest-Litowsker Vertrag,"
    Europäische Gespräche, 4 (1926): 148–53; Pipes, *Russian Revolution*, 664–5.

359 在這封日期為1918年8月21日、給身在瑞典的瓦茨拉夫・沃羅夫斯基的信中，
    列寧還虛偽地說，「沒有人要德國人幫忙，但是關於他們，即德國人，會在甚麼
    時候和以甚麼方式實施計劃，向摩爾曼斯克和阿列克謝耶夫將軍發動攻擊，是在
    進行協商。」Volkogonov, *Lenin: Life and Legacy*, xxxiii; RGASPI, f. 2, op. 2, d. 122, l. 1.

360 Jarausch, "Cooperation or Intervention?," 394.

361 Meijer, *Trotsky Papers*, I: 117. 紅軍於1918年9月初收復喀山。

362 Savel'ev, *V pervyi god velikogo oktiabria*, 109.

363 Service, *Spies and Commissars*, chapter 9 (引自斯蒂芬・阿利〔Stephen Alley〕給作者安
    德魯・庫克〔Andrew Cook〕的備忘錄). 阿利是在俄國的英國特工，1918年3月返
    回英國，在那裏，他最終被調到軍情五局。他還被懷疑策劃了謀殺拉斯普京的
    陰謀。他和高加索方面也有聯繫：在1917年革命之前，他曾經協助修建了黑海
    的輸油管道。

364 Zubov, *F. E. Dzerzhinskii*, 187.

365 *PSS*, XXXVII: 83–5 (*Izvestiia*, September 1, 1918); Bonch-Bruevich, *Pokushenie na
    Lenina*.

366 Kostin, *Vystrel v serdtse revoliutsii*, 84. 代替列寧發表演説的是左翼分子、布列斯特—
    里托夫斯克條約的反對者 V. 奧辛斯基 (奧博連斯基)。

367 Bonch-Bruevich, *Izbrannye sochinenii*, III: 275–90.

368 RGASPI, f. 4, op. 1, d. 91, l.1–3（收據也在裏面）。

369 McNeal, *Bride of the Revolution*, 209.

370 Bonch-Bruevich, *Tri pokusheniie na V. I. Lenina*, 79–80.

371 Gil', *Shest' let s V. I. Leninym*, 23–4.

372 Golinkov, *Krushenie antisovetskogo podpol'ia v SSSR*, I: 188–90.

373 Orlov, "Mif o Fanni Kaplan," : 70–1; *Fanni Kaplan*; Leskov, *Okhota na vozhdei*, 75. 卡普蘭在彼得斯主持的審訊中招供了。科諾普列娃並未參與，並在1921年加入了共產黨；她在1937年被槍斃。

374 *Izvestiia*, August 31, 1918: 1.

375 RGASPI, f. 17, op. 109, d. 18, l.3–5（同時也發給了各前線指揮員：ll. 6–13）。

376 Trotskii, "O ranenom," 載於 *O Lenine*, 151–6.

377 *Izvestiia*, September 4, 1918; Malkov, *Reminiscences*, 177–80; Mal'kov, *Zapiski* [1959], 160; Fischer, *Life of Lenin*, 282. 提到焚燒卡普蘭屍體細節的只有1959年版的《克里姆林宮衛戍司令筆記》。*Istochnik*, 1993, no. 2: 73.

378 由於在蘇俄的遭遇，拉脫維亞步兵在遣返後沒有選擇保衛拉脫維亞蘇維埃社會主義共和國。該國是在1919年1月成立，5月被推翻的。Swain, "The Disillusioning."

379 Baumgart, *Deutsche Ostpolitik 1918*, 315–6; Pipes, *Russian Revolution*, 661–2.

380 Bonch-Bruevich, *Vospominaniia o Lenine* [1965], 376–81.

381 *PSS*, L: 182; Tumarkin, *Lenin Lives!*, 67. 直到1920年5月1日才豎立第一座馬克思的紀念石碑。*Krasnaia Moskva*, 568–9（頁間插圖）。

382 到1922年，更名的街道達到二百多條。Pegov, *Imena moskovskikh ulits*.

383 Lev Nikulin, in *Beliaev, Mikhail Kol'tsov*, 162; Dimitriev, *Sovetskii tsirk*, 29; Von Geldern, *Bolshevik Festivals*, 114; *Tsirk*. 1920年，斯坦涅夫斯基返回了他的家鄉波蘭（那時還不是一個獨立的國家）。拉敦斯基很快也步其後塵，但是在1925年，他回到蘇聯並與一名新比姆重建了比姆—博姆組合。

384 Zinov'ev, *N. Lenin*, 64.

385 Gil', *Shest' let s V. I. Leninym*, 27–8; Tumarkin, *Lenin Lives!*, 90.

386 *Dekrety Sovetskoi vlasti*, III: 291–2 (September 5, 1918); Bunyan, *Intervention*, 239.

387 *Izvestiia*, September 7, 1918: 3.

388 Berberova, *Zheleznaia zhenshchina*, 93.「白衛軍稍有反抗或動作，就要全部處死，」內務人民委員（彼得羅夫斯基）在一份命令中寫道，「各省的地方執行委員會應當積極行動起來，做好榜樣。」*Ezhenedel'nik chrezvychainykh komissii po bor'be s kontr-revoliutsiei i spekulatsiei*, September 22, 1918: 11.

389 *Izvestiia*, September 3, 1918: 1. 另見 *Krasnaia gazeta*, September 1, 1918.

390 Vatlin, "Panika," 78–81.

391 Chamberlin, *Russian Revolution*, II: 453; Daniels, "The Bolshevik Gamble," 334, 339.

第八章 階級鬥爭與黨國

1　Peter Struve, "Razmyshleniia o russkoi revoliutsii," *Russkaia mysl'*, 1921, no. 1–2: 6 (1919 年11月).

2　*Protokoly zasedanii Vserossiiskogo,* 80. 另見Trotskii, "O voennykh kommissarakh"〔1918 年秋〕, 載於 *Kak vooruzhalas' revoliutsiia*, I: 183–4.

3　Goulder, "Stalinism." 國家建設早已被認為是俄國內戰的一個主要結果，但對於那 種國家的具體特徵的認識卻不是那麼清晰。Moshe Lewin, "The Civil War: Dynamics and legacy," 載於 Koenker, *Party, State, and Society*, 399–423; Moshe Lewin, "The Social Background of Stalinism," 載於 Tucker, *Stalinism*, 111–36 (at 116).

4　布爾什維克黨人抱怨他們自己的宣傳工作缺乏成效，而且只限於城市。Kenez, *Birth of the Propaganda State* 44–9, 53–6.

5　Tilly, *Coercion, Capital, and European States*; Tilly, "War Making and State Making as Organized Crime," 169–91.

6　有學者說得對：「內戰讓新政權接受了火的洗禮。看上去這正是布爾什維克黨人 和列寧想要的那種洗禮。」Sheila Fitzpatrick, "The Civil War," 57–76 (at 74).

7　Fitzpatrick, "The Civil War," 57–76.

8　*PSS*, XXXVIII: 137–8.

9　有學者說得對，彼得格勒政變「只是在內戰那幾年才變成一場全國範圍的革命」。 Pethybridge, *Spread of the Russian Revolution*, 176–180. 另有學者認為，「〔革命期間〕 行使權力的具體形式和方法同『正常』時期的做法區別很大」。確實是這樣，但是 在俄國革命中，非常時期的統治被永久地制度化了。Kolonitskii, "Anti-Bourgeois Propaganda."

10　Holquist, *Making War.* 霍爾奎斯特在另一篇文章中為戰爭、革命及內戰提供了最 出色的簡明論述，他提出了一個很有啟發性的論點，即俄國作為一個在國內殖民 的帝國，有自己的一套對付叛亂的辦法，這些辦法是在1905至1907年的暴力事 件中以及後來世界大戰的危機中形成的。此外，他還對馬克思主義思想的關鍵 作用提供了高明的論述。Holquist, "Violent Russia."

11　Reginald E. Zelnik, "Commentary: Circumstance and Political Will in the Russia Civil War," 載於 Koenker, *Party, State, and Society*, 374–81 (at 379).

12　例如，托洛茨基以蘇維埃中央執行委員會的名義發佈的日期為1917年10月29日 的命令：RGASPI, f. 17, op. 109, d. 1, l. 3

13　他還說，「每天都有20至35例斑疹傷寒」。Nielsen and Weil, *Russkaia revoliutsiia glazami Petrogradskogo chinovnika*, 46 (1918年3月12日).

14　Gerson, *The Secret Police*, 147–8 (引自 *Ezhedel'nik VCheka*, October 13, 1918: 25).

15　Raleigh, *Experiencing Russia's Civil War*, 262ff.

16　例如德米特里‧奧西金 (Dmitry Oskin, 生於1892年)。他是莫斯科正南的工業城 市圖拉附近的農民，1913年自願加入了沙皇軍隊，在前線由於作戰勇敢而得到過 四枚聖格奧爾吉十字勳章，並在他的上級——一群梅毒患者和懦夫——死亡或傷

殘的情況下，在軍隊中一路升遷。奧西金本人也截去了一條腿。整個1917年，他就像廣大群眾一樣，不斷地向左轉，結果到了1918年，他已成為圖拉的「政委」。他保衛「革命」，不惜一切代價打擊「反革命」。在反布爾什維克武裝逼近該城的時候，奧西金急切地實施軍事管制，強迫居民挖戰壕，表現得像暴君一樣。Figes, *A People's Tragedy*, 264–5; Os'kin, *Zapiski soldata*. 奧西金後來升為軍隊的一名高級官員。

17　*Pravda*, October 18, 1918: 1（杜霍夫斯基〔Dukhovskii〕，從契卡分離出來的內務部的官員）。

18　Gerson, *The Secret Police*, 195.

19　轉引自 Stites, *Revolutionary Dreams*, 39. 伊薩克・施泰因貝格1919年在布爾什維克的監獄裏寫了一本書。他在書中稱革命是「一場大悲劇，在這場悲劇中，英雄和受害者似乎常常都是人民」。*Ot fevralia po oktiabr' 1917 g.*, 128–9.

20　McAuley, *Bread and Justice*, 3–6, 427–8.

21　有位作家在日記中說：「哪怕是最優秀、最聰明的人，包括學者在內，都開始表現得像在院子外面有條瘋狗一樣。」Prishvin, *Dnevniki*, II: 169（1918年9月）。

22　Holquist, "Information Is the Alpha and Omega"; Brovkin, *Behind the Front Lines*, 5–8, 104–5,149–55. 另見 Voronovich, *Zelenaia kniga*. 蘇維埃國家的專家很清楚，世界大戰期間，無論是協約國還是同盟國，各國都有徵糧的做法。Viz. Vishnevskii, *Printsipy*, 65.

23　*Novaia zhizn'*, November 2, 1917, 轉載於 Lelevich, *Oktiabr' v stavke*, 147–8.

24　列寧在《蘇維埃政權當前的任務》（寫於4月7日，發表於三週後）中提出，要在所有領域都「利用資產階級專家」。*PSS*, XXXVI: 178. 1920年，為了保證列車的運行，托洛茨基想在鐵路上設立「政治部」，以取代黨小組，但他的建議未能通過。不過黨小組很快就開始變得與由上級任命的政治部一樣了。

25　*Otchet VChK za chetyre gody ee deiatel'nosti*, 82, 274.

26　Iu. M. Shashkov, "Model' chislennosti levykh eserov v tsentral'nom apparate VChk v 1918 g.," *Aktual'nye problem politicheskoi istorii Rossii: tezisy dokladovi soobshchenii* (Briansk, 1992), II: 70.

27　*Iz istorii VChK*, 174.

28　他還提到契卡是如何「處理一批伏特加存貨的，那些伏特加能讓人在必要的時候鬆口」。Agabekov, *OGPU*, 3, 6–7, 10.

29　1918年7月25日，沃洛格達「革命特別司令部」主席（韋托什金〔Vetoshkin〕）向列寧反映，「同志們來的時候常常拿着特別委員會〔契卡〕的委任狀，這給了他們極其廣泛的權力，打亂了地方契卡的工作安排，有讓契卡成為凌駕於執行委員會之上的政治領導機關的傾向」。他們幹的事情，比如說在財政上搗鬼並逮捕任何妨礙他們的人，被認為損害了蘇維埃政權的名譽。他最後說：「願上帝使我們免遭這些革命性太強的朋友禍害，我們會自己對付敵人。」RGASPI, f. 17, op. 109, d. 13, l. 24–5.

30　「唯一心甘情願、堅持不懈地致力於這種『內部防衛』任務的是那些秉性多疑、心懷怨恨、殘酷無情而且有施虐傾向的人，」出生於比利時的俄國僑民家庭、人稱

維克托‧謝爾蓋 (Victor Serge) 的維克托‧基巴利契奇 (Victor Khibalchich)，對自己1919年在彼得格勒觀察到的秘密警察機關特工人員的心理作了分析，「積鬱已久的自卑情結以及對沙皇監獄裏的屈辱和苦難的記憶，讓他們變得難以駕馭，再加上職業性的腐化迅速產生的影響，使得契卡的工作人員總是一些變態的傢伙，習慣於認為陰謀無處不在，而且他們自身也總是生活在陰謀中。」Serge, *Memoirs of a Revolutionary*, 80; Leggett, *The Cheka*, 189.

31   Trotsky, *Stalin* [1968], 385.

32   Brinkley, *Volunteer Army*; Kenez, *Civil War in South Russia*; Lehovich, *White Against Red*.

33   Drujina, "History of the North-West Army," 133.

34   Guins, *Sibir',* , II: 368

35   Kvakin, *Okrest Kolchaka*, 124, 167–8. 另見Berk, "The Coup d'État of Admiral Kolchak." 「《消息報》寫了一篇胡説八道的文章，説：『告訴我們，你這個卑鄙的傢伙，他們為此給了你多少錢？』」作家伊萬‧蒲寧在日記中寫道，「我流着喜悦的淚水用手在胸前畫了十字。」Bunin, *Cursed Days*, 177 (June 17, 1919).

36   復辟作為實際的政治主張在當時仍然是行不通的。在白衞運動的某些軍官當中，可以發現一些擁護君主制的傾向。Ward, *With the "Die-Hards" in Siberia*, 160.

37   Kavtaradze, *Voennye spetsialisty*, 21–4.

38   Kavtaradze, *Voennye spetsialisty*, 176–7.

39   Golovine, *Russian Army*, 278; Kenez, "Changes in the Social Composition of the Officer Corps"; Bushnell, "Tsarist Officer Corps." 1917年，俄國軍隊中受過教育的列兵差不多都是猶太人。由於受過教育，他們在士兵成立蘇維埃時便脱穎而出。Shklovsky, *Sentimental Journey*, 66–7.

40   Shklovsky, *Sentimental Journey*, 8.

41   John Erickson, "The Origins of the Red Army," 載於Pipes, *Revolutionary Russia*, 224–58. 紅軍成立的官方日期後來被定在1918年2月23日，事實上，那只是一次失敗的嘗試。

42   Gorodetskii, *Rozhdenie*, 399–401; *Dekrety Sovetskoi vlasti*, II: 334–5.

43   Trotskii, "Krasnaia armiia," 載於 *Kak vooruzhalas' revoliutsiia*, I: 101–22 (1918年4月22日，117–118頁). 法國社會主義者讓‧饒勒斯曾經在1911年斷言，民主的軍隊完全可以兼具戰鬥力。Jaurès, *L'Organisation socialiste*.

44   *Dekrety Sovetskoi vlasti* II: 63–70.

45   Trotsky, *History of the Russian Revolution*, I: 289.

46   Golub, "Kogda zhe byl uchrezhden institute voennykh kommissarov Krasnoi Armi?," 157.

47   *Rabochaia i Krest'ianskaia krasnaia armiia i flot*, March 27, 1918; *Pravda*, March 28, 1918. 本韋努蒂 (*Bolsheviks and the Red Army*, 29–30) 指出，托洛茨基在其內容廣泛的綱要性著作《革命是怎樣被武裝起來的》(*Kak vooruzhalas' revoliutsiia*) 當中刪掉了這次採訪。

48   Trotskii, "Vnutrennye i vneshnye zadachi Sovetskoi vlasti," 載於 *Kak vooruzhalas' revoliutsiia*, I: 46–67 (April 21, 1918: at 63–4).

49 V. I. Lenin, "Uderzhat li Bol'sheviki gosudarstvennuiu vlast'?," 載於 *PSS*, XXXIV: 289–39 (at 303–11); Rigby, "Birth of the Central Soviet Bureaucracy." 雖然列寧在革命前大談砸爛國家，比如說他在《國家與革命》(1903) 中指責認為「資產階級」國家可以被無產階級接管並利用的觀點是「機會主義的」，但他明確表示，布爾什維克應當設法保留有價值的「資產階級」的專門知識。

50 「蘇俄政府，」鄧尼金後來憤憤地說道，「或許會自鳴得意，因為它使用巧計征服了俄國將軍和軍官的意志和頭腦，使他們成為其不太情願但卻聽話的工具。」Denikin, *Ocherki russkoi smuty*, III: 146.

51 *Istoriia grazhdanskoi voiny*, III: 226.

52 Kavtaradze, *Voennye sptesialisty*, 175–8, 183–96. 有多少將軍和參謀人員跑到白軍那邊或辭職並移居國外現在還不得而知。沙皇時代的軍官團 (25 萬) 總共有大約70%在紅軍一邊 (7.5 萬) 或白軍一邊 (10 萬) 服役。

53 第二次蘇維埃代表大會——正是在此次會議當中宣佈奪權的——在1917年10月的時候已經要求更換政治委員了。Von Hagen, *Soldiers in the Proletarian Dictatorship*, 27. 布爾什維克的政治委員隸屬於人民委員會的全俄軍隊政治委員局，而不是布爾什維克黨 (黨在當時還沒有官僚系統)。

54 實際上，軍隊的政治部在1919年1月已經取代了黨小組；他們是任命的而不是通過選舉產生的，因而屬於軍事專家的下級。Benvenuti, *Bolsheviks and the Red Army*, 52–64 (引自 *Pravda*, January 10, 1919); Petrov, *Partiinoe stroitel'stvo*, 58–9.

55 *Voenno-revoliutsionnye komitety deistviiushchie armii*, 30–1, 75–6. 另見 Kolesnichenko and Lunin, "Kogda zhe byl uchrezhden institute voennykh kommissarov Krasnoi Armi?," 123–6.

56 「政治委員不對純粹軍事的、行動的或作戰的命令負責」，托洛茨基在一份為數很少的、用來解釋政治委員權力的中央指示 (只有他一個人的署名) 中寫道 (1918年4月6日)。只有在覺察到「反革命意圖」的情況下，政治委員才可以阻止指揮員下達的軍事指令。*Izvestiia*, April 6, 1918, 轉載於 Savko, *Ocherki po istorii partiinykh organiizatsii*, 73–4.

57 就像有學者說的，「憑藉審查和連署的權力，黨務工作者實際干預所有指揮事務的正式權利，增加了軍隊中混亂與衝突的可能性」。Colton, "Military Councils," 37, 56.

58 Argenbright, "Bolsheviks, Baggers and Railroaders."

59 Gill, *Peasants and Government*.

60 Lih, *Bread and Authority*, 95–6, 106–8, 95–6. 8月的早些時候，臨時政府曾經非常堅定地說，它不會提高國家收購糧食的價格。Pethybridge, *Spread of the Russian Revolution*, 99 (引自 *Vestnik vremennogo praveitel'stva*, August 5, 1917)

61 謝爾蓋‧普羅科波維奇 (Sergei Prokopovich)，引自 Holquist, *Making War*, 81.

62 Carr, *Bolshevik Revolution*, II: 227–44; Malle, *Economic Organization of War Communism*, 322–6; Perrie, "Food Supply."

63 Holquist, *Making War*, 108–9, citing Kondrat'ev, *Rynok khlebov*, 222.

64 *Nash vek*, July 10, 1918: 4.

65 Mary McAuley, "Bread without the Bourgeoisie," 載於 Koenker, *Party, State, and Society*, 158–79

66 *Svoboda Rossii*, April 18, 1918: 5; Bunyan and Fisher, *Bolshevik Revolution*, 666–8.

67 Pavliuchenkov, *Krest'ianskii Brest*, 26–9（引自 RGASPI, f. 158, op. 1, d, 1, l. 10).瞿魯巴比托洛茨基更老謀深算，後者的特別委員會沒有發揮作用。

68 "O razrabotke V. I. Leninym prodovol'stvennoi politiki 1918 g.," 77.

69 Gulevich and Gassanova, "Iz istorii bor'by prodovol'stvennykh otriadov rabochikh za khleb at 104; Lih, *Bread and Authority*, 126–37; Malle, *Economic Organizaiton of War Communism*, 359–61.

70 *Protokoly zasedanii VsTsIK*, 47–8.

71 有學者認為「軍事上的必要性與意識形態上的激進主義之間的實際關係，恰恰和下面這種假定的因果聯繫相反：內戰的爆發導致有意識地放棄意識形態上的雄心」。這話說得漂亮，但實際情況並不盡然。Lih, "Bolshevik *Razvesrtka*," 684–5.

785 72 「現在只有一個辦法，」列寧在1918年春表示：「既然有餘糧的人用暴力對付饑餓的窮人，就應該用暴力對付有餘糧的人。」Strizhkov, *Prodovol'stvennye otriady*, 56. 「過去我們奪取地主的土地……和用武力扯下愚蠢的沙皇頭上的皇冠時沒有猶豫過，」托洛茨基大聲說道，「那現在我們在拿走富農的糧食時為甚麼要猶豫呢？」Trotskii, *Kak vooruzhalas' revoliutisiia*, I: 81–2. 另見 Iziumov, *Khleb i revoliutsiia*.

73 Figes, *Peasant Russia*.

74 Vodolagin, *Krasnyi Tsaritsyn*, 10; Raleigh, "Revolutionary Politics."

75 Kakurin, *Kak srazhalas'*, I: 261.

76 RGASPI, f. 2, op. 1, d. 6157; Iudin, *Lenin pisal v Tsaritsyn*, 3–12; *Pravda*, May 31, 1918; Genkina, *Tsaritsyn v 1918*, 73（引自 GARF, f. 1235, op. 53, d. 1, l. 106), 75; Trotsky, *Stalin*, 283. 對斯大林的任命是在他剛剛贏得1918年4月訴孟什維克領導人尤利·馬爾托夫誹謗案的幾個星期之後。

77 RGASPI, f. 17, op. 109, d. 3, l.5–10（災難性的1918年5月29日，斯涅薩列夫和諾索維奇提交的5月的報告），轉載於 —— 沒有提到諾索維奇 —— Goncharov, *Vozvyshenie Stalina*, 361–7 (at 365). 後者是梅利科夫 (Melikov)《英勇的察里津保衛戰》(*Geroicheskaia oborona Tsaritsyna*) 的重印版，並在附錄中增添了一些文件。另見 RGASPI, f. 17, op. 109, d. 3, l.17–20 (1918年6月30日，斯涅薩列夫提交的報告); 以及 Dobrynin, *Bor'ba s bol'shevizmom na iuge Rossii*, 111.

78 *Iz istorii grazhdanskoi voiny v SSSR*, I: 563–4（引自 K. Ia. Zedin).

79 RGASPI, f. 558, op. 4, d. 668, ll, 35–9 (F. S. Alliluev, "Vstrechi s Stalinym").

80 *Pravda*, December 21, 1929; Voroshilov, *Lenin, Stalin, i krasnaia armiia*, 43; "Pis'mo V. I. Leninu," *Sochineniia*, IV: 118–9.

81 *Pravda*, June 11, 1918.

82 *Pravda*, January 3, 1935; Genkina, *Tsaritsyn v 1918*, 87–8. 1918年5月，剛剛逃到羅斯托夫的高加索布爾什維克謝爾戈·奧爾忠尼啟則，幫助鎮壓了察里津市內無政

府主義者的叛亂；他打電報給列寧説：「大部分決定性的措施都是必要的，但當地的同志太軟弱，每次提出幫忙都被認為是對地方事務的干預。」相比之下，斯大林是強制推行自己的意志。GARF, f. 130, op. 2, d. 26, l. 12; *Sergo Ordzhonikidze*; Genkina, *Tsaritsyn v 1918*, 59–64. 謝爾蓋‧米寧是察里津布爾什維克的高層領導人，他害怕斯大林干預地方事務，但無法違拗斯大林的意志和權威。RGASPI, f. 558, op. 4, d. 668, l. 57 (F. S. Alliluev, "Obed u Minina").

83　Gerson, *The Secret Police*, 139–43 (引自 Denikin Commission reports, U. S. National Archives, Washington, D. C., RG 59, roll 36, frames 0248–0250).

84　Bullock, *Russian Civil War*, 36.

85　Nevskii, *Doklad ot narodnogo kommissara putei soobshcheniia*. Gerson, *The Secret Police*, 142–3 (引自 U. S. National Archives, Washington, D. C., RG59, roll 36, frames 0248–0250).

86　在沙皇政權的統治下，切爾維亞科夫曾因參加政治活動而被聖彼得堡軍事醫學院開除，但他完成了在莫斯科大學法律系（！）的學業，並擔任過他的家鄉頓涅茨克盆地盧甘斯克貿易學校的學監。1918年，他在德國國防軍逼近之前逃出烏克蘭，向東來到察里津，並帶來了一位盧甘斯克的好友，後者成了當地契卡的「偵察員」。http://rakurs.myftp.org/61410.html; Argenbright, "Red Tsaritsyn," 171. 察里津市的契卡首腦阿爾弗雷德‧卡爾洛維奇‧博爾曼 (Alfred Karlovich Borman) 讓人逮捕了切爾維亞科夫的好友伊萬諾夫，之後，切爾維亞科夫又把博爾曼抓了起來，把伊萬諾夫放了。Nevskii, *Doklad ot narodnogo kommissara putei soobshcheniia*, 28.

87　Raskol'nikov, *Rasskazy michmana Il'ina*, 31–3. 另見 Genkina, "Priezd tov. Stalina v Tsaritsyn," 82.

88　「敵人包括科爾尼洛夫軍隊的殘部、哥薩克和其他反革命部隊，可能還有德國軍隊」，7月10日的一份報告説。RGASPI, f. 17, op. 109, d. 3, l.23–5 (北高加索地區軍事督查 Z. 紹斯塔克〔Z. Shostak〕的第一手報告).

89　"Pis'mo V. I. Leninu," *Sochineniia*, IV: 120–1. 斯大林在一封給托洛茨基並抄送列寧的電報 (1918年7月11日) 中稱斯涅薩列夫是一個「軟弱無力的軍事領導人」，他還問：「難道你們沒有其他人選嗎？」Kvashonkin, *Bol'shevistskoe rukovodstvo*, 42–4 (RGASPI, f. 558, op. 1, d. 1812, l.1–3). 斯大林向列寧和托洛茨基指出，斯涅薩列夫在前線視察時差點兒被抓起來。他這樣做似乎是替斯涅薩列夫的安危着想，實際上是在表示對他的懷疑。*Bol'shevistskoe rukovodstvo*, 40–41 (RGASPI, f. 558, op. 1, d. 5404, l. 3). 另見 Kliuev, *Bor'ba za Tsaritsyn*.

90　托洛茨基進而同意可以把軍事指揮權交給一個新的軍事委員會。RGASPI, f. 17, op. 109, d. 3, l. 44. 7月18日，斯大林打電報給莫斯科，要求解除斯涅薩列夫的職務。RGASPI, f. 558, op. 1, d. 258, l. 1; Vodolagin, *Krasnyi Tsaritsyn*, 80 (RGVA, f. 6, op. 3, d. 11, l. 92 (1918年7月17日，在察里津形成的決議).

91　*Golikov, Vladimir Il'ich Lenin*, V: 645–6. 原定的人選是斯大林、米寧和「由人民委員斯大林及軍事委員米寧推薦提名的軍事領導人」。那個人最初是 A. N. 卡瓦列夫斯基 (A. N. Kovalevsky)，但是從8月5日開始，就成了伏羅希洛夫。卡瓦列夫斯

基當時被捕了。Golubev, *Direktivy glavnogo komandovaniiai*, 74–5 (RGVA, f. 3, op. 1, d. 90, l. 268–9); RGASPI, f. 17, op. 109, d. 3, l. 14; Goncharov, *Vozvyshenie Stalina*, 391–2 (RGVA, f. 6, op. 4, d. 947, l. 71–71a*); Kvashonkin,*Bol'shevistskoe rukovodstvo*, 40–41 (RGASPI, f. 558, op. 1, d. 5404, l. 3: June 22, 1918); Karaeva, *Direktivy komandovaniia frontov*, I: 289–90 (RGVA, f. 6, op. 4, d. 947, l. 71–71a). 共和國革命軍事委員會命令（電報）的日期是7月24日，發佈該命令似乎和尼古拉・波德沃伊斯基領導的紅軍督察團的現場調查有關。

92   7月24日，列寧在莫斯科用休斯電報機告訴斯大林，「關於糧食，應該說，今天彼得格勒或莫斯科一點都發不出了。情況很糟。請告訴我，能否採取一些緊急措施，因為除了你那裏，再也沒有其他來源了。」但是要運送糧食對斯大林來說很困難。白軍在收緊包圍圈。斯大林乘坐裝甲列車親自出去視察搶修鐵路線的工作。RGASPI, f. 558, op. 4, d. 668, l. 90 (F. S. Alliluev, "T. Stalin na bronepoezde"). 1918年7月26日，經過對庫班地區的偵察（「以前我們只能得到一些未經證實的情報，但現在瞭解了實際情況。」），斯大林認為情況嚴重（「整個北高加索地區、購買的糧食和所有的關稅、千辛萬苦建立起來的軍隊，都將無可挽回地失去」）並懇求立即派來一個師(這個師被指定派往巴庫)。「我聽候答覆。您的斯大林。」RGASPI, f. 17, op. 109, d. 3, l. 35. 邦契—布魯耶維奇從沃羅涅日派了一些部隊，又從莫斯科派了一個師，一直堅持到那個時候。RGASPI, f. 17, op. 109, d. 3, l. 37–8。

93   RGASPI, f. 17, op. 109, d. 3, l. 47. 第二台「雷明頓牌」打字機是用手寫加到清單上的。

94   Kvashonkin, *Bol'shevistskoe rukovodstvo*, 41, n2; Genkina, *Tsaritsyn v 1918*, 121.

95   K. E. Voroshilov, "Avtobiografiia," in Gambarov, *Entsiklopedicheskii slovar'*, XLI/i: 96.

96   V. Pariiskii and G. Zhavaronkov, "V nemilost' vpavshii," *Sovetskaia kul'tura*, February 23, 1989.

97   *Leninskii sbornik*, XVIII: 197–99; *Sochineniia*, IV: 122–6.

98   Colton, "Military Councils," 41–50.

99   Chernomortsev [Colonel Nosovich], "Krasnyi Tsaritsyn." 沒有說明這封電報的日期。Khmel'kov, *K. E. Voroshilov na Tsaritsynskom fronte*, 64 (10月3日，斯大林和伏羅希洛夫致列寧、斯維爾德洛夫及托洛茨基). 奧庫洛夫是察里津的南方戰線革命軍事委員會的委員(1918年10–12月)；「考慮到伏羅希洛夫與奧庫洛夫之間極為尖銳的關係」，列寧把他召回了莫斯科。Volkogonov, *Triumf i tragediia*, I/i: 94 (引自 RGASPI, f. 558, op. 1, d. 486).

100 Argenbright, "Red Tsaritsyn"; Golikov, *Vladimir Il'ich Lenin*, V: 630, 640; *Iz istorii grazhdanskoi voiny v SSSR*, I: 290; Iudin, *Lenin pisal v Tsaritsyn*, 61–2; *Sochineniia*, IV: 116–7; *Leninskii sbornik*, XXXVIII: 212.

101 Argenbright, "Red Tsaritsyn," 165.

102 Argenbright, "Red Tsaritsyn," 166 (引自 Nevskii, *Doklad ot narodnogo komissara putei soobshcheniia*, 17–18). 交通人民委員 (V. I. 涅夫斯基〔V. I. Nevskii〕) 報告的附錄，馬赫羅夫斯基的報告被交給了列寧。

103 1918年8月27日，即在柏林與德國簽署附加條約的同一天，列寧命令地方契卡
    負責人釋放馬赫羅夫斯基和黨外專家阿列克謝耶夫，但契卡答覆說，後者已被槍
    斃。9月4日，斯維爾德洛夫再次下令釋放馬赫羅夫斯基；他在9月21日被中央
    燃料供應部的一名前巴庫契卡人員釋放了。Argenbright, "Red Tsaritsyn," 175–6 (引
    自 Sal'ko, "Kratkii otchet o deiatel'nosti Glavnogo Neftianogo Komiteta"). 1921年5月，
    馬赫羅夫斯基因為在燃料工業中貪污公款而受審，被判槍斃。該判決後來減為
    五年監禁。他的妻子（布爾奇娃〔Burtseva〕）也被判入獄。*Gudok,* May 20, 1921.

104 察里津契卡在其內部簡報中聲稱逮捕了「大約3,000名紅軍士兵」，但只處死了23
    名領導人：*Izvestiia Tsaritsynskoi gubernskoi chrezvychainoi komissii,* October 1918: 16–22,
    以及 November 1918: 36, 見於 Hoover Institution Archives, Nicholaevsky collection,
    series no. 89, box 143, folder 11.

105 Magidov, "Kak ia stal redaktorom 'Soldat revoliutsii'," 30.

106 Meijer, *Trotsky Papers,* I: 134–7; Trotsky, *Stalin,* 288–9.

107 要是察里津落到哥薩克手裏，那就把這條牢船炸沉——顯然是隨後一則傳言的來
    源：斯大林讓人故意把船弄沉，淹死那些犯人。Chernomortsev [Colonel Nosovich],
    "Krasnyi Tsaritsyn"; Khrushchev, *Memoirs,* II: 141, n2. *Izvestiia KPSS,* 1989, no. 11: 157,
    161–2.

108 *Izvestiia Tsaritsynskoi gubernskoi chrezvychainoi komissii,* November 1918: 16, 見於 Hoover
    Institution Archives, Nicolaevsky Collection, series no. 89, box 143, folder 11; Genkina,
    Tsaritsyn v 1918, 126, 154.

109 在當時的一次報紙採訪中，斯大林表揚了「兩個令人高興的現象：第一、在戰線
    的後方，從工人中提拔了一批行政管理人員，他們不但善於為蘇維埃政權進行宣
    傳鼓動，而且能根據新的共產主義原則建設國家；第二、出現了一批士兵出身的
    在帝國主義戰爭中受過實際鍛煉的軍官——新的指揮人員，他們得到紅軍士兵的
    完全信任。」*Izvestiia,* September 21, 1918 (譯註：《斯大林全集》第4卷，第118頁)；
    Sochineniia, IV: 131.

110 這項任命（1918年9月6日）的起因是亞歷山大‧葉戈羅夫在1918年8月23日的
    一份報告，報告講到統一指揮的必要性。Krasnov and Daines, *Neizvestnyi Trotskii,*
    72–5.

111 Deutchser, *Prophet Armed,* 420. 由於決定成立永久性的常備軍，前沙皇海軍準尉尼
    古拉‧克雷連柯辭去了紅軍最高總司令的職務；他去了司法人民委員部。

112 托洛茨基還命令，對於給紅軍立了書面誓言的白軍俘虜，只要把他們的家人扣為
    人質，就可以派他們上戰場。*Izvestiia,* August 11, 1918; Trotskii, "Prikaz" [August 8,
    1932], in *Kak vooruzhalas' revoliutsiia,* I: 232–3. 1918年秋天，有人建議把沿伏爾加河
    溯流而上的運糧船掛上紅十字會的旗子，以確保它們不會被擊沉，托洛茨基對此
    勃然大怒。「自作聰明的蠢貨們，」他打電報給列寧說，「以為運送糧食意味着有
    和解的可能，以為內戰沒有必要。」Volkogonov, *Trotsky,* 125 (引自 RGVA, f. 4, op.
    14, d. 7, l. 79).

113 Volkogonov, *Stalin: Triumph and Tragedy,* 40.

114 Chernomortsev [Black Sea Man], "Krasny Tsaritsyn," 轉載於 Nosovich, *Krasnyi Tsaritsyn.* 確認黑海人就是「諾索維奇將軍〔原文如此〕」的是伏羅希洛夫。Voroshilov, *Lenin, Stalin, i krasnaia armiia*, 45–7. 諾索維奇斷言，專家阿列克謝耶夫真的在和塞爾維亞軍官一起策劃陰謀，但他們並不十分瞭解。諾索維奇謊稱自己是打入紅色陣營的間諜，並非心甘情願的投敵者（白軍對他仍有疑心）。儘管他説話躲躲閃閃，但還是應該承認，他對世界歷史上最重要的人物之一率先作了準確的描寫。有關白軍對諾索維奇的懷疑，參見 Meijer, *Trotsky Papers*, I: 178–9. 蘇聯的著作輕信了諾索維奇的説法：Genkina, *Tsaritsyn v 1918*, 126–7（引用了諾索維奇在 1918 年 12 月給鄧尼金的報告）; *Izvestiia TsK KPSS*, 1989, n0, 11: 177 no. 20. 諾索維奇很快就移居法國，活得很長，1968 年在尼斯去世。Nosovich, *Zapiski vakhmistra Nosovicha.*

115 關於斯大林那時的心情，現在沒有發現任何保留下來的記錄。他、米寧還有伏羅希洛夫在察里津發佈公告説，「脱離白軍、自願放下武器的人不會被處死或受到虐待」——這是政權的政策，但顯然不是察里津的做法。RGASPI, f. 17, op. 109, d. 3, l. 114; *Soldat revoliutsii* (September 1, 1918).

116 鄧尼金後來寫道，1917 年，瑟京找到他和其他的將軍，建議為了挽救俄羅斯，應該把土地——不管是貴族的、國家的還是教會的——無償交給正在作戰的農民。據説 1918 年初自殺的卡列金將軍回答道：「完全是蠱惑人心！」Denikin, *Ocherki russkoi smuty*, I: 93.

117 Kvashonkin, *Bol'shevistskoe rukovodstvo*, 51 (RGASPI, f. 558, op. 1, d. 5412, l. 2); Khmel'kov, *Stalin v Tsaritsyne*, 50–1; Lipitskii, *Voennaia deiatel'nost' TsK RKP (b)*, 126–9. 對於這些接連不斷的要求——不僅僅是要彈藥，還要槍炮、裝甲車、飛機、飛行員——托洛茨基的答覆總是會提到物資消耗方面的浪費，這説的有可能是實情，但根本解決不了當前的需要。Meijer, *Trotsky Papers*, I: 162; Golubev, *Direktivy glavnogo komandovaniia*, 89–90; *Velikii pokhod K. E. Voroshilova*, 175.

118 Volkogonov, *Trotsky*, 262（引自 RGVA, f. 33987, op. 2, d. 19, l.16–7）.

119 Karaeva, *Direktivy komandovaniia frontov*, I: 345–8 (RGVA, f. 10, op. 1, d. 123, l.29–30); Volkogonov, *Triumf i tragediia*, I/i: 91.

120 Kolesnichenko, "K voprosu o konflikte," 44.

121 Sverdlov, *Izbrannye porizvedennye*, III: 28.

122 RGASPI, f. 17, op. 109, d. 4, l. 60.

123 Kvashonkin, *Bol'shevistskoe rukovodstvo*, 52–3 (RGASPI, f. 558, op. 1, d. 5413, l.1–2).

124 Knei-Paz, *Social and Political Social Thought.*

125 Meijer, *Trotsky Papers*, I: 134–6; Kvashonkin, *Bol'shevistskoe rukovodstvo*, 54, n2 (RGASPI, f. 5, op. 1, d. 2433, l. 33); Trotsky, *My Life*, 443. 托洛茨基的失望超出了斯大林的想像（「請派給我知道怎麼服從命令的共產黨人」，1918 年他從前線打電報給列寧説）。Schapiro, *Communist Party*, 262.

126 Kenez, *Civil War in South Russia*, I: 176. 哥薩克首領克拉斯諾夫成立了「頓河共和國」，德國立即予以承認，但鄧尼金指責那是分離主義。當德國在 1918 年 11 月

投降時，克拉斯諾夫的軍隊瓦解了；他被迫投奔鄧尼金，但很快又離開南方，加入尤登尼奇的北方武裝，在愛沙尼亞境外作戰。他在1920年代移居西方，後來投靠了納粹。

127 RGASPI, f. 17, op. 109, d. 4, l. 64; Volkogonov, *Trotsky*, 132 (引自 RGVA, f. 33987, op. 2, d. 40, l. 29); Kvashonkin, *Bol'shevistskoe rukovodstvo*, 54 (RGASPI, f. 558, op. 1, d. 5414, l. 2–4: Oct. 5, 1918); Meijer, *Trotsky Papers*, I: 134–6. 另見 Trotskii, "Prikaz" [November 4, 1918], 載於 *Kak vooruzhalas' revoliutsiia*, I: 350–1. 托洛茨基後來寫道：「由於管理上的無政府狀態，游擊隊對中央的不尊重……對軍事專家挑釁似的粗魯態度，察里津的氣氛自然無助於贏得後者的好感，並使他們成為政權的忠實僕人。」 Trotsky, *Stalin*, 273, 280–1, 288–9.

128 RGASPI, f. 17, op. 109, d. 4, l. 68. 托洛茨基在1918年10月5日向斯維爾德洛夫報告說：「昨天我用直通電話通了話，讓伏羅希洛夫擔任察里津集團軍司令員。米寧是在察里津第10集團軍革命軍事蘇維埃之中。我沒有提出斯大林的問題。」 RGASPI, f. 17, op. 109, d. 4, l. 67.

129 RGASPI, f. 17, op. 109, d. 3, l. 46–7. 另見斯維爾德洛夫給列寧的便條（1918年10月5日）：Sverdlov, *Izbrannye proizvedenniia*, III: 36.

130 Golikov, *Vladimir Il'ich Lenin*, VI: 156; Genkina, *Tsaritsyn v 1918*, 183. 那天（1918年10月8日），斯大林給伏羅希洛夫和米寧打了電報，表示一切都能「悄悄地」解決。 Kolesnichenko, "K voprosu o konflikte," 45–6. 列寧認為，對斯大林隱瞞錢是不對的："L. A. Fotievoi i L. V. Krasinu," *PSS*, L: 187 (1918年10月9日) (譯註：《列寧全集》第48卷，第362頁).

131 Danilevskii, *V. I. Lenin i voprosy voennogo stroitel'stva*, 37–8.

132 *Dekrety Sovetskoi vlasti*, V: 663; Trotsky, *Stalin*, 291–2; A. L. Litvin et al., "Grazhdanskaia voina: lomka starykh dogm i stereotypov," in *Istoriki sporiat* (Moscow, 1969), 63; *Iuzhnyi front*, 19.

133 RGASPI, f. 17, op. 109, d. 1, l. 20 (October 16, 1919).

134 Meijer, *Trotsky Papers*, I: 158–64, 196.

135 RGASPI, f. 17, op. 109, d. 4, l. 71; Golubev, *Direktivy glavnogo komandovaniia*, 84–5.

136 Trotskii, "Prikaz" [October 5, 1918], in *Kak vooruzhalas' revoliutsiia*, I: 347–8. 當時為了弄到一些補給，尤其是彈藥，就派了一個車隊去莫斯科。10月24日，由兩座工廠的工人組成的一個紅軍團從莫斯科趕來。第二天，莫斯科的中央委員會仔細考慮了斯大林的來信——要求審判阻撓察里津第10集團軍補給工作的南方戰線司令員（瑟京）以及其他人（奧庫洛夫）；斯維爾德洛夫對此未予理睬。RGASPI, f. 17, op. 109, d. 4, l. 71, 79, 82; Volkogonov, *Triumf i tragediia*, I/i: 101. 在莫斯科，列寧在10月23日接待了斯大林，而且他顯然做了調解，由斯維爾德洛夫以列寧的名義給托洛茨基發了電報（譯註：《列寧全集》第48卷，第382–383頁）。Meijer, *Trotsky Papers*, I: 158–60; *Leninskii sbornik*, XXXVII: 106.

137 D. P. Zhloba, "Ot nevinnomyskoi do Tsaritsyna," 載於 Bubnov, *Grazhdanskaia voina*, I: 28–34, 32–4; *Azovtsev, Grazhdanskaia voina v SSSR*, I: 229; V. Shtyrliaev, "Geroi

grazhdanskoi voiny Dmitrii Zhloba," *Voenno-istoricheskii zhurnal*, 1965, no. 2: 44–6; Sukhorukhov, *XI Armiia*, 81, 83–95. 關於軍事局勢，參見瓦采季斯給列寧的報告（1918年8月13日）：RGASPI, f. 17, op. 109, d. 8, l.51–66.

138 P. N. Krasnov, "Velikoe voisko donskoe," 載於 Gessen, *Arkhiv russkoi revoliutsii*, V: 190–320 (at 244–5).

139 *Izvestiia*, October 30, 1918; *Sochineniia*, IV: 146–7. 日洛巴（生於1887年）屬於斯大林通常會喜歡的那種農民出身、無師自通的指揮員。事實上，他是極少數無懼於同這位察里津軍閥爭辯的人之一，而這對於斯大林來説，是比日洛巴作為軍隊領導人很快暴露出的缺陷更為嚴重的罪行。Nosovich, *Krasnyi Tsaritsyn*, 60–1. 1918年結束之前，日洛巴的「鐵軍」被改編成由鮑里斯・杜緬科（Boris Dumenko）指揮的騎兵部隊，日洛巴當時曾密謀取代他的位置。（杜緬科被他自己那邊的人以顯然是捏造的謀殺罪罪名逮捕並處死了。）1920年，在與克里米亞的弗蘭格爾武裝作戰時，日洛巴的紅軍騎兵被包圍。1922年，他辭去在紅軍中的工作。1938年，斯大林讓人處死了日洛巴。

140 幾乎就在同時，隱藏在布爾什維克隊伍中的保安處奸細羅曼・馬林諾夫斯基也在1918年10月底以叛變的罪名受到革命法庭的審判。控方查明他向沙皇當局出賣了88位革命者，但被告只對兩人表示悔罪，「我最好的朋友斯維爾德洛夫和柯巴。這是我兩大真正的罪行。」六名法官判處馬林諾夫斯基死刑。11月6日，即奪取政權一週年紀念日的前一天凌晨，他被行刑隊處決。他是布爾什維克隊伍中最早的叛徒。Halfin, *Intimate Enemies*, 7–17, 引自 *Delo provokatora Malinovskogo* (Moscow: Respublika, 1992), 159, 216, 108. 米寧（《真理報》，1919年1月11日）開始把1918年察里津差點兒失守描寫成一場大勝，而這種説法要到斯大林統治時期才流行起來：Voroshilov, *Lenin, Stalin, i krasnaia armiia*, 42–8; Melikov, *Geroicheskaia oborona Tsaritsyna*, 138–9; Genkina, "Bor'ba za Tsaritsyn v 1918 godu."

141 關於德國軍方習慣性的高風險賭博，參見 Hull, *Asbolute Destruction*, 291ff.

142 Deist and Feuchtwanger, "Military Collapse of the German Empire."

143 Lieven, "Russia, Europe, and World War I," 7–47; Jones, "Imperial Russia's Forces," I; Pearce, *How Haig Saved Lenin*, 7.

144 Koehl, "Prelude to Hitler's Greater Germany," 65. 另見 Liulevicius, *War Land on the Eastern Front*; Kitchen, *Silent Dictatorship*; Lee, *The Warlords*; 以及 Ludendorff, *My War Memories*. 比較一下俄國軍隊1915年對加利西亞的佔領：Vonvon Hagen, *War in a European Borderland*.

145 轉引自 Denikin, *Ocherki Russkoi smuty*, I: 48–9. 德國海軍總參謀長、海軍上將喬治・馮・米勒（Georg von Müller）在其同時期的日記中大罵興登堡和魯登道夫：「犯了一個又一個錯誤，尤其是在處理與俄國的和平問題時非常草率。俄國的崩潰對我們來説本來是件天大的好事，應該好好利用，以便把部隊調往西線。但我們非但沒有那樣做，反而佔領了拉脱維亞和愛沙尼亞，並與芬蘭糾纏在一起，這些都是過於狂妄自大造成的。」Von Müller, *The Kaiser and His Court*, 398 (September 29, 1918). 無獨有偶，霍夫曼少將後來在提到西線急需但卻被留在東線的部隊時

也抱怨説：「我們在東線取得勝利的軍隊受到了布爾什維主義的腐蝕。」Wheeler-Bennet, *Forgotten Peace*, 352 (引自 *Chicago Daily News*, March 13, 1919).

146 Wheeler-Bennet, *Forgotten Peace*, 327; Wheeler-Bennett, "The Meaning of Brest-Litovsk Today."

147 Geyer, "Insurrectionary Warfare."

148 *PSS*, XXXVII: 150, 164. 1918 年 11 月 7 日，十月革命一週年紀念日，列寧特意參觀了契卡俱樂部 (盧比揚卡街 13 號)。他的意外到來受到了熱烈的歡迎。第二天，列寧又回到那裏，回答了兩個小時的提問。*Izvestiia,* 9 November 1918; Vinogradov, *Arkhiv VChK*, 92–3 (citing internal publication); Latsis, *Otchet Vserossiiskoi chrevzyvhanoi kommissi*, 81; *V. I. Lenin v vospominaniiakh chekistov*, 111–2. 另見 *Pravda*, December 18, 1927; 以及 *PSS*, XXXVII: 174.

149 1918 年 11 月 18 日，巴登親王、帝國總理馬克斯 (Max) 宣佈，德皇已在九天前退位。流亡荷蘭的威廉舒舒服服地度過了餘生，並在荷蘭被納粹德國佔領後的 1941 年 6 月自然死亡。Hull, *Entourage of Kaiser Wilhelm II*; Clark, *Kaiser Wilhelm II*.

150 Stevenson, *Cataclysm*, 379–406.

151 Wheeler-Bennet, *Forgotten Peace*, 370–1, 450–3.

152 「我國無產階級革命同孟什維克和社會革命黨民主派斷然決裂的時期在歷史上是必需的，」列寧寫道，並且還説，「當局勢迫使小資產階級民主派轉向我們的時候，還一味對他們採取鎮壓和恐怖的策略，那同樣是 (至少同樣是) 荒唐可笑的。」(譯註：《列寧全集》第 35 卷，第 190 頁) *Pravda*, November 21, 1918. 另見 *PSS*, XXXVII: 207–33 (1918 年 11 月 27 日的報告).

153 Broadberry and Harrison, *Economics of World War I*.

154 Bond, *War and Society in Europe*, 83–4.

155 Knobler, Threat of Pandemic Influenza, 60–1. 在這些估算中，俄國 1,500 萬，德國 1,310 萬，法國 800 萬 (差不多佔戰前 15 至 49 週歲人口的 80%)，英國 525 萬 (差不多佔戰前 15 至 49 週歲男性人口的一半) 加上來自帝國的 370 萬，奧匈帝國 780 萬，意大利 560 萬，美國 430 萬，奧斯曼帝國 290 萬，羅馬尼亞 75 萬，保加利亞 120 萬。

156 陣亡的大概有 77.5 萬人，另有 260 萬人負傷，其中死亡多達 97 萬人。

157 大約有 18.2 萬俄國戰俘死亡。Peter Gatrell, *Russia's First World War*, 255, 259; *Rossiia v mirovoi voine 1914–1918 goda*, 4 and 4n; Krivosheev, *Rossiia i SSSR*, 101–96. 英、法、德三國總共有 130 萬人成為戰俘；奧匈帝國成為戰俘的有 220 萬。

158 *PSS*, XXXVII: 260.

159 *PSS*, XX VI : 16 (1918 年 3 月 15 日).

160 「你們打算做的就是我們正在實行的；你們稱為『共產主義』的我們叫做『國家控制』」，1918 年，德國的一名經濟談判代表在柏林對擁有蘇黎世大學經濟學博士學位 (並曾陪同列寧一起乘坐由德國提供的鉛封列車從瑞士回到俄國) 的布爾什維克、波蘭人梅奇斯拉夫‧布龍斯基 (Mieczysław Broński) 説道。*Trudy i Vserossiiskogo S"ezda Sovetov Narodnogo Khoziiastva*, 157. (1882 年出生於羅茲的布龍斯基是沃爾夫岡‧萊昂哈德〔Wolfgang Leonhard〕的父親。) 魯登道夫接着又創造出

「總體戰」這個說法。Honig, "The Idea of Total War," 29–41; Chickering, "Sore Loser," esp. 176–7.

161 一名最初來自維爾納／維爾諾（譯註：即現在的立陶宛首都維爾紐斯）的帝俄猶太臣民回憶說：「德國人對待當地人就好像他們是牲口，對主人有用，但甚麼權利也沒有。」這種說法不僅適用於猶太人。在俄國人統治的地方，屠殺猶太人的現象在世界大戰期間和剛結束時是比較普遍的。Abramowicz, *Profiles of a Lost World*, 199; Roshwald, *Ethnic Nationalism*, 122–4.

162 Holquist, *Making War*, 205, 285–7.

163 Genkina, *Tsaritsyn v 1918*, 202. 第10集團軍是幾支紅軍中唯一一個在南方戰線作戰的。Nadia, *O nekotorykh voprosakh istorii grazhdanskoivoiny* 106–11.

164 RGASPI, f. 17, op. 109, d. 4, l. 93. 米寧在黨的第八次代表大會上說，托洛茨基「對我和伏羅希洛夫說：我把你們押到莫斯科去。」（譯註：《蘇聯歷史檔案選編》第4卷，第125頁。）*Izvestiia TsK KPSS*, 1989, no. 9: 153. 米寧很快被調到了內務人民委員部（1918年12月）。瑟京也被調到了莫斯科（11月中旬）。

165 RGASPI, f. 17, op. 109, d. 4, l. 117（1918年12月12日）.

166 RGASPI, f. 17, op. 109, d. 14, l. 65, and RGVA, f. 33 987, op. 2, d. 96, l. 10, Volkogonov papers, Hoover Institution Archives, container 17（庫爾斯克的皮達可夫給克里姆林宮的斯大林的電報，抄送列寧和斯維爾德洛夫）; Kvashonkin, *Bol'shevistskoe rukovodstvo*, 75 (RGASPI, f. 17, op. 109, d. 12, l. 70: January 4, 1919).

167 對於烏克蘭，托洛茨基別的甚麼人都推薦了，甚至是（他也瞧不起的）莫伊謝伊·魯希莫維奇。結果，伏羅希洛夫和魯希莫維奇兩人都被派到了烏克蘭。多伊徹認為，托洛茨基會感到自責，因為他對於那些喜歡搞陰謀詭計的批評者，尤其是伏羅希洛夫，沒有採取更嚴厲的手段，可事實上托洛茨基是試圖對他們採取更嚴厲的手段的。Deutscher, *Prophet Armed*, 431–2（未註明出處）. 費奧多爾·謝爾蓋耶夫（「阿爾喬姆」）被任命為烏克蘭的政府首腦，代替皮達可夫，他寫信給托洛茨基問了這件事情：RGASPI, f. 17, op. 109, d. 14, l. 78. 費奧多爾·謝爾蓋耶夫1906年遇見了斯大林；他和斯大林（還有娜佳）在察里津曾經住在同一節列車車廂裏。亞歷山大·葉戈羅夫接管了察里津的第10集團軍。

168 Deutscher, *Prophet Armed*, 425–6.

169 *Pravda*, December 25, 1918.

170 Trotskii, "Po nauke ili koe-kak?" [January 10, 1919], 載於 *Kak vooruzhalas' revoliutsiia*, I: 169–73 (at 170–2).

171 羅伯特·麥克尼爾認為斯大林設法搞到了一些糧食，完成了對戰爭來說至關重要的任務；他還認為儘管托洛茨基堅持要求解除斯大林的職務，但列寧有點猶豫，而且列寧繼續重用斯大林去處理別的關鍵事務。McNeal, *Stalin*, 55–8. 相比之下，羅伯特·康奎斯特只是指責斯大林不服從命令和以自我為中心。Conquest, *Stalin*, 81, 85.

172 Benvenuti, *Bolsheviks and the Red Army*, 89–91. 這三份報告（1919年1月1日、1月13日和1月31日）可見於 *Sochineniia*, IV: 197–224; 以及 *Perepiska sekretariata TsK RKP (b)*, V: 182–3.

173 Volkogonov, *Lenin: Life and Legacy*, 230 (引自 RGASPI, f. 2, op. 1, d. 26388, l.1–2); Ul'ianova, *O Lenine i sem'e Ul'ianovykh*, 113–7; Gil', *Shest' let s V. I. Leninym*, 28–34; Malkov, *Reminiscences*, 190–2; "Kak grabili Lenina." 一個很有創意的版本可見於 Radzinsky, *The Last Tsar*, 247 (未註明出處). 這件案子被偵破了，當時，列寧的勞斯萊斯被人發現撞到了莫斯科救世主大教堂附近的牆上，契卡的特工們追蹤車旁雪地上留下的腳印，越過冰封的莫斯科河，把匪首亞什卡·科舍利科夫 (Yashka Koshelkov) 堵在了他的住處。科舍利科夫一夥自革命以來，已經殺害了二十多個民警和契卡人員。「他拼死抵抗，」克里姆林宮衛戍司令彼得·馬爾科夫後來寫道，「結果到他打光了毛瑟槍裏的子彈，無以為繼的時候才被抓住。」Mal'kov, *Zapiski*, 159. 自從 1918 年 8 月發生了未遂的暗殺事件，就給列寧派了一支 17 人輪流值班的衛隊，但他不喜歡衛兵，所以那天只帶了一個。參加過未遂暗殺後的審訊工作的阿布拉姆·別連基是列寧的衛士長 (從 1918 年 10 月開始)，但他那天沒跟列寧在一起。據第 13 集團軍政治部 1919 年 11 月的報告，當時估計有 12 名特務被派來暗殺列寧：GARF, f.3, op. 22, d. 306, l. 4, Volkogonov papers, Hoover Institution Archives, container 21.

174 1919 年的 1,320 億金馬克大約相當於 2013 年的 4,420 億美元 (2,840 億英鎊)。德國人在 1924 年和 1929 年兩次為減少賠款金額進行了談判。1933 年，希特勒單方面暫停支付賠款。2010 年，德國終於還完了這筆錢。總的來說，考慮到通貨膨脹的因素，德國給英國和法國的賠款要少於法國在輸掉普法戰爭 (1870–1871) 後給德國的賠款。

175 MacMillan, *Paris 1919*. 哈羅德·尼科爾森 (Harold Nicolson) 在《締造和平》 (*Peacemaking*) 中描寫了一群他無法理解的老人 (最後一章的標題是「失敗」)。

176 Steiner, *The Lights that Failed*, 772.

177 在一段很有代表性的話中，英國駐法大使在 1916 年 4 月的日記中寫道：「雖然俄國人每消滅一個德國人就有可能要犧牲掉兩個人，但俄國有足夠多的士兵去承受不成比例的損失。」轉引自 Karliner, "Angliia i Petrogradskaia konferentsiia Antany 1917 goda," 329.

178 Neilson, *Strategy and Supply*.

179 Thompson, *Russia, Bolshevism and the Versailles Peace*, 398.

180 Thompson, *Russia, Bolshevism and the Versailles Peace*, 310, 395.

181 約翰·梅納德·凱恩斯反對凡爾賽條約的一個理由是，被拋棄的德國和被拋棄的俄國有可能互相擁抱在一起；列寧留意到凱恩斯的看法並表示讚許。凱恩斯還警告說，德國有可能走向左傾。Keynes, *Economic Consequences*, 288–9; *PSS*, XLII: 67, 69, XLIV: 294–5.

182 薩杜爾津津有味地回憶說，「從頭至尾，代表們的情緒都非常高漲」，並指出，「列寧不斷發出洪亮的笑聲——這讓他的雙肩和肚子抖動起來——那是丹東或饒勒斯那樣的人發出的驕傲、威嚴的笑聲；托洛茨基犀利的嘲諷；布哈林惡作劇般的打趣；契切林挖苦人的幽默。這些俄國人高興起來的樣子各異其趣，又混入了幾個喝了啤酒吵吵鬧鬧、興高采烈的人——〔弗里茨·〕普拉滕、〔胡戈

789

(Hugo)‧〕埃伯萊因 (Eberlein)、格魯貝爾 (Gruber)〔‧卡爾‧施泰因哈特 (Karl Steinhardt)〕的快活以及〔克里斯托‧〕拉柯夫斯基的風趣，他更像是巴黎人而不是羅馬尼亞人」(拉柯夫斯基是保加利亞人)。Sadoul, "La Fondation de la Troisiéme international," at 180. 另見 Ransome, *Russia in 1919*, 215, 217.

183 Vatlin, *Komitern*, 57 (RGASPI, f. 488, op. 1, d. 13, l.13–9).

184 "Rozhdenie tret'ego internatsionala," *Pravda*, March 7, 1919 (Osinsky).

185 *Pravda*, March 6, 1919, 轉載於 Trotskii, *Piat' let Kominterna*, II: 28–30.

186 Riddell, *Founding the Communist International*, 8.

187 Schurer, "Radek and the German Revolution."

188 代表們還通過了托洛茨基闡述資本主義的墮落和共產主義的穩步發展的宣言。*Pervyi kongress Kominterna*, esp. 250–1 (代表名單); Riddell, *Founding the Communist International*, esp. 18–9; Carr, *Russian Revolution*, 14.

189 關於重物造成的創傷，阿爾卡季‧瓦克斯貝格 (Arkadii Vaksberg) 提供了一種不同的説法，説它是由斯維爾德洛夫的猶太血統引起的。Vaksberg, *Iz ada*, (引自 RGASPI, f. 5, op. 1, d. 2159, l. 36–7).

190 托洛茨基，1925年3月13日，轉載於 *Iakov Mikhailovich Sverdlov* (1926). *Fourth International*, 7/11 (1946): 327–30. 列寧在3月11日乘火車去彼得格勒參加了 M. T. 葉利扎羅夫 (M. T. Yelizarov；譯註：1863–1919，列寧姐姐安娜的丈夫，蘇俄第一任交通人民委員) 的葬禮，3月14日返回。

191 *Izvestiia TsK KPSS*, 1989, no. 8: 164.

192 "VIII s"ezd RKP(b), 18-23 marta *1919g.*" 載於 *PSS*, XXXVIII: 127–215 (列寧在代表大會上作了十次發言). 兩年後，在1921年黨的第十次代表大會上，克列斯廷斯基起身紀念斯維爾德洛夫，並在起立的全體代表面前回憶了他的重要貢獻。*X s"ezd* [1921], 267–70; *X s"ezd* [1933], 499–504.

193 蘇維埃俄國在大約40個省級黨組織中擁有8,000個黨委，黨員總數為220,495人。紅軍中的黨組織宣稱有29,706名黨員。另外，芬蘭、立陶宛、拉脱維亞、白俄羅斯和波蘭的黨組織也有63,565名黨員。*VIII s"ezd RKP (b)* [1959], 274. See also *Istoriia grazhdanskoi voiny*, III: 312–3 (Stasova).

194 另外，7%是拉脱維亞人，4%是烏克蘭人，3%是波蘭人，*VIII s"ezd RKP (b) [1959]*, 451. 在1920年黨的第九次代表大會上，在五百多名與會者當中，除了俄羅斯人的比例上升到70%而猶太人的減少到14.5%外，這些數字幾乎沒有變化：*IX s"ezd RKP (b)*, 551. 關於猶太人問題，參見 Pipes, *Russia Under the Bolshevik Regime*, 99–114.

195 倫敦的《泰晤士報》(1919年3月5日) 宣稱，猶太人佔據了75%的高級職務。Medvedev, *Let History Judge*, 560; Trotsky, *History of the Russian Revolution*, I: 225–6.

196 大會的會議記錄公佈過三次 (1919、1933、1959)，但每一次都不完整；它們都略去了3月20至21日單獨召開的軍事會議。不過，列寧在3月21日最後一次軍事會議上的講話被公佈了 (*Leninskii sbornik*, XXXVII: 135–40) (譯註：參見《列寧全集》第36卷，第170–176頁)。斯大林講話的幾個片段也是在很久以後公佈的

(Sochineniia, IV: 249–50). 另見 Benvenuti, *Bolsheviks and the Red Army*, 106. 軍事問題的討論最終是在「開放」時期公開的：*Izvestiia TsK KPSS*, 1989, no. 9: 134–90, no. 10: 171–89, no. 11: 144–78.

197 *PSS*, XXXVIII: 137–8.

198 Aralov, *Lenin vel nas k pobede*, 96–7. 阿拉洛夫是共和國革命軍事委員會委員。

199 托洛茨基寫道，在代表大會召開前夕，關於沙皇軍官叛變的流言四起，壓力之下，托洛茨基告訴列寧說，在紅軍中服役的前沙皇軍官至少有3萬人，叛變的比例相對來說是相當小的。據說列寧顯得十分驚訝。(他可能是假裝驚訝。) Deutscher, *Prophet Armed*, 429–30. Lenin, *Sobranie sochinenii [1920–26]*, XVI: 73.

200 Trotskii, *Sochineniia*, XVII/i: 362.

201 *Pravda* and *Izvestiia*, February 25, 1919, 轉載於 *Izvestiia TsK KPPS*, 1989, no. 9: 175–81. 軍事反對派包括斯米爾諾夫、格奧爾吉·薩法羅夫(沃爾金)、格里戈里·「尤利」·皮達可夫、安德烈·布勃諾夫、葉梅利揚·雅羅斯拉夫斯基、弗·戈·索凌、伏羅希洛夫、謝爾蓋·米寧、菲利普爾·戈洛曉金、亞歷山大·米雅斯尼科夫、N. G. 托爾馬喬夫、R. S. 薩莫伊洛娃(捷姆利亞奇卡)等人。

202 *Izvestiia TsK KPSS*, 1989, no. 8: 171–3.

203 有些人指出，解決問題的辦法是培養年輕的紅軍指揮員，但察里津的謝爾蓋·米寧反對說，白衛分子——指為紅軍服務的前沙皇軍官——壓制了年輕的無產階級指揮員。相反，莫斯科的革命軍事委員會委員謝苗·阿拉洛夫提出了反對意見：「不論哪個方面——供應、技術裝備、通訊、炮兵、浮橋和橋樑的修建——到處都需要專家，可是我們卻缺少專家。」(譯註：《蘇聯歷史檔案選編》第4卷，第125、173頁) *Izvestiia TsK KPSS*, 1989, no. 9: 153, 1989, no. 10: 183–9, 1989, no. 11: 156–9, 159–66; Danilevskii, *V. I. Lenin i voprosy voennogo stroitel'stva*, 76.

204 Pokrovskii and Iakovlev, *Gusdarstvennoe soveshchanie*, 61–6.

205 *Izvestiia TsK KPSS*, 1989, no. 11: 162–4.

206 托洛茨基也認為，農民自身的利益一旦得到保障，他們就會背叛革命。Meyer, *Leninism*, 142. 關於俄國社會民主黨對農民抱有的幾乎是普遍的敵意，參見 Deutscher, *Unfinished Revolution*, 17.

207 Aralov, *Lenin vel nas k pobede*, 101–2.

208 1919年8月，列寧指示突厥斯坦方面軍司令米哈伊爾·伏龍芝：「如果哥薩克放火燒毀石油，就把他們全部都消滅掉。」Pipes, *Unknown Lenin*, 69. 關於列寧的冷酷，另見 *Proletarskaia revoliutsiia*, 1924, no. 3: 168–9; 另見於 Pipes, *Unknown Lenin*, 50.

209 *Izvestiia TsK KPSS*, 1989, no. 11: 170; *Leninskii sbornik*, XXX: 138–9.

210 Danilevskii, *V. I. Lenin i voprosy voennogo stroitel'stva*, 88. 有些支持托洛茨基和索柯里尼柯夫立場的代表在格里戈里·葉夫多基莫夫發言後退出了會場。

211 *VIII s"ezd RKP (b) [AU: Please provide pub year]*, 273, 339–40, 412–23.

212 *Izvestiia TsK KPSS*, 1989, no. 9: 173.

213 季諾維也夫在大會發言中把托洛茨基當作一個有助於提升自己關注度的誘人的大靶子，予以猛烈的批評，而正是他打電報給托洛茨基說對軍事反對派已經做出讓

步，並囑咐托洛茨基要把這當作是一個「警告」。在（1919年3月29日的）一次對其手下的列寧格勒黨組織的講話中，季諾維也夫暗示說，托洛茨基需要明白，黨在軍隊中要發揮更大作用，因為「軍事專家」是不能信任的。*Izvestiia TsK KPSS*, 1989, no. 8: 185–98 (at 192–5).

214 *Pravda*, March 1, 1919; Benvenuti, *Bolsheviks and the Red Army*, 72–4.

215 *VIII s"ezd RKP (b)* [1959], 177. 關於缺糧問題，另見 Brovkin, "Workers' Unrest."

216 關於軍隊分到的份額（全部麵粉中的25%，草料的40%），參見 Osinskii, "Glavnyi nedostatok," 236.

217 *Piat' let vlasti Sovetov*, 377; Malle, *Economic Organization of War Communism*, 407, 425.

218 Scheibert, *Lenin an der Macht*.

219 *Krasnaia Moskva*, 54. 過去由臨時政府開始採取的配給制此時是以階級為基礎的：從事重體力勞動的勞動者屬於最上層，其次是不從事重體力勞動的勞動者（這其中包括官員），最後是非勞動人口或剝削分子，也就是那些依靠他人勞動為生的人（即資產階級），他們人數不多，但很有象徵意義。個人暗中提高自己的指標。在內戰結束前，「勞動口糧」——或者說領口糧的人最近付出了多少勞動——取代了「階級口糧」。

220 Borrero, *Hungry Moscow*.（1919年底之前，）土豆是唯一沒有被政府宣佈壟斷的重要農作物。

221 Emmons, *Time of Troubles*, 237 (January 31, 1919), 392 (December 6, 1920).

222 *VIII s"ezd RKP (b)* [1933], 170.

223 *Istoriia grazhdanskoi voiny*, IV: 46.

224 弗朗切斯科 · 本韋努蒂表明了最初對托洛茨基的敵意有多麼深刻和寬泛。他寫道：「對於為創建蘇維埃武裝力量所作的貢獻，托洛茨基得到的回報是黨內許多同志的不信任和仇恨。」Benvenuti, *Bolsheviks and the Red Army*, 216.

225 Schapiro, *Commmunist Party*, 引自 Lenin, *Sochineniia*, XXV: 112.

226 到了1918年12月，政治局已經在運轉了；組織局是從1919年1月開始的。Golikov, *Vladimir Il'ich Lenin*, VI: 284, 319, 328, 435, 577, 588.

227 斯維爾德洛夫的保險櫃直到1935年才打開，並及時向斯大林作了匯報："Kuda khotel bezhat' Sverdlov?," *Istochnik*, 1994, no. 1: 3–4. 1919年，曾經有傳言說，布爾什維克正在把錢和黃金向國外轉移，似乎是為可能的逃跑做準備。Stasova, *Stranitsy zhizni i bor'by*, 103. 鮑里斯 · 巴扎諾夫聲稱，內戰時期，沒收的寶石都被秘密存放，以備萬一，而斯維爾德洛夫的遺孀克拉芙季婭 · 諾夫哥羅采娃（Klavdiya Novgorodtseva）是那些受託保管珠寶的人之一。她把珠寶鎖在辦公桌裏，其中有一些大鑽石，顯然是從國家鑽石收藏中心拿走的。Bazhanov, *Vospominaniia* [1990], 96.

228 Carsten, *Revolution in Central Europe*.

229 Nettl, *Rosa Luxemburg*.

230 Luxemburg, *Die russische Revolution*, 109.

231 Weitz, *Creating German Communism*, 93.

232　*Pravda*, April 22, 1930.

233　Mitchell, *Revolution in Bavaria*; Waite, *Vanguard of Nazism*.

234　Weitz, *Weimar Germany*; Mawdsley, *Russian Civil War*, 15.

235　Hoover Institution Archives, T. T. C. Gregory Papers, box 2: Hungarian Political Dossier, vol. 1: Alonzo Taylor to Herbert Hoover, March 26, 1919.

236　Degras, *The Communist International*, I: 52.

237　1919年2月2日和4月19日庫恩的電報：RGASPI, f. 17, op. 109, d. 46, l.1–2；托洛茨基給Kh. G. 拉科夫斯基、N. I. 波德沃伊斯基和V. A. 安東諾夫—奧弗申柯的電報：RGASPI, f. 325, op. 1, d. 404, l. 86 (1919年4月18日)；列寧給S. I. 阿拉洛夫和J. 瓦采季斯的電報：l. 92 (1919年4月21日)；J. 瓦采季斯和S. I. 阿拉洛夫給V. A. 安東諾夫—奧弗申柯的電報，op. 109, d. 46, l.3–5 (1919年4月23日)。

238　Mitchell, *1919: Red Mirage*, 221 (引用的是《曼徹斯特衛報》記者的話，未註明出處)。

239　Tokés, *Béla Kun*; Janos and Slottman, *Revolution in Perspective*.

240　Viktor Bortnevskii, "White Intelligence and Counter-Intelligence during the Russian Civil War," Carl Beck papers, no. 1108, 1995; Kenez, *Civil War in South Russia*, I: 65–78; Holquist, "Anti-Soviet *Svodki*."

241　Bortnevski, "White Administration," 360 (引自N. M. Melnikov, "Pochemu belye na Iuge Rossiin e pobedili krasnykh?," 29, 載於N. M. Melnikov Collection, Bakhmetev Archives, Columbia University)。

242　Mawdsley, *Russian Civil War*, 275–81.

243　Baron, *The Russian Jew*, 219.

244　引文和數據見於Budnitskii, *Rossiiskie evrei mezhdu krasnymi*, 275–6. 反猶主義有利有弊，既吸引了一些追隨者(尤其是在烏克蘭)，也引起了一些追隨者的反感。Kenez, "The Ideology of the White Movement," 83.

245　Kenez, *Civil War in South Russia*, I: 281–4; Filat'ev, *Katastrofa Belogo dvizheniia*, 144.

246　鄧尼金和高爾察克之間互通信息要花一個月時間。Denikin, *Ocherki russkoi smuty*, V: 85–90.

247　Kenez, *Civil War in South Russia*, II: xiii. 仍然住在各協約國首都的前沙皇外交官們——謝爾蓋‧薩佐諾夫(巴黎)、鮑里斯‧巴赫梅捷夫(華盛頓)、瓦西里‧馬克拉科夫(倫敦)——把以前臨時政府帳上的資金轉給了白軍，雖然那些外交官認為反布爾什維克分子無能。

248　Erickson, *Soviet High Command*, 59–63.

249　Kenez, *Civil War in South Russia*, I: 90.

250　另見斯米爾加1919年10月給列寧和托洛茨基的關於挽救察里津戰線的電報：RGASPI, f. 17, op. 109, d. 3, l. 48–50.

251　Lincoln, *Red Victory*, 217 (引自 "Rech' generala Denikina v Tsaritsyne, 20 iiunia 1919 g.," Bakhmeteff Arkhive, Denikin Collection, box 20); Denikin, *Ocherki russkoi smuty*, V: 108–9; Piontkowski, *Grazhdanskaia voina v Rossii*, 515–6. 白軍拒絕承認布爾什維克下令改成的格里高利曆，所以還是保持着13天的滯後。

252 Suvenirov, *Tragediiv, .RKKA 1937–1938*, Medvedev, *Oni okruzhali Stalina*, 229–30; Rapoport and Geller, *Izmena rodine*, 385.

253 Trotskii, *Sochineniia*, VIII: 272–81.

254 Trotsky, *My Life*, 359.

255 Argenbright, "Documents from Trotsky's Train," 其中包括托洛茨基向列車工作人員的告別信（1924年7月15日）.

256 Trotsky, *My Life*, 411–22 (esp. 413); Volkogonov, *Trotsky*, 164（引自RGVA, f. 33987, op. 1, d. 25, l.16–44). 乘務人員中有許多是拉脱維亞人，負責人是魯道夫·彼得松（Rudolf Peterson）。托洛茨基的裝甲列車最終不得不一分為二。

257 Tarkhova, "Trotsky's Train," 27–40.

258 Lunacharsky, *Revolutionary Silhouettes*, 68.

259 Argenbright, "Honour among Communists," 50–1.

260 *Vospominaniia o Vladimire Il'iche Lenine* [1979], III: 446 (K. Danilevsky).

261 Benvenuti, *Bolsheviks and the Red Army*, 123–8. 1919年5月17日，托洛茨基緊急給列寧寫信，要求解除安東諾夫、波德沃伊斯基和布勃諾夫的職務，不讓他們再負責監督烏克蘭的戰事。RGASPI, f. 17, op. 109, d. 12, l. 17（由斯克良斯基轉交列寧）.

262 Meijer, *Trotsky Papers*, I: 578–80 (7月3日全會的會議記錄).

263 *Sochineniia*, IV: 273; Kornatovskii, *Stalin—rukovoditel' oborony Petrograda*; Kornatovskii, *Razgrom kontrrevoliutsionnykh zagovorov*. 斯大林曾經在6月要求立即召開全會。Naida, *O nekotorykh voprosakh*, 183–5. 在彼得格勒期間，斯大林再次與阿列克謝·奧庫洛夫發生衝突，於是列寧再次召回奧庫洛夫（第一次是因為察里津的問題）。Volkogonov, *Triumf i tragediia*, I/i: 94–5.

264 Erickson, *Soviet High Command*, 63. 另見那位犯了錯誤的短暫接任者的回憶錄，Samoilo, *Dve zhizni*, 250ff.

265 Trotsky, *Stalin*, 313–4. 後來在進入烏拉爾地區追擊高爾察克時，紅軍有了意想不到的收穫：用烏拉爾的工廠工人擴充自己的隊伍。.

266 被撤掉的托洛茨基的主要支持者有伊萬·斯米爾諾夫和阿爾卡季·羅森格爾茨；另外一個托洛茨基的人，費奧多爾·拉斯科爾尼科夫，已經在1919年5月被解除職務。其他被撤掉的還有康斯坦丁·梅霍諾申（Konstantin Mekhonoshin）、謝苗·阿拉洛夫、尼古拉·波德沃伊斯基、康斯坦丁·尤列涅夫（Konstantin Yurenev）、阿列克謝·奧庫洛夫。斯大林在1920年5月18日又恢復了職務（直到1922年4月1日）。邦契—布魯耶維奇對革命軍事委員會擴大會議的描述以想像的成分居多。Bonch-Bruevich, *Vsia vlast' sovetam*, 351–2. 邦契—布魯耶維奇和瓦采季斯不和 (ibid., 334–5)。

267 Meijer, *Trotsky Papers*, I: 590–3; Trotsky, *My Life*, 453.

268 加米涅夫東方面軍司令員的職務由米哈伊爾·伏龍芝接任。

269 *Izvestiia*, July 8 and 10, 1919; Trotsky, *My Life*, 398, 452.

270 目前的材料顯示，托洛茨基當時拒絕繼續擔任軍事首腦，結果是在別人的懇求下才繼續工作的。RGASPI, f. 17, op. 3, d. 705 (1927年9月8日，政治局會議的速記記錄).

271 這個消息有可能並不像托洛茨基說的那樣出人意料。Trotsky, *My Life*, 448–9.

272 *PSS*, XXXVII: 525–7; Bubnov, *Grazhdanskaia voina*, I: 246–9.

273 Deutscher, *Prophet Armed*, 413.

274 Benvenuti, *Bolsheviks and the Red Army*, 143–61, 216–7.

275 Gorky, *Lénine et la paysan russe*, 95–6. 這段話在蘇聯出版的高爾基著作中被刪掉了。

276 1919年春天，列寧流露過對於沙皇軍官的不屑，還打算讓一名黨的官員，米哈伊爾·拉舍維奇，擔任軍隊總司令，但是又對托洛茨基的要求作了讓步，讓真正的軍事專家擔任總司令。不過，現在列寧支持的是和托洛茨基有過衝突的謝爾蓋·加米涅夫。Mawdsley, *Russian Civil War*, 178–9.

277 斯大林很快就會掩蓋他早先所持的反對立場。(Stalin, "Novyi pokhod Antanty na Rossiiu," *Pravda*, May 26, 1920.) *Sochineniia*, IV: 275–7. 後來，為了減輕察里津的陷落所帶來的尷尬，斯大林主義史學利用了托洛茨基關於友好與不友好地域的理論──沒有提到托洛茨基的名字。Genkina, *Tsaritsyn v 1918*.

278 *Nash vek*, July 10, 1918: 4.

279 Williams, *The Russian Revolution*, 63.

280 他還說：「雖然作為政府官員我有特殊的口糧，但要是沒有黑市的骯髒交易，我也會餓死，我們在那裏用自己從法國帶來的一點點財物換取吃的東西。」Serge, *Memoirs of a Revolutionary*, 70–1, 79.

281 Deutscher, *Prophet Armed*, 442–3.

282 Pipes, *Russia Under the Bolshevik Regime*, 93–5.

283 Zinoviev, *Bor'ba za Petrograd*, 52–3. Deutscher, *Prophet Armed*, 445. 1925年，拉舍維奇成了陸海軍副人民委員，那年他是站在季諾維也夫一邊；而在1926年，他是站在聯合反對派（季諾維也夫和托洛茨基）一邊。斯大林把他作為蘇俄控制下的中東鐵路的代表（1926–1928）派到了哈爾濱。他在1927年黨的第十五次代表大會上被開除。次年，他神秘地死於中國哈爾濱。

284 流亡的尤登尼奇1933年在法國的里維埃拉平靜地死去。Rutych, *Belyi front generala Iudenicha*.

285 Trotskii, *Sochineniia*, XVII/ii: 196–7.

286 Kakurin, *Kak srazhalas'*, II: 242–5, 306.

287 Trotsky, *My Life*, 432–3; Trotskii, *Sochineniia*, XVII/ii: 310. 對於1919年11月的紅旗勳章一事，托洛茨基是唯一的資料來源；他對內戰的描述，在凡是可以用其他文獻予以驗證的地方都是經得起推敲的。

288 Kvakin, *Okrest Kolchaka*, 175–6.

289 *New York Times*, September 30, 1919.

290 Budnitskii, *Den'gi russkoi emigratsii*.

291 Litvin, *Krasnyi i belyi terror*, 55–6; Holquist, "State Violence," 19–45 (at 27, 引自 Kvashonkin, *Bol'shevistskoe rukovodstvo*, 150).

292 Krivosheev, *Grif sekretnosti sniat*, 54.

293 「我們所有的戰鬥、所有的戰爭和所有的戰役都花費了太長的時間」，托洛茨基承認。Trotskii, "Rech'" (1921 年 11 月 2 日)，載於 *Kak vooruzhalas' revoliutsiia*, III/i: 57–71 (at 60).

294 白軍破譯了截獲的紅軍無線電通訊，可還是輸了；雙方在對方陣營中都安插了間諜，但都難以搞清楚哪個——即便真的有——不是雙面間諜。

295 早在 1918 年 9 月托洛茨基就提出，由於一場新的而且有可能是持久的戰爭再次臨近，布爾什維克必須做好裝備軍隊的準備，讓所有現存的軍工工廠恢復生產，並動員社會力量滿足軍事需要。(RGASPI, f. 17, op. 109, d. 6, l. 10.) 有時候，地方上的人也設法恢復了一定的生產能力。Sokolov, *Ot voenproma k VPK*, 8–28.

296 Manikovskii, *Boevoe snabzhenie russkoi armii [1930]*, II: 332–5.

297 Mawdsley, *Russian Civil War*, 184–5.

298 即使有了沙皇時代的物資儲備，紅軍要開展軍事行動還是很難。據説紅軍到 1928 年還在使用某些沙皇時代的儲備物資：A. Volpe, in Bubnov, *Grazhdanskaia voina*, II: 373.

299 Pipes, *Russia Under the Bolshevik Regime*, 89–90.

300 Mel'gunov, *Tragediia Admirala Kolchaka*, III/i: 69–70; Mawdsley, *Russian Civil War*, 214. 派普斯認為白軍的負擔是「難以克服的」，參見 *Russia Under the Bolshevik Regime*, 10.

301 Kakurin, *Kak srazahals'*, I: 135.

302 Von Hagen, *Soldiers in the Proletarian Dictatorship*, 69–79; Schapiro, "The Birth of the Red Army," 24–32.

303 L. S. Gaponenko and V. M. Kabuzan, "Materialy sel'sko-khoziastvennykh perepisei 1916–1917 gg.," *Voprosy istorii*, 1961, no. 6: 97–115 (at 102–3).

304 就布爾什維克而言，他們並沒有派出足夠多的部隊去贏得在波羅的海沿岸國家或芬蘭進行的內戰，但他們的確是派了部隊，而這一事實給紅色中心地區的防禦造成了不利影響。Mawdsley, *Russian Civil War*, 123.

305 Chamberlin, *Russian Revolution*, II: 268–9; Pipes, *Russia Under the Bolshevik Regime*, 119–21.

306 *Leninskii sbornik*, XXXVII: 167.

307 *Pravda*, September 23, 1919; *Izvestiia*, September 27, October 5 and October 12, 1919. 另見 Dzerzhinskii, *Izbrannye proizvedennye*, I: 197–8 (1919 年 9 月 24 日在莫斯科黨委會上的講話)；以及 Fomin, *Zapiski staorog chekista*, 108.

308 Makintsian, *Krasnaia kniga VChK*, 315–6; *Iz istorii VChK*, 325–6, 349–54 (契卡的內部報告，1919 年 12 月 28 日)。

309 有一次，大概是在 1919 年 12 月 11 日之後的某一天，列寧在凌晨 2 時突然出現在最高總司令謝爾蓋‧加米涅夫的辦公室，問了一些問題，通過直通電報與哈爾科夫談話，然後又返回了克里姆林宮。

310 在吹捧性的傳記中，內戰時期做出的重大決定，沒有哪個是跟列寧沒有關係的。Aralov, *Lenin i Krasnaia Armiia*, 32.

311 沃爾科戈諾夫認為托洛茨基在軍事上只能説是一知半解。Volkogonov, *Trotskii*, I: 254. 米哈伊爾‧邦契—布魯耶維奇，一位與托洛茨基過從甚密的前沙皇軍官，

認為他的上司對於軍事藝術的技術方面缺乏興趣，但卻是個卓有成效、引人注目
的軍事發言人。Bonch-Bruevich, *Vsia vlast' sovetam*, 269–71。

312 托洛茨基與高爾察克之間的差異再鮮明不過了。「他迫不及待地要和人民在一
起，和部隊在一起，」一位親歷者在提到高爾察克時評論說，「但是當他面對他們
的時候，卻不知道要說甚麼。」Guins, *Sibir'*, II: 367.

313 Trotsky, "Hatred of Stalin?," 載於 *Writings of Leon Trotsky*, 67–71; Medvedev, *Let History
Judge*, 64–5 (譯者註釋，72).

314 Trotsky, *Stalin*, 243, 270 (引用的是列昂尼德‧謝列布里亞科夫的話).

315 *Kenez, Civil War in South Russia*, II: 61. E. H. 卡爾無情的判斷現在仍然是站得住的：
「任何一個頭腦正常的人都會把高爾察克、尤登尼奇、鄧尼金和弗蘭格爾的幾次
戰役看作是可悲的巨大錯誤。他們代表的是構想上的愚蠢和執行上的無能；他
們直接和間接地犧牲了數十萬人的性命；除了加劇蘇維埃統治者對『白』俄以及
三心二意地支持他們的協約國的怨恨之外，他們也許對歷史進程沒有絲毫影
響。」要是卡爾對布爾什維主義一樣目光犀利就好了。Davies, "Carr's Changing
Views," 91–108 (at 95).

316 從中國回去的蘇俄官員看到了類似的情形。《加拉罕宣言》(1919 年 7 月 25 日) 把
高爾察克描寫成一個「依靠武力和外國資本鞏固其在俄國地位的反革命暴君」。
Waldron, "The Warlord." 另見 Sanborn, "Genesis of Russian Warlordism."

317 心懷怨恨的阿列克謝耶夫 1918 年對英國特工布魯斯‧洛克哈特說，他寧可與列
寧和托洛茨基合作，也不與克倫斯基合作。Lockhart, *British Agent*, 288. 整個內
戰期間，克倫斯基——他在蘇俄警察機關的代號是「小丑」——都躲在俄國國
內或鄰近的芬蘭。1922 年，他永遠離開了俄國，先是去了柏林，然後又去了
巴黎。

318 Mawdsley, *Russian Civil War*, 99.

319 Pereira, *White Siberia*.

320 Budberg, "Dnevik," 269; Mawdsley, *Russian Civil War*, 155.

321 Denikin, *Ocherki russkoi smuty*, III: 262–3, IV: 45–8.

322 Mawdsley, *Russian Civil War*, 215 (引 自 "Final Report of the British Military Mission,
South Russia" [March 1920], PRO, WO 33/971: 29).

323 Ushakov, *Belyi iug*; Slashchov-Krymskii, *Belyi Krym*, 185–93. 弗蘭格爾的幾位文官部長
包括彼得‧司徒盧威和亞歷山大‧克里沃舍因。農業部長克里沃舍因 1910 年陪
同斯托雷平去過西伯利亞。

324 Lazarski, "White Propaganda Efforts." 仍然在華盛頓大使館裏的臨時政府駐美大使鮑
里斯‧巴赫梅捷夫，1920 年 1 月 19 日給瓦西里‧馬克拉科夫的信中說，反布爾
什維克運動失敗了，因為它們缺少有力的意識形態與布爾什維主義抗衡。巴赫
梅捷夫渴望一個以私有財產、真正的人民主權、民主、愛國主義和分權的政治體
系為基礎的「俄羅斯民族和民主復興的平台」。對於這場失敗，古典自由主義的
觀點就是如此。Budnitskii, "*Sovershenno lichno i doveritel'no!*," I: 160–5 (at 161).

325 Denikin, *Ocherki russkoi smuty*, V: 118.

326 Pipes, *Russia Under the Bolshevik Regime*, 14（引自 *Russkaia mysl'*, May–July 1921: 214）.
「無論如何國家都需要勝利，因此，為了得到勝利，必須竭盡全力，」高爾察克在
臨死前對布爾什維克的審訊人員説，「我的確沒有任何明確的政治目標。」當然，
只有借助於成功的政治鬥爭，才能取得軍事上的勝利。Varneck, *Testimony of
Kolchak*, 187. 同樣，鄧尼金後來也寫道，他曾經試圖「讓我們自己以及軍隊不受
狂暴而好鬥的政治激情的影響，並把意識形態建立在樸素的、無可爭辯的民族象
徵的基礎上。事實證明這非常困難。『政治』突然成了我們的工作」。Denikin,
Ocherki russkoi smuty, III: 129.

327 為在計劃於 1922 年 12 月召開的蘇維埃第十次代表大會上的講話所做的筆記：
Getzler, "Lenin's Conception"; "Za derev'iami ne vidiat lesa," *PSS*, XXXIV: 79–85 (at 80);
"Tretii vserossiiskii s"ezd sovetov rabochikh, soldatskikh i krest'ianskikh deputatov," *PSS*,
XXXV: 261–79 (at 268); "I vserossiiskii s"ezd po vneshkol'nomy obrazovaniiu," *PSSS*,
XXXVIII: 329–72 (at 339); "Konspekt rechi na X vserossiiskom s"ezde sovetrov," *PSS*,
XLV: at 440–1 (440). 學者們通常會引用列寧指出的「官僚主義的弊病」和社會主義
帶來的令人窒息的機關作風，但這種抱怨的話大多是在他因病無法視事的時候説
的。列寧在內戰期間有關國家建設的觀點是充滿戰鬥精神的。那是「一件了不起
的事情」，在談到內戰時期的行政機構時他熱情地説。*PSS*, XLIV: 106（譯註：《列
寧全集》第 42 卷，第 112–113 頁）.

328 Keep, *Russian Revolution*, ix–x, 471.

329 McAuley, *Bread and Justice*.

330 Trotsky, *Terrorism and Communism* 162.

331 Thomas F. Remington, "The Rationalization of State Kontrol'," 載於 Koenker, *Party, State,
and Society*, 210–31.

332 *MChK*, 247; *Bazhanov, Damnation of Stalin*, 136.

333 *Krasnaia Moskva*, 631.

334 Trotsky, *My Life*, 477.

335 孟什維克尤利 · 馬爾托夫在一封私人信件中刻意用舊社會的詞彙指出：「就『人
民委員』的莊園而言，其優越的生活水平差不多是完全公開的。」Brovkin, *Dear
Comrades*, 210（馬爾托夫致戴維 · 舒帕克〔David Schupack〕，1920 年 6 月 20 日）. 列
寧對於人們的看法很敏感；在給莫洛托夫的信中（1921 年 5 月 4 日），列寧説自己
發現了一個特意打着人民委員會名義的休養所，「我恐怕這會引起人們的議論」。
那個地方被更名為第九休養所，並準備與農業人民委員部合用。RGASPI, f. 2, op.
1, d. 18552, l.1–2.

336 同樣，1920 年 5 月，阿道夫 · 越飛私下裏寫信對托洛茨基説：「不平等的現象很
多，一個人的物質地位很大程度上取決於他在黨內的地位；你該承認這是一種危
險的現象。」對於掌權的共產黨人，越飛還説：「以前黨內的那種精神，革命者無
私的、同志式的奉獻的精神已經消失了。」那位圖拉省的布爾什維克的話和越飛
的話轉引於 Figes, *A People's Tragedy*, 695–6（引自 GARF, f. 5972, op. 1, d. 245, l.397–8;
RGVA, f. 33987, op. 3 d. 46, l. 143）.

337 *PSS*, XVL: 14–15; Rykov, *Izbrannye proizvedenniia*, 10; Iroshnikov, "K voprosu o slome burzzhuaznoi gosudarstvennoi mashiny v Rossii."

338 Annenkov, *Dnevnikh moikh vstrech*, II: 120–8; Fülöp-Miller, *Mind and Face of Bolshevism* [1928], 136. 另見 Piotrovskii, *Za sovetskii teatr!*; Nikulin, *Zapiski sputnika*; Evreinoff, *Histoire du Théâtre Russe*; Petrov, *50 i 500.* 這次演出由紅軍政治局主辦，編舞是非布爾什維克尼古拉·葉夫列伊諾夫（Nikolai Yevreinov），他因為要大聲地喊口令，嗓子都啞了，但也得到了一件(狐狸毛)皮大衣作為獎品；其他人得到的是煙草或凍蘋果。按照安排，特意從喀琅施塔得開來的「阿芙樂爾號」巡洋艦應該鳴炮三聲，然後樂隊奏起勝利的樂曲，可儘管技術人員不停地按下停止開炮的按鈕，炮聲就是停不下來。葉夫列伊諾夫頓時哈哈大笑。

339 Trotsky, *Stalin*, 279.

340 1919年底，伊瓦爾·斯米爾加在軍隊政工人員的一次會議上提出：「我們現在必須考慮怎樣取消政委制度。」他的建議未獲採納。*Pravda*, December 13, 1919; Benvenuti, *Bolsheviks and the Red Army*, 155–7.

341 Molotov, *Na shestoi god.*

342 塔克就接近這種看法。他說「托洛茨基在〔國內〕戰爭中顯得榮譽很多，權力很小，而斯大林則顯得榮譽很少，權力很多」，但塔克低估了對托洛茨基的負面評價。塔克還使用了一條或許是虛假的標準：「雖然斯大林在內戰中獲得了寶貴的軍事經驗，可他在黨內並沒有因此而贏得擁有一流軍事頭腦的名聲。」但是有誰贏得了這樣的名聲呢？列寧？季諾維也夫？加米涅夫？甚至是托洛茨基？不過，塔克倒是強調了這一點，即斯大林「憑藉自己在戰時的工作經歷，自認為是一個強有力的領導人，能夠對形勢迅速作出評估並果斷採取行動」。Tucker, *Stalin as Revolutionary*, 209, 206.

343 1918年秋天，他對新的低級指揮員們說：「明天，你們會成為排長、連長、營長、團長，你們會成為新成立的軍隊中名副其實的典範。」Trotskii, "Unter-ofitsery" [fall 1918], 載於 *Kak vooruzhalas' revoliutsiia*, I: 176–80.

344 Trotsky, *Stalin*, 279. 對於軍事專家持續佔有的比例，其他的估計要高一些。Bubnov, *Grazhdanskaia voina*, II: 95; Erickson, *Soviet High Command*, 33.

345 麥克尼爾認為斯大林「對於紅方勝利的貢獻僅次於托洛茨基」。McNeal, *Stalin*, 50. 在內戰中，摩西·盧因（Moshe Lewin）認為：「斯大林學會了在最惡劣的形勢下取勝的政治秘訣：國家的高壓是成功的訣竅；動員、宣傳、武力和恐怖是政權的構成要素。」當然，差不多所有的布爾什維克都吸取了這一教訓，有些人從世界大戰中就已經吸取了。Moshe Lewin, "Stalin in the Mirror of the Other," 載於 Lewin, *Russia/USSR/Russia*, 214.

346 Valentinov, *Novaia ekonomicheskaia politika*, 88.

347 Lockhart, *Memoirs of a British Agent*, 225.

348 Volkogonov, *Trotsky*, 23 (引自 RGVA, f. 33987, op. 1, d. 21, l.35–41). 那位叫做尼蓋（Nigay）的朝鮮族人建議，「建立一支強大的猶太人軍隊並將其武裝到牙齒」。

349 Kartevskii, *Iazyk, voina i revoliutsiia*, 36.

793

350 RGVA, f. 33987, op.3, d. 13s, Volkogonov papers, Hoover Institution Archives, container 19 (Otto von Kurfell). 納粹分子阿爾弗雷德‧羅森堡在一本小冊子中寫道，「從其誕生之日起，布爾什維主義就是一項猶太人的事業」，而「對於昏頭昏腦、走投無路、饑腸轆轆的人民施行無產階級專政，是在倫敦、紐約和柏林的猶太人小屋裏想出來的」。Rosenberg, *Der jüdische Bolschewismus*. 另見 *Bazhanov, Damnation of Stalin*, 144.

351 Carr, *Socialism in One Country*, I: 157.

352 烏里揚諾夫家族的猶太血統後來被列寧的姐姐安娜‧烏里揚諾夫娜 (1864–1935) 發現了，她在1932年的一封信中告訴了斯大林，並強調說，如果把列寧有四分之一猶太血統的事實公之於眾，將會大有裨益。斯大林禁止公開提及此事。Volkogonov, *Lenin: Life and Legacy*, 9. 1972年，有關列寧出身的所有現存文件都被轉移到「特別檔案」中。

353 Volkogonov, *Stalin: Triumph and Tragedy*, 44–5.

354 Bortnevskii and Varustina, "A. A. Borman," I: 115–49 at 119. 博爾曼假道芬蘭逃走了。(他後來吹噓說，契卡人員「大部分都參與了對無辜人民的逮捕，但他們真正的敵人卻坐着人民委員的列車旅行，並在人民委員部和軍隊參謀部佔據重要職位。」) Bortnevski, "White Intelligence and Counter-intelligence," 16; GARF, f. 5881, op. 1, d. 81 (Borman, "V stane vragov: vospominaniia o Sovetskoi strane v period 1918 goda"), l. 42.

第九章 發現之旅

1 Gor'kii, "V. I. Lenin" [1924, 1930], 見於 *Sobranie sochinenii*, XVII: 5–46, 轉載於 Bialika, *V. I. Lenin i A. M. Gor'kii*, 238–78 (at 262). 1907至1913年，高爾基生活在卡普里島；列寧在1908年的時候和他住在一起。列寧1910年也拜訪過高爾基。

2 *X s'ezd* [1933], 573–83; *Vsesoiuznaia Kommunisticheskaia Partiia (b) v rezoliutsiiakh* [5th ed.], I: 393.

3 據經常向斯托雷平提供諮詢意見的一位地方自治機關的財政專家說，1911年5月，即斯托雷平被暗殺前四個月，斯托雷平曾經粗略地提出過一些關於國家整頓的想法。現在從國家檔案館裏沒能發現這些粗略的想法，而該顧問記載那次據說發生過的談話的筆記，也沒有保存下來；我們掌握的只是該顧問的回憶錄。按照他的說法，斯托雷平打算擴大並加強地方自治，擴大並改組中央部委體系，包括設立一些新的部委：勞動、社會保障、自然資源、宗教，以及很不尋常的是，民族事務。關於後者，據說斯托雷平的設想是，「居住在俄國境內的所有人，不分民族和宗教信仰，都應當是完全平等的公民」，而新的民族事務部「應當創造條件，在可能的情況下，充分滿足所有民族的文化和宗教願望」。但他也認為有些少數民族，比如波蘭人和烏克蘭人，因為有生活在相鄰國家的同族人而構成了一種特殊的威脅。因此，新的民族事務部「不應忽視所有那些想要肢解俄

國的內外敵人。對於那些受到俄國的敵人的宣傳影響的民族，政府的任何猶豫和動搖都容易在國內引發新的問題」。Aleksandr V. Zen'kovskii, *Pravda o Stolypine* (New York: Vseslovianskoe, 1956), 79—81, 一個不大好的譯本是《斯托雷平，俄國最後一位偉大的改革家》(*Stolypin, Russia's Last Great Reformer*, Princeton: Kingston Press, 1986), 33–4. 津科夫斯基從1903年到1919年一直擔任基輔自治機關的首席財政專家。

4 *PSS*, XXXVII: 153; Debo, *Revolution and Survival*, 408 (引自列寧在全俄蘇維埃第六次代表大會上的講話).

5 Carr, *Bolshevik Revolution*, III: 231–7.

6 White, *Siberian Intervention*; Teruyuki, *Shibberia shuppei*; Stephen, *Russian Far East*, 132, 142–5; Coox, *Nomonhan*, 9.

7 「紅白雙方的內戰一直是由數量相對很小的少數人進行的，全體人民則表現得極其消極」，彼得．司徒盧威評論說；派普斯也認同這一看法：*Russia Under the Bolshevik Regime*, 136–8 (引自 *Russkaia mysl*, May–June 1921: 211). 相反，費吉斯認為：「只要農民害怕白軍，他們就會支持蘇維埃政權的要求，儘管不太情願⋯⋯因此，布爾什維克專政是在農民革命過後不久慢慢地加強的。」Figes, *Peasant Russia*, 354.

8 Adelman, "Development of the Soviet Party Apparat," 97.

9 Laruelle, *L'idéologie eurasiste russe*; Widerkehr, "Forging a Concept."

10 *Iskhod k vostoku*, vii.

11 Riasanovsky, "The Emergence of Eurasianism," 57. 另見 Glebov, "The Challenge of the Modern." 自許的歐亞主義者的政治主張多種多樣，從國家布爾什維主義 (彼得．薩維茨基〔Petr Savitskii〕) 到托洛茨基主義 (彼得．蘇夫欽斯基〔Petr Suvchinskii〕) 再到反蘇維埃主義 (尼古拉．特魯別茨科伊公爵〔Prince Nikolai Trubetskoi〕) 都有。 794

12 McNeal, "Stalin's Conception." 斯大林關於俄國風俗習慣的論述，參見 Carr, *Bolshevik Revolution*, I: 102.

13 「必須使蘇維埃政權同樣成為俄國邊疆地區人民群眾所親近和愛戴的政權，」他在《真理報》上寫道 (1920年10月10日)，「但是，蘇維埃政權要成為人民群眾所親近的政權，首先應該成為他們所瞭解的政權。因此，必須使邊疆地區的一切蘇維埃機關，即法院、行政機關、經濟機關、直接政權機關 (以及黨的機關) 盡可能由熟悉當地居民生活方式、風俗、習慣和語言的當地人組成。」"Politika sovetskoi vlasti po natsional'nomu voprosu v Rossii," 見於 *Sochineniia*, IV: 351–63 (at 358–60) (譯註：《斯大林全集》第4卷，第317頁).

14 Rieber, "Stalin: Man of the Borderlands."

15 斯大林有關殖民地和民族問題的著述要早於列寧的相關著述。Boersner, *The Bolshevik*, 32–58.

16 Gellner, *Encounters with Nationalism*, 13, 引自 "Draft of an Article on Friedrich List's Book: *Das nationalische System der politischen Ökonomie*" (1845).

17 Smith, *Bolsheviks and the National Question*, 9.

18　盧森堡為自己設在克拉科夫的雜誌《社會民主黨評論》連寫了六篇文章，其中五篇的譯文可見於 http://www.marxists.org/archive/luxemburg/1909/national-question/。

19　Bauer, "The Nationalities Question."

20　Rieber, "Stalin, Man of the Borderlands," n. 113. 對於奧地利人在文化自治上的立場，格魯吉亞人菲利普·馬哈拉澤提出過類似的批評。Jones, *Socialism*, 228. 斯大林的著作讓人想起荷蘭社會民主黨人安東·潘涅庫克 (Anton Pannekoek) 的著作。Van Ree, *Political Thought of Joseph Stalin*, 67.

21　在斯大林1913年初抵達克拉科夫並在那裏短暫停留的時候，他的文章還只是草案；他在維也納也只作了短暫的停留。Van Ree, "Stalin and the National Question," at 220–1. 列寧在私人信件中稱讚斯大林1913年的文章寫得「很好」，但是在他自己的文章中卻並未想到要提到它。*PSS*, XLVIII: 169 (February 25, 1913), 173 (March 29, 1913) (譯註：《列寧全集》第46卷，第254、262–263頁). 列寧一年後寫的另一篇關於民族問題的文章〈論民族自決權〉也絲毫沒有提到斯大林以及斯大林的文章，參見 Lenin, *Sochineniia*, 2nd and 3rd eds., XVII: 427–74. 在斯大林的文章發表後，列寧寫信給在1906年發表過抨擊南高加索聯邦主義長文的斯捷潘·邵武勉 (Stepan Shaumyan) 說：「同時請不要忘記在高加索人中間物色能夠撰寫有關高加索民族問題的文章的同志……關於民族問題的通俗小冊子是很需要的。」(譯註：《列寧全集》第46卷，第321、381頁) 難以想像斯大林的文章如果不是「通俗小冊子」，那會是甚麼。Lenin, *Sochineniia*, XVII: 91.

22　V. I. Lenin, "O natsional'noi gordosti Velikorossov," *Sotsial-Demokrat*, December 2, 1924, *PSS*, XXVI: 106–10. 另見 Smith, *Bolsheviks and the National Question*, 7–28. 對於列寧關於民族問題的著述，特別是在1915至1918年間的那些著述，多年來做過很多修改；對於他的著作，有時需要使用早期的版本，而不是《全集》。

23　Trotskii, *Literatura i revoliutsiia*, 68.

24　*PSS*, XXVI: 109.

25　"Rossiiskaia Sotsial- demokraticheskaia partiia i ee blizhaishie zadachi," *Sochineniia*, I: 11–31 (at 11, 22).

26　*Sochineniia*, I: 32–55; RGASPI, f. 558, op. 1, d. 7 (草案).

27　Van Ree, "Stalin and the National Question," 218 (引自 RGASPI, f. 71, op. 10, d. 183, l. 106–7).

28　Smith, "Stalin as Commissar for Nationality Affairs," 54. 斯大林有時也會在口頭上支持大俄羅斯沙文主義。但比較典型的是，他在1921年1月1日對突厥斯坦的共產黨員的講話中稱大俄羅斯人是統治民族，對他們來說民族主義無關緊要。可是，突厥斯坦的共產黨員是「被壓迫民族的兒女」，必須對自己的民族主義情緒保持警惕，因為這種情緒「阻礙了我國東部共產主義的形成」。*Pravda*, January 12, 1921, 見於 *Sochineniia*, V: 1–3 (譯註：《斯大林全集》第5卷，第3–4頁).

29　因為列寧在十月革命前的許多著述以及列夫·加拉罕向約翰·里德描述的布爾什維克的種種計劃根本沒有提到要設立一個負責民族事務的特別機構，對形勢發展瞭解得不充分的人們就覺得這件事情很神秘，而沒有認識到這顯然是形勢所

迫。Blank, *Sorcerer as Apprentice*; Tucker, *Stalin as Revolutionary*, 181. 另見 Rigby, *Lenin's Government*, 5; Reed, *Ten Days* [1960], 77.

30　Blank, *Sorcerer as Apprentice*, 13–6; Pestkovskii, "ob ktiabr'skie dniakh v Pitere," 101–5; Pestkovskii, "Vospominaniia o rabote v Narkmonatse," 124–31; *Istoriia natsional'nogosudarstvennogo stroitel'stva*, I: 48; Manusevich, "Pol'skie sotsialdemokraticheskie," 131–33.

31　*Pravda*, May 19, 1918; *Sochineniia*, IV: 88 ff.

32　Carr, *Bolshevik Revolution*, I: 135–6.

33　Carr, *Bolshevik Revolution*, I: 137.

34　"Protiv federalizma," *Pravda*, March 28, 1917, 見於 *Sochineniia*, III: 23–8 (at 27).

35　*Sochineniia*, IV: 32–3, IV: 66–73, 79–80; Gurvich, *Istoriia sovetskoi konstitutsii*, 147–8（斯大林的草案）。

36　Gurvich, *Istoriia sovetskoi konstitutsii*, 33, 146–7（斯大林的提綱）。

37　Hardy, "The Russian Soviet Federated Socialist Republic"; Chistiakov, "Obrazovanie Rossiiskoi Federatsii, 1917–1920 gg."; Chistiakov, "Formirovanie RSFSR kak federativnoe gosudarstvo."

38　Carr, *Bolshevik Revolution*, I: 124–50, esp. 139.

39　"Odna iz ocherednikh zadach," *Pravda*, April 9, 1918, 見於 *Sochineniia*, IV: 74–8. 另見 "Organizatsiia Rossiiskoi federativnoi respubliki," *Pravda*, April 3 and April 4, 1918, 見於 *Sochineniia*, IV: 66–73. Stalin, *Works*, IV: 372.

40　伊薩貝拉・克萊恩德勒提出了這一看法，但她把它的發現和實際應用錯誤地歸於列寧：Kreindler, "A Neglected Source of Lenin's Nationality Policy."

41　*VIII s"ezd RKP (b)* [1959], 46–48, 77–81. 另見 Nenarokov, *K edinstvu ravnykh*, 91–2（拉齊斯），92–3（越飛）; and Slezkine, "USSR as a Communal Apartment," 420–1. 1917年以前，許多自由派人士也把建立聯邦的想法看作是烏托邦。參見 B. E. 諾爾德（B. E. Nolde）男爵的觀點，他的父親是波羅的海沿岸地區的德意志人，母親是烏克蘭人。1907至1917年，他幫助制定和實施了國家政策：Holquist, "Dilemmas," 241–73. 斯大林尋求的是一種中間立場，他重申了讓民族服從階級的要求，認為民族自決的口號應該從屬於社會主義原則。*Sochineniia*, IV: 158.

42　*VIII s"ezd RKP (b)* [1959], 55.

43　*VIII s"ezd RKP (b)* [1919], 343–4.

44　*VIII s"ezd RKP (b)* [1959], 425; *Izvestiia TsK KPSS*, 1989, no. 8: 177.

45　Davies, *White Eagle, Red Star*, 23.

46　De Gaulle, *Lettres*, II: 27–8（1919年5月23日，給他母親的信）。

47　1918年底，布爾什維克成立了不到1萬人的「西方面軍」。Kakurin, *Russkopol'skaia kampaniia 1918–1920*, 14. 大約在同一時期，一名德國將軍在拉脱維亞策劃了一場政變；芬蘭因為卡累利阿問題向俄國宣戰。

48　Debo, *Survival and Consolidation*, 191–212 (esp. 202), 191（引自 *DBFP*, I: 694, 696–8, 689–91, 710–5）; Davies, *White Eagle, Red Star*, 91; *Dokumenty i materialy po istorii sovetsko-pol'skikh otnoshenii*, II: 339–43.

795   49   Carley, "The Politics of Anti-Bolshevism."

50   Debo, *Survival and Consolidation*, 191–212 (esp. 202), 404, 406. 另見 Korbel, *Poland Between East and West*, 79–93.

51   Borzęcki, *Soviet-Polish Treaty of 1921*; Wandycz, *Soviet-Polish Relations*. 另見 D'Abernon, *The Eighteenth Decisive Battle of the World*. 1918 至 1922 年，波蘭軍隊同時打了六場戰爭：Pogonowski, *Historical Atlas of Poland*.

52   貝德克爾的《俄羅斯帝國指南》(1914) 説，「西部各省 (從前的波蘭王國)、波羅的海沿岸地區各省和芬蘭都保存了它們各自的民族習慣」，還説「嚴格意義的俄羅斯是從聖彼得堡經斯摩棱斯克和基輔到比薩拉比亞的這條線開始的」。事實證明這種看法有先見之明。Baedeker, *Russia, with Teheran*, xv.

53   V. I. Lenin, "Telegramma L. D. Trotskomu," *PSS*, LI: 145–6, February 27, 1919; Davies, *White Eagle, Red Star*, 98. Kostiushko, *Pol' sko-Sovetskaia voina*, I: 40, 43, 47; Blank, "Soviet Nationality Policy." 1920 年 3 月 17 日，一群由自由軍團和其他準軍事部隊組成的暴徒在保守的君主派分子沃爾夫岡‧卡普 (Wolfgang Kapp) 的領導下，試圖在德國舉行暴動；列寧打電報給斯大林，要求儘快剿滅克里米亞的白軍，「以便把我們的手完全騰出來，因為德國的國內戰爭可能會使我們必須向西運動，以幫助共產黨人」。卡普暴動失敗了，而在列寧看來，它似乎是科爾尼洛夫事件的重演，預示着革命會發生決定性的左轉。Lenin, *V. I. Lenin*, 330–1 (1920 年 3 月 17 日)；Adibekov and Shirinia, *Politbiuro TsK RKP (b)—VKP (b) i Komintern*, 39; *PSS*, XL: 235–6 (1920 年 3 月 29 日在黨的第九次代表大會上的講話), XL: 332 (1920 年 4 月 29 日). 另見 Balabanoff, *Impressions of Lenin*, 109–12; 以及 Buber-Neumann, *Von Potsdam nach Moskau*, 8.

54   Chamberlin, *Russian Revolution*, II: 301; Wandycz, *Soviet-Polish Relations*, 94–100; Borzęcki, *Soviet-Polish Treaty of 1921*, 27–9. 另見 Dziewanowski, *Joseph Piłsudski*. 為了支持自己對東部邊疆地區 (在波蘭語中是「kresy wschodnie」) 的領土要求，波蘭很快指出，1918 年夏天，布爾什維克宣佈廢除了帝俄的所有條約，其中包括那些讓瓜分波蘭合法化的條約。Horak, *Poland's International Affair*, doc. 223.

55   Reshetar, *The Ukrainian Revolution*, 301–2; Wandycz, *Soviet-Polish Relations*, 191–2; Palij, *The Ukrainian-Polish Defensive Alliance*.

56   *Pravda*, April 23, 1920. 在莫斯科的集會上，有個叫米哈伊爾‧奧利明斯基 (維季姆斯基) (Mikhail Olminsky〔Vitimsky〕) 的發言者——他長期以來一直崇拜列寧——回憶了列寧在革命前引起的怨恨。「列寧那時 (18 歲) 很有名，他熱衷權力、追求獨裁、拋棄社會民主運動中最優秀的老一輩領導人、批評所有人並與所有人開戰」，奧利明斯基強調説。之後他又説，列寧「在倡導非民主的組織原則和軍事組織原則方面是正確的」。Velikanova, *Making of an Idol*, 34 (引自 Bukov, *Nedorisovannyi portret, 1920*). 另見 Tumarkin, *Lenin Lives!*, 103.

57   Velikanova, *Making of an Idol*, 34 (引自 *Nedorisovannyi portret*, 1920).

58   RGASPI, f. 44, op. 1, d. 5, l. 11 (列寧在黨的第九次代表大會上的政治報告).

59   Borzęcki, *Soviet-Polish Treaty of 1921*, 63–8.

60 Trotskii, "Smert' pol'skoi burzhuazii" [1920年4月29日], 見於 *Kak vooruzhalas' revoliutsiia*, II: 91. 另見列寧在同一天對全俄玻璃瓷器業工人代表大會的講話：*PSS*, XL: 331–2.

61 Trotsky, *Stalin*, 328. 但另見 *Pravda*, May 6, 1920.

62 Stalin, "Novyi pokhod Antanty na Rossiiu," *Pravda*, May 25 and May 26, 1920; *Sochineniia*, IV: 319. 斯大林對波蘭民族主義的看法，另見 *Pravda*, March 14, 1923, 見於 *Sochineniia*, IV: 167.

63 Tiander, *Das Erwachen Osteuropas*, 137

64 Zamoyski, *Warsaw 1920*, 25–6.

65 Budennyi, *Proidennyi put'*, I: 245.

66 Kuz'min, *Krushenie poslednego pokhoda Antanty*, 133–5; Yiulenev, *Sovetskaia kavaleriia v boiakh za Rodinu*, 169–74.

67 Davies, *White Eagle, Red Star*, 120.

68 *Dirketivy glavnogo komandovaniia Krasnoi Armii*, 735

69 Kantor, *Voina i mir*, 13–36.

70 Rubtsov, *Marshaly Stalina*, 72–3 (V. N. 波斯托龍金〔V. N. Postoronkin〕的回憶，他後來加入了白軍).

71 他的介紹人之一是蘇維埃中央執行委員的秘書阿韋利·葉努基澤。V. O. Daines, "Mikhail Tukhachesvkii," *Voprosy istorii*, 1989, no. 10: day 41; Volkov, *Tragediia russkogo ofitserstva*, 314.

72 Easter, *Reconstructing the State*, 98, 引自 RGASPI, f. 124, op. 1, d. 302, l. 4.

73 Gul', *Krasnye marshaly*, 23. 在把高爾察克徹底消滅在西伯利亞的過程中，伊萬·斯米爾諾夫起到了關鍵作用。

74 *PSS*, LI: 206–8.

75 RGASPI, f. 17, op. 109, d. 74, l. 28.

76 Zamoyski, *Warsaw 1920*, 60.

77 *Sochineniia*, IV: 336–41; Mikhutina, *Pol'sko- Sovetskaia voina*, 182–3.

78 見於 Skvortsov- Stepanov, *S Krasnoi Armiei*, 78.

79 Budennyi, *Proidennyi put'*, II: 168–210.

80 1920年7月17日，L. D. 托洛茨基致 S. S. 加米涅夫，抄送 E. M. 斯克良斯基、列寧及中央委員會：Krasnov and Daines, *Neizvestnyi Trotskii*, 307.

81 Radek, *Voina pol'skikh belogvardeitsev protiv Sovetskoi Rossii*, 17; Karl Radek, "Pol'skii vopros i internatsional," *Kommunisticeskii internatsional*, 1990, no. 12: 2173–88; Zetkin, *Reminiscences of Lenin* (London: Modern Books, 1929), 20 (在隨後的幾個版本中刪掉了); Lerner, *Karl Radek*, 100–1; Carr, *Bolshevik Revolution*, III: 321. 事後看來，拉狄克隱瞞了分歧，站在了列寧一邊："Session of the Zentrale with the Representative of the Executive Committee for Germany, Friday, January 28, 1921," 載於 Drachkovitch and Lazitch, *The Comintern*, 285. 另見 Radek, *Vneshniaia politika sovetskoi Rossii*, 62.

82 *Pravda*, July 11, 1920; *Sochineniia*, IV: 324, 333, 336–41. 另見Ullman, *Anglo-Soviet Accord*, 166.

83 Hooker, "Lord Curzon and the 'Curzon Line,'" 137.

84 Borzęcki, *Soviet-Polish Treaty of 1921*, 79–82; Wandycz, *Soviet-Polish Relations*.

85 Meijer, *Trotsky Papers*, II: 228–31; Trotsky, *My Life*, 455–7. 7月12–13日，列寧讓人打電話給斯大林，要求瞭解斯大林對寇松照會的意見，並説：「我個人認為，這完全是一個騙局，是要兼併克里木，這一點已在照會中無恥地提出來了。他們想用騙人的諾言奪走我們到手的勝利。」*PSS*, LI: 237–8 (譯註：《列寧全集》第49卷，第462頁).

86 Babel, *1920 Diary*; Babel, *Konar-miia*.

87 Airapetian, *Legendarnyi Gai*, 51.

88 Pipes, *Unknown Lenin*, 85–8; Gerutis, *Lithuania*, 164–5; Debo, *Survival and Consolidation*, 222–3.

89 Senn, "Lithuania's Fight for Independence."

90 Airapetian, *Legendarnyi Gai*, 124.

91 Mikhutina, *Pol'sko-Sovetskaia voina*, 303–5 (AVP RF, f. 04, op. 32, d. 25, pap. 205, l. 30–1).

92 Meijer, *Trotsky Papers*, II: 228–31; Deutscher, *Prophet Armed*, 463–7.

93 *Izvestiia TsK KPSS*, 1991, no. 2: 117; *Dokumenty vneshnei politiki*, III: 47–53; Mikhutina, *Pol'sko- Sovetskaia voina*, I: 143, n1, 142–3.

94 *PSS*, LI: 240. 列寧打電報給在明斯克的溫什利赫特 (1920年7月15日)，問他是否認為「蘇維埃在波蘭有可能奪權」？溫什利赫特以迎合的口氣回答説，他「認為隨着我們大兵壓境，蘇維埃最近在波蘭奪權是完全可能的」，但是他也承認，他不能肯定波蘭國內何時會發生起義。Mikhutina, *Pol'sko-Sovetskaia voina*, 173–4; Golikov, *Vladimir Il'ich Lenin*, IX: 102. 布爾什維克的宣傳堅持認為這不是入侵。「向西推進的目的不是為了征服波蘭、德國和法國，而是為了和波蘭、德國、法國的工人聯合起來 —— 那是我們的主要目標，」《紅軍士兵報》對入侵的蘇俄士兵們解釋説，「之所以必須摧毀白色波蘭，是為了建立一個無產階級的波蘭，是為了讓紅旗飄揚在華沙上空。」引自 Wyszczelski, *Varshava 1920*, 67.

95 Golubev, *Direktivy glavnogo komandovaniia*, 643–4.

96 *Iz istoriii grazhdanskoi voiny v SSSR*, III: 326; Karaeva, *Direktivy komandovaniia frontov*, III: 225–6.

97 Karaeva, *Direktivy komandovaniia frontov*, III: documents 260, 227.

98 Borzęcki, *Soviet-Polish Treaty of 1921*, 87 (引自 RGASPI, f. 2, op. 1, d. 14673: Kamenev on July 13). 托洛茨基關於羅馬尼亞問題的便條，1920年7月17日。

99 Pipes, *Unknown Lenin*, 90–1; Kvashonkin, *Bol'shevistskoe rukovodstvo*, 148. 另見 Volkogonov, *Lenin: Life and Legacy*, 388 (引自 RGASPI, f. 2, op. 1, d. 348); Service, *Lenin*, III: 120.

100 1921年的統計數據表明，該城居民總數是79,792人，其中猶太居民是39,602人，佔總數的51.6%，而這個數據與之前相比被認為是下降了。波蘭人佔

46.6%，德意志人1.9%，俄羅斯人1.8%，白俄羅斯人0.8%。Bender, *Jews of Bialystok*, 18.

101 這個外來的革命委員會的主席是尤利安‧馬爾赫列夫斯基（Julian Marchlewski），他沒能與城裏的波蘭共產黨（有80名黨員）建立聯繫。Mikhutina, *Pol'sko-Sovetskaia voina*, 190.

102 Lerner, "Attempting a Revolution"; Kostiushko, *Pol'skoe biuro TsK RKP (b)*; *Materialy "Osoboi papki" Politbiuro TsK RKP (b)*; Ulam, *Expansion and Coexistence*, 109.

103 Skvortsov-Stepanov, *S Krasnoi Armiei*, 92–5. 斯克沃爾佐夫是目擊者，他實時記錄了自己的想法，強調當地的反猶情緒：「德佔期間，猶太人在鐵路工作。現在，比亞韋斯托克樞紐站的波蘭鐵路工人拒絕接納他們」（*S Krasnoi Armiei*, 29）。他沒有提到在紅軍到來之前以及進駐期間猶太人大批離開的情況、對波蘭人店舖和財產的剝奪，還有契卡解散猶太人的集體組織。Bender, *Jews of Bialystok*, 20（引自 Heschel Farbstein, *Invazja Bolszewicka a Zydzi: Zbior dokumentow* [Warsaw, 1921], I: 13–5）.

104 Davies, "Izaak Babel's 'Konarmiya' Stories," 847; Golubev, *Direktivy glavnogo komandovaniia*, 643–4, 649.

105 Zamoyski, *Warsaw 1920*, 64, 69. 另見 Putna, *K Visle i obratno*, 31.

106 Erickson, *Soviet High Command* [1962], 101.

107 *PSS*, LI: 248.

108 *Iz istorii grazhdanskoi voiny v SSSR*, III: 338–9; Karaeva, *Direktivy komandovaniia frontov*, III: 244–5; Naida, *O nekotorykh voprosakh*, 224.

109 Mikhutina, *Pol'sko-Sovetskaia voina*, 196; *Iz istorii grazhdanskoi voiny v SSSR*, III: 336. *Leninskii sbornik*, XXXVI: 115–6.

110 Budennyi, *Proidennyi put'*, II: 281.

111 奉命轉向克里米亞同弗蘭格爾作戰的葉戈羅夫，想帶上布瓊尼的騎兵。布瓊尼、伏羅希洛夫和米寧在給托洛茨基的電報中（8月10日），試圖找藉口要求撤銷讓他們轉歸西方面軍的命令（他們舉例説，補給問題越來越嚴重，情況十分危險）。在加米涅夫和圖哈切夫斯基通過直通電話進行的談話中，後者態度十分堅決：他想要得到第一騎兵集團軍。Kakurin and Melikov, *Voina s belopoliakami*, 504–6; Kuz'min, "Ob odnoi ne vypolnenoi direktive Glavkoma," 62.

112 Golubev, *Direktivy glavnogo komandovaniia*, 707–8.

113 圖哈切夫斯基和加米涅夫在8月9日午夜左右通過直通電話聯繫時，在波蘭軍隊主力的位置問題上產生了分歧：圖哈切夫斯基認為在布格河的北面，加米涅夫認為在布格河的南面。Golubev, *Direktivy glavnogo komandovaniia*, 650–2.

114 Brown, "Lenin, Stalin and the Failure."

115 Golubev, *Direktivy glavnogo komandovaniia*, 709–10; Karaeva, *Direktivy komandovaniia frontov*, III: 258–9（葉戈羅夫與加米涅夫8月18日午夜剛過時用直通電報進行的談話）.

116 Tucker, *Stalin as Revolutionary*, 205.

117 Trotsky, *Stalin*, 329. 有文獻已經注意到這一點：Seaton, *Stalin as Military Commander*, 72.

118　Budennyi, *Priodennyi put'*, II: 204, 294.

119　Egorov, *L'vov-Varshava*, 97; Naida, *O nekotorykh voprosakh*, 226. 需要注意的是，8月12日那天，列寧表示諒解，並給斯克良斯基寫道：「是否需要指示斯米爾加，應（在糧食收完之後）徵集**所有的**成年男子入伍？需要。既然布瓊尼在南方，就得**加強**北方。」（譯註：《列寧全集》第49卷，第499–500頁）Naida, *O nekotorykh voprosakh*, 228; Golubev, *Direktivy glavnogo komandovaniia*, 615. 最終，在最高總司令的堅持下，葉戈羅夫聽從了命令，但作為委員的斯大林卻拒絕共同簽署葉戈羅夫調動第一騎兵集團軍的命令，結果布瓊尼選擇不接受命令。

120　Volkogonov, *Triumf i tragediia*, I/i: 103（引自RGVA, f. 104, op. 4, d. 484, l. 11）.

121　Davies, *White Eagle, Red Star*, 217; Budennyi, *Priodennyi put'*, II: 191–339; Egorov, *L'vov-Varshava*, 26–7. 參見Gerasimov, First Cavalry Army, vol. I, between 288–9.

122　引自von Riekhoff, *German-Polish Relations*, 30.

123　Golubev, *Direktivy glavnogo komandovaniia*, 655; RGASPI, f. 5, op. 1, d. 2136（維克托·科普〔Victor Kopp〕致列寧，1920年8月19日）; Borzęcki, *Soviet-Polish Treaty of 1921*, 86; Himmer, "Soviet Policy," 672; Pipes, *Russia Under the Bolshevik Regime*, 189–90.

124　代表是217人，來自36個國家，其中的169名代表有表決權：Riddell, *Workers of the World*, I: 11.

125　*PSS*, XLI: 219.

126　*Kommunisticheskii trud*, July 29, 1920; Farbman, *Bolshevism in Retreat*, 137. 對共產國際第二次代表大會的帶有浪漫色彩的看法，參見Carr, *Bolshevik Revolution*, III: 196.

127　Pipes, *Russia Under the Bolshevik Regime*, 177; Degras, *Communist International* [London], I: 111–13.

128　F. Isserson, "Sud'ba polkovodtsa," *Druzhba naorodov*, 1988, no. 5: 184, 187.

129　Golubev, *Direktivy glavnogo komandovaniia*, 662.

130　*PSS*, LI: 264.

131　*PSS*, LI: 266–7; Meijer, *Trotsky Papers*, II: 260–1.

132　Debo, *Survival and Consolidation*, 243（引自Lloyd George Papers, F/203/1/ 9, F/203/1/10, August 24）.

133　Putna, *K Visle i obratno*, 242. 在（兩次）請辭都被自己的同事拒絕之後，波蘭元帥開始了贖罪行動；在處於有利局面的關鍵時刻，一支紅軍暫時失去了無線電聯繫；圖哈切夫斯基卻沒有當回事；在一名波蘭戰俘那裏找回皮爾蘇茨基作戰計劃的副本；所有這些都一樣荒唐。

134　Borzęcki, *Soviet-Polish Treaty of 1921*, 95.

135　Brown, "Lenin, Stalin and the Failure," 43; Karaeva, *Direktivy komandovaniia frontov*, IV: 180–2; Meijer, *Trotsky Papers*, II: 240; Melikov, *Srazhenie na Visle*, 125–7.「前線這場災難的禍根早就埋下了，」一名指揮官向托洛茨基報告説，「在這次〔華沙〕行動中，波蘭軍隊的數量超過我們三倍，有些地方超過六倍。」Simonova, "Mir i schast'e na shtykakh," 63（引用了N. 穆拉諾夫〔N. Muranov〕的話）.

136 *Kratkaia istoriia grazhdanskoi voiny v SSSR*, 444. 謝爾蓋‧古謝夫接替斯大林擔任西南 　　797
　　方面軍革命軍事委員會委員職務。

137 Sumbadze, *Sotsial'no-ekonomicheskie predposylki pobedy Sovetskoi vlasti*, 211（米高揚致列
　　寧）, 212（當地代表致斯大林）; *Grazhdanskaia voina v SSSR*, II: 330.

138 Meijer, *Trotsky Papers*, II: 147（托洛茨基致列寧和契切林, 1920年4月20日）.

139 Reissner, *Oktober*, 163–5. 奧爾忠尼啟則參加過1906至1911年在伊朗北部大不里士
　　的起義。

140 蘇俄人把庫丘克看作是民族主義分子，而不是共產主義者。*Izvestiia*, June 16, 1920
　　（沃日涅先斯基）; *Krasnaia gazeta*, June 20, 1920（蘇丹—加利耶夫）.

141 Zabih, *Communist Movement in Iran*, 18; Lenczowski, *Russia and the West in Iran*, 9–10,
　　52–9; *Komintern i Vostok*, 75; Chaquè ri, *The Soviet Socialist Republic of Iran*, 166–213.
　　為了傳播革命，蘇丹—加利耶夫想要在東部有一個獨立的共產國際和一支穆斯
　　林紅軍，同時把阿塞拜疆作為跳板。亞美尼亞共產黨人也希望把伊朗蘇維埃
　　化。阿塞拜疆黨的領導人納里曼‧納里馬諾夫（Nariman Narimanov）表示反對，
　　因為他認為伊朗的左翼力量薄弱，主張與資產階級民族主義分子維持反帝同盟
　　關係。

142 Volodarskii, *Sovety i ikh iuzhnye sosedi Iran i Afganistan*, 67–72.

143 Chaquè ri, *The Soviet Socialist Republic of Iran*, 214–75.

144 奧爾忠尼啟則和斯塔索娃幫助組織了此次大會。Gafurov, *Lenin i natsional'no-
　　osvoboditel'noe dvizhenie*, 77.

145 季諾維也夫在別的地方承認，出席大會的代表多數是黨外人士。Carr, *Bolshevik
　　Revolution*, III: 2 ernatsional, November 6, 1920）. 另見 61, n1（citing *Kommunisticheskii
　　int Fischer, Soviets in World Affairs*, I: 283–4.

146 Riddell, *To See the Dawn*, 45–52, 231–2.

147 *Congress of the Peoples of the East. Baku, September 1920: Stenographic Report*, 21–3.

148 「穆斯塔法‧凱末爾的運動是民族解放運動，」有位土耳其代表在巴庫說，「我們
　　支持它，但是，一旦與帝國主義的鬥爭結束了，我們相信這種運動就會轉向社會
　　革命。」*Pervyi s"ezd narodov vostoka*, 159.

149 季諾維也夫草率地號召對英帝國主義發動聖戰，本有可能造成事與願違的後
　　果：它會把布爾什維克捲入到一場大範圍的戰爭中，因為莫斯科控制不了穆斯林
　　聖戰分子，同時卻聽任泛突厥民族主義者和其他人追求自己的政治議題。Blank,
　　"Soviet Politics," 187.

150 Smith, "Stalin as Commissar for Nationality Affairs," 58; Smith, *Bolsheviks and the
　　National Question*, 32–4.

151 Trotsky, *Stalin* [1968], 255–62.

152 1921年，列寧對另外一位工作人員阿道夫‧越飛寫道：「『機遇』使他〔斯大林〕
　　在三年半來實際上從未擔任工農檢查人民委員，也沒有擔任民族事務人民委
　　員。」*PSS*, LII: 99–101. 斯蒂芬‧布蘭克根本沒有對擁有差不多資源的人民委員部
　　的運行情況做過比較，卻斷言斯大林想讓民族事務人民委員部運轉不下去，以免

讓少數民族共產黨人擁有一個強大的工具，追求他們自己的議題。Blank, *Sorcerer as Apprentice*, 53, 64, 223–4.

153 Filomonov, *Obrazovanie i razvitie RSFSR*, 163. 1919年7月，民族事務人民委員部部務委員會甚至建議自我解散，但人民委員會沒有同意。與此同時，有些省的蘇維埃已經關閉了轄區內民族事務人民委員部的分支機構。Smith, *Bolsheviks and the National Question*, 33（引自 GARF, f. 1318, op. 1, d. 2, l. 104）. 另見 Makarova, *Narodnyi Komissariat*. 斯大林後來繼續游說列寧，說「我堅持要求撤銷（因為在共和國聯盟成立之後，我們不需要民族事務人民委員部了）」，但列寧在斯大林的便條上寫道：「民族事務人民委員部對於滿足少數民族來說是必要的」。APRF, f.3, op. 22, d. 97, l. 136–7, 137ob., Hoover Institution Archives, Volkogonov papers, container 23.

154 Gizzatullin and Sharafutdinov, *Mirsaid Sultan-Galiev*, 386.

155 Gizzatullin and Sharafutdinov, *Mirsaid Sultan-Galiev*, 52.

156 Togan, *Vospominaniia*, 197. 內戰時期，斯大林還寫過另外幾篇關於民族問題的文章，並且常常是以一種拉攏的口氣。例如，在《消息報》（1919年2月22日）上，他重複了列寧兩個陣營的比喻，把世界分成「帝國主義陣營和社會主義陣營」，「美國和英國，法國和日本」屬於第一陣營，「蘇維埃俄國和一些年輕的蘇維埃共和國以及歐洲各國日益增長的無產階級革命」屬於第二陣營。斯大林相信帝國主義的「必然滅亡」，相信歐洲革命的成功具有最大的可能性，但他也指出，社會主義革命的「吼聲」在「被壓迫的東方各國發出了迴響」。（譯註：《斯大林全集》第4卷，第206–209頁）轉載於 Eudin and North, *Soviet Russia and the East*, 45–6.

157 Togan, *Vospominaniia*, 199, 229–30, 256.

158 1920年1月2日，由蘇丹—加利耶夫領導的東部各民族共產黨組織中央局向托洛茨基遞交了一份請願書，要求將斯大林從內戰前線召回，那樣他就可以「直接監督蘇維埃政權在東部的內部民族政策和對外政策」，以平息不滿、消除混亂。他們寫道：朱加什維利作為高加索人和民族問題專家，在東部人當中擁有「巨大的威信」。RGASPI, f. 17, op. 109, d. 76, l. 1–1ob.

159 Schafer, "Local Politics," passim. 另見 Pipes, "First Experiment"; Zenkovsky, "The Tataro-Bashkir Feud"; Zenkovsky, *Pan-Turkism*, 161–9; 以及 Blank, "Struggle for Soviet Bashkiria."

160 Togan, *Vospominaniia*, 193.

161 關於巴什基爾人，參見 Steinwedel, "Invisible Threads of Empire."

162 即使斯大林在1918年沒有阻止成立大韃靼里亞，它在需要得到巴什基爾人效忠的內戰的緊急狀態中也難以生存下來。1918年3月要求成立韃靼—巴什基爾共和國的命令到1919年12月才正式取消。Iuldashbaev, *Obrazovanie Bashkirskoi Avtonomnoi Sovetskoi Sotsialisticheskoi Respubliki*, 423.

163 Schafer, "Local Politics," 165–90.

164 Schafer, "Local Politics," 176（引自 GARF, f. 1318, op. 1, d. 45, l. 9, 44; RGASPI, f. 17, op. 65, d. 22, l. 218）; Togan, *Vospominaniia*, 293; Sultan-Galiev, *Stat'i, vystupleniia, dokumenty*, 437.

165 Schafer, "Local Politics," 176; Kul'sharipov, *Z. Validov*, 128–39（瓦利季致斯大林，1919年5月）; Murtazin, *Bashkiriia i bashkirskie voiska*, 207–11; Togan, *Vospominaniia*, 292– 5.

166 Togan, *Vospominaniia*, 250–1.

167 Togan, *Vospominaniia*, 251.

168 *Izvestiia*, May 20 and May 29, 1920; *Pravda,* May 29, 1920; *Politika Sovetskoi vlasti*, 101– 2; Batsell, *Soviet Rule in Russia*, 142.

169 Smith, *Bolsheviks and the National Question*, 47–8（引自 RGASPI, f. 17, op. 3, d. 68, l. 4）.

170 Magerovskii, *Soiuz Sovetskikh Sotsialisticheskikh Respublik*, 16n; Pipes, *Formation of the Soviet Union*, 247.

171 Rorlich, *Volga Tatars*, 137–8, 146–9.

172 *TsK RKP (b)—VKP (b) i natsional'nyi vopros*, 42–3 (RGASPI, f. 17, op. 112, d. 100, l. 83– 83ob, 4).

173 據説斯大林在1919年對自己的副手謝苗‧迪曼施泰因（Semyon Dimanshtein）説過：「蘇丹—加利耶夫長期斜着眼睛看我們，只是最近才老實了一點。」Blank, "Struggle for Soviet Bashkiria."

174 Dakhshleiger, *V. I. Lenin*, 186–7; Murtazin, *Bashkiria i Bashkirskie voiska*, 187–8; *Proletarskaia Revoliutsiia*, 1926, no. 12: 205–7; Zenkovsky, *Pan-Turkism*, 205–6.

175 Togan, *Vospominaniia*, 265–7.

176 Togan, *Vospominaniia*, 267–9. 瓦利季後來在1922年底寫信請求赦免；魯祖塔克同斯大林商量，斯大林表示同意，條件是瓦利季公開聲明放棄自己的主張，並在巴斯馬赤當中鼓動放下武器。據説從瓦利季那裏沒有再收到甚麼消息。*Tainy natsiona'noi politiki TsK RKP*, 93. 在同蘇俄人打了幾年之後，瓦利季先是移居伊朗，後來又到了土耳其，他在那裏採用的姓是托安（Togan）。

177 Bailey, *Mission to Tashkent*, 119–21. 這個叫做奧西波夫（Osipov）的陸軍人民委員逃到了伊朗。

178 *Zhizn' natsional'nostei*, March 2, 1919; *Sochineniia*, IV: 230–1.

179 Marshall, "Turkfront."

180 Frank, *Bukhara*.

181 *Dokumenty vneshnei politiki*, II: 657 (RGASPI, f. 2, op. 1, d. 14345, l. 13).

182 Eleuov, *Inostrannaia voennaia interventsiia*, II: 513 (RGASPI, f. 2, op. 1, d. 14884, l. 1).

183 Litvak and Kuznetzov, "The Last Emir of Noble Bukhara and His Money." 另見 Becker, *Russia's Protectorates*, 273–95.

184 Genis, "S Bukharoi nado konchat'," 39–44, 49–56. Frunze: *Istochnik*, 1994, no. 5: 38–48.

185 Kvashonkin, *Bol'shevistskoe rukovodstva*, 245, n2 (RGASPI, f. 5, op. 2, d. 315, l. 83: Chicherin to Molotov).

186 *Gvardeitsy Oktiabria*, 269 (RGASPI, f. 124, op. 1, d. 1474, l. 3–5: 1928年的自傳材料); Beatty, *Red Heart of Russia*, 134–5. 彼得斯的妻子是英國人，所以他講的英語帶有倫敦口音。

798

187 彼得斯給莫斯科寫道：「我認為應該調查，讓那些沒有採取措施防止這些暴行的
人負責。」Genis, "S Bukharoi nado konchat'," 49.

188 Genis, "S Bukharoi nado konchat'," 39–49（引自 RGASPI, f. 76, op. 3, d. 234, l. 5; d.
357, l. 1）；Plekhanov and Plekhanov, *F. E. Dzerzhinskii,* 596 (RGASPI, f. 76, op. 3, d.
357, l. 1: to Zinovy Katznelson, March 14, 1925).

189 Urazaev, *Turkestanskaia ASSR.*

190 Schapiro, "General Department."

191 *Istoricheskii arkhiv,* I (1992): 14–29, 譯文見於 Pipes, *Unknown Lenin,* 94–115（派普斯
把日期弄錯了）. 另見 Westad, *Global Cold War,* 46. 在1972年發表的黨的第九次代表
大會的速記記錄中，列寧的講話被刪掉了。

192 Service, *Lenin,* III: 140–5.

193 *Pravda,* September 29, 1920.

194 *IX konferentsiia RKP (b),* 34–6（拉狄克）, 60–2（斯大林）, 75–9（托洛茨基）, 82（斯大
林）, 372–3, n18. 另見 Trotsky, *Stalin,* 327–8; Tucker, *Stalin as Revolutionary,* 203.

195 「我們有勇無謀的先頭部隊，以為勝利在望，」列寧私下裏對德國共產黨人克拉
拉‧蔡特金說，「沒有任何人員和彈藥的補充，甚至沒有足夠的乾麵包」，他們
只好去勒索「波蘭農民和市民」，結果「波蘭農民和市民」「把紅軍士兵視為敵人，
而不是兄弟和解放者」。Zetkin, *Vospominaniia o Lenine,* 18–9; Zetkin, *Reminiscences of
Lenin,* 20. 蔡特金在1924年首次出版了這些回憶錄。另見 *Pravda,* October 9 and
October 10, 1920. 很快，列寧在黨的第十次代表大會上說：「在我們的進攻中，我
們推進得太快——幾乎推進到華沙了；這毫無疑問是一個錯誤。我現在不想分
析它是否是一個戰略性或政治性的錯誤，因為這樣會使我離題太遠。我想這會
是未來歷史學家要做的事情。」V. I. Lenin, "Otchet o politicheskoi deiatel'nosti TsK
RKP (b)" [1921年3月8日], 見於 *PSS,* XLIII: 11.

196 Davies, *White Eagle, Red Star,* 208–10.

197 即使圖哈切夫斯基沒有被波蘭人趕出華沙，就像皮爾蘇茨基被趕出基輔一樣，難
道英國和法國會袖手旁觀，任由波蘭被蘇維埃化？

198 紅軍士兵們聽蘇俄鼓動人員說自己是「解放者」，但他們發現迎接自己的是波蘭
工人的滿腔怒火。Putna, *K Visle i obratno,* 137–8; Carr, *Bolshevik Revolution,* III: 215,
n2; Mikhutina, *Pol'skaia-Sovetskaia voina,* 191–5.

199 「1920年，還有1921年的部分時期，」一個匿名的波蘭共產黨人後來回憶說，黨
是「在對革命發展速度的幻想中」工作的。Dziewanowski, *Communist Party of Poland,*
95（引自 K., "Poland," *Communist International,* 1924, no. 1）.

200 布爾什維克在比亞韋斯托克/別洛斯托克的存在從1920年7月28日持續到8月22
日。就如當時一個熱情的目擊者記錄的，「波蘭革命委員會到來時帶了很少的工
作人員。赤色波蘭在工作中會及時招募新人」。Skvortsov-Stepanov, *S Krasnoi
Armiei,* 47.

201 Lerner, "Poland in 1920," at 410（尤利安‧馬爾赫列夫斯基）. 另見 Suslov, *Politicheskoe
obespechenie sovetsko-pol'skoi kampanii.*

202 在1920年秋天與德國共產黨人克拉拉‧蔡特金的談話中，列寧承認：「波蘭發生
的事情也許是注定要發生的……受到皮爾蘇茨基和〔副總理伊格納齊‧〕達申斯
基追隨者欺騙的農民和工人，保衛了他們的階級敵人，讓我們勇敢的紅軍士兵被
餓死，把他們引進埋伏圈然後殺害他們。」Zetkin, *Vospominaniia o Lenine*, 18–9;
Zetkin, *Reminiscences of Lenin*, 20. 另見 *Pravda*, October 9 and October 10, 1920.

203 Lerner, "Poland in 1920." 萊納錯誤地認為圖哈切夫斯基根本沒有下達向華沙進軍
的命令。但他當然是下了命令：Mel'tiukhov, *Sovtesko-pol'skie voiny*, 74.

204 Tukhachevskii, *Pokhod za Vislu*, chapter 3, translated in Piłsudski, *Year 1920* (New York:
Piłsudski Institute of New York, 1972), at 242–4. 後來各版刪掉了「來自國外的革命」
一章。

205 他話裏有話地寫道，「由於一系列未曾料到的原因，大本營想把西南方面軍在盧
布林突出部的主力重新編組，但這一努力沒有成功」。Tukhachevskii, *Izbrannye
proizvedennye*, I: 154.

206 Shaposhnikov, *Na Visle*. 另見 McCann, "Beyond the Bug."

207 許多傳記作者都採取了斯大林抗命這條線索。Tucker, *Stalin as Revolutionary*, 203–5.
早期的一個例外是 Ulam, *Stalin*, 188–9. 列寧的門徒們為了保護他的名聲而犧牲了
斯大林。「到底誰會從利沃夫到華沙去！」根據邦契—布魯耶維奇的一句顯然是
編造的引文中，列寧說道。*Na boevykh postakh*, 283.

208 Kantor, *Voina i mir*, 206, 引自 Tukhachesvsky's "zapiski o zhizni" (1921年9月9日), 見
於他在警方那裏的卷宗：TsA FSB, ASD no. R-9000.

209 Lewis and Lih, *Zinoviev and Martov*.

210 Fischer, *Stalin and German Communism*, 146 (引自 Zinoviev, *Zwölf Tage*, 74).

211 Angress, *Stillborn Revolution*, 71–2; Carr, *Bolshevik Revolution*, III: 217–20; Debo, *Survival
and Consolidation and Survival*, 308–9; Weitz, *Creating German Communism*, 98.

212 Broué, *German Revolution*, 502.

213 後來，蘇俄方面宣稱，比薩拉比亞的蘇俄領土被羅馬尼亞人佔領。美國和日本
沒有批准該條約。1924年，作為回應，蘇聯在烏克蘭德涅斯特河的左岸成立了
一個摩爾多瓦蘇維埃社會主義自治共和國。

214 Wyszczelski, *Varshava 1920*, 256.

215 Mel'tiukhov, *Sovtesko-pol'skie voiny*, 104–5.

216 Lenin, "Nashe vneshnee i vnutrennee polozhenie i zadachi partii," *PSS*, XLII: 17–38 (第
22頁，1920年11月21日在俄共〔布〕莫斯科省代表會議上的講話). 799

217 Piłsudski, *Year 1920*, 222.

218 *Pravda*, November 7.

219 Davatts and L'vov, *Russkaia armiia na chuzhbine*, 7. 弗蘭格爾聲稱有16萬名士兵：
Hoover Institution Archives, Maria Dmitrevna Vrangel' Collection, box 145, folder 28.

220 Zarubin, *Bez pobeditelei*; A. L. Litvin, "VChK v sovremennoi istoricheskoi literatury," 見
於 Vinogradov, *Arkhiv VChK*, 51–70 (第59頁). 葉菲姆‧葉夫多基莫夫是南方面軍
特別部的首領。

221 Chamberlin, *Russian Revolution*, II: 431.

222 Kalyvas, *Logic of Violence*, 389.

223 Shklovsky, *Sentimental Journey*, 208.

224 Osipova, *Klassovaia bor'ba v derevene*, 315, 317, 321; Abramovitch, *Soviet Revolution*, 143–5; Iarov, "Krest'ianskoe vol'nenie na Severo-Zapade Sovetskoi Rossii," 134–59; Arthur Adams, "The Great Ukrainian Jacquerie," 見於 Hunczak, *The Ukraine,* 247–70; Graziosi, *Bol'shevikii i krest'iane na Ukraine*; Arshinov, *Istoriia makhnovskogo dvizheniia*; Danilov, *Nestor Makhno*; Aleshkin and Vasil'ev, *Krest'ianskie vosstaniia*; Raleigh, *Experiencing Russia's Civil War.*

225 *Novaia zhizn'*, March 26, 1918: 4 and April 19, 1918: 4, 見於 Bunyan and Fisher, *Bolshevik Revolution*, 664; *Pravda*, March 17, 1918.

226 Graziosi, "State and Peasants," 65–117 (at 76–7, 87).

227 Landis, *Bandits and Partisans*; Danilov, *Krest'anskoe vosstanie*. 以前的研究包括 Singleton, "The Tambov Revolt"; Radkey, *Unknown Civil War*; 以及 Delano DuGarm, "Local Politics and the Struggle for Grain in Tambov, 1918–1921," 見於 Raleigh, *Provincial Landscape*, 59–81.

228 Baranov, *Krest'ianskoe vosstanie*, 79.

229 Aptekar', "Krest'ianskaia voina," 50–55 (引自 GARF, f. 6, op. 12, d. 194; f. 235, op. 2, d. 56, l. 6: Shikunov).

230 *X s"ezd* [1921], 231.

231 Shishkin, *Sibirskaia Vandeia*, II: 128.

232 Litvin, *Krasnyi i belyi terror*, 379 (1921年2月13日).

233 Landis, *Bandits and Partisans*, 165–6.

234 「國內外局勢已經惡化，必須扭轉這種局勢。」列寧在1921年2月24日對莫斯科黨組織說。「同波蘭至今尚未簽訂和約，在國內，盜匪活動日益猖獗，富農暴動多次發生。糧食及燃料情況大為惡化。」他把原因歸於社會革命黨人的影響，「他們的主要力量在國外；每年春天他們都夢想推翻蘇維埃政權。」Lenin, *Collected Works*, 42: 272–3 (譯註：《列寧全集》第40卷，第355–356頁).

235 Maslov, *Rossiia posle chetyrekh let revoliutsii*, II: 133.

236 *Pravda*, February 12, 1921.

237 列寧收到波羅的海沿岸地區工廠的九點決議：「一、打倒統治着俄羅斯社會主義共和國的共產主義和共產黨政權，因為它沒有實現俄羅斯蘇維埃社會主義共和國大多數勞動人民的利益。二、蘇維埃政權，也就是說，將會實現俄羅斯蘇維埃社會主義共和國勞動人民利益的政權萬歲……」等等。工人要求的是一個不流血的國家，並在決議最後高呼「真理萬歲，在自由的社會主義共和國中言論和新聞自由萬歲」。RGASPI, f. 2, op. 2, d.561, l. 40.

238 "Doklad nachal'nika 1-go spetsial'nogo otdela VChK Fel'dmana v osobyi otdel VChK" [December 10, 1920], 見於 Avrich, *Kronstadt, 1921*, 19–23. 2月28日，在喀琅施塔得問題上，莫斯科的政治局決定採取強硬立場。契卡副主席克謝諾豐托夫在命令中說：「社會革命黨和孟什維克分子利用工人對生活條件艱苦所產生的本能的不

滿情緒，試圖煽動起有組織的、席捲全國的反對蘇維埃政權和俄國共產黨的罷工運動。」Prikaz VChK, " 'Ob usilenii bor'by s konterrevoliutsiie," 見於 Avrich, *Kronstadt, 1921,* 36–7.

239　*Izvestiya Vremennogo revoliutsionnogo komiteta matrosov, krasnoarmeitsev i rabochikh,* March 3, 1921; Avrich, *Kronstadt, 1921,* 50–1; *Kronstadskaia tragediia,* 114–5; Getzler, *Kronstadt,* 205–45 (esp. 213– 4). 據說在聯邦安全局檔案館中收藏了三百多卷關於喀琅施塔得的檔案文件，這些是從包括契卡自身在內的許多機構和出版物中收集的：*Kronstadtskaia tragediia,* I: 30. 流亡巴黎的帕維爾・米留可夫給喀琅施塔得的口號是「沒有共產黨人的蘇維埃」，那原本是蘇維埃為防備水兵而作的宣傳，並且一再使用。*Poslednie novosti,* March 11, 1921.

240　*Pravda,* March 3, 1921; *Kronstadtskaia tragediia,* I: 130–1. 托洛茨基在3月1日那天抱怨說，自己無法獲得有關喀琅施塔得事態發展的可靠情報。第二天，季諾維也夫、加里寧和拉舍維奇打電話給托洛茨基的助手格魯申：「我們現在確信，在喀琅施塔得發生的一系列事件是要準備暴動……我們需要你們的幫助。」他們要求得到裝甲車和可靠的部隊(在用電報發出這些內容時，這幾個字被刪掉了)。Avrich, *Kronstadt, 1921,* 59. 在15人的革命委員會中，根本沒有從前的沙皇軍官，但有一些軍官受邀幫助制訂喀琅施塔得的防禦計劃。

241　Avrich, *Kronstadt, 1921,* 60, 68.

242　*Kronstadtskaia tragediia,* I: 215; Brovkin, *Behind the Front Lines,* 396–7. 被扣為人質的包括科茲洛夫斯基的所有親屬(27人，包括他的妻子和孩子)和佩特里琴科的所有親屬(包括沒有親屬關係而只是與他同名的人)。

243　Trotskii, *Kak vooruzhalas' revoliutsiia,* III/ i: 202; Berkman, *Kronstadt,* 31–2. 報紙主編 A. 拉馬諾夫 (A. Lamanov) 後來也被處決。在喀琅施塔得 2,680 名共產黨員和候補黨員中，至少有 900 人退黨，許多人要求在報紙上發表他們的退黨聲明。

244　Krasnov and Daines, *Neizvestnyi Trotskii,* 339–41.

245　*Kronstadskaia tragediia,* I: 287.

246　Krasnov and Daines, *Neizvestnyi Trotskii,* 345.

247　讓圖哈切夫斯基震驚的是，有一個被認為絕對可靠的西伯利亞步兵師，是他特意選來執行任務的，竟然拒絕鎮壓水兵。「如果27師不願意幹，」政權的某位官員在3月14日表示，「那就沒有人願意幹了。」3月15日，革命法庭將許多不服從命令的士兵判處死刑，報紙報道了這個消息。Avrich, *Kronstadt, 1921,* 188 (V. Nasonov); Minakov, *Sovetskaia voennaia elita,* 269.

248　*X s'ezd,* 750–65.

249　*Sotsialistickeskoe stroitel'stvo SSSR,* 2–3; Gladkov, *Sovetskoe narodnoe khoziaistvo,* 151, 316, 357; Klepikov, *Statisticheskii spravochnik po narodnomu khoziaistvu,* 26 (table 8); S. G. Wheatcroft, "Agriculture," 見於 Davies, *From Tsarism to the New Economic Policy,* at 94.

250　RGASPI, f. 17, op. 109, d. 6, l. 80.

251　Gimpel'son, *Sovetskii rabochii klass,* 80–2; Selunskaia, *Izmeneniia sotsial'noi struktury sovetskogo obshchestva,* 258. 迪亞娜・肯克護諷說：「當布爾什維克的領導人看到支

持率下滑的時候，他們不是改變態度，而是怪罪支持者在肉體上消失了。」Diane Koenker, "Introduction: Social and Demographic Change in the Civil War," 載於 Koenker, *Party, State, and Society*, at 51.

252 Chamberlin, *Russian Revolution*, II: 431–6; Carr, *Bolshevik Revolution*, I: 197–200.

253 *XX s"ezd*, 98 (Rafail); Pavliuchenkov, *"Orden mechenostsev,"* 37–48.

254 Lenin, *Collected Works*, 32: 41, 43, 52, 86.「把這些分歧交給黨內作廣泛的討論和交給黨的代表大會，是一個大錯」，他斷言，因為爭論顯露出「黨生病了」。Harding, "Socialist, Society, and the Organic Labour State," 33.

255 *X s"ezd* [1921], 1; *X s"ezd* [1933], 4. 工人反對派提交了他們自己的決議以供考慮（這是最後一次由組織以外的人提交決議），但是沒有對這些決議進行表決。

256 Lenin, *Collected Works*, 32: 206.

257 *X s"ezd* [1921], 207; *X s"ezd* [1933], 380–1. 在同一次演講裏一段經常被人斷章取義地引用的話中，列寧還說——他是指托洛茨基的勞動軍動員活動，「我們無論如何必須先說服，然後再強制。我們沒有能夠說服廣大群眾……」（譯註：《列寧全集》第41卷，第47頁）*X s"ezd* [1921], 208; *X sezd* [1933], 382.

258 該條約恰好是列寧親自簽署的。Carr, *Bolshevik Revolution*, I: 386; Arthur Adams, "The Great Ukrainian Jacquerie," 載於 Hunczak, *The Ukraine,* 247–70 (at 260).

259 Borys, *Sovietization of the Ukraine*. 另見 Wolfe, "The Influence of Early Military Decisions."

260 Magerovsky, "The People's Commissariat," I: 179–84.

261 "Ob ocherednykh zadachakh partii v natsional'nom voprose: tezisy k X s"ezdu RKP (b)," *Pravda*, February 10, 1921, 見於 *Sochineniia*, V: 15–29 (at 21–2). 外交人民委員格奧爾吉·契切林反對斯大林的提綱，聲稱斯大林把民族國家和多民族國家一分為二的觀點是過時的，因為現在由於帝國主義和全球性金融實體的影響，已經出現了超民族國家。因此，鬥爭不是強國與弱國、獨立國家與殖民地國家之間的鬥爭，而是革命的工人階級與超民族的資本主義托拉斯之間的鬥爭。Chicherin, "Protiv tezisov Stalina," *Pravda*, March 6, 8, 9, 1921.

262 Borys, *Sovietization of the Ukraine*, 343.

263 *X s"ezd* [1933], 184–91, *Sochineniia*, V: 33–44.

264 *X s"ezd* [1933], 191–2; *X s"ezd* [1963], 187.

265 *X s"ezd* [1933], 192–205; *X s"ezd*, [1921], 189–96. 這一大膽的說法——不是黨製造了突厥斯坦的革命，而是相反——成了他同年出版的一本書的基礎。Safarov, *Kolonial'naia revoliutsiia*, 最初是作為一篇短文發表於 *Kommunisticheskii Internatsional*, 1920, no. 14: 2759–2768. 薩法羅夫這人卓爾不群：曾經與列寧一起乘坐鉛封列車回國；1919年9月在列昂季耶夫大街的莫斯科黨組織遭到炸彈恐怖襲擊時受過傷。在與黨的突厥斯坦局負責人托姆斯基發生爭執之後，薩法羅夫和托姆斯基都被召回。

266 *X s"ezd* [1933], 210.「有必要……考慮並適應當地的情況」，米高揚在黨的第十次大表大會上說。Massell, *Surrogate Proletariat*, 44.

267 *X s"ezd* [1933], 214.

268 *X s"ezd* [1933], 214–7; *Sochineniia*, V: 45–9.

269 *X s"ezd* [1933], 573–83, 749; *Vsesoiuznaia Kommunisticheskaia Partiia (b) v rezoliutsiiakh* [5th ed.], I: 393.

270 RGASPI, f. 4, op. 2, d. 527, l. 38 (達尼舍夫斯基), f. 17, op. 84, d. 200, l. 18; Pavliuchenkov, *Krest'ianskii Brest*, 261.

271 *X s"ezd* [1921], 327; *X s"ezd* [1933], 856–7; *Izvestiia*, March 23, 1921.

272 *X s"ezd* [1921], 222; *X s"ezd* [1933], 406.

273 Malle, *Economic Organization of War Communism*, 446–7 (奧辛斯基).

274 Sakharov, *Na Rasput'e*, 12–3. 在黨的第十次代表大會上，托洛茨基提醒代表們注意，這些措施他在一年前已經建議過，只是在中央委員會裏被拒絕了 (*X s"ezd*, 349–50)。為了阻止「經濟的惡化」，他曾經建議「用固定比例的扣除，或者說實物稅，來代替徵收剩餘產品，那樣一來，地種得好仍然可以有利可圖」。他還進一步建議說，「交給農民的工業品的數量與所播種糧食的數量應該表現出一種更緊密的關係」。換句話說，要讓農民提高產量，就應該對農民採取激勵措施，要讓農民有更好的待遇。托洛茨基的建議，〈工業和農業政策中的根本問題〉發表於1926年。Trotskii, *Sochineniia*, XVII/ ii: 543–4. 托洛茨基在流亡時關於自己對新經濟政策的所謂預見性的描述，是非常不準確的。Trotskii, *Moia zhizn'*, II: 199. 另見 Pavliuchenkov, *Krest'ianskii Brest*, 158–9. 參見 Danilov, "We Are Starting to Learn About Trotsky."

275 Baranov, *Krest'ianskoe vosstanie*, 14–5. 在1920年6至7月的糧食工作會議上，在某些官員的推動下，實物稅問題被擺上議事日程。列寧成立了一個政府委員會，檢查實物稅問題，包括對稅後的剩餘產品進行合法的私人貿易時帶來的後果問題。這一問題在《真理報》上 (1921年2月17日和26日) 展開了爭論。Genkina, "V. I. Lenin i perekhod k novoi ekonomicheskoi politike," 11.

276 這是布爾什維克難以接受的：1920年12月，孟什維克費奧多爾·唐恩曾建議實行糧食供應稅，但否認他還希望實行自由貿易的說法。Lih, *Bread and Authority*, 220.

277 *X s"ezd* [1921], 223–4; *X s"ezd* [1933], 409.

278 「1920年秋天和1921年春天，內戰打贏了，而饑荒已經蔓延開來，為甚麼還允許繼續徵糧呢？」奧蘭多·費吉斯問道。他的回答是：地方上負責徵糧的官員要麼是些機械地執行中央政策的人，要麼本身就是狂熱分子，不管甚麼事，只要看來對捍衛新政權有必要，他們就樂意做。Figes, *Peasant Russia,* 271–2. 另見 Chamberlin, *Russian Revolution,* II: 375.

279 *X s"ezd*, 224, 468; *PSS*, XLIII: 69–70. 梁贊諾夫曾在1917年11月幫助加米涅夫，想要組建一個完全由社會主義者組成的聯合政府。

280 *X s"ezd* [1921], 281; *X s"ezd* [1933], 523–4.

281 *X s"ezd* [1933], 736. 只有「工人反對派」的成員——他們也不主張實行自由貿易——反對「關於黨的統一」的決議。來自盧甘斯克的五金工人、工聯主義者尤利·盧

托維諾夫 (Yuri Lutovinov，生於 1887 年) 是「工人反對派」的主要領導人之一，他後來因為官僚主義和新經濟政策的擴散而在 1924 年自殺。他是第一個在新落成的列寧墓受到紀念的人 (1924 年 5 月 10 日)，當時領導層爬上木梯，在高大的立方形建築上向人群發表講話。*Izvestiia*, May 11, 1924. 斯大林很快就阻止用這樣的方式來紀念自殺者。

282 *X s"ezd* [1921], 289; *X s"ezd* [1933], 540; *X s"ezd*, 533–4. 據後來叛逃的巴爾明說，拉狄克在 1921 年年初對莫斯科軍事學院的一群學生說，饑餓的、精疲力竭的工人沒有心情再作出犧牲了，但黨不會順從工人的 (實際) 意願，黨會為了勝利而繼續努力。學生們用步槍武裝起來，準備加入到與反革命的戰鬥中，但那可能意味着要去對付工人，而政權正是以這些工人的名義存在的，這將是對忠誠的極度考驗。Barmine, *One Who Survived*, 94.

283 Zinov'ev, *Sochineniia*, VI: 626.

284 Pavlova, *Stalinizm*, 47–8 (引自 PANO, f. 1, op. 2, d. 12a, l. 14, 18, 20: K. 達尼舍夫斯基致時任西伯利亞黨組織負責人的伊萬·斯米爾諾夫).

285 Krasnov and Daines, *Niezvestnyi Trotskii*, 346; Voroshilov, "Iz istorii podavleniia Kronstadtskogo miatezha," 22. 政權散佈詆毀性的消息，說叛亂分子不是 1917 年的「有覺悟的」水兵，而是來自農村的新兵，包括從黑海艦隊調來的「烏克蘭」農民 (這是對一個民族的誹謗)。因此，對於屠殺他們，沒有哪個真正的社會主義者會感到良心不安。孟什維克曾在 1917 年使用這樣的指控來為工人支持布爾什維主義辯解。Service, *Bolshevik Party in Revolution*, 44. 另見 Figes, *A People's Tragedy*, 830.

286 Mlechin, *Russkaia armiia mezhdu Trotskim*, 194. 黨代表大會的代表們在途中遇到了到莫斯科向黨代表大會報告的季諾維也夫，他描述的喀琅施塔得的形勢不太樂觀。

287 在革命委員會的 15 名成員中，被俘的只有 3 人：彼得·米哈伊洛維奇·佩列皮奧爾金 (Petr Mikhailovich Perepelkin，1890–1921)、謝爾蓋·斯捷潘諾維奇·韋爾希寧 (Sergei Stepanovich Vershinin，1886–1921) 和弗拉季斯拉夫·安東諾維奇·瓦爾克 (Vladislav Antonovich Val'k，1883–1921)。Avrich, *Kronstadt, 1921*, 179. 大多數政治避難者後來都通過大赦回到國內。

288 Getzler, "*The Communist Leaders' Role,*" 35–7.

289 Avrich, *Kronstadt, 1921*, 252–6 (APRF, f. 26, op. 1, d. 80, l. 26–34).

290 黨代表大會派去參加鎮壓的人員返回莫斯科的時候，列寧在 3 月 21 日接待了他們，並拍了一張集體紀念照，頒發了獎章。1930 年代，這些領導鎮壓叛亂的人將會被處決。Voroshilov, "Iz istorii podavleniia Kronshtadtskego miatezha."

291 Deutscher, *Prophet Unarmed*, 55–6; Trotskii, *Kak vooruzhalas' revoliutsiia*, III/ 1: 81.

292 *DVP SSSR*, III: 607–14; *Izvestiia*, May 7, 1921 (克拉辛); Krasin, *Voprosy vneshnei torgovli*, 286–8. 另見 Shishkin, *Stanovlenie vneshnei politiki postrevliutsionnoi Rossii i kapitalisticheskii mir*, 101–16.

293 Glenny, "The Anglo-Soviet Trade Agreement." 迪博認為，李維諾夫與詹姆斯·奧格雷迪 (James O' Grady) 1920 年在哥本哈根達成的協議「打開了通往之後更全面的談判的道路」。Debo, "Lloyd George and the Copenhagen Conference."

294　Andrew, *Her Majesty's Secret Service*, 262–73; Andrew and Gordievsky, *KGB*, 76–9.

295　*Documents on British Foreign Policy*, VIII: 886–9.

296　「我們從哪裏得到商品？自由貿易需要商品，農民都是些非常聰明的人，而且他們極其擅長嘲笑別人。」*X s" ezd* [1921], 227; *X s"ezd* [1933], 413.

297　波蘭得到了西白俄羅斯和西烏克蘭的控制權，增加了5.2萬平方英里的領土，波蘭人也變成了佔人口總數30%的少數民族（500萬烏克蘭人、150萬白俄羅斯人、100萬德意志人，以及300萬猶太人），這一點成了國內潛在不穩定的根源。列強起初拒不承認波蘭在東部的新邊界。協約國在1923年3月很不情願地接受了波蘭在東部的邊界線；德國繼續拒絕予以承認。Wandycz, *Soviet-Polish Relations*, 250–90.

298　由於蘇俄人與波蘭人之間玩弄的外交策略，像愛沙尼亞和拉脱維亞一樣，立陶宛的獨立地位也得到了再次確認。蘇維埃俄國曾經考慮把多數居民都講波蘭語的維爾諾/維爾紐斯交給立陶宛，想以此來削弱立陶宛民族國家，但在最後還是同意不干涉波蘭和立陶宛關於這座有爭議的城市的衝突，實際上就是保證波蘭在事實上的控制權。Boręzcki, *Soviet-Polish Treaty of 1921*, 220–1. 1923年，莫斯科出爾反爾，停止了遣返工作；此外還有一百多萬波蘭難民也不允許離開蘇聯。雙方為了波蘭（波蘭王國）在沙皇俄國的黃金儲備中佔有的份額針鋒相對；莫斯科從來沒有歸還已達成一致的3,000萬金盧布（是從原來要求的3億減少到3,000萬）。1927年，在收到用寶石償還的兩大筆款項之後，波蘭人對剩下的大部分錢不再抱有希望，而是退而求其次，要求歸還他們的文化珍寶。

299　Gruber, *International Communism*, 316; Angress, *Stillborn Revolution*, 109–10.

300　Angress, *Stillborn Revolution*, 163（引自 *Rote Fahne*, April 4, 1921）。

301　1921年6月25日，季諾維也夫在莫斯科向共產國際第三次代表大會作了總結報告。在接下來幾天時間的討論中，他、布哈林以及拉狄克為德國的「三月行動」進行了辯護；列寧、托洛茨基和加米涅夫指責此次行動。斯大林當時不在莫斯科，有位與會的德國人後來説，「1921年在莫斯科待上六個月都有可能不知道他的存在，」他還説，「列寧根本沒有甚麼驚人之處，沒有甚麼讓人印象深刻的東西……但在大會的分組討論中，他講道理的方式，他説話的語氣，他的結論的邏輯性，都讓人心悦誠服」。Reichenbach, "Moscow 1921," 16–17.

302　Angress, *Stillborn Revolution*, 137–196.

303　*X s"ezd* [1933], 35; *PSS*, XLIII: 24.

304　Markina and Federovna, *Baltiiskie moriaki*, 322–3; Getzler, *Kronstadt*, 219. 另見 Getzler, "The Communist Leaders' Role."

305　Avrich, *Kronstadt, 1921*, 138–9 (March 5). 缺乏證據可以證明科茲洛夫斯基參與了喀琅施塔得事件，這一點被掩蓋了：3月25日，政治局成立了一個研究喀琅施塔得事件的委員會，負責該委員會的是人稱雅科夫·阿格拉諾夫 (Yakov Agranov) 的謝苗·索連松 (Semyon Sorenson，生於1893年)，曾經的社會革命黨人和契卡特工人員，他的內部報告認為：「對於叛亂的快速清算顯然沒有給白衞分子和口號提供出現的機會。」*Kronstadtskaia tragediia*, II: 33–43 at 42–3 (TsA FSB RF, d. 114

728, t. 1A); Avrich, *Kronstadt, 1921*, 230–42. 契卡後來還盯上了俄國紅十字會，後者在3月8日取道芬蘭趕到喀琅施塔得，並設法帶去了100袋麵粉和一些醫療物資。紅十字會代表團成員包括從前的塞瓦斯托波爾要塞司令、已經移居芬蘭的帕維爾·維克托羅維奇·威爾肯 (Pavel Viktorovich Vilken) 男爵。水兵們對於是否讓紅十字會進城有過猶豫，雖然他們極度需要糧食和藥品。紅十字會代表團在到達第二天就離開了；威爾肯留了下來，但水兵們知道他是君主派，所以拒絕了他提出的提供800名武裝人員的建議。

306 *PSS*, LXIII: 130–43 (1921年3月27日對運輸工人的講話). 列寧明白喀琅施塔得水兵本身並不是白衞分子。他深信不疑地對第十次代表大會的代表們説 (3月15日)，「稍微有點覺悟的農民都不會不理解」，「任何倒退意味着恢復沙皇的舊政府。喀琅施塔得的經驗就表明了這一點。那裏不要白衞分子，也不要我們的政權，然而別的政權又沒有。因此，他們所處的情況就是一種最好的宣傳，這種宣傳有利於我們而不利於其他任何新的政府。」(譯註：《列寧全集》第41卷，第64–65頁) 換句話説，大概布爾什維主義與白衞復辟之間的其他政治可能性根本不存在。可喀琅施塔得水兵並不是白衞分子。*X s"ezd* [1921], 227–8; *X s"ezd* [1933], 414.

307 契卡反倒是發佈了一則轟動一時的公告，〈關於在彼得格勒揭露反蘇維埃政權陰謀的通告〉，它提到在彼得格勒有個由 V. N. 塔甘采夫 (V. N. Tagantsev) 教授領導的戰鬥組織 (塔甘采夫已於1921年5月被逮捕)。*Izvestiia*, August 31, 1921.

308 似乎對社會革命黨領袖維克托·切爾諾夫念念不忘的捷爾任斯基，援引切爾諾夫在愛沙尼亞塔林流亡時的出版物作為他與白衞分子合作的證據。Dzerzhinskii, "Doklad o vserossiiskoi chrezvychainoi komissii o raskrytykh i likvidirovannykh na territorii RSFSR zagorovakh protiv sovetskoi vlasti v period maia-iiunia 1921 goda," TsA FSB, f. 1, op. 5, d. 10, l. 1–20, 載於 Vinogradov, *Arkhiv VChK*, 593–612. 切爾諾夫根本沒有參與喀琅施塔得事件：他從愛沙尼亞派信使給喀琅施塔得革命委員會送了一張便條，指出他作為 (被解散的) 立憲會議主席，將會來到島上領導恢復立憲會議的鬥爭，但是在3月12日的會議上，只有一名水兵表示支持，結果該建議被擱置了。3月13日，佩特里琴科送了一張表示感謝的便條，但是被拒收了。*Kronstadtskaia tragediia 1921*, I: 403; Avrich, *Kronstadt, 1921*, 124–5.

309 *Sotsialisticheskii vestnik*, March 18, 1921: 6.

310 Martov, "Kronshtadt," *Sotsialisticheskii vestnik*, April 1921, no. 5: 5; Burgin, *Sotsial-demokraticheskaia menshevistskaia literatura*, 297.

311 Getzler, *Martov*, 204–17; Burbank, *Intelligentsia and Revolution*, 59.

312 *PSS*, XLIII: 241–2.

313 Esikov and Kanishev, "Antonovskii NEP," 60–72.

314 "Zapiska E. M. Sklianskogo 26 Aprelia 1921 g.," 見於 Lenin, *V. I. Lenin*, 428–9, 459–60. 列寧在莫斯科接見圖哈切夫斯基決不會晚於1920年12月19日，他們在那裏討論了南方面軍的形勢，列寧還要求把報告送一份給斯克良斯基。1921年4月底，列寧在圖哈切夫斯基被派去坦波夫的時候再次接見了他。Golikov, *Vladimir Il'ich Lenin*, VIII: 130.

315 *Kronstadskaia tragediia*, I: 291 (季諾維也夫).

316 Baranov, *Krest'ianskoe vosstanie*, 147–8; Meijer, *Trotsky Papers*, II: 460–2 (托洛茨基後來在回憶時把時間誤記成6月；圖哈切夫斯基的任命在1921年4月28日得到了政治局的批准).

317 Landis, *Bandits and Partisans*, 209–41.

318 Aptekar', "Khimchistka po-Tambovskii," 56 (RGVA, f. 190, op. 3, d. 514; l. 73; f. 34228, op. 1, d. 383, l. 172–4; f. 7, op. 2, d. 511, l. 140, 151; 140, f. 235, op. 2, d. 82, l. 38; op. 3, d. 34, l. 1ob.); Baranov, *Krest'ianskoe vosstaniie*, 179. 至於要查清楚氯氣使用範圍所存在的困難，參見Landis, *Bandits and Partisans*, 265–9.

319 " 'Sfotografirovannye rechi': govoriat uchastniki likvidatsii antonovshchiny," *Otechestvennye atrkhivy*, 1996, no. 2: at 65 (chief of camps at Tambov, claiming 2,000 inmates); Werth, "A State Against Its People," 110–17. 圖哈切夫斯基很快就總結了他在鎮壓暴動的過程中得到的教訓：「如果驅逐不能立即組織起來，那就應當建立一大批集中營。」Mikhail Tukhachevskii, "Bor'ba s kontrerevolutsionnymi vosstaniiami," *Voina i revoliutsiia*, 1926, no. 6: 6–9, no. 7: 11–13. 有些監獄是世界大戰時的集中營。

320 Baranov, *Krest'ianskoe vosstannie*, 223–4, 226–7. 在坦波夫，1922年3–9月，有217人自願退黨，新入黨的只有29人，而且他們中幾乎沒有人是出身於工人階級。Pavliuchenkov, *"Orden Mechenostsev,"* 275 (引自 RGASPI, f. 17, op. 11, d. 110, l. 163).

321 Zdanovich, *Organy gosudarstvennoi bezopasnosti*, 236–8; Plekhanov, *VChK-OGPU,* 360; Landis, *Bandits and Partisans*, 277–9.

322 Mnatsakanian, *Poslantsy Sovetskoi Rossii*, 56–7.

323 King, *Ghost of Freedom*, 169.

324 Kazemzadeh, *Struggle for Transcaucasia*, 288–9; Iskenderov, Iz istorii bor'by kommunisticheskoi partii Azerbaidzhana za pobedu sovetskoi vlasti, 527–9.

325 就像饒爾丹尼亞在1918年把考茨基作為權威來引用時所解釋的那樣，「取得勝利的無產階級第一步不是社會改造，而是開始建立民主制度，實現黨的最低綱領，然後再逐步向社會主義最高綱領過渡。」Suny, *Georgian Nation*, 195.

326 Jordania, "Staline, L'écho de la lutte"; Vakar, "Stalin"; Kazemzadeh, *Struggle for Transcaucasia*, 184–210; Suny, *Transcaucasia*, 249.

327 「自由、獨立的格魯吉亞社會民主黨國家，」目睹過這個孟什維克共和國的一位有洞察力的人寫道，「將會作為帝國主義『小民族』的經典範例，永遠銘記在我的心中。無論是對外的搶奪領土，還是對內的官僚主義暴政，它的沙文主義都無以復加。」Bechhofer, *In Denikin's Russia*, 14.

328 *Pravda*, May 8, 1920; *Mirnyi dogovor mezhdu Gruziei i Rossiei*. 格魯吉亞的秘密談判團隊包括格里戈爾‧烏拉塔澤（Grigol Uratadze）、達維德‧薩吉拉施維里（1917年在他曾流放過的察里津任蘇維埃主席）和阿里斯托特爾‧米爾斯基—柯巴希澤（Aristotle Mirsky-Kobakhidze）。派到格魯吉亞搞顛覆活動的米爾斯基—柯巴希澤或許是從麥捷希監獄的牢房開始實踐這一和平使命的。在去莫斯科的途中，這幾個人被奧爾忠尼啟則——他宣佈自己會進行談判——攔住了。米爾斯基—柯巴

希澤設法聯繫了列寧，列寧否決了奧爾忠尼啟則的說法。契切林讓自己的副手列夫‧加拉罕簽了字；烏拉塔澤代表格魯吉亞政府簽了字。1921年5月10日，列寧在辦公室接待了烏拉塔澤。烏拉塔澤和薩吉拉施維里也得到斯大林的接待。在莫斯科的格魯吉亞人一起舉行了宴會。De Lon, "Stalin and Social Democracy." 烏拉塔澤在記述中沒有提到薩吉拉施維里和米爾斯基：Uratadze, *Vospominaniia*. 後來在1921年，契卡逮捕了薩吉拉施維里並把他（再次）關押到麥捷希；1922年11月，他和一大批人一起流亡德國。

329 至於這份秘密附件，參見 *Rossiiskaia Sotsialisticheskaia Federativnaia Sovcetskaia Respublika*, 16.

330 *Gleb Maksimilianovich Krzhizhanovskii*, 33–4.

331 David Dallin, "Between the World War and the NEP," 載於 Haimson, *The Mensheviks*, 191–239 (at 236). 達林是一個孟什維克，出席了那次代表大會。

332 Smith, *Bolsheviks and the National Question*, 4（引自 RGASPI, f. 17, op. 3, d. 74, l. 3; d. 122, l. 2; d. 46, l. 3; d. 55, l. 5）.

333 Boersner, *The Bolsheviks*, 63.

334 *Sochineniia*, IV: 408. 斯大林在《真理報》（12月4日）上把達什納克黨人說成是「協約國的代理人」。*Sochineniia*, IV: 413–4（譯註：《斯大林全集》第4卷，第364頁）.

335 *Sochineniia*, IV: 162, 237, 372. 進一步的推動力可能來自於陰魂不散的卡爾‧考茨基，他是布爾什維主義的眼中釘和格魯吉亞孟什維主義的英雄。從1920年9月到1921年1月，他一直在那個非布爾什維克的社會主義共和國訪問。他發現獨立的「格魯吉亞甚麼也不缺，不僅可以成為世界上最美麗的國家之一，還可以成為世界上最富裕的國家之一」。Kautsky, *Georgia*, 14.

336 Jones, "Establishment of Soviet Power," 620–1.

337 Smith, "The Georgian Affair of 1922," 523（引自 RGASPI, f. 17, op. 3, d. 122, l. 2; op. 2, d. 46, l. 3; d. 55, l. 5; d. 56, l. 1); Makharadze, *Pobeda sotsialisticheskoi revoliutsii v Gruzii*, 420–3; Zhordania, *Moia zhizn'*, 109–12. 一直在烏拉爾的托洛茨基要求調查。1921年年底，馬哈拉澤對格魯吉亞駐莫斯科代表茨哈卡亞抱怨說：「高加索局的有些同志，即使到現在也不承認幾個外高加索共和國的正式存在，而是把它們看作俄羅斯蘇維埃聯邦社會主義共和國的幾個省。」Smith, "The Georgian Affair of 1922," 524（引自 RGASPI, f. 157, op. 1/ c, d. 14, l. 1–5）.

338 *PSS*, XLII: 367. 3月2日，列寧寫信給奧爾忠尼啟則，要求「必須採取對格魯吉亞的知識分子和小商人讓步的特殊政策……極其重要的是，尋找適當的妥協辦法，同饒爾丹尼亞或像他那樣的格魯吉亞的孟什維克結成聯盟……請記住，現在無論格魯吉亞所處的國內條件或國際條件都要求格魯吉亞的共產黨員不要硬搬取俄國的公式，而要善於靈活地制定以對各種小資產階級分子採取更大讓步為基礎的特殊策略。」Lenin, *Collected Works*, 32: 362（譯註：《列寧全集》第40卷，第378頁）.

339 Ordzhonikidze, *Stat'i i rechi*, I: 172.

340 就如奧爾忠尼啟則1921年11月底在梯弗利斯說的，他想用——按斯大林的話說——「燒紅的烙鐵」、「燒毀民族主義的殘餘勢力」。Ordzhonikidze, *Stat'i i rechi*, I: 216.

341 King, *Ghost of Freedom*, 173; Avalov, *Nezavisimosti Gruzii*, 285.

342 King, *Ghost of Freedom*, 171.

343 參見丘吉爾1919年8月16日的長篇備忘錄，其摘要見於 Churchill, *World Crisis*, 251–3.

344 Avalov, *Nezavisimosti Gruzii*, 288–9; Avalishvili, *Independence of Georgia*, 266–8. 英國專員奧利弗‧沃德羅普是研究格魯吉亞文學與歷史的學者。

345 *Dokumenty vneshnei politiki*, II: 755; Garafov, " Russko-turetskoe sblizhenie," 247.

346 格魯吉亞人未能在海外創建一個文化中心。Rayfield, *Literature of Georgia*, 234.

347 世界大戰期間，在沙皇軍隊中參戰的格魯吉亞人有15萬多，但是，除去戰死的、被俘的和擅離職守的，克維尼塔澤將軍只召集了1萬人。吉奧爾吉‧克維尼塔澤 (Giorgi Kvinitadze, 奇科瓦尼〔Chikovani〕將軍〔1874–1970〕) 出生於達吉斯坦，先後畢業於聖彼得堡的聖康斯坦丁步兵學校和總參軍事學院。他不說格魯吉亞語。他與饒爾丹尼亞相處得不好，但後者請他擔任總司令。他反感格魯吉亞孟什維克利用社會主義和國際主義的動人言辭濫用權力，反感他們相信「民兵」而不相信真正的軍隊。他們任由他離開，接到有危急關頭又再次請他出馬。1922年他開始在巴黎寫回憶錄；後來他和饒爾丹尼亞葬在同一個墓地。Kvinitadze, *Moi vospominaniia*.

348 3月17至18日，饒爾丹尼亞派使者與就在巴統外面的布爾什維克黨人 (斯大林的妻兄阿廖沙‧斯瓦尼澤、阿韋利‧葉努基澤和馬米亞‧奧拉赫拉施維里〔Mamiya Orakhelashvili〕) 談判；孟什維克同意讓紅軍從巴統港進入，以防它被土耳其人奪走，並同意為德米特里‧日洛巴的騎兵提供四輪馬車。布爾什維克承諾赦免孟什維克並在蘇維埃政府中為他們提供職位。孟什維克不相信這些承諾。

349 饒爾丹尼亞後來在巴黎南面安頓下來；最後他得到了皮爾蘇茨基的庇護。

350 Kuleshov, "Lukollov mir," 72–3 (RGASPI, f. 78, op. 1, d. 46, l. 1, 3).

351 RGASPI, f. 558, op. 4, d. 675, l. 1–23.

352 RGASPI, f. 2, op. 1, d. 24278, l. 1–2.

353 Golikov, *Vladimir Il'ich Lenin*, VI: 390, IX: 348, 618, X: 348, 566, 588, 639, XI: 47, 113, 128; Meijer, Trotsky Papers, II: 26–9, 66–7; McNeal, *Stalin*, 50. 與此同時，托洛茨基也得到了八週的假期：RGASPI, f. 17, op. 112, d. 149, l. 93.

354 *TsK RKP (b)—VKP (b) i natsional'nyi vopros*, 47–9 (RGASPI, f. 558, op. 1, d. 3530, l. 1–2; *Kommunist* [Baku], July 31, 1921). 阿馬亞克‧納扎列江是高加索局的五名成員之一，1922年在莫斯科成了斯大林的首席助理。

355 De Lon, "Stalin and Social Democracy," 125.

356 Trotsky, *Stalin*, 359–60; Lang, *Modern History*, 238–9 (未註明出處，但顯然是依靠孟什維克流亡者的記述); Payne, *The Rise and Fall of Stalin*, 275–6 (重複了蘭的描述).

357 Iremashvili, *Stalin und die Tragödie*, 57–62.

358 *Pravda Gruzii*, July 1921, 13; Stalin, "Ob ocherednykh zadachakh kommunizma v Gruzii i Zakavka'e," 見於 *Sochineniia*, V: 88–100 (at 95).

359 Belov, *Baron Ungern fon Shternberg*; Palmer, *Bloody White Baron*.

360 Alioshin, *Asian Odyssey*, 167, 183–7. 關於這位男爵，鄂木斯克大學的一位波蘭教授寫了一部聳人聽聞的內幕紀實，暢銷一時：Ossendowski, *Beasts, Men, and Gods*.

361 Tornovskii, "Sobytiiia v Mongolii-Khalkhe," 168–328 (at 208–13); Alioshin, *Asian Odyssey*, 231.

362 Kuz'min, *Istoriia barona Ungerna*, 184–5.

363 Iuzefovich, *Samoderzhets pustyni*, 3, 133–7.

364 Kuz'min, *Istoriia barona Ungerna*, 410–13; Alioshin, *Asian Odyssey*, 229.

365 仇視英國的契切林當時起了領導作用，他堅持認為東方各民族不僅包括穆斯林，還有佛教徒。蒙古和西藏對英國人佔領的印度是潛在的威脅。Amur Sanai, "Kloiuchki k vostokou," *Zhizn' natsional'nostei*, May 26, 1919.

366 至於蘇聯方面對他們的描述，參見 Genkin, *Severnaia Aziia*, 1928, no. 2: 79–81.

367 Baabar, *Twentieth-Century Mongolia*, 202; Roshchin, *Politicheskaia istoriia Mongolii*, 35–6.

368 Murphy, *Soviet Mongolia*, 13–4.

369 Rupen, *Mongols of the Twentieth Century*, I: 139; Sumiatskii, "Na zare osvobozhdeniii Mongolii," *Pravda*, July 26, 1920, 見於 Eudin and North, *Soviet Russia and the East*, 203–4.

370 Baabar, *Twentieth-Century Mongolia*, 216; Rupen, *Mongols of the Twentieth Century*, I: 141, 155. 事後看來，此次大會成了第一次黨代表大會。

371 I. I. Lomakina, "Kommentarii," 見於 Pershin, *Baron Ungern*, 189–259 (at 176–7).

372 Lepeshinskii, *Revoliutsiia na Dal'nem vostoke*, 429–32; Kuz'min, *Istoriia barona Ungerna*, 238.

373 出生於華沙的紅軍指揮官康斯坦丁‧羅科索夫斯基 (生於 1896 年) 率領大批騎兵加入了由蘇赫—巴托爾領導的蒙古軍隊，但羅科索夫斯基受傷離開了戰場。Roshchin, *Politcheskaia istoriiia Mongolii*, 20–1; Kuz'min, *Istoriia barona Ungerna*, 244–5, 263.

374 *Pravda*, July 9, 1921; Eudin and North, *Soviet Russia and the East*, 196–7. 在莫斯科召開的第三次代表大會時間是 1921 年 6 月 22 日至 7 月 12 日。斯大林未入選共產國際執委會的五個蘇俄人之列 (季諾維也夫、布哈林、拉狄克、列寧和托洛茨基)。大會期間，他正在南方療養。

375 Morozova, *Comintern and Revolution in Mongolia*, 16 (引自 RGASPI, f. 495, op. 154, d. 20, l. 1–7).

376 Alioshin, *Asian Odyssey*, 266.

377 Kuz'min, *Istoriia barona Ungerna*, 287–8.

378 Palmer, *Bloody White Baron*, 228 (引自 GARF, f. 9427, op. 1, d. 392, l. 36). 另見 Kuz'min, *Baron Ungern v dokumentakh i memuarakh*, 199–242 (RGVA, f. 16, op. 3, d. 222, l. 123–4ob., 125, 1–19; f. 16, op. 1, d. 37, l. 128, 337, 333, 329; GARF, f. 9427, op. 1, d. 392, l. 7–13, 47–60, 35–46); *Sovetskaia Sibir'*, September 13, 1921 (伊萬‧帕夫盧諾夫斯基〔Ivan Pavlunovsky〕，西伯利亞契卡).

379 Kuz'min, *Baron Ungern v dokumentakh i memuarakh*, 198–9 (RGASPI, f. 17, op. 3, d. 195, l. 1; op. 163, d. 178, l. 5; op. 163, d. 180, l. 3–3ob.). 為了保證不出差錯，莫斯科委派被稱為葉梅利揚‧雅羅斯拉夫斯基的米涅伊‧古別爾曼 (Minei Gubelman) 擔

任公訴人，而他恰好是猶太人，雖然這一點似乎並沒有被考慮進他將對那位瘋狂反猶的男爵做出的判決中，因為雅羅斯拉夫斯基來自東西伯利亞（他是流放犯的兒子），而且剛被任命為中央委員會書記。

380 *Sovetskaia Sibir',* September 16, September 17, September 18, and September 20, 1921; *Da'lnevostochnaia pravda,* September 25, 1921; Kuz'min, *Baron Ungern v dokumentakh i memuarakh,* 242–63; Kuz'min, *Istoriia barona Ungerna,* 294–304.

381 Kuz'min, *Baron Ungern v dokumentakh i memuarakh,* 263 (RGVA, f. 16, op. 1, d. 37, l. 330).

382 Misshima and Tomio, *Japanese View of Outer Mongolia,* 27.

383 Nyamaa, *Compilation of Some Documents,* 7–8.

384 Slavinskii, *Sovetskii Soiuz i Kitai,* 51–3 (AVP RF, f. 08, op. 5, psap. 3, d. 17, l. 1–2; d. 18, l. 4–5); Tsziun, "Sovetskaia Rossiia i Kitai," 54–5.

385 Roshchin, *Politicheskaia istoriia Mongolii,* 37（引自 RGASPI, f. 495, op. 152, d. 9, l. 12–4: 鮑里斯・舒米亞茨基致契切林，1921年8月12日）; Kuz'min, *Baron Ungern v dokumentakh i memuarakh,* 264 (RGASPI, f. 5, op. 1, d. 145, l. 38: Joffe letter); Kuz'min, *Istoriia barona Ungerna,* 199. 另見 Murphy, *Soviet Mongolia*; Hammond, "Communist Takeover of Outer Mongolia."

386 RGASPI, f. 495, op. 152, d. 11, l. 19–23. 契切林贊成會見。他寫信對列寧説，蒙古「革命政府是我們手中最大的牌。它的成立破壞了日本企圖建立一個從太平洋直到裏海的反革命陣線的計劃。有了友好的蒙古，我們的邊界就完全安全了」。 Luzyanin, "Mongolia," 76.

387 Roshchin, *Politicheskaia istoriia Mongolii,* 70（引自 RGASPI, f. 495, op. 152, d. 9, l. 65）; Baabar, *Twentieth-Century Mongolia,* 222（引自外交關係中央檔案館, F–117, H/N–01）; Morozova, *Comintern and Revolution in Mongolia,* 43, RGASPI, f. 495, op. 152, d, 9, l. 63–4).

388 北京政府到1922年1月初，即大約兩個月之後，才開始聽到有關蘇蒙條約內容的傳聞。Elleman, "Secret Sino-Soviet Negotiations."

389 布爾什維克官員清楚，蒙古的階級差別很小，可剝奪的上層階級財富也很少（就像學者伊萬・麥斯基報告的，他曾是蘇俄派到外蒙古的遠征軍中的一員）。Maiskii, *Sovremennaia Mongoliia,* 127.

390 Malle, *Economic Organization of War Communism,* 506–11.

391 Lih, *Bread and Authority*; Narskii, *Zhizn' v katastrofe,* 5.

392 *PSS,* XLIII: 18, 24, XLIV: 159.

393 Vaisberg, *Den'gi i tseny',* 10.

394 新經濟政策的法令一直持續到1923年，它們將出版、借款，以及儲蓄和貸款方面的私人活動合法化，允許從國家那裏租賃工廠，允許國營工廠與被蔑稱為「耐普曼」的私商做生意。

395 1921年10月17日的一則關於沒收和徵用的法令，要求在沒收貨物時寫一份記錄，上面要有貨物被沒收人的名字、執行沒收的人的名字、接受貨物存入倉庫的

人的名字，以及一份完整的貨物清單。記錄須有簽名，其中包括至少兩位目擊
證人（通常是鄰居）。該法令還規定，原則上要對徵收進行補償，同時，沒收只
允許用作合法的懲罰措施。*Izvestiia*, October 26, 1921; Timashev, *Publichnopravovoe
polozhenie lichnosti*, I: 177–8. 有關如何落實的指示試圖對所有事情都劃定嚴格的界
線，就此前針對沒收所提出的賠償訴訟，規定切勿白費工夫地下判斷。然而，
1922年又發佈了一則有關沒收的法令，試圖繼續對1917至1922年旋風式的革命
沒收活動劃定界線，允許擁有被沒收貨物的人保留這些貨物。*Izvestiia*, March 29,
1922.

396 Smith, "Stalin as Commissar for Nationality Affairs."

397 *VIII s"ezd RKP (b)*, 82.

398 結束了波蘇戰爭的里加條約（1921）鞏固了通向聯邦結構的道路 ── 白俄羅斯和
烏克蘭都是簽約國。1919年在明斯克，斯大林和俄羅斯化的亞美尼亞布爾什維
克亞歷山大·米亞斯尼科夫（Alexander Myasnikov，米亞斯尼基揚〔Myasnikyan〕）
一道，在「兼併」白俄羅斯蘇維埃社會主義共和國的過程中發揮了重要作用。公
告是用俄語、波蘭語和意第緒語發佈的，沒有用白俄羅斯語，那是農民的語
言。*Izvestiia*, December 18, 1919; Kvashonkin, *Bol'shevistskoe rukovodstvo*, 71–5.

399 1920年10月，斯大林指出：「要求把邊疆地區同俄國分離……這種要求應當擯
棄，因為它不僅同中部和邊疆地區之間建立聯盟這一問題的提法本身是抵觸
的，而且首先因為它同中部和邊疆地區人民群眾的利益是根本抵觸的。」
Sochineniia, IV: 352（譯註：《斯大林全集》第4卷，第313頁）.

400 *PSS*, LIII: 189–90. 這兩位發生衝突的官員是米哈伊爾·托姆斯基和格奧爾吉·薩
法羅夫。9月13日的政治局會議討論了此事，不到一個月，突厥斯坦的人事就有
了變動。

401 正是在這一背景下，加米涅夫在1922年（1923年又出了第二版）出版了一本厚厚
的匯編 ──《兩次革命之間》（*Between Two Revolutions*）── 裏面有他的各種報刊文
章。雖然為時已晚，但看來加米涅夫是贏得了1917年4月與列寧那場著名的爭
論，當時列寧結束了流亡生涯，回到芬蘭車站，他嚴厲斥責加米涅夫（和斯大
林），因為加米涅夫反對奪權，認為「資產階級民主」革命還有很長的路要走。
Lih, "The Ironic Triumph of 'Old Bolshevism.'"

402 RGASPI, f. 558, op. 3, d. 299, l. 55.

403 RGASPI, f. 558, op. 3, d. 68, l. 47.

404 Tucker, *Stalin in Power*, 45–9.

405 Kvashonkin, *Bol'shevistskoe rukovodstvo*, 223–7 (RGASPI, f. 5, op. 2, d. 315, l. 252–3,
260).

406 *Sochineniia*, V: 117–27 (at 118–19); Carr, *Bolshevik Revolution*, III: 349–50.